日本語訳　国連北朝鮮人権報告書

市民セクター●訳
宋允復●監訳

ころから

日本語訳

国連北朝鮮人権報告書

市民セクター◉訳　宋《ソン》允《ユン》復《ボク》◉監訳

ころから

刊行にあたって

本報告書は、2014年3月17日に朝鮮民主主義人民共和国（DPRK、以下「北朝鮮」）の人権侵害に関する国連調査委員会（COI、以下「調査委員会」）が国連人権理事会に提出した「北朝鮮における人権調査報告書」を日本語訳したものである。

同報告書は、2015年12月の国連総会において決議（採択）された「北朝鮮人権状況決議」の根拠となったものであり、また、調査委員会は日本政府の発案によって始動したものであることからも、北朝鮮の隣国の市民にとって非常に重要なものである。

しかしながら、日本政府は、同報告書を日本語訳したものの、外務省のホームページにアップするのみで、毎年12月の北朝鮮人権侵害問題啓発週間においても国民に向けて広く告知するといった行いを取ってこなかった。

そこで、日本語はもちろん英語、コリア語に精通した人々が「市民セクター」として集い、日本語訳したのが本書である。

日本語訳にあたっては、原文となる英語版、外務省による日本語版、そして韓国統一研究院による韓国語版を底本としている。特に、日本人拉致被害に言及した部分については外務省訳にその多くを頼っている。

これら3つの言語による報告書を底本としてるため、英語のみ、あるいは日本語のみの報告書との言い回しが異なる場合がある。

その上で、本書を刊行する意義を示したい。

なるほど、英語版も日本語版も、そして韓国語版もインターネット上にあり、それらを閲覧することは可能である。しかし、英語版でA４用紙にして３５０ページ、日本語にして約40万字におよぶ詳細な報告書をモニター上で読むことは事実上不可能と考える。また、英語版のみにたよった翻訳によって、ごく基礎的なコリア民族の名字表記を誤るといったミスも散見される。さらには、インターネット上に公開されたのみでは、広く存在を知らしめることはできない。

そこで、より読みやすい訳で、またコリア語に精通した人材を活用することで、そしてもっとも重要なことは、本という「形」にすることで、より広く本報告書の存在を知らしめることを第一義として刊行することを、読者にはご理解いただきたい。


さて、本書をいかに読むか。僭越ながら、本書を手にしてくださった方へガイドラインを示したい。

1　章立てについて

Ⅰ章「前書き」およびⅡ章「国連の委託した任務と調査委員会の方法論」については、文字通りの内容であり、研究者以外には必須ではない。

またⅢ章「北朝鮮の人権侵害の歴史的・政治的背景」は、同国の状況を深く知る読者にとっては必要ではない。が、日朝を含む東アジア史に縁のなかった読者にとっては、あらためて概要を知ることができ、興味深い内容になっている。

そしてⅣ章「調査結果」が、本報告書のキモであり、すべての読者に必須の章となっている。

その後のⅤ章「人道に対する罪」およびⅥ章「特に人道に対する罪の責任追求」、Ⅶ章「結論及び勧告」は、３つの章によって「まとめ」となっている。

すなわち、一般的な読者はⅢ章とⅣ章をメインとして読み進められることをお薦めする。

2　論理構成について

本書に、ある種の溜飲を下げるための糾弾を期待することは目的違いとなる。また、非道・無法国家としての北朝鮮像をより強固にするだけの目的にも応じかねる。

本報告書には、北朝鮮の非人道的なふるまいが詳細に語られるが、それらが憲法をもち、刑法をもち、さらには女子差別撤廃条約など国際条約を批准する国家によってなされることを批判することに重きが置かれている。

北朝鮮自身が批准する国際法、あるいは自身が制定した法令に違反している状態を、本報告書は強く指弾する。

国連の「叡智」が寄せられた、この論理構成は、日本における人種的差別撤廃のための法整備や同一労働同一賃金が実現しない状況に対して国連勧告がなされていることとまったく同じ構造である。

「自分で決めたことは守りなさい」と、本報告書は繰り返し勧告している。

3　人権侵害と内政干渉について

最後に、前述の国連決議において、北朝鮮が「内政干渉である」「アメリカこそが人権侵害をやめていない」と反論していることについて、本書のパブリッシャーとしての見解を示したい。

人種的差別撤廃条約など、人権のための国際法は、第二次世界大戦中のナチス・ドイツによるホロコーストを国際社会が防げなかったことへの反省から生まれた。

「内政不干渉」の名の下、数百万の命を見殺しにした事実から、こと人権においては内政干渉する、という原理が築かれつつある。

また、人権侵害をおかしている国は北朝鮮一国でないことは、だれの目にも自明である。前述のとおり、日本は、2007年以来、国連人種差別撤廃委員会において「人種的差別につながる偏見と戦うとの観点から、特に公務員、法執行官、及び行政官に対し適切な訓練を施すよう要求する」と何度も勧告されている。

その意味で、本書で報告される人権侵害は、日本を含む他国とも地続きであることは否めない。第Ⅶ章「結論及び勧告」において、北朝鮮政府のみならず、国際社会にも責任を求めていることに、本報告書の存在意義があると考える。

最後に、本書の刊行にあたってはクラウドファンディングによって、日本、韓国から70名以上の協力を得たことを明らかにしておきたい。

資金提供いただいた方々の協力なしには、本書は刊行しえなかった。この場を借りてお礼申し上げる。

2016年　ころから編集部

「21世紀と20世紀は違うのか」問われている課題は大きい

土井香苗（ヒューマンライツウオッチ日本代表）

北朝鮮の人権に関する国連調査委員会（ＣＯＩ）報告書の日本語訳が発刊されることとなり、大変うれしく思う。

北朝鮮で起きている様々な人権侵害を詳細に調査した上で、国際刑事犯罪である「人道に対する罪」に該当すると断じ、最高指導者を含む責任者のアカウンタビリティ（責任追及）などの「行動」を求めたこの報告書は、現代において類をみない悲惨な人権状況の中で光を待ちわびる人びとにとって、国際社会が救いの手を差し伸べる行動を起こす重要なきっかけを与えた。

この歴史的文書を日本の人びとが日本語で読めることはとても重要であるし、私自身も、日本語訳を読むことをとても楽しみにしている。

70年前、ユダヤ人などに対するホロコーストの悲惨な全容が明らかになった。北朝鮮で起きていることと同様、国際刑事犯罪である「ジェノサイド」や「人道に対する罪」に該当する蛮行だった。その頃世界は、ＣＯＩや国際刑事裁判所という手段も、そして「保護する責任」という概念も持ち合わせていなかった。

そして世界は、自国に戦争が迫り軍事行動に駆り立てられるまで、人びとの苦しみに対し救いの手を差し伸べなかった。ホロコーストに対する不作為という深い反省に立って、第二次世界大戦後、国際連合の人権保護のシステムが作られてきた。

果たして北朝鮮についてもホロコーストの時と同様、世界は傍観してしまうのか。それとも世界はその教訓から学び、現時点で北朝鮮でおきているこの構造的な重大な人権侵害を止めるために遅まきながら今、立ち上がれるのか。

ＣＯＩが鋭く問うている「行動」を国際社会は起こすか。21世紀と20世紀は違うのか、問われている課題は大きい。

日本の皆さんに知ってほしいのは、ＣＯＩの産みの親は、実は安倍首相であり日本政府であること。世界で重大な悲劇が起こることは少なくない。しかし、そこに巻き込まれた罪なき多くの人びとを守るために日本政府が先陣を切った例は残念ながらこれまでほとんどなかった。言い換えれば、世界的な悲劇に立ち向かう壮大な世界的プロジェクトを他でもない日本政府が開始したことは、日本外交史上でも初めてのことと言っていいのではないか。高く評価したい。

一方で、プロジェクトを「開始」するだけでなく、ＣＯＩの求める「行動」を起こしてこの悲劇を真に終わらせるまで、日本政府にはぜひやり遂げてほしい。容易なことではない。しかしこれほど意義のあるプロジェクトが他にあるだろうか。

その気概が安倍首相とそれを引き継ぐ政権、そして外務省幹部にあるか。日本の市民には、温かくも厳しい目で注目していただきたい。

隣人の苦難に心を寄せ、迫害生む構造と正体を知るために

石丸次郎（ジャーナリスト／アジアプレス）

北朝鮮の人々は日本に住む私たちの隣人だ。だが、ずっと自由に会うことも話すことも叶わないままである。この隣人が、人としていったいどのような扱いを受けてきたのか、長く迫害の現場が徹底して匿されてきたため、日本も、世界も実態を知らないでいた。

１９９０年代後半から累計３万を超える人が北朝鮮を離れてその体験を語ることになり、身の毛のよだつような迫害について、ようやく世界は一定度の共通認識を持てるようになった。課題は一刻も早く事態を改善することだ。

そのためには、何より実態把握が必要なことは言うまでもない。本報告書の優れた点は、迫害の事例を被害当事者や支援者から聞き取って積み重ねただけでなく、巨大で組織的な人権侵害発生のメカニズムと正体に迫ろうした点にある。

未解明の事実はあまりに多いだろう。しかし、本報告書が世界に類例を探すのが困難な巨大人道犯罪の闇に光射す歴史的な文書、資料であることは間違いない。

この人権報告書は過去に例を見ない強いサインを送っている

石高健次（ジャーナリスト）

「人権擁護」とか「人道主義」という言葉には、美しい響きがある。が、それを真に実践することは、困難で厳しい。というのは、弾圧する側からこちらも脅迫され迫害される目にあうことなのだから。少なくともその覚悟は要る。

北朝鮮の人民は長い間、食うや食わずの暮らしを強いられてきた。体制に対する不満をふと漏らすことさえできない徹底した思想統制のもとに置かれている。20数万人ともいわれる人たちが政治犯収容所に入れられ、ほとんどが命を落とす。

日本との関わりでいえば、拉致被害者救出、北朝鮮帰国者や戦後も残留せざるを得なかった日本人たちの安否調査と日朝間の自由往来は一刻も早く実現されなければならない。と同様に、抑圧されている2千数百万人の北朝鮮人民もまた解放されなければならない。

国連人権理事会に提出された本報告書は、単に言葉だけの告発とか記録というレベルに留まらない。ＩＣＣ（国際刑事裁判所）への訴追という迫害者の身柄拘束につながる道を開いているからだ。確かにそれには国連安保理事会の承認が必要であり、中国など北朝鮮を擁護してきた国の拒否権によって実現の可能性は低いかもしれない。

いずれにせよ、この人権報告書は、人民を虐げてきた非道の独裁者に対して国際社会は厳しい目線で見すえているのだ、タダではおかないという過去に例を見ない強いサインを送っている。その意味から、本書の刊行は意義深い。

本書に寄せて

存在しなかったことにされていい人間などいない

ヤンヨンヒ（映画監督）

北朝鮮には私の家族が暮らしている。「帰国事業」で日本から北朝鮮に渡った実の兄たちとその家族だ。両親は「選んだ祖国＝北朝鮮」を肯定し、公には政権広報としての生き方を貫いたが、私的にはピョンヤンにいる息子とその家族の生活を支えるのに四苦八苦してきた。

私は１９８１年〜２００５年の間、北朝鮮を10回訪れた。訪問者には見栄えのいい部分だけを見せるお国柄だが、凝視するとほころびが浮かび上がる。アパートに泊まり田舎を訪ね、その現実に触れ臭いを嗅いだ。私を信じて素顔を見せ本音を語ってくれた人々の声や表情を今も生々しく記憶している。その記憶に蓋をし当たり障りのない表現で彼の国を語ることは、理不尽な苦しみに喘ぐ人々の人生を無視する行為だと思う。存在しなかったことにされていい人間などいない。無かったことにされてもいい人生なんてあってはならない。

飢餓、収容所、公開処刑など、非人道的な理由で抹殺される人々がいる事実を認識し、様々な人権侵害の中で犠牲になる人々に思いを馳せるべきだ。

自国を盲目的に信じ庇《かば》おうとする態度の稚拙さは、「反日は出ていけ！」と叫びながらヘイトスピーチを撒き散らす愚劣な自称「愛国者」たちを見れば明らかだろう。

〝他者〟を批判するのは容易い。〝身内〟の傷をえぐり膿《うみ》を出す作業は自分の心と体にメスを入れる事にもなる。本書にもあるように北朝鮮が歩んだ複雑な歴史も理解すべきだ。その上で「今」起きている問題を直視する勇気を持ってこそ、明るい未来を築くために必要な知恵が生まれるのではないだろうか。

真に北朝鮮で生きる人々を案じるのならば、この報告書の内容から目を逸らすことは出来ない筈である。

目次

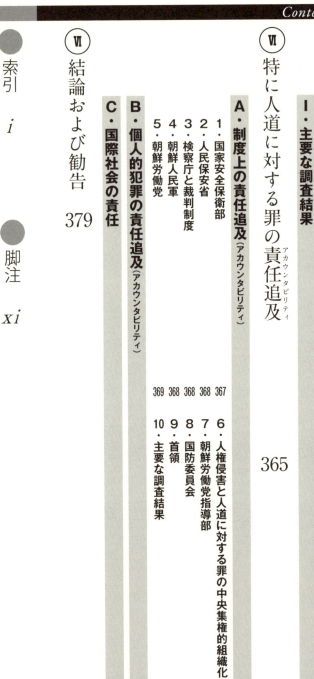

凡例

- 本書は国連人権理事会第25期に提出された「*Report of detailed findings of the commission of inquiry on human rights in the Democratic People's Republic of Korea*」の原文（英語）および日本語版（外務省訳）、韓国語版（韓国統一研究院訳）を底本としている。
- 本書は前述の報告書の本文を日本語訳しており、脚注については原文を収録する。
- 原文に誤りがあると考えられる個所については適宜「訳注」または「原文ママ」の注釈を付した。
- 原文で「*Democratic People's Republic of Korea*」もしくは「*D.P.R.K.*」と表記されたものについては原則的に「北朝鮮」とした。
- 人名については基本的に敬称略とする。ただし、証言等において不自然な場合は肩書きなどを付した。
- 証言者の氏名についてはゴシック表示とした。
- 証言中の「……」は中略を示す。
- 本文中の太字かつ斜体部分は原文でイタリック表示されていることを示す。

語句についてのガイドライン

- 本書では一般読者を想定して、できる限り平易な日本語となることに注力した。たとえば、国連用語ともいえる「マンデート（*mandate*）」を「権限を委託」と訳した。また「説明責任」と訳されることが多い「アカウンタビリティ（*accountability*）」については「責任追及」または「真相究明」と訳した。
- 本書では北朝鮮における「管理所」を「政治犯収容所」と訳したが文中これらは混在することがある。報告書の原文では「政治犯収容所」と表記されるが、北朝鮮政府は「管理所」と主張しているための齟齬である。
- 同じく北朝鮮における「教化所」は「一般刑務所」と訳出しているものの、やはり混在する。報告書では「一般刑務所」であるが、北朝鮮政府は「教化所」と説明していることからの齟齬である。
- 固有名詞については、基本的に現地での呼び名に準じている。たとえば、「6・25戦争拉北人士家族協議会」と「韓国戦争拉北事件資料院」は、「朝鮮戦争拉北人士家族協議会」「朝鮮戦争拉北事件資料院」と訳せるが、あえて現地語からの直訳を採用している。
- コリア民族の人名について、著名人については概ね漢字表記とした。中国の朝鮮族については証言通りに中国語読みをカタカナ表記している。
- 日本人および在日コリアンの人名について、外務省訳などで漢字表記が特定されている場合は漢字で、そうでない場合はカタカナで表記した。

本文頁の見方

パラグラフ番号

大見出し

章番号

章タイトル

大見出し

該当頁に収められたパラグラフ

頁番号

脚注（巻末収録）番号

A・国連委託任務の始まり

6. 国連人権理事会決議22／13の採択は、国連人権理事会が投票なしに調査委員会を設置した初めての採択であった。この決議は、2012年、国連総会と国連人権理事会が投票なしで採択した「北朝鮮の人権状況の悪化に対する深い憂慮を表す決議」に続いて採択されたものである〔2〕。

7. 国連人権理事会決議22／13が採択される以前から、北朝鮮の人権侵害に関する調査特別報告者や、国連加盟国の国連関係者、そして北朝鮮から脱出した人たちの人権グループなどの市民団体が調査機関の設置を呼びかけていた。北朝鮮の人権侵害に関する調査特別報告者が国連人権理事会第22会期で行った報告では、特に、北朝鮮内で組織的かつ広範囲に行われている憂慮すべき人権侵害を調査し、記録するための、独立不偏で、適切な予算を持った調査機関の必要性を明記していた。

8. 2013年1月、国連人権高等弁務官ナビ・ピライ［*Navi Pillay*］は、過去数十年にわたって北朝鮮で起きている、彼女が表現するところの「深刻な犯罪」への本格的な調査を呼びかけ、同国内の嘆かわしい人権状況が、北朝鮮の核兵器保有に対する懸念によって覆い隠されてはならない、と強く主張した。

9. 北朝鮮が既存の人権機関への協力を限定している中で、この調査委員会が設立されたことも充分理解されなければならない。北朝鮮は、「市民的及び政治的権利に関する国際規約（ICCPR）」、「経済的、社会的及び文化的権利に関する国際規約（ICESCR）」、「子供の権利条約（CRC）」、そして、「女子に対するあらゆる形態の差別の撤廃に関する条約（CEDAW）」の締約国である。2004年、北朝鮮は、子供の権利委員会代表団の同国訪問に積極的な一歩を踏み出したにもかかわらず、2009年以降は、前述の諸条約関連の報告書を一切提出していない。

10. 北朝鮮は2009年、国連人権理事会の普遍的・定期的レビュー（UPR）を初めて受け、2014年に2回目のレビューを受けることになっている。北朝鮮は、人権擁護へ尽力すると一般的に述べる一方で、2009年に国連人権理事会のUPRに携わったグループによる167件の勧告をひとつとして受け入れていない〔3〕。

11. 北朝鮮の人権侵害に関する調査特別報告者は、2004年に国連から任務を委託されて以降一度も北朝鮮に入国できていない。北朝鮮は、敵対行為であるとして国連への協力を拒否している。1995年の女性に対する暴力およびその原因と結果に関する特別報告者の任務を与えられた派遣団以降〔4〕、国

【日本語訳】

国連北朝鮮人権報告書

国連人権理事会
第25会期
議題パラグラフ４
国連人権理事会が注視すべき人権状況

朝鮮民主主義人民共和国（DPRK、以降「北朝鮮」と記す）における人権調査報告書

概略
この報告書（国連文書：Ａ／ＨＲＣ／25／63）は、北朝鮮の人権に関する調査委員会が行った調査結果を詳細に報告し、それに伴う主要な勧告を行うものである。

"Report of the detailed findings of the commission of inquiry on human rights in the Democratic People's Republic of Korea"

Human Rights Council

略語 Acronyms

ACF	アクション・アゲンスト・ハンガー	*Action contre la Faim (Action against Hunger)*
CEDAW	女子に対するあらゆる形態の差別の撤廃に関する条約（女子差別撤廃条約）	*Convention on the Elimination of All Forms of Discrimination against Women*
CESCR	社会権規約委員会	*Committee on Economic, Social and Cultural Rights*
CRC	児童の権利に関する条約（子供の権利条約）	*Convention on the Rights of the Child*
DPRK	朝鮮民主主義人民共和国	*Democratic People's Republic of Korea*
FAO	国連食糧農業機関	*Food and Agriculture Organization of the United Nations*
HRNK	北朝鮮人権委員会	*Committee for Human Rights in North Korea*
HRW	ヒューマン・ライツ・ウォッチ	*Human Rights Watch*
ICCPR	市民的及び政治的権利に関する国際規約（自由権規約）	*International Covenant on Civil and Political Rights*
ICNK	北朝鮮における「人道に対する罪」を止める国際連合	*International Coalition to Stop Crimes against Humanity in North Korea*
ICESCR	経済的、社会的及び文化的権利に関する国際規約（社会権規約）	*International Covenant on Economic, Social, and Cultural Rights*
ICRC	赤十字国際委員会	*International Committee of the Red Cross*
KBA	大韓弁護士協会	*Korean Bar Association*
KCNA	朝鮮中央通信	*Korean Central News Agency of the Democratic People's Republic of Korea*
KINU	韓国統一研究院	*Korea Institute for National Unification*
KPA	朝鮮人民軍	*Korean People's Army*
KWAFU	6.25戦争拉北人士家族協議会	*Korean War Abductees' Family Union*
KWARI	韓国戦争拉北事件資料院	*Korean War Abductees' Research Institute*
LFNKR	北朝鮮難民救援基金	*Life Funds for North Korean Refugees*
MPS	人民保安省	*Ministry of People's Security*
MSF	国境なき医師団	*Médecins Sans Frontières (Doctors Without Borders)*
NGO	非政府組織	*Non-governmental organization*
NHRCK	大韓民国国家人権委員会	*National Human Rights Commission of Korea*
NKDB	北韓人権情報センター	*Database Center for North Korean Human Rights*
NKHR	北韓人権市民連合	*Citizens' Alliance for North Korea Human Rights*
PDS	公的配給制度	*Public Distribution System*
POW	捕虜	*Prisoner of War*
ROK	大韓民国	*Republic of Korea*
SSD	国家安全保衛部	*State Security Department*
UNHCR	国連難民高等弁務官事務所	*Office of the United Nations High Commissioner for Refugees*
USA	アメリカ合衆国	*United States of America*
WFP	国連世界食糧計画	*World Food Programme*
WHO	世界保健機関	*World Health Organization*
WGEID	国連強制失踪作業部会	*Working Group on Enforced and Involuntary Disappearances*

前書き

Introduction

1. ２０１３年3月21日、国連人権理事会は、第22会期において、北朝鮮人権調査委員会（ＣＯＩ＝*Commission of Inquiry*）を設置した。国連人権理事会決議22／13は、全面的な責任追及《アカウンタビリティ》を確保する目的をもって、組織的で深刻な人権侵害が広範囲に行われている北朝鮮の人権状況——特に人道に反する罪に該当し得る人権侵害の調査を行う任務を、この委員会に委託した【1】。

2. 調査対象となる人権侵害は、食の権利に関わる人権侵害と、収容所、拷問、非人道的な扱い、恣意的拘留、差別、表現の自由、生存権、移動の自由に関連する人権侵害、そして強制失踪に関わる人権侵害である。強制失踪の中には他国国民の拉致も含まれる。

3. ２０１３年5月7日、国連人権理事会は、オーストラリアのマイケル・カービー〔*Michael Kirby*〕とセルビアのソニヤ・ビセルコ〔*Sonja Biserko*〕の任命を発表した。ふたりは、北朝鮮人権調査委員会の委員の業務にあたるため、北朝鮮の人権侵害に関する調査特別報告者であるインドネシアのマルズキ・ダルスマン〔*Marzuki Darusman*〕と合流し、マイケル・カービーが調査委員長に指名された。独立性を維持し、専門能力を発揮し、無報酬で業務にあたる調査委員会の委員たちは、翌月より任務を開始した。調査委員会は、9人の経験豊かな人権問題担当官からなる事務局のサポートを受けた。事務局は国連人権高等弁務官により組織されたが、委員任命後、人権高等弁務官から独立して任務をおこなった。

4. 本報告書は、調査委員会が、国連人権理事会決議22／13に従って、２０１３年9月の国連人権理事会と２０１３年10月の国連総会に口頭で報告した内容を基に作成した。

5. 国連人権理事会は、調査委員会からの報告を基に適切な行動が取られるよう国連の全関係機関と国連事務総長に報告内容を伝達すると決定。調査委員会は、この決定を念頭におきながら、国連人権理事会加盟国から委託された任務を実行した。

II

国連の委託した任務と調査委員会の方法論

Mandate and methodology of the commission of inquiry.

A・国連委託任務の始まり

6. 国連人権理事会決議22／13の採択は、国連人権理事会が投票なしに調査委員会を設置した初めての採択であった。この決議は、2012年、国連総会と国連人権理事会が投票なしで採択した「北朝鮮の人権状況の悪化に対する深い憂慮を表す決議」に続いて採択されたものである【2】。

7. 国連人権理事会決議22／13が採択される以前から、北朝鮮の人権侵害に関する調査特別報告者や、国連加盟国の国連関係者、そして北朝鮮から脱出した人たちの人権グループなどの市民団体が調査機関の設置を呼びかけていた。北朝鮮の人権侵害に関する調査特別報告者が国連人権理事会第22会期で行った報告では、特に、北朝鮮内で組織的かつ広範囲に行われている憂慮すべき人権侵害を調査し、記録するための、独立不偏で、適切な予算を持った調査機関の必要性を明記していた。

8. 2013年1月、国連人権高等弁務官ナビ・ピライ［*Navi Pillay*］は、過去数十年にわたって北朝鮮で起きている、彼女が表現するところの「深刻な犯罪」への本格的な調査を呼びかけ、同国内の嘆かわしい人権状況が、北朝鮮の核兵器保有に対する懸念によって覆い隠されてはならない、と強く主張した。

9. 北朝鮮が既存の人権機関への協力を限定している中で、この調査委員会が設立されたことも充分理解されなければならない。北朝鮮は、「市民的及び政治的権利に関する国際規約（ICCPR）」、「経済的、社会的及び文化的権利に関する国際規約（ICESCR）」、「子供の権利条約（CRC）」、そして、「女子に対するあらゆる形態の差別の撤廃に関する条約（CEDAW）」の締約国である。2004年、北朝鮮は、子供の権利委員会代表団の同国訪問に積極的な一歩を踏み出したにもかかわらず、2009年以降は、前述の諸条約関連の報告書を一切提出していない。

10. 北朝鮮は2009年、国連人権理事会の普遍的・定期的レビュー（UPR）を初めて受け、2014年に2回目のレビューを受けることになっている。北朝鮮は、人権擁護へ尽力すると一般的に述べる一方で、2009年に国連人権理事会のUPRに携わったグループによる167件の勧告をひとつとして受け入れていない【3】。

11. 北朝鮮の人権侵害に関する調査特別報告者は、2004年に国連から任務を委託されて以降一度も北朝鮮に入国できていない。北朝鮮は、敵対行為であるとして国連への協力を拒否している。1995年の女性に対する暴力およびその原因と結果に関する特別報告者の任務を与えられた派遣団以降【4】、国連人権理事会の任務実行者は誰一人として北朝鮮に招かれてもいなければ、入国を許可されてもいない。

12. 国連総会と国連人権理事会の決議に基いて、国連事務総長と国連人権高等弁務官も、北朝鮮内の人権侵害と人権侵害に関連する不処罰について詳細にわたる定期報告書を発表している。北朝鮮は、国連総会と国連人権理事会の決議を拒否しているため、これらの報告書に対して実質的な意見は何も述べていない。北朝鮮政府は2003年以来、国連人権高等弁務官事務所からの技術的援助の提案もすべて拒否している。

B・国連から委託された任務の解釈

13. 調査委員会が国連から委託された任務内容は、基本的に国連人権理事会決議22／13第5パラグラフの中にある。そして、この国連人権理事会決議22／13第5パラグラフは、北朝鮮の人権侵害に関する調査特別報告者の2013年報告書第31パラグラフについて具体的な言及をおこなっている【5】。この2つの文章を総合して読み込み、調査委員会は、北朝鮮における深刻で、広範囲にわたる組織的な人権侵害、特に以下に示す人権侵害についての調査を委託されたものとした。

・食の権利の侵害
・収容所に関連するあらゆる人権侵害
・拷問と非人道的な取り扱い
・恣意的逮捕と恣意的拘留
・差別。特に基本的人権と基本的自由の組織的な拒否と侵害に見られる差別
・表現の自由の侵害
・生存権の侵害
・個人の移動の自由の侵害
・強制失踪。他国民を拉致しての強制失踪を含む

14. 調査委員会の調査の焦点は、相互に関係しあうこれら9つの領域で明確になる。しかしながら、この9領域がすべてを網羅するものではなく、調査委員会は、本質的な関連のある人権侵害については9つの領域以外の調査も行った。

15. 委託された任務ではさらに、相互に関連した3つの目的を追求すべきとした。その目的は以下の通り(1)人権侵害をさらに深く調査し、記録する事(2)被害者と加害者からの証言を収集し、記録する事(3)責任追及《アカウンタビリティ》を確保する事。

(a) 人権侵害のさらに深い調査と記録

国連人権理事会決議22／13は、調査委員会に、北朝鮮の組織的で深刻な、広範囲にわたる人権侵害の調査を依頼する。同様に前述の特別報告者の報告書第31パラグラフでは、こ

うした侵害のより詳細な記録に繰り返し言及する。より詳細な調査とは、責任追及《アカウンタビリティ》を確保するために、人権侵害が、誰によって、どのように計画され、命令され、組織されたものであるかに焦点を絞って調査することを意味した。

(b) 被害者と加害者からの証言の記録

調査委員会の任務では、特別報告者の報告書第31パラグラフに詳述されるように、調査委員会に「被害者の証言と、生存者、証人、加害者からの証言を収集し、記録する」ことが求められている。調査委員会はこの要求を、主に、被害者と証人の公聴会を開き、彼らの証言を委員会のウェブサイトに掲載することで実行した。さらに、身の安全のために公では話せない被害者と証人からの証言に関しては、機密性の高い部外秘のデータベースで保管した。

(c) 組織と個人からの全面的な責任追及《アカウンタビリティ》の確保

調査委員会の任務内容には、「(調査が)これらの人権侵害が人道に反する罪に該当し得る場合は特に、全面的責任追及《アカウンタビリティ》の確保を目的として」行われるべき、と明確に述べられている。特別報告者の報告書第31パラグラフでは、さらに「深刻で、組織的な広範囲にわたる人権侵害に対する組織と個人の責任追及《アカウンタビリティ》の問題は、それらが人道に反する罪に該当する場合においては特に、入念な調査がなされるべきである」とする。

16. 報告を受けた人権侵害の規模と組織的性格とその重要性に鑑み、調査委員会は国際社会の責任も考慮の対象とした。国連人権理事会決議22／13第5パラグラフと特別報告者の報告書第31パラグラフの求めに従い、調査委員会は国際社会に対する勧告を行った。

17. 国連人権理事会決議23／25[6]第17パラグラフに従い、そしてジェンダー統合の最良形態に倣って、調査委員会は、女性と子供に対する暴力の調査過程で、ジェンダーの問題と侵害の影響に特別の注意を払った。したがって、調査委員会は、国連人権理事会決議23／25を考慮にいれて、女性と少女に特別の注意を払い、報告書にジェンダーに関する人権侵害を含めた。女性に対する暴力、特に性的暴力は、被害者にいまだ付きまとう汚名と恥辱のために、結果的にはそれらを記録することは困難であった。調査委員会は、この問題に関連する侵害を部分的にしか記録できなかった可能性を否定できない。

18. 他の調査委員会に与えられた任務と比較すると[7]、国連人権理事会決議22／13第5パラグラフは、調査委員会の調査対象を現在に限定しない。調査委員会は、現在の人権侵害状況でも引きつづき行われている違反行為を集中的に記録した。調査委員会は、時間や情報が限られている中で、遠い過去に起こった可能性があるが、今日まで深刻な影響が残る人権侵害も調査した。北朝鮮建国以前の歴史的事象が、現在の北朝鮮の人権侵害と、その人権侵害の政治的、文化的、経済的な根本原因を理解するに欠かせないところでは、それら歴史的事象を説明した。

19. 地理的には、北朝鮮内外の北朝鮮国民に対する北朝鮮の人権侵害疑惑と、北朝鮮以外の国民の拉致のような、北朝鮮に起因し、北朝鮮領域外で行われた人権侵害疑惑が含まれる。

20. 北朝鮮国内の人権侵害を誘発する北朝鮮国外で発生する人権侵害と、北朝鮮国内の人権侵害の直接的結果として北朝鮮国外で起こる人権侵害も、調査委員会の調査対象である。この点において、調査委員会は、他国の関連責任も見極めた【8】。

C・北朝鮮の非協力

21. 国連人権理事会決議22／13は、北朝鮮政府に対し、調査委員会の調査に全面的に協力し、調査委員会のメンバーの北朝鮮への出入国を無条件に許可し、任務達成に調査委員会が必要とするすべての情報を与えるよう強く要請した。決議採択直後、北朝鮮は同決議を「政治対立と謀略の産物」と見なし、「全面的に拒否し無視する」と発表【9】。北朝鮮は、2013年5月10日付け国連人権理事会議長宛のレターで、北朝鮮は「委員会の調査を全面的かつ断固として拒否する」と伝えてきた。残念ながらこの態度は、北朝鮮の参加を促す委員会の多くの努力にも関わらず、いまだに変化していない。

22. ジュネーブの北朝鮮政府代表部に宛てた2013年6月18日付レターで、調査委員会は北朝鮮との会合を要請した。続いて2013年7月5日付レターでは、調査委員会は、北朝鮮に、同国に自由に入国出来るよう、協力と支援を求めた。ジュネーブの北朝鮮政府代表部は、調査委員会事務局にこの2通のレターの受領を確認したが、調査委員会に委託された任務を拒絶するとの態度を変えなかった。

23. 調査委員会は、2013年7月16日に、北朝鮮の最高指導者（首領）であり朝鮮労働党第一書記である金正恩《キムジョンウン》［*Kim Jong-un*］宛のレターで、北朝鮮への入国を再度求めた。これに対する返事はなかった。

24. 調査委員会は、ソウル、ロンドン、ワシントンDCで開かれる公聴会に代表者か代表団を送って証拠の精査と提案を行うよう、北朝鮮当局を招待した。しかし、この招待への返事はなかった。調査委員会は、北朝鮮が代表者の公聴会出席の準備をしたかどうかについては認識していない。

25. 2013年9月17日、調査委員会委員長は、国連人権理事会で行われた会議で、調査委員会が北朝鮮との友好関係を求めている事、北朝鮮訪問の用意がある事、北朝鮮当局が適切と考えるいかなる内容についての対話にも応じる意思のある事を再度、確認した。2013年10月29日、調査委員会委員長は、ニューヨーク国連本部の北朝鮮代表も出席した国連総会第3委員会の会議の席上で、前提条件なしの北朝鮮との対話と交流の機会を再度、提案した。これらの申し出に対する北朝鮮からの返答はなかった。

26. 調査委員会は、委託された任務を、公平性や透明性、独立性を保って実行し、北朝鮮のすべての人々の人権の向上に努力するとの決意を、北朝鮮に宛てた2014年1月7日付レターで伝えた。調査委員会は、調査委員会の業務に北朝鮮政府から充分な情報が提供されるための努力を続けると繰り返し、北朝鮮国内の人権状況をより良く理解するには、調査対象である北朝鮮に入国して北朝鮮当局の見解を聞くことが重要である、と強く主張した。この書面のなかで、調査委員会は、ジュネーブの北朝鮮政府代表部に報告書の作成方法について話し合いを持つことも提案した。これらすべての北朝鮮へのアプローチは無視された。

27. 調査委員会は、本報告書公開以前に、報告書の全調査結果を北朝鮮政府に伝え、北朝鮮政府からのコメントと事実関係の修正を求めた。最も懸念される事項の概略、特に、人道に対する罪を示唆する事項の概略も、北朝鮮最高指導者金正恩《キムジョンウン》宛のレターの中に書き入れた【10】。本報告書執筆時点において、返答は一切ない。

D・作業方法

28. 2013年7月の第1週に開かれた第1回会議で、調査委員会は作業の方法論とプログラムを決定した。調査委員会は、最大限の透明性を保ち、北朝鮮への適正な手続きを保証しつつ、同時に被害者と証人の安全を確保しながら、調査を遂行する、と決定した。

29. 調査の実行と証言の評価に関し、調査委員会は、独立性、公平性、客観性、透明性、全体性の原則と、「危害を与えない」原則を守った。「危害を与えない」原則には、被害者と証人の機密性の保障と保護に関連するものも含まれる。証人の保護、広報活動、手続き規則、報告書作成、調査の国際水準、アーカイブ保管に関して、最善慣行《ベストプラクティス》の原則を適用するものとした【11】。

1・公聴会

30. 北朝鮮にいる証人との接触も、北朝鮮への入国もできなかったために、調査委員会は、公聴会という形を取って、証言を直接聴くことにした。公聴会では、透明性と適正な手続きが守られ、被害者と証人の保護の原則が守られる。メディアや他のオブザーバー、そして一般の人々に公開される透明性の高い手続きを通して、北朝鮮を脱出した被害者と証人、さらに専門家たちが証言を行った。80人を超える証人と専門家が公開の場で証言を行い、高い特異性をもつ情報を、詳細に、時にはとてつもない勇気を奮って提供した。

31. 公聴会は、ソウル（2013年8月20～24日）、東京（2013年8月29～30日）、ロンドン（2013年10月23日）、ワシントンDC（2013年10月30～31日）で実施された。韓国、日本、英国、米国の各国政府は、公聴会の運営に必要な身元証明の簡易化、会場の借用、専門通訳手配の補助、ビデオ記録と議事録の提供などの実質的な支援を提供した。こうした方面からの支援により、公聴会の安全性が確保され、国内外メディアや関連市民団体や個人との連絡も容易になった。

32. 公聴会では委託された任務の全領域を取り挙げた。証人は正直に証言すると宣誓した。調査委員は、証人が北朝鮮内の人権状況に関連する問題に限って発言し、問題と関係のない政治的発言や名誉を毀損する発言をしないように注意した。証人が、北朝鮮以外の国で経験したか、目撃した人権侵害について語る場合は、その人権侵害と北朝鮮の人権状況とに直接的な因果関係がある範囲に限って、証言がなされた。

33. 調査委員会は、北朝鮮当局をソウル、ロンドン、ワシントンDCの公聴会へ招待し、許可の範囲内で質問と異議申し立てをするよう要請したが、返答はなかった。代わりに、北朝鮮の公式ニュースメディアは調査委員会を名誉毀損であると非難し、証人証言は捏造されていると主張した[12]。調査委員会は北朝鮮を招待し続け、彼らの主張の具体例を挙げるよう要請したが、返答はなかった。調査委員会は、北朝鮮の主張を証人にも説明し、証人が自分自身の言葉で返答できるようにした。公聴会のすべてはビデオに収録され、議事録として記録されている。これらの記録は調査委員会のウェブサイトからみることができる[13]。調査委員会は一般市民が、ビデオ録画と書き起こしを見て研究し、証人証言の信頼性と一貫性に関して自分自身の意見を持つことを勧める。

2・非公開での聞き取り

34. 北朝鮮を脱出した多くの被害者と証人達は関連情報を伝える用意はあったが、北朝鮮に残る彼らの家族への報復を恐れて公開の場での発表をしたがらなかった。北朝鮮の政府関係に勤めていた人たちは特に、調査委員会に協力していることを人に見られるのを嫌うことが多かった。北朝鮮状況に詳しい専門家にも、北朝鮮との直接的な関係を維持するために非公開での聞き取りを選ぶ人たちがいた。

35. 調査委員会と調査委員会事務局が行った証人の非公開の聞き取り件数は240件以上に上った。これらの聞き取りは、ソウル、東京、バンコク、ロンドン、ワシントンDCで、ビデオ会議や電話を通して行われた。

36. こうして聞き取った内容は本報告書に引用している。人権侵害の行われた正確な場所と時間、証人を特定できる可能性のある情報は、証人保護のために公開を控えたものも多い。

3・他の資料提出とレビューの呼びかけ

37. 2013年7月、調査委員会は、すべての国連加盟国と関係者へ文書の提出を呼びかけた。この問題に関係するすべての国、個人、団体は、調査委員会の任務の遂行に資すると思われる情報と書類を調査委員会と共有するよう要請された。調査委員会への情報と資料共有の締め切り日である2013年11月3日時点で、80件の提出が記録された。締切後にも送られてきた少数の提出物も受け付けた。加えて、膨大な数の文書が調査委員会と調査委員会メンバーに寄せられた。

38. 調査委員会は、国連、NGO、政府、研究所、学者が用意した大量の報告書や資料を精査した。本報告書の調査結果は主に被害者と証人の証言に拠るものであるが、書面での記録は重要な背後関係と実証作業の根拠となった。多くの報告書と資料が公聴会の席で証人から提出された。それらはすべて証拠物件として記録され、公聴会の記録に含まれている。

4・他の国々の参加

39. 調査委員会は、2013年8月19日から27日の間、韓国を訪問した。ソウルで開かれた公聴会に加え、調査委員会は、韓国の首相、諸官庁の政府関係者、そして、地元のNGOや国際NGO、市民団体、韓国国立人権調査委員会、韓国の統一研究院の職員と面会した。

40. 調査委員会は、2013年8月27日から9月1日の間、日本を訪問した。東京で開かれた公聴会に加え、調査委員会は、日本の首相、諸官庁の政府関係者、地元のNGOや国際NGO、市民団体と面会した。

41. 調査委員会は、2013年9月18日から20日の間、タイを訪問した。この訪問中、調査委員会は、外務省などのタイ王国政府関係者、タイ国立人権委員会、国際機関の代表、地元のNGOや国際NGO、市民団体の職員と面会した。調査委員会の委員らは北朝鮮による国際的拉致の疑いのある事件の家族に非公開での聞き取りを行った。

42. 調査委員会は2013年10月23日から25日の間、英国を訪問した。ロンドンで開かれた公聴会に加え、調査委員会は、外務英連邦省の極東および東南アジア担当大臣、諸官庁の政府関係者、NGO、市民団体と面会した。

43. 調査委員会は2013年10月28日から11月1日の間、米国を訪問した。ワシントンDCで開かれた公聴会に加え、調査委員会は、米国国務省当局者、下院外務委員会議長と外務委員、諸省庁の役人、専門家、NGO、市民団体と面会した。

44. 調査委員会の事務局メンバーは、調査委員会が公聴会開催諸国を訪問する前に関係者と会って公聴会の準備をし、調査委員会が任務に当たっている間は異なる場所で非公開での聞き取りを行った。事務局メンバーは、2013年10月末に3週間、ソウルを再び訪問し、追加的な非公開の聞き取りなど、2013年8月に開かれた公聴会の追跡活動を行った。

45. 2013年7月の第1回運営会議から、調査委員会は、中国国内での関連調査と、調査委員会の任務遂行に関して中国当局と協議するために中国への入国を目指した。特に、調査委員会は、北朝鮮を脱出した人々の状況についての情報を直接入手するために、北朝鮮国境地域への立ち入り許可を申請した。

さらに、調査委員会は、中国人の北朝鮮問題専門家に調査委員会の調査活動を知らせるために彼らとの面会を求めた。ジュネーブ国連事務所の中国政府代表部外交官と数回の非公式会合を行った後、調査委員会は2013年11月7日、中国政府代表部に対し、調査委員会を中国に招待するよう正式に要請した。

このレターの中で、調査委員会が中国政府関係者や専門家と面会するために北京を訪問すること、また、収容所や他の拘留施設にいる北朝鮮国籍の人々への聞き取りと、中国内の北朝鮮国籍の人々を支援する教会や団体の代表への聞き取りのために延辺《えんぺん》朝鮮族自治州（中国吉林省内、北朝鮮との国境近くの自治州）を訪問することに対し、中国政府からの同意を求めた。このレターの中で、調査委員会が中国国内で懸念する問題は、北朝鮮から中国への女性の人身取引疑惑と、北朝鮮人の母と中国人の父を持つ子供たちの状況であることを強調した。

2013年11月20日、中国政府代表部は特定された国家についての中国の立場、特に朝鮮半島をめぐる中国の立場を鑑み、調査委員会を招待できない、と調査委員会事務局に通知してきた。それを受けて調査委員会は、ジュネーブの中国政府代表部に対し、中国国内の北朝鮮市民とその子供たちの状況、北朝鮮への強制送還とそれに関連する北朝鮮との協力関係、人身取引など、調査委員会が委託された任務において懸念するその他の問題に関する情報の提供を要請した。2013年12月30日、調査委員会はこの要請への返答を受け取った。さらに2014年（訳注●原文では2013年）1月26日にもう一通のレターを受け取った。その内容は調査委員会報告書の付録に記載されている【14】。

46. 報告書の中で、他の国々の責任、その国々の国民の責任、他の国々に直接関係するその他の事柄に触れる部分は、事実関係が修正されるよう、当該国政府と共有した。指定した締切日までに返答のあった情報は、調査委員会が入念に精査し、特に事実が不正確に表現されているところは調査委員会が適切にまとめた。

5・国連機関や他の組織との協力

47. 国連人権理事会決議22／13では、調査委員会の任務達成のために、特定機関などの国連機関、地域的政府間団体、委託任務実行者、関連機関、特定の組織に属さない専門家、ＮＧＯに、調査委員会と定期的に対話を持ち、協力するよう求めている。

48. 調査委員会は関連情報を得るために、多数の国連機関や国連外部の人権問題当事者と連絡を取った。北朝鮮での活動に影響がでることを恐れて、調査委員会への協力に慎重な国連機関が少数あった。関連情報を提供する機関もあれば、しない機関もあった。本報告書では、こうした情報がその団体の報告書で公開されているものに限って出典を記す。公的な報告書からの引用文は必ずしも、その団体が調査委員会に協力したことを意味するものではない。

49. 調査委員会は、国連人権高等弁務官事務所（ＯＨＣＨＲ）に感謝する。専任の事務局とは別に、調査業務補助、事実調査活動や他の人権調査活動の補助というＯＨＣＨＲの持つ通常機能から助言と支援を得た。こうした支援と補助は、調査委員会や調査委員会のメンバー、そして調査委員会事務局の独立性と完全性を尊重する形で与えられた。調査委員会はまた、人権理事会特別処置と人権条約機関の多くの委託任務実行者と相互に連絡を取り、関連情報を受け取った。

50. 調査委員会は、北朝鮮内の人権侵害を徹底的に記録する多くのＮＧＯから非常に貴重な支援を受けた。これらの団体には財源不足に苦しんでいるところがある。それにも関わらず、彼らは調査委員会が北朝鮮を脱出した被害者と証人から確実に信頼を得るためにいかなる労もいとわなかった。

6・証人保護とその他の調査上の問題

51. 調査委員会は被害者と証人の保護に特別の注意を払った。調査委員会の行った最初の保護に関する評価では、北朝鮮当局は通常、北朝鮮内の人権状況について話す人々を即決処刑や、強制失踪、その他の暴力行為にさらすことが指摘された。こうした人々の家族は厳しい報復を受けている。調査委員会は、北朝鮮を脱出した人々が北朝鮮当局に拉致され、北朝鮮に強制送還されるというよく知られている事案だけでなく、こうした人々を強制的に本国送還させる中国の方針も考慮の対象とした。

52. こうした背景を念頭に入れ、調査委員会は、被害者と証人との連絡については慎重に判断し、警戒心と配慮を持って臨んだ。連絡したことで危険にさらされる可能性のある人々とは、連絡を取る必要性を常に事前評価してから取りかかった。調査委員会が、協力者の安全が確保できないと判断するか、危害のリスクが高いと評価されるか、もしくは、調査委員会がリスクのレベルを決定するに充分な情報を持っていない場合には、連絡しなかった。特に、調査委員会は、北朝鮮に今も住んでいる証人には携帯電話を使っての直接的な連絡は取らないことにした。

53. 公聴会における保護の問題は、あらゆる状況を考慮に入れ、ひとつひとつのケースについて注意深く評価した。原則として、調査委員会は、公開での聞き取りは、身近な家族が北朝鮮にいない人に行うか、または、中国国内での危険がないと判断された被害者と証人のみに行うことにした。証言する証人のインフォームド・コンセント（訳注◉状況をよく説明して相手の同意を得ること）は、その証言を取りあげるには、必要ではあるが充分ではなかった。調査委員会が家族への報復が現実的な可能性をもつと判断したため、公に証言すると申し出た勇気ある証人の発言を断る場合があった。また、名前とその人の体験がすでにメディアに集中的に取材されているような被害者と証人からは、公開で証言することがさらなる報復を生むと信じるに値する根拠がない場合にのみ、証言が可能であると判断した。調査委員会はまた、証人の証言と聞き取りには、身元を公に知られることに同意していない人の個人情報と、保護が必要な人の個人情報が絶対に含まれないよう充分な注意を払った。

54. すべての証人の身元確認は、調査委員会が公聴会以前に行った。ほとんどの証人も公聴会で自分の身元を明らかにしようと準備していたが、保護が必要であることから、匿名（X嬢、ティモシー氏など）で名乗り、顔を隠すか、他の人の名を使う手段をとってのみ証言ができる証人もいた。少数の証人が、身元を隠すための手段として、帽子をかぶるか、サングラスをかけるか、顔の一部を布で覆った。

55. こうした徹底した保護策をとっても報復の危険性は否定できない。調査委員会は、調査委員会に協力した人、または、その人たちの家族が報復を受けたことに関するあらゆる情報を、国連人権高等弁務官を通じて、迅速に国連事務総長に届けるよう要請した。また調査委員会は、被害者、証人、そのほかの調査委員会の協力者の主要な保護責任は、その人たちが居住国にあることを改めて確認し、国連加盟国に対し、必要に応じて追加的な保護対策を提供するよう要請した。

56. 北朝鮮内の証人に連絡が取れず、北朝鮮現地に行けないことが、前述の保護の問題に加えて、効果的な調査の実施に多くの特殊な問題を引き起こした。

57. 直接の証人となりうる人たちは、北朝鮮を脱出したわずか3万人の市民に限られ、その大半の人々が今日、韓国に暮らしている。これらの人々のほとんどが中国国境に接する地方の出身であるために、中国国境に接する地方の状況が北朝鮮のほかの地方の状況よりも比較的多く記録されることになった。北朝鮮から脱出した人が安全な場所に到着し、自分の経験について話す勇気を持つまでには、ほとんどの場合、膨大な時間を必要とする。調査委員会は直接的な証言に基づいた厳格な立証基準を適用したために、ＮＧＯやメディアが申し立てる人権侵害状況の最新の事件の多くを確認することができなかった。

58．　調査委員会が直面した最重要課題は、報復の恐怖から生じた。潜在的証人の大半は非公開でさえ話すことを恐れた。彼らは家族の安全を心配し、彼らの行動が今でも密かに北朝鮮当局に監視されていると思い込んでいたからである。調査委員会は、それゆえ特に、勇気をもって沈黙の壁を破り、公開又は非公開で調査委員会に証言してくれた個人一人ひとりに深く感謝するものである。

59．　仕事と活動への報復の恐れから、援助活動家やジャーナリスト、外交官など、北朝鮮を訪問した沢山の人たちが自分たちが持っている知識と情報を調査委員会に伝えることに消極的だった。とは言え、外国人の持つ人権状況についての直接的な知識には限界があった。彼らは北朝鮮国内の移動の自由が許されず、北朝鮮市民との連絡を厳しく管理され監視されていたからである。

60．　調査委員会は、テクノロジーの出現と、それが広範に使用できることで北朝鮮からもれてくる情報量に勇気付けられた。調査委員会は、報告書にある4つの政治犯収容所の存在を民間の衛星画像から確認することができた。技術的にさらに進歩した段階で制作された高画質の衛星画像であれば、さらなる情報が提供されていたことはほぼ確実である。残念ながら、そうした画像は、調査委員会が要求したにも関わらず、使用できなかった。

61．　調査委員会はまた、北朝鮮内の人権侵害の申し立てを解明する場所や資料、文書を隠し撮りしたビデオと写真を入手した。調査委員会は、その信憑性が確認される限りにおいて、こうした資料を信頼した。

62．　調査委員会は、調査委員会に協力する被害者と証人のほとんどは北朝鮮当局——国家そのものにではなく統治者——に対して全体として批判的な感情を持っていると認識する。北朝鮮は、調査委員会への協力を拒否したため、人権状況に対する北朝鮮自身の見解を示す機会と、北朝鮮国民の人権状況の進捗に関する情報を提供する機会を自ら奪った。この問題に対し、調査委員会は、北朝鮮の公開資料の中にある情報を精査して、その理由の解明を試みた。特に、調査委員会は、普遍的・定期的レビュー（ＵＰＲ）と人権条約機構に対する北朝鮮の国家報告書、さらに公開されている人権理事会特別措置の申し立て書への北朝鮮の返答の概略を精査した。これらの資料に記された数字や他の関連する主張は、調査委員会がその根拠と正当性を確認出来ない場合であっても、本報告書に掲載されている。

E・法的枠組みと報告された人権侵害の立証基準

63. 北朝鮮の人権状況を評価するにあたり、調査委員会は主に、北朝鮮が自主的に締約した前述の人権条約の法的拘束義務を基に、その評価をおこなった。国際慣習法が示す他の諸義務も北朝鮮を拘束する。

64. 調査委員会が委託された任務の中に含まれる朝鮮戦争時（1950〜1953年）に立ち返る諸問題に関して、調査委員会は、この紛争関連で北朝鮮と相手方間で引き続き適用可能な国際人道法上の未解決な義務も考慮の対象とした。

65. 人道に対する罪に該当し得るものは、国際慣習法が設定する定義に基づいて評価されている。国際慣習法は大方の場合、後に国際刑事裁判所のローマ規程に表現されたものと重複する。

66. 必要に応じて、調査委員会は、国際難民法と国際人権法の「追放および送還の禁止」、「国民と永住者の外交的保護に対する国家の権利と義務」など、他の国々が負う義務も考慮の対象とした。

67. 個々の事例や事件、また、国家による行動とその行動様式の事実確認にあたり、調査委員会は、国連の他の事実解明機関が用いる「合理的根拠」のある立証基準を用いた。この事実確認作業により、事件や行動様式の人権侵害としての法的意味、必要な場合には人道に対する罪としての法的意味の基礎を築くことができた。

68. 事件と行動様式を立証する「合理的根拠」とは、理性的で良識的な普通の人間が、その事件や行動様式が起きたと信じる根拠となった情報を調査委員会が入手し、その情報が他の資料と矛盾せず、信頼できる情報であると、調査委員会が確信する時に成り立つ。この立証基準は、刑事訴訟で要求される起訴の裏づけ基準より低いものであるが、事件と行動様式のさらなる調査と、訴追を検討するよう要請を行うには充分に高い基準である。本報告書に書かれた調査委員会の調査結果は、文章の中に（「合理的根拠が成立している」と）書かれていない場合でも、「合理的根拠」の立証基準を満たしているものであると理解されなければならない。

69. 公聴会では、証人の信頼性と信憑性、そして提供された情報の正当性に対する調査委員会の評価を一般の人と専門家が直接、観察できることから、調査委員会の方法論に従って、公聴会で収集した情報を特に強調した。

70. 本報告書が引用する個々の事例と諸事件は、ほとんどの場合、少なくともひとつの直接入手した信頼できる情報源を基にしており、その情報は少なくとももうひとつの別の情報源から裏づけを取っている。

保護の問題がクリアになっている範囲において、情報源は明記されている。報告書に行動様式が記述されているものは、直接入手したいくつかの信頼できる情報源をもとにしたものであり、それらは収集した信頼できる情報源全体と一致し、またそれによって裏付けが取れているものである。この厳格な立証基準に合わないが、調査委員会が事例や様式を引用するのが適切であると判断した数件の事件に関しては、その情報源を明記している。

71. 調査委員会が直接入手した情報の情報源と考えるのは下記の通りである。

(a) 公聴会と非公開の聞き取りで与えられた、被害者、証人、被害者の近親者からの証言、加害者または、調査委員会に持ち込まれた問題、事件、動向に関しての直接的知識をもつ元北朝鮮政府関係者からの証言。情報源の信頼性、信憑性、情報の有効性は、調査委員会が評価する。

(b) 信頼できる情報源からの衛星画像、本物であることが証明されたビデオ素材と写真素材、伝記、信頼できる情報源から直接入手した情報を含むその他の書類。公聴会で受け取った多くの証拠物件もこの分類に入る。

(c) 北朝鮮が公に認める関連事象。

(d) 北朝鮮の法律、政策、指令、および北朝鮮の内部資料。これらは信憑性と信頼性のある情報源から受け取り、その真偽が確認されたものに限る。

(e) 北朝鮮または国連が作成した統計資料、調査資料、定量的情報。これらは、そのデータが明らかに健全な方法論に基づいたものであり、データの基礎となる情報に有効性があると考えられ、信憑性と信頼性のある情報源からでたと思われるものに限る。

72. 直接的な情報源から得た情報の裏づけをとり、人権侵害の全体的背景を得るために、調査委員会は下記の種類の情報に拠った。

(a) 情報を直接知っている人から（噂ではなく）受け取った証人による、公聴会または非公開の聞き取りでの証言。これらは、調査委員会がその情報源の信憑性と信頼性、および、情報の有効性を評価することを条件とする。

(b) 国連、研究機関、人権団体の出版物または提出文書の中に含まれる証言の概略。この場合、調査委員会が情報源の信憑性と信頼性、そして情報の有効性を評価したものに限る。

(c) 専門家の証言、公的報告書、提案書、書物、文献、また同種の資料に含まれる行動様式の記述の概要。この場合、調査委員会が情報源の信憑性と信頼性、そして情報の有効性を評価したものに限る。

73. 各情報源の信憑性と信頼性は調査委員会が入念に評価した。調査委員会は、情報源が信頼に足るものであるかどうかを検討し、証人に関しては、その人が真実だと信じているかどうかを見極めた。これらの評価では特に下記の点を検討事項とした。

(a) 証人の政治的、個人的興味、潜在的偏見、信頼性についての過去の記録（もし分かれば）
(b) 証人の年齢、トラウマ、事件からの経過時間を考慮した上での、その人の正確な記憶力
(c) 情報内容に関しての証人の立場
(d) 証人がどこで、どのように情報を得たか
(e) 証人が情報を提供する理由

74. 加えて、調査委員会は、いかなる情報もその正当性の評価に関しては、特に、情報の調査との関係性、その内容の一貫性と統一性、その論理性、他の情報との一貫性と、他の情報からの裏づけを考慮して評価しなければならないとした。

75. 情報源の信憑性と信頼性の評価は、情報の正当性評価とは分けて行った。調査委員会は、信憑性と信頼性があると判断された証人が必ずしも正確で有効な情報を提供するとは考えなかった。

76. 調査委員会は、情報が「合理的根拠」基準に適うと評価されたところでは、比較的容易に結論を下せ、推論を引き出すことができた。それは、調査委員会が、北朝鮮当局に、公聴会に出席して証人に質問の許可を求め、そうして得た情報を調査委員会に伝える機会を何度も与えていたからであった。さらに、調査委員会は調査結果を北朝鮮に伝え、コメントと事実の修正を求めた。こうした機会を北朝鮮当局は自らの判断で利用しなかったのである。

77. 本報告書で調査委員会が言及する証人の証言は、評価を済ませて記述されている証言である。したがってそれらは信頼に値し、関連性があると調査委員会が判断し承認したものである（なんらかの明示がある場合を除く）。

78. 本報告書で言及される特定の証言は、その証言が、分析中の諸問題に関する調査委員会の唯一の判断根拠であることを意味するものではない。本報告書で直接、言及し引用するもの

は、調査委員会が、広範な人権問題または行動様式のひとつの例、又はひとつの説明として紹介すると決定したものである、と理解されるべきである。

F・文書保管と証言記録の保管

79. 国連人権高等弁務官事務所（OHCHR）の関係部署からの助けを得て、調査委員会が委託任務に関連する情報を安全に記録し保管できるよう、非公開の電子データベースがOHCHR基準モデルを使って特別に製作された。特に、このデータベースの使用により、調査委員会は下記のことが可能となった。

(a) 情報の安全な管理、フォローアップ、保管
(b) 暗号化を含む、情報の安全な保管
(c) 情報の読み出しと分析
(d) 徹底した人権調査とレポーティング方法論の実践

80. このデータベースには、証人から聞き取った内容のすべての要約記録と、調査過程で収集した関係資料の電子コピーが含まれている。このデータベースは、すべてを検索できるツールとして、分析情報の理論的な構築とその抽出を可能にした。これにより傾向とパターンを掴むことが可能となり、本報告書の執筆に役立った。

81. 収集した情報の使用と共有について、情報提供者が、内容をよく理解した上で自由意志で行った合意内容はすべてデータベースに記録された。情報提供者が使用制限なしに合意した時でも、調査委員会は受け取った情報の使用と共有から発生する危険について追加的な評価を行った。データベースにはその評価内容をすべて記録した。

82. この非公開のデータベースの保護を、調査委員会は国連人権高等弁務官（HCHR）に要請した。調査委員会はまた、データベースが更新され続け、持続的に拡張される生きた道具となることを希望すると、高等弁務官に伝えた。したがって、データベースは国連人権高等弁務官事務所、北朝鮮の人権侵害に関する調査特別報告者、そして将来、北朝鮮の人権保護の任務を帯びる国連のいかなる機構にも全面的にアクセス可能となるべきものである。

83. さらに、調査委員会は、データベースに収められた資料の使用を許可する権限を、調査委員会事務局の機能を引き継ぐ高等弁務官に与えた。これは、犯罪その他の人権侵害の責任追及《アカウンタビリティ》の確保、人権侵害の真実の追求、または、国連が行う特定の個人か機構への制裁のために、信頼できる調査を実施する目的を持つ。こうした使用許可は、証人などの情報源が、状況をよ

く説明された上で同意したものと、注意深く保護されているものだけに与えられるべきである。調査委員会の委託任務が完了した時に、調査委員会が収集した情報がその保全性を失わないために、調査委員会の物理的記録は、国連のアーカイブ作業基準に沿って保存されることになっている【15】。

84．　朝鮮の人々の歴史において、北朝鮮内で起きている人権侵害の証人の個々の証言を記録し保存することは、人権意識の目覚めと、そこから生まれる責任追及《アカウンタビリティ》に大きく貢献するものである。深刻な人権侵害が知られることなく秘密裏に行われ、その記録と分析が行われずに、国際法の承認する普遍的価値からの衝撃的な逸脱を将来世代が学べないようなことが起これば、それは、すべての人が勝ち得た普遍的な人権の成果と、その成果の継承に対する最大の侮辱である。本報告書はそうした多くの衝撃的逸脱を記述するものである。

III

北朝鮮の人権侵害の歴史的・政治的背景

Historical and political context to human rights violations in the Democratic People's Republic of Korea.

85. 北朝鮮の現在の人権状況は、朝鮮の人々の歴史的体験から形成された。儒教的社会構造と日本の植民地支配下での抑圧が、今日の北朝鮮に広がる政治構造と政治意識の特徴を作り出した。朝鮮半島の分断、朝鮮戦争での戦禍、そして冷戦の影響が、孤立主義的思考と外国勢力に対する深い敵意を生み出した。北朝鮮の人権侵害の特性と全体的な規模は、北朝鮮の政治制度の発展を理解すれば、より理解が可能となる。北朝鮮は一族の王朝が支配する一党政治国家である。その一族支配の王朝が党、国家、軍隊を支配する。マルクス・レーニン主義的社会主義理論に基づくともいえる硬直した思想教義と大規模な治安組織がこの体制を維持している。

86. 歴史と政治構造のいかなる記述も必然的にその記録者の情報源と見解を反映する。調査委員会は、さまざまな段階で、歴史的事象などの北朝鮮の見解を直接聞くために北朝鮮の関与を求めた。こうした関与が得られない中でも、調査委員会は、偏りのないアプローチを追求し、最も信頼すべき情報源を十全に使って北朝鮮の人権侵害状況の歴史的・政治的背景について調査委員会が理解したことを伝えるよう努めた。

A・植民地時代以前の歴史

87. 北朝鮮は、開闢以来の北部の孤立性を示唆する「隠者王国」と呼ばれることが多い。しかしながら、概して自らが課した北朝鮮の今日の孤立は、近代以前の朝鮮の体験の延長線上にあるものではない。朝鮮半島には新石器時代から人間が住み、その後、農産物を基盤とした共同体が現れ、その後の数世紀にわたる土着王国間の様々な戦いと近代の中国、日本、モンゴルなどの外部勢力との戦いに、充分な馬や武器、そして軍隊によって生き延びてきたと信じられている。

88. 前近代史において、朝鮮は、後に両班《ヤンバン》として知られるようになる、地主と学者からなる少数の貴族エリート階級が、農民と商人と労働者を含む下層階級を支配する階級システムを確立した。奴隷労働と年季強制労働も実施されていた。この階級性を基盤にした社会制度は、封建的な特徴、より正確には大土地所有官僚制度的な特徴を持つと言われることもある。理論上、この制度は、厳しい公務員試験に合格し、高い官位を受けた男たちにエリート的地位を与えるもので、中国の科挙制度と類似したところがあった。時とともに、両班は数世代にわたりエリート的地位を継承する世襲制度となった。その地位は地方自治体への参加権を含む永続可能な特権を伴った。

89. 両班階級制度は、朝鮮社会に深く根ざす儒教的基盤を物語っている。儒教は基本的に、ヒエラルキーを厳格に守ることが社会的調和と個人的充足に重要であると見なす倫理的、哲学的制度のことである。このヒエラルキーが定める5つの主要な関係とは、君主と臣下、夫と妻、親と子、兄と弟、そして友人と友人である。最も重要な関係は親と子である。実際、年配者への尊敬と年齢を基盤とした社会的ヒエラルキーは、今日でも南北朝鮮の文化の主要な性格として存在する。同様に、女性の地位は、男女不平等が伝統的な考え方であるために不利な影響を受けている【16】。

B・日本の植民地支配（1910～1945）

90. 日本の植民地支配に先立つ数世紀の間、朝鮮は、侵略されるかあるいは交流関係をもつ形で、中国人、日本人、モンゴル人、満州人、その数年後には、ロシア人、フランス人、アメリカ人などの外部世界との出会いを経験する。1876年、朝鮮は日本と不利な条約を結んだが、朝鮮への外部からの影響は日本人からのものに限らない。中国、ロシア、米国の利害や国内の改革者たちと同盟した諸派閥が国王の高宗《コジョン》［*Kojong*］の宮廷における地位を狙って画策した。

アジアでの影響圏の拡大を求める列強は、朝鮮獲得を競い合った。日清戦争（1894年～1895年）は、日本が朝鮮の独立を宣言したことで、朝鮮の中国との朝貢関係を終焉させた。朝鮮の独立とは、日本が半島への影響力拡大の権限を持つことを意味した。日露戦争（1904年～1905年）では、日本がロシア艦隊に打ち勝った。その結果、米国のセオドア・ルーズベルト大統領［*Theodore Roosevelt*］の仲介で、米国ニューハンプシャー州ポーツマスにおいて平和条約が締結され、朝鮮は日本の保護領として承認された。1910年、日本が正式に朝鮮を植民地と宣言したことで、朝鮮王朝は終りを告げ、朝鮮の人々に日本の天皇への忠誠が義務付けられた。

91. 日本が朝鮮に強要したのは、社会組織、行政組織、経済組織の改革などの様々な近代化政策であった。それでもなお、朝鮮人の圧倒的多数の人々はこの植民地経験を残忍なものとして否定的に捉えた。朝鮮人は彼ら自身の国の中で人種差別的法律の支配を受けた。朝鮮語で話すことを禁じられ、日本風の名前を付けさせられた。政府の上位管理職を日本人が占めるよう、日本は70万人の日本人を送って政府関連の役職に着かせた【17】。交通、通信、産業、農業でさえ、朝鮮の人々のためでなく宗主国（日本）の利益のために拡充された。日本の朝鮮半島での近代化促進の結果は、発展と後退の諸パターンがその特徴をなした。日本が最終的に朝鮮の発展を助けたのかどうかの問題は、政治的また学問的両面で、未だに多くの論議を残している【18】。

92. 1919年の3・1独立運動は、ソウル、平壌《ピョンヤン》などの朝鮮の数都市で日本支配に反対する学生や他の朝鮮人たちの抗議運動を刺激した。この非暴力のデモは続く数日のうちに多くの都市や町に広がった。日本当局は数千人の朝鮮人を逮捕し、その多くは拷問と非人道的な拘留状況の結果、死亡した【19】。

93. 日本は巨大な戦争遂行事業として朝鮮半島の産業化を大規模に推進した。製鋼所、工場、水力発電所が主に北部に建設された。朝鮮人の大半が農業基盤から引き離された。女性と子供を含む朝鮮人たちが半島北部や満州の工場での労働や、日本の炭鉱や他の企業に送られた。労働者の多くは過酷な環境で働き、膨大な数の男女が強制労働に徴集された【20】。1945年までには、日本国内の総労働力の多くを朝鮮人が占めたと推定されている【21】。

94. 1945年までに、すべての朝鮮人の20%が出身地からの立ち退きを強制され、11%が朝鮮国外への移動を強要されたと推定されている【22】。第二次世界大戦の終わりには、日本に約240万人、中国に約200万人、ソ連（ロシア）に約20万人の朝鮮人がいた【23】。第二次世界大戦の日本の敗北の後、植民地統治は崩壊した。移住させられていた数百万人の朝鮮人が故郷への帰還を求める一方で、日本、中国、ソ連（ロシア）に残った人たちもいた。この結果として、多くの朝鮮人が、特に日本と中国北部に残ることになった【24】。

C・半島分断・朝鮮戦争の遺したもの

95. 第二次世界大戦が終わりに近づくと、勝利を間近に控えた勢力の間で世界の植民地処分問題が交渉の主題となった。米国は、朝鮮の独立への段階的なプロセス設定のため、米国にとって有利な多国間委託統治を提案した。1943年、連合軍勢力はカイロ会議で、日本の敗戦を見越し、「時期到来時」における朝鮮の独立に向けた合意に達した。1945年、米国は北緯38度線で朝鮮半島を分断し、二つの管理区域を設け、一方を米国の影響下に、他方をソ連の影響下に置くとの決定を下した。米国はこの合意を満たすべく、2万5000人の兵士を朝鮮南部に送った。米兵たちは多くの場合、憤りと抵抗に迎えられた。1945年8月、ソ連は朝鮮北部に第25軍を送り、ソ連民生管理総局を設置した。

96. 日本人の北朝鮮撤退は突然であった。撤退後の空隙を埋めるべく、自治を求めるグループ、または、人民委員会が朝鮮半島の各地に登場した。米国はこれらのグループを弾圧したが、ソ連はこれらを統治機関の核に発展させた。ソ連軍が平壌に到着した時、北朝鮮でもっとも人気の高い指導者である朝鮮民族主義者のリーダー、曺晩植《チョマンシク》［*Cho Man-sik*］が平安南道《ピョンアンナムド》建国準備委員会を設置した。北朝鮮に派遣されたソ連軍部隊は「ソ連朝鮮人」、つまり1860年代後半に極東ロシアに移住した少数派朝鮮人の一部か、日本軍のゲリラ掃討作戦により満州から逃れて、それより後に極東ロシアにたどり着いた人々であった。これらのソ連朝鮮人の中に33歳の金日成《キムイルソン》［*Kim Il-sung*］がいた。彼はソ連軍の大尉の位をもつ軍人だった。

97.　ソ連が曹晩植を現地指導者としない方針を決定した時、金日成が代替候補に選ばれた。１９４５年10月14日、金日成がソ連軍を称える大衆集会で初めて公に演説した。彼はソ連軍少将レベジェフ［*Lebedev*］から「民族の英雄」であり、「立派なゲリラ指導者」であると紹介された。とは言え、金日成はこの会場で話をした3人の北朝鮮人の中の1人でしかなかった。曹晩植が五道行政局の首班の座にとどまっていたので、金日成が最高位にいた訳ではない。この五道行政局はソ連が設定した最初の政府の原型である。しかしながら、１９４５年12月、ソ連、米国、英国の外相がモスクワで会合し、朝鮮の5年間の共同信託統治に合意した。ソウルの民族主義者はこの決定に反対する集会を開いた。同様に、曹晩植は、１９４６年1月の委任統治支援宣言の署名に反対した。その結果、投獄され、彼は１９５０年に死亡した。

98.　１９４６年までに、ソ連民生管理総局は現地の行政権限を拡大していった。金日成が北朝鮮地方人民委員会の首班となった。北におけるソ連の影響に対する抵抗は、南の米国に対する抵抗より小さかった。１９４６年3月、北朝鮮臨時人民委員会は土地改革令を発し、金日成がこれに署名した。日本の諸機関や個人、そして大地主が所有する土地は没収され、元の居住者である農民に再配分された［25］。北部の土地改革は全体的に成功し、新体制の地位を強化した。１９４６年8月、北朝鮮臨時人民委員会は産業の国営化を開始した。手続き的には日本人所有者と朝鮮人協力者が没収の対象とされたのだが、これにより大規模産業のすべてと中規模産業のほとんどが没収された。１９４７年、民族文化と民族教育の推進策も人々に歓迎された。北朝鮮は最初の計画経済を開始した。

99.　この時期の特徴は、何よりもまず、激しい権力闘争であり、それは10年間続いた。金日成は、満州で共に対日戦を戦った彼を支持する若いゲリラ兵たち――パルチザン派――を権力の地位に着け、自らの権威の掌握に脅威となる人達を排除することで、彼の権力基盤を固め始めた。１９４６年、元ソ連警察官の方学世《パンハクセ》［*Pang Hak-se*］が、北朝鮮の政治警察と対諜報活動の最初の機関である北朝鮮臨時人民委員会保安局部長に任命された。方学世《パンハクセ》は北朝鮮政治警察の創設者と信じられている。彼はソ連領朝鮮族出身であるにもかかわらず、そして金日成のパルチザン派でないにも関わらず、金日成に生涯、忠誠を保った。

100.　金日成は熟練したゲリラ戦士であるという見方が大方を占めていたが、彼はすばやく自身の個人的な記録を増強して個人崇拝を作り出し、自らの名声を高めていった。このことが北朝鮮の統治の特性となり、情報・意見・表現の自由に対する国家方針となった。元最高人民会議常任委員長の黄長燁《ファンジャンヨプ》［*Hwang Jang-yop*］は、次のように説明した。

> 金日成が第88歩兵旅団の朝鮮人から選ばれた理由は明らかに、彼が若く、良い考えを持っていたからだ。もっとも、彼の経験は当時の中国人（中国朝鮮族）指導者たちに勝るものではなかった。誇張したプロパガンダで、ロシア軍大尉を伝説的な北朝鮮の英雄の地位に引き上げる必要があったのだ。しかし、当時、朝鮮は日本の支配下で悲痛な抑圧を経験したばかりだった。この状況は誇張したプロパガンダには都合が良かったのだ［26］。

101. 1946年、すべての政治グループが朝鮮労働党に統合された。北朝鮮内の武装勢力も組織化され、強化された。当初は警察や鉄道防衛団として偽装していたが、武装勢力はソ連軍から訓練を受け、ソ連軍の兵器で装備された。1948年9月に朝鮮民主主義人民共和国が設立されるまでに、金日成は内閣首班（または首相）としての地位を強固なものにしていた。大量のソ連軍が北朝鮮から撤退した。1949年、北朝鮮は徴兵制度を定め、兵員総数15万人から20万人、10歩兵師団、1戦車部隊、1空軍部隊を持った。この大規模な軍隊には、T-34戦車、Yak《ヤク》戦闘機などのソ連の兵器が装備された。これに戦争で鍛えられた4万5千人の兵士が、国共内戦の終結とともに中国から帰還し、戦力はさらに強化された。

102. 1945年と1948年の間に、北緯38度線は厳しく警備される国境となった。分断された半島の両サイドが再統一達成のために軍隊の使用を検討していた。1948年、ソ連軍と米軍がそれぞれ撤退した後、軍事的挑発が増加し、緊張が高まった。1950年6月25日、金日成は、ヨシフ・スターリン［*Joseph Stalin*］と毛沢東［*Mao Zedong*］からの支援をようやく確認した後［27］、9万人の朝鮮人民軍を38度線に送り、多方面攻撃を開始し、朝鮮戦争を始めた。韓国当局も米軍のアドバイザーもこれには驚いた［28］。金日成は、韓国指導者の正当性を認めず、南部での反乱が予想されることを理由に、朝鮮半島全体の指導者であると強く主張した。当初、朝鮮人民軍は、10万人以下の兵力の韓国を圧倒していた。首都ソウルは3日で陥落した。

103. 米国大統領ヘンリー・S・トルーマン［*Harry S. Truman*］は、北朝鮮による韓国への攻撃を冷戦の最初の重要な試練であると理解した。彼は迅速に米軍に出動命令を出し、その間、国連安全保障理事会の承認を求めた。国連安全保障理事会はまず、即時停戦と38度線からの北朝鮮軍の撤退を呼びかける米国主導の決議を、賛成9反対0棄権3で採択した［29］。ソ連は安全保障理事会の常任理事国としての拒否権を行使して欠席した。ソ連は1950年1月以来、中国の承認問題をめぐって安全保障理事会への参加を拒否していた。中国の国連での席は、国民党の本国での敗北にもかかわらず、台湾を拠点とする中華民国の代表によって占められていた【30】。1950年6月27日、トルーマン大統領は米空軍と海軍に韓国支援命令を出した。同日採択された安全保障理事会決議83は、「北朝鮮の韓国への軍事攻撃は平和を破壊するものである」とした。同決議は、国連加盟国に「武力攻撃を撃退し、地域の国際平和と安全の回復に必要な支援を韓国に送るよう」勧告した。1950年7月7日、安全保障理事会はさらに、兵力の提供と他の支援を与えるすべての加盟国は国連の統一された指揮下に従うよう勧告し、「統合軍は、対北朝鮮戦において、参加国の国旗とともに国連の旗を使用する自由裁量を持つ」との権限を与えた【31】。米国に加え、15カ国が国連軍司令部の下に「国際戦場」に戦闘部隊を送った。1950年8月、ソ連は安全保障理事会に復帰し、朝鮮戦争に関するすべての決議に拒否権を行使した。このとき朝鮮戦争についての議論は国連総会に移行した【32】。

104. 続く数カ月は、北朝鮮軍の勝利の連続であった。1950年8月末までに、北朝鮮軍は朝鮮半島の90%を支配した。しかしながら、1950年9月のダグラス・マッカーサー［*Douglas MacArthur*］将軍指揮下の米軍部隊の仁川《インチョン》上陸が趨勢を変えた。国連からの援軍を背に韓国軍は北進し、ソウルを奪還した。マッカーサー将軍は、中国の警告にも関わらず、国連の支援部隊を中国国境まで押し上げた。1950年11月までに、国連軍司令部の支持を受けた韓国は朝鮮半島の90%を支配した。すると中国は朝鮮人民軍を増強すべく、数十万の部隊を送った。この部隊は国連と韓国の部隊を、38度線の先まで押し返した。戦後の北朝鮮の報告で、北朝鮮は中国の「義勇軍」【33】の果たした役割を最小限に抑えた。しかし、終戦までの主な軍事的負担を負ったのは中国軍だった【34】。北朝鮮は、戦争中だけでなく戦後の再建や経済の維持に北朝鮮が受けた外部からの支援の程度を一貫して実際よりも軽く評価した。国連部隊による反撃は、朝鮮人民軍による支配領域を後退させ、北部に大量の破壊をもたらした。それ故、続く2年間、悲惨なこう着状態が続いた。この間、北朝鮮に落とされた爆弾は第二次世界大戦中に太平洋・アジアを舞台に落とされた爆弾より多かった【35】。朝鮮半島全域にもたらされた荒廃は膨大なものであった【36】。

105. 朝鮮戦争は1953年に休戦となった。1953年7月27日、休戦協定が調印された。国連軍総司令部からは米国陸軍中将ウィリアム・ハリソン・ジュニア［*William K. Harrison, Jr.*］、そして、朝鮮人民軍と中国義勇軍からは朝鮮人民軍の南日《ナムイル》［*Nam Il*］が同協定に調印した。約60万人の中国人兵士と3万6000人以上の米国人兵士が死亡した【37】。200万人以上の朝鮮人が殺された。他の国籍の死亡者は、英国国籍が1000人以上、オーストラリア、ベルギー、カナダ、コロンビア、エチオピア、フランス、ギリシア、オランダ、フィリピン、タイ、トルコの各国籍保持者総計数百人である。両陣営により国際人権法の深刻な違反が行われた【38】。米国の軍事歴史家S・L・A・マーシャル［*S.L.A. Marshall*］は、朝鮮戦争を「世紀の最も酷い小さな戦争」と呼んでいる。それは「米国の忘れられた戦争」とも呼ばれてきた【39】。しかしながら、この紛争は北朝鮮では決して忘れられていない。戦争被害者は金日成《キムイルソン》の「国家建設」物語を裏づけるものとして使われた。北朝鮮の公式の歴史では、「祖国解放戦争」（朝鮮戦争）は米国によって始められた戦争であり、金日成は民族を防衛したばかりでなく、米国軍を壊滅したとされている。このレトリックは数十年にわたり使い続けられている。たとえば、1990年代の大飢饉の際の米国からの食糧支援は、戦争賠償であると国民に説明されたと、言われている【40】。

106. 朝鮮戦争は未解決の問題を残した。停戦協定は、停戦の数カ月以内に政治会議を開催するようにと勧告した。1954年のジュネーブ会議には、韓国、北朝鮮、中国、ソ連と、国連統合司令部の下に兵力を提供した17カ国のうち16カ国が出席した。2カ月後、協議は決裂し、その後再開されていない。いまも包括的な平和条約が結ばれていないのである。国境を挟んだ両サイドでは常に侵略と侵入の脅威がある。北朝鮮では、この脅威が国家非常事態維持の道具として使われ、政府の過酷な統治とそれに伴う人権侵害を正当化している。こうした背景の中で、政治的に意見を異にすると見なされた人々は外国勢力のスパイであるとレッテルを貼られてきた。食糧不足や生存のために欠かせない手段の欠如は外部世界の敵意によるものであると非難された。韓国も同様に、未解決の戦争の不安定要素を経験し、その対応策として、国家は徴兵制や他の治安対策を採っている。これらの治安対策には、市民の人権に触れる規制、特に表現の自由の面での人権侵害に抵触する規制が含まれている【41】。

107. 米国は1954年までに国連軍司令部から米軍部隊を切り離し、米韓相互防衛条約を通して韓国での戦闘を続けた。同時に、国連軍司令部に部隊を送った他の国々は全部隊を撤退させるか、ほとんどの部隊を撤退させた。米国は2万8500人の部隊を韓国に維持している。

108. 1960年代と1970年代を通して、非武装地帯（38度線）沿いでは日常的に銃撃戦があり、900人近くの兵士と市民が殺された。1967年、北朝鮮はシークレットサービスを使って、韓国の不安定化を図った。1968年、北朝鮮の特殊部隊第124部隊31人が、朴正熙《パクチョンヒ》［*Park Chung-hee*］大統領暗殺を企て、ソウルの青瓦台（大統領府）への侵入を図ったが不成功に終わった。それでも、1972年、金日成《キムイルソン》の弟の金英柱《キムヨンジュ》［*Kim Yong-ju*］と大韓民国中央情報部長の李《イ》厚洛《フラク》［*Yi Hu-rak*］との間で持たれた秘密交渉の後、韓国と北朝鮮は、武力または外国勢力を使うことなく平和裏に統一を実現する、との共同声明を発表した。こうした進展はみられたのだが、北朝鮮は韓国の市民を狙った多くのテロ行為を続けた。それらには、1983年のヤンゴン（ミャンマー）でミャンマー市民を含む21人を殺害した爆弾による全斗煥《チョンドゥファン》［*Chun Doo-hwan*］大統領の暗殺未遂、１９８６年の５人を殺害した金浦《キンポ》空港での爆弾事件、１９８７年の１１５人を殺害した大韓航空機爆破などがある。こうした行動は北朝鮮の国際的孤立を深めた。

109. 朝鮮戦争による傷は深く、未だにその傷はうずいている。調査委員会は国境の両サイドに生まれた苦しみを認識するものである。

D・首領（最高指導者）制の強制

110. 儒教の諸原則が朝鮮文化に深く取り込まれている中で、北朝鮮ではその諸原則が金日成によって様々に利用され、彼の権威と彼の支配下にある朝鮮労働党の権威を強固なものにしていった。君主と臣下の関係は、伝統的儒教において、互いを結びつける原則としてはっきりと謳われているものであるが、この原則が、金日成が確立し、金正日《キムジョンイル》［*Kim Jong-il*］、金正恩《キムジョンウン》［*Kim Jong-un*］が遂行した首領制、すなわち最高指導者システム[42]の中で明確化される指導者への絶対服従の原則として拡大解釈されていった。儒教の原則のひとつである「天命」は、神々により古代朝鮮の指導者に授与された支配の権限である。この権限は支配者に、正しく公平に支配し、また、すべての人々の利益のために支配する義務があることを告げていた。首領制では、金日成（とその確実な後継者）の称えるべき英知と善行の下にあるからこそ全国民が豊かで正しい社会に暮らせるのであるが故に、金日成（とその確実な後継者）は比類なき指導者であると位置づけた。こうして、首領制は北朝鮮内の人権侵害を抑制の効かないものとしていったのである。

111. １９４９年、金日成は、首領、最高指導者の称号を確保した。彼の支配に反対するすべての勢力を排除するため、彼は、精巧な指導思想の上に築かれた統制制度、１人の指導者が率いる一大衆政党、中央計画経済、コミュニケーション手段の独占、そして暴力と政治警察を使った治安体制を築き上げた。なによりも先に北朝鮮は国家保安機構を築いた。ソ連の治安制度を模した内務省は、本部に４０００人から５０００人の職員を配し、１万２０００人の正規警察官、３０００人の政治警察官、および警備隊、国境警備隊、鉄道保安隊の４万５０００人からなっていた。省内の政治保衛局は、当局への抵抗と破壊活動を暴き、それを阻止することで政権への忠誠を確かなものにする責任を担った。政治保衛局はまた、軍部内で同様の機能を果たす民族保衛省の政治安全局に対して、業務指導を行った。この治安体制は、情報提供者のネットワークに40万人を雇ってもいた。その数は、当時の人口の５％に当たると推定される[43]。

112. 政治的・思想的敵対者の処刑は、金日成《キムイルソン》体制の初期からすでに始まっていたが、朝鮮戦争中にそれは激化した[44]。膨大な数の朝鮮人――68万５０００人から１００万人と推定される――が戦争中に南に移住した【45】。１９４５年以前、プロテスタントのキリスト教徒は政治的に活発であり、国民のかなりの部分をしめていたが、その多くが北朝鮮を脱出した。残った人々は嫌疑の対象にされる場合が多かった。多くの人たちが逮捕され、投獄され、処刑された。１９５1年、金日成は内務省を再編し、政敵をより効果的に弾圧するために政治保衛局を新設の社会安全省に移行した。

113. 朝鮮戦争が終わると、金日成は自らの権力のさらなる強化につとめ、狙いを定めたライバル派閥を次々に追放した。指導者層の派閥は4つのグループからなっていた。国内派は、植民地時代を通して共産主義運動の地下活動を行った、数にして５００人ほどの朝鮮人であった。彼らの多くが南から北へと移住していた。延安派は、１９２０年から１９３０年に中国を離れた朝鮮人である。彼らはもともと上海を拠点としていたが、国共内戦で共産党とともに共産党の本部が置かれた延安に移住していた人たちである。ソ連派は、ソ連領土内で生まれたかまたは育った朝鮮民族で、１５０人から２００人を数えた。金日成は、自らの派閥のパルチザン派を後押ししながら、他の派閥同士を争わせた。パルチザン派は満州で彼とともに日本軍と戦った人々である。１９５２年12月、金日成は、党中央委員会全員会議での長い演説の中で派閥批判を行った。１９５３年、国内派によるクーデター未遂のうわさは国内派リーダーたちの逮捕という結果を招いた。南のゲリラ活動を担当する南朝鮮労働党指導者たち、民主派グループの12人のメンバーが、クーデター謀議と米国のためにスパイ行為を行った罪で告発された。高度に組織化され、大々的に宣伝された裁判により、10人が有罪となり、死刑が宣告された。他の２人には長期の懲役判決が下された【46】。

114. 金日成《キムイルソン》は、専制化を増す彼の支配方法、表面化する個人崇拝、そして彼の経済政策路線をめぐって、指導部内から圧力を受けていた。１９５３年以後、ソ連は金日成の支配強化の努力とは相容れない「脱スターリン化」キャンペーンを展開中であった。ソ連は集団指導体制と平和共存を推し進め、スターリン時代の行き過ぎに終止符を打とうとしていた。

115. １９５６年8月、延安派のメンバーが、党の中央委員会全員会議で金日成を公に批判した。ソ連の記録によると、一委員が「金日成は、国家全体と党の権力を彼の手中に集中させている」と攻撃した【47】。金日成は、この「8月宗派事件」を画策しようとした延安派のリーダーたちを同派の一般メンバーを追放する前に孤立させ、彼らの謀略の裏をかくことに成功した【48】。

116. 党内の批判への応答として、金日成は内務省を拡大し、北朝鮮の最初の大規模な粛清に取り掛かった。１９５７年5月30

日、朝鮮労働党中央委員会運営委員会は、北朝鮮の成人すべての政治的背景を評価する「反革命分子との闘いを全人民全党運動に移行する」決議を採択した（5・30決定）。この動きは北朝鮮のターニングポイントとなった。初期の粛清は、地主、キリスト教徒、金日成の潜在的ライバルである上位の党員たちの粛清であった点で、この時とは異なっていた[49]。１９６０年まで続くこの粛清は結果的に数千回もの処刑が行われ、それは公開で行われることが多かった。社会安全相の方学世《パンハクセ》は、１９５８年から１９５９年の間に10万人の人々が「敵対分子であり、反動分子である」とされた、とソ連外交官に語っている[50]。１９５９年、駐北朝鮮東ドイツ大使も「近年、異なった意見を述べる同志への迫害が増えた。彼らは遠隔地、鉱山、水力発電所、そして収容所にも送られている」と本国に報告した[51]。１９５０年代のこの大規模な粛清を持続するために、極秘の政治犯収容所システムが設置された。これは後に拡大された[52]。

117．5・30決定は事実上、成分《ソンブン》制度の開始を告げるものであった。ソンブンとは文字通りには「構成要素」を意味するが、実際には経歴のことである。成分《ソンブン》制度は、市民の体制への政治的忠誠度を基に、国家が北朝鮮国民を階級に分類する制度である。分類はまた、家族の経歴と、家族のとった行動に照らして確定される。この評価を基に、市民は、「核心階層」、「動揺階層」、「敵対階層」の3つの階級に大別される[53]。住居、職業、食糧の獲得、健康管理、教育、その他の公共サービスの享受は、成《ソン》分《ブン》によって決定される。公式の成分《ソンブン》制度はかなり精密なもので、また時代とともに変化しているが、その主な特徴は、階級指定が主に父系を通して世襲されるという不変的な特質にある[54]。5・30決定に従って、内閣は第１４９布令を発行し、敵対階層の人々が非武装地域の近くまたは海沿い、平壌《ピョンヤン》か開城《ケソン》から50キロ以内、または他の大都市から20キロ以内に住むことを禁止した。実際、大多数の人々が強制的に北朝鮮北部の荒涼とした山岳地帯に移住させられた。そこにはこれらの追放者用の特別施設が創設された[55]。

118．１９５３年に朝鮮戦争が終結した後、北朝鮮政府は農業を集産化し、重工業に大きく依存した中央計画経済を確立した。農地に残った人々は自分たちの生産した農産物の極一部を手元に置くことを許されたが、残りは国家に没収された。政府は人々に政府の命じた職業に就くことを義務付けた[56]。１９５７年、北朝鮮は、食糧を供給し他の物品を配給する公共配給制を制度化した。北朝鮮の都市化が進むに連れ、人口の60％から70％が食糧配給を国家に依存するようになった。公共配給制は民間の生産力を抑え、食糧と家庭の必需品の流通を独占した。国家経済の全枠組み、とりわけ公共配給制は、社会的、経済的、政治的支配の重要な手段となった[57]。

119．１９６０年代までに、金日成は国民の反対意見を抑えることに成功した。政治状況や経済状況への批判はどのようなものであれ、懲役か、それよりも重い罰を受ける可能性があったし、そうなったことが少なくなかった。当時北朝鮮にいたロシアの情報筋によると、ソ連に対する姿勢が友好的過ぎると思われたり、他の国の科学、技術、文化の成果について肯定的な意見をのべると、逮捕され、死刑にも処せられたと言う【58】。

120．こうした極端な人権侵害による脅迫が一般国民の恐怖となる一方で、金日成は引き続き、党と軍の指導者の粛清を定期的に行った【59】。たとえば、1964年の党中央委員会第4期第8次全員会議、「各界各層群衆との事業を強化することに関する」決議が採択されると、成分《ソンブン》制度をさらに純化するキャンペーンが開始された。1964年から1969年の間に、この事業が特別に創設されたグループによって執り行われた。これにより、さらに多くの人々が政権の敵として、国外追放、逮捕、処刑された【60】。

121．北朝鮮国家成立の初期のころから、金日成《キムイルソン》と朝鮮労働党は、法と裁判制度を党支配の維持と反体制派の弾圧のために使った。1958年に行った彼の演説「我が党の司法政策を貫徹するために」の中で、金日成は、司法機関、検察機関、治安機関の独裁的機能は強化されるべきである、と説いた。彼は、「北朝鮮の法律は社会主義を擁護する武器として奉仕すべきものである」と述べ、「司法機関に働くすべての働き手は党指導部に忠実であり、党の司法方針を堅持することで反革命に対する闘いを強化すべきである」と、強調した【61】。北朝鮮当局筋によると、金正日は司法制度、特に裁判官を朝鮮労働党の指導に従わせる姿勢をとり続けた。金正日は「党委員会はすべてのレベルで強化され、その機能と役割は、治安業務と司法および検察業務に対しての党の指導を増強させるよう改善された」【62】と理解していた、と北朝鮮当局筋が語っている。

122．法と司法制度の政治的機能は北朝鮮の刑法にも深く根づいている。1950年の刑法が北朝鮮の最初の刑法であるが、この刑法の文言はヨシフ・スターリン下で施行されたソ連刑法から借りたものであった。刑法機能を政治支配の手段としてあからさまに示す条文の多くはその後、何度かの修正によって削除された。しかしながら、北朝鮮の現在の刑法は未だに国家に対し、「反国家、反人民犯罪」との闘争の中で、国家の友と国家の敵を注意深く見定め、少数派である敵を制圧する義務を課している【63】。さらに、国家には、刑事事件を扱うにあたり、法の公平な適用よりも、大衆の力と見識に信頼をおく任務が課されている【64】。その上、現在施行されている刑法の「国家と民族に反する犯罪」（かつては反革命的犯罪と呼ばれた）の定義が非常に広範で曖昧であるために、さまざまな人権の行使が犯罪として訴追され得るのである【65】。

123．法と司法制度が合法化された暴力に仕える限りにおいて、北朝鮮に法による支配（法治）は存在するが、独立した公平な司法による「法の支配」は存在しない。適切な監視手続きが法令に組み込まれたところでさえ、これらの手続きを無視しても処罰の対象にはならない。通常、朝鮮労働党と首領の決定が公式の法律に勝ると考えられている。この原則は憲法11条に反映している。

同条によれば、北朝鮮はすべての活動を党の指導の下に行う【66】。憲法はまた、首領の命令が法律または他の法令に優先すると定める【67】。司法の政治的機能は憲法１６２条に記されており、それは裁判所の任務として、法的手続きを通して、国家権力と社会主義制度を守り、断固として階級の敵と闘うことを求めている。行政命令の優越と裁判所に与えられた政治的機能が、判事の独立性と公平性を著しく縮小しているのである。

124．北朝鮮の判事は、公式には最高人民会議と地方人民会議によって指名され、最高人民会議と地方人民議会に対して責任《アカウンタ》追及《ビリティ》を負う。この裁判官指名の過程を直接知っている元政府関係者は、実際には裁判官は首領と朝鮮労働党によって選ばれ、首領と朝鮮労働党の支配を受けていると述べた【68】。伝えられるところによれば、法的には法廷も検察所から詳細にわたる監視を受けている。検察所は、それぞれの案件ごとに尋問が法に従って適切な時点に的確な方法で行われたかを検討するよう、法によって義務付けられている【69】。

125．１９６０年代、金日成《キムイルソン》は、将来的に敵となりうる中国派とソ連派の人々を排除した後、積極的にソ連と中国から距離をおいた。中国は１９６６年まで文化大革命の激動の中にあった。文化大革命は甚大な人的被害と混乱をもたらし、北朝鮮に飛び火する恐れがあった【70】。金日成がソ連と東欧社会主義国との接触を減らしていくに連れ、それらの国々からの北朝鮮にとって重要な経済的援助も減少していった【71】。同時に金日成は、彼の個人崇拝を拡大し、自主路線と主体《チュチェ》【72】として知られる極端な民族主義を開始した。金日成は、四大軍事路線を定めて軍備重視の方針を立て、これと連動して主体思想を推進していった。

126．主体《チュチェ》とは、哲学であり、理想であり、思想である、と様々に言われてきた。１９５５年の「思想事業において教条主義と形式主義を退治し、主体を確立することについて」と題する演説の中で最初にこの思想を取り入れた金日成《キムイルソン》は、他国のための革命や国際的連帯運動ではなく、朝鮮を主体とする革命を呼びかけた。「主体思想によると、首領の指導の下、市民は、国家の資源と人間の創造性を通して、民族の潜在力を発展させるべきとされる」。人民は、指導者が命令を通してその知恵を伝えているところからはどこからでも、指導者を学ぶことが人民の義務であった。儒教が古典の習得とその教訓から得られる啓発に高い価値を置いているように、北朝鮮は金日成の著作物、特に主体思想に関する著作物を厳密に学ぶ学習会を続けるよう、様々な年代の市民に強要した【73】。

127. 指導者が制定した経済システムの根底には主体《チュチェ》の原則が存在する。主体思想は自己犠牲と勤勉を求める。国家は人民の労働、国土の自然資源、人民の努力総体を通して人民の必需品をすべて提供するが、人民に国家指導への服従を命じることが、自立の意味するものであるとするが故に、主体思想は支配の要素ともなった。こうして、国家の必需品の不足の解決は、より情熱的かつ長時間労働による生産拡大のキャンペーンの強化に見出されることになる【74】。国家は、国民への充分な食糧生産における構造的問題の対応策として貿易を選択せずに、固有の戦略を見つけ出す。過酷な環境の増大に対する北朝鮮の解決策は、世界最大の農業投入物を用いる農業システム、つまり、肥料と殺虫剤に全面依存する農業システムの開発にあった【75】。

128. しかしながら、主体《チュチェ》思想は実質経済にとって適切な基盤とはならなかった。日本人の遺産と投入物集約型農業を継承する北朝鮮の産業は、ソ連と中国からの気前の良い支援によって数十年間は維持された。１９７０年半ば、韓国と北朝鮮の国民一人当たりＧＮＰはほぼ同じであった。外部からの支援が枯渇すると、北朝鮮には根深い経済的問題に取り組む技能も政治的意思もなかった。１９７０年代の短い期間、北朝鮮は国際社会からの資金借り入れを行った。しかし、国家はこれらの借款の返済計画も持たなければ、これらの資金を国の発展につかう投資計画ももっていなかった。北朝鮮は数十億ドルの債務不履行に陥り、さらなる借り入れができなくなった。長年にわたる指導部の選択が１９９０年代の飢饉のはるか以前に深刻な食糧不足を招いたのである。１９４５年から１９４６年、１９５４年から１９５５年、１９７０年から１９７３年には食糧不足を同じパターンで繰り返しているとの報告がある【76】。経済の体系的発展、もしくは国民への食糧供給よりも、政治体制とその指導部の存命が北朝鮮指導部の優先課題であったようである。

E・金王朝への権力統合

129. 金正日は権力の継承準備に20年間を費やした。複数の報道によれば当初、金日成の後継者に予定されていたのは、弟——正日の叔父——である金英柱《キムヨンジュ》［*Kim Yong-ju*］であった。金正日はやがて叔父と並ぶようになり、特に金日成の個人崇拝の拡大に努力して父の信頼を勝ち得た。金日成の個人崇拝の度合いが、毛沢東、または、ヨシフ・スターリンのそれを凌いだのは１９72年であった。北朝鮮市民は、壁に金日成の写真を飾り、彼の写真入りのバッジを着け始めた。１９７０年の朝鮮労働党第5回大会で、主体《チュチェ》思想を北朝鮮の唯一思想体系とするとの宣言がなされ、父親の個人崇拝が強化されたことで、金正日を後継者とするプロセスが本格化した。金正日はこの時点までは党の強力な宣伝煽動部、組織指導部で勤めていた。ちょうどこの頃、金正日は、主体思想に関連する概念、金日成主義を導入した【77】。金正日の国家支配を合法化する主な源泉は彼の父であったので、金日成の個人崇拝は金正日自身が後継者となるための重要な道具となった【78】。

130. 朝鮮労働党中央委員会は、金正日を党の組織指導担当書記に任命した。これにより彼は人事プロセスと監視機構を管理できるようになった。この地位を使って金正日は、自らの権力の基盤を築き、末端の地方をも含む党と政府のすべての組織に監視チームを送った。こうして彼はすべての情報を監視する報告システムを作り上げ、重要な当局を彼の支援網に取り込むことが出来たのである。1972年憲法とともに、金正日は国家行政機関を再編し、国家治安機構をさらに拡大した。このとき、国家安全保衛部が新に設置された。この国家安全保衛部が金正日に直に報告を行い、世襲過程を支えたのである。

131. 中央委員会が金正日を政治委員に選出し、1974年に金日成の後継者として承認すると、彼は首領制の思想的基盤を深化させた。金正日は「党の唯一思想体系確立の10大原則」を発表した【79】。それは金日成への「無条件服従」と「我等すべての忠誠」を呼びかけた。さらに、10大原則の10・1項では「全党と全社会に唯一思想体系を徹底的に打ち立て、首領様が開拓された革命事業を代を継いで輝かしく完遂するために、首領様の領導のもとに、党中央の唯一指導体系を確固として立てなければならない」と宣言した。この「党中央」は金正日を意味すると理解された。

132. 1975年、金正日は軍に「唯一指導体系」を適用した、3線報告体系——それは、総政治局、総参謀部、保衛司令部を通す

1980年、金正日は政治局常務委員と中央軍事委員に任命された【80】。この段階で、彼は公式には北朝鮮指導部内の5番目の地位にいた。それにもかかわらず、金日成と金正日だけが党の三大中枢機関（政治局、書記局、中央軍事委員会）すべての席を得ていた。金正日はこの後、すべての政策と任命の決定権を政治局から彼の権力の基盤である党書記局に移した。1991年、彼は軍隊の最高司令官に任命された。

133. 金日成が極めて個人的に北朝鮮の統治にあたったにも関わらず、政策決定と統治の過程には公式に党を関与させていた。これに対し、金正日の採った指導方式は、強度に中央集権的であり、しばしば非公式のチャンネルにも依拠するトップダウン方式であった。彼はまた、彼の組織基盤を朝鮮労働党から国防委員会に移した。国防委員会は1992年の憲法改正（第一回改正は1972年）【81】の後に指導的国家機関となった。1993年、金正日は国防委員会委員長になった。

134. 金日成は1994年に82歳で死去した。1997年、金

正日は国家治安機構の掌握をさらに強め、社会安全省を人民保安省に変え、機構全体を拡大した。これらの変化を基盤として、国家治安機構は5つの柱を持つ制度に拡大した。これは現在の金正恩首領の下でも機能している【82】。

1. 国家安全保衛部【83】（略して保衛部と呼ばれることがしばしばある）は主要な政治警察である。法的には「国家と民族に反する犯罪」の調査権限を持ち、政治機構と首領への脅威を見極め、暴力的に弾圧する役目を担う。
2. 人民保安省は、通常の警察機能に加え、一定の政治警察機能も果たす。
3. 保衛司令部が朝鮮人民軍の政治警察の役割を果たす。
4. 検察所は、通常の検察機能とは別に、法的、政治的監視の役割を行使する。
5. 朝鮮労働党内の特別機関が、中央委員会レベルで高官が治安機関を監視し、管理する。

135. それぞれの治安機関の役割配分は、時代と地域により変化し、政治的優先課題、能力、幹部間の力関係、また、特定機関の首領の信任度などに左右される。多くの場合、３大主要治安機関――国家安全保衛部、人民保安省、保衛司令部――が金正日の好意を得るために、思想的対立者を見分ける能力を競った。主要な政治的脅威であると見なされる事件または問題との関連で、首領または中央レベルの意思決定機関が治安機関に調査を要請した。金正日の秘密命令で設置され、金正恩《キムジョンウン》の下でも維持されている半永久的構造が存在するとの報告もいくつかある【84】。

136. ３年間の喪に伏した後、１９９８年、金正日が最高人民会議で公式に指導者に選出された。憲法は１９９８年に再び改正され、金日成は永遠の国家主席に指名された。改正憲法は国防委員会を国家の最高機関に高め、故に、その委員長、金正日を政府の最高位に押し上げた【85】。父の戦争英雄という資格を欠く金正日は、先軍すなわち軍事優先を通じて軍に対し、政策の反映と特権、そして多額の予算をあたえることで軍からの支援を勝ち取ることを目指し、国家の基本的方向性を変えたのである。この先軍思想は、金正日の死を乗り越え、後継者である金正恩の主導権下に生き残っている。２０１３年８月25日、金正恩は先軍の日の祝賀会で先軍原則について長々と次のように語った。

> 先軍は将軍（金正日）の革命思想であり、彼の革命の実践であり、彼の政治的理想であり、彼の政治様式である……。先軍革命の最重要事項としての朝鮮人民軍（ＫＰＡ）強化に関して、将軍は、朝鮮人民軍を、朝鮮労働党（ＷＰＫ）の大義に忠実な指導者の軍隊に、また、無敵の革命軍に訓練し、朝鮮人民軍（ＫＰＡ）を革命の支えと主要戦力に引き上げ、不屈の反帝国主義対決と反米対決に歴史的な勝利を達成し、

国の治安と社会主義を防衛した。彼は、指導者を守るには死をも辞さない精神、いかなる犠牲を払っても指導者の指令を達成する精神、そして先軍時代の象徴であり代表である革命的精神として、兵士・軍人が示した自己犠牲の精神、それによりすべての兵士・軍人と人民がこの精神で生き、戦うことになったもの、それ故、偉大な展開と変化を革命と建設のすべての部署にもたらした精神を、定義したのだ。先軍を基盤とした指導部の成功を強固なものとし、先軍政治を総合的に運営するため、彼は、朝鮮民主主義人民共和国の第10回最高人民会議の第5部会が、先軍革命の理念と原則を体現する社会主義憲法を採択し、その主力を共和国国防委員会とする新しい国家行政機構を設置し、そして、軍事を優先する原則によってすべての国務が執行されるよう取り計らったのである【86】。

137. 先軍思想に沿って、北朝鮮は核兵器と弾道ミサイルの開発に取り掛かった【87】。北朝鮮は現在、現役兵士１２０万で世界4位の常備軍と、７１０万から８３０万の準軍隊的予備軍を保持する。北朝鮮の軍事力は、兵器の老朽化、訓練の難しさ、国民の栄養状態の全体的低下による兵士の水準の低下と、それに伴う将来の新兵の身長への影響などのために、着実に低下していると信じられている。北朝鮮は軍の能力低下への対応策として、核兵器や特殊部隊、化学・生物兵器、小型潜水艦といった「非対称戦力」を集中的に開発している【88】。伝えられるところによれば、北朝鮮は世界最大の化学兵器保持国のひとつである。地域の不安定化と北朝鮮のさらなる孤立化に加え、核保有国にならんとする動きは、特に、国民の様々な部分ですでにしばらく前から食糧不足が伝えられている状況の中で、北朝鮮の資源配分に憂慮すべき結果をもたらした【89】。

138. 他の先軍諸政策に加えて核開発を実行するとの北朝鮮の決定は深刻な経済的・政治的影響をもたらした。１９９０年代には北朝鮮・米国関係に改善が見られていたが【90】、１９９４年5月、北朝鮮の第一次核危機が起こった。このとき北朝鮮は寧辺《ニョンビョン》の原子炉から燃料棒を取り出し、ＩＡＥＡ（国際原子力機関）から脱退、ＩＡＥＡ査察団を追い出した。この危機は米国との関係改善の進展が頓挫するリスクをともなった。元米国大統領ジミー・カーター［*Jimmy Carter*］の仲立ちによる交渉を通じ、１９９４年米朝枠組み合意が成立し、これにより金正日はビル・クリントン［*Bill Clinton*］大統領からの不可侵の確約と他の譲歩を獲得することが出来た。

139. 北朝鮮は、ソ連と中国からの農業投入物などの援助に大きく依存していた。１９７０年代と１９８０年代を通して、北朝鮮はソ連と中国に対する借款も累積させた。北朝鮮にはこの借款を返済する意思も能力もなかった。１９９０年代半ばまでに、ソ連が崩壊し、同時に中国のその隣国への忍耐が限界に達した。

140. １９７６年の毛沢東の死後、鄧小平《とうしょうへい》［*Deng Xiaoping*］が中国で改革を推進し、数千万人の人々を貧困から脱却させた。この過程で中国は日本との関係も構築した。１９８９年、中ソ対立は終焉した。中国は１９９２年、韓国との関係を正常化させ、北朝鮮を動揺させた。１９９４年の金日成《キムイルソン》の死は北朝鮮と中国の関係を緊張させた。実際、１９９０年代の飢饉は中国との貿易レベルの変化にその直接的原因のひとつがあった。北朝鮮の対ソ連二国間貿易が１９９０年の25億６０００万ドルから１９９４年に１４０万ドルと10分の１以下に落ち込んだ後、北朝鮮は中国に支援を頼った【91】。しかしながら、北朝鮮の対中国二国間貿易は１９９３年の９億ドルから１９９５年の５億５０００万ドルに落ち、一方で、食糧輸出は１９９３年と１９９４年の間で半減した【92】。１９９５年７月と８月の季節的な豪雨の到来は、土壌を侵食し、川を沈泥で塞ぎ、洪水となった。これにより収穫物は破壊され、北朝鮮がそれ以降、大飢饉と捉え、「苦難の行軍」と呼ぶ飢餓の期間が生まれたのである。１９９６年から１９９８年の間に、45万人から２００万人の人々が餓死したと推定されている【93】。

141. 人為的原因で生じた飢饉から生まれた意図せざる結果のひとつが広範囲にわたる闇市場の台頭であった。非公式な経済活動は、飢饉後の10年間、北朝鮮の世帯総収入の78％に達したと推定されている【94】。配給制度はもはや最低限の食糧を提供することすらできなくなったので、当局はかつてのような統制を行使できなくなった。社会統制の破綻が国外からの情報の封鎖にひび割れを生じさせた。同時に、移動の自由の規制が緩み、多数の人々が北朝鮮からの逃亡を試みた。中国との取引を通じて食糧を手に入れようとする人たちもいた。北朝鮮の多くの人たちが中国に出入りするようになるにつれ、そうした人たちは自分たちの目で比較的繁栄した中国の姿を見、政府の公式プロパガンダとは大きく異なる韓国の情報を手に入れるようになった。指導部は市場を制限し、移動の自由を抑圧しようと数限りない対策を講じた。これらの対策はさまざまなレベルの抵抗に出会った【95】。

142. 韓国では、２人の政治的にリベラルな大統領——１９９７年選出の金大中《キムテジュン》［*Kim Dae-jung*］と、２００２年選出の盧武鉉《ノムヒョン》［*Roh Moo-hyun*］——この強い人権意識をもつ２人の大統領が、南北関係改善に無条件で取り組む政策を推し進めた。彼らの目標は、北朝鮮に突然の体制崩壊を引き起こしたり、暴力的に対立するのではなく、徐々に再統一に向かって進んで行くというものであった。金大中の「太陽政策」は、２０００年の平壌での金正日《キムジョンイル》との首脳会談で頂点に達した。盧武鉉大統領は「平和繁栄政策」の下、基本的に太陽政策を継続した。太陽政策は韓国から北朝鮮への30億ドルの援助金を与えたと推定されている。韓国はまた、北朝鮮に、外貨獲得の機会と、国際市場へのルートを提供する共同プロジェクトに参加した。開城工業地区は主要な共同プロジェクトであった【96】。

143. 2002年、金正日は経済改革を試みた。「7・1経済管理改善措置」（2002年7月1日に発表されたことから名づけられた）には、市場価格をより正確に反映するための消費者物価の引き上げ、公務員給与の引き上げ、国営企業に自主性を持たせる管理方針の改変、一般市場の正式な設置、などが含まれていた。これらの改革を国内で展開する一方で、金正日は、国家経済の不足分を補うべく国際的な支援を求め続けた。その時の金正日が出した条件は、人道支援組織が容易に受けいれられるものではなかった【97】。日本と北朝鮮の間では国交正常化のための会談が1990年代に始まっていた。これは、2002年9月、日本の首相小泉純一郎と朝鮮国防委員会委員長金正日（総書記）との首脳会談で頂点に達した。

144. 第二次核危機は2002年暮れに起こった。米国国務次官補ジェームス・ケリー［*James Kelly*］は平壌訪問中に1994年の米朝枠組み合意に違反してウラン濃縮計画が秘密裏に進んでいる証拠を公表した。彼は北朝鮮当局は枠組み合意違反を承知の上であると語った。北朝鮮はこれに対し、寧辺原子炉から封印と査察監視器具を除去し、1000本の燃料棒を原子炉に運び、2人のIAEA検査官を国外追放し、数カ月以内に兵器級プルトニウムの生産を開始する再処理計画を再開すると発表した。2003年、米国大統領ジョージ・ブッシュ［*George W. Bush*］は北朝鮮との二国間協議を打ち切った。その代わりに、6カ国会議【98】が今後の交渉には適切であるとの決定を下した。

145. この間、金正日の2002年経済改革路線は軍部からの反発を受けたようであり、最終的には彼が引き下がることになった。2005年、北朝鮮は配給制を復活させようとし、農民から穀物を押収した。同時に、政府は中国への国境超えをさらに厳しく取り締まった。それでも、2006年までには、コメとトウモロコシの取引禁止令は実質的に終了していた【99】。

146. 2006年7月、北朝鮮は数発の長距離ミサイルを発射した。これによって、様々な国が経済制裁に踏み切り、国連安全保障理事会は、ミサイル発射を非難するとともに北朝鮮に対して弾道ミサイルに関連するすべての活動の停止を求める決議を採択した【100】。数カ月後、北朝鮮は最初の核実験を行い、中国はこれを強く非難する声明を発表。弾道兵器開発を阻止するために北朝鮮に課した安保理事会決議を初めて支持した【101】。とは言え、中国は北朝鮮内の指導部を支持する姿勢は変えず、すぐにその非難のトーンを和らげた。

147. 2007年の韓国の李明博《イミョンバク》［*Lee Myung-bak*］大統領選出は太陽政策的アプローチを転換させ、相互主義と非核化に焦点を絞った。この変化に不満な北朝鮮は、李明博大統領に対する個人攻撃を行い【102】、軍事的緊張をエスカレートさせた。20

07年以降、韓国と北朝鮮の大臣レベルでの対話はまったく行われていない。2008年、金正日《キムジョンイル》は脳卒中を患った。2009年、北朝鮮指導部は市民と市場化傾向の管理を目論んで大幅な通貨改革を試みた。北朝鮮は1959年と1979年、1992年にも通貨改革を試みていたにもかかわらず、2009年の通貨改革は大規模なインフレを招き、市場が一時停止するなど不安と混乱を引き起こして、失敗した。この改革と呼ばれる試みは、通貨の引き下げ（デノミ）をともなう紙幣を発行したのだが、実際的には国家公務員の給与が上昇し、大規模なインフレを引き起こしたのである。多くの市民は、交換限度と貯金がなくなり、その後の猛烈な物価上昇で貯えが失われた。物価が猛烈に上昇した【103】。

148. 2009年、北朝鮮はミサイル発射実験を行い、6カ国協議から脱退し、寧辺核施設から国際監視員全員を追い出した。寧辺核施設で8000本の燃料棒を再処理し、2回目の核実験を行った。安全保障理事会は、制裁を強める決議1874を採択した【104】。北朝鮮は宣戦布告したとして国連と韓国を非難し、北朝鮮は1953年の休戦協定に縛られるものではないとの発表を行った。

149. 脳卒中を患った後、金正日は後継者問題に集中し始めた。2001年まで、彼の長男の金正男《キムジョンナム》［*Kim Jong-nam*］が後継者になると推測されていた。この時期、金正男は偽造したドミニカパスポートで日本への入国を試みた。2009年初頭、公式の政治宣伝組織が「新星将軍」という表現を使い始めた。金正恩が金正日の後継者に選ばれた公式の証拠は2010年になって初めて浮上した。2010年3月、韓国海軍の哨戒艦「天安」が水中魚雷に攻撃されて沈没し、46人の水兵が殺された【105】。2010年9月、1980年党大会以来初めて開かれた朝鮮労働党の会議中に、金正日の妹、金慶喜《キムギョンヒ》［*Kim Kyong-hui*］と金正恩が、2人とも軍部での業績がないにも関わらず、大将に昇進した。同時に、金正恩は中央軍事委員会副委員長に任命された。2010年11月、北朝鮮は延坪島を砲撃し、4人の韓国人を殺害した。2011年12月19日、政府は金正日が2日前に死亡したと発表した。「王家」の継承は3代目へと速やかに移行した。この移行はなんらの民主的プロセスも経ておらず、北朝鮮の人々が実際に関わることも全くなく行われたようである。

150. 金正恩は1983年か1984年1月8日に生まれたと信じられている。彼はそれ故、30歳に満たない年齢で、北朝鮮の政治・行政・軍事の最高権力を継承したのである。彼は彼の権威の強化に努めている。2011年の金正日の死後数週間のうちに、金正恩は主な軍事組織から「最高司令官」の称号を与えられた。様々な国家機関からの公式声明は彼を「唯一の国家指導者」と呼んでいる。

151. 2012年初頭、北朝鮮は核実験を中断し、米国からの食糧援助と引き換えに国際監視団によるモラトリアムの監視を許可すると発表した。しかしながら北朝鮮は、２０１２年４月、先進のミサイル「銀河３号」を打ち上げた。これは失敗に終わったが、米国は計画していた食糧援助をキャンセルした。

152．同じ月に、金正恩は、朝鮮労働党第一書記、中央軍事委員会委員長、国防委員会第一書記の地位を得ることで、権力を強化した【106】。彼は、人民武力部、朝鮮人民軍総政治局と総参謀部の最高ポストを自らの任命者で埋めた。２０１２年７月、軍の首班（朝鮮人民軍総参謀長）を解任し、以前にはほとんど知られていない将軍をその地位に昇進させ、彼自身は初めて元帥の地位に就いた。

153．２０１２年12月、北朝鮮は、最初の衛星を軌道に乗せるロケットを発射した。多くのアナリストがこれは大陸間弾道ミサイル開発の隠れ蓑であると主張した。国連安全保障理事会は、弾道ミサイル用の技術実験を禁止する決議に違反するとして、ロケット発射を非難し、同国への制裁強化を採択した。北朝鮮は２０１３年２月、３度目の核実験を行い、核保有国としての国際社会からの承認を求めている【107】。

154．北朝鮮の最高権力者の地位に就いた後、金正恩《キムジョンウン》は国の経済再生への意欲を見せた。２０１３年３月31日、金正恩は「経済建設と核兵力の並進路線」を発表した。この内容は、北朝鮮の核兵器開発優先の方針に経済改革を付け足したもののように見えた。これに続いて彼は、「人民生活の向上」とのスローガンを演説に加えた。２０１３年11月、さらなる外資誘致のための14特区を発表した。

155．調査委員会は、過去数年、平壌に繁栄の兆しが増えていると指摘するいくつかの信頼できる国際関係筋に会った。彼らは、加入者数が２００万【108】に達するとされる北朝鮮内の携帯電話使用の増加（国際通話なしではあるが）や、かつては静かであった道路上に新車が普及していることを挙げている。新しいレストランが開店し、そこに人がよく入っていることに彼らは驚いている。金正恩の父や祖父とは対照的に、自分の妻と公式の席に登場し、国家主催のミュージカル公演にライセンスなしで熊のプーさんやミッキー・マウスを登場させ、国産のタブレット・コンピュータを商業ベースで立ち上げるなど、金正恩に北朝鮮内の近代化への動きを見るウォッチャーもいる。金正恩自身は、様々なスポーツ・イベントに公に姿を見せ、北朝鮮でスポーツを促進している。

156．同時に、金正恩の権力継承以降、国境では弾圧が続いている。韓国にたどり着く北朝鮮人の数は２０１２年から２０１３年に大幅に減少した【109】。調査委員会は国を脱出した人々が脅迫され、弾圧されているとの報告を受け取った。脱出した家族を北朝鮮に戻すために北朝鮮内に残る家族に脅迫や威圧の手段が使われているとの報告も受けた。確かに、韓国から北朝鮮に戻った何人かの朝鮮人が国営テレビに登場し、国を離れたことを後悔し、南の生活に対する批判の声を上げている【110】。報告を受けたその他の統制手段には、エリート家族が自前で外国で教育を受けることに対し金正恩が新たに制限を設けたというものがある【111】。

157. 金正恩の叔父である張成沢《チャンソンテク》［*Jang Song-thaek*］の2013年12月の突然の処刑は、金正恩の権力強化のプロセスの一部であるようだ。張成沢は、新指導者の指南役を担っていたために、「管制塔」【112】と見なされていたし、北朝鮮の権力構造内の副司令官であることは誰もが認めていた。彼は金正日の妹の夫であり、すなわち金日成の娘の夫であった。彼の妻の現況は、本報告書完了時点で定かではない。

F・外部力学と人権状況

158. これまで述べた北朝鮮国内における力学の検証が北朝鮮の進化とその人権状況の説明に役立つ一方で、国家の特徴を形成してきた特定の影響を理解するために外部の環境を検証することもまた有効である。第二次世界大戦の終焉は植民地化されていた多くの人々の民族独立への大志を最前線に押し出した。朝鮮の人々もその中に入る。同時に、新世界秩序は米国とその同盟者と、ソ連とその同盟者との間で対立構造を生み出した。冷戦は北朝鮮に影響する国際関係の中で重要な役割を果たした。同様に重要であったのが地域の力学である。

159. 中国は朝鮮半島の非核化への意欲を繰り返し表明し【113】、北朝鮮の安定は中国の主要優先事項であるようにみえる。それにもかかわらず、北朝鮮から脱出しようとする北朝鮮の人々の大半は、国境を超えて中国に入り、そこから陸路で東南アジアに向う【114】。「北朝鮮の人権侵害が中国に直接の影響を及ぼしている時に、このことが中国のこれらの北朝鮮人に対する処遇と国際人権法遵守に疑問を投げかけた」【115】。

160. 2002年の日朝首脳会談に続く日朝平壌宣言は、「二国間の不幸な過去と未解決な問題を解決することを通じて、日本と北朝鮮の、実りある政治的、経済的、文化的関係を構築することは、両国の基本的な利害と一致するものであり、地域の平和と安全に大きく貢献するものである」【116】と記した。日本国民の拉致を告白した後のフォローアップに北朝鮮が失敗したために、宣言内容の進行は頓挫した【117】。北朝鮮が実験し開発を続けている核兵器と弾道ミサイルのもたらす安全への脅威とともに、拉致問題は日本国民の間に引き続き強くこだましている。

161. 韓国と北朝鮮は両国とも朝鮮半島の統一が目標であると

表明してきた。韓国の国家治安法の下では、「反国家的」存在を故意に支援するか奨励するいかなる者も最高7年の懲役刑を受ける。許可なく北朝鮮へ旅行することは禁止されている。近年、韓国は北朝鮮を脱出した北朝鮮市民の援助活動を増大させている。北朝鮮は、脱出したかまたは逃亡しようとする北朝鮮市民は不法に売買されていると反論した。

　２００７年以降、韓国と北朝鮮の間で閣僚レベルの対話は行われていない。朴槿恵《パククネ》［*Park Geun-hye*］大統領は、対北朝鮮関係の新しい枠組みを発表し、漸進的信頼構築過程を意味する「信頼プロセス」と言う表現を使った。これは、交渉に際しては強硬姿勢と柔軟性をもって臨むという意味である【118】。２０１３年12月に予定されていた閣僚レベル会談は、双方が代表団の構成について合意にいたらず、実現に至らなかった。閣僚レベル会談の失敗だけでなく、新政権のこれまでの対北朝鮮交渉の結果は一様ではない。

　マラソン会談の後、開城《ケソン》工業地区は２０１３年9月に再開されたが、国民の祝日である秋夕（旧暦8月15日）に予定されていた離散家族の再会は、離れ離れになって久しい多くの高齢者の期待を膨らませたが、北朝鮮から突然キャンセルされた。２０１４年の正月元旦に金正恩は「両サイドに良い結果をもたらさない誹謗と中傷を終わらせよう」と演説し、「朝鮮人同士の関係を推進する誰とでも手を握ろう……彼または彼女の過去を問わず」と呼びかけ、それに応えて朴槿恵《パククネ》大統領は旧正月の一時的な家族再会の再開を提案した。この提案は北朝鮮により拒否された。

162. 調査委員会は、朝鮮戦争が終結していないことを想起するものである。２０１３年、85歳のアメリカ市民、メリル・ニューマン［*Merrill Newman*］が北朝鮮で逮捕され、1カ月間拘留された。彼は朝鮮戦争で戦った退役軍人である。この事件は北朝鮮国内にのこる朝鮮戦争への感情を改めて浮き彫りにしている。この対立を解消することが、北朝鮮を、自国の人々の人権を尊重する責任ある国民国家として国際社会に参加させるプロセスの一部となりえる。

　さらに、北朝鮮は植民地支配についての不満を表現し続けてきた。こうした事柄は、前述のプロセスの一部として同様に注意を喚起する必要がある。これらの問題を漸進的に解決する必要があるが、それは、北朝鮮が直ちに実行すべき国際法の下での義務を減じるものであってはならない。

Ⅳ

調査結果

Findings of the commission

A・思想、表現、信教の自由の侵害

163. 「市民的及び政治的権利に関する国際規約（ICCPR）」第18条は、思想の自由、良心の自由、信教の自由の権利を規定する。調査委員会は、国家による北朝鮮市民への洗脳に関する人権侵害の申し立てを評価するにあたり、この条項を同規約第20条とともに考慮の対象とした。さらに、「子供の権利条約（CRC）」第14条が、子供のための思想の自由、良心の自由、信教の自由の同様の権利を規定している。

164. 北朝鮮の人々が、どの程度、自分たちの意見を自由に表現し、情報を得、団体に参加できるかを調べるにあたり、調査委員会は「市民的及び政治的権利に関する国際規約（ICCPR）」第19条と22条、さらに「子供の権利条約（CRC）」第12、13、15、17条の規定を指針とした。

1・洗脳とプロパガンダ、および大衆組織の役割

165. 北朝鮮の国民は幼い時から、首領と朝鮮労働党の定める唯一の国家イデオロギーと10大原則に従って洗脳される。その洗脳の程度は、「市民的及び政治的権利に関する国際規約（ICCPR）」第19条と「子供の権利条約（CRC）」第17条が規定する、情報を求め、情報を得る自由の権利に抵触するばかりでなく、ICCPR第18条とCRC第14条により守られる、自由な思考と良心の発現と成長の権利に歯止めをかけている。国連人権委員会は、後者の権利は広範で根源的なものであり、あらゆる事柄について考える自由を包摂する権利である、と評価してきた。非常事態においてさえ、この規定が損なわれ得ないところにも、これらの自由の根本的性格が反映している【119】。

(a) 幼児期からの洗脳

166. 子供たちは、金日成、金正日、そして今は金正恩を崇拝し、偶像化するよう教えられる。スローガンの書かれたバッジ、首領への感謝の気持ちを描いたポスターや絵画は、子供たちがそのメッセージを充分理解する能力があるかどうかに関わらず、幼稚園に飾られている【120】。算数、理科、芸術、音楽などの通常科目に加えて、10大原則と北朝鮮公式見解版の北朝鮮革命史を含む、金日成と金正日の業績と教示についての教育が、学校教科に異常なほど大きな部分を占めている【121】。北朝鮮の元教育者は、金日成と金正日の著作や彼らについて書かれた書物を使った思想教育が北朝鮮の「教育のほとんどである」と示唆している【122】。これらの教育内容は学生の理解力と暗記力に合わせて調整される【123】。金日成思想と革命史の成績が悪い学生は、他の科目に高い成績を収めていても、罰を受ける【124】。こうした教育目標は「子供の権利条約（CRC）」第29条に違反する。

167．北朝鮮の洗脳プログラムの中心には2つの基本テーマがある。ひとつは首領に対する最大限の忠誠と献身を植え込むこと。もうひとつは、日本、米国、そして韓国に対する敵意と深い憎しみを吹き込むこと。この2つである。後者は、差別と敵意と暴力の煽動による明らかな国民的敵意の唱導と、戦争のプロパガンダに当たる意図的で組織的な活動を通して達成されている。これは「市民的及び政治的権利に関する国際規約（ICCPR）」第20条に違反する【125】。

168．子供たちは、金日成のようになりたいとだけ思えばよいと教えられる。たとえば、絵を描きたい子供たちは、首領を描くことだけを奨励され、金日成を喜ばせるであろう絵を描くよう仕向けられる。優れた絵は学校に飾られる。子供たちは、金一族を描くか、日本兵か米兵を刀や鉛筆で刺す絵を描くのが一般的である【126】。

ある証人は、学生のとき、金日成を喜ばせるイメージ以外のものを描くことなど一度もなかったと語った。彼は偉大なる戦士になり、敵を殺しに韓国に行き、金日成と金正日のために死にたいと思っていた【127】。

169．子供たちは、自分たちの両親よりも金日成と金正日の価値観のために、自分たちの命を喜んで危険にさらすよう仕向けられる【128】。子供たちは、金日成は国を守り、市民を養う父親である、という印象を与える愛国的画像とスローガンに囲まれている【129】。こうしたメッセージと洗脳は、幼い頃から指導者への忠誠心を生み出すだけでなく、子供たちが自分たちの両親よりも首領への尊敬と献身を示すよう求められるにつれ、結果的には家族の崩壊を招くことになる。

170．すべての学校教科は、国家イデオロギーと矛盾のないように教えられる。たとえば、ある証人は、化学の授業で化学ガスについて語るとき、2つの朝鮮政府のガスの使い方を比較しなければならなかったと語った【130】。国家イデオロギーに従うと、北朝鮮は産業開発目的で使うが、韓国は生活条件の不満を抗議する人たちに向けて催涙ガスとして使う、ということになる。1981年の演説で、金日成は次のように語っている。

教室の授業で大切なことは、反帝国主義教育、すなわち、米帝国主義と日本軍国主義に反対する教育を強化することである。彼らは朝鮮人民の不倶戴天の敵であり、朝鮮革命の攻撃対象でなければならない。我々は、学生たちが不屈の精神で米帝国主義と日本軍国主義と戦えるよう、反帝国主義、反米、反日教育を党員と労働者階級に強化しなければならない。我々はまた、地主、買弁資本家、そして南朝鮮の反人民的ファシスト支配体制の反動官僚たちに対して強い敵意を抱き、彼らと妥協することなく戦う精神を持つよう人民を教育しなければならないのである【131】。

171.「子供の権利条約（CRC）」第29条は子供のための教育の目標を概説する。学校で金日成崇拝に不均衡な時間を割り当てることは、この目標に違反する。最も憂慮すべきは、第29条の⑴⒞と⒟に違反する敵意、暴力、人種差別主義の教育である。

⒝ マスゲームとその他の大規模プロパガンダ行事

172. 北朝鮮の子供と学生は、政治目的で開かれるパレード、大規模集会、その他の舞踊パフォーマンスに定期的に参加する義務がある。こうしたパフォーマンスで最大のものは、今日ではマスゲームと呼ばれる毎年開催される集団体操大会である。

173. マスゲームの特徴は、およそ10万人の子供と若者たちにより、綿密な振付けの施された体操、踊り、演劇などが披露されることだ。マスゲームのプロデューサーに向けて行われた1987年の長い演説の中で、金正日は、マスゲームは参加者の健康で強健な肉体の育成を目的とするばかりでなく、学童の高度の組織力、規律、集団主義の育成を目的とする、と説明している[132]。彼は続けて次のように語った。

> 学童たちは、彼らの動きにたったひとつの不注意でもあると、それがマスゲームを台無しにすることを意識して彼らの考え方と行動すべてを集団に従わせようと出来る限りの努力をする……マスゲームは創造的な仕事であるゆえに……創作（部門）の働き手は集団体操を通して、指導者の偉大さ、指導者の先見の明、指導者の不滅の革命業績、指導者の高貴な共産主義的美徳を、深くそして大きく表現しなければならない。彼らの作品はまた、歴史に変革をもたらす党の偉大さと輝かしい業績を充分に表さなければならない……。

174. マスゲームは北朝鮮にとって主要な外貨収入源となった。マスゲームは多数の外国人観光客を引き付けているが、強制的に（彼らの肉体的外形が国家の定めた理想にそぐわない場合でない限り）参加させられている子供たちが受ける人権侵害に、観光客が気づくことはまれである。練習は多くの場合、一年中続く。そのうちの4～6カ月間は、参加者は学業を犠牲にして一日中練習する。訓練はしごきである。完璧にできない子供たちは体罰を受け、夜の練習が課せられる。

> 大学の元体操教師は調査委員会に、マスゲーム用に学生を訓練するよう命じられた時のことを話してくれた。学生たちは強制的に一日6時間から12時間の練習をさせられた、と彼は語った。マスゲーム参加者はそのほとんどが学童と学生だが、兵士も参加する。なんらかの障害がある人は除外される。練習中に気絶する学童が多くいたことをこの証人は覚えていた。重症を負う学童たちも多かった[133]。

> 東京で開かれた調査委員会の公聴会で、L（女性）は、金正日出席の下、平壌の金日成スタジアムで行われるパレードのほん

の一部の練習に、1日10時間、6カ月間の練習を命じられ、大学の授業に出られなくなったと述べた。練習は非常にきつかったので、疲労のために気絶する者もいた。特に、学生たちが炎天下、コンクリートの上で練習する夏の期間は気絶する人が出るのは普通のことだった。練習では完璧さが強調された。ミスを繰り返す人はだれでも、罰として練習場に夜まで残された。Lは、彼女の先生が急性盲腸炎の激痛を抑えて練習した7歳か8歳の男の子の例を挙げたことを覚えていた。この男の子は応急手当が受けられなかったために死亡した。死亡したこの子は、金正日出席のイベントのために全生涯を捧げた英雄として扱われた【134】。

175．このように長い時間、また、このような条件下でのマスゲームの厳しい練習は、子供たちの健康と幸福を危険にさらすものである。調査委員会は、子供たちをこのように利己的に利用することは「子供の権利条約（CRC）」第31条と32条への違反である、と見る。CRC第31条と32条は、子供の休む権利と遊ぶ権利を規定し、子供の教育を妨げるか、子供の健康を害する労働から子供が守られる権利を規定している。

(c) 生活総和の会

176．北朝鮮の子供たちは早い時期から「生活総和」の会に出席させられる。子供たちは週一回集まり、一人ひとり起立して前の週にした事を発表する。彼らがいかに金日成思想と10大原則の教えに沿って過ごしたかを出来る限り説明するのである。この告白中に、10大原則が暗唱される。前の週になんらかの失敗、たとえば、授業を休んだり、思ったような貢献が出来なかったことがあれば、子供たちは自分を責めなければならない。そして改めることを誓わなければならない。彼らはまた、同じグループの少なくとも一人の仲間の誤りを指摘しなければならない。誰かを批判するまで、着席することは許されない。

177．毎週行われる「生活総和」の会は、国家から見た市民の欠点を監視する手段である【135】。この週ごとの会は北朝鮮の市民生活のいたるところで開かれている。会は教化所（刑務所）と労働鍛錬隊でも開かれる。公共事業に動員された人々のためにも開かれる。

178．とりわけ、10大原則の4条5項はすべての人々にこう呼びかける。

偉大なる首領金日成同志の革命思想を学ぶ学習会、講演会、講習をはじめとする集団学習に欠かさず誠実に参加し、毎日2時間以上学習する規律を徹底的に立て、学習を生活化、習慣化し、学習を怠けたり妨げる現象に反対し、積極闘争しなければならない【136】。

179．2013年8月、10大原則が改訂されたとの発表があった。

改訂は39年ぶりのことであり、人民から忠誠をもって称えられるべき対象として、金日成の名前に金正日の名前が付け加えられた。その1カ月後、北朝鮮当局が「改訂10大原則遵守のための全国公開批判会の開催と付随文書提出」を命じていたと報じられた【137】。

180. 2013年12月の金正恩の叔父、張成沢の処刑の後、国の至るところで洗脳集会の数が増え、国民は忠誠を文書で示し、自分自身の振る舞いを反省するよう命じられているようである。張氏の処刑がもたらした北朝鮮国民の間の当惑と恐怖はかなりのものがあるという【138】。しかしながら、処刑は透明性を欠き、見苦しいほどに急いで行われ、暴力をもって終了した。そのプロセスを批判する余地は与えられず、首領の利益に資し、指導者の命令を推進する表現のみが許された。

(d) 大衆組織への加入義務

181. 「市民的及び政治的権利に関する国際規約（ICCPR）」第22条、「子供の権利条約（CRC）」第15条、そして北朝鮮憲法は結社の自由の権利を規定する【139】。

182. 北朝鮮は、民主主義的な社会組織を作りたい人は、組織の目的、組織員数、組織構造、指導者の名前を明記した申請書を団体規則案のコピーを添えて30日前に内閣に送付すべきとしてきた【140】。伝えられるところによれば、朝鮮文学芸術総同盟、民主弁護士協会、反核平和委員会、アフリカ—アジア連帯委員会といった組織が存在する。しかしながら、これらすべての団体も朝鮮労働党の監視下にあるようである【141】。実際、国家と朝鮮労働党の支配下にない政党も市民社会団体もひとつとして公認されていない。

183. すべての市民は、朝鮮労働党の監視下にある大衆組織のメンバーになるか、その活動に参加する義務がある【142】。小学校入学時点で会員への加入は始まる。7歳から13歳の子供たちはすべて少年団のメンバーになる【143】。彼らの活動は、14歳から30歳の北朝鮮市民からなる金日成社会主義青年同盟の職員に監視される【144】。30歳を過ぎると市民は、本人の職業と配偶者の有無により、朝鮮労働組合総同盟か朝鮮民主女性同盟、または農業従事者組合、いずれかのメンバーとなる【145】。現在進行中の社会的経済的変化により、党員になることはかつてほどの魅力を失ったが、いまだにほとんどの市民が朝鮮労働党の党員となることを切望している。しかしながらこれは国民のおよそ15%にのみに与えられる特権である。党員も党が支配する大衆組織の職員となる【146】。生涯、これらの組織のひとつのメンバーであることが義務付けられている【147】。ある証人は、強制送還された人たちでさえ、拘留期間が終わるとメンバーに戻る、と指摘した【148】。

184. これらの組織はメンバー制であることで幾つかの基本的

な機能を果たす。ひとつは、仕事中であるなしに関わらず、人々の日々の活動を組織し、監視すること。もうひとつは、金日成思想を教える定期的な学習会と時事・外交問題を共有することを通じて、継続的洗脳を確実にすることである【149】。

金日成《キムイルソン》社会主義青年同盟の元職員は、青年同盟のメンバーが果たすべき4つの基本的な義務について語った。何よりもまず、「金一族を崇拝する」義務。2番目に、革命思想で「人民を武装させる」義務。第3に、忠誠心を監視し評価することで「国を守る」義務。第4が選抜集団を動員して建設と関連労働を行い、「社会主義経済を構築する」義務である【150】。

少年団員だったある証人は、模範生となり、勉強と課外活動で称賛されるよう努力したと語った。学生たちは一度使った紙やビニール加工紙といった物資を提供することで学校に貢献することも求められた【151】。

別の証人は、朝鮮労働党のスローガンを繰り返し歌ったり、公衆の注目を惹くために路上で太鼓を叩くなどの少年団員の活動について話した。メンバーは国家の収益を目的とした活動や選挙期間中にスローガンを繰り返し唱えるといった活動も命じられた【152】。

民主女性同盟の職員であった証人は、職員のもっとも重要な責任はメンバーに主体《チュチェ》思想と革命史を植え込み、国内政治と外交問題を理解させる講義を確実に行うことであった、と語った。メンバーは外貨獲得のために販売できる品物を手に入れる役割も担わされた。たとえば、メンバーたちは、1年間に金1グラム、成熟したウサギ2匹分の皮、犬2匹分の皮を提供することになっていた。これらの品々は集めて党中央に送られた【153】。

185. 青年同盟の主な活動は、メンバーを動員して「ボランティア」の労働部隊を運営し、公共建設事業を遂行することである。17歳以上の一般市民が動員され、道路建設や公共施設建設の様々なプロジェクトで働くグループに登録される。郡レベルであれば、1グループに1000人が必要とされ、道レベルでは2万人、平壌のような大都市のプロジェクトでは10万人が必要とされる【154】。伝えられるところによれば、これらの義務を果たすべく選ばれた人たちはそうして奉仕できることを名誉と捉えていると言う。こうした参加は朝鮮労働党員になったりさらなる学業を許される機会を拡げるステップの一つと捉えられている。

186. こうした活動への参加を拒否する選択肢は存在しないようだ。拒否すれば社会的にも政治的にもその人の将来への展望は暗くなり、その人の調書に汚点を残すことになるからである【155】。北朝鮮市民全員が身に付ける身分証明書を発行する登録制度に加え、政府によって管理されるもうひとつの記録システムがある。それは一個人が社会で成功し、昇進する能力に直接的な影響をあたえるのだが、個人にはこのシステムにアクセスする権利はない【156】。

(e) 遍在するプロパガンダ

187. 北朝鮮の市民は、いつでも、どこでも、国家プロパガンダに晒されている。朝鮮労働党中央委員会の宣伝煽動部が主にプロパガンダに関する指示を出す責任を負っている【157】。１９８１年、「党宣伝働き手」への演説の中で、金正日《キムジョンイル》は、「宣伝煽動事業の堅固な基盤は党中央委員会の単一指導下に置かれるべきである」と述べた。金正日は、社会主義経済建設のプロパガンダと煽動だけでなく、思想教育の強化方法についても指示を出した。彼は、「言葉の煽動」、「芸術家による煽動」、そして、映像の効果的利用について語り、その他、効力と影響力のあるアジテーションとして政府当局者が個人的な手本を示すことを挙げた【158】。

188. 地方当局、学校、職場、その他、様々なレベルの宣伝隊が中央で決定されたメッセージを発信する。これらのユニットが党中央委員会宣伝部の指示の下に素材を提供する。たとえば、すべての道（地方）に首領の肖像画を制作し、首領の偉業を描くアートセンターがある。そこで制作された作品は展示会で展示され、公共の場や会社のホールや壁に飾られる【159】。伝えられるところによれば、万寿台《マンスデ》創作社は、金一族を称えるプロパガンダ用の絵画、壁画、ポスター、掲示板、記念碑を制作する中枢的存在である。このスタジオは世界最大のアートファクトリーと言われており、１０００人あまりの芸術家を含むおよそ４０００人の北朝鮮国民が働いている【160】。

189. 子供の描いた絵で特に優れたものはその学校だけでなく他の学校にも飾られる。大学と軍隊にも専門の芸術家がいて、大学のホールや構内に飾るポスターと掲示板用のプロパガンダ素材を制作し、教科書用と陸軍士官学校の教材用の絵を描いている【161】。

190. 首領たちの肖像画と彼らに捧げられる記念碑はいたるところに存在する。朝鮮中央通信（ＫＣＮＡ）は２０１３年４月に、「経済発展と国民の生活水準向上のための（昨年度）国家総支出予算の44・８％は、金日成生誕１００周年記念に披露する建造物の建設基金と、主体《チュチェ》思想に基づく現代的自立経済の物理的・技術的基盤強化と、国家の改装作業に使われた」【162】と報じた。北朝鮮国内の情報源を引用した他の報告では、２億ＵＳドル相当が、３２００本の永生塔、４００件のモザイク壁画、高さ23メールの金日成と金正日の銅像に費やされたと推測している【163】。

191. 北朝鮮のあらゆる家庭には最低３つの額が飾られていなければならない。つまり、金日成の肖像画と金正日の肖像画、さらにこのふたりが話し合っている絵の3つである。金正恩の肖像画を飾るようにとの命令はまだ出ていない。これは金正日の例にならっているようだ。金正日は、彼の父の死後3年間の伝統的な喪が明けるまで彼自身の肖像画を飾らせなかった。すべての北朝鮮市民は金日成の肖像画の入ったバッチか襟章を忠誠の証として着けていなければならないことは広く伝えられてきた【164】。またすべての人は初心を忘れないよう、これらの肖像画に頭を下げることになっている【165】。

192. 次に挙げる証言のように、指導者の肖像画を傷つけたり、壊したりすることは、最も厳重に処罰されるべき政治犯罪であると考えられている。

ある証人が、金日成《キムイルソン》の肖像画を故意にではなく、うっかり汚してしまった彼の父が、政治犯収容所に送られた時のことを話してくれた。彼の父は古新聞でこぼれた飲み物を拭いていたのだが、その古新聞には金日成の肖像画が印刷してあった。家族は父と同じ運命は免れたが、敵対成分《ソンブン》の家族と宣告され、数十年間厳しい差別を受けた【166】。

別の証人によると、咸鏡北道《ハムギョンブクド》にある病院の職員が、規定により金日成の肖像画の描かれた額を週一回清掃していたときにうっかりしてガラスを割ってしまった。その後、彼は国家安全保衛部から1カ月間におよぶ捜査を受けた【167】。

193. 2012年7月、朝鮮中央通信（KCNA）は、韓国と米国に代わって金一族の銅像と記念碑を破壊する「テロ活動」なるものに関与した男性の証言とするものを報道した。記事はこの男性が処刑されることを示唆していた【168】。その男性が実際にテロ容疑で処刑されたことを他の情報源が立証した【169】。

194. プロパガンダは北朝鮮の市民生活のあらゆる側面に浸み込んでいる。官製メディアの他に、家の中と公共の場に流れるプロパガンダ放送から市民は逃れられない。北朝鮮を訪問したある外国人女性は、国家プロパガンダを放送する拡声器の執拗さに驚いたと調査委員会に語った【170】。官製のテレビ・ラジオ放送に加え、北朝鮮国民は有線放送を通して国家から情報を受け取る。この有線放送は北朝鮮の全家庭にスピーカーを通じて流されている。政府関係者がスピーカーの定期点検を行う。この有線放送は「禁じられた」ニュースと情報（つまり外部世界に知られてはならないニュース）と緊急放送に使われることが多い。有線放送を通じて発信される情報には、工場や農場の状況、各集団農場の収穫量と農産物の状況などもある。犯罪に関する詳細、罪と罰の内容も有線放送を通して発信される。犯罪者の名前はその居住地といっしょに発表され、人々は同じ犯罪を犯さないようにとの警告を受けることになる【171】。

チョン・ジンファ［*Jeong Jin-hwa*］（女性）は列車のラジオ放送でアナウンサーとして働いていた。近年、私営の交通サービスが台頭しているが、鉄道はいまだに北朝鮮の主要な長距離公共交通機関である。それ自体、鉄道は優れた洗脳の機会を提供する。鉄道アナウンサーとして**チョン**は平壌から労働新聞（朝鮮労働党の機関紙）の特定の記事を読むよう指示を受けていた。鉄道のラジオ放送でこうした記事をライブで読むことに加え、彼女には平壌の党宣伝部から、ラジオ放送用のニュースや他の内容が収録されているカセットテープ（後にはコンパクトディスク）が送られてきていた【172】。

彼女はこう語った。

> 現在の労働新聞は私が20年前に読んだ新聞と同じように見えました。1面と2面で金一族の近況に関連する政治問題を扱っています。3面と4面は国の発展のこと、経済と北朝鮮の住民関連の問題がいくつか。5面と6面は、南朝鮮と米国などの外国のことを扱います。「新聞」なのに、扱っている中身は今も20年前のものと同じでした【173】。

195. アナウンサーは朝鮮労働党のスピーチ指導事務所で記事の読み方の特別訓練を受ける。話し方と発音方法のマニュアルがある。たとえば、偉大なる指導者または親愛なる指導者の名前を言うときは、称賛と愛情を伝えるために特別にゆっくりと高い調子で読む。一方で、米国人や韓国人について話すときは、怒りを呼ぶ声のトーンを使う。憎悪と敵意を伝えるために言葉はゆっくりと噛み砕くように読む。すべての列車に政治要員が乗り込み、乗客の監視だけでなく、アナウンサーを含む列車乗務員を監視する。偉大なる指導者、または親愛なる指導者の名前を間違って発音したり、口ごもったりすると面倒なことになる。列車に流れる電流が弱くなると、収録されたカセットテープがたびたび変形した。こうした時、アナウンサーは、指導者の名前が変形された音、つまり、受け入れがたい音で放送されないよう、カセットを素早く取り出さなければならなかった。

196. 北朝鮮の人々は幼い時から、金一族を崇拝するよう教えられ、国家イデオロギーを自分たち自身の思想として認識し、内面化するよう教育される。調査委員会は、北朝鮮の市民生活では、仕事場でもそれ以外でも、いたるところで国家により市民の活動が規制され、厳密に監視されている、と見る。個人には国家が指令する団体と活動に参加する以外の選択肢はない。参加しない場合は、その人の記録に傷がつき、昇進の機会が妨げられる。

2. 厳重に統制されたメディアによる情報支配と、非政治的情報を含む外部情報の禁止

197. 調査委員会が北朝鮮を脱出した数多くの人たちから受けた印象は、下記の証人の言葉に要約されている。

> 洗脳されているんです……外の生活は知らないんです。言葉が話せるようになったときから洗脳されているんです。4

歳のころからですよ、託児所のときから、洗脳教育されるのです。日常生活のどこでも、社会でも、自宅でも洗脳されます……北朝鮮は外部世界に開かれていません。塀に囲まれた世界なのです。だから塀の向こうからは何も入ってこないのです。ラジオを聴くにも、聴けるチャンネルは制限されています。彼らは、人々に外部世界が見えず、聞こえないことを望んでいるのです。そうすればみんな何が起こっているかわからないからです【174】。

(a) テレビとラジオの統制

198. 北朝鮮には4つのテレビ放送チャンネルがある。ひとつは「一般の人」向け、つまり平壌以外の地域住民向けの朝鮮中央テレビと呼ばれるもの。もうひとつは教育文化放送と呼ばれる平壌居住者向けのチャンネル。3番目は開城《ケソン》テレビで韓国に向けて放送されているもの。週末には4つ目のチャンネル、外国人向けの万寿台《マンスデ》テレビと呼ばれるチャンネルがある。平壌にいる外国人は朝鮮語で放送される他のチャンネルもみることができるが、万寿台《マンスデ》テレビは番組を原語で放送し、朝鮮語の字幕が付いている。このチャンネルには中国語とロシア語の番組がある。平壌、南浦《ナムポ》、他の平壌に近い地域の人々も、教育文化放送と万寿台テレビのような平壌居住者向けのチャンネルを見ることができる【175】。

199. 全くのプロパガンダ番組に加えて、歌やドラマ番組もあり得る。しかしながら、その番組の基本的なメッセージは国家への忠誠である。男と女の恋愛でさえ2人が政府へ忠誠を誓う内容が含まれる【176】。映画も、金日成と金正日の指示の下、「革命闘争諸段階へ動員する役割を果たす」よう監督される【177】。

200. 北朝鮮でテレビ受像機を買うには、27局と呼ばれる政府機関、国家安全保衛部（SSD）の電波探知局に登録しなければならない。この27局が許可したチャンネルだけを受信するよう受信機に変更を加え、韓国、中国、ロシアからのテレビ放送を受信できないようにする。北朝鮮はまた、高度な電波妨害機器を使って、外国テレビ放送をブロックしている【178】。しかし、そうした電波妨害作業はエネルギー集約的であり、北朝鮮がエネルギー不足を抱えている状況で、その作業は限界に直面している。

201. ラジオ放送の統制は、ラジオ周波数の違いと大気条件と太陽活動に左右されて無線信号が変化するため、はるかに困難である。たとえば、夏に「朝鮮中央放送」の聴取用に使われるラジオチャンネルは冬には韓国のラジオチャンネル「一民族放送」に切り替わる。こうした理由から国家は通常、北朝鮮住民のラジオ所有を許可しない。自動車に取り付けられているラジオは車が北朝鮮の一般市民の手にわたる以前に取り除かれる。北朝鮮市民はカセットレコーダーを所有することはできる。カセットレコーダーは普通、外国製でラジオ機能がついている。カセットレコーダーが一般市民の手にわたる以前に、「逓信管理局」と人民保安省（MPS）がカセットレコーダーからラジオ部分を除去する。チャンネルを自由に変えられるラジオが使用できるのは特定の組織に限られ、軍が緊急事態用に使用している【179】。

202. 技術的知識のある北朝鮮市民は、探知を避けながら外国放送などのラジオ放送を聴くことができる。技術力があれば、レコーダーから除去された部品を、例えば一本の釘を使って回路を完成させ、ラジオを聴けるようにする。イヤホーンを用いることで、外からはレコーダーを聴いていると見せることができる。韓国内にある放送局か、韓国が設立した放送局制作の短波放送は、適切な機器があれば簡単に傍受可能である【180】。ソウルに拠点を置くこれらのラジオ局は元北朝鮮国籍の人々が運営し、北朝鮮以外のニュースだけでなく北朝鮮国内では通常放送されない北朝鮮関連ニュースや北朝鮮政府の活動を聴取者に提供している。その中には米国から資金援助を受けているラジオ局もある【181】。

203. 中国製のポータブル・ラジオは高価でなく隠しやすいので所持すれば明らかに逮捕されるにも関わらず、北朝鮮市民が秘密裏に購入し、国内に密輸入しているとの報告がある【182】。伝えられるところによれば、金正日《キムジョンイル》は１９９９年、小型の携帯ラジオをもっている人は誰でもスパイとして取り扱うよう国家安全保衛部に命令を下した。27局の職員が個人の家に抜き打ち検査を行い、外国の放送を受信しようと国家承認のラジオ／レコーダーやテレビを操作したか、中国から密輸入された機器を秘密裏に保有していないかを調べてまわる。禁制の機器が見つかると、テレビやラジオ機器は没収され、所持者は思想再教育施設に送られる。それが公職者であれば、役職を剥奪されかねない【183】。

中国国境に近い咸鏡北道でテレビとラジオの査察員として働いていたある証人は、特権的な政府関係者が住む地域で行った査察の模様を語った。証人は、自分の息子に中国テレビの漫画番組「トムとジェリー」を見せていたある母親のことを覚えていた。この母親は、賄賂を渡して報告しないように懇願した。彼は報告しなかった【184】。

(b) 印刷メディア、インターネット、その他の通信手段の統制

204. ２００９年、北朝鮮は国連人権理事会に、北朝鮮国内には、国、地方、工場、企業、大学で発行され、配布されている新聞が合計４８０紙あると伝えた。また、「多くの出版社が発行する数百種の雑誌がある」と主張した【185】。

205. 北朝鮮内の国営メディア機関で働いていたある証人は、すべての新聞は、名前や記者は違っても、内容は基本的に同じだ、と調査委員会に語った。テレビ、新聞、ラジオなどのコンテン

ツのすべては、朝鮮労働党の宣伝煽動部の出版報道課によって統制されている。

206． 北朝鮮に編集の自由は存在しない。どのレベルの発表内容もすべて事前に決定され、中央で統制されている。党出版報道課が、「出版と報道のための月間計画」を発行し、党中央と、各地域の新聞発行機関、放送局、雑誌出版社に送る。出版物、放送、雑誌出版関連の全事業体はこの月間計画に基づいてそれぞれの作業計画を立てる【186】。たとえば、政府が草食動物を今より多く飼育すべきとの指示を出そうとしていると、すべてのメディアコンテンツは地方レベルに至るまで、この話題に関連したものとなる【187】。

207． ジャーナリストが用意したコンテンツはすべて、数段階の審査を受ける。編集はされるが、審査の諸段階はより検閲との繋がりが強い。つまり、審査はコンテンツを国家指令と国家思想に確実に沿ったものにするために行われる【188】。ジャーナリストは出版報道課の指示か国家思想に忠実でないと思われる些細なミスにも訓戒をうける【189】。

チャン・ヘソン [*Jang Hae-sung*]（男性）は、調査委員会のソウル公聴会で証言し、あるレポートの中で金日成《キムイルソン》の名前を誤植したことがあったと語った。この違反行為の罰として彼は6カ月間鍛錬隊**?**に送られた【190】。

208． 国内のジャーナリストは通常、海外取材が許されない。中央レベルの極少数のジャーナリストだけが職務で海外、大抵の場合、中国かロシアに行く事が許される。北朝鮮の外国人特派員は当初は主に中国、ロシア、キューバの特派員たちであった。現在北朝鮮にいる外国人特派員が北朝鮮の称賛記事しか許可されていないのは明らかだ。彼らは一般の国民と話すことも許されていない【191】。北朝鮮は外国メディアに対し、期間限定の訪問のみ、通常、重要な式典行事の時だけの訪問を許可することはしばしば報道されてきた。こうした機会には、外国人ジャーナリストは動きを規制され、政府関係者が常時同行する。

209． 自由化とはほど遠いが、最近、北朝鮮内の外国人ジャーナリストへの規制が緩和された。ＡＰ通信が、２０１２年１月に支局を開設した。公式メディアである朝鮮中央通信の中に拠点をおくＡＰの平壌支局は、当時、世界のＡＰ支局と同一の基準と活動内容で運営すると主張していた【192】。ある外国人ジャーナリスト（彼は北朝鮮への定期的訪問を許可されたAPのジャーナリストチームのひとり）は、現場取材の間は常時、世話人がひとり彼に同行したと語った。世話人を回避しようとするとビザが取り消されるため、回避できなかった。当局が事前に計画していないイベントや場所への視察希望は、通常却下される。ふつうの市民が外国人に会うにも正式の許可を必要とする。世話人から外国人ジャーナリストに紹介される一般社会の人々は主に国内の良い事だけを話す【193】。

ある証人は、外国の政府関係者の視察を受ける公共施設で、彼女たち職員には理解できない原稿を暗記させられたと語った。党の書記が視察団に同行することになっていたために、皆戦々恐々となって、与えられた原稿を間違いのないよう何度も練習した、と語った【194】。

別の証人は宣伝部で働く友人について語った。この友人が彼に話したところによると、その友人は南北間会議や国際会議があると、宣伝部が会議に参加する北朝鮮政府関係者用に原稿を用意した。原稿から逸脱する者がいれば会議は中断され、その人は叱責された【195】。

210. 北朝鮮内で個人が電話を設置することは可能だが、規制があり、非常に高価であることを調査委員会は知った。こうした電話の盗聴が、「情報の流れを切断し統制する努力の一環」とされていることも分かった【196】。北朝鮮内の３Ｇ携帯プロバイダーだけで契約者数が２００万人（人口のおよそ10％に近い）に迫っているとの報告が２０１３年半ばにあった。北朝鮮の携帯電話サービス「コリョリンク」が２００８年に開始される以前は携帯電話はほとんど使用されていなかったのは明らかだ。「コリョリンク」は全主要都市、全国の主要道路と鉄道沿いで使うことができる。このサービスでは電話通話とＳＭＳができるのだが、政府は国際電話とインターネット接続を市民に禁じている。外国人と観光客にはインターネットと国際通信の使用が許可されているが、国内のほとんどの電話回線の使用は禁止されている【197】。「コリョリンク」は、基本的機能のみの中国製携帯電話も販売しているという【198】。

211. およそ２００万人の市民がコンピュータにアクセスできていると言われているが、彼らがアクセスできるのは、政府がフィルターをかけて決定した情報を掲載するイントラネットシステムだけである。インターネットへのアクセスは規制されており、大学やエリート階級の極少数の人々に限られている【199】。コンピュータは、公式機関でも当局に使用登録をしなければならず、家庭のコンピュータはイントラネットシステムにも接続されていない【200】。

212. ２０１３年12月の金正恩の叔父、張成沢の処刑の後、朝鮮中央通信（ＫＣＮＡ）のウェブサイトから3万５０００件の記事と、さらに労働新聞のウェブサイトから2万件の記事が削除されたという【201】。これは明らかに張《チャン》氏を北朝鮮の（政治の）歴史から抹殺する作業の一部と見られ公式見解を支えるために、国家がいかに情報を支配し操作しているかを示している。

213. 27局はｅメール通信、携帯電話と衛星電話の使用（外国人による使用も含む）を監視していると考えられている【202】。北朝鮮の監視装置は精巧さを増し、監視領域は国境地域を越えてますます拡大している。調査委員会が受け取った情報では、国家安全保衛部（SSD）が体制に批判的なウェブサイトを妨害するために多数のハッカーを用いている【203】。

キム・ジュイル [*Kim Joo-il*]（男性）は、北朝鮮を脱出し、現在、北朝鮮の政治ニュースと人権情報を掲載するウェブサイトを運営しているが、彼のウェブページは何回もの攻撃を受けたために、サービスプロバイダーがウェブページのホストをもはや続けられないと言ってきたと、調査委員会に証言した【204】。

(c) 外国映画と携帯電話の取り締まり

214. 北朝鮮で使われるCDとDVDはすべて政府の承認印がなければならない。非公式市場が成長した過去数年の間に、CD／DVDプレイヤーやミニディスクドライブ用の韓国映画や録画されたテレビ番組が北朝鮮に密輸入されている。時には国家安全保衛部要員を含む地方当局者や、こうした当局者に連なる人々が、韓国映画の密かな販売と配布にしばしば関わっている。北朝鮮のメディア環境の変化を調査した2012年の報告では、調査対象の五割の人たちが外国製DVDを見たことがあると報告している【205】。

215. 多数の証人が、DVDやCD、USBメモリーに保存された韓国ドラマと映画の厳しい取り締まりと捜査について語った。証人たちは、韓国製のコンテンツを見たために逮捕され処罰を受けた、そのような扱いを受けた友人を知っていた【206】。韓国映画を見たか、もしくは所有していた人たちは、もっとも軽い罰で、労働鍛錬隊で一定期間の労働を課せられる【207】。

216. 北朝鮮の2009年刑法第194条と195条は、「退廃的で肉欲的かつ卑劣な内容を示す音楽、踊り、絵画、写真、本、ビデオ録画、電子メディアを見る、もしくは聴く」ことと「敵対的な放送を聴き、敵のプロパガンダを集め、保持し、配布する」ような「退廃的行為」に対し、犯罪行為の重度次第で、5年以下の教化労働を罰として規定している【208】。

L（女性）は、ハードディスクやCDで韓国映画をよく見ていたが、捕まることをとても怖れていたと、証言した。銃殺された売人もいた。**L**は地方当局から処刑を見に行けと言われたが、行かなかった。彼女は学校に通わなかったので行方の把握が難しく、当局は強制できなかった。彼女の故郷には、韓国映画を取り締まる特別警備隊がいた。警備隊は戸別捜査で各家庭のCDプレイヤーを調べて回った。彼らは、電気が来るのを待ち、流れて来た電気をわざと切ることがあった。そうするとCDを取り出せなくなるからだ。友人の一人は、捕まらないようにCDプレイヤーを窓から投げ捨てた。2006年頃、**L**の姉の31歳の友人とその弟が韓国映画を見て捕まり拷問された。その友人は1カ月拘留され、その間、睡眠を奪われ、殴られた。彼女は何日も長い謝罪文を書かされた。**L**が釈放から間もないこの女性を見たときには非常に痩せていた。彼女の弟は激しく殴られたために、しばらく歩けなかったという【209】。

国境地方で勤務していた元国家安全保衛部員は、韓国製ドラマやポルノといった「資本主義的」物品の不正輸入の監視は国家安全保衛部の所轄だったと語った。こうした犯罪は、罪の程度と関与の程度次第で、銃殺か、または教化所（一般刑務所）での10年から15年の刑を受けることになっていた【210】。

ある証人は、2008年に彼女の親戚の男が中国製のCD・ROMを見てから友人たちに渡した事例を調査委員会に語った。この親戚は地方当局に捕まり、公開の「裁判」にかけられ、最後は会寧で処刑された【211】。

217. 調査委員会は何人かの証人から、外国映画取り締まりの命令は明らかに首領から直接下されていることを知らされた。「109常務」という、2003年10月9日に金正日《キムジョンイル》がそれを設立した日を取って名づけられた各機関合同の監視グループが、外国映画取り締まり担当であることが分かった【212】。109常務は、月に2回以上人々を競技場に集め、警告として、逮捕され教化所（一般刑務所）に送られる人たちを見物させた【213】。元国家安全保衛部員によると、109常務は2009年に常設組織となり、さらに専門要員が配された【214】。

ある証人によると、金正日の命令の下、2004年の暮れにかけて韓国からの不正輸入品など北朝鮮への禁制品に対する大掛かりな取締りが行われた。朝鮮労働党中央委員会、検察所、裁判官、国家安全保衛部、警察、青年同盟、女性同盟、労働者組織の代表からなる中央検閲組織が設置された、との報道があった。この中央検閲組織には調査、逮捕、投獄を執行する全権限があった。咸境北道の茂山、会寧、穏城《オンソン》や両江道《リャンガンド》などの国境地域の「掃討」が中央検閲組織の目的であった。禁制品とは、違法書籍（北朝鮮で印刷されていない書籍、政府の承認を得ずに出版された宗教や他の北朝鮮の書籍）と、外国からの不法収録物（CD・ROM、ビデオテープ、メモリーカードなど）などである。人身取引や密輸などの違法行為と北朝鮮からの脱出に関わるすべての活動もこの中央検閲組織の権限下に入った。この取り締まり期間中、中国製CDとテープの密輸に関わったこの証人は逮捕され、咸鏡北道・前巨里《チョンゴリ》の12号教化所（刑務所）に送られ、6年間収監された【215】。

218. 金正恩《キム・ジョンウン》が後継者に指名され、彼の支配が始まった2010年から、外国映画取締りが再び強化された。映画の密輸と麻薬売買取締りのために各関係機関合同のタスクフォースを作れとの命令が、首領から治安機関に下された、と伝えられている【216】。2013年1月、人民保安省（MPS）は国防委員会に代わって声明を発表し、国内の習慣と相容れない録画物、ビデオ、絵画、出版物のような「異様で退廃的な」物を所有したり、外国のテレビショーを見たり、配布するような行為を行った者を治安機関に申告するよう国民に強く要求した。主に外国ポルノと韓国映画を見たり配布した人々を対象に、２０１３年10月と11月に、一連の公開処刑が行われたと伝えられている【217】。

219． ＤＶＤは２０００年代の初頭から半ばに北朝鮮国民の手に入るようになり、人気を保っているようだ。最近は、ＭＰ３プレイヤーやＵＳＢフラッシュドライブなどが、外国製コンテンツの視聴や情報共有のために盛んに使われている【218】。２０１３年11月、「録画物の密輸に使われているとしてＵＳＢフラッシュドライブとＥＶＤプレイヤーに北朝鮮当局が注目している」との報道があった【219】。

220． 中国との国境沿いの住民も最近は中国の通信業者の携帯電話を使い、無許可の国際電話をかけ始めるようになった。このサービスを他の人に貸して使用料を取る人もいる。違法な中国製携帯電話と（または）中国の通信業者の使用には地理的な制約があり、捕まれば高い危険をもたらすが、国境を挟んだ取引や、分断された家族間の国境越えの手配などに使われ、北朝鮮との情報の流出入に大きな影響を与えている【220】。当局は外国携帯電話の無許可の使用は政治犯罪とみなすとしている。27局は中国製携帯電話の通信を傍受する洗練された監視機器を使っている【221】。捕まった人たちは、国家安全保衛部の尋問を受け、多くの場合、拷問にさらされる。ユーザーは通常、労働鍛錬隊に収監されるが、教化所（一般刑務所）に入れられることもある【222】。

ある証人は、北朝鮮からの逃亡を計画していたが、２００９年、携帯電話をかけている時に国家安全保衛部（ＳＳＤ）が使う位置測定機器に掛かって捕まった。彼は裸にされ調べられた。携帯電話が発見されると、捜査官たちは彼をスパイだと責めて、殴打した後、両江道の恵山にある保衛部の拘留場に拘留した。拘留中、捜査官達は棒で代わるがわる彼を殴った。彼は下あごの歯を失った。彼はどうにか逃げ出すことができたが、後になって保衛部内の情報提供者から、もし拘留場に居続けていたら処刑されていただろうと言われた【223】。

別の証人は、中国の携帯電話の使用と密輸で２００６年に逮捕された男性のことを覚えていた。その男性は保衛部の尋問と過酷な拷問を受け、頭部に外傷を負い、骨折した。この被害者は高額の賄賂を払い、それ以上の処罰を受けずに釈放された【224】。

221． 調査委員会は、北朝鮮が、国民の洗脳に不可欠な前提として、メディアを通じて国民に伝わる情報と意見を厳しく統制している、と見る。北朝鮮では地域民間メディアの存在は許されていない。国営メディアは中央からの指示と厳格な検閲を受け、国家と党の目的を遂行する。北朝鮮はさらに、通信経由であれ情報技術経由であれ、国内に外国の影響が及び得るいかなる試みや企ても組織的に弾圧している。

3・監視と暴力による表現と言論の自由の抑圧

222. 国家または国家の公式思想に批判的な事実や意見を表現する権利の実践が認められない環境の中で、集中的な国家洗脳が行われている。調査委員会に寄せられた意見のひとつは次のことを強調した。

> 表現の自由の欠如とは、特定のものごとの禁止を意味するばかりではない。むしろ、すべての人が一定のマナーで話し、振舞わねばならないことを意味する。もし、たとえば集会に参加している北朝鮮市民が「敬愛する元帥様」金正恩の登場に「万歳！」（「1万年を生きますように」を意）と叫ばず、拍手できなければ、その人は糾弾され、処罰されることになる【225】。

223. 2013年12月に処刑された、金正恩の叔父の張成沢が犯したとされる罪の長いリストの中に、金正恩が朝鮮労働党中央軍事委員会副委員長に選ばれ、朝鮮労働党第3回代表者会で発表されたとき、「自分の席からいやいや立ち上がり、いい加減に拍手した」という項目があった【226】。

224. ある証人は、若いときから両親に、自由にものを書くことは誰も出来ないのだから作家になりたいなどと思わないようにと言われていたと、調査委員会に語った【227】。北朝鮮で書くことが許されるのは、金日成、金正日、朝鮮労働党を美化することだけである。この領域を越えたことを書く作家は逮捕され、政治犯として扱われる【228】。

ソウル公聴会で、**チャン・ヘソン**（男性）は調査委員会にこう語った。

> 私の友人たちは作家だったのですが……私たちは自分の意見、考えを書く事は全く許されていません……たとえば、この作家のことですが、誰かと話しているときに口をすべらせた。彼はその時、酔っていて、「作家は自分の考えを書く事は決してできない」と言ってしまったのです。そう言っただけで彼は耀徳《ヨドク》の第15号収容所に送られてしまいました……【229】。

チョン・ジンファ（女性）が**チャン・ヘソン**の証言に付け加えた。

> そうした扱いを受けている人たちは特にメディアに沢山います。北朝鮮のメディアにいて、もしうっかりしゃべれば、政治問題になります。**チャン**さんが言ったように、政治犯収容所、管理所にたくさんの人が連れ去られるのを私は見ました。一般の犯罪者は教化所に行きますが、こうした作家たちやメディアの人たちは、もし一度でも口をすべらせたら、その晩のうちに姿が消え、彼らの家族もその晩のうちに消えてしまうかもしれない。3世代まるごと消されてしまうこともある。ですから、体制に背いたのだからそう

なって当たり前だと考える人たちもいるのです【230】。

ある証人は、国定音楽教育課程の一環として「革命軍の歌」などの童謡を暗記したと回想した。演奏できるのは1899年以前に作曲されたクラシック音楽だけで、たとえばロシアの作曲家ラフマニノフの作品は、彼が米国に移住したために演奏禁止であった。北朝鮮において音楽の目的は、指導者への崇拝と社会主義が勝つという信念を掻き立てることであった。従って、金一族を称賛し、民族と党への忠誠を吹き込む曲だけが許される。西洋と韓国のポピュラーミュージックは全面的に禁止されている。このジャンルの音楽を演奏して捕まれば、責任者は罰せられる【231】。

225. 調査委員会が聞き取りをした証人たちは、法律の根拠を理解していなかったが、意見を自由に表現することは北朝鮮では許容されないと知っていた。何故、北朝鮮で国民が晒されている厳しい生活条件と厳格な規則に誰も抗議しないのかとの問いに対し、証人たちは、抗議するなどと想像もできない、あえて抗議する人などいない、と答えた。**キム・ジョンス** [*Kim Jong-su*]（男性）が説明したように、「抗議は死に等しいものなのだ」【232】。

226. 人権委員会に提出した報告の中で、北朝鮮は、市民は憲法と出版法の下で言論と表現の自由の権利は保障されていると強調した。しかしこの権利には次のような留保が付してある。「国家を転覆、分裂、衰退させる試みを他の人たちに奨励し、国家保衛と健全な社会秩序に深刻な危害を与えるために国家機密を暴露すること、他人を侮辱したり、その体面を損なうような考えを表現することは禁じられている」【233】。

227. 「経済的、社会的及び文化的権利委員会」のメンバーから規約の定める個人的権利と集団的権利の違いを北朝鮮政府はどのように調整するのか、と問われ、ある北朝鮮代表は次のように答えた。

> 個人的権利と集団的権利は密接に関わっている。つまり、個人にとって良きことはグループにとって良きことであるし、その逆もしかりだ。個人は社会に暮らしているが故に、個人の要求と集団の要求には調和がなければならない。もし個人が集団とは反対の意見を表現した場合、その意見は考慮はされるが、その個人に対し、意見を集団のそれと調和させるよう説得する努力もなされるだろう。そうした場合には、圧力が加わらないよう注意を傾けた【234】。

228. 干渉されることなく意見を持つ権利とは、「市民的及び政治的権利に関する国際規約（ICCPR）」が例外や制限を許さない権利であると、人権委員会が捉えていることを、調査委員会は改めて確認する。「あらゆる形態の意見は保護され、それには政治的、科学的、歴史的、道徳的、宗教的性格の意見を含む。意見を持つことを犯罪化することは、1項と相容れない。個人の有する意見を理由に、逮捕、拘留、裁判、投獄を含む、いやがらせ、脅迫、汚名を着せることは、第19条1項に違反する……何らかの意見を持つこと、または持たないことを強要するいかなる形の試みも禁止される」【235】「子供の権利条約（ＣＲＣ）」も、意見を自由に表現する子供の権利【236】と、口頭、手書き、印刷、芸術、その他の方法により、あらゆる種類の情報や考えを求め、伝える子供の権利を尊重することを、各国に義務付けている【237】。

229. 北朝鮮の国民は実際、北朝鮮の政治機構とその首領に脅威を与え得るいかなる行為も告発するよう奨励されている。調査委員会は、２０１３年１月に社会安全省（現人民保安省）が発行したとされる文書を入手した。この文書には治安機関に報告されるべき18種類の行為や「態度」が列挙されている。そこには、反国家的、反民族的犯罪を犯す行為、また、そうした行為を犯すよう奨励する行為、不法に外国人と会ったり、手紙や物品をやり取りする行為、公共の道徳を堕落させる態度、そしてその他すべての「異常な行動」などが列挙されている。

(a) 監視と監視システム

230. 北朝鮮国家は、反国家的反革命的と思しき感情の表現を察知するために広範な監視組織を構築した。生活の全ての領域で活動する秘密情報員の広大なネットワークも設立した。全市民が加入を義務付けられる大衆組織の幹部による監視に加え、隣人監視制度もある。

231. 隣人監視制度である人民班《インミンバン》は、ほぼ20世帯から40世帯を一単位とし、任命された代表が登録のない訪問者など、近所の異例な動きを警察や国家安全保衛部に報告し、反国家的な活動や不満の表現を監視する。治安要員から近所をスパイするよう命じられる村人もいる【238】。人民班は、住民を登録し、住民の活動を監視し、思想教育を実施し、地域の党委員会が任命した代表とともに様々な活動に人々を動員する責任があるとされている。人民班は家庭生活を詳細に観察する。人民班はいつでも、夜中でも家庭を訪問する権限をもち、登録のない訪問者がいないか、不倫行為がないかを見定め、それを治安機関に報告して然るべき措置を取らせる【239】。

232. 調査委員会は、小さな集まりで何気なく言ったことが情報員によって報告され、深刻な結果をもたらすことを学んだ。**ソン・ジュンフン**［*Son Jung-hun*］（男性）は、中央委員会傘下の貿易会社に務めていた。１９９６年１月、上司の家で開かれた小さな新年の集まりに参加した。その席で戦闘機などの西側軍兵器のビデオを見た。彼は、大きな声で「技術がよく発達している」と言ってしまった。この発言が報告され、呼び出されて尋問を受けた。資本主義国を称賛したと非難され、（良き成分《ソンブン》と普段の良好な素行ゆえに）告訴も逮捕もされなかったが、職位を剥奪された【240】。

233. 忠誠心を査定するために、個人は生活の様々な場面でその行動を監視されている。

キム・ジュイル（男性）は、ロンドン公聴会で、朝鮮人民軍の公式の政治的監視システムの二重構造について説明してくれた。部隊長と副行政官が兵士の政治的忠誠心を監視し、朝鮮労働党直轄の朝鮮人民軍の政治部に報告する。加えて、非武装地帯付近に駐屯するすべての小隊にも、朝鮮人民軍保衛司令部（軍の秘密警察）から派遣された将校がいた。彼らは毎朝、午前9時から11時まで総括に参加した【241】。

ある証人は、北朝鮮では成分《ソンブン》の低い人々は互いを監視するよう命じられていると語った。彼女の父親は党に入れなかった。それでも彼は国家安全保衛部（SSD）のスパイとして働くよう強要され、友人の日本人妻をさぐるよう命じられた。保衛部がこの日本人妻の受け取る手紙の内容を詳しく知るためであった。彼女はほとんどの人々が抱く恐怖についても語った。人々は家族に自分の考えや北朝鮮から逃れる試みについて話せないという。彼女の近所に住むある老婆は、義理の娘が老婆とその息子の脱出計画を当局に告げたため、耀徳《ヨドク》15号収容所に10年間収監された。証人の家族（彼女の母、父、妹、弟、夫と娘）が北朝鮮を脱出した時、叔父には知らせなかった。しかし、脱出後、叔父は尋問を受け、激しく拷問されたことを知った。叔父は重傷を負い、拷問の後、長らく動けなかった【242】。

234. 証人たちは、彼らや家族の動きが成分《ソンブン》ゆえにより厳しく監視されたと語った【243】。

235. ソウルで情報を提供してくれた**リ・ジャクム**［*Lee Jae-geun*］（男性）は、韓国出身ゆえに厳しい監視下にあると感じていた。彼は7段階もの監視を受け、話す言葉のひとつひとつ、行動のひとつひとつをすべての人が注視していたと語った。疑わしく思われることすべてが国家安全保衛部に報告されていた【244】。

ある証人の両親は日本で生まれ、北朝鮮に「帰国」していた。彼女は、家族は厳しい監視を受けたが、それは両親が帰国者だからだと思っていた。両親は決して日本での生活を口にせず、彼女に学校では日本について決して話さぬよう忠告した。党幹部が特に日本から郵便を受け取った時に、家に来て家族を尋問した【245】。

ある日本女性は、養父母とともに北朝鮮に移住し、日本から「帰国」した朝鮮人と結婚した。彼女は金日成のおかげで良い暮らしをしているとすべての手紙に書かなければならなかったし、彼女が受け取る手紙はすべて開封されていた、と回想した【246】。

ある証人は10号室について語った。党中央委員会秘書局傘下の組織指導部の管轄下にあり、金一族と親しく接触している人たちの観察と監視を担当する。金一族との接触はすべて10号室に報告書を提出しなければならない。廊下で金日成の2番目の妻の次男の横を通り過ぎ、彼に気づかれたら、それは報告に値する接触であった。この証人は、海外赴任中に、金日成の親戚のためにお使いをしていた一人の関係者が、10号室からの監察報告後に戒告を受け、北朝鮮に帰国させられたとの報道も語った【247】。

236. 前述のDVDのような外国物品の取り締まりに加えて、薬物乱用などの反社会主義的とされる特定の犯罪と不正行為を対象に定期的な検閲を行う中央検閲組織がある。この組織がホームレスや放浪者《ほうろうしゃ》もあつかう【248】。より下位レベルでは、良俗違反とされる案件の取り締まりに市民が動員される。これらは、女性のズボン着用禁止、自転車禁止といった方針への違反が対象となる【249】。2009年に平壌の公園での賭博取り締まりで捕まった人たちは教化所（一般刑務所）に送られ、その家族は平壌から追放された【250】。

237. まれに政治批判が公言されると、大事件として扱われ、厳しく罰せられる。

調査委員会はある証人から、2001年6月に金正日政権打倒を呼びかける手製ポスターを南浦市で貼った若い労働者について聞いた。これは政治的大事件と捉えられ、朝鮮人民軍保衛司令部、人民保安省、国家安全保衛部が合同チームを編成し、捜査に当たった。報告を聞いた金正日は、容疑者を見つけ出し、厳罰に処せと直々に命令したという。5カ月間にわたり、治安機関が10歳以上のすべての住民から筆蹟のサンプルを取った。男が友人に自分のしたことを打ち明けた後、逮捕された。その友人は情報員だった。集中的な拷問にも関わらず、男は共謀者について一言も語らず、捜査員は彼1人の犯行であるとの結論を下した。しかし政治的理由から治安機関は、この男性が外国映画とポルノを観て堕落し、ついに米国のスパイになったという噂を広めた。軍最高裁判所の判決に基づいて、この男性は絞首刑になった。彼の近親者と市の全住民が強制的に処刑を見させられた。犠牲者の妻は、彼が逮捕されたときに、連座制を免れるために直ちに離婚させられた。彼の母親と2人の妹は第15号管理所に送られた【251】。

238. 最近、北朝鮮市民が経済状況への怒りをますますあらわに表明するようになってきたとの解説がある。たとえば2008年初頭に、咸鏡北道の自由市場で50歳未満の女性が取引を禁じられたとき、女性の集団が抗議し、その結果、禁止令が緩和されたとの報道があった。抗議の波は、2009年末にかけて失敗した通貨改革の期間にも抗議の波があったという。旧紙幣を燃やして公に抗議する人々の姿が見られた。しかし、これに続いて、通貨改革を担当したと思われる幹部を含む約50件の処刑が報道された。2011年初頭、金正日の誕生日祝賀で平壌をライトアップするために黄海北道《ファンヘホクド》から電気を回したとき、黄海北道の人々は自然発生的に抗議し、食糧と電気を要求した【252】。

239. 調査委員会は、こうした偶発的な抗議は、国家への直接的な批判というよりも、経済状況への抗議であることに留意した。このふたつは緊密に関係しているように見える。つまり、中国を通して外部世界からの情報が北朝鮮国境地域に届き、それが少しづつ国内に入ってくるに連れ、異なった真実を知る北朝鮮市民の数が増えているのだ。しかしながら、首領の次に権力があると思われていた人物の処刑とその関係者の粛清により、人々は生死を支配する国家の明らかに恣意的な権力と、反国家的活動や反革命的活動を阻止せんとする国家の決意を改めて思い知らされている。

4・信教の自由の否定と宗教的表現の自由の否定

240. 信教の自由と宗教的表現の自由は、「市民的及び政治的権利に関する国際規約（ICCPR）」第18条と第19条、「子供の権利条約（CRC）」第13条と第14条で保障されている。両条約は締約国にこれらの権利を認知するだけでなく、結社の自由と平和的集会の自由に関連する権利を守ることも求めている【253】。これら条約の締約国であるにもかかわらず、北朝鮮市民にはこうした保護が与えられておらず、その結果、自らの選択する信教を実践できずにいると、調査委員会は見る。

(a) 個人崇拝の制度化

241. ロンドン公聴会で、**スチュアート・ウィンザー**［*Stuart Windsor*］牧師は、（北朝鮮では）「いかなる政治的逸脱も容認されない」ような「個人崇拝と揺るぎない服従の要求」が制度化されていると証言した【254】。彼は、金日成への畏敬と個人崇拝を宗教的信仰と比較し、10大原則のいくつかの下位原則に国家イデオロギーの宗教的性格を示す要素があると指摘した【255】。10大原則の第4条は次のように述べる。

> 偉大なる首領、金日成同志の革命思想を信念とし、首領様の教示を信条にすることは、限りなく忠実な主体的《チュチェ》共産主義革命家になるために最も重要な要求であり、革命闘争と建設事業の勝利のための先決条件である。

242. ソウルで、**A**（男性）は調査委員会に、「北朝鮮で唯一の思想、唯一許されている宗教は金日成思想です」と述べた【256】。調査委員会は、公式の国家思想以外の信念体系一切への不寛容と拒絶は、人々の信教の自由と、自身で選ぶ宗教または信念をもつ自由への不寛容と拒絶を意味することを確認した。

X（女性）はワシントン公聴会で次のように語った。

> 北朝鮮社会全体を、金日成を教祖とし、主体《チュチェ》思想を経典とする一種の宗教集団と見てもいいと思います。キリスト教か

カトリック、その他の宗教が、そこにあると、つまり、なんらかの形で彼らの宗教と競合すれば、それは金日成教の基盤を弱めることになり、指導部は社会の維持統制がむずかしくなる。北朝鮮の人々が、金日成は本当の神ではないのではないか、他の神がいるかもしれないと知ると、それは指導部にとっては良くないことなのです。これが、北朝鮮社会に他の宗教が起こらないようにし、他の宗教を迫害した理由です【257】。

243. 北朝鮮憲法第68条は信教の自由を規定する。これは、宗教施設の建設と宗教儀式の開催には承認を必要とするので、限定的な権利である。条文はさらに「宗教は、外国勢力を引き入れたり、国家社会秩序を害するために利用してはならない」と規定する。

244. 朝鮮半島におけるキリスト教の歴史は古く、最初の接触は17世紀に遡る。北部でより関心を惹き、平壌は時に「東方のエルサレム」と称された【258】。20世紀に儒教、道教、仏教の要素を混交した天道教が台頭し、多数の信者を獲得した。「世界キリスト教連帯（CSW）」は、1950年に人口の28％以上が宗教を信じていたと推測するが、朝鮮労働党の1950年年鑑ではおよそ24％としている。北朝鮮が人権委員会に提出した統計では、2002年に宗教を信じる人は人口の0・16％と推測している【259】。公式の統計によれば、宗教を信じる人の数は1950年に200万人を超えていたが、2002年にはおよそ3万8000人に減ったことになる（2002年の全人口約2300万人に対し1950年の全人口は900万人）【260】。

(b) 宗教迫害

245. 調査委員会が入手した情報は、北朝鮮の宗教弾圧が朝鮮戦争以前に始まったことを示している。融和と団結という美辞麗句とともに信教の自由の保障を謳う一方で、宗教人は帝国主義を支持し、封建的であるとの見解を同時に発信した【261】。宗教弾圧は概ね、4つの時期に分けられる――1946年から1950年（朝鮮戦争以前）、1950年から1953年（朝鮮戦争中）、1953年から1971年（金日成主義運動以前）、1972年から現在まで（主体《チュチェ》時代）【262】。朝鮮戦争中と金日成主義運動以前の期間に、宗教信仰者がもっともひどく迫害されたとされる。宗教信仰者は殺され、追放され、投獄された。キリスト教の活動は他の宗教よりはるかに組織的で、米国とつながっていると見られていたために、キリスト教徒が最初の的にされたという。第3期の末頃から第4期と現在に至るまでの間に、天道教青友党員、キリスト教徒、仏教徒は成分《ソンブン》制度で「敵対階層」に分類された【263】。

246. 1990年代に独自のキリスト教活動が増大した。食糧危機が高まった時期に中国に逃げた人々が現地の教会と接触し、援助を受けるようになったからである。証人たちは、秘密裏に室内や他の場所に集ってキリスト教を実践する事例をあげ、北朝鮮には地下教会が存在すると主張した。、2000年代初頭以降、秘密宗教活動が増えていると言われているが、さらに詳しい情報を得ることは困難である【264】。高いリスクにもかかわらず、北朝鮮で秘密裏に信仰を続ける20万人から40万人のキリスト教徒がいるとの推測もある【265】。

247. 一般的に北朝鮮の宗教政策はその二面性で特徴づけられる。国際社会の面前では宗教的寛容を装っているが、国内では宗教活動を弾圧している【266】。

248. 北朝鮮の普遍的・定期的レビュー（UPR）への提出案では、正式に承認されたキリスト教の集会と他宗教の信者団体の存在を強調している。それによると、

朝鮮キリスト教連盟、朝鮮仏教徒連盟、朝鮮カトリック教協会、朝鮮天道教協会、朝鮮宗教人協議会のような団体がある。近年、平壌にある鳳水教会、長忠聖堂、と開城の霊通寺が再建、拡張された。金剛山の神溪寺、龍岳山の法雲寺は創建時の姿に復元された。2006年8月に平壌にロシア正教教会が建てられ、北朝鮮に滞在するロシア人の宗教者が宗教儀式を執り行っている。宗教団体の出版物には、「天道教経典」、「天道教梗概」、「旧約聖書」、「聖歌」、「選択と実践」、「天主教を知ろう」、「信仰生活の歩み」、「天主教の祈り」などがある。

249. さらに、1999年12月、北朝鮮が国連人権委員会に提出した文書によると、

宗教団体が運営する宗教教育機関がある。朝鮮キリスト教連盟中央委員会は平壌神学校を運営、朝鮮仏教徒連盟中央委員会は仏教学院を、朝鮮天道教中央指導委員会は天道教高等中学校を運営、そして、朝鮮カトリック教協会中央委員会も学生を教えている。1989年、国家は父兄の要望を考慮して金日成総合大学に宗教学部を新設した【268】。

250. 政府が承認する「家庭教会」もあるとされ、その数は500に上ると称している【269】。家庭教会に集うのは明らかに個人であって、その家族が1950年以前からキリスト教徒であった人たちである。指導者や宗教的資料なしに礼拝のために集まることが許されている。大半の家庭教会は都市に存在し、参加する家族は他と離れた住宅地区に隔離されていることが多い。1989年に金日成総合大学で始まった宗教研究は、プロテスタント、カトリック、仏教、天道教、イスラム教に及ぶ【270】。

251. こうした学習の機会が与えられるのは忠誠心のとても高い市民に限られ、卒業生にはそのまま国家承認教会の聖職者になる人たちがいる、と証人たちは主張した。これら教会関係者

は外国人と接触して海外からの基金を造成することになっており、国家承認教会は外貨獲得を目的として存在していることを調査委員会は学んだ【271】。ある報告では、金日成総合大学の元学生が、「この課程の卒業者は宗教連盟、外国貿易部門、もしくは秘密の宗教活動を摘発する国境警備隊員として働く」と語っている。同報告書は、国家が認可した教会は外国人訪問客向けの「展示品だ」と主張する【272】。証人たちは、国家の許可を得て設置された教会はキリスト教を自由に実践したい人に開かれた本当の教会ではないと、調査委員会に語った【273】。

252. 北朝鮮のキリスト教徒から直接受け取った証言に基づいて、ある団体は次のように推測する。⑴平壌以外に教会は存在しない。また、当局の許可を受けた家庭（または家）教会がどの程度機能しているか、どの程度自由に活動できているかは疑わしい、⑵存在する教会と寺院は実質的には外部向けプロパガンダと政治目的に使われている、⑶聞き取りをした元北朝鮮市民全員が個人レベルで宗教の教えを実践すると必ず迫害されると語った【274】。

仏教寺院や聖地は、遺跡と文化遺産として維持されているだけであって、信仰の場としては機能していないと、元北朝鮮国民が報告した【275】。

(c) 政治犯罪としてのキリスト教の実践

253. 調査委員会は、国家承認の教会が平壌だけにいくつか存在するのは確かだが、北朝鮮政府は、一般市民にキリスト教に近づくなとのメッセージを発している、と見る。キリスト教は、覚せい剤、麻薬、罪、そして西洋と資本主義が侵入する道具と比喩されてきた。キリスト教宣教師たちは米国資本主義の産物であり、吸血鬼の如き業をなすと描写されている【276】。これは金日成が宗教について語ったとして引用される考え方に重なる。「宗教は一種の神話である。キリストを信じようと仏陀を信じようと、基本的にひとつの神話を信じているにすぎない」。彼はさらに「我々は宗教人を社会主義社会に連れて行くことはできない」、「宗教人は死ななければ、その習慣は直らない」とも述べている【277】。

キム・ソンジュ [*Kim Song-ju*]（男性）はロンドン公聴会で調査委員会に次のように語った。

> 私の知る限りでは、北朝鮮は、宗教は麻薬か覚せい剤だと信じています。そして結果として、根絶やしにされなければならないと思っています。これは、宗教は大衆にとってのアヘンであるというマルクス主義の考え方と同じです【278】。

254. キリスト教の実践は明示的に法律で禁じられてはいないが、実際上当局は政治犯罪と見なす。調査委員会は、国家安全保衛部（SSD）がキリスト教徒を特定する捜査に組織的に取り組んでいる、と見る。ある報告書は、治安要員のための宗教活動弾圧の訓練方法と、宗教実践者は政治犯であるとの前提で、秘密活動を暴いた治安要員への報奨基準を説明している。これらの要員たちは、祈りの会に潜入し、宗教指導者を装い、偽の地下宗教集会を開催できるように宗教訓練を受けると述べている【279】。キリスト教徒であることが判明すると、地下キリスト教会の他のメンバーを割り出すために拷問を伴う、より長期間の尋問を受ける。保衛部は中国にある朝鮮人の教会の活動も監視する。中国から送還された人たちをキリスト教徒かどうか組織的に尋問する。

255. 調査委員会は、北朝鮮内で秘密活動をするキリスト教徒の証言に基づいた資料を受け取った。その資料では、キリスト教徒が当局から捜査され、政治犯とされる3つの理由を挙げている。

(1)国家の指導者を真剣には崇拝せず、他の思想を信奉する。それ故、社会の安定に脅威となる
(2)韓国や米国のようなキリスト教国のスパイと考えられる
(3)東欧とソ連の共産主義圏の終焉に責任がある。たとえば、ポーランドでは、カトリック教会は強力な反対勢力であった。ルーマニアのニコラエ・チャウシェスク政権に終止符を打った抗議行動は、ハンガリア人のプロテスタント牧師ラースロ・テケシュにより引き起こされた。テケシュ牧師は公に政府を批判し、教会所有のアパートからの強制立ち退き命令を拒否した【280】。

256. 調査委員会は多数の証人から、中国から北朝鮮に強制送還された人々が、韓国や米国の教会や宣教師と接触したか否か組織的な尋問を受けたと聞いた。米国や韓国の宣教師を含む外国人との接触が発覚した人たちは、政治犯収容所送りを含めて、送還後により厳しい処罰を受けた【281】。調査委員会は次の証言を入手した。

ある証人は、送還後、中国で教会に行ったかどうかを特に質問されたと語った。彼女は北朝鮮から中国に再度渡ったが捕まり拷問され、1年間拘留されてキリスト教徒であるとの自白を迫られた。そして彼女がキリスト教を信仰していると友人が当局に告げたと知らされた。彼女は自白を拒否したため、11号教化所（刑務所）に送られた【282】。

ティモシー［*Timothy*］（男性）の父は中国の「地下教会」でキリスト教を学んだ。そして2003年、39人の他の北朝鮮人キリスト教徒とともに逮捕された。彼らは全員本国に送還され、ティモシーの父は耀徳《ヨドク》収容所に送られた。父が逮捕されたために、当時14歳だった**ティモシー**は労働鍛錬隊に1年間入れられた。それでも彼はキリスト教徒となり、北朝鮮で数年間キリスト教の布教活動を秘密裏に行った。秘密に活動しなければならないことを彼は分かっていた。もしそうしなければ逮捕され、政治犯収容所に送られるリスクがあるからだ。信仰のために政治犯

収容所行きを宣告されたキリスト教徒仲間についても彼は話してくれた【283】。

A（男性）のふたりの姉は、信仰と宗教活動のために厳しい処罰を受けた。ひとりは友人にキリスト教を説いているのが発覚し、聖書を手にしたまま逮捕された。教化所（一般刑務所）での13年の刑を宣告された。別の姉は中国で捕まった。前者は乏しい食事と過酷な環境のためにほとんど死にかけた。3年間監禁された後、**A**が膨大な賄賂を払って釈放され命を長らえた。後者は、中国でキリスト教を実践し、韓国へ逃げようとしたことが露顕したため政治犯に分類された。彼女は耀徳《ヨドク》収容所に送られ、その後の消息はない【284】。

2006年、中国は**キム・ソンジュ**（男性）の母を北朝鮮に強制送還した。**キム**の証言によると、中国当局は北朝鮮当局に、**キム**の母が中国でキリスト教活動をしていたと伝えた。国家安全保衛部は**キム**の母を6カ月間尋問し、教化所（一般刑務所）3年の刑を下した。しかし彼女は苛酷な扱いと飢餓にさらされたため刑務所に移送できないほどに衰弱していた。警察は代わりに彼女を地元の病院に送った。病院で彼女はベッドに縛り付けられた。**キム**の叔父が母親に会いに行ったが、母親は衰弱が激しく、彼が持っていった食べ物も食べられなかった。彼女は病院のベッドに縛り付けられたまま餓死した、保安部がその事を親族に知らせなかったために、親族は遺体を引き取ることができなかった【285】。

ある証人は、彼の息子が中国で国家安全保衛部（SSD）の監視下にあった韓国系アメリカ人の牧師とともに中国で聖書を勉強したために、保衛部に逮捕され、第18号管理所（政治犯収容所）に送られた、と信じていた【286】。

257. 2011年、両江道出身のある女性は、キリスト教仲間が拷問を受けて彼女の名前を漏らした後、朝鮮人民軍保衛司令部に逮捕されかけたが、危うく逃れることができた。彼女と他の証人たちは、聖書を所持して捕まった人たちが尋問中にどのように拷問され、場合によっては尋問後に処刑されることについて、調査委員会に情報を提供した【287】。

258. 国家の承認する信仰の場が平壌に多少ある（ないとの見解もある）とはいえ、調査委員会は、北朝鮮に実質的な宗教的信仰の自由は存在しない、と見る。宗教的信仰は、金日成とその子孫をめぐる国家的個人崇拝とは基本的に相容れないもの、敵対するものとして扱われている。自らの宗教的信仰を実践しようとする夥しい数の人々が厳しく処罰され、処刑されてきた。北朝鮮で宗教信仰者の数は1950年の人口の24%から、2002年にはわずか0・16%に減った。この推計は北朝鮮が自ら提供した数字である。

5・調査委員会の主な調査結果

259．北朝鮮の歴史を通じて、この国家の著しい特徴のひとつは、国家が情報を絶対的に独占し、組織化された社会生活を全面的に支配しようとすることにある。

証人の証言に基づき、調査委員会は、北朝鮮では、思想・良心・宗教の自由及び言論・表現・情報・結社の自由がほぼ完全に否定されている、と判断する。

260．北朝鮮は、「洗脳機構」を広範に稼動させて幼年期から公式の個人崇拝を宣伝し、首領への絶対服従を作り出し、結果的に公式イデオロギーと国家プロパガンダから独立した、いかなる思想も効果的に排除している。プロパガンダはさらに公式の敵国、日本、米国、韓国、それらの国民に対する民族的憎悪を掻き立てている。

261．あらゆる年齢の市民の社会活動のほぼすべては朝鮮労働党に統制されている。北朝鮮国民が加盟義務のある、党の運営・監督する団体を通して、国家は市民を監視し、市民の日常活動に指示を下している。政治体制や政治指導者に批判的ないかなる表現も見逃さぬよう、国家の監視は市民の生活に浸透している。北朝鮮国民はいかなる「反国家的」活動や異議の表明についても処罰される。そうした「犯罪」を犯していると見られる市民を告発すると報償が与えられる。

262．北朝鮮市民は独立した情報源の情報にアクセスする権利が否定されており、当局に統制されたメディアが唯一許された情報源である。テレビ、ラジオの受信とインターネットへのアクセスは厳しく規制されている。すべてのメディアコンテンツは厳しい検閲を受け、朝鮮労働党の指示に沿わなければならない。電話は盗聴されており、市民はほぼ国内通話しかできない。外国映画とテレビドラマを含む外国放送を視聴した市民は処罰される。

263．市場の力が強まり、情報技術が発達し、韓国と中国からの情報とメディアの国内流入が増大したことで、国外の情報へのアクセスが可能となった。従って、国家の情報独占は、外部情報の流入増加と、国家プロパガンダ以外の「真実」への人々の好奇心から挑戦を受けている。当局は、情報と思想の流入を止めるための定期的な取り締まりと処罰の強化によって現状維持をはかろうとしている。

264．キリスト教の流布は、公式の個人崇拝を思想的に脅かし、社会的政治的な組織や交流の基盤をもたらすので、北朝鮮は特に深刻な脅威と捉えている。国家の統制下にある数少ない教会は別として、キリスト教徒は宗教活動を禁じられている。宗教を実践したことで捕らえられたキリスト教徒は厳しく処罰される。これは、信教の自由と宗教差別の禁止に違反する。

B・国家指定の成分《ソンブン》、ジェンダー、身体障害に基づく差別

265. 世界人権宣言第2条は次のように述べる。

すべて人は、人種、皮膚の色、性、言語、宗教、政治上その他の意見、国民的もしくは社会的出身、財産、門地その他の地位またはこれに類するいかなる事由による差別も受けることなく、この宣言の掲げるすべての権利と自由を享有することができる。

さらに、個人の属する国や地域が独立国か、信託統治地域か、非自治地域か、または他のなんらかの主権制限下にあるかに関わらず、政治上、管轄上または国際上の地位に基づくいかなる差別もしてはならない。

266. 「市民的及び政治的権利に関する国際規約（ＩＣＣＰＲ）」（自由権規約）第2条と、「経済的、社会的及び文化的権利に関する国際規約（ＩＣＥＳＣＲ）」（社会権規約）第2条はいずれも、これら規約に詳述される権利を保障するための非差別原則を記している。北朝鮮は両規約に批准している。「子供の権利条約（ＣＲＣ）」第2条はさらに、「子供が両親、後見人、または家族の身分、活動、意見や信念に基づくあらゆる形の差別や処罰から保護されるよう、すべての適切な処置」を講じるよう各国にはっきりと呼びかけている。

267. 「女子差別撤廃条約（ＣＥＤＡＷ）」は第1条で次のように定義する。

この条約の適用上、「女性に対する差別」とは、性に基づく区別、排除、制限であって、政治的、経済的、社会的、文化的、市民的分野などのあらゆる分野においても、女性（結婚しているかいないかを問わず）が、男女の平等を基礎として人権および基本的自由を認識し、享受し、または行使することを害し、または無効にする効果や目的を有するものをいう。

268. 「自由権規約（ＩＣＣＰＲ）」第3条でも、規約締約国は、すべての市民的・政治的権利の享有について男女に同等の権利を確保しなければならないと定めている。

269. 「女子差別撤廃条約（ＣＥＤＡＷ）」第2条は、女性に対する差別を禁止し、保護の提供、差別的な法律・規則・慣習の撤廃を通して、すべての領域において男女間の平等を追求すべきと規定している。

270. 「障害者の権利に関する条約」によると——

障害に基づく差別とは、障害に基づくあらゆる区別、排除、または制限であって、政治的、経済的、社会的、文化的、市民的その他のあらゆる分野において、他の者との平等を基礎として全ての人権と基本的自由を認識し、享受し、または行使することを妨害し、または妨げる目的や効果を有するものをいう。障害に基づく差別には、あらゆる形態の差別（合理的配慮の否定を含む）が含まれる。

1・社会階級と出生に基づく差別——過去と現在の成分制度

271. 成分《ソンブン》制度を通して、国家は北朝鮮の市民を大きく３つの階級に分類する。この分類がさらに細かく51の階層に分かれるが、実際の階層は長い年月の間に調整されているようだ【288】。住居、職業、食糧へのアクセス、医療、教育、その他の公共サービスが受けられるかどうかは、成分《ソンブン》に基づいて決定される。成《ソン》分《ブン》は地理的隔離政策にも反映されている【289】。

272. エリート層は、公式に平壌の居住許可を受けた人に集中している。２００８年の国勢調査によると、平壌の人口は３３０万人。その中の支配エリート層には首都のもっとも近代化された地域が割り当てられている。平壌のモノや公共サービスは他の地域よりも優れている。下位あるいは中間成分《ソンブン》の市民は平壌から締め出されており、平壌を訪問する権利を得ることさえ難しい。

韓国の統一研究院の**キム・スアム**［*Kim Soo-am*］（男性）は、ソウル公聴会で、成分《ソンブン》制度の継続的な影響について語った。

> 家族のバックグラウンドが人々を差別する核の要素であり、それによって入手できる食糧の水準が異なります。平壌や他の主要都市に住むエリート層は医療面で依然として恩恵を受けていますが、里（村）に住むレベルの住民は医療施設の使用が非常に限られています。ですから健康な生活を享受する権利も差別され保障されていないのです【290】。

ソウル公聴会の証人、**クォン・ヨンヒ**［*Kwon Young-hee*］（女性）は、両親が韓国出身であるために家族が受けた差別について語った。家族が咸鏡北道《ハムギョンブクド》の茂山《ムサン》を出て平壌に転居しようとしたときに差別にあった。

> 私たちは平壌には引っ越せないことを知りました。拒否された時には充分年をとっていたので、私たちが差別されていることが理解できました。姉は望まない大学に志願しなければならなかった。こうした差別に私の兄弟姉妹は苦しみました【291】。

273. 成分《ソンブン》制度は、北朝鮮建国初期に指導部が、農民と労働者の地位を元地主や対日協力者とみなした人々より上位に置こうとした時の諸政策にその前例を見出せる。１９４６年、北朝鮮臨時人民委員会は日本の植民地統治に与った官僚たちの粛清を開始し、最初の住民登録事業に着手した。成分《ソンブン》制度の公式の開始は、党が「反革命分子との闘争を全党、全人民的に展開することについて」という決定（5・30決定）を採択した1957年であったようだ。この決定の採決は、金日成による潜在的ライバルの粛清とつながっていた。当時、住民の分類は、「核心階層」、「動揺階層」、「敵対階層」という大まかな3つのカテゴリーにまとめられた。

274. 5・30決定とともに内閣は第149号決定を下し、敵対階層の居住地を指定し、多くの人を生活条件の悪い遠隔地に追放した。成分《ソンブン》制度は諸段階を経て制度化されていった。1964年決定の「各界各層群衆との事業をより強化することについて」により成分《ソンブン》制度を細分化する運動を起こし、1966年から1970年まで続いた住民再登録事業によって、3階層に51の下位項目を加えて人々を再分類した【292】。1983年から1984年の公民証更新事業のような、政治的忠誠心と家族の経歴を再検討するキャンペーンが引き続き展開された。

275. 最上位の「成分《ソンブン》」は、金日成とともに日本軍と戦ったゲリラの家族に与えられた（年を経て多くが粛清されたが）。

元高位当局者は、祖父の朝鮮戦争従軍証明書が家にあったので、10歳のときから自分の成分《ソンブン》階層を知っていた、と調査委員会に語った。彼はまた家族から低い階層の人々と遊んだり、一緒になるなと家族から言われていた。良い成分《ソンブン》とは金一族に近いことを意味するものだと信じて育った【293】。

276. 成分《ソンブン》の最下層には、かつての富裕な実業家、スパイ容疑者、カトリック教徒、仏教徒が分類された。北朝鮮建国以前の家族の歴史でさえ、北朝鮮市民の運命を決定した。

277. 過去においては、成分《ソンブン》は全市民の生まれたときからの進路を決定する主要因であった。良い成分《ソンブン》かどうか、軍（特にエリート部隊）、大学、朝鮮労働党に入れるかどうかを決定し、それは公職に進むために必須の前提条件であった。逆に、悪い成分《ソンブン》の人たちは鉱山や農業の仕事を割り当てられることが多く、彼らの子孫はほとんど高等教育から排除された。勤勉、個人の能力、政治的忠誠心が個人の成分《ソンブン》を向上させるには限界があった。しかしながら、政治的に不忠と思われる行為は個人と家族全体の有利な成分《ソンブン》を破壊し得た。

278. 成分《ソンブン》の決定は、すべての成人とその家族の詳細な記録とともに総合住民登録システムに記録されている。治安機関員と朝鮮労働党機関によって行われるこれらの記録編纂プロセスは透明性を欠き、その決定に異議を唱えることは出来ない【294】。しかも、成分《ソンブン》制度下の公式の差別は世代をまたがる現象であり、個人はその本人の行為によって分類されるばかりでなく、その人の近親者を含む拡大家族の1世代以上以前に遡る成分《ソンブン》によっても決定される。したがって、出生に基づく永続的な差別のシステム、カースト制に似た制度が、北朝鮮で台頭したことになる。

279． 成分《ソンブン》階層の存在と関連性は法律に正式に書き込まれていないようだ。しかしながら、憲法における「勤労人民大衆が社会の主人公となった」との言及や、「国家の全公民と機関は階級敵としっかり闘争すべき」との奨励の中で、暗にこだましている【295】。成分《ソンブン》の概念は、組織内部の指導方針や教育資料にも緩用される【296】。調査委員会が聞き取りをした元治安当局者や元官僚たちは、ある人に関して重要な決定が下されるときには成分《ソンブン》に大きな考慮を払われると指摘した。たとえば、ある元当局者は、社会安全省（現人民保安省）が人々の成分《ソンブン》に応じてファイルを色分けする、と説明した。核心階層家族のファイルは赤いフォルダーの中に置かれ、政治犯収容所の囚人が一員にいる家族は黒いフォルダーに保管されたという【297】。

280． 成分《ソンブン》はまた、刑事犯罪の処罰を検討する際の重要な要素であるようだ。ある証人が説明したように、良い成分《ソンブン》の人が悪い成分《ソンブン》の人と同じ犯罪を犯したとき、良い成分《ソンブン》の人は悪い成分《ソンブン》の人より軽い刑を受けるだろう。治安機関によって誰かが拘留施設に送られると、最初に評価されるのは、その人の家族の系図と経歴であろう。もし個人が核心階層（つまり良い成分《ソンブン》）出身であれば、犯罪とはかかわりなく、その個人に国家を裏切る意思はなかってであろうとの前提のもとに比較的良い扱いを受ける。もし個人が悪い成分《ソンブン》の出身であれば、その人間は悪いことをするように「できている」と目され、より過酷な罰を受けることになる【298】。

クォン・ヨンヒ（女性）は、1994年の金日成の喪の期間に中国で逮捕され、北朝鮮に強制送還された兄の話をした。兄は不法に中国に行った「経済犯」としては扱われず、政治犯として裁かれた。

> 罪を犯したり違反したりすると、両親が南の出身だという理由だけで、いつも重い刑を受けるのです。これは一番不公平なことだと思います。それゆえに私の兄の1人は行方不明となり、もうひとりの兄は刑務所に送られました【299】。

281． 今日、各成分《ソンブン》階層の正確な割合を確認するのは難しく、時の経過を伴う変化を知るのも容易ではない。2009年の数字が示すところでは、核心階層が人口の約28％、基本階層が45％、複雑（動揺と敵対）階層が残りの27％である【300】。核心階層の中に、支配エリート層がいる。このグループは、金日成の一族と最も良い成分《ソンブン》の先祖を持つ少数の家族からなっているために、革命階層と呼ばれることがある。支配エリート層は、政治局委員の家族、朝鮮労働党秘書、中央人民委員会、中央軍事委員会、国防委員会の委員たちが含まれる【301】。彼らは主要な政策決定の準備に直接的に関与しており、政策策定の中枢勢力に加わっている。

282.　一般エリート層は、核心階層の成分《ソンブン》に属する人たちである【302】。彼らが中央と地方の行政組織、軍と治安機関の将校や官僚集団、その他の管理職を支配し続けている。支配エリート層と一般エリート層は北朝鮮に拡大する市場化の好機を掴むために彼らの公権力と、国内を自由に移動できる特権、国家資源へのアクセスと社会的コネクションを利用できる。

283.　成分《ソンブン》制度の中核的要素は、後の世代まで責任が及ぶことと集団で処罰を受けることである。幸運な家系の出身であっても、その人かその親類が北朝鮮で犯罪を犯せば、成分《ソンブン》の階層が下がる【303】。成分《ソンブン》の地位は政治的性格を帯びた違反行為に特に影響されるようである。

元政治犯収容所収監者の**カン・チョルファン**［*Kang Chol-hwan*］（男性）は、ソウル公聴会で調査委員会に次のように証言した。

私の祖母は長らく間共産党員として活動し、日本に朝鮮総聯を設立する際には重要な役割を担いました……私の祖父はビジネスをしていましたから、とても金持ちで、北朝鮮政府に多額の献金をしました。それで私の祖母は当局の高い地位にいたのです。当時、私の祖母は金日成の妻が率いる組織の副委員長でした。祖父は百貨店を含む事業網で高い地位にありました。私が生まれたとき、私は最上位階層に属していて、平壌の中心部で生まれ、小さい頃は幸せだったと思います。他の人たちと比べると、私は幸せな少年だったのです。１９７７年、祖父は仕事に出かけ、一カ月経っても帰って来ませんでした。私たちはその理由を知ろうと祖父の仕事場に行きましたが、「出張に出かけた」と言われました。それから北朝鮮の国家安全保衛部の人がやって来て、祖父は祖国と民族に反逆罪を犯し、死んで当然だが、死刑になる代わりに、どこかに連れて行かれたと言いました。私たちの財産は没収されました。１９７７年8月4日、私たち家族は耀徳《ヨドク》政治犯収容所に連行されました。その時、私は9歳でした。政治犯収容所に入れられたのは１９７７年8月8日でした【304】。

調査委員会が聞き取りをしたもう一人の証人、51歳の女性、**キム・ヘスク**［*Kim Hye-sook*］【305】は、１９７５年から２００１年まで第18号収容所に収監されていた。１９７０年10月、彼女の家族全員が逮捕された。彼女は13歳の時から母方の祖母と住んでいたために、最初の逮捕からは免れたが、5年後、当局に逮捕された。２００１年に釈放された後になって、家族が収容所に送られた理由は、父方の祖父が**キム**の父と祖母を置いて朝鮮戦争中に韓国に移ったためだったと初めて知った【306】。**キム**は再び北朝鮮社会に溶け込むことはないと知り、２００５年中国に逃れる決心をした。

284. 行政上、成分《ソンブン》制度は、北朝鮮の全市民とその家族について入念に記録した情報に基づいている。国家当局は、17歳以上の全市民の包括的公民登録簿を確立した[307]。この登録簿には、家系と思想的堅固さ、そして政治的忠誠の度合など、伝記的情報が入っている。こうした情報は、ある人間の、職場での行動や毎週開かれる「生活総和」の会といったさまざまな環境におけるその者の実績の評価を通して確認されたものだ[308]。集められた情報には、その人の技能、才能、抱負、健康状態、さらに、金日成と金正日の肖像画の埃を払い、この2人を奉る廟での表敬、革命史の学習、建設事業での任務遂行などに払う熱意が含まれ得る[309]。

ある証人は、2006年に見た彼の兄の公民登録簿に家族の情報がいかに詳細に記されていたかを語った。ファイルには人々が国内で移動した日付と、1949年以降の家族の縁故に関する詳細が含まれていた。兄が軍隊に入隊した日付も記されていた。証人はそうしたファイルが存在すると聞いてはいたが、自分自身でそれを見るのはその時が初めてだった。証人の家族は、治安当局者が脱北した兄の居所を訊ねに彼らの家に来たときに、自分たちの公民登録簿を見ることが出来た[310]。

別の証人は、彼の父が高位幹部だったたので成分《ソンブン》ファイルを見ることができた。彼は他の人たちがもってきた機密書類も読めた。この証人が見たファイルには、写真、祖父の名前、その人の善悪行為（たとえば、日本人と戦ったこと）、それらの行為を目撃した3～4人の証人の署名が含まれていた。この証人によると、こうした書類は、個人が昇進を望んだり、または犯罪を犯したと訴えられた場合に当局者が参照する[311]。

285. 個人の公民登録簿はその人に生涯付いて回る。個人の軍隊服務、大学入学、就職の際には、そのファイルが関係監視当局に送られる。継続して行われる国家への忠誠心の評価がファイルに反映される。ある個人の忠誠心の「点数」が低くなると、その個人は厳しく批判され、さらにきつい監視を受け、最悪の場合は、労働鍛錬隊に送られる[312]。点数が低いと大学入学志願や職場での昇進に影響する。しかし、個人が希望する大学に入れなかったり、職場で昇進できない本当の理由を教えられることはほとんどない。成分《ソンブン》が悪かったからだろうと推察するばかりだ[313]。

286. 社会安全省（現人民保安省）の地域支局が、職場、学校、地元の人民班（近隣住民監視制度）、大衆組織などから提供される情報に基づいて公民登録簿を作成する。北朝鮮の全市民が所属する大衆組織を監督する官僚らが関係情報を収集し、公民登録簿に入れる責任を負う[314]。さらに、社会安全省は秘密情報員の広範なネットワークを維持している[315]。

287. 公民登録簿は家族構成員の経歴について手に入るあらゆ

る情報を記録し、時には日本植民地時代まで遡る。ファイル原本は人民保安省にそのハードコピーが保管される【316】。他の治安機関と朝鮮労働党はそのコピーを受け取る。職場の管理者のような地方の関係幹部もそのコピーにアクセスできる。加えて、家族ひとりひとりのファイルは相互に照合される。これにより、最終的には発覚して厳しく処罰されるリスクなしにファイルを修正することは事実上不可能になる。

たとえば、ある証人の叔父に関する証言がある。彼の叔父は、金正日について批判的発言をしたことで政治犯収容所に姿を消した。叔父の収容所送りは一族全体の成分《ソンブン》を汚した。この証人は1994年に卒業し、政治幹部への登用試験に合格した。その時になって初めて父が叔父の運命を明かし、彼が政治職には進めないだろうし、良くても行政職や技術職を得るのがせいぜいだろうと言った。社会安全省とコネと賄賂を使って、家族は証人の公民登録簿を見ることができた。そこには叔父についての2行が加えられていた。家族は省の要員とこの2行を賄賂で削除するかどうか相談したが、削除しないことに決めた。各ファイルは他のファイルと相互照合されていた。証人のファイルが改ざんされたことが発覚すれば、その一族全体への影響は極めて深刻なものになり得る。最終的に証人は技術専門職を得た。彼は昇進はできず、さらなる勉強の機会も与えられなかった。兄は軍隊で功績を立て、将校への道を推薦されたが、家族の成分《ソンブン》のために士官学校への入学を拒否された。弟と父も同様の障害にあった。

288. 個人は通常、自分自身の公民登録簿に公式にアクセスすることはできない【318】。従ってファイルに入っている情報に異議を唱えたり、訂正する機会はない。調査委員会が聞き取りをした証人は裏のコネや賄賂を使って自身のファイルを見ることができた【319】。

たとえば、昇進できずに不満だった元国家安全保衛部員は、自分自身の公民登録簿を見ようとし、同僚のひとりがそれを見せてくれた。その中に、昇進できない理由をはっきり示す要素が入っていた【320】。

289. ほとんどの人たちが、成分《ソンブン》階層制度が存在し、自分がどの階層に属するか概ね知っている。北朝鮮市民が自分の成分《ソンブン》に気づくのは、たいてい学校卒業時か、軍隊への入隊、大学への入学、または就きたい職業への就職に障害があったときだ。調査委員会が聞き取りをした多くの元北朝鮮市民たちは、自分たちの成分《ソンブン》の決定に何が検討されるのか、また自分たちの階層が高等教育や就職に及ぼす影響に気づいていた【321】。

たとえば、ある証人は高等教育の機会を拒否され、中等教育終了後、炭鉱での仕事を強制された。彼が彼に対する明らかな差別について親しい保衛指導員に問うと、指導員が彼のファイルを見せた。彼は、韓国軍等戦争捕虜の家族である「43番」に分類されていた。彼が差別される理由はこれによって明らかだった【322】。

290. 社会階層を決定する要因には家族の出自が含まれる。日本に住み1959年から1980年の間に北朝鮮に移住した（「帰国者」と呼ばれる）人たちは、彼らの子孫も含めて10万人から15万人いると推定されている【323】。これらの朝鮮人たちは、プロパガンダと好機の約束にひきつけられ、また、日本国内の朝鮮人に対する広範な差別ゆえに北朝鮮に移住した。到着すると、北朝鮮から離れることを許されなかった。しかし日本の親戚に送金を頼むことは許された。この送金が北朝鮮に必要な外貨準備高を供給したのである。北朝鮮政府は、テレビ、冷蔵庫その他平均的な市民には手の届かないぜいたく品を扱う外貨商店を運営していた。日本からの送金は元日本居住者たちにより良い衣料と食糧をもたらしたが、恵まれない他の同国人たちの恨みを買った。

291. 1960年、駐北朝鮮ハンガリー大使、カーロイ・プラート［*Károly Práth*］は日本から北朝鮮に着いた3万1000人の朝鮮人の状況について書き留めている。

> 形式的なことは別にすると、朝鮮人労働者たちは帰国者をあまり好んでいない。彼らには幾つかの理由がある⑴帰国者に適切なアパートを与えるために多くの人たちが自分たちのアパートを出なければならなかった⑵帰国者の工場での報酬が驚くほど高い⑶帰国者は食糧供給で特権的な地位を占めている⑷労働原則の規制が彼らには緩い（少なくとも他の人たちと同じようには叱責されない）⑸着ているものと生活の仕方が地元の人たちと異なる【324】。

292. 複数の証人が子供のころ受けた差別を思い出して語った。先生たちや他の生徒たちから家族の来歴ゆえに排斥されたという。

元「帰国者」の**千葉優美子**［*Chiba Yumiko*］は、東京の公聴会で、彼女の北朝鮮での経験について証言した。**千葉**は「帰国者」への差別が蔓延していたと語った。彼女が日本製の衣服を着て学校に行くと、先生と生徒たちがそれを引きちぎり、日本製の服を着るのは愚かだと言われ続けたことを彼女は覚えていた【325】。

293. 日本からの「帰国者」たちはコメを食べる余裕があった。コメは朝鮮人の好む主食だが、北朝鮮のほとんどの市民はトウモロコシとオオムギでしのいでいた。かつて日本に住んでいた人たちは孤立し、北朝鮮社会に溶け込むよりも、ほとんど帰国者の間だけで交流した。

294. 彼らは比較的裕福であったにも関わらず、国外から来た、特に不倶戴天の敵である日本から来たという理由で政治的に疑わしいと見られていた。

たとえば、日本生まれのある証人は、成分《ソンブン》に問題があると、その人は外国への旅行が許可されなかったと語った。他の国を訪れるには、国家安全保衛部（ＳＳＤ）のサインが必要だった。しかしながら、保衛員は成分《ソンブン》の悪い人を信じなかった。もしその人が訪問した外国から帰らなかった場合にはその保衛員が面倒なことになるからだ【326】。

「帰国者」の家族に生まれたある証人は、彼と彼の家族はスパイで、信頼できないと思われていた、と語った。どんなに一生懸命働いても高位のポジションは望めないと思っていた。彼は、「帰国者」が罪を犯した場合の処罰は一般の北朝鮮市民が受ける処罰とは比べものにならない、とも語った。彼らは何かにつけ当局者に賄賂を要求されるのだが、非常に高位の当局は彼らの賄賂を受け取らなかった。彼らが「帰国者」だったからだ【327】。

295. 元日本に住んでいた人たちは、大部分は党や軍の中高位の地位に就く資格がなかった【328】。専門家や調査委員会が得た証言によると、日本出身の朝鮮人は政治犯収容所に送られるリスクがより高かった【329】。

千葉は東京公聴会で次のように説明した。

　１９７０年代には日本語で話すこと、日本の歌を歌うこと、日本語を使うことも処罰の対象でした。山田さんがマグジャビ時代（マグジャビとは「手当たりしだいに捕らえる」の意。北朝鮮のあり方に不満を持っていた帰国者のインテリも粛正された１967年、金正日が行った大規模な粛正を指す）のことを話しましたが、70年代と80年代には、多くの人たちが何も罪を犯していないのに理由もなく消えました。そうしたことが北朝鮮で日常的に起きていたのです【330】。

別の「帰国者」は調査委員会に次のように語った。１９７６年、彼の父親がなんの警告もなく政治犯収容所に送られた。この証人は父親の運命について社会安全省と国家安全保衛部からの回答を得ようと努力し続けた。数週間後、保衛員が父親のファイルを彼の家に持ってきた。そこには父親の罪が書かれていた。「日本では列車は時速２００キロで走るが、ここでは時速40キロだ。北朝鮮は日本を上回る成長を遂げるだろうと聞いていたが、どうも疑わしい」と父親が言ったとき、明らかに父親は金日成を誹謗したのだ。証人は、「憲法では言論の自由が保障されている」と保衛員に反論したが、保衛員は「言論の自由は体制への誹謗まで保障するものではない」と言ったという。証人は父親が第22号政治犯収容所に送られたと思っている。彼の子供時代の友達も第22号収容所に送られたが、この友人が彼の父親が１９７８年に政治犯収容所（管理所）で死んだと教えてくれた。家族は父親の死についての通知をなにも受けなかった【331】。

296. １９９０年代、日本からの送金が徐々に少なくなってくると、日本人「帰国者」の特権も終りを迎えた。

297． 本人が南で生まれたか、あるいは両親が南で生まれた北朝鮮市民も差別を受けた【332】。家族が中国出身の人々も、民族的に朝鮮人であったとしても差別されることに変わりはなかった。

たとえば、**チョ・ジンへ**［*Jo Jin-hye*］（女性）はワシントン公聴会で次のように証言した。「私の祖父は中国で結婚し、父は中国で生まれました。北朝鮮に来たのは父が11歳の時でした。そのために私の家族は北朝鮮での高い、あるいは良い階層だったとは思いません」。彼女の父親は鉱夫だった【333】。

298． 極端な差別を受けている中に、休戦協定後、北朝鮮に残された戦争捕虜の韓国人たちがいた【334】。

ユ・ヨンボク［*Yoo Young-bok*］（男性）は、北朝鮮から逃がれ韓国に帰った元戦争捕虜である。彼はソウル公聴会で次のように語った。

> 戦争捕虜なので、私たちは差別され蔑視されました。私たちは北朝鮮の女性と結婚したのですが、子供たちは統制され、監視下にありました。良い仕事は与えられず、子供たちにましな暮らしをさせようとも、その機会はまったくありませんでした【335】。

韓国出身の別の元戦争捕虜は咸鏡北道の炭鉱で40年間働いた。鉱夫たちのおよそ4分の1は戦争捕虜で、社会安全省と国家安全保衛部の特別に厳しい監視下に置かれていた。この証人は定期的に尋問を受け、尋問にあたる担当官たちは彼の生活を詳細に知っているように見えたと言う。彼は結婚し、3人の息子と2人の娘の父となった。息子たちは軍隊にも大学にも入れなかった。息子の一人は「どうして私たちは生まれてしまったのか？」と彼に訊いたという。娘たちは、戦争捕虜の家庭の生まれであるという理由で良い成分《ソンブン》の男と結婚できなかった。彼の孫ですら軍隊に入隊する機会を与えられず、高等教育を受ける機会も与えられなかった。この証人は、首を吊った戦争捕虜の友人を覚えていた。自分の子供たちから彼らの置かれた境遇に激しい不満をぶつけられたが、どうすることも出来ず首を吊ったのだという【336】。

299． 飢饉のときに北朝鮮経済の事実上の市場化が始まり、その結果として民間セクターが台頭したにも関わらず、そして限定的ではあるが新情報技術が登場したにも関わらず、北朝鮮内の社会的流動性は相変わらす制約されている。しかし、成分《ソンブン》が一人の機会の決定に果たす役割には変化が見られる。著名な専門家の一人は、成分《ソンブン》の役割――「一時、北朝鮮人の人生を決定付ける唯一のもっとも重要な要素だった」――は富にとって代わった、と主張する。「北朝鮮社会は、ある人の官僚との関係性や世襲的なカーストの地位によってではなく、お金との関係によって定義されるようになった」【337】。おおかたの推測では、成分《ソンブン》は今日でもいまだに、特にヒエラルキーの最上部と最下部では重要問題である。しかしながら、成分《ソンブン》は今や腐敗が生活のほとんどすべての側面に浸食した変化をとげる社会において、公共サービスや機会を利用するのに必要な要素のひとつにすぎないようだ【338】。

2・女性差別

300. 北朝鮮は「女子差別撤廃条約（CEDAW）」に2001年2月27日に加盟した。女性差別撤廃委員会へ2005年初めて提出した報告書で、北朝鮮は次のように報告した。

> 半世紀をこえる数々の社会革命と発展の過程で、男女平等の内容とその保障はたゆまず発展、向上してきた。男性と女性の平等は、「女性差別」という言葉が今では人々になじみのない言葉に聞こえる程、実現している。男女平等は単純な平等には当てはまらないために、女性の重要性の観念は国家政策と法律に反映しており、その施行は今や当然の道徳的義務であり、法的義務を超えて社会全体の生活のトーンとなっている【339】。

301. 朝鮮社会には儒教的価値観が深く組み込まれている【340】。伝統的儒教思想は、女性の「徳」を、若い頃は父への服従、結婚しては夫への服従、夫の死後は息子への服従、と結びつけた。儒教的理想に従い、女性の結婚は仲立ちによるものであり、結婚をもって彼女は自身の家族とは他人となり、夫の家族の一部となった【341】。

302. 金日成は解放運動への女性の参加を奨励したという。「女性は男性と全く対等な関係にあって、彼女たちはすべての能力と気性にあった革命的任務を与えられ、それを遂行した」【342】。しかしながら、女性の独立運動への参画は解放後の社会における彼女たちの地位に影響を与えなかった。

303. 北朝鮮国家は進歩的な男女平等の政治綱領を掲げて始まった。金日成は1946年7月30日に発表した男女平等法の施行を通して男女平等を向上させようとした。この法律はすべての領域における平等、自由結婚、自由離婚、財産相続と離婚の際の財産分割における平等の権利を強調した。見合い結婚、一夫多妻、強制された愛人関係（妾）、女性の売買、売春、妓生《キーセン》制度を禁止した【343】。

304. 法律だけでは女性を家父長制度から解放せず、平等をもたらさないと気づいた金日成は、北朝鮮の女性の解放のために、女性の労働力への全面的な統合を推し進めた。金日成によると、解放された朝鮮では、「女性は……工場と地方の生産現場の前線で発生する問題を解決するために、男性に劣らず献身努力してこそ完全な解放を達成することができる」【344】。1961年、全国母親大会で、彼は次のように勧告した。

過去の女性同盟活動における重要な問題は、文盲を退治し、女性を抑圧する封建的な思想を除去することであった。しかしこの作業は我々の社会ではもはやそれほど重要ではないようだ。今日、女性同盟は社会主義建設に女性が参加するよう積極的に運動を繰り広げ、彼女たちが働きやすい環境を提供することに専念すべきである【345】。

305．女性が公共経済に完全に専心できるよう、金日成は1946年、国家が育児を担うための措置を取るよう指示した【346】。この目的達成のために、1972年社会主義憲法は女性が社会生活を送れるようにするための政策を明文化した。これには有給出産休暇、無料の託児所と幼稚園、幼い子供をもつ母親たちの労働時間短縮などが含まれていた【347】。子育てと働く母親を守る国家の義務は、1976年の子供保育教養法と、3人以上の子供のいる女性には6時間の労働で8時間分の報酬を払うと規定した1978年の労働法にさらに明記された。実際、国家の保育サービスは金日成の下で飛躍的に拡大した。伝えられるところによれば、1949年に12の託児所と116園の幼稚園があった。1961年には7600の託児所と4万5000の幼稚園があった。1976年頃には、350万人の子供たちのほぼ100％が6万の託児所と幼稚園のいずれかに通うことができていた【348】。

306．北朝鮮指導者による平等権実現のために布告した法的・社会的措置は、ある程度、伝統的家族構造の撤廃を狙っていた。労働を通じての女性解放が強調されたことで、家長の経済力が減少し、育児の「社会化」は伝統的な家族構造を崩す役割を果たした。さらに、この再編成された社会に、金日成が父親像として投射された。そこでは金日成は家父長的長であり、北朝鮮市民は彼の子供であった。封建的家族の撤廃がジェンダー平等に必要であるとされていたにも関わらず、実際にはそれは女性解放にも家族生活にも役立たなかった。「足枷」から自由になった女性は、（男性がすでにそうするものと要求されていたように）全面的に国家に献身できた。国家が子供を保育するということは、子供たちが指導者を父と思い、自分の家族よりも指導者への忠誠を誓うよう教えることができたので、指導者の地位をさらに強化した。子供を幼年期から国家の責任下に置くと洗脳期間が長くなるため、これは統制維持の主要要素となることが証明された【349】。家族関係の弱体化は、経済の失敗とさまざまな段階で国中を見舞う深刻な食糧不足と相まって、子供たちに深刻な影響を与えた。場合によっては子供たちが施設に入れられ、捨てられ、健康状態が悪化し、虐待にさらされやすくもなったのである【350】。

307．1960年代と1970年代の北朝鮮の経済活動の最盛期に、電気器具や缶詰などの「ファストフード」が比較的大きな都市で女性の家事軽減のために導入された。女性が国家的生産、いわゆる「労働を通じての解放」に全面的に参加できるよう、国家が家庭における女性の伝統的な役割を請け負ったとは言えるだろう。しかし、社会的生活への女性の全面的参加にも関わらず、彼女たちの経済的地位は男性と同等にはならなかった。賃金体系に関する公式の情報はないが、夫と妻の間の所得分布構造は、夫の収入が常に彼の妻の収入より高かったことを示す情報がある。この構造は平等の文化を生みだすこともなかった【351】。

308. ジェンダー平等促進のために法律を施行したにもかかわらず、文化的な態度は昔のままであった。北朝鮮社会の極端な軍事化は、朝鮮女性の貞操の保護や敵対する外国勢力から朝鮮人の純潔を守るといったテーマを奨励し、既存の性差別を助長した。ジェンダー平等の唯一の現れは、女性が男性と同様に国営の職場で働くのだろうという見込みだけだった。家や職場における女性の生活は、相変わらず男性に従属的で不平等なものだった。家事の削減を目的として保育サービス、電化製品その他が開発され供給されたものの、家事の責任は圧倒的に女性が担った。労働を通じての女性解放という金日成の狙いは実際、女性の負担を倍増させた。彼女たちは国の職場と家事のいずれにも従事するものと期待されたからである。

309. 二重の負担を負った女性たちは、結婚を機に職場から離れて行った【352】。1990年代に経済が悪化すると、女性たちは職場を追われた。国家業務は政治的に高度な仕事であり、したがって「男の仕事」と考えられたからである。男性は監視の対象でもあり、国家雇用制度は監視機構にとって重要な要素だった【353】。経済システムが崩壊し、女性は国家に雇用されていなかったので、女性のエネルギーは生き抜くことに向けられた。その後、主に女性が運営する私設市場が登場し、多くの家族を飢餓から救った。しかし、女性は国家雇用外にあったため、国営保険を受ける権利、保育サービスを利用する権利を失った【354】。

310. とはいえ、市場で働く女性たちは男性の月給の2倍を1日で稼げる。近年、男性はしばしば雇い主である国家から支払いを全く受けていない【355】。北朝鮮の政策決定者たちは女性を労働に参加させるという政策を覆すことによって、女性の地位を向上させようと意図したのではなかったが、事実上、女性を国家雇用から締め出すことによって女性の経済力向上に寄与した。北朝鮮のほぼ半数の家庭が唯一の収入源を民間取引に依存しており、女性が80%から90%の世帯の大黒柱となっている【356】。これが家族内の力学を変化させた。

311. 女性の経済進出にもかかわらず、彼女たちはいまだに国家から差別を受けている。国家は女性が支配する市場に多くの規制をかけた。そのひとつに40歳以上の女性以外は取引禁止というものがある【357】。性差別は女性に賄賂と罰金を払わせる形でも現れる。脱北者に対する最近の研究では、女性商人の95%が賄賂を払ったと報告した。男性の3分の1以上は犯罪と汚職がお金を稼ぐ最善の方法であると報告した【358】。2012年まで施行されていた女性の自転車使用禁止令が、2013年1月に再導入された【359】。伝えられるところによると、前回の禁止令では、政府職員が違反した地方の女性たちにトウモロコシ4キロに相当する罰金を課していたが、今では自転車を没収するに及んでいるという【360】。罰金で1日分の稼ぎを失ったり、自転車を没収されると、女性たちは収入がなくなり、家族を養えなくなる。女性たちがこうした負担に反発し、抵抗し始めたとの最近の証拠がある。

312． 女性はスカートを履くべきとする規制も施行され、糾察隊（道徳違反の摘発に動員された住民組織）がその実施に当たっている。最近の証拠は、こうした規制が平壌では緩和されたが、地方（都市化の度合いが低い地域）では未だに実施されていると示唆している【361】。さらに、青年同盟と女性同盟が少女と女性に正しい服装について「教育」する任務に当たっている。

　ある証人が調査委員会に語った。

　北朝鮮の女性はぴっちりしたズボンやジーパンを履くことを許されていません。女性は社会主義的生活様式に則ってなるべくスカートを履き、黒い靴をはかなければなりません。結婚した女性はズボンを履けます。夏はアクセサリーのついたサンダルは履けません。私は青年同盟で女性に対する規制を教えられました。規制を守らない女性は、労働鍛錬隊に1カ月間送られることもあり得ます【362】。

別の証人がこの種の規制が作られた理由を説明した。

　金正日の指示はたいてい法律になります。何か金正日が気に入らないことがあれば、人民保安省が考えをめぐらし、方策としてまとめ、金正日がそれにサインすると法律になるのです。指示に従うために、国家安全保衛部と人民保安省は、法令を施行するために、できるだけのことをしようとします……彼らはなんでもします。金正日が少女達が履いているスカートが短すぎるとか、髪の毛が長すぎると思えば、検閲グループがその件で（法律作成のために）動き出すのです。女性の自転車乗りを禁止する法令やズボン着用を禁止する法令はたくさんあります【363】。

313． 2005年、国連女子差別撤廃委員会は北朝鮮に「女子に対するあらゆる形態の差別の撤廃に関する条約」に沿って女性差別を定義するよう要請し、女性差別撤廃のための措置と、政策を実施するよう要請した【364】。この要請に答え、2010年12月、北朝鮮は女性の権利保障法を制定した。1948年の男女平等権に関する法令以来初めて男女平等を目的にした法律であった。NGOの北韓人権市民連合は次のように語った。

女性の権利保障法は、(国連)人権レビュー中に国際的圧力に直面した北朝鮮が作った見せ掛けにすぎない……北朝鮮国家は最近、思想教育を通して家父長社会の伝統的な女性の役割を強化しようとしている【365】。

314. 政治の世界では、初期の改革にも関わらず女性差別が続いている。女性は朝鮮労働党中央委員会委員と候補委員の5%に過ぎず【366】、中央政府職員の10%に過ぎない【367】。

315. 家庭内で、女性はいまだ男性に従属的だが、女性の経済的成長が影響を及ぼしている。男性は非公認企業で金が稼げるよう工夫するようになったが、市場では働きたがらない。それは国家が許可していない(男は表向き公的雇用に留まらなければならない)からであり、市場が「女の領域」と思われているからだ【368】。

ひとりの元商人は調査委員会に、市場で自転車を売る男はいるが、たいてい「数の上では女が多かった。男には職場があったから」【369】と語った。

妻が市場で商いをしていたある証人は、彼が市場に関わらなかったのは「恥ずかしかった」からだと説明した。彼は調査委員会に、「闇市(民間市場)に関わった男は処罰されたという噂」を聞いたと語った。「2002~03年頃に、市場で働く男たちが増えたのですが、それはまだ恥ずかしいことだとされています。男は公職で働くべきものと思われているのです」【370】。

316. 市場で女性を過度に押し立てた結果、多くの世帯収入を女性が生み出し、そのことが男性をあきらかに無力化させている。自分たちの夫を「子犬」と呼ぶ女性もいるという。夫は扶養の対象であって、家計の足しにはならないからだ。女性の経済的負担が増えたことに加えて、公共サービスの崩壊による家庭での電力不足、(または)水不足が追い討ちをかけている【371】。女性の過剰負担が社会的影響をもたらし始めている。夫の面倒を見たくないために若い女性たちは結婚を先延ばししたがるようになり、また、役割の変化についていけない男たちによる家庭内暴力が増加している【372】。

317. 証言は、北朝鮮社会で家庭内暴力がはびこり、被害者は国家からの保護を受けられず、支援サービスもなく、裁判にも訴えられないことを明らかにしている【373】。

ある証人は調査委員会に次のように証言した。

家庭内暴力はごくありふれています。これに関する法律はありません。家庭内のことは家庭内に留まるのです。女の人が訴えても、警察は家庭内のことには介入しようとしません【374】。

ほかの証人からも同じような感情が聞き取れた。

（女性への暴力は）家庭内の事情と考えられています。重症を負ったら、公に知られるところとなる。良くあることです。苦情の持って行き場がないのです。離婚の理由には使えますよ。女性が手ひどく殴られても夫に咎めはありません【375】。

318. 証人たちは、女性への暴力は家庭内に限ったものではなく、人前で女性が殴られたり、性的な嫌がらせをうけるのは良く見かける光景だと証言した【376】。

当局者は、給料の低さや全くの無給を補うためにますます汚職に加担するばかりでなく、性的虐待や性的暴力の形で罰金や処罰を課す。罰せられる心配がないからである【377】。悲惨な経済状況と食糧事情のために家族を養う責任を持つ女性たちが増えるにつれ、多くの女性がモノを売ったり運んだり公共の場所を行き来し留まることが多くなる。

男性優位の国家で、市場の治安要員や列車の監視員、兵士たちが公共の場で女性に性的暴力をくわえることが多くなっている。調査委員会は、北朝鮮では年少者への強姦は厳しく処罰されるが、成人への強姦は犯罪と見なされないとの証言を得た【378】。調査委員会は、客車を行き来しながら女性たちの身体検査し、車内で若い女性を虐待する鉄道警備員たちの報告も受けた【379】。

ある証人は調査委員会に次のように語った。

女性たちは駅に立ち入ると（商品を運んでいないか調べるために）身体検査をされていました。こうして性的暴力が始まるのだと思います。警備員たちも若い女性を列車に乗せて、強姦などの性的行為に及びます。これは誰でも知っている、公然の秘密なのです。【380】。

319. こうした行為は「ますます男性支配的となる国家がますます女性中心となる市場を食いものにする」様とする観察もある【381】。軍隊内で女性に対する性暴力も頻発している【382】。

元軍将校が説明した。

多くは高官たちによるものですが、性的虐待や強姦はたくさんありました。普通の兵士たちも強姦を犯しました。これは、若い男たちは軍服務中はいかなる性的関係も持ってはいけないとされているがために起っているのです。男性兵士はそうしたことをしゃべり、自慢する者さえいましたが、強姦は通常隠蔽されます。しかし強姦が起きているのは周知の事実でした【383】。

320. 独身女性が朝鮮労働党の党員になろうとする過程、または、職場でよい地位を得ようとする過程でも、性的虐待があることを示唆する報告がある【384】。調査委員会は、社会のすべての領域に女性への性的暴力とジェンダーに基づく暴力が蔓延している、と見る。食糧や金銭や移動の許可を得るために、もしくは罰金や処罰を回避するために女性から自発的に与えることもあるが故に、性取引と売春は蔓延している。生き残るための弱い立場にある人々のこうした行動は、食糧不足と性差別という構造的問題の結果として生じている【385】。こうした構造的問題は、女性と少女の人身売買を引き起こす主要因である【386】。

この点で、調査委員会は若い女性が置かれた特に困難な地位に留意する。彼女たちには公共部門での雇用の機会も昇進の機会もほとんどない。民間市場での商いは40歳以上の女性に限るという年齢制限があるために、民間市場に関わることもできない。

3・障害者に対する差別

321. 国連によると、世界人口の約10%が障害を持って暮らしている【387】。世界保健機関（WHO）によると、北朝鮮は2007年のデータに基づき人口の3・4%、約79万人が障害をもっていると推定した【388】。

322. 2013年7月、北朝鮮は「障害者の権利に関する条約」に署名したが、まだ批准はしていない。2003年、障害者への無償医療と特別教育を保障する「障害者保護法」が通過した。2009年の普遍的・定期的レビュー（UPR）に提出された北朝鮮の報告書によると、この法律は、

障害者の権利を満足できる水準で保護するために採択された。障害者は教育と医療を受け、才能と能力に応じて職業を選択し、他の人々と同等な権利を持って文化的生活を享受する……その他の障害を持つ子供たちは普通クラスに組み入れられている。傷痍軍人（栄誉軍人）の工場と福祉センターが、障害者の仕事創出を目的として設置された。強壮剤と歩行補助器具が無料提供され、有給休暇と手当てが与えられる【389】。

323. 証人たちは、北朝鮮の人々が障害と機能障害について公然と話すことはなく、障害者に対する広範な偏見が存在すると証言した。

列車事故で手足をなくした**チ・ソンホ**［*Ji Seong-ho*］（男性）はソウル公聴会で調査委員会に次のように証言した。

北朝鮮では、障害者を「かたわ」、「不具」と呼ぶか、障害のある身体の特定の部分をさして蔑称を使います。たとえば、もし手がなかったり、私のように手首がなければ、「砂利手」と呼びます。目の不自由な人、聴覚に障害のある人への蔑称もあります。名前を呼ばず、私の家族を「砂利手」の家族と呼びます。これは私たちが出会う偏見の一種なの

です【390】。

324. 北朝鮮政府は1998年、中国障害者連合会を手本に、朝鮮障害者保護連盟を設立した。内閣決定を経て設立されたこの連盟は、障害者を代表し、その人たちのニーズに取り組む市民社会組織を目指している。連盟は2001年に長期了解覚書に署名し、国際NGOとの協力関係を展開した。彼らは身体的リハビリテーションと知覚障害児教育の領域で複数のプロジェクトを実施してきた。

325. 1959年に政府は聴覚障害児と視覚障害児のための全寮制の特殊学校を11校建てたと知られている。知的障害児や重複障害児の統合教育や包括教育のための学校も制度もないようである。

326. 障害者の権利を認めることは、この傷つきやすい人々の人権問題に取り組む上で積極的な歩みと見られるが、北朝鮮の障害者に関する信頼できる情報は乏しい。証人たちは障害者に対する組織的な差別の存在を報告した。障害を抱える家族は平壌から追放され、たいていの場合生活環境がより厳しく、しかも福祉サービスのない農村地域に強制的に移住させられるという【391】。

調査委員会が聞き取りをした元政府高官は、障害児案件を担当するのは社会安全省（現人民保安省）であり、その職員が家庭を訪問し、障害児の養育を諦めさせた、と語った。もし彼らが平壌市民で、障害児を手放そうとしなければ、彼らは首都を離れなければならない。もし家族が子供を手放すことに同意すれば、当局が子供を指定の場所に連れて行く。家族はその子供と2度と会わないことに同意する書類にサインをし、その子供はあたかもはなから存在しなかったのように、家族の公民登録簿から抹消される【392】。

この政策がどの程度まで現在も実施されているかは明らかではない。障害を持つ人たちが平壌に住むことを許されたとの最近の報告もあるからだ【393】。これは、同政策が破棄されたか、過去のように厳格に実行されていないことを示している。また、北朝鮮が、2013年7月の署名に引き続き、「障害者の権利に関する条約」への加盟を準備をしている表れなのかも知れない。しかし、もし障害を持つ子供が家族の登録から抹消されるという申し立てが事実であるなら、それは「子供の権利条約（CRC）」第7条と第8条違反に相当する、と調査委員会は指摘する。

統一研究院の**キム・スアム**（男性）は「障害を持つ人たちへの高度な差別が存在しています。外国人訪問者の多い地域では、障害を持つ人たちの居住を制限しています」と調査委員会に説明した【394】。

327. 最近のあるNGO報告では、多くの脱北者が、障害をもつ嬰児たちが殺害されるか放棄されている、と語ったとしている【395】。韓国にある他の研究機関は障害者への人権侵害には、小人症患者の隔離と強制避妊手術が含まれていると報告している【396】。

328. 咸鏡南道《ハムギョンナムド》のある島で障害者たちを使った生物兵器と化学兵器の陰惨な医学実験が行われているとする憂慮すべき主張がいくつかある。これに関して調査委員会は一次証言を得られていない。元政府高官が、社会安全省在職時の2つの事例について述べた。逮捕された人たちが83号病院に送られ、そこの医師たちから、彼らは医学実験に使われるだろうと聞かされたという【397】。入手した情報に基づく限り、調査委員会はこれらの訴えを確認する立場にはなく、さらなる調査が必要であることを指摘するものである【398】。

329. 法的な面での進展に加え、障害者の権利は政府の政策レベルで前向きな注目を得てきた。外交筋によると、朝鮮障害者保護連盟が国際障害者デーを国家的行事とした。2012年のロンドンパラリンピックには北朝鮮選手がひとり参加した【399】。2009年の普遍的・定期的レビュー（UPR）への報告では、北朝鮮は毎年恒例の「障害者の日」は「障害者の社会統合を促進し、一般大衆が障害者の尊厳と価値を尊重し支援するよう促す重要な機会である」と記している【400】。

4・経済的、社会的、文化的権利への差別の影響

330. 差別は結果として、食糧、教育、医療、労働などの基本的人権の行使に不平等をもたらす。成分《ソンブン》制度によって、不利な立場に数世代にわたり閉じ込められ、社会移動が不可能になる構造的な差別をもたらしていることを、調査委員会は見出した。調査委員会は成分《ソンブン》とジェンダー、能力に基づく差別が多数の脆弱なグループを作り出してきたと考える。経済的、社会的、文化的権利の享受に対する差別が及ぼす影響は、時と場所によって変わるようだ。外交筋によると、差別は田舎で最も深刻である【401】。

331. 平壌は核心階層のための都市であり、国内のどこよりも良いインフラやサービスがある。平壌に住むことは特権であり、しかも取り消され得るものと認識されている【402】。

調査委員会に証言したある証人は平壌生まれだったが、父親が朝鮮戦争中、南の内通者だと疑われ、1950年半ばに処刑された。彼女と家族は成分《ソンブン》が下がり、咸鏡北道に追放された【403】。

332. 日本から北朝鮮に来た朝鮮人の多くは平壌やその他の都市に住むことを許されなかった。

千葉が調査委員会に説明してくれた。

9万3000人の人たちがそれぞれに異なったランクと階層に分類されました。そしてその階層に従って山岳地帯に送られました。たくさんの日本人が山間地域に送られまし

た。彼らは都市に住むことは出来なかったのです【404】。

333. 食糧不足の影響はより脆弱な人たちほどより深刻に感じられ、1990年代の飢饉の時はまさにそうであった。穀物の法定配給量を割り当てる公的配給システムが、年齢や職業的地位に基づいて人々の食糧の権利を左右した。飢饉のもうひとつの側面は、地域によって食糧入手に差異が生じたことである。エリート層のほとんどが住む平壌とその周辺地域は、遠隔地域、特に北東部の工業地域よりも事態はましであった【405】。

334. 社会主義労働法が職業選択権を保障してはいるものの、実際は、国家が市民の雇用の決定に支配的な役割を果たしている。

たとえば、韓国出身の戦争捕虜のひとりは、再教育を受け、成《ソン》分《ブン》の低い北朝鮮女性と結婚した。彼は2人の息子をもうけた。一人は死に、もう一人は軍隊へも大学へも行くことが許されなかった。彼は、鉱夫の子は鉱夫になり、鉱業職業学校に進んだと、調査委員会に述べた【406】。

335. 大学卒業者について、朝鮮労働党地方党委員会の幹部課が誰を管理職や技術職に配置するか決定する。朝鮮労働党中央委員会幹部部課と必ず相談し、秘書局の承認を必要とする場合もある。検討すべき要素は、成分《ソンブン》、ジェンダー、身体能力、学歴、その他の生活様式に関わる問題などである【407】。

336. 高等学校卒業生と除隊軍人のためには、地方人民委員会の労働部が職務決定にあたる。鉱山採掘、道路や鉄道建設などの肉体労働は、グループ単位で職業割り当てが行われる。2003年、国連の「経済的、社会的及び文化的権利に関する委員会」は、「北朝鮮が現在、採用している強制的国家割当雇用制度は、個人が自己の職業または職場を自由に選択する権利に反するものであり、労働権を完全には保障していない可能性がある」との憂慮を表明した【408】。

337. 差別は職業の指定ばかりではなく職業的な成長と発展にも影響を与える。成分《ソンブン》は、職業上の向上を追求する北朝鮮国民の阻害要因となっている【409】。

たとえば、元北朝鮮のジャーナリストの**チャン・ヘソン**［Jang Hae-sung］（男性）は、ソウル公聴会で次のように証言した。

私は良い成分《ソンブン》出身で、高い階層の人間です。父は抗日活動に関わりました。父の2人の兄弟は朝鮮戦争で戦死しました。したがって、私は特権的で高い階層、高い成分《ソンブン》に属しました。しかし、私は中国生まれでした。もし私が中国ではなく北朝鮮で生まれていたら、核心機関で働けたでしょう。しかし私は中国で生まれた。私は保安部や保衛部（人民保安省と国家安全保衛部）では働けませんでした。それで私は報道機関で働くことになったのです【410】。

338. 北朝鮮のすべての男性に兵役義務があるが、低い成分《ソンブン》出身の男性または障害者は軍隊に入れない。

かつて市民はキャリアのために軍隊に入隊したがったが、1990年代以降、栄養失調のリスクゆえに軍隊の魅力は減少し、多くの人たちが、実際、大きなリスクを覚悟で徴兵を免れようとしている。それでも兵役は公職に地位を確保するためのカギとなる手段である。ほとんどの市民が10年から13年の兵役に就く。高官の子息は、党員資格取得または大学入学資格取得以前の3年間だけ兵役に就けばよいようである。

調査委員会が直接入手した情報によると、公職者への昇進には4つの条件を満たす必要がある。それは兵役、朝鮮労働党党員資格、大学卒業資格、そして高位の成分《ソンブン》である。これらの4条件をすべて満たさない限り、党、軍、政府のいずれにおいても高位官僚になる機会は限られる。特に治安組織、外務分野、経済組織ではこれら4条件が特に重要となる【411】。

339. 2012年、最高人民会議は義務教育を11年から12年に拡張した。朝鮮中央通信によると、最高人民会議は、教室の数を増やすことを約束し、教師には食糧と燃料の配給が優先されるとした【412】。教育を普遍的に提供するとの北朝鮮の公約にもかかわらず【413】、組織的差別により教育を受けられない人々がいる。北朝鮮経済の崩壊により、学生たちには教師と学校運営の資金を調達するための財源を提供しなければならないのが一般的である【414】。

北朝鮮に39年住んでいたチャールズ・ジェンキンス［*Charles Jenkins*］が、2人の娘たちが持ってくるように学校から求められた物品について語った。

> 娘たちはいつも私のところに来て、ひとりひとりの学生の家から一定のものをもってくるよう学校の職員たちから言われていると言っていました。先生たちに月曜日までにそれぞれ2キロの真鍮を持ってくるようにと言われた時もあります。それが1キロの鉛だったり、100メートルの銅線だったこともあります。石炭、ガソリン、ウサギの皮まで言ってくるのです。

これら具体的な要求は、彼が毎月学校に送らなければならない60キロのトウモロコシとは別途付加されたものだ。「娘ひとりに付き1日2・2ポンドになります。学生一人当たりの配給量が1日1ポンドなのにですよ。だから、誰かが、どこかで、私たちが渡した分の半分以上を横領しているわけです」彼の娘たちは、「北朝鮮のエリートが教育を受ける高級な場所とされる」外国語大学に通っていた点を強調した【415】。

340. 調査委員会は、こうしたことがエリート校で行われているとすると、特権の少ない施設に通っている人々はその家族に賄えきれない補助を要求されている可能性があると考える。

341． 加えて、学校内での――ひとりの学生が級長になれるかどうかと言ったような――特権も成分《ソンブン》によって決まるようだ【416】。さらに、義務教育は政治犯収容所に送られた子供達には適用されない。政治犯収容所では、初等レベルの教育が別のカリキュラムで施されている【417】。

342． 教育における差別が最もあらわになるのは、大学への選抜プロセスや、そもそも入試を受験できるかにおいてである。調査委員会が聞き取りをした証人の数多くの証言によると、低い成分《ソンブン》の人たちは試験を受けることさえ許されず、彼らの学習能力や試験の成績に見合った施設に通うことを許されていない【418】。

ある証人は、彼女が敵対階層であるために、自分の生まれた平壌に戻ることを妨げられたと、調査委員会に語った。舞踏を学ぼうと志願した大学からは入学を拒否され、代わりに農村事業の仕事に配置された【419】。

343． 個人の将来の決定に非常に大きな役割を果たす成分《ソンブン》は、結婚機会にも影響を与えている【420】。

チャン・クムソン [*Jang Kum-song*]（女性）は、母親が金慶喜（金正日の妹）で父親が今は亡き張成沢である。**チャン**は2006年、26歳の時、パリで自殺した。ヨーロッパで教育を受けていた彼女は、ある北朝鮮男性との結婚を望んでいたが、両親は成分《ソンブン》が違うという理由で反対した。

344． もっとも脆弱なグループ――低い成分《ソンブン》出身者、女性、子供、障害者――は医療サービスと医薬品を受けるには特に不利である。国家はすべての市民が医療サービスを無料で受けられると主張し、同時に「革命戦士、革命殉教戦士の遺族、愛国戦士の遺族、朝鮮人民軍兵士家族、国家偉功者」のような特殊グループに特別の保護を与えているとしている【421】。患者は無料で病院にアクセスできるかもしれないが、実際のところ、医療機器や医薬品を大衆は利用できず、買える人たちが民間市場で買って利用している【422】。

低い成分《ソンブン》の人たちの多数の追放先となってきた、最北端の咸鏡北道の郡の病院で働いていた元看護婦は調査委員会に次のように語った。

> 職場環境は厳しいものでした。いつも薬品が不足していた。薬品は中央政府レベルから群へと分配されるのだが、闇市に（お金のために）売りさばく当局者たちに不正流用されていた。その結果、医師たちは使える薬品がなく、処方箋を書くことしか出来なかった。薬品の不正流用のもっとも恐ろしい副作用は、市場に溢れた危険な「まがい品」が市場に溢れ売られていたことでした。もっと稼ごうと商売人たちは液体抗生剤に燃料を混ぜたり、錠剤に小麦粉を混ぜます。その結果、「まがい品」の抗生剤を使った多くの人たちが病院で感染症や他の症状を訴えていました。抗生物質を

製造する宣川工場から瓶、蓋、ラベルが、「まがい品」の抗生剤を入れて売るために頻繁に盗まれていることは、医療関係者のあいだではよく知られていました。建前上、患者はいつでも病院に行けるのですが、病院スタッフは自分たちの家族を養うために他の仕事をしなければならなかったり、買い物や家事をしているので、昼食の時間に病院にいないことが多いのです

この証人はさらに、地方の病院の悲惨な状況を党幹部たちは承知していると語った。

党幹部が毎年、名目的に病院を視察します。彼らは病院の不備と地域住民の健康状態を充分分かっているのですが、報告しないよう病院長から賄賂を渡されているのです。病院職員もやってくる党幹部に宴会を用意できるよう金を出すことが期待されています。賄賂と汚職は北朝鮮では普通のことです。当局者も援助物資を吸い上げているので、その状況は百も承知です。党官僚は病院では常に優先され、個室で治療を受けます。彼らは他の住民がどう苦しんでいようが関心がないのです【423】。

345. 特に女性は医療サービスを利用できずに大きな不利益を被る。婦人病の検査はなく、乳がんの検診もない。韓国にいる北朝鮮出身の女性に対して行われた最近の調査で、調査対象者の半ばが妊娠中に医師の診療を受けておらず、大都市出身か農村出身かに関わらず、ほぼ半ばの女性が自宅出産していることが分かった。女性たちは出産中もしくは出産後の母親または新生児の死亡は珍しくないと答えた【424】。産婦死亡率は1993年から2003年までの10年間でほぼ倍になった。これは主として産科救急治療の不備に起因する【425】。2010年の産婦死亡率は新生児10万人当たり81件であったと推算されている【426】。

5・調査委員会の主要な調査結果

346. 北朝鮮は自らを平等、非差別、平等の権利がすべての領域で全面的に実践されている国だと世界にアピールしてきた【427】。実際には、過去10年間の市場の勢力とテクノロジーの発展から生じた社会経済的変化によってある程度修正されつつあるものの、北朝鮮は、凝り固まった形態の差別が存在する強固に階層化された社会であることを調査委員会は見いだした。

調査委員会は、北朝鮮には国家が後押しする差別が蔓延しているが、変化の渦中にある、と見る。差別は成分《ソンブン》制度に根ざしている。成分《ソンブン》制度は社会階層と出生に基づいて人々を分類し、政治的意見と宗教をも考慮の対象とする【428】。成分《ソンブン》制度は、同様に蔓延するジェンダーに基づく差別と相交わる。国家が問題に取り組み始めた兆しがあるとはいえ、身体障害に基づいた差別も行われている。

347. 北朝鮮国家は、社会階層に基づいた公式の差別システムを支援し、実施している。その基盤となる社会階層は、成分《ソンブン》制度に現われるように、政治的忠誠心と家族の経歴から形成される。成分《ソンブン》の概念は、当初、社会再編成の手段として着想された。1945年以前の伝統的エリートを、指導部と新国家に忠実な新しい「革命的」エリートに置き換えようとした。この側面において北朝鮮は、何世紀にもわたって朝鮮社会に深く根付いたヒエラルキーを作り変えた【429】。

348. 成分《ソンブン》制度はかつては、一個人の生計手段を決定するもっとも重要な要因であった。それはまた、教育を受ける機会、住居の利用、好ましい場所、特に首都平壌に住む機会の決定要因であった。この成分《ソンブン》制度下の伝統的な差別が最近、北朝鮮で市場化が進み、お金によって人々が経済的、社会的、文化的権利をより享受できるようになって、複雑化してきた。お金と高度の腐敗によって、新興ビジネスエリートその他の人々は、国家主導する差別を回避するための資源をますます獲得できるようになった。さらに、携帯電話などの新しい情報テクノロジーで市場システムの運営、知識と情報の交換が容易になった。しかしながら、一個人が商業のもっとも収益性の高い部門でお金を稼げるかどうかは、ある程度成分《ソンブン》によって決まる。基本的な公共サービスが崩壊し、もしくは有料となっている状況で、財産もなく有利な成分《ソンブン》もない相当数の人々はますます疎外され、さらなる差別にさらされている。

349. 成分《ソンブン》に基づく差別は、大都市、特に最高位の成分《ソンブン》のエリートが集中する首都平壌の居住環境と、歴史的に低い成分《ソンブン》の人たちが居住指定される遠隔地の居住環境との著しい違いに現れている。差別は、指導部にとって、内外の潜在的脅威に抗して支配を維持する主要な手段であり続けている。

350. 形式的法的平等の確保を目的とした初期の改革では、ジェンダーの平等は実現しなかった。女性に対する差別は社会のあらゆる面にいまだ蔓延している。男性優位の国家が、経済進出をとげる女性と社会的に疎外される女性の双方を犠牲にしており、女性差別が増大しているといえよう。1990年代の飢饉のときに生き残りをかけて多くの女性が民間市場を運営し始めた。しかし、国家は女性主導の市場に多くの規制をかけた。その中には40歳以下の女性の取引禁止がある。性差別は、女性を賄賂もしくは罰金の対象とする形でも現れる。最近、女性たちがそのような不当な負担を拒否し抵抗し始めた事例がある。

351. 女性の経済的地位向上は社会的政治的向上を伴っていない。硬直した伝統的家父長的言動と女性に対する暴力が根強く存在する。国家は、純粋で穢れなき朝鮮女性というステレオタイプを維持しようと、女性に対する差別的規制を露骨に押し付けた。性的暴力とジェンダーに基づく暴力は北朝鮮のすべての地域にはびこっている。被害者は国家による保護、支援サービス、司法の救済を受けられない。政界では、女性は党高位幹部クラスの5％を占めるに過ぎず、中央政府職員は10％のみである。

352. 女性差別はまた、他の人権侵害と相俟って、女性を弱い立場に置く。食の権利と移動の自由の侵害は、女性と少女を人身取引にさらされやすくし、しだいに取引の性交渉と売春に追いやっている【430】。表現の自由と国家公認組織以外の結社の自由の完全否定が、女性が一般的に不平等な地位に置かれる大きな要因となっている。こうした制約ゆえに、世界の他の地域で女性たちがやってきた集団的権利擁護活動が、北朝鮮の女性には閉ざされている。

353. 金日成がマルクス・レーニン主義を採用し、北朝鮮が社会主義インターナショナルに参加したにも関わらず、北朝鮮は、外部勢力に汚されてはならない純粋な朝鮮民族という観念を広めることで、それらの理想から逸脱した。外国からの影響に対する一般的な抵抗感と、主体《チュチェ》思想が強調する内向き志向からこの概念は生まれる【431】。外部世界から意図的に撤退することによって、金日成による支配の論理的根拠を強化したのである。北朝鮮の内向き志向は主体思想の一側面である。主体思想のもうひとつの主要素は、絶え間なく拡大する金日成の個人崇拝であった【432】。主体《チュチェ》思想は孤立主義政策を正当化し、金日成（とその後継者たち）を敵意ある外部世界から国民を守る究極の父親像に持ち上げる一方で、穢れなき北朝鮮のイメージを汚したとされる人々に悲惨な影響を及ぼした。国家は最近、障害を持つ人たちへの取り組みを改善する歩みを見せていると伝えられてはいるが、女性と障害を持つ人々は特殊な差別を受けている。

354. 差別はいかなる社会にもある程度存在するとはいえ、北朝鮮が公式の差別制度を運用し、個々人の人権享受に深刻な悪影響を与えてきたことを、調査委員会は確認した。並外れた国家統制を考えると、この公式の差別は人々の生活のほぼ全般に影響する。差別は、指導部が内外の潜在的脅威に抗して支配を維持する主要な手段であり続けている。

C・自国を離れる権利と追放の禁止を含む、移動と居住の自由の侵害

355. 移動の自由の権利を検討するにあたり、調査委員会は、「市民的及び政治的権利に関する国際規約（ＩＣＣＰＲ）」（自由権規約）第12条に特別の注意を払った。同条項は、移動の自由と自己の住まいを選ぶ権利、自国を含むいかなる国からも出国する自由、そして自国に戻る権利を恣意的に奪われない権利を規定する。北朝鮮国民は国家により職業を指定され、それによって居住地を決定されていることから、調査委員会は、働く権利を規定する「社会的および文化的権利に関する国際規約（ＩＣＥＳＣＲ）」（社会権規約）第6条も考慮した。働く権利には、すべての人が自由に選択するか承諾する仕事によって生計を営む機会をもつ権利が含まれる。

356. 調査委員会は、さらに自由権規約委員会の自由権規約第12条についての一般的意見を調べた。特に、国家の安全や公の秩序、道徳、他者の権利や自由を守るために必要で、自由権規約が認める他の権利に矛盾せずに許容され得るこれらの権利の法的制限について調べた。さらに、調査委員会は、子供がその親とともに自国を含むいかなる国からも出国する権利と、また、自国に入国する権利を規定する「子供の権利条約」第10条も考慮した。

1・北朝鮮における移動と居住の自由

357. 北朝鮮当局は市民（と外国人）の国内における移動と居住の自由を厳しく規制していることを調査委員会は発見した。この政策は、情報の流布を制限し、居住環境に格差を与えて平壌のエリート層を優遇し、低い成分《ソンブン》階層を差別するために作られたものである。結果として、低い成分《ソンブン》の人々は遠隔地域に集中して居住させられている。

(a) 国家指定の居住地と雇用

358. 北朝鮮が国連人権委員会に提出した資料によると、市民と外国人は自由に自己の住居を選択し、移転できるが、「住居を移転したい時はしかるべき法的手続きを経る」【433】必要がある。こうした手続きは、公民登録法と出入国法第4章（外国人の滞在、居住と旅行）に記されている。

359. 北朝鮮憲法第70条は、希望と能力に従って人々が職業を選択する権利を規定する。しかし、実際には、市民は国家が指定する仕事先に応じて居住地域を割り当てられるのが一般的だ。朝鮮労働党が全国民の職業割り当てにおいて全面的かつ独占的権限を有する。人々は、党が必要とみなす、工場、鉱山、建設現場の仕事にグループ単位で配置される【434】。

360. 法により、人々は、政府の許可なく、指定された住居か

ら他の住居に移ることは許されない。刑法第１４９条は、国家所有の居住地を金や物を介して渡すか、受け取るか、貸す者は２年以下の短期労働鍛錬刑に処すと規定する【435】。すべての不動産は国家所有であり、この規定は事実上、無許可の移動を犯罪とみなす。調査委員会が受け取った証言によると、腐敗した当局者は、居住権を不正に売る人から容易に賄賂を受け取り、見ぬ振りをする。

ある証人は、住む場所を決めるのは党であるから、自由に住む場所を選べる人は誰もいないと、調査委員会に語った。両親の世代が家を割り当てられ、家を引っ越す人を見たことがない。しかし、食糧危機の結果、市場経済が広がり、国家所有の家を「買う」ことが可能になった。義理の両親が彼と妻のためにアパートの２階を買ってくれたが、登録居住地を変更するために住宅当局者を買収しなければならなかった【436】。

361. 国家が職場と居住地を決める際に、その人の成分《ソンブン》の社会的分類が主要な役割を果たす【437】。調査委員会がソウル公聴会で聴取したように、政治的に信頼されていない人たちは、鉱山や農村など住みづらい地域に強制的に移される【438】。僻地で単純労働に就かされた人々の子供たちは通常、親と同じ仕事と居住地を割り当てられる。

362. 北朝鮮成立初期の数十年の粛清の間に、低い成分《ソンブン》に分類されつつも、政治犯収容所行きは免れていた相当数の人々が、遠隔地に移動させられ、農業と鉱業の重労働に再配置された。結果として、咸鏡北道や咸鏡南道のような地域は今日、他の地域、特に良い成分《ソンブン》の人たちが主に住む平壌に比べ低い成分《ソンブン》の人々が集中して住んでいる。調査委員会が受け取ったある文書によると、成分《ソンブン》の３つの階層にある51の下位の分類に北朝鮮市民が再分類された後、敵対階層に分類された１万５０００世帯、７万人が遠隔地の山岳地帯に追放された。「彼らが追放された地域の多くが収容所になった」【439】。

363. 調査委員会は複数の証人から、低い成分《ソンブン》のために平壌や他の都市から遠隔地に移住させられ、たいていは鉱山で働かされたと聞いた。彼らの成分《ソンブン》が低いのは、祖父母や両親が韓国出身であったり、朝鮮戦争のときに南に移ったり、地主やキリスト教徒だったからであった。家族のひとりが反体制分子として告発され、政治犯収容所（管理所）送りの判決を受けると、その家族が移住させられ得た【440】。

ソウル公聴会で証言した**チ・ソンホ**（男性）は、山に囲まれた炭鉱近くの町で育ち、そこに住む大半の人たちが他の地域から追放されて来ていたと語った。彼の地域の住民が１９９０年代後半の大規模な飢饉の影響を特に大きく受けたのは、食糧の配給もないまま、僻地に閉じ込められていたからだ、と述べた。

> 私は炭鉱村で生まれました。当時多くの人たちが餓死しました。生き残るために出来ることはほとんどありませんで

した。山に囲まれていたので、根っこを掘り、木の皮と草を食べなければなりませんでした【441】。

韓国から拉致された男性の娘は、家族全員が1970年代後半にまず山岳地域に追放されたと語った。父親が自殺して1～2年後にさらに遠隔地に移住させられた【442】。

364. 調査委員会は、任務の失敗や、軽微な政治的不正のために法廷の正式な判決によらずに遠隔地の重労働に就かされた党関係者とその家族からの説明も受けた。ある証人は、年老いた親戚のひとりが金正日に頼まれてもいない助言をした後、鉱山で「革命化」のための強制労働中に死んだと述べた【443】。こうした慣行は続いている。これは、2012年4月に金正恩が同様の処罰を受けた600人以上の当局者に恩赦を発したと伝えられることからも証明される【444】。

365. 前述したような国家が指定する職業は、特に男性に厳しい影響をもたらす。男性も女性も学業または兵役を終えると職場を指定されるが、北朝鮮では通常20歳代に結婚する女性は、結婚後、または子供が出来たときに国家割り当ての職業を辞められる。一方男性は60歳まで国家が割り当てた職場から解放されない【445】。男性はしたがって、女性ほど容易には国家指定の職場から抜け出せない。1990年代半ばの飢饉の間に、多くの国営企業がフル操業していなかった時も同様だった【446】。賃金が支払われず、食糧配給を受けられなかったため、女性も男性も収入と生活必需品の獲得に創造力を駆使して工夫をこらさざるを得なかった。既婚女性は台頭する闇市場に参加できたが、男性は副業の商業活動をするには、国家指定の職場の硬直性を回避する方法を見つけなければならなかった。商業活動に関われる男性は、相当の賄賂が払えるお金と、彼の欠勤を「無視」できる組織内のしかるべき人物とのコネの双方を持つ人に限られた。

366. 市民の居住地と職業を割り当て、自由意思による選択権を否定している北朝鮮の政策は、特に、こうした割り当てが成分《ソンブン》の社会階層に基づくものである点において、「市民的及び政治的権利に関する国際規約（ICCPR）」第12条の自分の居住地を選ぶ自由の権利と、「経済的、社会的及び文化的権利に関する国際規約（ICESCR）」第6条のあらゆる個人が自由に選択するか承諾する仕事によって生計を立てる機会を得る権利を侵害する、と調査委員会は判断する。

(1) 平壌からの追放

367. 前述したように、平壌のステータスには特殊事情がある。平壌には良い成分《ソンブン》の人たちだけが住むことを許される。平壌の住民には他の場所の住民とは別の住民票が特別に発行される【447】。もし家族のひとりが政治的に不正な行為をするか、もしくは重大な非政治的犯罪を犯すと、家族全員が遠隔地に追放され、別の職業が指定される。こうした慣行は、北朝鮮の法律にその根拠がないようだが、凄まじい結果をもたらすことが多い。家族の誰かが成人に達すると、鉱山の採掘、木材の伐採、農業といった最も辛く危険な仕事に就かされることが多い。家族は、平壌市民が享受する食糧や医療、その他の公的サービスへの特権的な地位も失う【448】。結果として生じる不足分を補ってくれる親戚のネットワークが彼らにはないことが多い。

368. 元政府関係者が、平壌の公園で蔓延した賭博の2009年6月の取り締まりについて、調査委員会に述べた。上司から、この命令と、国家安全保衛部、人民保安省、朝鮮人民軍、検察庁からなる中央監視グループが創設されたと聞いた。この取り締まりの結果、700人が逮捕されて教化所（一般刑務所）に送られ、400世帯が平壌から追放されたと報告された【449】。

369. かつて当局は、精神障害か重篤な身体障害のある子供や成人のいる家族が平壌に住むことを禁じる措置を厳格に実施した。この政策は、純粋な朝鮮民族の理想に合致する人々が住む清潔な首都のイメージを維持したいとの動機ゆえだったことは明らかである。

リ・ジェグン（男性）は、金日成が平壌を革命の首都と称し、障害者も、反体制分子もいないと述べた様子について語った。**リ**によると、障害を持って生まれたり、後天的に障害を負うと、その人と家族は平壌から追い出され、地方に送られる【450】。

ソン・ジュンフン（男性）は、成分《ソンブン》の良い人だけが平壌に住めると説明した。もし平壌出身の男性が首都以外の地方出身の女性と関係を築いても、女性の成分《ソンブン》が良くないと、彼女を平壌に連れてくることはできなくなる例を挙げた。もしその女性と結婚したければ、彼女の住む地方に住まなければならない。障害者のいる家族も平壌を離れなければならないが、罪を犯しておらず、良い成分《ソンブン》なので、首都の周辺地域に移動させられるだけとなる。**ソン**は障害を持つ人とその家族が平壌から出なければならない理由は、外国人訪問者に平壌を「聖地」と見せなければならないからだ、と思っていた。同様に平壌のイメージを汚さぬよう、病弱な人も平壌にいてはならない。**ソン**は父親が中央委員会のメンバーである友人がいた。しかし、子供が「普通の背丈ではない」が故に、友人と家族は平壌から引っ越さなければならなかった【451】。

調査委員会が会ったある証人は、平壌からの追放令を実行する責任者だった。彼女は政府から命令と指示を受け取り、平壌市から平壌の他の地域への移動許可証を発行していた。市民の父か母の忠誠が充分でないと、その人は首都に住む資格がなくなると、彼女は語った。そうした人は地方に送られ、移動許可証カードを持たなければならない。障害を持った人たちとその家族はそもそも平壌に住むことを許されない、とも彼女は語った【452】。

⑵ ストリートチルドレンの状況

370． 大飢饉や食糧危機による死亡、保育、教育、その他の公的サービスの崩壊によって、孤児となったか、捨てられたか、その他の理由で両親の庇護のもとにない子供たちの世代が生まれた。こうした子供たちは最終的に人目を盗んで平壌や他の都市に移り住んだ。『リムジンガン』を発行するアジアプレス・インターナショナルの協力者たちが密かに撮影し【453】、調査委員会に提出したビデオには、街の通りをうろつき回る子供たちが映っている。その多くは4歳か5歳になるかならないかのようだ。

371． 腹を空かせ、1日1日をやっと生きていることから、これらのストリートチルドレンは、婉曲にコッチェビ――花ツバメ（訳注◉ロシア語で「浮浪者」の意との説もある）と呼ばれる。居住制限があるため、彼らが寛大に扱われることはなく、常に治安要員に捕まらぬようにしなければならない。捕まった者たちは出身地に連れ戻され、物資の乏しい施設に強制収容されるか、放置され自力で生き延びなければならない。政府の関係部署で働いた元当局者は平壌だけで数十万人のストリートチルドレンがいると推測した【454】。

母親が死んだ後、7歳でストリートチルドレンになった**キム・ヒョク**［*Kim Hyuk*］（男性）は調査委員会の前で当時の暮らしを語った。

> 夜は清津駅で寝ました。駅の周辺で食べ物を拾うのです。物乞いすると、人々は私たちによろこんで食べ物をくれました。駅周辺に人がいない時は、清津市には役人の家がたくさんあるので、そうした家やアパートの近くに行って、彼らが捨てた食糧を食べていました【455】。

飢饉のピークだった１９９７年、特別糾察隊がこうした子供たちを捕らえる任にあたった。親のいない子供たちは、食糧を供給できない閉鎖型保護施設に強制収容された。

> シェルターに食糧はありませんでした。それで、こうした保護施設でさえもたくさんの子供たちが餓え死にしました。警察でさえ、施設に行けば子供は死ぬが、コッチェビのままでいるなら、生き残れると言っていました【456】。

372． コッチェビ（浮浪児）を捕らえ強制移送する治安活動がいまだ実施されている。

２０１０年８月に金正恩が国家安全保衛部と人民保安省に平壌からコッチェビと居住登録のない住民を一掃せよとの命令を下した、と元官僚が語った。２０１０年９月に開かれる労働党中央委員会大会に向けて首都の浄化を目指したこの掃討作戦に、地方から国家安全保衛部と人民保安省の要員が追加招集された。膨大な数のコッチェビが捕まり、出身地の浮浪児向け「リハビリ施設」に送られた。成人は労働鍛錬隊か教化所（一般刑務所）に送られた【457】。

ある証人は平壌行きの列車に乗ろうとしたときに人民保安省の要員に逮捕、殴打され、他の子供たちとともに児童保護施設に送られた。施設に着くと、椅子の上に立たされ、厚い皮のベルトで叩かれた。子供達は暗い地下室で寝起きせねばならず、トイレはプラスチックのバケツだった。大根と小麦粉が少し混じった塩味のスープを少量、1日に2～3回与えられた。いつもお腹がすいていたことを覚えている。4カ月後に彼女の両親が探し出し、連れ戻した。1年もそこにいる子供もいた【458】。

咸鏡北道《ハムギョンブクト》の保険分野で働いていた別の証人は、食べさせるものがないため、多くの母親たちが生まれたばかりの赤ん坊を捨てたり殺したりした、と語った。1997年ごろ、孤児や捨て子の数があまりにも多いため、金正日が兵士や治安要員の家族にこうした子供たちを養子にせよと命令したことを、証人は覚えていた。養子をとった人たちは英雄とされた【459】。

(b) 国内の移動の自由

373. 北朝鮮は、1999年12月に国連人権委員会に提出した文書で、「旅行規定」にしたがい、市民は国内のどこへでも自由に旅行できる、と説明した。旅行規定第6条は、旅行を希望する市民は旅行者証明書の取得が必要であるとする。さらに第4条は「軍事境界線周辺地域、軍事基地、軍需産業区域、国家の安全保障関連区域は旅行が制限される」【460】と明記していると説明した。自由権規約委員会での関連質問に答えて、北朝鮮は公務か親族を訪ねる人のみに第4条の「制限地域」への旅行許可が与えられると詳述した。残る地域の旅行に許可を要する事実を認める一方で、そうした許可の取得に制限はないと主張した。許可制は「国家の安全を保障し、スパイと妨害工作を阻止するために」必要であるとした【461】。

ある証人は、普通の市民が平壌に行くことは通常、許可されない、と調査委員会に語った。これは首領に危害を加えようと平壌への潜入を試みる韓国人に対する治安措置であると彼は理解していた。中国国境地域への許可が取りにくい理由は、許可なく国境を越える人々への懸念からだ。平壌もしくは国境地域への旅行許可が得られるのは、親戚の結婚式や葬式に出席するような例外的な場合に限られる、と彼は説明した【462】。

374. 韓国統一研究院（KINU）によると、市民は自分の居住する道内では旅行許可証ではなく公民証を旅行書類として使える。市民が他の道（地方）への旅行許可を申請する際には、通常、非制限地域への旅行許可が出るまでに2～3日、制限地域には2週間程待たなければならない。許可には旅行期間も設定され、通常、往復10日が与えられる。許可は無料で発行されるが、賄賂を払わないと手続きは遅れがちになる【463】。

375. すべての道と郡に検問所があり、そこで旅行中の市民は旅行許可証を提示しなければならない。列車内にも保安要員がいて旅行許可証を検査する。許可証がなくて捕まると、集結所に拘留されたり、労働鍛錬隊に10日間送られるなどして罰され得る【464】。北朝鮮の人民保安取締法では人民保安省が旅行規定違反の取締りにあたり、この法律に違反したことが判明した人々には、警告、罰金、無報酬労働などの処罰が科せられる【465】。

376. 人民班（近隣住民監視制度）【466】がさらに里や郡に来た旅行者を報告しなければならない。旅行者は許可された目的地に到着し次第、その地域の保安署に登録しなければならない。経済難により市民監視システムの一部が崩壊しているために、宿泊検閲はもはや厳格に実施されてはいないとされ、捕まっても賄賂で逃げられる。実際に、検問所で賄賂を払い、許可制度を回避する人々が増えている【467】。

国境から遠い清津に住んでいたある証人は、友人の公民証を使って国境地域の会寧まで行った。国境地域に住む友人のコンピュータ発行の公民証の写真はぼやけていて、証人の顔のように見えたからだ【468】。

他の証人が調査委員会に説明したところによると、彼は仕事で国中を回ることができたが、正式に旅行するには4つの異なった機関からの許可を必要とした。個人的理由で旅行する時は、役人を煙草で買収すれば足りた【469】。

377. 職業の制限と同様に、移動の権利の制限は女性よりも男性をさらに制約しているようだ。その主な原因は、国家が割り当てた組織が機能していなくても、男性は雇用者に「所在を知らせる」義務があるからである。国家に有給で雇われていない多くの女性は、男性と比べ、より長期間発覚せずに移動できる。これが、出国できる女性の数が（男性より）不釣り合いに多い根本的な理由のひとつと推定される。

378. 自由権規約委員会の一般的意見によると、移動の自由の制限は例外的な状況においてのみ許される。制限基準は法律で定められねばならず、その法律は制限の発行者に無制約な裁量を与えてはならない。移動の自由の制限は、国の安全、公の秩序、公衆衛生、道徳、または他の人の権利と自由を保護するために必要な場合に限られる。制限手段は、権利の本質を損なってはならず、また比例原則に従わなければならない。すなわち、制限は保護機能達成の手段として適正で、望ましい結果を達成し得る手段の中で最も干渉が低くなければならない。更に、保護される利益に均衡していなければならない。特に、権利と制限、規範と例外の関係を転倒してはならない【470】。

379. 国の安全を守るため、制限の必要な特定の地域（特に軍事境界線付近）への旅行許可を要求することは、均衡ある手段と考えられるかもしれない。しかしながら、平壌その他の居住する道（地方）から離れたどこへ行くにも旅行許可申請を課すことは均衡を失した手段であって、「市民的及び政治的権利に関する国際規約（ICCPR）」12条1項に違反する、と調査委員会は判断する【471】。

2・自国を離れる権利

380. 調査委員会は、北朝鮮市民が海外旅行を制限されており、この制限は事実上一般市民の旅行禁止であって、この禁止は極端な暴力と厳しい処罰によって実施されている、と認識している。これは、国家統制メディアその他の洗脳・情報統制手段が伝える情報に矛盾する知識に可能な限り触れさせない意図によるものと見られる。

ⓐ全面的旅行禁止

381. 北朝鮮の入国管理法によると、海外旅行はパスポートもしくは国境地域旅行証明書の発給を得て可能となる【472】。法的には、中国の親戚を訪問できるが、接触の詳細を含む親戚の個人情報を旅行者記録として残さなければならない。パスポートの申請には、中国の親戚からの招待状も添付されなければならない。短期間の中国訪問を希望する国境地域の居住者には渡河証が発行され得る。国境間の取引に関わる人々には、建前上24時間もしくは48時間のパスが申請後直ちに発行されることになっているが、実態は異なるようだ【473】。

382. 実際上、海外旅行は高い階級か、思想的に良好な人たちの特権である【474】。証人たちが調査委員会に提供した情報によると、公式な用件で出国出来る人たちは徹底的に調べられ、経歴にひとつの汚点もあってはならない。旅行者が後に「逃亡」すると、旅券申請を承認した担当官さえも面倒なことになる。証言によると、申請者の出生地が外国である場合、担当官は申請者が（外部世界または資本主義的な生き方にさらされたことがあるために）逃亡しないとは信じず、したがって申請を却下する【475】。公認の海外旅行から帰国できないと、北朝鮮に残る「逃亡者」の家族に深刻な影響がおよぶ【476】。

383. 調査委員会は、北朝鮮の一般市民が「市民的及び政治的権利に関する国際規約（ICCPR）」12条2項の定める自国を離れる権利を行使するためには、通常、中国との国境を違法に越える他に選択肢はない、と見る。これは深刻な違法行為と見なされる。刑法第233条は、非合法の国境越えは2年以下の労働鍛錬刑、もしくは、重罪の場合は5年以下の労働教化刑に相当する違法行為と見なす【477】。実際には、国境を違法に越える人々は通常、刑法第62条の逃亡による「祖国反逆罪」を犯したと見なされる。この犯罪は最低5年の「労働教化刑」に処せられる。不法越境者は定義の曖昧な政治的「反国家罪」または「反人民罪」に処せられる【478】。伝えられるところによれば、人民保安省は2010年に脱走の罪を「国家反逆罪」とする法令を発した【479】。特に、中国にいる間にキリスト教会もしくは韓国人や米国人に接触したり、韓国や他の第三国に行こうとする人がこの罪を適用される。

384. 中国や中国経由で他の国へ向かう違法旅行者を政治犯と見なす取り組みを、公式の国家プロパガンダと首領の布令や他の高官たちの声明が掻き立てる。北朝鮮を脱出した人々（つまり「脱北者」）と脱北の経験を話す人たちは通常、「人間のくず」と呼ばれる【480】。彼らは、「穢れない北朝鮮社会で、殺人、強盗、こそ泥、国家財産横領、汚職（ママ）の罪で処罰されるべき分子」とされる。彼らは、北朝鮮との対立を深め、北朝鮮の社会制度の転覆を謀る米国の活動の一環として韓国と米国に操られている、とされる【481】。中国国境で勤務していた2人の元国家安全保衛部員は、「脱北者」は常に反逆者であり、人間以下と考えられていたと指摘した【482】。別の元治安要員は、最高指導者が「脱北者」と他の反体制分子を「無慈悲に弾圧せよ」と命令したと上司から聞いたという。彼は、治安機関の元同僚から、金正恩が国家安全保衛部と人民保安省の本部を直接訪問し同様の命令を発したと聞いた。彼はこの同僚たちとの連絡を今も保っている【483】。

(b) 北朝鮮からの逃亡パターンとその基本的な理由

385. 調査委員会が見るところ、1980年代までは北朝鮮を違法に脱出する人が非常に少なく、脱出した人たちも政治的理由からであった。1990年代、国内の飢えと飢饉の拡大の結果として、経済的絶望と人権侵害から逃れるために、犯罪と見なされるにも関わらず違法な中国への国境越えが一大現象となった。膨大な数の市民たちが、食糧と仕事を求め、物を取引するため、中国の北朝鮮国境沿い地域に住む親類からの援助を得ようと、国境を不法に越えた。彼らは飢饉の間の全般的な国家統制の機能不全を利用した。

キム・グァンイル［*Kim Kwang-il*］（男性）は、1990年代の大飢饉を生き残るただひとつの方法は、違法に中国と行き来し、密輸することだった、と語った。他の人たちと同様に彼もそうすることは違法であり、厳しい罰を受ける危険があると分かっていたが、政府が彼や家族に食べ物をくれないので、国境を越える以外の選択肢はなかった、と語った【484】。

ある証人は、食べるものが何もなかったので中国にいる親戚の助けを得ようと、1998年に国境越えを決心した。彼は大学での学問を修了したかったので帰るつもりだった。金日成の死によって状況は悪化した。大学では学生同士がモノを盗みあう有様だった。彼は、秘密裏に国境地域に向かい幸運にも捕まらなかった。もし捕まれば、拘留場に送られ、「人間として扱われない」と聞いた。彼が描写する送還された人たちが拘留場で受ける扱いは、調査委員会が入手した他の証言とも一致する【485】。

386. 1990年代に数十万人の餓死者が出たにも関わらず、当局は旅行禁止令を解除せず、市民が国境地域から中国に行くことも許可しなかった。中国には多くの朝鮮族の親戚が住んでおり、生き残るための仕事を見つけることもできたはずであった。状況が改善した１９９９年か２０００年になって、金正日は中国に食糧と仕事を求めに行っただけの人たちは寛容に取り扱えと指示したのは明らかだ【４８６】。しかしながら、この比較的短い「寛容」の期間ですら、中国から強制送還された人たちへの処罰が全面的に修正されはしなかった。

387. さらに、大飢饉がある程度収まった２０００年暮れには、すべての「逃亡者」を「無慈悲に弾圧せよ」との命令が再び下され、国家は国境の統制を再強化した【４８７】。

388. 脱北者を抑圧し、無許可の国境越えを阻止しようと激しい暴力と厳しい処罰が駆使されたが、飢饉の間に台頭した非合法な国境越えは２０００年代に入っても続いた。２００９年に金正恩が確実な後継者として登場し、彼が病気の金正日から多くの職務を引き継いで以降、国境封鎖の圧力が強まった【４８８】。これにより中国への流出が減少した。それは韓国にたどり着いた北朝鮮人の減少からも窺い知れる。

中朝国境地域で活動する人道主義ネットワークの**キム・ヨンファン**［*Kim Young-hwan*］（男性）は、北朝鮮から逃亡する人の数は２００９年にピークに達し、その後徐々に減少していると、調査委員会に伝えた。彼は、金正恩が権力者の地位に就いてから弾圧が強化されたと指摘した【４８９】。

389. 韓国統一部が提供した北朝鮮市民の韓国入国者数も、２００１年から２００９年までは上昇傾向を見せている。その後減少し、２０１１年と２０１２年には著しく減少した【４９０】。

390. ここ数年で脱北した人々の動機は多様化している。２０１２年に行われた調査によると、大韓弁護士協会は最近の「脱北」が経済的理由よりも政治的理由に変わっていることを見出した。さらに、家族ぐるみでの「脱北」が個人の「脱北」の数を上回り、これらの「脱北」はかつてよりも永久的なもののようである【４９１】。

391. 政治的あるいは宗教的理由による直接的な迫害を免れようと中国に逃げる場合もある。

A（男性）は生きるために食糧を求めて度々中国にわたり、商取引にも関わっていた。その間にキリスト教会と接触するようになった。人民保安省が彼を拷問し、中国訪問の理由を尋問したとき、彼は永久に中国に逃げようと決心した【４９２】。

咸鏡北道出身のクリスチャンだったある証人は、２０１１年に北朝鮮から逃亡した。仲間のひとりが拷問を受け、処刑される前に彼女の名前を漏らしたからだ。朝鮮人民軍保衛司令部の要員が逮捕しに来たとき、彼女は逃げて豆満江をわたった【４９３】。

392.　２０００年代に入っても、多数の北朝鮮市民、特に、中国国境近くの辺境地域の人々が経済的苦境と食糧不足から逃亡した。それは食糧への権利の差別的な侵害の結果であった【４９４】。こうした理由から逃亡した人たちの多くは、先祖の政治的忠誠が疑問視されたことで低い成分に分類された結果、社会的・経済的剥奪に苦しんでいた【４９５】。金を稼ぐために一定期間の中国行きを計画した場合もあったが、強制送還された。強制送還され処罰された結果、彼らは政治的反逆者との烙印を押され、仕事の機会や住居、その他の必需品へのアクセスを失った。

393.　国外の生活の情報を得るにつれ、脱北者たちは韓国行きを願うようになった。韓国にたどり着いた人々は他の家族や親戚を韓国に連れてこようとした。秘密の脱出ネットワークが登場した。その中には人権活動家のネットワークもあれば、密入出国請負業者のものもあった【４９６】。北朝鮮市民は中国からモンゴル経由で韓国へ移動する場合が多かったが、２００７年以降、モンゴル・ルートは中国によるモンゴルとの国境の厳しい取り締まりで実質的に封鎖された。それ以来、韓国に向かう北朝鮮市民はベトナム、ラオス、カンボジア経由でタイに着き、そこから韓国に入った【４９７】。

394.　韓国の公式統計によると、２０１３年11月時点で、北朝鮮から逃亡した2万６０２８人が韓国市民になった。これらの人たちの中で、80%以上が国境地域、つまり咸鏡道や両江道の出身で、70%以上が20歳から49歳であった。女性と家族単位の脱北者数が確実に増加しており、韓国に定住した人の約70%が女性であった。したがって、中国に残っている人も多数いるが、北朝鮮を逃れた人の70%以上が女性であると推測される。かなりの数の北朝鮮市民が米国、英国、日本、その他の諸国で難民の地位や永住権をあたえられている。

395.　北朝鮮から逃亡する人は多くの場合、中国に秘密裏に居住しているために、中国に現在、居住する北朝鮮市民の数を推測するのは難しい。推測数は大きく変化するが、その数は時間と共に変化しており、国境警備が強化されたことで、２０００年代後半に中国から多数の人々が強制送還されたことで、数は減少しているようだ。

396.　２００５年、人道支援団体グッドフレンズは、中国の北朝鮮国境沿い地方にいる北朝鮮市民は5万人と推測している。２００６年、国際危機グループ（ＩＣＧ）は、この地方の中国人と中国朝鮮族との聞き取りと他のＮＧＯの報告を基に10万人と推測した。ジョンズ・ホプキンス大学のカートランド・ロビンソン〔*Courtland Robinson*〕教授が行った２０１０年の調査は、中国の東北三省にいる北朝鮮市民は６８２４人、北朝鮮出身の母親から生まれた子供は７８２９人と推測している。２０１３年、統一研究院（ＫＩＮＵ）は、朝鮮族のいる３つの中国国境地方に住む北朝鮮国民は成人が約7500人（少なくとも4000人から1万5000人未満）、子供が2万人（少なくとも1万5000人から2万5000人未満）と推測している【498】。

(c) 国境統制対策

397. 2009年以降、国境封鎖への圧力が新たに北朝鮮と中国双方から強化された。中国は特に不法入国者の流入と北朝鮮からの麻薬取引を懸念した。国境越えがもっとも頻繁におこる国境線沿いに北朝鮮と中国の双方から柵や障壁が設置された。最近国境地帯を訪れた人たちからの目撃証言に加えて、こうした障壁や柵の設置に関連する写真を、調査委員会は精査した。

398. 国家安全保衛部、人民保安省、朝鮮人民軍すべてが国境地帯に配備され、北朝鮮からの逃亡を阻止すべく緊密な連携をとりあっている。金正恩の就任後、朝鮮人民軍国境警備司令部に代わって、国家安全保衛部に国境警備の指揮権が与えられた。この動きは軍の腐敗への不満から出たものだと言われている。中国で北朝鮮国民と活動していたある証人によると、当局は2010年以降、警備兵が賄賂をもらって国境越えに手を貸さないよう警備兵を何度も交代させている【499】。

399. 韓国統一院は、2009年から国家安全保衛部が新しい「脱北者」対策を実施していると報告した。その対策の中には行方不明者や、「脱北者」がいる家族に対する監視強化がある。法律執行に携わる人たちでさえ家族に「脱北者」がいないか調べられ、そういう人がいた場合、職場を異動させられた。伝えられるところによると、2010年、「脱北者家族」の徹底調査のための人口調査が行われたという【500】。「脱北者家族」が連行される「追放村」が遠隔地に指定されたようだが、この計画は破棄されたようである【501】。

400. 2011年12月の金正日の死に続く喪の期間中に、北朝鮮は市民の移動制限を強化し、より集中的な宿泊検閲を行い、国境地域沿いのすべての家族が当番制での見張りを要求された。有刺鉄線を張った柵に加え、国境沿いに地雷が埋められ、脱出ルートにはカメラが、豆満江の岸辺に沿って4インチ（10センチ）の釘を打った板が設置されたという【502】。

401. 2013年11月、北朝鮮当局が人民班（近隣住民監視制度）報告制度の強化など「脱北」容疑者家族の監視を増強した、との報告があった。他の報告では、「脱北者もしくは行方不明者のいる家族は地域の人民保安局に登録しなければならない（中略）行方不明者と脱北者の数の増加により、脱北阻止のために、当局は監視と統制を強めなければならなくなっているようだ」【503】。

402. 治安当局者は国境を越えようとする者はだれでも射殺してよいとされ、1990年代初期に遡るこの政策がいまだに施行されていると、元治安当局者が指摘した【５０４】。国境警備に就いていた元国家安全保衛部員は、国外逃亡を試みる北朝鮮市民を撃つ国境警備兵は処罰されないと語った【５０５】。別の元当局者は、２０１１年１月に国境を非合法に越えようとした者をひとり殺害したと証言した【５０６】。これは、北朝鮮からの逃亡者の支援活動をする**キム・ヨンファン**（男性）の証言や【５０７】、同様の活動に関わる他の証人から確認されている事実である。北朝鮮要員が国境線の中国側で多数の人たちを射殺した事件の後、射撃命令は、２０１０年か２０１１年の上司の命令で修正されたようである【５０８】。北朝鮮要員は現在、中国側で人を傷つけないようにとの命令を受けているが、逃亡者を射殺してよいとする基本権限はいまも活きている【５０９】。

403. この射殺方針は、国際人権法に違反するが故に、正規の国境警備手段として正当化できるものではない。北朝鮮は事実上の全面的旅行禁止令を実施している。これは、国際法に違反する。北朝鮮は、個人が自国を出国する権利を行使するには、許可なく国境を越える以外の選択肢を与えていない。さらに、「市民的及び政治的権利に関する国際規約（ＩＣＣＰＲ）」第６条は、自衛または他衛上、差し迫った脅威から命を守るためにのみ国家機関が殺傷力を行使できるとするが、不許可の国境越えを阻止するために、意図的に命を奪うことは、著しく均衡を失し、同条項に矛盾する【５１０】。

404. 調査委員会は、国家安全保衛部要員が北朝鮮を脱走した人々を中国領域から拉致していることを知った。人権活動家や北朝鮮国民の逃亡を助ける人たち、逃亡する元当局者や機密情報を漏らす疑いのある人たちが標的にされている【５１１】。

(d) 北朝鮮から逃亡をしようとした人々への拷問、非人道的扱いと投獄

405. 市民の国外逃亡を抑制しようと、北朝鮮は、中国から強制送還された人たちや、中国に逃れようとして捕まった人たちを拷問し、非人道的に扱い、投獄している。

406. 市民が大飢饉から逃亡し始めた１９９０年代、当局はそれを押し止めるための見せしめを人々に示そうとした。

クォン・ヨンヒ（女性）は、北朝鮮からの「脱走」を試みたとして１９９４年に中国で逮捕された弟のことを話した。彼は食糧を探しに中国に行った。同じような「反国家的」犯罪を抑止する見せしめとして、彼はトラックの後ろにつながれ、故郷の町、茂山に連れ戻された。

茂山に着いた時には弟の顔は血だらけで、衣服はちぎれていました。弟が倒れると、彼らはトラックを止め、急いで彼を立たせようとしました。当時、弟は栄養失調のために軍隊から放り出され、糖尿病を患っていました。母が病院で治療を受けさせようとしていましたから、中国に行った時、彼は糖尿病だったのです（中略）弟が倒れてもトラック

は止まらず、保衛部（ＳＳＤ）の人たちは倒れた弟を立たせようと殴りつけました。茂山は大きな都市ですが、彼らは茂山市内を3周も弟を引きずり回して皆に見せつけたのです【512】。

1993年、ある家族が中国へ逃げ、咸鏡北道穏城《オンソン》郡の故郷に強制送還された。5歳の男の子を含む家族全員が手錠を掛けられ、町中を歩かせられた。母親と父親は鼻輪を嵌められ牛のように引きずり回された。調査委員会に話した証人（当時13歳）を含む街全体が残忍な見せ物への参加を強制された。見物人は被害者をののしり、彼らに石を投げつけた。この家族がその後どうなったかこの証人は知らない【513】。

別の証人は、1996年、茂山《ムサン》市の当局者がひとりの男性の鼻に鉤を突き通し、その鉤を車にかけて男性を引きずっているのを目撃した。彼らは拡声器で裏切り者を捕まえたと叫び、「こいつを連れ戻すのに村の予算の4倍も中国人に払わなければならなかった」とふれ回った。小さな子供達が車を追いかけ、その男性に石を投げつけた。この恐ろしい経験がきっかけで証人は後に北朝鮮を脱出した【514】。

407. 1990年代の大飢饉の間に北朝鮮から逃れる人が急増するにつれ、北朝鮮当局は送還者の処罰を体系化したようである。処罰手続きは決まったパターンをとり、さまざまな治安機関が緊密に調整をとって行動している。送還者と元当局者との聞き取りに基づいて、調査委員会は、中国から送還された北朝鮮国民は一般的に後述するような扱いを受けている、と見る。

408. 北朝鮮を違法に出国し、中国当局に逮捕された北朝鮮市民は、国境で国家安全保衛部（ＳＳＤ）に引き渡される。送還者が連行され、「処理」される少なくとも5つの国境の町――会寧、恵山、茂山、穏城《オンソン》、新義州《シニジュ》――がある【515】。送還者は最初に国境近くの保衛部拘留場に連れて行かれ、そこで性器にまで及ぶ違法な体腔捜査を繰り返し受ける（後述参照）。その後、保衛員が、脱走の方法と理由を訊き、北朝鮮から出る時に誰の助けを得たか、中国で何をしたかを訊く。これらの尋問は通常、第4章D.2.に記述する種類の拷問を伴う。

409. 送還者の運命は、容疑の内容とその人の経歴に依り、国家安全保衛部（ＳＳＤ）が決定する。韓国人またはキリスト教宣教師と接触したことが判明した人たちはその地方（道）の保衛部本部に送られ、更なる尋問を受ける。そこから、彼らは裁判なしに直接、政治犯収容所（管理所）に送られるか、または、不公平な裁判の後、教化所（一般刑務所）に送られる【516】。韓国の諜報当局者と接触したというような特に重罪と思われる場合、犠牲者は処刑される。

410．これに対し、中国に食糧または仕事を探しに行っただけの人たちは人民保安省に引き渡され、再び尋問を受ける。「一般」越境者にすぎないと人民保安省が判断すると、その人は集結所に拘留される。出身郡の人民保安省職員が引き取りに来るまで、集結所で時には数カ月間拘留され、その後、たいてい裁判なしで労働鍛錬隊に数カ月から1年間入れられる。

国境警備に就いていたひとりの元保衛部員は、保衛部は、違法に中国に行った人はその理由如何にかかわらず誰でも反逆者と見なし、「人間として扱わない」と語った。しかし、最悪の「脱走者」は韓国行きを計画していたか、韓国の諜報機関と接触した人たちを指した。韓国の諜報機関のスパイとして働いた人たちはすべて処刑された。キリスト教徒の場合、保衛部はキリスト教徒であった期間を確認しようとした。彼らは状況、例えば、その人が北朝鮮に聖書を持ち込もうとしたかなどを調べた。その場合は通常、裁判無しで収容所に送られた【517】。

ある元治安当局者は、「脱北者」を3つのグループに分類するよう上司から命令されたと語った。第一のグループは、北朝鮮に戻ってくるつもりで食糧だけを求めて国境を越えた人たち——彼らは労働鍛錬隊に3～6カ月間送られることになっていた。第2のグループは、韓国に行く意図をもって北朝鮮を離れた人たち——彼らは教化所（一般刑務所）に送られた。第3のグループはキリスト教徒のグループか、韓国の諜報ネットワークから与えられたチャンネルを使って韓国に行こうとして北朝鮮を離れた人たち——彼らは政治犯収容所（管理所）に送られた。「脱北者」の公開処刑は政治的に都合の良い場合に執行された【518】。

別の元保衛部員は、中国から強制送還された人々は、自発的に北朝鮮に戻った人たちとは全く別の扱いをされると語った。彼らは教会か韓国人と接触したかどうかを尋問され、もし接触していたら、道（地方）保衛部に送られ、そこから政治犯収容所（管理所）に送られた。残る人たちは人民保安省の施設に送られ、そこから教化所（一般刑務所）に移送された【519】。

(1) 尋問中の拷問と非人道的な扱い

411．調査委員会は、国家安全保衛部（SSD）と人民保安省（MPS）により尋問中に激しい殴打などの拷問が組織的に行われ、被疑者が真実を述べたと尋問官が納得し、誤った行動を全面的に自白したと尋問官が確信するまでそれは続けられていると、見る。調査委員会が聞き取りを行った100人以上の中国から強制送還された者全員がほぼ例外なく尋問中に殴られるか、より酷い拷問を受けていた。保衛部と人民保安省の拘留施設の非人道的な状況は、拘留者たちにとって生き残るには速やかに自白すべきと感じさせる圧力となる【520】。

412. 尋問段階で、被疑者に与えられる食糧の割当量は空腹と飢えをもたらすよう配分される。収容者が農作や建設労働を強制される拘留場もある。これは、未決囚への強制労働を禁じる国際基準に違反する【521】。尋問と労働がない時の収容者は往々にして過密状態の監房で一日中固定した姿勢で座るか、膝まずいていなければならない。彼らは許可なしに話すことも、動くことも、周りを見回すことも許されない。規則に従わない場合は、殴打、配給食糧の削減、強制運動によって罰される。同房者全員が集団処罰されることが多い。

キム・ソンジュ（男性）はロンドン公聴会で次のように語った。

北朝鮮に戻ってくるやいなや、まるで人間以下の扱いを受けました……尋問の間に彼らは私を殴りました。韓国人と接触したか、宗教的な活動をしたかと訊かれ、私の答えがノーだったからです。彼らは私になんらかの罪を着せようとし、人間以下に扱ったのです【522】。

チ・ソンホ（男性）は家族のための食糧を探しに2000年に初めて中国に行った。北朝鮮に再入国した後、国境から4キロのところで警察に逮捕された。韓国のラジオ放送を聞いたか、中国で韓国人、キリスト教徒、報道関係者と会ったかどうかを訊かれた。尋問官は、彼を殴って苦痛を与え、「中国で食べ物をねだる障害者を外国の報道関係者が見たら、北朝鮮の恥だ」と言った。彼は2度と中国に行かないという条件で釈放された。

413. 2006年、3度目に**チ**が中国に行ったのは韓国に行くためだった。**チ**はまず韓国に入ってから父親を呼んだ方が良いかどうかを決めようと思っていた。韓国で落ち着くと、父親に連絡を取ろうとした。しかし、父親は国境を渡ろうとしたときに逮捕されたことが分かった。さらに父親が国家安全保衛部に尋問を受け、拷問されたことを知った。父親は荷車で家に戻されたが、死んだも同然の状態だった【523】。

A（男性）は、送還された後、尋問中に拷問され、耀徳《ヨドク》収容所に送られた妹のことを話した。この妹のことをAは北朝鮮の知り合いから聞いた。Aは妹がキリスト教徒であり、韓国に向かおうとしていたために酷い扱いを受け、重罪に処せられたと信じていた【524】。

チ・ヒョナ [*Jee Heon A*]（女性）が3度目に送還されたときに受けた扱いは最悪だった。全裸の所持品検査の時に服を脱ぐことに抵抗して殴られた。教会に行ったか、韓国人に会ったか、と彼女は訊かれた。ノーと答えなければならないことは分かっていた。そうでないと政治犯収容所（管理所）に送られるか、処刑されるからだった。彼女は「犯罪」を自供しないとして殴られた。その後、彼女は集結所に送られ、最終的には教化所（一般刑務所）に送られた【525】。

ある証人は国家安全保衛部の拘留場で2週間、尋問された。答えが遅かったり、尋問官が彼女の答えを気に入らないと、その都度棒で殴られた。彼らは痛みを最大にしようとむこうずねを蹴りつけもした。他の人の叫び声が聞こえたので彼らも同じ仕打ちに苦しんでいるのだと彼女は思った【526】。

別の証人は拘禁施設で国家安全保衛部（ＳＳＤ）の尋問を6週間受け続けた。彼女を尋問した保衛員たちは彼女が韓国人やキリスト教徒と接触したかを調べるために殴りつけた。この施設で彼女は18歳位の少女が踏みつけられ、殴られ、髪の毛を引っ張られるのを見た。この少女は以前に何度か逮捕されていたために明らかに看守によく知られていたようだった。証人は6週間後、道（地方）保衛部の拘留場に送られ、そこで韓国人または教会と接触したか、誰が国境越えを準備したかを自白せよと再び殴られた。証人や他の収容者は尋問を受けていない時や収容所での労働がない時は、手を後ろに回し、頭を垂れ、膝まずいていなければならなかった。尋問を受ける時でさえ同じ姿勢を取らされた。一度間違って顔を上げた彼女は看守の重いブーツで胸を蹴られた。靴を持っていなかったひとりの老女が労働するために靴が必要だと保衛員に頼んだが、「収監者は動物で、すぐに死ぬのだから靴を履くに値しない」と彼らは言った。この老女は看守たちに殴られ、流血した【527】。

ある証人は、他の中国から送還された人たちと一緒に拘留場に収容された時、ある女性が国家安全保衛部（ＳＳＤ）からの尋問中に祈るように手を合わせるのを見た。それで保衛員は彼女がキリスト教徒ではないかと疑った。彼らは彼女を別の部屋に連れて行き、彼女が自白するまで殴った。この女性の同房者全員は彼女が自白するまで睡眠を禁じられた。その後この女性がどうなったか証人は知らない。証人は保衛員がある家族に、その家族が中国でキリスト教徒と接触したから政治犯収容所に移送されるだろうと言っているのを偶々耳にした【528】。

414. 北朝鮮に送還後尋問された経験について他の幾人かの証人が類似の説明をした【529】。拘留中に発熱したある証人は仮病を使ったとしてさらにひどく殴られた【530】。

(2) 女性への性的暴力とその他の侮蔑的行為、特に全裸の身体検査

415. 拘留場に到着すると、送還された人たちは全裸で運動させられ身体検査を受ける。この検査は、法廷で使う証拠品の押収目的ではなく、被害者が隠しているかもしれない金銭を没収し盗み取る目的で行われている。したがって、この検査は、証拠の押収目的のみに許可する刑事訴訟法第143条に違反する。特に女性の被害者に対してこの検査は意図的に尊厳を傷つける不衛生な方法で行われている。

416. 被害者は、他の囚人と看守（異性の場合が多い）の前で衣服を強制的に脱がされ、裸のまま何回もスクワット――ポンプ

とも呼ばれる——の動作を繰り返し取らされる。これは膣もしくは肛門に隠されているかもしれない物品を取り出すことが目的である。脱いだ衣服から警備員が金銭と貴重品を探す間、全裸になりグループでスクワットをさせられた送還者たちの話を調査委員会は幾度となく聞いた。

ある証人は、拘留施設の外側に大きな溝があり、そこが全裸の身体検査に使われていたと語った。

> 収監者たちは穴に入って着ているものを脱げと言われました。私たちは脱いだ衣服を看守に投げた。気に入ったものがあれば看守は自分のものにします。私たちは跳んだり、「ポンプ」させられたりしました。その後、誰かが皆の膣と肛門に手を入れてきてお金と貴重品を探す。その時は男も女も皆いっしょだった。この身体検査が終わると、監房で四つん這いにさせられた【531】。

P（女性）は中国当局に15日間拘留されてから送還された。送還後直ちに国家安全保衛部に全裸の身体検査をされ、スクワットを100回繰り返しさせられた。彼女は尋問され、気絶するまで殴られた【532】。

北朝鮮に送還されたある証人と別の女性たちは北朝鮮の役人から全裸の捜査を受けた。女性たちは女性の看守などに捜査されている間、両手を頭の後ろに上げていなければならなかった。その後、彼女たちは裸のままでスクワットを100回させられた【533】。

417. 送還された女性たちは不衛生な膣内検査も受ける。一般の看守が多数の女性に同じ手袋を使うか全く手袋なしで収容者の膣に手を入れて金銭を探す。男性がこの検査をすることさえある。拘留期間中、看守は収容者を厳しい監視下におき、身体のすべての腔部をチェックして金銭が隠されていないか調べる。看守は糞便の中まで調べる。そのような検査を実施するために、収容者は排便をしないと殴られた。

キム・ヨンファン（男性）は元北朝鮮国籍の人たちと一緒に中国にいる北朝鮮の人たちの支援活動をしている。彼は、送還された人たち、特に送還された女性たちが受ける非人道的な扱いの証言を何回も聞いた。女性たちは強制的に衣服を脱がされ、身体の中に隠しているものを見つけるために何回もスクワットをさせられる。同じ目的で、手を使った膣と肛門などの体腔捜査が行われる。女性収容者へのこうした検査を男性がする場合もある【534】。

チ・ヒョナ（女性）は数人の北朝鮮人女性とともに一斉検挙され、送還された。その中には妊婦もいた。国境への移動中のバスの中でその妊婦に陣痛が始まり、出産したが子供は出産中に死亡した。送還された人たちは皆、検査を受けた。この母親も検査された。男性職員による手での体腔検査もあった。スクワットを何回も繰り返しさせられた。**チ**は、こうした検査は「女性として辱められていると感じました。捕まると私たちは全裸にされました。身体中を触って調べられ、膣の中まで調べられました。彼らは私たちにスクワットを何度も繰り返させました」と、調査委員会に語った【535】。

キム・ソンジュ（男性）は茂山郡保安部拘留場の監房で、中国から送還された10人の女性が一列に並ばされ、女性看守が次々に手を膣に差し込むのを目撃した。**キム**は監房の班長に任命され、金銭が隠されていないか収監者の大便を調べるよう看守から命令されたことも覚えていた。見つかった金銭は看守たちがすべて着服した【536】。

ある証人は、彼女と他の女性たちが新義州《シニジュ》の国家安全保衛部拘留場でお金を取るのが目当ての看守たちから検査を受けたことを回想した。年配の女性高官が同じ手袋で複数人の検査を行い、このために証人は感染症の病気にかかった。その女性高官は若い女性の膣に手を差し込みながら言葉でもその女性を辱めた【537】。

別の証人も、穏城《オンソン》の保衛部拘留場で、看守が中国から送還された彼女と他の女性たちに同じ手袋を使って膣腔検査を繰り返したと語った。女性たちは裸でスクワットをさせられた【538】。

別の証人は北朝鮮に再入国した際に受けた肉体的虐待を調査委員会に語った。他の人たちと一緒に彼女は拘禁施設に連行され、そこで男性とは別の部屋に入れられた。そして衣服を脱がされ、持ち物を押収された。彼女たちは足を広げた格好で仰向けに寝かされ、現金、手紙、電話番号を探す看守たちからくまなく身体検査を受けた。ゴム手袋をした女性看守が彼女たちの体腔検査をした。この検査中、施設内の開いた窓から他の看守たちがそれを見て笑っていた。証人は、クレジットカードを隠していて発覚した男が別房に入れられ酷く殴られたと聞いた。１カ月後、この証人は別の拘留場に移され、そこでもう一度徹底的な検査を受けた。彼女のグループの中に老女と出産日の近い妊婦がいた。この2人も肉体的虐待と言葉による虐待を免れなかった。彼女たちはスクワットを１００回続けさせられた。老女が続けられなくなると、女性看守は老女が倒れるまで蹴りつけ、老女は隣に立っていた妊婦といっしょに転倒した。妊婦は転倒からの痛みに喘いだが、看守たちは子宮の中にいるのは中国人の子だと妊婦を罵倒した。最後に看守たちは彼女を拘留場の医療施設に連れていった。妊娠していたこの拘留者が3日後に戻ってきたとき、彼女のお腹に子供はなく、流産したと彼女は他の拘留者たちに伝えた【539】。

418． 体腔検査に関し、調査委員会は、証拠の押収もしくは拘留その他施設の安全確保を目的として体腔検査が必要とされる状況もあるとの評価に立つ。しかしながら、合法性、必要性、均衡性人道的手続きの厳格な基準は遵守されなければならない。

それは、法によって承認されたものであって、正当な目的で必要にして組織的、人間的で衛生的な方法で、適切な訓練を受けた資格ある人によって行われなければならない【540】。

419. 北朝鮮で行われているこの種の検査はこれらの基準を満たしていないと、調査委員会は判断する。送還された人たちは組織的に侵害的な身体検査にさらされる。それは他の収監者の前で一般の看守によって執り行われ、送還された人が持ってきたかもしれない金銭を盗むことを第一の目的としている。こうした検査は、証拠収集の目的のみに捜査を許可する北朝鮮の刑事訴訟法に違反するものであり、また、刑事訴訟法上の犯罪を構成する【541】。抵抗するものは殴られ服従させられている。

420. 女性、時には男性による被害者の膣への手の挿入は身体的侵害となる。国際刑事法は、加害者の身体の一部を使った被害者の生殖口への強制的侵入を強姦と見なす【542】。

この検査を取り巻く侮辱な状況、正当な目的の欠如と体腔検査に関する国際基準の無視を考慮すると、調査委員会は多くの事例において、この捜査は国際刑事法の定義する強姦にあたる、と判断する。

421. 全裸の検査、全裸でのスクワット反復の強制、膣腔検査に加え、送還された女性はさらに他の性的暴力を受ける。

中国からトラックで送還されている時、ある証人は北朝鮮要員がもうひとりの女性の胸を弄っているのを見た。証人が見ているのに気付いた男は彼女の頬を叩いた【543】。

別の証人は、送還者用の拘留施設で女性たちが日常的に性的虐待を受けていると、調査委員会に語った。全裸でのスクワットの繰り返しと膣腔検査を強要される上に、女性たちは看守に裸にされ殴られた【544】。

422. 送還された女性たちは拘留施設で看守たちからさらに非人道的で屈辱的な扱いを受ける。侮蔑的な言葉を吐かれた、故意に屈辱的な扱いを受けたとの報告も多い。調査委員会は、送還された女性が生理の出血時に生理用ナプキンを取り上げられたとの証言も得た【545】。

チ（・ヒョナ）（女性）は看守が送還された女性に中国での性体験を訊いていたのを覚えていた【546】。

別の証人は、脱北によって「祖国を裏切った」と非難され、尋問中に特に「中国男は良かったか？」といった屈辱的な質問をされた、と述べた【547】。

別の証人は、看守が送還された女性を殴りながら、「中国の男と寝て楽しかったか？」と訊いているのを耳にした【548】。

ロンドン公聴会で調査委員会は、**パク**［*Park*］（女性）から、送還後の拘留場で彼女が受けた屈辱的な扱いを聞いた。朴は全裸検査を受け、手を差し込まれての膣腔検査に晒されるとともに全裸でのスクワットの繰り返しを強要された。彼女は看守が衣服を引きちぎり生理用ナプキンを剥がしてまで金銭を探す、と調査委員会に説明した。生理用ナプキンがめちゃめちゃにされたので朴は生理期間中に小さなタオルを使ったが、そのタオルを洗ったことで看守に屈辱的な罰を受けた。

> 毎朝、私たちは洗面用の水の入った小さな容器を渡されていたのですが、その日、私はそれを使って汚れたタオルを洗いました。でも見つかってしまって、水の使いかたを誤ったとして処罰されました。血で汚れたタオルを頭に被せられました。それが私への罰で、その日は一日中そうしていなければなりませんでした【549】。

(3) 集結所の状況

423.（中国から）送還された人たちが尋問を受け、定期的に国境を超えていると判断されると、集結所に送られ、人民保安省に連行されるのを待つことが多い。数日間から数カ月そこに拘留される。集結所が送還された人たちの刑執行の場所として使われることもある。集結所の状況は非人道的であり、囚人に故意に飢餓感を催させる方針はここでも実行されている。

ある証人は、集結所にいる間、一日にトウモロコシがスプーン2杯と大根の漬け物のはいったスープ椀をひとつ受け取った、と調査委員会に語った。彼女は2メートル四方の監房に他の10人といっしょに入れられていた。地面に掘った穴がトイレとして使われ、その穴を使う前にはまず看守に許可を求めなければならなかった。許可なく使ったことが見つかると、収容者は看守に監房から引きずり出されて殴られる。収容者が泣いたり、許しを乞うと、さらに殴られる。この証人は別の集結所に5カ月間入れられ、その後、刑が執行される場所に移送された【550】。

ある証人は、尋問が終わった後、清津の集結所に送られた。彼女の出身地の人民保安省が連行しに来なかったために、彼女はそこに一年間拘留された。罪状の宣告もなく、強制労働と思想訓練を毎日受けさせられた。シラミの涌く監房での生活が続いた結果、高熱のために彼女はほとんど死にかけた【551】。

別の証人は清津の集結所で5カ月間過ごしたときのことを調査委員会に語った。そこでの生活は極端に辛かった。収容者は一日に3回、スプーン5杯分のゆでたトウモロコシを配られるだけだった。野菜も塩も付いていない。お湯は配られる。この証人は親戚から食糧を受け取った他の囚人と質のよい中国の衣服を交換した。大人は一日に10時間、レンガ並べ、木材伐採、農作業をさせられる。一日の労働割当分を全うできないと10時間以上働かなければならない。証人は、当局がまだ子供だと思ったのでこの作業は免れた。彼はこの集結所にいる間、13人の男たちが死んでいくのを目撃した。死体は布で包まれ、他の収容者たちに恐怖を植えつけるために数日間放置された。看守は彼らに言った。「国を離れるとこういうことになるんだ」

遺体が腐り始めると、他の囚人たちが山に行かされ、そこで穴を掘り、棺も葬式も墓標もなしに遺体をその穴の中に捨てた。看守たちは常習犯に他の囚人の規律を正す役を担わせた。送還された人々はこうした「規律励行者」たちから一般刑法犯よりも酷い扱いを受けた。ある夜、彼らが中国で韓国人と接触したと疑われている男を殴り殺した。一晩中続く殴打の音をこの証人は聞いていた。看守は一度も止めようとしなかった。看守はその男が殺されることはないと思っていたのだろうと証人は思っていた。殴り殺された男には7歳か8歳位の息子がいて、証人と同じ年少者用監房にいた。それから1カ月後、この子供は孤児院に送られた【552】。

(e) 送還された母親とその子供たちに対する強制堕胎と嬰児殺

424. 調査委員会は、北朝鮮法と国際法に違反して、送還された母親とその子供たちに対する強制堕胎と幼児殺が広く行われている、と見る。強制堕胎は、妊娠満期の出産を希望する女性が自分の意志に反して妊娠を終了させられることをいう。嬰児殺の一般的な定義は、誕生直後の新生児を殺害する母親か、またはその他の人のことを言う。嬰児殺は、中国から送還された女性が中絶に失敗した時か、送還された女性が出産間近で子供が誕生した時だけ行われたようである【553】。

425. 中国から送還された女性と彼女たちの子供への強制堕胎と嬰児殺の大部分は、女性たちが集結所と拘留場（国家安全保衛部施設）に拘留中に行われる。女性の妊娠が集結所や拘留場または拘留場で発見できなかった時に、送還された女性と新生児への強制堕胎と幼児殺害が教化所（一般刑務所）もしくは管理所（政治犯収容所）の中で行われる極端な場合もありえる。その場合、妊婦は賄賂や他の方法を使ったか、もしくは妊娠後期に送還され、出産前に収容所に移送されたために強制堕胎を免れた可能性もある【554】。

426. 証言は、北朝鮮当局の民族的混血児——特に中国人男性との間に生まれた子供——への蔑視が妊婦への強制堕胎と子供の嬰児殺に対する強い動機となっていることを指摘する【555】。二次情報源と証人の証言は、北朝鮮に内在する「純粋な朝鮮民族」信仰の存在を指摘する。これによって（民族としての朝鮮人と）異民族との間で生まれた子供は朝鮮民族の「純潔」への穢れと捉えられている【556】。

強制堕胎は、送還された妊婦すべてが中国人男性の子供を身ごもっているとの前提で行われる。女性が子供の父親の民族について質問されることはない。

中国から何回も送還され、強制堕胎させられた2人の妊婦を目撃した女性は調査委員会に次のように語った。「もし中国国内で妊娠すれば、中国人の男に妊娠させられたと思われます。だから妊娠して北朝鮮に戻る女性は強制堕胎させられるのです」【557】すべての女性が中国人男性の子供を身ごもっているとの前提で強制堕胎が行われるとすれば、女性に子供の父親の民族性を尋ねることなく行う当局の前提は無謀である。

　元国家安全保衛部員は、「朝鮮人の純粋な血」という概念が北朝鮮の国家精神のなかに依然として存在する、と調査委員会に説明した。それ故、「100%」朝鮮人でない子供を持つことはその女性を「人間以下」にするのである【558】。

　ある証人は、強制的に堕胎させられる前に妊婦が受ける虐待について調査委員会に証言した。茂山郡の拘留場で、罵詈暴言や肉体的虐待を受けて苦痛に喘ぐ妊婦をさらに看守が罵り、「子宮に入っているのは中国人の子だ」と喚いていた【559】。

　別の証人は穏城郡《オンソン》の国家安全保衛部拘留施設で、看守が送還された母親の新生児を取り上げるところを見た。監房にいる母親に赤ん坊が生まれた直後、看守がその赤ん坊をバケツにいれ、「この子は人間じゃない」、「不潔だから生きるに値しない」と言って持ち去った【560】。

　別の証人は会寧市の国家安全保衛部拘留場で看守たちがひとりの妊婦の膣に化学薬品を差し込んで堕胎させるのを見たと調査委員会に語った。看守たちは薬品を差し込みながら「混合人種の人間は根絶しなければならない」と言った【561】。

キム・ヨンファン（男性）は、中国にいる北朝鮮の人たちを支援するなど元北朝鮮国籍の人たちといっしょに活動しているが、彼はソウル公聴会の調査委員会で次のように証言した。

　強制堕胎と新生児の殺害が行われています。中国で妊娠した脱北者は、もし送還されれば、中国人の子供を宿したと非難され、強制的に堕胎させられるか、もし出産すれば、その子供は殺されます【562】。

427．純粋な朝鮮人の血と民族性を受け継いでいない子供たちへの蔑視は、当局や保安局だけでなく北朝鮮の社会一般に存在すると考えられる。元国家安全保衛部員の証言によると、強制堕胎は従って、女性が「不純な」子供を持つことで差別されないようにとの善意からも行われているという【563】。

428．強制堕胎は、北朝鮮を離れて中国で妊娠した女性に課される追加的処罰という目的も加味されている。

　ある証人は、女性は（中国に行ったことで）反逆罪として堕胎させられる、と調査委員会に語った【564】。

　送還された女性の強制堕胎を（理事として）目撃した元女性団体理事は、北朝鮮に送還された女性をターゲットにした強制堕胎が存在すると証言した。彼女は、中国国内で妊娠した女性は、子供の父親の民族にかかわらず、例外なく強制堕胎させられると語った。しかし、強制堕胎は病院で行われるのではない。代わりに、保安関係者が女性を殴り、彼女たちに耐え難く激しい労働をさせる。この証人は2007年のあるとき、北部地方の集結所で国家安全保衛部員に殴られている妊婦を見た。保安警察官たちが女性収容者の名前を呼び、中国人の男の子孫は北朝鮮で生まれてはならないと言った。警察官たちは女性に罵詈雑言を浴びせ、肉体的に虐待した。この女性はすぐに流産した。胎児は遺棄された【565】。

別の元政府関係者は、送還された女性の妊娠を強制的に中断させるようにとの特別の指示がなかったとき（1996年から2001年）でも、強制堕胎をした尋問官は処罰されず称賛された、と証言した【566】。

429. 証人の証言により、集結所や拘留場、国家安全保衛部施設に連行された女性は血液検査を強制的に受けさせられていることが明らかになった【567】。北朝鮮から逃亡した人たちと一緒に活動している専門家によると、送還された女性全員に常に血液検査が行われている。これはHIVと妊娠の検査が目的であるとされている【568】。

430. 下記のような方法で強制堕胎が施される。

1 胎児の排出を助長するために、殴打、蹴りなど物理的な力で子宮に外傷を負わせるか、そうでない場合は妊婦の骨盤と腹部に外傷を負わせる【569】。こうした外傷の影響で出血させ、器官を損傷させることになる。

2 妊婦に重労働などの労働を課し、栄養失調に陥らせて早期陣痛もしくは胎盤早期剥離を誘導する【570】。

3 化学薬品と堕胎薬草を、通常、手で膣腔に差込み、妊娠を停止させるか胎児排出をうながす【571】。薬草または化学薬品のこうした使用は血流に吸収され易いため深刻な副作用（臓器異常もしくは死亡さえも）を引き起こす。

4 トングのような道具か鋭利な物質を膣に差し込んで女性の身体から胎児を取り除くか、その排出を促して胎児除去を強要する【572】。この種の強制堕胎は、傷、癒着、内部損傷、不妊症の原因となる【573】。

5（服用か注射による） 薬物処理で、膣内の赤ん坊を殺害【574】、（もしくは）胎児排出を人工的に促し、妊娠段階に応じて早期陣痛を起させる【575】。早産で生まれた子供は通常、医療支援なしには生きられず、出産後すぐに死亡する。看守が早産の赤ん坊を殺すこともある【576】。こうした場合は、赤ん坊に人為的に施した看守の行為が妊娠を（母親の意思に反して）終了させ、誰の介入もなく赤ん坊が（瞬間的には生存したとしても）死亡するので、強制堕胎と見なされる。

6 医療訓練を受けた人による（通常病院か他の医療施設での）胎児の外科的除去【577】（中国で行われる「おもいやり堕胎」――後述参照）。

チ・ヒョナ（女性）は、送還後に拘留されて間もなく、送還された女性に行われた強制堕胎と嬰児殺を目撃したが、彼女自身が3度目に送還され、拘留されている間に強制堕胎させられた。ソウル公聴会で彼女は調査委員会に次のように証言した。

妊娠していると言われました。その時、私は妊娠3カ月でした。妊娠していた事に驚きました。1999年に刑務所で子供が生まれた時のことを思い出し、（殺害された赤ん坊を見たときと）同じことが起こるのだと思いました。彼らは中絶させるといいました。中絶と彼らが言う意味は、私に注射を打つのではなく、テーブルに寝かせて、手術するということでした。ひどく出血しました……真っ直ぐ立っていることが出来ませんでした【578】。

チ（女性）は強制的に胎児を物理的に除去された。彼女がテーブルの上に拘束されている間に誰かが彼女の子宮に手を入れ、子宮の中の胎児を取り去った。夥しい出血があり、内部疾患が心配だった。その後彼女はすぐに教化所（一般刑務所）に送られた。彼女の出血があまりにひどかったので、担当者は彼女を釈放することにした。

別の証人は、自分が妊娠しているので強制堕胎させられる思っていたと調査委員会に話した。彼女は妊娠9カ月の同房者と同じ経験をさせられると思っていた。この同房者は陣痛を起こすよう注射を打たれた。生まれてきた赤ん坊は顔を下に向けて押し付けられたために、窒息して死んだ。しかし、証人は麻酔なしに強制堕胎させられた。ひとりの女性が手と錆びた器具を使って手術を行った。証人は手術中、痛みで叫び声をあげたが、叫ぶなと言われた。しばらくして彼女の目に映ったのは血の海とバケツの中の胎児だった。その後、彼女は不妊症になった。強制堕胎されたその日に、背中が痛み、痙攣がひどかったが、彼女は労働に就かされた。その集結所で3カ月過ごした後、未決囚として故郷に返された【579】。

431． ある証人は清津の集結所で7人の妊婦が強制堕胎されるのを見た。女性たちは寝かされ、注射で流産させられていた【580】。

432． 送還された母親が妊娠期を全うできるときでも、出産以前も出産中も出産後もその女性に医療支援は与えられない。しかし、同房の他の女性たちが陣痛の起きた母親を手伝い、子供の誕生を助けることは出来る。ほとんどの場合、送還者が入れられている拘留施設の看守が母親【581】もしくは第三者【582】に赤ん坊を水の中で溺れさせるか【583】、布などで赤ん坊の顔を覆うか、うつ伏せに押しつけて、息を止める【584】。

チ・ヒョナ（女性）はひとりの母親が生まれたばかりの子供を窒息させるのを見たことを覚えていた。

……妊娠9カ月くらいの妊婦がいました。彼女は一日中労働していました。赤ん坊は死んで生まれたのです。生まれるのが通常でしたが、この時は無事生まれたのです。生まれると赤ん坊は泣きました。とても興味がありました。赤ん坊が無事に生まれたのはこれが初めてだったのです。赤ん坊をずっと見つめて、私たちはとても幸せでした。突然、靴音がしました。保衛員が入ってきました。ふつう赤ん坊がうまれたら水の入った桶で赤ん坊を洗うものですが、入ってきた保衛員は赤ん坊を逆さまにして水の中に入れろと言ったのです。母親が懇願しました。『子供を持てないだろうと言われていましたが、幸運にも妊娠しました。ですから赤ちゃんを私のもとに置かせてください。どうぞお許しください』。しかしこの保衛員は、出産したばかりの女性を殴り続けました。赤ん坊は生まれたばかりですから、泣くばかりでした。そして母親は震える手で赤ん坊を抱き上げ、赤ん坊の顔を下に向けて水の中に入れました。赤ん坊は泣き止み、泡が赤ん坊の口から出るのを私たちは見ていました。出産を手伝った老婆がいました。この老婆が赤ん坊を水桶の中から取り出し、部屋を静かに出て行きました。それからこうしたことが繰り返し起こりました。それは咸鏡北道清津市の拘留場でのことでした【585】。

キム・ヨンファン（男性）はソウル公聴会で、彼の団体が女性から集めた情報をもとに、自分の子供が殺されるのを見ていなければならなかった母親たちの恐怖について証言した。

……子供が生まれると、その子はすぐに殺されます。濡れた布で口と鼻をふさいで赤ん坊を窒息させることもあります。何人かが証言しています。赤ん坊は息ができないようにうつ伏せにさせられます。赤ん坊の殺し方のひとつです。数分間、数時間、赤ん坊は息が出来きず泣き叫びます。それでも母親は自分の赤ん坊の横でそれを見ていなければならないのです【586】。

433. 調査委員会は、出産前の3カ月間と出産後の7カ月間の女性の拘留を禁止する国内法に違反して妊婦たちが拘留されていることを見出した【587】。さらに、強制堕胎と嬰児殺の過程で女性が受けられる法的保護は何もない【588】。

434. 強制堕胎は性と生殖の権利だけでなく、女性の身体的統合性の権利と安全を侵害する【589】。女性の生殖能力に対して向けられる強制堕胎と嬰児殺はジェンダーに基づく差別と迫害も伴う。北朝鮮政府関係者が行う、性差別と人種差別に基づく強制堕胎と嬰児殺は、女性に深刻な精神的かつ肉体的苦痛を与えている。これは「市民的及び政治的権利に関する国際規約（ICCPR）」第7条の定義する拷問にあたるものである【590】。確認された嬰児殺は特に、ICCPR第6条に違反する司法手続きを経ない殺人の言語道断な事例である。

(f) 中国による北朝鮮市民の強制送還と追放

435．中国から強制送還される人々を北朝鮮で待ち受ける拷問や恣意的投獄その他の甚大な人権侵害にも関わらず、中国は適切な書類のない中国国内の北朝鮮市民を強制送還する方針を厳しく遂行している。

436．中国政府関係者は、北朝鮮国民であると判明した人が滞在に必要な書類を提示できないと逮捕する、と数多くの証人が証言した。北朝鮮国民に的を絞った捜索活動が行われていることを示唆する事例が多く見受けられた。北朝鮮国民を見つけたら通報するよう中国が国民に奨励し、匿う人たちを処罰していると、中国国境沿いの地方で活動する人権活動家たちも述べている。2013年3月、中国公安が延辺《えんぺん》州に違法な国境越えに対する取締命令を出したという。明らかに前例に倣っているようだが、違法に国境を越える人を見つけると報奨金が与えられる。情報提供が速ければ速いほど、非合法に国境越えをする人を告発する数が多ければ多いほど、報奨金は多くなる【591】。中国治安課報部はさらに韓国に逃げようとする北朝鮮国民を通報するために北朝鮮市民を雇ったと伝えられている【592】。

437．中国は、北朝鮮国民が保護もしくは亡命を求めて外国大使館や領事館に近づけないようにする対策も積極的に採っているようだ【593】。韓国大使館や韓国領事館への接近を妨げることは、北朝鮮国民が韓国の保護を求めたり、韓国の憲法と法律により韓国市民権者と認められる機会を奪うことを意味する【594】。

438．捕まった人たちは通常、警察署か軍事施設内の拘留施設に拘留される。北朝鮮で受ける組織的で甚だしい人権侵害に比べると、拘留中に中国で受けた扱いは比較的よいと、送還させられた人たちは一般的に報告している。しかしながら、中国人看守による性的暴力と肉体的暴力を含む深刻な人権侵害の事例の報告もある。

　2006年、ある証人は中国の図們市（吉林省延辺朝鮮族自治州）の拘留施設で7カ月間投獄された。拘留中、尋問官は彼女や他の北朝鮮人を、手や椅子や棍棒で殴り、中国行きを斡旋したブローカーの名前を吐かせようとした。それでも彼女が北朝鮮に強制送還された時はもっと酷い拷問と性的虐待を受けたため、「中国の監獄は北朝鮮の監獄に比べると天国だ」と思うようになった【595】。

別の証人は中国に着いてから1週間以内に逮捕され、初め中国の陸軍刑務所に送られた。彼女はいっしょに逮捕された他の女性と衣服を脱がされ、検査を受けた。女性看守がこの捜査に当たったが、2人の男性看守も同席した。衣服を脱ぐことを拒否した女性もいたが、罵倒され、命令に従うまで棒で殴られた【596】。

ある証人は韓国領事館に保護を求めたが失敗し、上海で逮捕された。拘留中、彼が北朝鮮出身であることを否定しようとすると、2人の中国人看守が彼を壁に向かって逆立ちをさせ、頭を蹴りつけた。彼は国籍を認めざるを得なくなった【597】。

別の証人は中国の農場で働けばお金が稼げるからと誘われたが、実際には人身取引され、中国人の男性に売られ、3年間捕われていた。彼女はこの中国人の「夫」から逃げだした後、逮捕された。当時、彼女は妊娠7カ月だった。彼女は調査委員会に、性的暴力は中国の拘留施設内で蔓延している、と語った。「通り過ぎると看守は皆、胸を触ってくるのです。少し魅力的な人が捕まると、その人は性の遊び道具にされます。監獄で妊娠した少女もいます」証人自身、通化郡（吉林省西南部）の拘留施設で看守に強姦された。看守たちが女性を連れ去るのを彼女は見たことがある。女性たちは強姦された後、監房に戻された。巻き上げる金銭を探るために、看守たちは女性の膣に手を入れた【598】。

439. 逮捕された人たちが中国で拘留される期間は、尋問時間によるが、数日から数カ月におよぶことがある。充分な人数の北朝鮮市民が集まると一緒に国境を越えさせられ、北朝鮮当局に引き渡される。

440. 証人の証言は、送還政策を実行する中国当局者は、送還された人たちが北朝鮮で受ける人権侵害に通常、気づいていることを示している。当局者が捕まった北朝鮮市民に同情することもあるようだが、彼らは送還政策に従わざるを得ない。当局者は中国から送還された妊婦に施される強制堕胎についても知っているようであった。

朝鮮族の中国人官吏はある証人にこう語った。送還される数え切れない人たちを目にすると悲しくなり、ついにはなぜ捕まるのかと強制送還を控えた人たちをとがめてしまうのだと【599】。

ある証人は、中国の拘留施設で看守がひとりの妊婦に、北朝鮮に戻されて強制堕胎を受けるのではなく、中国で中絶するように勧めるのを見たことがあった。証人がしばらくしてからこの妊婦を見たとき、彼女のお腹はもう膨らんでいなかった。それで証人は「衛生状態がはるかに良い中国でやったほうが彼女にとっては良かった」と思った【600】。

441．２００５年、北朝鮮人権状況特別報告者と国連人権理事会の別の５人の特別報告者は、「北朝鮮市民は北朝鮮で残虐で非人道的かつ屈辱的な状況下で拘留され、また虐待と拷問を受け、極端な場合は即決で処刑されている」【601】ために、中国からの強制送還について憂慮を伝えた。これに対し、中国政府は特別報告者に、中国領内での外国市民の法的権利と利益は保障していると確約した。

442．この確約に反し、中国は北朝鮮国民の強制送還政策を継続している。２０１３年5月、15歳から23歳の9人の北朝鮮市民がラオス人民民主共和国から中国経由で強制送還された。国連人権高等弁務官と国連難民高等弁務官は中国とラオス両政府に懸念の意を伝え、国際人権法と難民法におけるノン・ルフールマン原則（追放・送還禁止の原則）再確認するよう促した【602】。

443．ひとりの人間が拷問される危険があると信じるに値する充分な理由のある国に、その人間を追放、送還、引き渡ししない義務は、「拷問等禁止条約」第3条から生じているものであり、中国は同条約を１９８８年10月4日に批准している。送還は、一般的に北朝鮮市民を、彼らの宗教や特定の社会集団のメンバーという身分、ある政治的意見を持っているなどの理由で、彼らの命と自由を脅威にさらす。これもまた中国が締約国である「難民の地位に関する条約」第33条に違反する。ひとりの人間が甚大な人権侵害を受ける危険のあると信じるに値する充分な理由がある国に、その人間を追放しない義務は国際慣習法からも生じる。

444．北京に慎ましく存在する国連難民高等弁務官（ＵＮＨＣＲ）事務所は東アジア太平洋準地域を管轄する。同事務所はＵＮＨＣＲから委任された任務として、中国政府が自身の体制を作るまで、個々の亡命希望者のために難民地位認定を暫定的に行っている。中国は、ＵＮＨＣＲ職員が北朝鮮出身者などの亡命希望者に制約なく接触できるようにするとのＵＮＨＣＲと中国との合意を軽視している、と調査委員会は見る。

445．全国人民代表大会常務委員会が２０１２年7月、新しい出入国管理法を採択した時、中国は初めて難民の取り扱いに関する規定（第46条）を国内法に追加した。新しい規定は２０１３年7月に発効するとされていたため、難民の子供に関する規定を含む難民に対する包括的な国家的枠組みの採択が期待された【603】。調査委員会が見たところ、難民条約による中国の国際的義務、特に北朝鮮国民に関しての国際的義務に合致するこの法律の効果的な実施に関しては何らの進展もないようである。

446．調査委員会は、調査委員会が集めた証言や他の情報から、北朝鮮市民が国境を越えて中国に入るのは、多くの場合、彼らの宗教的もしくは政治的意見のために彼らが確実に迫害されると恐れるからである、と見る。他の理由は、低い成分《ソンブン》階層にある人たちは、社会的経済的貧困に追い込まれるという形で迫害されているためだ。加えて、北朝鮮に強制送還された人々は、常に、拷問、恣意的拘留を受け、強姦、強制失踪、即決処刑、その他の甚大な人権侵害にさらされる場合もある。彼らは、刑法第62条の「逃亡による祖国反逆」罪、もしくは定義が漠然とした「反国家」「反人民」的政治犯として扱われる可能性もある。

447. 調査委員会は従って、中国から単に経済的不法移民と見られている北朝鮮国民は、迫害から逃れる難民か、もしくは後発難民【604】であることに間違いはなく、それゆえ、国際的な保護を受ける資格がある、と認識する。

448. 中国が逮捕した北朝鮮出身者の情報を、中国当局者が北朝鮮当局に与えていることを示す合理的な根拠がある。中国当局者が与える情報には逮捕状況や場所、中国内の連絡先などが含まれている。

キム・ソンジュ（男性）はロンドン公聴会で語った。

> 私が中国から北朝鮮に強制送還された時、北朝鮮保安当局はすでに中国公安から報告を得ていました。私は韓国行きを目的に脱北していたので、もし中国が提供した情報に反するようなことを言えば叩かれるのです【605】。

449. 国境警備に就いていた元官吏は、中国当局が北朝鮮国民を強制送還する際、送還者の中国内での生活状況に関する書類もいっしょに渡す、と語った。書類には、北朝鮮国民が配偶者と暮らしていただけなのか、または、キリスト教徒と接触したことがあるか、韓国国家情報院要員を含む韓国人と接触したかどうかが記されていた。これらの情報は、北朝鮮当局が送還者の処遇を決定する際に使われた。国情院要員に協力したと思われる人は北朝鮮で処刑され、キリスト教布教者と接触した人は裁判なしに北朝鮮の収容所に送られる【606】。証人によると、中国当局者は北朝鮮当局に手渡す書類に送還者が韓国行きを目指していたかどうかをスタンプで色分けして示していた、と言う【607】。別の証人も、彼女が北朝鮮当局に引き渡される際に中国当局が彼女に関する書類を渡していたと述べた【608】。

450. 中国と北朝鮮で地下活動を行う人権活動家が調査委員会に語ったところによると、中国当局は北朝鮮側に情報を渡し、見返りに木材の供給を受けていたようだという【609】。

451. 北朝鮮と中国の情報交換は、北朝鮮国家安全保衛部と中国公安部の間で１９８６年に締結され、１９９８年に改訂された議定書に沿って行われているようだ。議定書の目的は、北朝鮮・中国国境地帯の安全保障と社会秩序の維持である。議定書第５条に「犯罪者の取り扱いに関する」相互協力の合意内容が詳述されている。それはとりわけ、国家の安全を脅かし、社会秩序を乱す人物が国境の反対側へ逃亡する危険性についてはすべて相互に情報提供するものと規定している。双方は、国境の安全と社会秩序に関するその他のいかなる情報と資料も相手国に提供することになっている【610】。

452. ジュネーブの中国大使に宛てた2013年12月16日付けの調査委員会委員長のレターの中で、調査委員会は、前述の中国に対する懸念を明記した。調査委員会は特に、難民認定の機会を与えることなく北朝鮮国民を強制送還する中国の方針に対する懸念を示した。北朝鮮市民が国境を越え中国に入るのは、彼らの信じる宗教や、彼らの属する特定の社会集団、彼らの持つ政治的意見が理由で確実に迫害を受けるという恐怖から逃れるためであるにも関わらず、中国はこの方針を実行している。調査委員会は、北朝鮮に強制送還された人々が日常的に拷問され、恣意的に拘留され、時には、強姦、強制失踪、即決処刑などの甚大な人権侵害にさらされていることも強調した。調査委員会は中国に、父親が中国人であるとされる子供に強制堕胎が施され、幼児殺害が行われているとの数多くの申し立てがあることも伝えた【611】。

453. 調査委員会は、中国に対し、送還者が北朝鮮でこうした人権侵害にさらされないよう中国がいかなる措置を取ったのか明確に示すよう要求した。中国公安部・北朝鮮国家安全保衛部間で結ばれた国境管理に関する合意に関しては、両者間の情報交換により、送還された北朝鮮国民が拷問、強制失踪、即決処刑されるリスクを高めており、また、その情報が、北朝鮮国民のキリスト教会や韓国国民との接触に関するものであるか、韓国行きの企てに関わるものである場合、そのリスクは特に高まるとの申し立てがあること、そして調査委員会はその申し立てを深く懸念するものであることを伝えた。

454. 中国は、調査委員会への2013年12月30日付けの返答の中で、「中国に不正に入国する北朝鮮市民は経済的理由から入国している」、そして「彼らは難民ではない」との見解を繰り返した。したがって、彼らの「違法入国は中国の法に違反するばかりでなく、中国国境警備を脅かすものである」。であるから、中国は「法にしたがい（他の不正な犯罪行為とともに）これらの事案に対処する正当な権利を有する」と主張した。中国はまた、中国公安部と国境警備当局に捕まった北朝鮮市民が中国への違法な入国を繰り返している事から、中国から送還された北朝鮮市民が北朝鮮で拷問を受けているとの申し立ては真実ではない、と主張した【612】。

(1) 女性と少女の人身取引

455. 国連の「人身取引を防止し、抑止し、及び処罰するための議定書」【613】が定義する人身取引が、北朝鮮の女性と少女への最大の人権侵害として存在する。

456. 国境警備が厳しいため、国境を越えようとする人が捕まらずに越境するには通常、援助組織に頼らなければならない。こうした援助活動に関わる人たちを分類すると、一方には北朝鮮を脱出したい人を支援する人権活動家たちがいる。次に一般的に「ブローカー」と呼ばれる密入出国請負業者もいる。ブローカーはお金を取って自分の意思で国境を越えたい人を助ける。最近の情報によるとその金額は数千ドルに達する。一方の暗部には人身売買者もいて、一般的にブローカーを装ってはいるが、主に女性と少女を狙い、被害者を力づくで、あるいは騙して、搾取する。

457. 調査委員会は、北朝鮮から中国に付き添いなしに国境を越える女性と少女の多くが、結婚や妾を強要して搾取する人身取引の被害者であると推測する。多くの女性や少女は他人の支配下で売春も強要されている。

458. 「女子に対するあらゆる形態の差別の撤廃に関する条約（CEDAW）」第6条は、締約国に「あらゆる形態の女性の売買と売春による女性の搾取を禁止するため、立法を含むすべての適切な措置をとる」ことを義務付けている。「児童の権利条約（CRC）」第34条は、子供を性的搾取から守ることを明記する。北朝鮮と中国は、中国内で弱い立場にいる北朝鮮人女性と少女に対して、これらの条約に記される保護義務を怠っている、と調査委員会は判断している。調査委員会は、中国・北朝鮮両国とも人身売買業者を厳しい刑で処罰し、北朝鮮の場合は死刑に処しているとの情報を得ている。しかしながら、中国の追放政策と北朝鮮の送還者への拷問と処罰は、事実上被害者が保護されない状態をもたらす。ほとんどの被害者が当局に助けを求める事を怖がり、北朝鮮で甚大な人権侵害にさらされるよりもむしろ現状に耐えるほうを選んでいる。

459. 2005年、「女性に対する暴力、その原因と結果に関する」特別報告者と、北朝鮮が人権状況特別報告者と、4つの他の特別報告者は、空腹を抱え、絶望的な状況にある北朝鮮女性が人身売買業者に組織的に狙われている、と中国に伝えた。人身売買業者は、国境地帯でこうした女性に近づき、初めに、食糧、住まい、仕事を約束して、その後、「結婚」または中国人の妾になることを強要する。「結婚」は法的に認められた関係ではなく、「取引」や「売買」され、その結果、法の保護の外に置かれた女性が強いられた事実上の関係である。「女性に対する暴力、その原因と結果に関する」特別報告者は、中国が行う強制送還政策により女性が人身取引業者に極めて弱い立場におとしめられていること、また、人身取引業者はこの中国の方針を充分承知し、抵抗すれば当局に報告すると脅して被害者を黙らせている実態を強調した［614］。

これに対して中国は、詳細に記述された返事のなかで、女性と子供の人身取引などの犯罪が中国で発生し始めていることを認め、中国の公安当局はこの問題を深刻に受け止め、法に反する人身取引を弾圧する、と強く主張した【615】。しかしながら、中国からの返答では不正な本国送還と人身取引との因果関係には触れていなかった。特別報告者は北朝鮮にも同様の懸念を伝えたが、彼らは「内容が捏造されている」としてこれを無視した【616】。

460. 女性が北朝鮮を脱走する理由は男性と比べると多様である。女性は、北朝鮮国内の諸問題、特に飢饉によって生じた問題と、現在の政治体制がもたらす問題のために脱走せざるを得ない状況に追い込まれている。さらに、女性には比較的移動の自由がある。一般的に男性への監視のほうが厳しいために、女性は長い期間、監視の目を避けることができる。女性が北朝鮮を脱出するチャンスも多い。それは、ブローカーが女性を中国人世帯に売るか中国国内で売春させる意図を持って、女性がその意図を知っていようといないとに関わらず、また合意していようといないとに関わらず、女性に手を貸そうとするからである。

朝鮮社会で家族の面倒を見るのは主に女性であるため、家族の生き残りをかけて食糧と経済的チャンスを探しに出かけるのも女性が多いようだ。最後に潜在的理由としては、北朝鮮女性の劣悪な人権状況のために【617】、男性より多くの女性が虐待と人権侵害から逃れざるを得なくなっていることが挙げられる。

461. また、中国社会には未婚女性への需要もある【618】。中国経済が成長し、都市が発展するとともに、都市化が始まる。市場経済の導入以降、活況を呈する国営産業は地方の女性に都市で働く機会を多く与えた【619】。地方の女性の都市への移動は、一人っ子政策による女性対男性の比率の低下も加わって、中国の農村地帯における成人労働人口のジェンダー・バランスを崩壊させた【620】。

462. 北朝鮮女性が同伴家族なしで中国に行くにはいろいろな方法がある。逃亡を助けるブローカーを探し、国外にいる親戚にそのブローカーに金を払わせることもできる。ブローカーも北朝鮮の市場で女性に近づき、サービスを売り込む。支払い能力のない女性は中国人男性との非公式の「結婚」に同意する。ブローカーはその中国人男性から金を取る。中国で飲食店か工場での仕事があるからそこで働いて仲介料を「清算」すればいいとの話に騙される人たちもいる。いったん中国に入ると、ブローカーは人身取引業者としての顔を現し、彼らが約束していた人や仕事を斡旋する代わりに女性の売買準備に取りかかる。

ある証人は、農場での仕事をするとの約束で中国行きに誘われたが、人身取引業者の手にかかっていることが分かった。

> 2003年、市場にしょっちゅう来ていたブローカーが中国で仕事があり、朝鮮人参を栽培すればたくさんお金が儲かると私を説得しました。ブローカーたちは毎日、市場に

来て女性たちを北朝鮮から連れ出していました。たくさんの女性がこの方法で脱出しました。私は農場に行くのだと思ってブローカーといっしょに出発したのですが、いったん中国に入ると、私はブローカーに売られていることに気づきました。他に8人の女性が一緒でした……中国に着いたとき、4~5人の男たちが車で待っていました。私が8000朝鮮ウォンで売られたことを後になって知りました【621】。

463. 中には、近寄ってきたブローカーを装った人身取引業者に北朝鮮の他の道（地方）で賃金の良い農作業があると言われ、話に乗っていっしょに旅立つ女性たちもいる。北朝鮮の移動の自由の制限により、他の道（地方）どころが、自分の村や町を出たことがない人もいる。したがってこの種の被害者は、中国に連れて行かれて初めて気づくことになる。

ソウル公聴会で、調査委員会は、家族全員を飢饉でなくし、自分自身が病気になったときに中国に売買されたC（女性）から証言を受けた。Cは北朝鮮の他の道（地方）でお金が稼げると騙された。他の2人の女性といっしょに連れられて川を渡ったとき、中国への国境を越えたのだと気づいた。この3人の女性を連れて川を渡った北朝鮮のブローカーは、彼女たちを中国人のブローカーに渡し、その中国人ブローカーが彼女を中国人男性に売った。

私はその家に売られたのです。労働者として売られたのではありません。中国には未婚の男性がたくさんいますが、女性が少ないので、私は彼の妻として売られたのです。ですから私に支払いはありませんでした。中国では少なくとも餓死することはありませんでしたが、北朝鮮にいる時は私はいつもお腹がすいていました【622】。

チ・ヒョナ（女性）は、北朝鮮の他の道（地方）に仕事があると誘った人身取引業者に、中国に連れて行かれた。ソウル公聴会で彼女は調査委員会に証言した。

（ひとりの男が）私と近所に住んでいた女の子たちに、（北朝鮮で）ワラビを売ればお金が貰えると言いました。私は9歳の弟を家に残して出発しました。着いてみると私たちは中国にいたのです。……一軒の家に連れて行かれました。そこに5人の人身取引業者がいました。温室の中にいたのは皆、男でした。一週間ほどそこで過ごしました。……ブローカーたちが結婚できない年老いた中国人男性に私たちを売ろうとしていることなど全く知りませんでした【623】。

464. いったん中国に入ると、女性たちが人身取引業者と交していた約束を無視して、彼女たちは二者択一を迫られる。中国人の男性と「結婚」するか、性関連産業で働くかのどちらかである。こうした女性や少女は中国では中国警察から身を隠さなければならず、また、言葉が分からないので情報もサービスも得られない。そのため非常に弱い立場におかれる。人身取引業者は彼女たちの弱みにつけこむ。強制送還させられると言って脅し、中国語ができず中国に不正入国しているのだから仕事もできない、自由に動くこと（韓国に渡ろうとすることなど）もできない、と言って女性たちに圧力をかける。人身取引業者は、韓国に行く前に女性と少女が安全に暮らせ、中国語が「1年ほど」習える唯一の方法として中国人男性と一緒に住むことかセックス産業で働くことを選択肢として示す。人身取引業者は女性に一定額の借金があることを知らせ、給料の取れる仕事につけないのだから、借金の返済には中国人男性に売られるか、売春に関わらなければならないと迫る。極端な場合は、人身取引業者は女性の意に反して、女性が中国人男性との「結婚」に合意するか売春に合意するまで鍵のかかった場所に閉じ込めることもあるが、通常、女性たちは仲介業者の手に移される。売春に合意した女性たちは、自分自身で仕事を探すことはできず、セックス産業界のエージェントに売られる【624】。

ソウル公聴会で、調査委員会は中国国内にいる北朝鮮国民の支援活動をする**キム・ヨンファン**（男性）から証言を受けた。**キム**は、食糧危機と北朝鮮の政策の結果として生じた人身取引業者ネットワークについて調査委員会に語った。

　過去に起きた人身取引のパターンを見てみると、北朝鮮国内で女性を探す人たちがいて、中国にブローカーがいます。この北朝鮮国内の人たちが北朝鮮女性を集めます。集めた後、中国に送り、ブローカーに渡すのです。中国ではこれらのブローカー（人身取引業者）が女性たちを中国人に売って金を得るのです。……人身取引は6～7年前にピークを迎えました。女性が人身取引の被害者でした。売られることを承知で（そのまま過ごし）家族に食糧を送る人もいますが、騙されて、中国に売られる人もいます【625】。

ある証人は、自分も娘も餓死しそうだったために、人身取引と知りながら中国に渡ろうと北朝鮮の人身取引業者に援助を求めた、と説明した。当時27歳だったこの証人は50歳代の中国人男性に売られた。着いたときにこの男とのセックスを拒むと、彼はナイフで彼女を脅した【626】。

中国で北朝鮮人と活動するある証人は、中国の一人っ子政策とその結果として起こった男女比不均衡のために強制結婚が多く起っていると語った。この証人は北朝鮮女性が人身取引を通して売春させられるケースを何回か調停したこともある。彼は、中国は人身取引を禁止しているが、関連する法律は厳格に施行されていない、と語った【627】。

465. ブローカーの助けを得ずに中国に行った女性か、または、人身取引業者か金を払った男から逃れた女性は、人身取引業者の手にかかりやすく、「結婚」もしくは売春に（再び）売られる。

たとえば、ある証人は人身取引業者から逃がれ、電話をかけに電話会社に行った。電話をかけようとしている間に別の人身取引業者が来て彼女を捕まえた。彼女は電話会社のマネージャーがその人身取引業者と通じていたと疑っている【628】。

チ・ヒョナ（女性）はさらに、中国の警官から逃れた後、中国の路上で人身取引業者に捕まったと証言した。

どこに行っても、ブローカーと出会いました。北朝鮮人男性だと思えば、それはブローカーなのです。彼らは中国語でどこから来たかを訊いてくるのですが、中国語なので私たちは答えられません。すると北朝鮮の言葉に切り替えて、北朝鮮から来たのかと訊くのです。……私たちは捕まり、またブローカーに出会うことになったのです。そのブローカーたちに私たちは遼寧省で売られました。私は2万から3万元で売られたのです【629】。

キム・ヨンファン（男性）は、中国にいる北朝鮮女性を探して捕らえ、女性たちの意思に反して売却する「ヒューマン・ハンター」の活動についても語った。

北朝鮮女性を狙って国境地帯周辺に住んでいる「ヒューマン・ハンター」がいます。この「ヒューマン・ハンター」たちは女性が国境を越えてくるのを待ちうけ、（彼女たちを）捕まえて、中国で売買するのです【630】。

466. 女性は通常、「強制的な結婚」に売られる以前に最低2回売却される。人身取引業者が業者間で女性を売買するのである。北朝鮮に女性を連れて来るか、北朝鮮でその女性を誘う業者が、仲介業者にその女性を売り、その仲介業者が農村地帯の家族にその女性を再度売って「結婚」を取り持つ。この間、女性たちは有望な買い手たち（「夫たち」）の下見用に鍵のかかった所に閉じ込められることが多い。

P（女性）は、北朝鮮の食糧事情があまりに悲惨だったので、暮らしを立てるために中国行きを選んだ。しかし、彼女は最後には人身取引業者の手にかかってしまった。調査委員会は彼女が次から次に違った人の手に渡され、中国人の男に売られていった話を彼女から聞いた。その中国人との暮らしが7年過ぎたとき、彼女は逮捕され、強制送還された。

当時、国境越えは簡単ではありませんでした。でも、少なくとも何もしないで北朝鮮で死ぬよりはましでした。中国に行きさえすれば、生きる術がみつかると思っていました。たとえば、いくらかのお金が稼げると……。しかし事は私が思ったようには進みませんでした……私たちは中国に売られたのです。それは北朝鮮国内で始まりました……私が売られているとは知りませんでした。私は人から人へと渡されていたのです【631】。

ロンドンで、**パク・ジヒョン**［*Park JI-hyun*］（女性）は、彼女の母親から中国で結婚するように勧められた時のことを調査委員会に話してくれた。母親は彼女たちが中国で住む場所を必死に探していた。母親に中国での結婚を勧められたとき、彼女は自分が売らていることが分かった。彼女の「夫」探しのために彼女は中国人女性に預けられた。

私は1カ月間位「結婚」の話をまとめるために中国人女性のところに住んでいました。そこでは自分がまるで動物園の動物のようだと感じていました。私が花嫁にふさわしいかを見定めるために、若い男や年寄りの男たちが次から次にやって来ていました【632】。

467． 強制結婚に売られると、女性は、彼女が自ら進んで留まり、おとなしく性的搾取を受けると思われるまで鍵のかかった場所に入れられる。女性は性行為を受け入れるものとして扱われ、もし「夫」とのセックスを拒否すれば暴力を受けることが多い。極端な場合は、弟や、父や息子など、その家の住人からも性的搾取をうける。女性は家事や農作などの労働も強要され、家庭内暴力にさらされることが多い。

キム・ヨンファン（男性）は、中国で人身取引の被害者といっしょに活動した経験から、中国で人身取引された女性と少女が受ける人権侵害について、調査委員会に語った。

……こうした女性たちは中国の農村地帯（の男たち）に売られ、人間以下の扱いを受けます。中国の農村地帯に売られた女性たちは非常に深刻で異常な生活環境に苦しんでいます。20％から30％の女性だけがある程度はやっていけていると言っていましたが、ほとんどが考えられないほど非人間的な扱いを受けていました。彼女たちは性的奴隷として搾取され、一日24時間、週7日間、鎖につながれ、拘束されることもあるのです。またはたとえば、その女性がある家の息子に売られたとすれば、家族の男たち全員——父親、叔父、兄弟がこの女性を利用し、彼女は男の家族全員から性的虐待をうけることになるのです【633】。

人身取引を切り抜けたある証人は調査委員会に次のように知らせてくれた。

私は障害をもつ男に売られました。障害があっても、彼は私を殴りました。彼は朝鮮語を話さず、私は中国語を話しませんでしたので、私たちは身振りで意思疎通しました。私は家の中に6カ月間閉じ込められていましたから、どこにいるのか分かりませんでした。6カ月が過ぎてやっと私は私が逃げないこと、そして働くのだということを彼に納得させることができました。それで家を離れられるようになりました。彼のベッドで寝るものだと思われていて、最初の日からセックスを求められました。毎回、セックスをしないで欲しいと頼みましたが、私が抵抗すると殴られました。彼はあるものは何でも使って、私に痣ができ、出血するまで叩きました。排卵期のときには気分が悪いといってセックスを避け、妊娠しないようにしていました。会話ができませんでしたから彼が子供を欲しがっていたかどうかはわかりません。私はこの男と3年間暮らしました。同じ地域には、私と一緒に売られた8人の女性が住んでいました【634】。

ソウル公聴会で、**C**（女性）は彼女が売られた男性から受けた扱いについて調査委員会に証言した。

わたしの「夫」は11歳年上でした。彼は大酒飲みで、飲む度に私を殴りました。家ではいつもよく殴られていました【635】。

ロンドンで、調査委員会は**パク**（女性）から彼女の「結婚」状態についての証言を聞いた。

私の他に同じ村の男達に売られた2人の女性がいました。ひとりの女性はふたりの兄弟が共有していました。男が結婚にお金を払っているとはいえ、私はふつうの生活をするのだと思っていたのですが、毎日、辱めを受けてばかりでした。村では朝鮮人女性を動物のように扱います。村中の人たちが私たちを見張っているので、自由に動けませんでした。彼らは私たちをいじめました。私が一緒に暮らしている家族は私に生理用のナプキンを渡しませんでした。渡したら私が逃げると思っていたからです。私は毎日、水田で働かされ、実際、私はその家の奴隷にされたのです【636】。

468. 前述のような方法で「結婚」を強要された弱い立場の女性たちの話を、調査委員会は数多く聞いた。強制結婚という現象は、中国国内、少なくとも国境地帯では非常によく知られていることだ。人身取引された女性か少女にお金を支払った男が、その女性が北朝鮮に強制送還され、後に中国にまた戻ってきたとき、再度同じ女性にお金を払うこともある。

ある証人は2010年、北朝鮮から中国に最初に渡ったとき、ひとりの中国人男性と「結婚」した。彼女はその後、逮捕され、2011年に北朝鮮に送還された。尋問され、拘留された後、家族が賄賂を払ったので逃げることが出来た。中国に逃げ帰ったとき、人身取引業者に捕まり、再び売られた。最初の「夫」と連絡し、この最初の「夫」が彼女が2番目の「夫」から解放されるための費用を支払った【637】。

別の証人とその娘は、ふたりそれぞれ別々に仕事を探しに北朝鮮から中国に渡り、中国人男性に売られた経験を持っている。この証人の強制結婚は彼女の娘の強制結婚の後だった。そして証人を彼女自身の「夫」から解放する費用を支払ったのは彼女の娘の「夫」だった【638】。

469. 調査委員会は、中国に不法滞在する北朝鮮国民は常に、摘発、逮捕、北朝鮮への強制送還の脅威にさらされている、と見る。この人たちは中国内を自由に移動することが出来ず、生命を維持するための公共サービスを受けることも出来ない。彼女たちは新しい家で不満をもった家族や近所の人たちが当局に密告する恐怖のなかで生きている。これは威圧的な状況下で強制結婚させられるか、強制的に妾にされ、もしくは売春を強要された女性たちがもつ特殊な問題である。彼女たちは彼女たちに金銭を払い、彼女たちを下位の階級と見る人々の支配下に置かれて暮らしている。

ある証人は調査委員会に彼女が売られた男性の家庭内暴力について話した。彼女は命の危険を感じ、逃げようとしたが、逃げられなかった。

その男と3年も一緒に過ごさなければなりませんでした。お金を貯めて抜け出そうとしましたが、障害を持つその男（つまり「夫」）の父親が警察に通報したのです【639】。

文化大革命のときに、中国人家族と北朝鮮に移住したひとりの中国朝鮮族が、中国に不法滞在した経験を調査委員会に話した（数年間北朝鮮に住んだ後、中国での住民登録は無効になっていた）。

もし逮捕されれば、通常、警察署に2日間入れられ、その後、拘留施設に送られます。しかし私は1日で拘留場に送られたので、おかしいと思っていました。後で分かったことなのですが、私の2人の従兄弟が共謀して密告しようと何度も警察に行ったのですが、私の家族のことをよく知る警察官たちが密告を聞き入れなかったのです。そうしたことがあったので、私が警察のコネを使って逃げないように私は直接、拘留施設に送られたのです。3カ月間拘留場に入れられました。中国人看守が私の立場に同情してこう言いました。「次にはもっと奥地に住めよ」、そして「周りの人たちに注意を払うんだな」と【640】。

470. 人身取引された女性と少女達は、取引過程とその後に、性的・肉体的・精神的暴力を受け、強姦され、監禁されるので、彼女たちの人権侵害は深刻である。彼女たちは商品として扱われ、非人道的で卑劣な扱いに苦しんでいる。法の保護の対象外であるため、不正を被っても北朝鮮国民には行く場所がない。強制的に結婚させられた多くの女性達が深刻な家庭内暴力に苦しみ、生命の危険を感じている。家庭内暴力を受けるか、犯罪（人身取引のような）の犠牲になったとき、彼女たちは警察にも公安当局にも助けを求めることができない。こうした法的保護の欠如と、生きるために必要なサービスを得られないことが、彼女たちを非常に弱い立場に置き、搾取を受けやすい状況に追いこんでいるのである。

ある証人が調査委員会に説明した。

中国で死んだとしても、埋めてもらえるところはどこにもありません。何の権利もないからです。登録されていないから「夫」に殴り殺されても、何もできないのです。そのときは友達が遺体を運んで埋めてくれるのでしょう。私の友達がそうでした【641】。

471. こうした恐怖に加え、中国にいる北朝鮮国民は基本的な公共医療サービスも受けられない。女性は妊娠中にもっとも必要な公共医療サービスを受けられず、出産時も出産後の助けも得られない。子供の世話をする中心人物（たったひとりであることが多い）であるにもかかわらず、彼女たちは子供に予防接種も、必要な医療も受けさせることができない。

(2) 北朝鮮から逃れたか、もしくは人身取引された母親から生まれた子供の状況

472. 韓国国家人権委員会が行った2010年の調査では、北朝鮮出身の母親から生まれた子供達は中国国内に2万人から3万人住んでいると推測している【642】。中国にいる北朝鮮女性の大半が無許可で住んでいるため、彼女たちの子供たちは、出生登録されない。さらに、こうした多くの子供達の父親は中国人で、強制結婚か強制された愛人関係（妾）から生まれた子供達である。中国の国籍法では、この子供達は中国国籍をもつ資格がある【643】のだが、実際には北朝鮮から脱出した母親から生まれたほとんどの子供達はこの権利を奪われている。それは子供を登録すれば、不法移民としての母親の立場が明らかになり、強制送還されるからだ。それ故、これらの子供達は結果的に無国籍状態となる。こうした慣習は、すべての子供は法的に登録された名前と国籍をもつ権利を有するとする「子供の権利条約（CRC）」第7条に違反する。

473. 中国の義務教育法では、国籍と人種に関わらず中国国内に住むすべての子供に9年間の義務教育を与えるとする。しかしながら、学校に入学するには子供が戸籍に登録されているという前提条件を満たさなければならない。中国の第2回普遍的・定期的レビュー（UPR）用にNGOから提出された報告が示すように、「難民の（両）親を中国が強制送還する危険があるために、多くの子供が両親の発覚を恐れて戸籍登録されていない。したがって子供たちの入学に学校が戸籍の提出を要求した場合には教育を受けることができない」

このNGOの報告は、「中国人の父親と近隣国からの難民である母親との子供（もしくは両親がふたりとも難民である子供）は、中国政府が彼らを経済的移民と捉えて難民認定しない方針を採っているために、極端に弱い立場に置かれている」と記している【644】。

474． 北朝鮮出身の母から生まれた子供達は「子供の権利条約（CRC）」第24条と28条に反して、無国籍者とされ、医療も教育も拒否されていることに加え、彼らは、もし母親が逮捕され、北朝鮮に追放されれば、母親から引き離される。これは、CRC第9条における、子供の最善の利害に適うものでない限り親から離されない子供の権利に反する。調査委員会はこれらの子供達の福祉の状況を深く憂慮するものである。

ソウル公聴会で、**キム・ヨンファン**（男性）は、中国で北朝鮮女性から生まれた子供の置かれている深刻な状況について調査委員会に証言した。

> 北朝鮮女性は中国で子供を生むことがありますが、今日、その子供達の人権は無視されています。中国は脱北女性と中国人男性との結婚を法的に認めていません。何故ならこうした北朝鮮女性の保護は中国では違法とされ、結婚が中国当局に登録されないことが多いからです。したがって、これらの子供達の誕生は中国では違法となり、それゆえ、子供達が教育などを受けられなくなっているのです。もしその母親である北朝鮮女性が、中国公安当局に逮捕され、北朝鮮に送り返されたら……子供が北朝鮮女性と引き離されたら、これらの子供達は中国当局から保護もされず、承認もされないことになります。こうしたケースの子供達がたくさんいます。また、韓国政府は脱北女性の子供を公式には認めていません【645】。

475． 北朝鮮を違法に出国して中国に長く滞在した後、居住許可を得ることができた女性もいるとの報道があり、さらに北朝鮮出身の女性から生まれた子供達が居住許可を与えられた場合もあるという。賄賂によって居住許可を得られる地域があるのは明らかだ【646】。ある証人は中国人男性の子供を持つ自分の娘のことを話してくれた。ある時点で彼はこの証人の娘のために中国の身分証明書を買い取った【647】。しかし、大半の女性とその子供達にとって、そうしたことは全く不可能である。

パク・ジヒョン［*Park JI-hyun*］（女性）が強制的に結婚させられた「夫」の子供を中国で最初に妊娠した時、村長が彼女に中絶したほうがよいと言った。理由は、子供が生まれたら、その子は正式な登録はできず、適切な医療も受けられないからだった【648】。彼女は次のように調査委員会に説明した。

> 北朝鮮人が中国に売られて中国で子供ができると、その子供達は正式な家族として登録できません。中国では母親の名前で登録されるからです。そして北朝鮮女性の子供は正式に登録されていないので、その子達は学校にも行けず、個人の権利は何もないのです【649】。

476． これらの子供達は中国での権利がない上に、逮捕・強制送還の危険に晒されている母親から引き離されやすい。北朝鮮から逃げてきた人たちは送還されれば酷い扱いを受けることがわかっているから、送還される場合は、子供達を虐待や死からも守るために子供達を残していくしかない。

パク（女性）はそうしたジレンマに陥っていた。**パク**は置いてきた子供との再会がいかに難しいかを説明した。彼女の場合、息子との再会には数カ月かかった。再会出来たとき、息子はまるでストリートチルドレンのようだったことを彼女は覚えていた。彼は痩せて汚れて地面の食べものをあさっていた。その子は（中国人の）父親と父方の祖父母といっしょにいたのだが、祖父母があまり食糧を与えなかったためにお腹をすかせていた、と彼女は思っている。

パク（女性）は、息子と再会できて非常に幸運だと思った。彼女は他の人たちが子供との再会に大変苦労していることをよく知っている。

> 北朝鮮人の母親から生まれた子供はＩＤを持てません。それで彼らは学校に行くことができません。母親が捕まり、北朝鮮に送り返されると、子供達は文字通りホームレスになります。母親が韓国に行き、子供を呼び寄せようとすると、その子供を脅しに使って母親から金を取ろうとする男たちがいます。「これこれの金額を送れば、子供を送ってやる」と彼らは言いますが、決して言った通りにはしません。女性は捕まって送還されるのを恐れて、自分では中国に行くことができないのです【650】。

ソウル公聴会で証言した**C**（女性）は、中国人男性に売られ、その男の子供を出産した。彼女が逮捕され、送還されたとき、彼女はその子を置いていかなければならなかった。北朝鮮で拘留され、服役中は子供と会えなかった。彼女がどうにか北朝鮮から再度逃げられたとき、初めて子供と再会できた。中国で数カ月過ごした後、彼女は韓国行きを決心したが、子供の父親が子供を放さなかったので再び子供を置いていかなければならなかった。子供の父親にも韓国に来るように説得するか、子供を諦めない限り、子供といつ再会できるのか彼女には分からない【651】。

477. 調査委員会のこの問題への懸念に対し、ジュネーブの中国政府代表部は、２０１３年12月16日付けのレターで返答し、「中国政府は、中国国内に調査委員会が述べるような北朝鮮女性と彼女達の子供に関連したケースを見出すことはできなかった」と述べた。調査委員会は、こうしたケースは多く存在し、中国当局の調査の過程で明らかになるものと考える。

3・自国に戻る権利と家族の権利

478. 移動の自由の権利は自国へ戻る権利も含む。国連人権委員会によると、「市民的及び政治的権利に関する国際規約（ＩＣＣＰＲ）」第12条4項に規定される「自国」の領域は、ある個人の国籍がある国という概念より広い。その領域には、最低限でも、ある個人のある国とのつながりか、もしくはその国との関係性についての申し立てにより、単に外国人としては扱えない個人をも含みこむ。自国に入国する権利の剥奪が正当であり、恣意的でないという状況は、あったとしても、ほんのわずかしかない【652】。

479．今日の北朝鮮領域内で生まれ、現在、韓国に住む数10万人の人たちは、北朝鮮にある自分の家を再度訪れる機会を与えられたことはこれまで一度もない。韓国統計庁が行った1955年の人口・世帯調査によると、全人口のうちの73万5501人が（朝鮮戦争前と戦争中に）北から来た。北で生まれたと申し出た韓国内の人々は1995年に40万3000人、2000年に35万5000人、そして2005年に16万1605人であった。韓国統一研究院（KINU）は、特に2000年以後、彼らの多くが高齢のために死亡したと記した【653】。朝鮮戦争前と戦争中に南から北へ行った人々も同様の運命をたどった。2013年末、離散家族情報統合システム（韓国統一部、韓国赤十字社、以北五道委員会が合同で設立し運営する）はその「離散家族」リストに12万9264人（生存者7万1480人、死亡5万7784人）を登録した。

480．調査委員会は、北と南に離散した家族全員が60年以上にわたり、互いに会う機会、手紙をやり取りする機会、もしくは電話で会話する機会がなかったと見ており、このことは、「市民的及び政治的権利に関する国際規約（ICCPR）」第23条により保護される家族の権利に違反するものである。

481．離散家族の再会交渉は1971年、北朝鮮・韓国両国の赤十字社間で始まった。その時から韓国はこれらの対話の進展を重要視してきたが、北朝鮮から同等の反応は得られていない。最初の正式な離散家族再会は1985年に行われ、両サイドから50家族が国境を越えて親戚と再会した【654】。対話はその後、2000年の金大中と金正日の歴史的な首脳会談まで停滞した。2000年から2010年までの間に18回の家族再会があり、4321家族が再会した【655】。再会計画は、2010年11月、北朝鮮の韓国・延坪島爆撃による南北朝鮮関係の悪化で中断した【656】。

482．2013年8月の朴槿恵《パククネ》の大統領就任に続く数週間に北朝鮮との関係が改善され、再会計画を復活させるとの発表があった。再会の日時は、朝鮮で祖先を祀る秋夕《チュソク》直後の9月25日から30日に設定され、各サイドから100人づつ北朝鮮の金剛山で出会うことになった【657】。しかしながら再会予定日の数日前になって平壌は無期限の再会延期を発表し、責任はソウルにあるとした【658】。金正恩が2014年の新年の辞で、ソウルと平壌は関係改善に向けて良い環境を作るとの演説をした後、朴大統領はこれに応えて、特に離散家族再会計画の再開を提案した【659】。

483. 家族再会は常に感情的な出来事である。再会計画が中断中も、赤十字社は申し込みの受付を続けている。2013年12月現在、順番待ちリストには7万1480人が登録し、離ればなれになった愛する人たちとの再会の機会を待っている。このうち一回に100人だけがくじ引きで選ばれ、マスコミの注目下、つかの間の再会ができるのだが、常に世話人同伴であり、その後、再び会うことはない。離散家族情報統合システムに登録している人たちの79％が2012年末時点で70歳以上であり、再会計画中断中、1年が過ぎる度に、機会があったとしても、再会できる人の数は減っている。

484. 国際法による明確な義務をひとまず置くとしても、調査委員会は、人間の基本的良識と高齢世代の願望と要求を尊重し、こうした家族再会は無関係な政治的理由により遅らせてはならない、との結論に至るものである。

4・調査委員会の主要な調査結果

485. 国家指定の社会階級を基盤とする洗脳と差別の諸制度が、市民同士を分断させ外部世界から孤立させる政策によって強化され、堅持されている。この政策は移動の自由の権利全般を侵害している。

486. 北朝鮮は、国家が市民に住む所と働く所を指定しており選択の自由を侵害している。違反すれば刑事処分される。さらに、国家指定の住む所と働く所は、成分《ソンブン》制度に基づく差別が強い決定要因をなしている。このことが社会経済的および物理的な隔離社会を作り出し、そこでは指導部に政治的に忠実な人々は好ましい所に住み、好ましい所で働けるが、政治的に疑われている人々は辺境地域に追いやられる。国家に最も忠実な人たちだけに用意された平壌の特別な地位は、この隔離制度の典型例である。

487. 市民は、当局の許可なしには自分たちの道（地方）を一時的に離れることも、国内を旅行することも許されていない。この方針は、全く異なる各地の生活環境をそのままにして維持し、情報の流れを制限し、国家統制を極限まで強化しようとする支配層の願望に突き動かされている。そのために社会関係と家族関係は犠牲にされる。この統制体制が、1990年代の食糧危機のときに、食糧や生活必需品や基本的な公共サービスの利用に破滅的な影響を及ぼした。

488. 平壌の「純粋」にして穢れないイメージを保とうと、国家は、重罪または政治不正を犯したと見なされると、その家族全員を首都から追放する。同様の理由で、平壌や他の都市に隠れて——主に食糧を探しに——移り住む膨大な数のストリートチルドレンが逮捕され、出身地方に強制移送される。出身地方に着くと、彼らはネグレクトされ、施設に強制的に入れられる。

489．北朝鮮は一般市民の海外旅行を実質、全面禁止し、その結果、市民の自国を離れる権利を侵害している。この禁止令は厳しい国境警備を通して実行されているが、国民はリスクを犯してでも逃亡し、主に中国に向かう。彼らが逮捕され、強制送還されると、北朝鮮政府関係者は組織的に彼らを虐待し、拷問し、長期間恣意的に拘留し、時には、身体検査中に性的暴力を加える。送還された女性が妊娠している場合は通常、堕胎を強要される。この行為は中国出身者への人種的差別意識から引き起こされ、国を離れるという重大な罪を犯した女性への罰として執行される。赤ん坊が生まれると、赤ん坊は当局の手で殺害される。韓国政府関係者や韓国人、また、キリスト教会と接触したことが発覚した人たちは、政治犯収容所に強制「失踪」させられるか、教化所（一般刑務所）に投獄される。即決処刑されることさえある。

490．送還される人々に甚大な人権侵害が待ち受けているにも関わらず、中国は不法に国境を越えた北朝鮮市民を強制送還するという厳しい方針を採り続けている。中国は、これらの人々は経済的（かつ不法な）移民であるとの見解に基づいてこの方針を採る。しかしながら、こうした北朝鮮国民の多くは迫害を逃れた難民か、または後発難民として考慮されるべきである。

したがって彼らには国際的な保護を受ける資格がある。調査委員会は、北朝鮮国民を本国送還する中国は、国際難民法と国際人権法の追放禁止の原則を尊重する義務に違反している、と見なす。中国政府関係者がこれらの逮捕者の情報を北朝鮮側に伝え、逮捕者を危険にさらすこともあるようだ。

491．女性差別に加え、北朝鮮での弱い立場、さらに強制送還される危険性が、女性たちを人身取引の手にかかりやすい立場に追い込んでいる。膨大な数の女性たちが北朝鮮から中国に暴力的に、もしくは騙されて人身取引され、中国国内で強制的に結婚させられるか、妾にさせられる。さもなくば威圧的な状況で売春させられ、搾取されている。北朝鮮人女性から生まれたおよそ2万人の子供達は、中国で実質的に出生届、国籍、教育、医療の権利を奪われている。これは、現在の中国政府の方針の下では、母親を北朝鮮送還のリスクにさらすことなしに出生届けを出すことが出来ないからだ。

492．調査委員会はさらに、北朝鮮は、他国に特別なつながりがあるか、もしくは、関係のある自国民のその国に戻る権利を尊重する義務、また戻れない場合には、彼らの長期間引き離された家族に会う機会をあたえられる権利を尊重する義務に対し、再三、違反を繰り返している、と見る。この場合、他国とは韓国である。人々が旅行をし、近代的なテクノロジーでの会話が当たり前のこの時代に、国民相互間の連絡とコミュニケーションを不当に阻止する北朝鮮は、国際人権法上の規定に違反しているばかりではない。特に、離散家族再会に関する合意を全く納得のいかない理由によってキャンセルする状況においては、特に関係者が高齢であることを考慮すると、その姿勢は、恣意的であり、残酷であり、非人道的である。

492.

D・食糧への権利違反と、生命に対する権利に関連する側面

493. 適切な食糧への人間の権利は、国際人権条約の中でも特に、「世界人権宣言」第25条、「経済的、社会的及び文化的権利に関する国際規約（ICESCR）」第11条、「子供の権利条約（CRC）」第24条と第26条に明記されている。

494. 国連の「経済的、社会的及び文化的権利委員会」は、食糧への権利は、「すべての男性、女性、そして子供が、一人または他者と共同して、物理的、経済的にいつでも適切な食糧を入手する手段にアクセスできる時に実現される」と述べる【660】。食糧への権利の特別報告者は、この権利を次のように述べている。

> それは、消費者の属する文化的伝統に合った、質的かつ量的に適切で充分な食糧を、直接もしくは購入によって、恒常的かつ永遠に、そして自由に、利用できる権利であり、それは、肉体的、精神的、および個人的、そして集団的な、充実した威厳ある生活を、恐れることなく確保するものである【661】。

495. 食糧への権利は、「経済的、社会的及び文化的権利に関する国際規約（ICESCR）」により、4つの要素――(1) 有用性、(2) 経済的利用可能性、(3) 物理的利用可能性、(4) 適切性、を通して定義されてきた。

適切な食糧の有用性とは、「生産地か他の自然資源から直接自力で食糧を食べられる可能性、または、流通・加工・市場システムが正しく機能して、食糧が生産地から需要のある場所へ移動できる可能性」のことである【662】。

利用可能性は、食糧を経済的および物理的に利用出来ることが保障されている状態をいう。経済的利用可能性（費用の負担可能性）とは、適切な食事に必要な食糧の取得にかかる個人または家庭の経済的負担が、他の基本的な必需品の取得と満足を脅かさないか、危くしない水準にとどまっていることを意味する。

物理的利用可能性とは、子供や病人、障害をもつ人たち、または高齢者のように食糧の取得に出かけることが困難な身体的に弱い人を含むすべての人が食糧を利用できることを意味する。食糧の利用は、遠隔地域の人々や武力紛争もしくは自然災害の被害者、そして囚人にも保障されるものでなければならない。

適切性とは、個人の年齢、生活環境、健康、職業、性などを考慮した食事のニーズを食糧が満していることを意味する。たとえば、もし子供用の食糧が子供達の肉体的、精神的発展に必要な栄養を含んでいなければ、それは適切なものとは言えない。食糧は人間が安全に消費できるものであり、不都合な物質を含んでいないものでなければならない。適切な食糧は文化的にも受け入れられるものでなければならない。

496. 「すべての者が飢餓から免れる基本的な権利」は「経済的、社会的及び文化的権利に関する国際規約（ＩＣＥＳＣＲ）」第11条に明記されている。「市民的及び政治的権利に関する国際規約（ＩＣＣＰＲ）」第6条は、すべての人間に生命に対する権利を認め、また国家に、特に栄養不良廃絶の手段を講じて、平均余命の向上を義務付けている【663】。これらふたつの権利は、子供の権利との関連で、密接に結びついている。

497. 食糧に対する権利は包括的な権利である。この権利は、カロリーやたんぱく質やその他の必須栄養素の最低摂取量の論議に限定されるべきものではない。同様に、食糧への権利はただ単に所与の農産物の利用に関するものでもない。こうした理由により、「飢饉」についての論議も食糧不足の検討に限定されるべきものではなく、食糧不足改善のための技術的論議に限定されるべきものでもない【664】。

498. 調査委員会が受け取った情報は、北朝鮮の飢饉は１９８０年代に始まり、１９９０年代にピークに達し、それ以降も続いたことを示している。調査委員会は、その委託された任務に従い、食糧への権利に伴う人権問題、つまり、人々がなぜ飢餓に苦しみ、餓死しているのか、そして、誰かにこの状況の責任があるのかどうかの問題に注目した。本報告書のために、調査委員会は、「飢饉」、「飢餓」、「飢え」を同意語として用い、これらを、結果として身体的危害と死をもたらすことになる、適切な食糧が利用不可能な状態と定義する【665】。この用語を使用することにより、生命の権利と適切な食糧への権利、そして到達可能な最高水準の健康に対する権利に関連するさまざまな国際的義務の検証が可能になる。

499. 調査委員会は、以下に記すように、北朝鮮国内で作成された北朝鮮に関するデータと数値の信頼性に対する懸念に留意するものである【666】。調査委員会は、証言と専門家の意見、そして相互参照を基に、裏づけ証拠が適切な水準に達した場合においてのみ、これらのデータと数値を参照した。

1・北朝鮮内の食糧の有用性と適切性と費用負担の可能性

(a) １９９０年代までの状況

500. 北朝鮮経済は、生産手段の国家所有【667】、中央統制経済【668】、そして主体《チュチェ》思想の経済的自立【669】の原則にしたがって築かれてきた。北朝鮮憲法第25条（3）は、「国家はすべての働く人々に、食糧と衣料と住居を取得するためのあらゆる状況を提供する」と宣言する。

501. 地理的かつ歴史的理由により、農業は朝鮮半島南部に集中する傾向があった。耕作地の大半は気候が比較的良い朝鮮半島南部にある。北部は、気候は寒く、土地は痩せ、山岳地が多く、もともと、大部分の産業用の用地であった【670】。朝鮮戦争の後、北朝鮮は食糧安全保障対策に自給自足戦略を採った。自給自足を達成するために、政府は3つの主要戦略――⑴農作地の拡大、⑵塊茎やアワ、ジャガイモのような伝統的な食用作物から効率の高い穀物、つまりコメとトウモロコシへの移行、そして最も重要な⑶農業生産の工業化、を導入した【671】。

1960年代、金日成は4つの原則に基づいた農業開発の枠組みを発表した。それは機械化、化学化、灌漑、そして電化であった。北朝鮮の農業環境は食糧の自給自足には好ましい環境ではない。1200万ヘクタールの国土の14%だけが耕作可能地であり、80%は山岳地域である。さらに、北朝鮮には、北朝鮮が選択した種類の農業に必要な道具や燃料などの産業要素を欠き、北朝鮮はそれらを海外から輸入しなければならなかった。したがって、当初より、自給自足を謳っているにもかかわらず、北朝鮮は外部からの援助に大きく依存するシステムを採用したのである。

502． 北朝鮮経済システムの脆弱さは、それが崩壊する1990年代半ば以前から明らかであった【672】。北朝鮮の食糧不足の最初の兆候は1980年代後半に表れ始めた。1987年初頭、ソ連は自国の経済不況のために北朝鮮との貿易、投資など、すべての北朝鮮への支援を打ち切り、北朝鮮の経済状況に変化をもたらした【673】。対ソ連貿易は1988年の北朝鮮の貿易総額の5分の3に達していたばかりでなく、特権的条件に基づく貿易であった。たとえば、ソ連の石炭と石油の北朝鮮への輸出は、世界の市場価格より大幅に安く提供されていた【674】。

503． ソ連崩壊後、北朝鮮は石油と石炭の代金を国際通貨《ハードカレンシー》で支払わなければならなくなった。国際融資の不履行により【675】、北朝鮮は外国通貨の利用が制限された。それ故、北朝鮮は、農業計画の実行と農業生産レベルの維持に必要な燃料、肥料、化学製品、予備の部品を購入できなくなった。

504． ソ連からの援助がない中、北朝鮮農業に必要な資材の流入は減少し、北朝鮮の食糧生産は低下した。しばらくの間、ソ連崩壊が残したギャップを中国が埋め、北朝鮮に相当量の援助を提供した【676】。1993年まで、中国は北朝鮮の燃料輸入量の77%、食糧輸入の68%を北朝鮮に提供した【677】。中国依存が実質的にソ連依存に取って代わったのである。しかしながら、1993年、中国は穀物不足に直面し、国際通貨《ハードカレンシー》を必要とした。中国は北朝鮮への支援を大幅に削減した【678】。1992年と1993年、中国産の穀物の北朝鮮への出荷量は年平均80万トン近くであったと伝えられていた。1994年、中国が「友好関係」に基づく北朝鮮への主要穀物出荷への投資継続を渋ったために、出荷量は28万トンに落ちた【679】。

⒝国家食糧配給システム

505． 北朝鮮憲法第25条（3）は、「国家はすべての働く人々に、食糧と衣料と住居を取得するためのあらゆる状況を提供する」と宣言する。経済全体が国家所有であるため、この条文は北朝鮮市民一人一人に充分で適切な食糧を提供する義務が国家にあることを意味する。

506. 北朝鮮の食糧配給制度は、公的配給制度（PDS）と協同農場の食糧配給制度のふたつの補助制度から構成される。理論的には、すべての非農業世帯はPDSを通して国家から食糧供給を受ける権利がある。住民への食糧配給の責任は各地方（道）の行政経済委員会にあり、配給手続きは道が独自に行う。しかしながら、中央政府が国の配給基準を設定し、この基準を全道に徹底させるために、中央政府が道相互間の食糧取引を決定することになる【680】。

507. 協同農場で働く人々は公的配給制度（PDS）を利用できない。協同農場は、一村落にある農業世帯、農地、その他全ての農業資産と社会資産を統合するために設立された。協同農場加盟世帯が協同農場の公的な所有者である。協同農場加盟世帯は政府から給与を受け取らない。代わりに、農場の生産物から食糧配給を受ける。郡レベルの農務担当局である郡行政委員会が、作物決定、生産物配給、農場マーケティングなどの協同農場関連の決定を行う。PDSのように、協同農場が各農業世帯の配給基準を決定する。成人農場労働者の割り当ては通常、PDSの重工業労働者用割り当てに相当する。協同農場の割り当てシステムでは、秋の収穫期の後、農家に1年分の割り当て分を1回で供給するが、他の国民はPDSから月2回受け取ることになっていた。

　このシステムは、もし農家が割り当て基準より多く穀物をあたえられる場合は、協同農場がその余剰分を国家供給局に売ることができ、穀物配給が割り当て基準より少ない時は、農場が穀物ローンとして、もしくは協同基金からの援助として不足分を供給するよう考案されていた【681】。

508. 公的配給制度（PDS）の理論上の割当量は仕事量などの要素を基に計算されていた。たとえば、平均的な成人労働者は一日に700グラムの穀物を受け取り、主婦は300グラムのみ、そして重労働を行う人（たとえば鉱夫）は一日の割当量としては最高の900グラムであった【682】。コメの配給量の穀物（栄養分が少ない）に対する割合はその人の居住地を基に計算された。国家にとって重要な仕事についていればいるほど、労働者が受け取る穀物の割合は高くなった【683】。

509. PDSは、1990年代半ばにそれが崩壊する以前に、配給割り当て目標を徐々に達成できなくなっていた。下記の表は1955年以降の食糧配給量の減少の概要を示している。1970年代に配給量がふつうの成人の食事に充分であった可能性はあるが、1987年以降、着実に減少した。

	基準	公式労働者の配給
1955	基本公式：１日900グラム（重工業労働者）から１日300グラム（子供）	700グラム／１日 256キログラム／１年
1973	いわゆる“戦時穀物備蓄”のため毎月４日間減（平均13%減）	608グラム／１日 222キログラム／１年
1987	いわゆる“愛国穀物”のため10%減	547グラム／１日 200キログラム／１年
1992	成人配給量10%減	492グラム／１日 179キログラム／１年

図1 | 1994年以前の北朝鮮における食糧配給の変遷【684】

510． 北朝鮮の飢饉の時代は１９８０年代末に始まったと見ることができる。１９７３年以降、安定していたＰＤＳ割当量は、１９８７年に10%削減された【685】。１９９０年代になると配給はますます信頼できないものになった。

ある証人は１９８７年に羅先で初めて飢饉を目の当たりにしたと語った。「女性が飢えで死んだのです。党は、彼女は心臓発作で死んだ、と言っていました」【686】。

別の証人は、１９９０年代初めまでは安定した配給が15日ごとにあった、と語った。一回に全粒小麦粉とトウモロコシとジャガイモが配られた。配給量は受け取る人の地位によって異なっていた。たとえば、働く成人男性は７００グラム、学生は５００グラム、扶養家族は３００グラムだった【687】。

別の証人は、最初に食糧不足を経験し始めたのは１９９１年と１９９２年だったと証言した【688】。

511． １９９1年、北朝鮮当局は「1日2食運動」を開始し、国民に配給量削減を受け入れさせた【689】。１９９2年、軍隊と重工業労働者を除き、国民の配給量は10%削減された【690】。

元軍将校は、軍隊用の食糧は１９９０年代初頭に少なくなったと語った。１９９1年、「愛国米献納運動」が開始され、各世帯に10キログラムのコメを節約し、軍の食事用に政府に差し出すよう呼びかけた【691】。

(c) 1990年代の飢えと大飢饉

512． 食糧事情は悪化し続けた。伝えられるところによれば、１９９３年に食糧暴動が起こった【692】。緊急食糧支援を得るためのアジア諸国との外交交渉が北朝鮮により開始された【693】。1994年から、国民の特定部分に対する国家の行動が急激に手荒くなった。公的配給制度（PDS）は、咸鏡北道、咸鏡南道、両江道、江原道《カンウォンド》の北部4地方で中断された【694】。加えて、農民に年間配給量としてすでに渡されていた穀物から5キロを回収するキャンペーンが開始された【695】。結果として、多くの北朝鮮市民が食糧を求めて中国とロシアへ向かった【696】。

513. 北朝鮮当局は当初、国際支援なしには解決できない問題が存在することを否定していた。大飢饉という否定しがたい現実に直面し、この態度は次第に変化していった【697】。1995年2月、北朝鮮当局は国際NGOからの食糧援助を受け取ったと発表した。1995年5月、韓国の金泳三《キムヨンサム》［*Kim Young-sam*］大統領が北朝鮮への無条件の食糧援助を公開で申し出た。その月の終わりに、北朝鮮政府は国家が食糧不足に陥っていることを認めた。北朝鮮は韓国と日本に食糧援助を求めた。援助のアピールは米国にも発せられた。

514. 自然災害が食糧の有用性を悪化させた。1995年7月30日から8月18日の間の集中豪雨が北朝鮮に破壊的な洪水をもたらした【698】。1995年8月31日、国連人道問題局は、初めて、北朝鮮が支援を求めていると発表した【699】。1996年にさらなる洪水が発生し、これに「記録史上、最も長い春の旱魃」が続いた【700】。この自然災害の結果、国連は「農業部門が大規模に破壊」され、穀物被害は150万トンに上ると報告した【701】。加えて、交通機関が多大な影響を受け、大部分の国民への食糧配送が滞った。

515. しかしながら、前述した飢饉の発生経過は、北朝鮮が繰り返し主張する洪水が食糧危機の主要原因であるとする見方とは矛盾する。飢饉はすでに1995年の洪水以前に問題となっていた。日本の外務省参与の島内憲《しまのうちけん》は1995年9月に、「洪水以前の、1995年6月30日、深刻な食糧不足を抱える（北朝鮮からの）要請に応えて、日本の外務省は人道的視点から（北朝鮮に）コメ30万トンの供給を決定した」【702】と明確に述べている。

516. 調査委員会は、飢饉を経験し、親戚や子供たちの死を目の当たりにした人たちから膨大な数の証言を得た。人々は生き残りをかけて絶望的な行動にでた。草の根からおかゆを作った人もいれば、松の若木の樹皮を料理した人もいた。収穫の後、稲の根を取って細かく砕き、トウモロコシと混ぜて麺を作った人もいた。人々はそうした粗末な代用食を口にし、恒常的に消化不良と下痢に悩まされた。最悪の場合は死亡した。

ソウル公聴会で、C（女性）は次のように証言した。

> 私の父は、栄養失調で、1996年2月16日の早朝になくなりました。1997年4月、私の兄と妹が餓死しました。

そして、1998年、私の弟も死にました【703】。

ワシントン公聴会で、**チョ・ジンヘ**（女性）は1990年代の飢饉の間に彼女と彼女の家族が経験した栄養失調について話してくれた。彼女の2人の兄弟と祖母は餓死した。

私の弟が生まれたとき……祖母は（彼を）殺したかったのです。母がひどい栄養失調でお乳がでなかったからです（母は）「どうか赤ちゃんを殺さないで」と祖母に懇願しました。……私がこの弟の面倒を見なければなりませんでした。それで私が彼をおんぶして町を回ったり、祖母が抱いて歩き回って泣き止めさせようとしたこともありました。でも、さきほど私が言ったように、食べるものがなにもなかったので、彼は泣き止みませんでした……私の腕の中で弟は死にました。食べるものがなかったからです。私ばかりが彼を抱いていたので、弟は私を母親だと思っていました。私が水を飲ませてやっているとき、彼は私の顔をみてにっこり笑うことがありました【704】。

ロンドン公聴会で、**チェ・ジョンフア**［*Choi Joong-hua*］（男性）は次のように話した。

1990年代に私が軍隊から帰って5カ月のうちに私の兄が死に、次の年に、弟が死にました。しばらくして、私の3人目の兄弟が栄養失調で死にました……【705】。

飢えのために死んだ兄弟3人を埋葬した時、彼は北朝鮮では何かが間違っていると思った。

私の兄は1950年代の戦争を生き残りました。何故、彼が（1990年代に）死ななければならなかったのでしょうか？　私の兄弟は何故平和な時代に死ななければならなかったのでしょうか？【706】。

ひとりの女性が1995年後の咸鏡南道の食糧事情を話してくれた。彼女の父親は1995年2月に死亡した。彼女の2人の姉妹は栄養失調になった。この証人は次のように語った。

私の姉は死の間際に麺を食べたがっていたのですが、一杯の麺を買うお金もありませんでした。姉は1997年に死にました。妹が丁度その一カ月後に死にました。妹が死ぬ間際に欲しがったのは一切れのパンでした。弟は1995年から高原《コウォン》炭鉱で働いていましたが、体が弱りすぎて解雇されました。弟は家に帰る途中の列車の中で栄養失調で死にました。彼の遺体を見つけたのは私です」【707】。

ソウル公聴会で**P**（女性）は彼女の隣の家の5人の息子が餓死し、山に食べものを探しに行った人たちが毒キノコを食べて死んだ、と語った【７０８】。

キム・グァンイル（男性）はソウル公聴会で「大飢饉」について語った。

まるで昨日のことのように生々しく蘇ってきます。１９９０年代、特に咸鏡地域で、飢饉は１９９４年に始まりました。……ある日、（私の近所の）80人が死にました。死人が多すぎるので棺がなくなってしまいました。それで（昔ながらの埋葬板を）借りて埋葬したのです。墓石に添える木もありませんでした。こうして多くの人たちが死んでいったのです【７０９】。

ソウル公聴会で、**Ａ**（男性）は１９９７年から１９９９年の間を、最も困難な時期、「大飢饉」と表現した。この間、配給は停止していたと彼は言った【７１０】。

チ・ソンホ（男性）は、１９９６年3月に左手と左足の一部を失ったときのことを話してくれた。彼は空腹に苦しみ、食べ物か食べ物を買うお金を探していた。走行中の列車に飛び乗って売れる石炭を取ろうとしたのだが、何日も食べていなかったため、列車から落ちてその列車に轢かれ、左手と左足を失った。**チ**は１９９０年の冬は彼や彼の家族が食べるものは何もなかったと語った。

木の皮も食べていました。土の中にキャベツの根っこがありましたが、それでは足りませんでした。時間が経つにつれ、祖母や他の弱い者たちは全く動けなくなりました【７１１】。

517. １９９６年初頭、北朝鮮当局はその年の5月まで食糧配給を停止すると正式に発表した。１９９６年までには、野生食が国民の食事の30%に上ったとも伝えられている【７１２】。１９９７年まで公的配給制度（ＰＤＳ）から供給を受けたのは国民の６%だけだったと推測される。１９９８年のほとんどの期間、国家は誰にも何も供給しなかった【７１３】。１９９８年1月、個々の世帯はＰＤＳに拠らず、個々の責任において家族を食べさせる義務があるとの公式発表があった【７１４】。国家の食糧事情の急速な悪化は国連が行った栄養状況調査に表れた。この調査は１９９８年12月に発表され、16%の子供が激しい栄養失調状態にあり、62%が慢性的栄養失調状態にあることを示した【７１５】。

518. 食糧を受け取れず、物乞いや、当局から違法とされている行動にでるなどの方法で、人々が食糧を得ようとせざるをえなかった様子が、聞き取りを行った多くの人たちから語られた【７１６】。

ソウル公聴会で、**Ｃ**（女性）は、咸鏡南道では１９９４年に食糧配給が止まったと語った【７１７】。

518.
518.

ソウル公聴会で、**キム・グァンイル**（男性）は咸鏡南道の食糧配給の模様を話してくれた。

> 私が自由が必要だと思ったのは１９９６年でした……政府がコメと食糧をくれていたので私がしなければならなかったことは仕事でした。１９９６年まで私はそうしていたのですが、１９９６年に配給が止まったのです。それでみんなは自分で商売を始めたり、犯罪に手を染めたり、盗みを始めたのです【718】。

１９９５年に公的配給制度（ＰＤＳ）が停止したとき、ある証人は市場でモノを売り始めた。彼女は夫の生徒の両親のところに食べ物をもらいに行くことが多かった【719】。

もう一人の証人は、北朝鮮の人々は生き残るために、麻薬や国営企業から盗んだ銅など、どんなものでも売っていたと証言した。この証人は国民が置かれた窮地を次のように表現した。「北朝鮮のルールに従うと生き残れません。しかし、ルールに違反すると、逮捕され、命が奪われるのです」【720】。

東京公聴会で、**サイトウ**（女性）は電線を売りに国中を動き回っていた時のことを話してくれた。この違法ビジネスは電線を運ぶために列車に乗り込んで身を隠していなければならなかった。**サイトウ**は電線を衣服に縫込んだので衣服が重くてとても着ずらかった。それでも鉄道警備員の目を逃れることが出来た。彼女はひとりの若い女性が取った絶望的な手段について話してくれた。

> 私の前に20代の若い女性が背中に赤ん坊を背負って立っていました。彼女は何かの取引をしていて、帰宅するところだったのだと思います。その点では、北朝鮮のたくさんの人たちが食糧不足に苦しんでいたのですが、北朝鮮の人はとても親切でした。心の底から親切なのです。赤ん坊を背中に背負ったこの女性は、私の前に立っていました。そして赤ん坊がつぶれないように気遣っていました。周りの人たちは「赤ん坊がつぶれないように気をつけよう」と言って彼女を助けていました。

サイトウとその赤ん坊を背負った若い女性は警察に列車から連れ出された。**サイトウ**は自分が電線を運んでいるので警察に連れて行かれる理由が分かっていたが、若い女性が尋問を受ける理由が分からなかった。

> 彼女は赤ん坊を背負っているだけでした。そしてとても小さなバッグを手に持っていました。なぜ彼女が捕まったのか分かりませんでした。私は待っていました。そして警官が戻ってきました。今度は警官は一人でした。私とその女

性だけでした。私は彼女に尋ねました。「子供に食べさせなくてもいいの？　ずいぶん時間が経ってるけど」彼女は、「大丈夫」と言いました。列車に6~7時間も乗っているのに赤ん坊がどうして静かなのかと不思議に思っていました……

私の尋問が終わると、警官はその女性に赤ん坊を机の上に置くように言いました。するとその女性は突然泣き出したのです。なぜ泣くのか私には分かりませんでした。女性は赤ん坊をおろさず、ただ泣いていました。警官も理由が分かりませんでした。女性は布と紐で赤ん坊を背中に結び付けていました。彼女は赤ん坊をおろしてテーブルの上に置きました。その時、私は赤ん坊がおそらく18カ月か2歳以下であることに気づきました。もう幼児でした。お腹の周りに血が見えました。理由を説明しろと警官が言いました。女性はただ泣くばかりでした。警官が突然赤ん坊の胴を引き裂くと、赤ん坊の胃の中に2キロくらいの銅が見つかったのです。私はその時、ここまでしなければ北朝鮮では生きていけないのだと気づきました【721】。

(d) 国からの配給の代わりをもとめて

519. 公的配給制度（PDS）の失敗で人々は飢えを避けるための仕組みを自分たちで見つけざるをえなくなった。非公式の市場が、国家の政策決定ではなく、国民によって自然発生的に出来上がった。ジャンマダン（市場）は「農民市場」として始まった。人々は小さな庭や家の周りの土地で栽培した農産物をジャンマダンで売った。集団農場も、国家が農家に農産物を供給出来ないことを知っていたから、生産したコメの一部を次の季節に必要になる農産物供給と交換するために蓄えた。彼らはこの貯蓄米を新しく台頭した市場で販売もしくは交換した。この原始的なジャンマダン経済は、当然のこと法も規制もなく発達したものだが、当初は違法市場、もしくは闇市場であった。しかしながら、１９９０年代後半になると北朝鮮全域に広がった。２００８年には、非公式の経済活動が北朝鮮世帯の総収入額の78%を占めたと推測された【722】。

520. 調査委員会が受け取った証言では、人々はビデオや煙草などを売って市場の活動に関わり、お金を稼いで食糧を買い、公的配給制度（PDS）の不十分な配給を補ったことが確認されている。

ある証人は１９９０年代に食糧配給が半分になったと話した。それ故、彼の家族は市場と中国との取引で配給を補足しなければならなかった【723】。

別の証人も１９９０年代に食糧が少なくなったことを強調した。食糧の密輸とコメの闇市がその結果として台頭した。食糧が少なくなる以前には厳密な意味での市場は存在しなかった。金日成《キムイルソン》が死去すると（訳注◉１９９４年7月8日）、食糧の配給は完全に停止し、市場が食糧を手に入れる唯一の場所となった【7

２４】。

ある証人は、14歳だった１９９２年から闇市でビデオを売っていた。この仕事をしていたために、彼はよく逮捕された【７２５】。

別の証人は、１９９５年まで食糧状態は良かったと主張した。１９９６年に彼の家族は家財道具を家から出して売り始めた。家財道具が全部なくなってしまった後、証人はタバコと野菜を市場で売ろうとした【７２６】。

別の証人は１９９０年の「タリギ経済」の発展について話してくれた。「タリギ」とは朝鮮語で「走る」ことを意味するが、「タリギ」は小都市でモノを調達し、それを田舎に運んで差額を稼ぐ仕事を指す。人々はふつう羅先《ラソン》特別市から来るモノを売った。ほとんどの品物が中国産であった【７２７】。

ふたりの子供の父親は配給食糧が４人家族にとって充分であったことは一度もなかったと語った。家族の食糧を満たすために妻が違法活動をしなければならなかった。彼女は農作に携わり、酒と豆腐用の豆を極秘に売っていた【７２８】。

521. 市場の発展が北朝鮮経済に与えた影響は深刻であった。市場が公的配給制度（ＰＤＳ）に取って代わったのである。市場はまた国民のあるグループには収入を増やす機会、たとえば貿易を通しての増収の機会を与えた。市場から利益を得られるかどうかを決定する要素は居住地、職業、汚職に携わる能力、外貨へのアクセス（正式の職場を通じてか、非公式の経済活動を通じてか、または中国、日本、韓国の親戚からの送金を通じてなど）など様々であった【７２９】。

政府関係者の中には、もうけを出すために食糧を横流ししたり、（もしくは）市場活動関連で賄賂を受け取るなどして市場の恩恵に浴するものもいる。こうした状況下、それまでに社会の主流から取り残されていた人々の立場はさらに弱くなった。

522. 市場は、食糧の物理的かつ財政的利用可能性に大きな影響を与え続けている。財政資源のない人々か、取引能力のない人々は実質的に市場から締め出されている。

平安南道の南浦出身のある証人は、コメは１キロあたり５００～６００ウォンで、彼が買える金額ではなかったと話した【７３０】。

別の証人は２０１０年から２０１１年には、食糧の配給はなかったと語った。彼女は、彼女が北朝鮮を離れた時、国民の40％は食糧を買うことができなかったと推測している【７３１】。彼女は「お金のない人は、飢えるしかないのです」と、力をこめて語った。

北朝鮮内の匿名ジャーナリストのネットワークをつくるアジアプレス、リムジンガンの**石丸次郎**は、東京公聴会で、市場のコメの値段は現在、1キログラム当たり5000ウォン位であると語っている。公務員の一カ月の給料が平均2000～3000ウォンであることを彼は強調した。彼によると、北朝鮮の問題は食糧を手に入れられるかどうかであると言う。市場にはたくさんの食糧が売られているのだが、人々はそれを買うお金がない【732】。

非公開で聞き取りを行ったひとりの女性は、2012年、コメの値段が急騰し、ほとんどの人が買えなくなったと語った。「貧乏人と弱者は餓死するのです」と、彼女は付け加えた【733】。

(e) 2000年以降も絶えない飢えと飢餓

523. 2000年以降、餓死者の人数が減っているように見える一方で、数々の報告や研究が国民の大部分がいまも飢えと栄養失調に見舞われていると伝えている【734】。国連食糧農業機関（FAO）によると、北朝鮮で栄養失調をわずらう人の数は2000～2002年で840万人（人口の36・6%にあたる）、2005～2007年で860万人（人口の36%）、2008～2010年で970万人（40・2%）、2011～2013年で760万人（30・9%）であった【735】。餓死の報告は続いている。

524. 2000年の夏と2001年の春、北朝鮮は旱魃に見舞われ、小麦と大麦とジャガイモの収穫に大打撃を被った。旱魃はまた土壌の水分を急激に奪い、貯水池の枯渇と灌漑システムに深刻な影響を与えた【736】。韓国からの情報によると、1万5000人の北朝鮮兵士が2001～2002年の食糧不足が原因で脱走した【737】。

525. 2002年、北朝鮮は「7・1経済管理改善措置」（7・1措置）を導入した。この新政策は、社会主義思想を保持しつつ、変化する環境の中で最大限の利益を得るために導入された。北朝鮮は次の目的を達成しようとした。(1) 債務再編と市場価格に呼応する公定価格の設定、(2) 国営企業に経営者裁量を拡大させ、独立経営を奨励する、(3) 増大し続ける闇市場の閉鎖、(4) 消費財流通の政府システムへの返還。7・1措置は「総合市場」の設立を想定した【738】。

国営企業に採算性を要求するなど改革を匂わす特徴もあるが、これは国家統制経済機構の根本的な改革を意味するものではなかった。公的配給制度再建への有効な手段を持たないまま、当局が闇市場を閉鎖しようとしたために、政策はハイパーインフレを引き起こし、失敗に終わった。この状況に対処するために、2003年4月、当局は闇市場の合法化を決定した【739】。北朝鮮では数十年間、コメは公的配給制度内で形ばかりの値段で「売られ」てきた。改革後、公定価格は550倍に跳ね上がり、1キロあたり0・08ウォンから市場価格とほぼ同等の44ウォンになった。これによって北朝鮮市民の多くが改革の意図せぬ副作用に苦しんだ。

526．２００５年、北朝鮮は援助と安全保障との引き換えに、核開発計画の撤回合意に署名した。同じ年、国連世界食糧計画（ＷＦＰ）代表は「北朝鮮政府が現在、国民に供給できる1日２５０グラムは飢餓食割当の量である」と述べた【740】。ある証人は２００５年に生まれた2人目の孫が食糧不足から健康を害したと語った。「今日では、少しは食べられる物がありますが、それでも孫の具合は全然良くなっていません」【741】。

527．２００６年7月と２００７年8月、新たな洪水が北朝鮮を襲った。国連は夏の洪水が食糧生産の多くを破壊し、冬期には弱い立場の人々を栄養失調の危険にさらすと報告した。

528．伝えられるところによれば、悪化する人権状況が人々を絶望的な手段に走らせていた。統一研究院は、「苦難の行軍の期間中、人肉の販売の証言があった。２０００年にはこうした証言はほとんど消えたが、２００６年、経済破綻と食糧不足に起因する共食いの証言が再び登場した」と報告した【742】。

529．北朝鮮は公的配給制度（ＰＤＳ）を引きつづき運用し、「非公式経済」を弾圧する一方で、ＰＤＳの再開をさまざまな機会で試みている【743】。国連食糧農業機関（ＦＡＯ）と国連世界食糧計画（ＷＦＰ）によると、政府は２００５年10月にＰＤＳの再活性化を試みた。これによる改善はあることはあったが、まもなく再開以前のレベルに戻った【744】。

食糧生産の低下、燃料費の高騰、インフラの破壊などの様々な要素が食糧配給を不安定なものにした。２００３年と２００７年、食糧配給を受け取れたのは公的配給世帯の4分の1以下と農民の3分の2のみで、配給を受けた人たちにも彼らの受け取るべき全配給量が支給されることはあまりなかった。政府によるＰＤＳ復活のさまざまな試みは失敗した。２００４年から２００８年の間、食糧割当量は1日1人１５０グラムから３５０グラムであった。２００８年、年初に３５０グラムであった割当量は5月には２５０グラムに減った。6月から9月には、１５０グラム――最低栄養摂取量の4分の1――となったが、10月に３００グラムに再び増えた【745】。下記の数字が示すように、政府の目標値1日５７３グラムは２００８年以降、達成されたことがない。

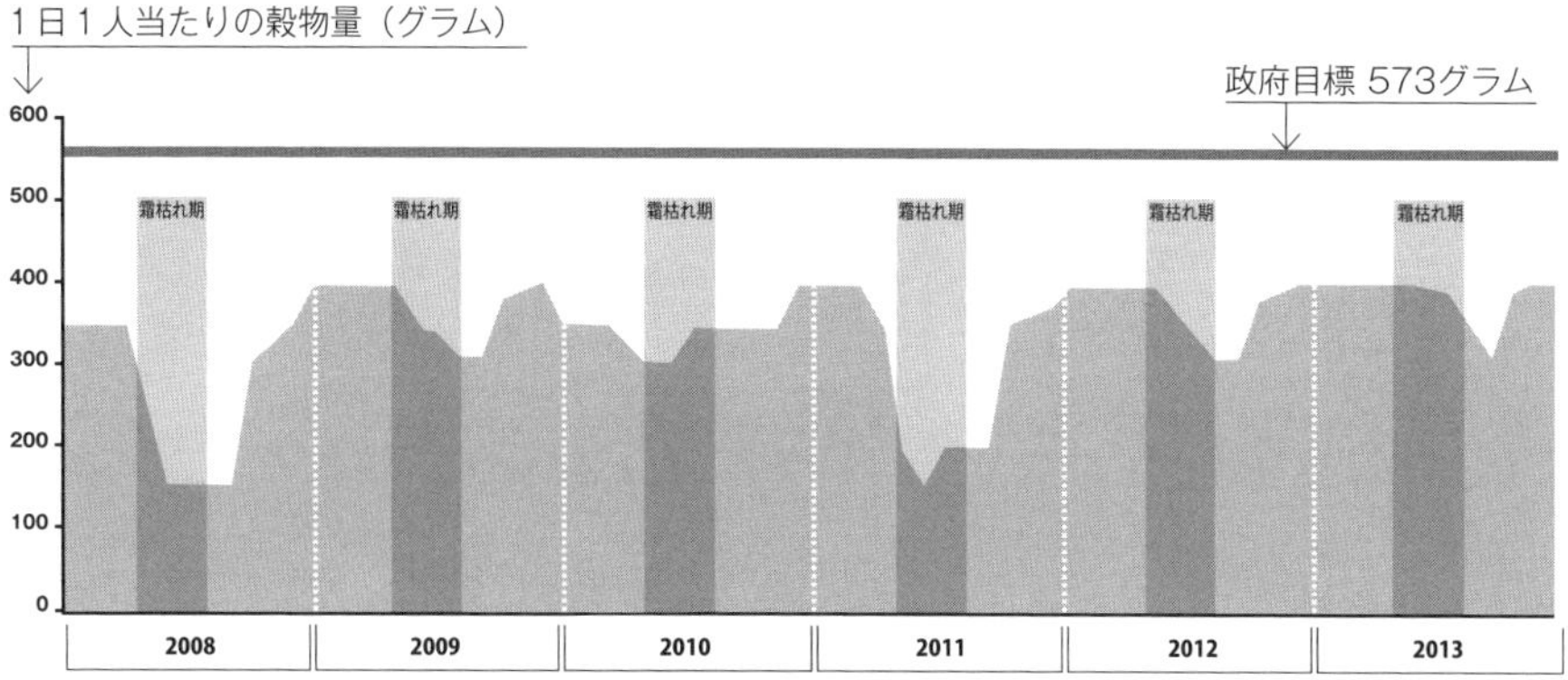

図2｜公共配給制割当量（2008~2013年）と政府目標との比較【746】

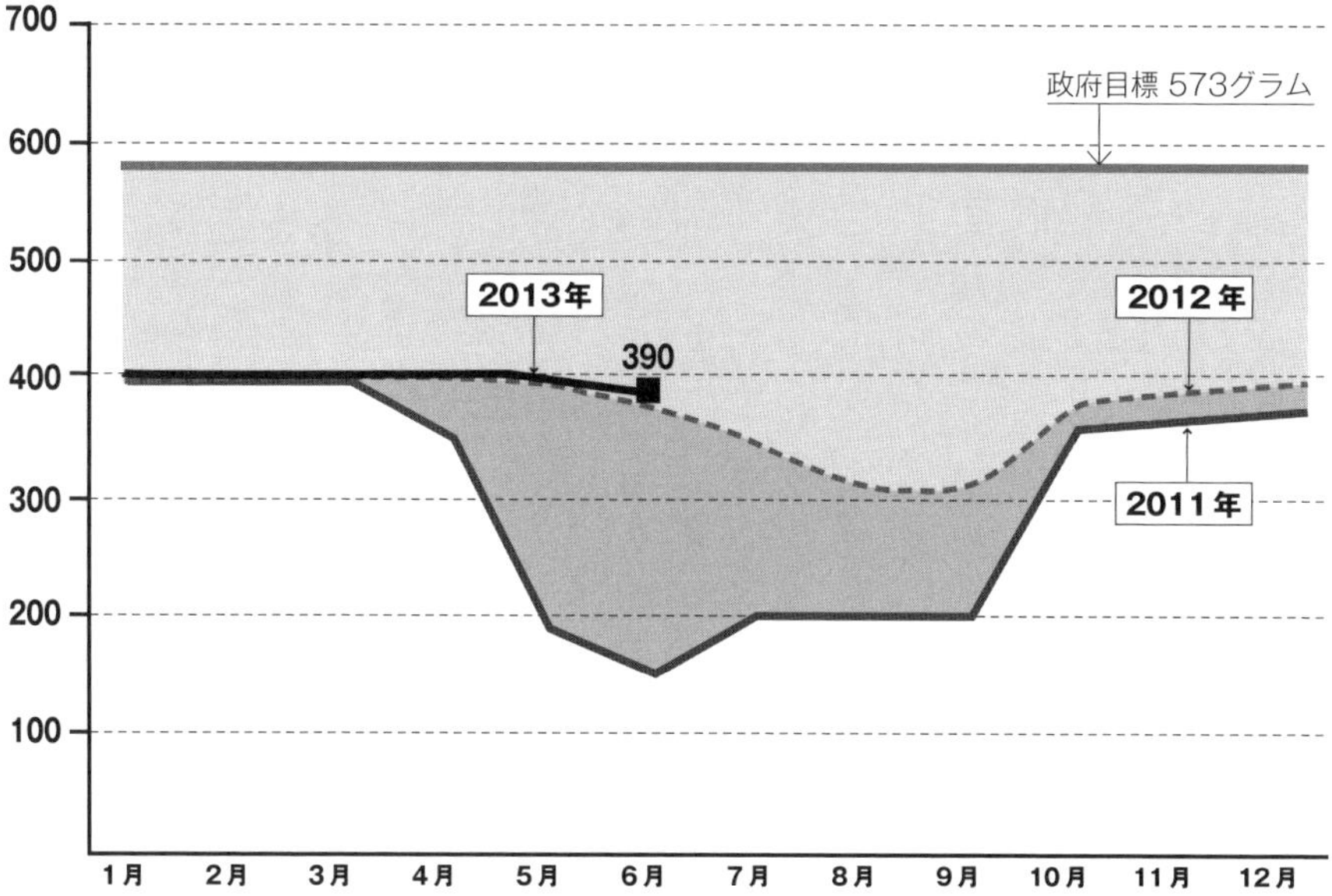

図3｜公的配給制度割当量、1日1人当たりのグラム量（2011-2013年）【747】

529.

529.

図4 ｜ 食糧不安に対する脆弱性【750】

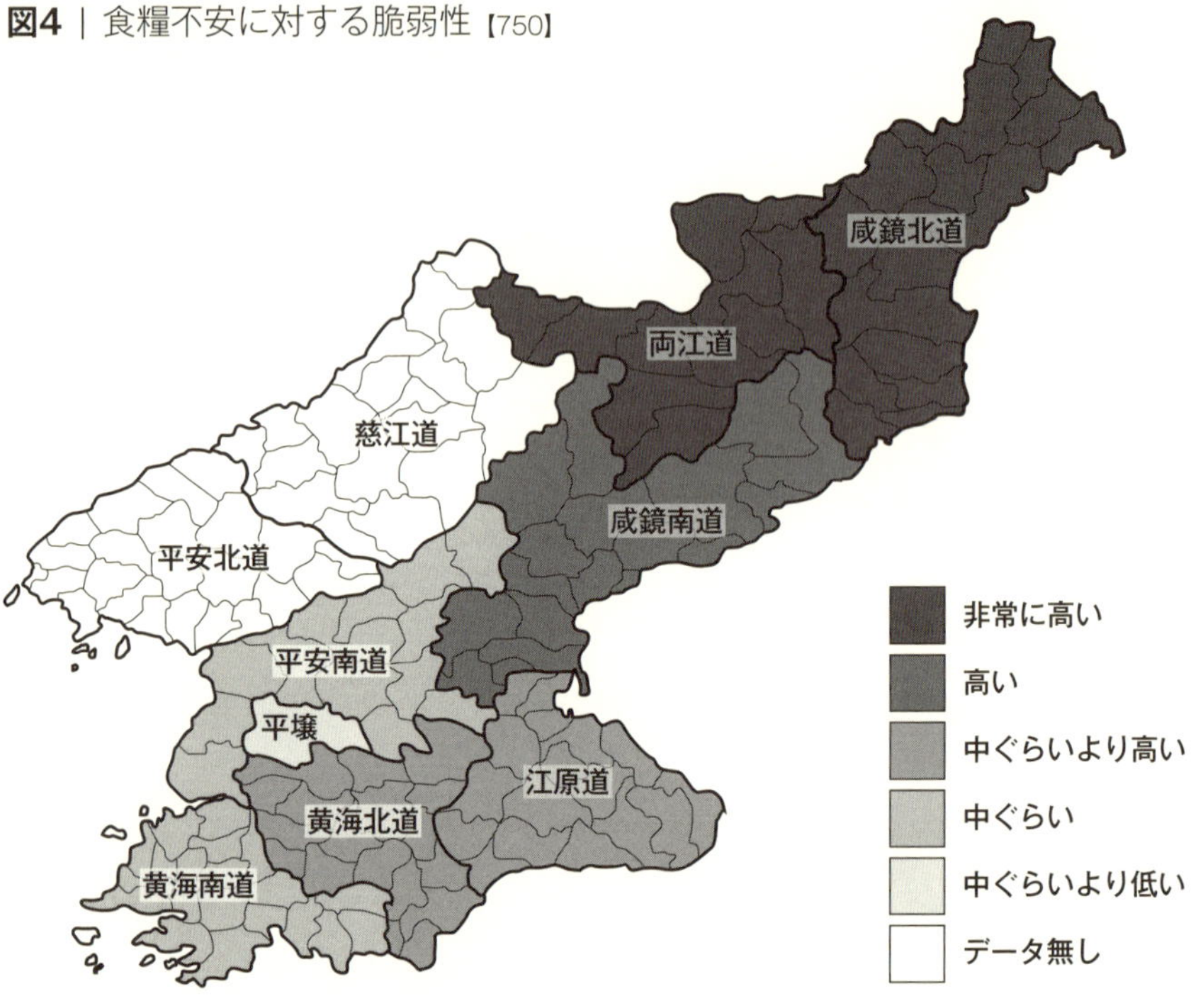

530． ２００８年、国連世界食糧計画（ＷＦＰ）は、北朝鮮が深刻な食糧不足に陥っていると報告した【７４８】。同年発表されたＦＡＯ／ＷＦＰの食糧安全保障評価では、２００３年から２００５年の時期と比較して、北朝鮮内の野生食の消費量に20％近くの増加が見られるとした。野生食消費が増加したことによる下痢が５歳以下の子供達の栄養失調の主要原因のひとつであると報告されている。それは特に都市部に多い。ほとんどの病院や児童施設に幼児用の栄養強化食糧がないため、栄養失調治療には実際的な限界があった【７４９】。

531． ２００９年11月30日、政府は新通貨と旧通貨を１００対１の割合で交換すると発表した。北朝鮮市民に与えられた旧通貨と新通貨の交換期間は一週間だけだった。交換可能な金額には厳しい制限が設けられた【７５１】。

国家統制下のメディアによると、改革の目的は、「国民の生活を安定させ、改善することであり、国民の利害を守ること」であった【７５２】。特に、政府はまず第一に、インフレとの闘い、第二に、市場の役割の削減と中央統制経済制度の復活に照準を定めた【７５３】。

北朝鮮の元教授で現在、ソウルの対外経済政策研究院に身をおく趙明哲《チョミョンチョル》［*Cho Myong-chol*］は、「北朝鮮国内の民間市場の閉鎖に失敗した後、富裕な商人階級を無力化させるにはおそらく通貨改革しか残っていなかったのだろう」【７５４】と語り、通貨改革は金一族の権力掌握を回復させるためのものであったと、付け加えた。北朝鮮の新しい富裕商人階級には、伝統的なエリートでも「理想的な」共産主義者でもない人たちが多く含まれており、現在の指導部への脅威となり得る人たちである、と彼は指摘した。

532. 通貨改革の結果、さらなる飢饉が起こったように見える。２００９年までコメの市場価格は２０００ウォン当たりで上下した。ストリートチルドレンの数は２００９年の通貨改革の後、再び増加した【755】。通貨改革後の２カ月間のうちに、金英逸《キムヨンイル》 [*Kim Yong-il*] 首相が各地方住民代表に直接、謝罪したと伝えられている【756】。この後、朝鮮労働党中央委員会財政部部長、朴《パク》南基《ナムギ》 [*Pak Nam-gi*] が解任され――報道によれば処刑された【757】。失敗を認めるという前代未聞の事態に至ったのは、不満が指導部の支持者間でさえ大きかったためだろうと解説する人もいた。北朝鮮は２００９年12月28日に外国通貨の使用禁止令を出して市場対策に踏み出した【758】。「外国通貨の使用者に対する厳格な処罰について」と題した正式な布告が発表された【759】。加えて、当局は一般市場を閉鎖した。

この一連の動きは人々の食糧へのアクセスに大きな影響を与えた。特に民間市場もしくは自由市場でモノの取引や売買で生計を立てている人たちへの影響は大きかった。通貨改革の結果として生じた極端なインフレは一般の市民の食糧購買力を減少させ、人々の貯蓄の価値をほとんど皆無とした【760】。

533. 当局は市場を閉鎖したが、公的配給制度（ＰＤＳ）を充分に再開できなかった。これにより国内の様々な地域で大飢饉が起きた【761】。国民の間の不満は大きく、暴動が発生したと伝えられている【762】。

534. 逆の証拠ばかりがあるにもかかわらず、北朝鮮代表は２００９年の普遍的・定期的レビュー（ＵＰＲ）で「深刻な栄養失調の問題は過去のことである」と主張した【763】。

535. 人権ＮＧＯのグッドフレンズは、２０１０年の1月中旬から2月中旬までの間に順川《スンチョン》と平壌で数千人の人々が餓死したと報告した。グッドフレンドが引用した新義州《シニジュ》の朝鮮労働党の統計は、２０１０年2月20日、およそ３００人が死亡し、一方で１０００世帯以上が食べ物がなく飢餓の危険に晒されたことを示していた【764】。

伝えられるところによれば、２０１０年5月、朝鮮労働党は政府からの緊急援助はないと述べ、政府は「食糧事情が予想以上に悪化しているために、早急の対策を講じることができない」と発表した【765】。最後の手段として、当局は２０１０年に再び民間市場への規制を解除した【766】。

536. ２０１１年10月、北朝鮮は農村地帯で深刻な栄養失調状態にある子供達の撮影を許可した。国連世界食糧計画（ＷＦＰ）

は、公的配給制度（PDS）が成人1人の1日必要量の3分の1にあたる200グラムの割当量しか配っていないと報告した【767】。2011年、国連は北朝鮮の600万人以上の人たちが緊急食糧援助を必要としていると報告した【768】。農民の状況は食糧安全保障上、危機的であった。

ひとりの農民の証言によると、2011年に集団農場の支配人が、農民達が生産割当量を満たしていないと延べ、「農場に農民を食わせる義務があったことは今まで一度もない」と言ったと言う【769】。

537. 2013年も含めたごく最近に北朝鮮を脱出した人たちから調査委員会に提供された証言は、現在の経済的困難と食糧事情をよく物語っている。栄養失調はいまだに重大な懸念事項としてあり、特に農村地帯でそれは深刻である。食糧は市場で手に入るかもしれないが、モノの価格は実質的に国民の大部分が近づけるものではない。逆説的だが、資本主義を強力に批判した国家で、貧しい人達の大問題は購入の可能性が全くないことであり、彼らの状況は悪化したように見える。下記の図は北朝鮮内のコメの価格変化を示している。

538. 憂慮すべき報告が北朝鮮から続けて上がっている。2012年、黄海《ファンヘ》北道《ホクド》と黄海《ファンヘ》南道《ナムド》で1万人以上が餓死したとの報道がある【771】。これらの報告は、トムソン・ロイターが運営する

図5｜北朝鮮の米価(2009年8月から2013年4月)【770】

人権ニュースサービス、アラートネットが２０１１年にその地方を訪れて伝えた情報を裏づける【７７２】。この情報は、最近北朝鮮を離れた人々の証言とも一致した。

ある証人は、２０１２年、彼女の住んでいる地域で12人の人が餓死するのを見た。そのうちの１人の男性は草しか食べていなかった【７７３】。

清津出身の別の証人は、２０１２年には食糧配給がまったくなかったと証言した。２０１３年は1月に1キロの食糧を受けとり、3月にもう1キロ受け取った。彼女は金正恩が指導者の地位に着いてから食糧事情は悪化したと語った【７７４】。

539. ２０１３年、北朝鮮は1月から5月の間は、1日４００グラムの食糧を配り、６月と7月に1日３９０グラムを配ったと伝えられている。これによると、２０１３年1月から1年間の食糧配給量の平均は1日３９７グラムとなる。また、配給のなかには、通常は戦時体制下の配給用とされるコメの緊急備蓄分が含まれていたとも伝えられた【７７５】。

国連人道問題調整事務所（ＯＣＨＡ）によると、「２０１３年の公的配給制度（ＰＤＳ）による食糧配給は２０１２年と同じパターンを取っている。供給量は２０１１年より多いとは言え、１日1人５７３グラムの目標を遥かに下回っている」【７７６】。加えて、図6が示すように、食糧割当量は年齢によって大きく変化している。

(f) 様々なグループへの影響

540. 公的配給制度（ＰＤＳ）の失敗と長引く大飢饉は北朝鮮の多くの人々の生活に深刻な影響を与えた。被害が多方面にわたるため、調査委員会は特に３つのグループに絞ってその影響を見ることにする。

(i) 子供への影響

541. ２００９年の普遍的・定期的レビュー（ＵＰＲ）への報告書の中で、北朝鮮政府は、「国家創設の初期より、子供は国家の未来であり、『王たち』であるとの基本姿勢を変わらず維持してきた」【７７８】。しかしながら、子供達は、この悲惨な食糧事情からもっとも影響された人たちの中にいた。世界銀行の示す数値では、北朝鮮の幼児死亡率は１９９０年の１０００人に45人の割合から、１９９９年には１０００人に58人の割合になっている【７７９】。北朝鮮は２００２年、１９９３年の幼児死亡率が１０００人に対し27人であったが、１９９９年には１０００人に対し48人に増えたことを明らかにした【７８０】。

542. 多くの子供を死にいたらせるだけでなく、飢えと飢饉は幼児と子供の長期的な成長に深刻な悪影響を及ぼす。国連食糧農業機関（ＦＡＯ）によると、

幼児の生命の最初の１０００日間（受胎から2歳まで）と幼児

期の栄養失調は、特に深刻であり、子供の成長と学習能力、および後年の人生で生産力のある成人に成長する能力に対し不可逆的にして長期的な影響を大きく与える。これは社会および国民全体の潜在力の発展を抑制することになり、国家の健康に対する責任と人道的責任にとって長期的な財政負担を強いる問題となり得る【781】。

543. 1998年の国連栄養調査は9歳以下の子供の成長阻害率が62％であることを示していた【782】。この成長阻害レベルはWHOの分類（図7参照）によると、「非常に高い」。この高い成長阻害率は飢饉が1980年代後半に始まったことを示している。1998年に成長阻害が分かった子供の中の9歳児はおそらく1989年から慢性的な栄養失調であったことになるからだ【783】。

年齢	1日あたり食糧割当量（グラム）	
全体	390	400
1歳未満	65	67
1～4歳	130	134
5～6歳	195	200
7～10歳	265	270
11～16歳	330	340
17～59歳	460	475
60歳以上	395	400

図6 | 年齢別食糧割当量と平均食糧割当量【777】

症状	有症率（%）による栄養失調の重症度			
	低い	中度	高い	非常に高い
低身長	20%未満	20～29%	30～39%	40%以上
低体重	10%未満	10～19%	20～29%	30%以上
消耗症	5%未満	5～9%	10～14%	15%以上

図7 | 5歳未満の子供たちの有病率で栄養失調の重症度を評価する、WHO分類【784】

544. 2002年、国連児童基金（UNICEF）と国連世界食糧計画（WFP）の協力の下、北朝鮮政府が多段抽出法を用いて7歳以下の子供を持つ6000世帯の調査を行った。データは、WFPの食糧支援を使い、社会統計変数と世帯の最年少児の身体計測手段を使って集められた。衰弱の有病率【785】は1997年（16・5%）と2002年（8・2%）の間で減少したものの、成長阻害の有病率（38・2% 対 39・4%）には変化がなかった【786】。

545. 北朝鮮は1990年代半ばから深刻な経済困難に見舞われ、それが、人々の健康、特に女性と子供の健康を著しく悪化させた。北朝鮮は、栄養食品の供給、栄養療法および医学療法で2000年代初頭から状況は大いに改善した、と国連人権理事会の席で主張した【787】。

しかしながら、調査委員会が収集した情報はこの主張に矛盾する。2009年のUNICEFの報告によると、北朝鮮は、5歳以下の子供の中で、成長阻害がわずかに見られる子供と深刻な症状が見られる子供の数が多い世界18カ国の中のひとつであった。2003年から2008年の間、北朝鮮の5歳以下の子供の45%は成長不良であった。同じ年齢の子供の9%は衰弱しており、7%は著しく体重が不足していた【788】。

UNICEFが支援した栄養調査では、国内の2歳児の27・9%は衰弱し、2歳児の子供全体の8・4%が深刻な衰弱状態にあるとの結論を出している【789】。したがって、WHOの分類に従うと、成長阻害の割合は高い。

546. 調査委員会は、幼年期の発育と発達の遅延は後から取り戻すことができない、もしくは、補うことができないと、栄養学者から聞いている。慢性的栄養失調は年齢とともに高まり、3歳に停滞期に達するが、2歳を過ぎると元の状態には戻れなくなる【790】。成長阻害の発生は、生存と肉体的成長の観点からばかりでなく、子供の成長全体にとっても重大な懸念事項である【791】。成長阻害にいたる慢性的栄養失調は、認知発達、学業成績、大人になってからの経済的生産性、母体の繁殖能力などに長期的な影響をあたえる【792】。成長阻害の世代を越える影響も考慮すべき問題である。身長が低く、体重の軽い女性は、身長が低く体重のより軽い子供を生むリスクが高い【793】。

547. 慢性的栄養失調の子供はさまざまな病気にも罹りやすい。WHO、UNICEF、国際赤十字社などの国際組織に北朝鮮が報告した報告書をふくむ様々な報告書によると、2002年、北朝鮮の5歳以下の子供の60%は急性呼吸器感染症をわずらい、20%以上が下痢の症状を呈していた。この時期、これらの病気による死亡率はほぼ80%に達した。病院を訪れる子供の40%から50%は汚染水が原因の病気に罹っていた。台風の季節にはこの率は60%から70%に上った【794】。

548. 北朝鮮の悲惨な食糧事情は多くの子供をホームレス（い

わゆるコッチェビ）にする原因でもあった【795】。両親を失った子供もいれば、市場か駅の待合室に捨てられた子供もいる。これは両親が子供達に食べさせる何の術ももたず、国家からの何の支援も受けなかったことが原因である。「子供の権利条約（CRC）」第20条によると、「彼または彼女の家族環境を奪われた子供は国家から提供される特別の保護と援助を受け取る資格がある」。2002年5月、北朝鮮政府は国連子供の権利委員会（CRC）への2回目の報告書で、北朝鮮は両親を失くした子供達に家族環境を提供する対策を採っており、国家は家族的・社会的レベルの両面から子供の育成に多大なる注意を払っている、と述べた。政府は、ほとんどの孤児は施設に送られ、そこで政府からの保護の恩恵に浴していると主張した【796】。

549． 北朝鮮の子供には児童養護施設に似た構造のいろいろな種類があると聞いた。イルバン（一般）として知られる一般児童養護施設のシステムには、ゲブモ（文字どうりの意味は『継父母』）と呼ばれる施設、そしてストリートチルドレンのための救護所《グホソ》施設がある【797】。

550． 1997年、「9・27常務」と呼ばれる施設が、許可なしに移動する人、特に食べ物を探す子供の取り締まり用に各郡に設置された【798】。また、「ストリートチルドレンの保護を目的とした保護施設は、実際は、子供の保護というよりはむしろ監禁施設に類似しており、この施設に入れられた子供達は教育を奪われ、労働を搾取されれている」【799】との報告がある。人道支援組織がこれらの施設に近づくことはできていない【800】。

ソウル公聴会で、**キム・ヒョク**（男性）は、1995年に父親に入れられた児童養護施設の状況を話してくれた。

> 1997年に、75人の孤児のうち24人が餓死しました……国内に児童養護施設を支える食糧はありませんでした。それで、その頃、私たちが食べていたのはトウモロコシの芯でした。それを乾燥させて、砕き、粉にしました。それしかなかったのですが、何の栄養分もありませんでした。そのため、私たちは便秘になりました……児童養護施設には食べるものは何もありませんでした。1996年と1997年、児童養護施設は出来るだけ多くの子供を釈放しようとしました。子供に与えるものが何もなかったからです。それで子供達は街路で物乞いをしたほうが不自由がないと考えたのです。児童養護施設に座って餓死するよりもましだったのです【801】。

ある証人が捕まって、他の6人の子供達と江東の救護所《グホソ》に入れられた時は11歳だった。彼女は、苦難の行軍の間、食べ物がなかった子供、もしくは、両親が逃げて置き去りにされた子供がその拘留施設に入れられていた、と話した。救護所で彼女はそこに一年間も入れられている子供たちに出会った。彼女たちは、最初に到着した時、椅子の上に立てと言われ、厚い皮のベルトで殴られた。子供たちは、壁の上部に小さな窓のある地下の部屋に入れられた。この証人は、3人の少年たち（14歳から15歳）と12歳の1人の少女といっしょに監房にいれられた。子供達は一日中座らされ、遊ぶことは禁止された。一週間に一回だけトイレを空にするために外にでることが出来た。子供達は、そこから出る許可をもらおうと、砂を食べ、スプーンを飲み込んで病気になろうとした。食事は少しだけ大根と小麦粉の入った塩辛いスープが少量、1日に2回から3回渡された。彼女はいつもお腹がすいていたことを覚えている【802】。

551. コッチェビ用の公共サービス、特に医療サービスに関しては非常に憂慮すべきものがある。

咸鏡北道出身の元看護婦は、働いている病院で、基本的な生活必需品さえ買えないために、たくさんのコッチェビたちが死んでいくのを目撃した。彼女は調査委員会に次のように話した。

たくさんのコッチェビが死んでいくのを見ました。病院で彼らを助け、彼らの衛生状態をよくするのが私の仕事だったのですが、彼らは暖かい衣服がないので、（暖炉で）使った石炭の置き場の横で寝ていました。積まれた石炭が滑り落ちて来るので、子供達はそれに潰されて、窒息したのです【803】。

552. ２００９年の通貨改革以降、北朝鮮の経済状況は悪化し、コッチェビの数が増えたとの報道がある【804】。

２０１０年8月、金正恩《キムジョンウン》が国家安全保衛部（SSD）と人民保安省（MPS）に対し、第3回労働党大会が２０１０年9月28日に開かれる前に、平壌のコッチェビと成人のホームレスを除去し、彼の首領継承の準備に入れとの命令を出した、とひとりの元高官が証言した。保衛部と人民保安省は地方から追加部隊を動員し、突撃弾圧部隊を編成した。捕まった人たちは犯した不正の内容次第で教化所（一般刑務所）か、短期の強制労働拘留施設か、または、出身地のコッチェビ用の「リハビリテーションハウス」に送られた。この掃討作戦の後、保衛部と人民保安省は金正恩に、多数のコッチェビと非登録市民を逮捕し、それぞれの出身地に送り返し、施設に拘留したと報告した【805】。

調査委員会は、ホームレスの子供を秘密裏に撮影したビデオも見て評価した。ビデオは２０１２年の平壌市場と２０１１年のある地方で食べ物をあさるコッチェビの姿を映していた【806】。

553. 調査委員会は、北朝鮮が全道で、人道支援団体とNGOが子供に接近することを妨害しつづけていることを懸念する。さらに接近してよいとされた場合でも、施設の中や病院の中で人道支援団体が子供たちの様子を評価することは阻止されている。

(ii) 女性への影響

554．北朝鮮は女子差別撤廃条約（ＣＥＤＡＷ）の締約国である。ＣＥＤＡＷには農村の女性に関する義務を具体的に明記した条項が含まれている【807】。

555．前述したように【808】、男女間に平等をもたらす法律が施行されているにも関わらず、北朝鮮のジェンダー平等は、特に職場と家庭で実現されていない。伝統的に、家族の食糧を用意する責任は女性だけが果たしてきた。飢饉の間、この性別に特徴的な役割が変化することはなかった。しかし、食糧を見つけることはさらに難しくなっていた【809】。

556．１９９０年代、経済的衰退と、国家指定の職場における男性への厳しい義務が、結果として女性の経済的負担を増大させた。男性は、職場が機能していなくても、また、給料と食糧割り当てが減るか未払いでも、国家指定の職場に顔を出していなければならなかった【810】。国家からの配給量と給料が減り、また、男性に限界があったために、女性はふつうの家事とは別に経済活動を引き受けなければならなくなった。同時に、家事の軽減のために導入されていた仕組みが、福祉制度の崩壊により大幅に縮小したために、女性の家事の負担は劇的に増えた。たとえば、育児施設や教育施設の運用時間が短縮され、さもなくば、そうした公共サービス全体が停止した【811】。女性はすでに家族のための適切な食糧探しがますます困難になっていたのだが、彼女たちの仕事量は経済面にも家庭内でも劇的に増加した。

557．多くの女性たちは自分たち自身で経済活動を開始し、必需品を手にいれた。食糧配給と給料がなくなった時に、民間市場が家族を支える食糧獲得の主要手段となった。同時に、国家は市場活動を制限するため厳しい対策に出た【812】。国家は40歳以上の女性だけが市場で取引できるという規制を課し、若い女性は食糧を手に入れることが非常に困難になった。このことがこの国の売春を増加させたと考えられる。国家雇用から締め出され、民間市場で働くことが出来ない若い女性にとって、性取引が唯一残された生き残り手段となっていたからである。

558．女性は市場を利用する際に、肉体的問題にも直面した。取引は多くの場合、重い荷物を運ばなければならない。しかし、運送規制があるため、女性たちは背中に30キロから50キロの荷物を背負い、家と市場の間や各地方間を移動してモノを売らなければならなかった。女性が自転車でモノを運ぶようになると、国家は女性が自転車に乗ることに規制をかけ、自転車に乗る女性やズボンを履く女性に罰金を課した【813】。

559．食糧危機は多くの女性が北朝鮮を脱出する原因でもあった【814】。女性が食糧獲得の責任を負っていたために、彼女たちは２００２年以降、国を脱出する北朝鮮国民の多くを占めるようになった。彼女たちが中国に食糧と仕事を探しに行ったからである。

ソウル公聴会で、P（女性）は中国から4度本国送還された経験を語った。

国境を越えるのは簡単ではなかったのですが、それは少なくても……北朝鮮で死ぬよりはましでした。中国に行けば、最低限の生き残り手段が手に入れられると思っていました【815】。

560. 食糧危機の間の地下経済での女性の活動が、彼女たちの経済的自立と独立を増大させる重要な要素であった。しかしながら、男性優位と家父長系家族文化の結果として【816】、北朝鮮の女性、特に家庭の母親たちは健康状態が悪化した。彼女たちは家族のために自分の食事を抜くか量を減らしたからである。母親は家族に先に食べさせ、自分たちは1日一回の食事をとるのがやっとであった【817】。

(iii) 下級兵士への影響

561. 北朝鮮はその大きすぎる軍隊に適切な水準の食糧を供給できていない【818】。しかし、将校たちは食糧供給では優先されていた。

562. 食糧不足が一般の兵士たちに影響を与え始めたのは1970年代からであり、1990年代初頭にはそれがさらに顕著になった。数人の証人が、軍隊に割り当てられる食糧が不十分なために兵士たちが飢えで死んだことを話してくれた。

ロンドン公聴会で、元朝鮮人民軍（KPA）将校の**チェ・ジョンファ**（男性）が証言した。

1987年、私自身が栄養失調になりました。軍の人たちは自分たちの食糧や他の必需品はどうなっているのかと疑問に思っていました。それは北朝鮮が国際社会から孤立させられているせいだと言われていました【819】。

元朝鮮人民軍将校は、1990年代初頭に軍隊用の食糧が少なくなったと語った。1991年、愛国的コメキャンペーンが開始され、各世帯にコメ10キロづつを節約して軍の食事用に政府に収めるようにとの通告があった。彼の推測では、当時、3%から4%の兵士が栄養失調だった【820】。

ロンドン公聴会で、KPAの大尉だった**キム・ジュイル**（男性）は、兵士たちに食糧割り当てが減らされた時のことを説明してくれた。

兵士への割り当て量は1日800グラムでした。金日成《キムイルソン》が死に、金正日《キムジョンイル》が就任したあと、金正日は600グラムに減らしました。これはご飯が飯椀の縁すれすれに盛られるということなのです。山盛りではなくて小山程度の盛りつけになるわけです【821】。

563. 一般兵士の食糧の利用方法は、**アンドリュー・ナチオス**［*Andrew Natsios*］（2001年から2006年に米国国際開発庁［USAID］の行政官）の言うところの「農業の軍事化」【822】からさらに影響を受けた。1997年に、中央当局は肉体的能力の増強と貯蔵防止のためとして兵士を国営農場に派遣し始めた。当時は飢饉が国中に広がっていた【823】。農民たちは軍隊に食糧を賄賂として渡していた。それ故、兵士の食糧事情は、農村地帯に配備されるか、都市地域に配備されるかによって異なった。不十分な食事を補充し得た市場活動などに兵士たちは関わることは許されていなかった。

ロンドン公聴会で、**チエ・ジョンファ**（男性）は彼のような兵士たちは、「お腹を空かしていました。それは私たちには自分で自分の面倒を見る自由がなく、政府だけをあおぎ見ていたからです」と語った【824】。

564. 一般兵士用の食糧割当分は、個人的に使おうとする堕落した高位の将校たちによって横取りされ、流用されることが多かった。

元朝鮮人民軍大尉の**キム・ジュイル**（男性）は、彼の汚職の経験を話してくれた。

> 汚職がまかり通っていました……高位の将校に一定量が渡されると、下級兵士が割当量を受け取るまでには、与えられた割当量はほとんどなくなっていました【825】。

東京公聴会で、**石丸次郎**は、高位の将校たちは食糧を横領し、それを市場に売って私腹を肥やしていたと語った。

> ヒエラルキーの最上部で、旅団長たちは欲しいものはなんでも取ってから、残りを下のランクに渡すのです……一般の兵士たちには極わずかな量の食糧しか回ってこないことになります【826】。

565. 軍隊内の飢えは市民の食糧への権利にも影響した。1990年初頭、お腹を空かせた兵士たちが政府から支給される乏しい食糧を補うために農家や一般家庭から食糧を盗み始めた【827】。

調査委員会は、**キム・ジュイル**（男性）から、兵士が国民から食糧を盗むのはふつうのことで、部隊にそれを勧める将校たちもいたという話を聞いた。彼はこう語った。

> 兵士たちは死なないために盗みをしなければなりませんでした……軍隊に入る前、私は兵士は名誉ある仕事に就くことで、国民を守るものだとの洗脳を受けていました。しかし、すぐにそれは真実から程遠いことが分かりました……

自分たちの食糧と必需品を盗むのが兵士がするふつうのことだとしたら、軍隊は本当に人々を守っているのかと疑問になりました。軍隊はまるで海賊のようだったのです【828】。

チェ・ジョンファ（男性）は、食糧不足から兵士たちは人々を敵に回すようになり、食糧を手に入れるためには何でもし始めたと、語った。深夜に、兵士たちは民家の食糧や家畜まで盗んだ。彼は、朝鮮人民軍ユニットの兵士たちが、市場の品物を夜中に運んでいる3人の女性を止めた時の事を話してくれた。兵士たちは彼女たちに、品物を置き、裸になって、歌を歌えと命令した。彼女たちが歌を歌い終わるまでに、兵士たちは品物と女性たちの衣服を持って逃げ去った。**チェ**は、高位の将校たちはさらに上部から、食糧を盗んだ兵士たちを厳重に処罰し、兵士たちは基地を離れてはならない、との指令を受け取っていた、と語った。しかしながら、こうした指令が略奪を抑制しなかったことは明らかである。

彼らが私たちを全面的に統制しようとし、軍事基地を出ないように規制をかけたところで、私たちが出ないでいることなどできなかったのです。（兵舎を囲む）壁の上に鉄条網を張ることを考えたこともあったようですが、それに対して私たちは、空腹の兵士が壁を越えて逃げるのを止められるものは何もない、という姿勢でいました【829】。

565. ある証人は軍隊はすでに清津では1980年代から市民を犠牲にしていたと話した。

一年中、集団農場で働いても、軍隊に持って行かれるから、食糧が充分にあったことなどありませんでした【830】。

566. 北朝鮮政府は、大きな軍隊を食べさせる能力の欠如をかなり前から認めていた。1996年12月の演説で、金正日は次のように語ったと伝えられている。

人民軍は適切な食糧供給を受けていない。我々が一時的な困難に接しているのを見て、敵は我々の社会主義も滅びるとたわごとを言い、我々を侵略する機会をうかがっている。我々に軍用食糧がないことを知ったとしたら、米帝国主義は即刻、我々を襲撃してくるかもしれない【831】。

北朝鮮の首領が、兵士でさえ苦しんでいると西側が知れば、西側は侵略してくるかもしれないとの恐れを語るとき、「飢饉は栄養的危機から国家安全保障問題に変えられたのである」【832】。

567. 現在、軍隊への食糧割当は依然として不十分なものである。この問題は、腹をすかした兵士たちを秘密裏に撮影したビデオ映像に鮮明に映し出されている。このビデオは最近撮影され、東京公聴会で石丸次郎によって調査委員会に提出された【833】。北朝鮮政府は依然として軍隊を食べさせる能力を欠いている。このことが市民の食糧へのアクセスに悪影響を及ぼしている。政府が一般国民に軍隊への食糧提供を強要しているからである。

ある証人は主張した。

> 兵士たちは空腹で横になるのですが、眠れないのです……２０１３年3月、咸鏡北道の茂山に駐屯する第27連隊で食べ物をめぐって喧嘩がありました。ひとりの兵士が夜中に残飯を食べて捕まりました。他の兵士たちに殴られたのです。この兵士は腹が減っていたので、この扱いに激怒しました。彼は自分の銃で数人の兵士を殺したのです【834】。

2・地理的隔離と差別の影響

568．適切な食糧への権利は、他の人権と同様に、人種、肌の色、性、言語、地域、政治的意見もしくは他の意見、民族的または社会的出自、財産、出生または他のステータスに関してのいかなる差別もなく実行されるべきものである。食糧の利用における差別と、食糧調達の手段と資格の利用における差別は、国際法に違反する。非差別の原則は、国家食糧配給制度にも国際人道支援活動の食糧配給にも適応されるべきものである。

569．経済的、社会的そして文化的権利委員会が指摘するように、

> 一国家が深刻な資源不足に見舞われたとしても、それが経済調整の過程か、経済不況か、気候条件か、または他の要素に起因するものであるかに関わらず、適切な食糧への権利は、特に弱い立場にあるグループと個人に行き渡るよう対策が講じられなければならない【835】。

この文脈において、弱い立場にある国民を優先しないことは、人権侵害に相当する。

570．社会階級制度である成分《ソンブン》制度は、その開始時点から北朝鮮の全市民に重大な影響を与えてきた。低い成分《ソンブン》の人々は、公的配給制度によって配布される食糧割当の質と量の観点から差別された。

571．前述したように【836】、成分《ソンブン》制度は教育と雇用の機会を決定する際にも重要な要素となる。同様に、その人が就いている仕事によって、公的配給制度から受け取る食糧配給分の量が決まる。たとえば、特別治安機関に雇われている人々は1日８００グラムの食糧が割り当てられるが、一般の労働者はわずか６００グラムであった【837】。実際は、この違いはもっと鮮明であり、高位の成分《ソンブン》の人々は食糧を特権的に利用できる。**アンドリュー・ナチオス**はワシントン公聴会で調査委員会に

言った。

カーストに基づくシステムは、高位のカーストの人々に資源の利用の機会を多く与え、低位のカーストの人は差別される【838】。

農業研究を行っていた元北朝鮮政府関係者は、北朝鮮の生産システムと流通システムについて次のように述べた。

公的配給制度（PDS）に関して言うと、それは労働報酬制度と言ってよいものであって、社会奉仕制度ではありませんでした。社会の統治者として、限られた量の食糧しかない場合、まずはもっとも重要な人々に食糧を与えるでしょう。政府はほとんどの生産物を、「核」成分階層、人民軍、党に取っておきました。残った分が残りの人たちに配布されることになるのです【839】。

恵山（両江道）出身のある証人は、高位の人たちは一般人と比べると3倍の食糧を受け取っていたと語った【840】。

572. 食糧が少なくなると、当局は、重要でないと考える人々を犠牲にして、政治システムとその指導者の維持に重要であると考える人々を優先することに決定した。食糧は、党、重要な産業、重要な軍と治安関係者、そして首都の平壌に回されたことが複数の証言によって確認されている。配分は食糧の量に関して異なるだけでなく、食糧の質も異なり、コメのような好ましい穀物を多く含む割当量の違いにも現れた。平壌出身のひとりの元政府関係者は語った。

飢饉は私たちには何の影響もありませんでした。以前と同じようにすべてが手に入りました。

この政府関係者は政治委員会と人民委員会の党幹部、国家安全保衛部職員、武器弾薬工場の労働者への配給を優先するようにとの指示が出されていたことを強調した【841】。

平壌の元調査員は、「飢饉の期間中、平壌に死体はひとつもありませんでした。私が農村地帯を訪ねたとき、死体を見ました。死体を見てから、私は政権への不信を感じ始めました」と、語った【842】。

朝鮮人民軍護衛司令部の元部員は、飢饉の期間中でさえ護衛司令部の人々は「潤沢な食糧配給」を受け取っていたと語った。彼らは1日3回の食事が与えられ、週に2回は肉料理があった【843】。朝鮮人民軍護衛司令部は首領とその家族の護衛にあたるエリート部隊である。

国家安全保衛部の元工作員が、たくさんの特権を受けていたことを認めた。特に、飢饉の最中にも良質のコメを受け取った。この政府関係者によると、食糧配給分のほとんどが平壌と軍隊と治安部隊に渡っていたと言う。彼は1日に1キロの食糧配給分（豚肉、魚、油とコメ）を受け取っていた【844】。

平壌で学校に通っていたある証人は、首都の生活は彼女の故郷よりもはるかに良かったと語った。

> 政府は、他の地方が飢えに苦しんでいようと、平壌市は生き残らなければならないと、考えています。平壌の食糧配給は私の故郷の咸鏡南道で受け取るものより遥かに良いものでした。質も良いものです。もちろん一番良いものはトップの幹部の人たちに持っていかれているのですが……【845】。

573． 低位の成分《ソンブン》階層の人たちが一定の地域に集住させられていることから、北朝鮮の食糧状況とその根底にある差別に地理的次元が加わる。

574． 平壌のような地域は特権的な食糧状況の恩恵をうける。エリートたちが集中しているからである。それと反対に、遠隔地の北東部は、戦争捕虜と1950年代と1960年代に粛清されたグループなどが姿を消した歴史を持つ地域である【846】。これらの地域がまず最初に国家に捨てられていったことは驚くに当たらない。前述したように、1994年、公的配給制度に強く依存していた北東部の4地方、すなわち、咸鏡北道、咸鏡南道、両江道、江原道が配給制度から外された。

ひとりの専門家は次のような懸念を述べた。

> 大飢饉は絶対的な食糧不足から引き起こされたばかりでなく、配給の不平等からも起こったのです。配給の優先順位は成分《ソンブン》制度に従っていました。平壌の「王族」には食事があたえられる一方で、住民のほとんどが低位の成分《ソンブン》階層の人々である咸鏡北道には少量の食糧が送られるか、もしくは全く送られなかったのです【847】。

575． 調査委員会は、北朝鮮がようやく国際支援を求めた時、当局が平壌と特定の地域だけに援助を集中するよう求めた事実を指摘する膨大な証言と情報を受け取った【848】。人権団体が北東地域へ近づくことは拒否された。ワシントン公聴会で、**アンドリュー・ナチオス**は語った。

> 飢饉の期間中、北朝鮮の北東地域はトリアージ方式（優先順位をつけて分類する）で後回しにされたことを示す充分な証拠が、私が行ったリサーチと国連世界食糧計画（WFP）が入手した証拠の中にあります。彼らは実際、あの地域に食糧が渡ることを許可しなかったのです。それはその地域全域が成分《ソンブン》制度の非常に低い地位にあったからです。19世紀の李王朝時代でさえ政治犯が送られる場所だったのです。

過去にそこで反乱が起こったこともあり、それ故、そこは国のなかの不穏な地域であり、比較的危険な地域であると常に見られてきました。ＷＦＰ、ＮＧＯ、赤十字国際委員会（ＩＣＲＣ）は飢饉の２年間、北東部３地方に入ることを許可されませんでした【849】。

576. 調査委員会は、北朝鮮の食糧利用可能性の低下に地理的要素や気候的要素が果す役割を認識するものである。それにしても、前述の差別のパターンが次に示す地図にはっきりと現れている。地図（図８・９）は成長阻害と栄養失調に関して地域間に大差があることを示している。

3・認識と隠蔽

577. 状況の悪化に気づいているにも関わらず、当局は関連情報を外部世界と自国の国民にも隠した。このことが飢餓状況をさらに悪化させた。まず第一に、国内の飢餓の現実を隠すことで、北朝鮮は国民の情報への権利を侵害し、初期段階で国民自身が対処する力を妨げた。人々は食糧配給の再開を待っていたために自分の家で餓死したと、数多くの証人が強調した。第二に、情報を隠蔽したことが国際的な食糧援助を遅延させ、それによって多くの命が奪われた。第三に、データに関する秘密主義により、国際社会からの人道的支援と開発援助の提供を非常に困難なものにした。

578. 経済的、社会的及び文化的権利委員会によると、「経済的、社会的及び文化的権利に関する国際規約（ＩＣＥＳＣＲ）」違反は、一国家が飢えを免れるために最低限必要なレベルを満たすことが出来ないときに生じる。いかなる行動または怠慢が食糧への権利の侵害に相当するか決定する際、当該国家がこの義務を守る能力がないことと、守る意思がないこととの識別が重要である。

締約国が食糧へのアクセスを提供できない理由を資源不足によるものと主張するならば、その国家は、その国家がおこなった最低限の義務として、すべての資源を自由に使うあらゆる努力をしたことを示さなければならない【852】。国家の制御を越えるという理由から義務を実行出来ないと主張する国家は、(a)それが本当であること、(b)必要な国際的支援を得る努力をしたこと、(c)そうした支援を妨げていないこと、を証明する必要がある。

579. 北朝鮮当局は、支援を求めた１９９５年のかなり以前から、自国の食糧状況の悪化について認識していた。食糧配給量の削減や、もしくは、「１日２食運動」の展開など国家的な動きがあったことは、当局が、国際支援を求めるよりも、国内の適切な食糧への権利に深く影響する対策を選択したことを示している。

580. 元北朝鮮高官の黄長燁は次のように書いている。「北朝鮮

図8 | 地方（道）別成長阻害【850】

成長阻害（中・重度）※の５歳未満の子どもの割合
MICS（複数指数クラスター調査）2009より

※年齢相当の身長を持つ基準集団の身長の中央値から標準偏差がマイナス２未満

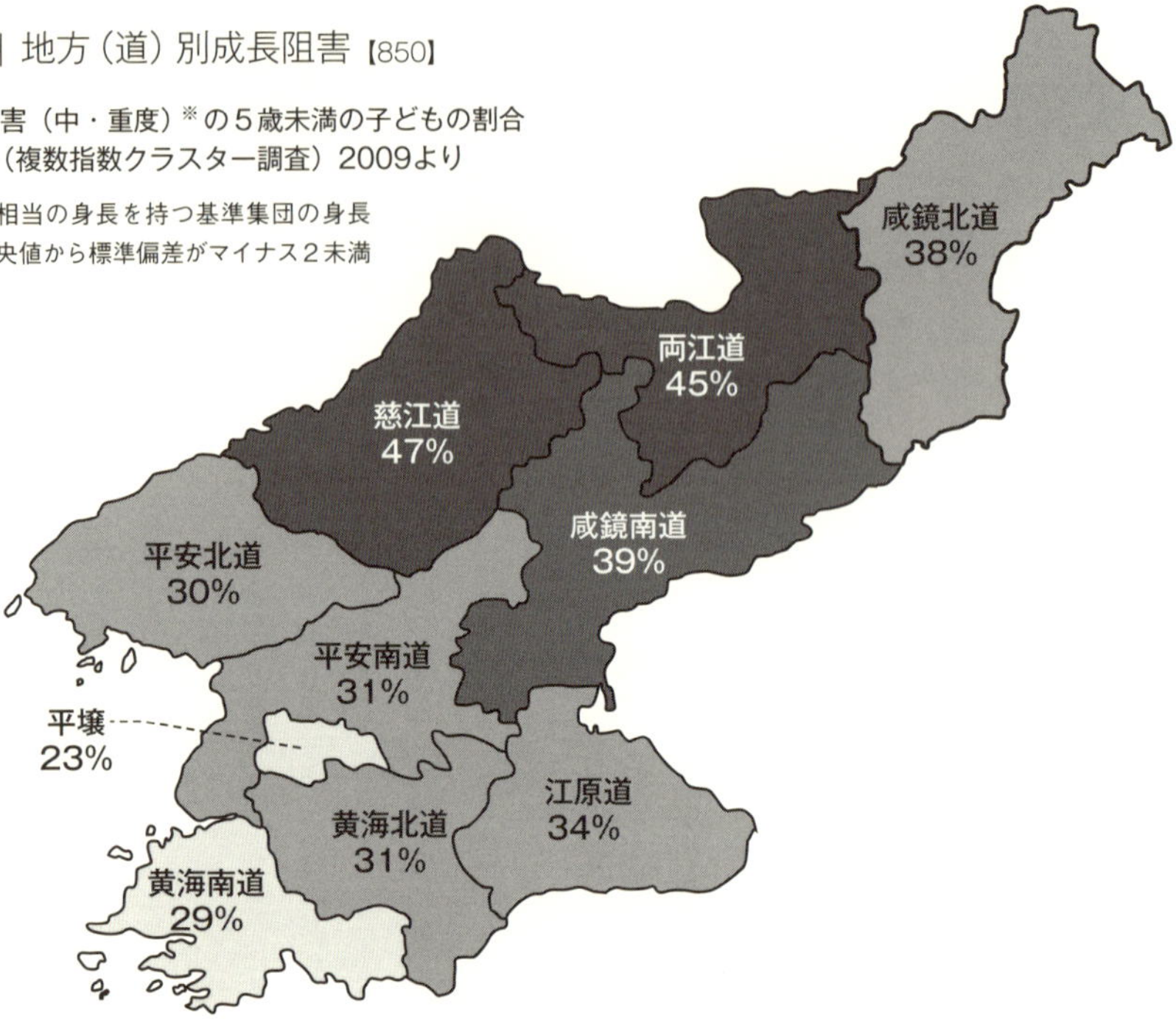

図9 | 地方（道）別重度の栄養失調の人の人口に占める割合【851】

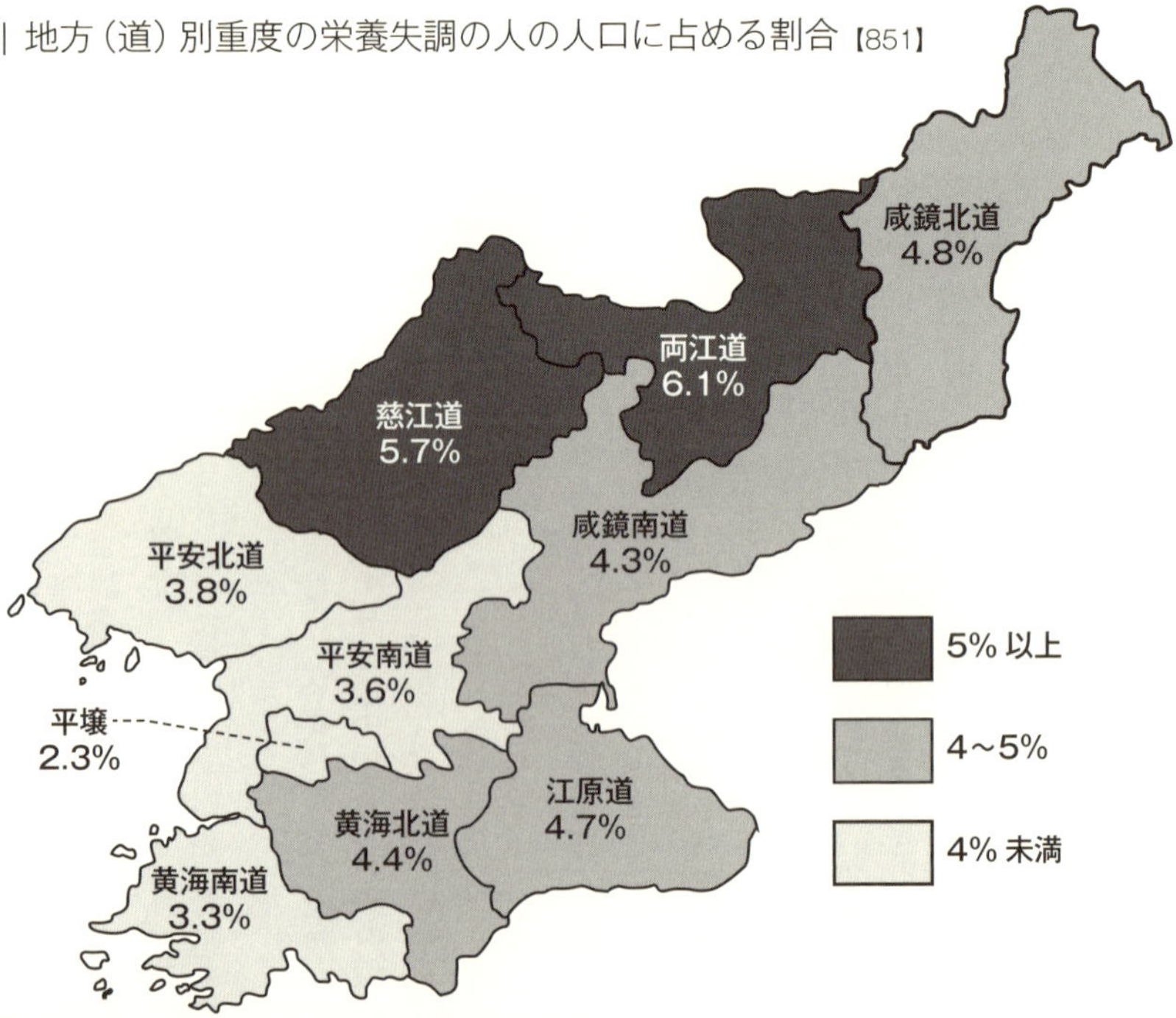

580.

580.

の人々は1994年にも飢えていましたが、餓死したというニュースはありませんでした」【853】。事実、食糧不足の申し立てすべてを北朝鮮は全面的に拒絶した。1994年1月、北朝鮮農業委員会のスポークスマンは西側メディアの飢饉のレポートを、「北朝鮮の社会主義的イメージを汚すための悪質な手口」【854】と非難した。彼は、北朝鮮は大量の穀物ストックを重要な戦略的資源として蓄積していたのだと、反論した。

581. 調査委員会に証言した北朝鮮の元政府関係者によると、平壌の最高レベルの当局者たちは飢饉の詳細について知っていた。各地方は、飢餓の死亡者数と行方不明者数の統計データを定期的に報告しなければならなかった。これらの書類は国家機密とされた【855】。

ワシントン公聴会で、**アンドリュー・ナチオス**は、学校で行われる年一回の子供達の身体測定は国家が自由に操作できる情報源のひとつであると、語った。彼はまた、18歳の少年の北朝鮮軍入隊用身長基準が引き下げられたのはこの種のデータを基にしている、と語った【856】。

582. 調査委員会は、上位層は首領に至るまで飢饉についての認識はあった、と見る。元政府関係者は、地方は詳細な状況報告を首都に提出していたと語った。金正日も、彼の「先軍政治」と「現地指導」訪問の一環として非常に多くの場所を訪問した【857】。これらの機会に彼が国の状況を見逃すことは出来ないはずだ。

ロンドン公聴会で、元朝鮮人民軍将校の**キム・ジュイル**（男性）は、金正日が視察中に兵士用の食糧不足に気づかされた時のことを調査委員会に語った。

> 1996年、金正日は江原道の鉄原郡《チョルウォン》を訪問しました。彼は大隊を自ら視察しにやって来て、兵士に提供される食糧を見せるようにと言いました。それで彼らは金正日に茶碗一杯のおかゆを見せたのです。茶碗を逆さにすると、コメがたった3粒しかでてきませんでした。

金正日は激怒し、大隊司令官の地位を剥奪して拘留場送りとした。しかし、大隊の食糧事情は改善しなかった【858】。

583. 当局は情報を隠し、また、もっとも弱い立場の人々のニーズに応えるべく対象を絞って効果的に計画された国際支援の進行とその配給を妨害した【859】。人権条約関係機関は北朝鮮に信頼できるデータと指標を提供するよう繰り返し要請した【860】。北朝鮮から発せられるデータ、指標、数字は信頼できないものとして広く受け止められている。

584. 国際組織が発表するデータは注意して扱わなければならない【861】。データに信頼性がないのは、北朝鮮の大部分の場所は自由な無作為抽出ができず、また、自由にアクセス出来ないことに起因する。それ故、発表されたデータはほとんどの場合、非常に管理された状況の中で、国の限定された部分から集められたデータを基に国全体を推定したものなのである。

4・北朝鮮の行動と怠慢

ⓐ 変化への抵抗

585. （国際）人権法には、経済システムもしくは栄養食物生産戦略についての規定は何もない。しかしながら、国家は国際人権法の定める国家の義務をみたす選択をしなければならない。調査委員会は、経済的、社会的及び文化的権利委員会の次の見解を共有するものである。

> すべての国家には、その国家自身の取り組みを選ぶ際に自由裁量の余地があるが、「経済的、社会的及び文化的権利に関する国際規約（ＩＣＥＳＣＲ）」では、各締約国に、すべての人が飢えから免れ、適切な食糧への権利を出来るかぎり享受するために必要なあらゆる手段をとることを求める。このことは、この規約の目的を定義する基本的人権の原則に基づいて、すべての人への食糧と栄養を保障する国家戦略を導入し、諸政策およびそれに付随する基準を策定することを求めている。国家はまた、目的達成のために利用できる資源を見つけ、それらのもっとも費用効果の高い使用方法をとるべきである【862】。

586. 適切な食糧への権利に関し、経済的、社会的及び文化的権利委員会は、国家食糧戦略が遵守すべき人権に基づく原則を規定する。

> 適切な食糧への権利のための国家戦力の制定と実行には、責《アカ》任追及《ウンタビリティ》、透明性、人々の参加、分散化（地方分権）、法的適応力、司法の独立の全面的な遵守を必要とする。良い統治に重要なことは、貧困を廃絶し、すべての人に満足いく暮らしを確保して、すべての人権を実践することである【863】。

587. ２００９年の普遍的・定期的レビュー（ＵＰＲ）の期間中、北朝鮮政府が提出した報告は下記のようなものであった。

> １９９０年代初頭の社会主義市場の崩壊と、１９９０年代半ばの連続的な自然災害による激しい財政的経済的損失と物質的資源の枯渇により、国家の経済発展に憂慮すべき困難がもたらされた。最も深刻な問題は食糧供給条件の悪化であった。１９９６年だけで３１８万トンの食糧が不足し、したがって、食糧供給量が著しく減少した。その結果、人々の健康状態が一般的に悪化した。新生児と子供の死亡率は上昇し、新生児の下痢、呼吸器感染症、結核などが発症した【864】。

588. 国家制御を超える諸要素が食糧環境に影響を与えてはいるが、北朝鮮は、飢饉をこれらの要素だけが原因であるとする時に、適切な食への権利の行使ができないことが証明された制度を国民に強要した指導部の責任を甚だしく無視している。重要なことは、当局がこの制度が明らかに不十分なものであるにも関わらず、それを維持したことである。

589. 前述したように【865】、北朝鮮は、農業の工業化を選択し、農業を工業用投入物資（化学肥料など）と燃料に大きく依存するものにした。これにより北朝鮮の農業が依存したのは国外からの投入物資であったが、1990年代初期まではそのほとんどが友好国からの補助金つきの輸入品であった。北朝鮮農業生産の経済分析を基に、研究者の**ヘザー・スミス**［*Heather Smith*］と**イーピン・ファン**［*Yiping Huang*］は次のように結論付けた。

> 危機の引き金になった主な要因は、1980年後期からの社会主義圏との取引の崩壊に続く農業用投入物資供給の著しい減少であった……北朝鮮の政策決定者たちが強調するような気象的要因の農業危機への影響は多く見積もっても二次的な要因でした【866】。

590. 北朝鮮は毎年、豪雨と台風に見舞われる。調査委員会が聞き取りを行った多数の専門家たちは、農業政策がこれらの定期的な自然現象の影響をより深刻なものにしたと指摘した。耕作可能地を得るために森が破壊され、山々が平坦地に変形された。燃料不足のために木々がエネルギー源としての薪用に切り倒された。この状況が豪雨により土砂崩れが起こる傾向を強めた。山地の侵食により川床が沈泥で塞がれるので、比較的降雨量が少なくても洪水が起こる【867】。土地と肥料の集中使用は土壌の質にマイナスの影響を及ぼした。調査委員会は専門家から、化学薬品の大量投入が北朝鮮の耕作可能地の質を低下させた証拠を受け取った【868】。

591. 北朝鮮にはこれらの政策の決定責任がある。しかしながら、より重大な国家の責任は、その政策の圧倒的な失敗に直面しながら、高度に集団化した農業制度などの路線を維持したことである。制度改革がなされることは全くなく、農民に生産力をあげるためのインセンティブも促さなかった。

592. 北朝鮮専門家として知られる**アンドレイ・ランコフ**［*Andrei Lankov*］は、北朝鮮の農業制度について次のように述べた。

> 国営農場への強制転換は共産主義国家のほとんどすべてに見られる共通の特徴でしたが、北朝鮮の国営農場には異質な点がありました。一番重要な点は、農民たちが非常に小さな個人用菜園しか与えられなかったことです。スターリンのソ連では、ひとりの農民は、ふつう、1000平方

メートルを越える個人用区画の土地を持っていたのですが、金日成の北朝鮮の個人用区画は100平方メートル以下で、しかもそんな小さな区画ですらすべての農民には許されていなかったのです。推察するに、収入源とカロリー源の補充を奪われた農民は、自分たちの時間とエネルギーを国家の土地で汗水たらして働くこと以外に選択肢がなかったのだと思います【869】。

593. 最近の記事の中で、**ランコフ**は次のように書いている。

もし北朝鮮が中国で起こった改革にならって1990年代に土地改革を行っていたとしたら、ひとりの北朝鮮人も飢えで死ぬことはなかっただろう。1970年代の末に、中国は国家所有のすべての土地を農民に分けた。中国は国家経営の全農地を解体した。ちなみにそれは北朝鮮の集団農地と同じようなものであった。中国の農民が自分たちで所有する農地で働き始めた結果、国の農業生産高は急速に上昇した。土地改革実施か5~6年のうちに、中国の食糧生産量は1・3倍に増えた【870】。

594. ソウル公聴会で、これに非常に似た結論が農業専門家の**キム・ヨンフン**［*Kim Young-hoon*］博士から提示された。彼は、北朝鮮の高度に集団化した農業制度は、農民に何のインセンティブもないため効率的でないと述べた。**キム**博士は改革が必要だと結論付けた【871】。元農民もふくむ北朝鮮の元市民から調査委員会が受け取った証言の多くが同じ方向性を指し示している【872】。

595. 政府主導の改革——個人用農作区画の拡大のような改革——が導入されたこともあるが、制度の基本的な原則は大部分がそのまま残された【873】。北朝鮮政府は食糧状況改善のための根本的なシステム再編は行わなかった。

代わりに、特定の緊急事態対応と、政府による統制の継続に焦点が絞られた。飢饉の最悪な時期が過ぎてから、北朝鮮の経済と食糧状況に改善が見られたのは、国家主導の改革よりはむしろ国民の自然発生的な努力によるところが大きい。一般市場の公式の設立ですら、1990年代半ばに作られた非公式の市場への支配を取り戻そうとした動きと見ることができる。ある専門家の観察によると、「市場は政権最大のジレンマのひとつである——政権はそれを嫌悪し、たぶん恐れているのだが、閉鎖することができない」【874】。

596. 国家が抜本的制度改革を取りたがらないのは、その根底に国民への支配を失うことに対するの恐れがあるのは明らかだ。ワシントン公聴会で**アンドリュー・ナチオス**が引用した金日成《キムイルソン》の言葉が当局の政治的計算を要約している。

飢饉がいったん始まると彼らは何が起こっているかを理解

したのです。そして、国民を守るための何の行動も取らないことにしたのです……鄧小平《とうしょうへい》が金日成に、西側に解放する必要があり、市場経済への移行と経済の改革の必要があると言ったという報告があります。それに対する金日成の答えというのが、真偽のほどは疑わしいのですが、「窓を開けるとハエが入ってくる……それを入れれば、経済のコントロールが効かなくなる。我々の支配は終わってしまう」だったというのです【875】。

597. その後に金正日が行った宣言にも、北朝鮮は国民が苦しんでいる現実より政治力の計算を優先し、イデオロギーを優先したことが表れている。北朝鮮で大飢饉がすでに進行している時に発表された１９９５年の論文で、金正日はイデオロギー優先を強調した。

> イデオロギーの防壁が崩れれば、いかに経済と軍事力が強かろうが、社会主義を守ることはできない。一方で、このことは、社会主義の達成にイデオロギーがいかに重要な役割を果すか、イデオロギー工作がいかに重要であるかを証明するものである【876】。

598. 続く１９９６年12月に金日成総合大学で行った演説の中で、金正日は、彼の構造改革への拒否の姿勢を、政治体制と指導部を守る必要性と、東欧で起こったような反乱を阻止する必要性を示すことにおいてはっきりと正当化した。金正日は次のように言った。

> 社会主義社会において、食糧問題は社会主義的に解決されなければならない。もし党が、食糧問題を人民によって解決させるとすれば、その時には農民と商人だけが潤い、利己主義を台頭させ、階級なき社会の秩序を崩壊させることになる。そして党は人民的基盤を失い、ポーランドやチェコスロバキアのようなメルトダウンを経験することになるだろう【877】。

599. ２００９年の普遍的・定期的レビュー（ＵＰＲ）の期間中、北朝鮮政府は次のように語った。

> 国家はすべての国民への食糧供給政策を続行している。国家は、食糧管理法、労働法、食糧配給規則に則り、労働者に、安価で時宜を得た、そして公平な食糧供給を提供してきた。しかしながら、１９９０年代半ばから国を繰り返し襲った深刻な自然災害のために穀物生産量が著しく減少し、国民生活全般、特に適切な食糧への権利の実践にマイナスの影響を及ぼした。政府は、国際人道支援組織へのアピールで得た大量の食糧で喫緊の需要を満たす一方で、農業生産を増大させて食糧問題の解決策をとってきた【878】。

600・ 2012年6月に北朝鮮政府は新しく経済改革諸政策を導入したとの報道がある。調査委員会はこれらの改革政策に関しては限られた情報しか受け取っていない。正式には「ウリナラ（我が国）方式の経済管理システム」と呼ばれる経済改革のコンセプトは、管理権限を国家から個々の工場、企業そして農場に移行することである【879】。農業部門に関しては、農民は全収穫量の70％を国家に与え、30％を手元に置くとする。過去においては、国家は年間の収穫量如何にかかわらず一定量の食糧を徴収していた。新しい計画では、国家のシェアは各農家から徴収した収穫量の5年平均をベースにした。これによると、農民は収穫の多いときは大きなシェアを得、収穫量が落ちると少なくなることになる【880】。この改革政策もしくは実行の程度について、調査委員会は評価することができない。

601・ 2014年正月のメッセージで、金正恩は「経済プロジェクトの指導と管理における決定的な改善」を呼びかけた。しかしながら、彼のスピーチでは農業改革と経済開放政策は取りあげられなかった【881】。

北朝鮮の外部で得られる情報を元に前述の経済改革を研究した農業専門家の**キム・ヨンフン**博士は、この呼びかけがなんらかの改善になるかについては懐疑的だった。

> 金正恩体制も（金正日と）同じ資本不足を経験することになるでしょう。そして制度改革は前に進まないでしょう……私は状況は全くよくならないと思っています【882】。

平壌大学の研究者だった別の農業専門家は、新しい制度下でも、農民は収穫量の70％を国家に渡さなければならないので、生産量を増やそうとするインセンティブにはならないと語った。さらに、北朝鮮の国際経済からの孤立を考慮に入れると、農民には生産性を効果的にあげるために必要な新しいテクノロジーへのアクセスがない【883】。

602・ **アンドレイ・ランコフ**は、改革は不確実なことばかりであるが、初期の結果はかなり期待できると語った。彼は、最近北朝鮮を訪問した中国人専門家が改革直後に生産高が30％上がったと主張していることに留意した【884】。

(b) 異なる見解の妨害と処罰

603・ 国民、特に農民との対話を開始し、参加させて食糧問題の解決策を見つけようとはせず、北朝鮮は危機の期間中一貫して思想的洗脳策を採って批判の可能性を塞いだ。

604・ 1991年、政府は「1日2食運動」を開始した。この後、増大した経済的窮乏を堪え易くするためと称して「苦難の行軍」なるレトリックを使い、人々が他の経済システムを考え、公に話すことを阻止した【885】。この文脈においては、状況の背景にある政治的理由に対するいかなる批判も政治犯罪となり、それ故、それは厳しい処罰に値するものとされた。

ある証人は、政府は、国民はそのうち食糧を受け取るようになると約束し、首領さえ今は充分な食糧がないのだと言い続けていた、と証言した。国民は食糧状況についての公式の定期講演会に出席させられたが、その一方で実際の食糧配給は延期された。こうした講演では特に、首領が人民用の食糧がないことで眠れないでいるという事が語られた【886】。

別の証人は、飢饉の間中、国民の士気を高めるための講演と授業への全員参加が腹のすいた国民に強制されたと語った。

みんな、苦難の行軍なのだと言われました。そして誰もが我慢しなければならないのだと。だれも文句を言いませんでした。文句を言った人は政治犯収容所に送られたのです【887】。

605. 北朝鮮政府はまた、国が抱える困難を外部勢力、特に韓国と米国の責任にした。

ひとりの高官は、人々が飢えていることを知ってはいたが、それに対して何もしなかったと語った。彼自身は、北朝鮮は「資本主義諸国による制裁の結果として」食糧不足に直面しているなど、党の言うことを何でも信じていた【888】。

ロンドン公聴会で、**キム・ジュイル**（男性）は、南北朝鮮間の非武装地帯の近くで、兵士たちがラジオ、コメ、キャンディの入った包みを見つけることがよくあった、と語った。それは国境近くの韓国市民が打ち上げた風船によって送られてきたものだった。兵士たちは洗脳訓練を受けていて、こうした韓国のものを食べると病気になり、「肉が腐りだす」と言われていた、と**キム**は語った。

606. 政策や計画について政府と異なる見解が自由に表現されることはなかった。調査委員会は、システムが恐ろしく非効率的で、改革が必要なことに気づいていたが、その問題を話すことを許されなかった人々からの証言を得た。もしもそれを口にすれば、彼らと彼らの家族がどうなるかが分かっていたために、ほとんどの人が何も言わなかった【889】。

平壌大学の元研究員は、政府は集団農場システムがうまく行っていないことを知っていたが、なんの改革も行わなかったと語った。彼は何も変わらない状況に耐えられず、首領に直接手紙を書いた。手紙の中で、彼は集団農場の生産性と民間農場の生産性を比較し、民間農場の生産性が5倍であると書いた。彼はその理論の裏づけとして研究結果を添付した。その返答として、彼は脅しを受けた。

3カ月後、党中央の人が私のところにやって来ました。私は科学をやっていればいいのであって、政治に関わるな、とその人は言いました【890】。

(c) 食糧の略奪と強奪

607. 様々な状況下で、一般の人たちは生存手段を強奪された。農作物は法的根拠もなく農民から持ち去られた。市民は食糧を盗まれ、彼らに送られた国際援助物資を強奪された。調査委員会が受け取った証言により、兵士たちが食糧を略奪していることが確認された。

ひとりの元兵士によると、

> 北朝鮮軍では当番制で食事の用意をしていました。私が当番に当たったとき、司令官がコメをくれたのですがソースを作るにもおかずを作るにも材料が何もありませんでした。当番当日の前夜、一番年長の兵士が私をたたき起こしました。他の兵士たちはもう起きていました。年長の兵士が私に袋を渡し、村に行って何でも盗んで来い、と言いました。略奪はとてもうまくいったので、私は6種類のおかずを作ることができました。翌日、私は部隊の前でこの成果をほめられました。

この証人は、国民からの窃盗は飢饉の後も止むことはなく、彼の兵役期間中、ずっと続いていたと語った。彼が知る限り、それは今日まで続いている【891】。

炭鉱夫として働いていた人は、収穫期に党から全収穫高の70%を軍隊に差し出すよう命令されたと語った【892】。

608. 証人たちはこうした慣行が今でも続いていることを確認した。

ひとりの農婦が語った。

> ２０１２年、私たちは収穫高の90%を手元に置いて良いといわれました……しかし収穫の時期になると、軍隊がやって来て、すべて持って行ってしまいました。

この同じ農婦が同じ時期に彼女の村で餓死した人たちがいたと報告した【893】。

609. 調査委員会が受け取った証言、特に元軍将校と元兵士からの証言は、軍隊が一定のパターンで国際援助物資を転用していることを裏付けている【894】。調査委員会が聞き取りを行った市民たちは、その大部分の人たちが人道支援物資を見たことがなかった【895】。援助物資提供者の中には食糧援助物資の配給の際に国際的なオブザーバーの立会いを強く主張する人もいた。北朝鮮を脱出した数人の証人たちは、国際監視団が配給を視察して地域を去った後、当局が国民に配布された食糧を強制的に返却させたと、語った。

ある証人は次のように語った。

人道支援を通じて提供された食糧は当局に渡されました。私は市場に売られたその援助食糧を買わなければなりませんでした。国民に配られた食糧は当局に返さなければならなかったのです。彼らは最初に国民に配られた5キロのうち500グラムだけ国民の手に残したのです【896】。

元北朝鮮政府高官は国際査察が行われた後、食糧の80%が国民から戻された、と推測した【897】。

ある証人は、彼が平壌の陸軍士官学校にいる間に、彼と彼の同僚がある日、軍服と軍のバッチを外せとの命令を受けたと、証言した。それから彼らは、これからすることを何も外に漏らさないと書かれた書類に指紋を押すよう言われた。彼らは南浦《ナムポ》港（黄海《ファンヘ》に面した港）に連れて行かれ、米国と韓国のロゴの付いたコメ40キロの袋を開け、そのコメを機械に入れ、ロゴの付いていない50キロ用の袋に詰め代えた。新しい袋を彼らは30台から40台の表示のないトラックに積み込んだ【898】。

別の証人は次のように語った。

1996年から1998年にたくさんの援助物資（食糧と肥料）が南浦港経由で国に入って来ました。私の家から援助物資を積み込むトラックの列が見えました。援助物資にはたいていUSAIDとROKのラベルが張ってありました。軍隊でないように見せて食糧を取っていけるよう、軍の人たちは市民の衣服を着、軍用車のナンバープレートをペンキで塗っていました。将校たちはコメと提供品を闇市に売り、アルコールと煙草を買っていました。彼らは私たちの家にもやって来て、彼らからものを買うようにしつこく迫りました【899】。

ある証人は別の所でも同じ手口が使われていることを話してくれた。

仕事柄、私は1998年から1999年に清津港（日本海に面した港）に食糧が到着するのを見ることがありました。国連からの援助物資もありました。北朝鮮儀礼兵が平服を着て市民のように見せかけて食糧を取っていました。

この証人は清津港に来た2万トンの食糧を積んだ何隻ものボートを覚えていると話した。

国連関係者が去ると、食糧は軍隊に与えられました。国連の監視団は通常、食糧が配られているかチェックしようとしていました。彼らは現場訪問を事前に知らせなければなりませんでした。北朝鮮当局は国連関係者を食糧配給センターに連れて行っていました。いったん国連関係者がいなくなると、北朝鮮当局は国民から食糧を取り上げました。こうしたことすべてが起こっていたときに、路上には死体があり、餓死する人たちがいたのです【900】。

ひとりの元高官は、朝鮮労働党中央委員会第2部（軍事）の同僚から、NGOが食糧配給の監視を迫ってきたときの対処法を教えられた。当局は国民に受け取った援助物資を食べるなと厳しい指令を出した。それどころか、彼らはそれをこっそりと当局に返すことになっていたのだ。配給されたコメは軍隊の生存を確保するために必要であるとの説明がなされた。人々はこれに従った。ほとんどの家庭が軍隊で働く家族がいたからだ。各家庭はNGOから受け取った20キロのコメを返す代わりに供給される質の悪いトウモロコシ1キロを政府から受け取った【901】。

(d) 対処メカニズムの犯罪化

610．国連世界食糧計画（WFP）によると、食糧不足の世帯は4種類の栄養摂取対処法を取る。

• 第一に、家族が食事を変える。たとえば、家族が摂取する食糧を好きなものから安くてあまり好きでないものに変える。
• 第二に、家族が、長期的には続かないが、短期的戦術として食糧供給を増やす。典型的な例は、借用と掛買いである。さらに極端な例は物乞い、もしくは野生食、未熟作物、または種を摂取する。
• 第三に、利用できる食糧が必要に満たなければ、家族のうちの何人かをどこか（たとえば近所のうちが食べている時にそこに子供達を送る）に送り、扶養家族の人数を減らす。
• 第四に、最もよく行われていることだが、家族への食糧を制限して不足をやりくりする（分量もしくは食事の回数を減らす、ある家族に他の家族より多く与える、もしくは丸一日何も食べない）【902】。

611．食糧不足のときに、これらの対処法のうちで北朝鮮当局が奨励したものがあった。医療的なリスクを伴うにも関わらず、それは野生食の消費であった。しかしながら、当局は、国民への支配を維持するため、食糧探しに移動することや取引その他同様の活動といった最も効果的な対処方法を禁止した。

(i) 移動の自由

612．食糧不足のとき、人々は通常、食糧を探しに動く。しかしながら、北朝鮮では移動の自由が厳しく規制され、大飢饉の最悪の期間でもその規制が続いたため、国民はこの選択肢を活用出来なかった【903】。

613．北朝鮮では、国内旅行に地方管轄局発行の旅行許可証を必要とする。許可証なしに旅行する人は逮捕され、その人の出身地方に送還され、処罰される【904】。公的配給制度（PDS）が機能しているときは、不適切な食糧配給であろうと、人々はPDS配給食糧にあずかろうと居住地に留まっていた。しかしながら、PDSが崩壊すると、当局は以前と同レベルの移動規制ができなくなった。必死の思いに駆られた人々は生き残るために食糧を探して国中を動き回り始めたのである。しかし国内の旅行規制は廃止されず、人々は飢饉の期間中、許可なく自分たちの居住地域を離れることが禁止されていた。

　1996年12月、金正日は住民移動の兆候は国内に混乱と無秩序をもたらすと警告し、政府に早急の防止策を採るよう命令した【905】。当局は、違法な国内移動に対処すべく臨時の拘留施設を設置した。ストリートチルドレンと飢饉で孤児となった子供達の動きもこの違法な国内移動のひとつとされた【906】。

614．飢饉により中国へ捨て身で逃げる人々が1990年代半ばに急増した。たくさんの北朝鮮市民が中国の北朝鮮国境沿い地域に住む朝鮮民族の親戚に助けを求めた。それまで自分と自分の家族のために買っていた食糧を求め、または金を求めて中国で仕事を探そうとした人たちもいた【907】。政府は、こうした対処方法を促進するのではなく、処罰と暴力で人々の国境越えを阻止した。

615．食糧を求めて中国に行き、その結果、本国送還され、投獄された人たちから調査委員会は大量の証言を収集した【908】。**チョ・ジンへ**（女性）は調査委員会に、彼女の父親と妊娠していた母親が食糧を探しに中国に行き来していたと話した。金正《キムジョン》日《イル》が中国への国境越えをさらに厳しく禁止するよう呼びかけた後、ふたりは、逮捕され、拘留され、拷問された。

> 私の母と父はいっしょに中国に2回行って、コメや味噌や食用油など私たちに食糧を持って帰ってきていました。私は母と父が中国から帰ってくるとおいしいご飯が食べられたことを覚えています。3回目の帰りがけに、母と父は捕まってしまいました。当時、北朝鮮と中国の間を行き来している間に捕まった北朝鮮人はたくさんいました。死罪になるものではなかったのですが、金正日が演説で、北朝鮮と中国を往来する北朝鮮人の数を減らさなければならないと言ったのです。そのために、「我々は銃声を高らかに撃たねばならない」と金正日は言ったのです【909】。

チョの父親は拘留中に拷問された。彼はその後、他の拘留場へ移送中に死亡した。

> （拘留施設間を）移送中、父は食べられず、飲み水も与えられませんでした。前の拘留施設でも拷問されていましたから、身体中傷だらけでした。実際、父は拷問で殺されたのです【910】。

キム・グァンイル（男性）は、唯一の生き残りの方法だった松茸を売りに隠れて中国に行っていた時のことを話してくれた。中国から強制送還されると、彼は逮捕され、人民保安省から拷問を受けた。不公平な裁判により、前巨里《チョンゴリ》の第12号教化所（一般刑務所）に投獄された[911]。

616. 1990年代後半に数十万人の死者が出たにもかかわらず、当局は引きつづき、国境越えに刑事罰を適用した。国境警備兵は不正に国境を越える人はだれでも射殺してよいことになっていた。この方針はいまだに実施されている[912]。特に、中国にいる間に韓国の市民、もしくはキリスト教会に助けを求めた北朝鮮市民への扱いは厳しかった[913]。食糧を求めて国境を越えた人々の刑期は2年から5年と様々である。伝えられるところによれば、2000年、飢饉がすでにピークに達していたときに、金正日は、食糧を求めるためにだけに国境を越えた人々は寛容に扱うよう布令を出した。しかし、この布令が実行されたのは数カ月間だけだった。その間ですら、中国から強制送還された人々は逮捕され、処罰された[914]。

617. 調査委員会は、北朝鮮政府が、韓国に要請して南北朝鮮国境を暫定的に開き、空腹な市民が韓国との国境を越え、親戚や同じ朝鮮人から助けを受けられるようにする選択肢を全く検討しなかったことに注意を払った。

(ii) 他の対処メカニズム

618. 北朝鮮は事実上の市場化など、国内で起きている経済的変化を、長い間、公式には認めなかった。政府関係者はそれらの変化を暫定的緊急手段と表明するのがやっとだった[915]。そのため、北朝鮮政府は繰り返し市場活動を制限するか、犯罪とさえ見なしている。政府は、市場の発展を、食糧の必要な人々にとって重要であるにも関わらず、受け入れようとしない。それは、市場が国家支配の届かないメカニズムであるからである。

619. 1999年の刑法では、「社会主義経済管理違反」の章はたった8項目だけであった。2004年、この章は「経済管理違反」と名称変更され、74項目に拡大された。不正取引に違法に関わって大きな利益をえることを犯罪とする第110条が刑法に導入された。違反した場合、労働鍛錬隊での2年間の懲役が課せられた。2007年、最高人民会議幹部会の決定により一連の「追加項目」が採択された[916]。この決定では違法ビジネス行為のような新たな犯罪が採択された。宝石や貴金属の密輸と国家資源の売却といった極度に重大な事案は死刑に処すとされた。

620. 深刻な食糧不足への北朝鮮市民の対処方法に対して政府の採った対応策の中で、刑罰制度は中心的な役割を果たしてきた。飢饉の期間中、北朝鮮は、労働鍛錬隊として知られる膨大な拘留施設システムを創設した【917】。これら短期強制労働用の施設が、中国への国境越えで捕まった人々、許可なく国内で移動した人々、市場活動に関わった人々の監禁用に使われた。2004年の刑法改正でこれらの施設は正規の刑務所となった。改正刑法では、増大する経済的社会的犯罪の罰として2年間までの「労働訓練」が設定された。

ある証人は、人々は「不可能の罠」にはめられた、と語った。国家の方針にしたがって働きつづけた人は栄養失調で死んだ。生き残るために他のこと――市場活動に関わるなど――をしようとすると、逮捕されたのである【918】。

621. 司令部の採った飢饉とその影響への対応策のひとつは、集団農場と職場への権威回復のための警察と軍隊の使用だった。1997年8月、当局は食糧の秘蔵と窃盗に関する布令を発行した。この布令は、穀物の窃盗、もしくは取引に関わる個人は処刑されると規定した。空腹をかかえた農家が生き残るために彼らの農地の生産物を転用しないよう、農場に軍の部隊が配備された。

ある女性は、飢饉の間に5回の公開処刑を目撃したと証言した。処刑台の被害者が盗んだ食糧と、無駄にした食糧の量を政府関係者が発表し、被害者は頭を撃ち抜かれた【919】。

別の女性は、1996年に彼女の夫が油の取引で逮捕されたと証言した。彼は教化所（一般刑務所）での11年間の懲役を宣告された。夫が獄中にある間、彼女はお金がなく、夫に食糧を届けられなかった。彼は拘留一年後、飢えと重労働から死亡した。続いてこの証人の子供が餓死し、その後、証人の母親と父親が死んだ。1997年12月、彼女は食糧を探しに中国に渡り、中国朝鮮族の男性に売られて、強制的に結婚させられた【920】。

622. 当局はまた、飢饉の間、コミュニケーションを厳重に管理した。当局は人々が外国にいる親戚に助けを求めることを禁止した。この禁止令はいまも実施されている。しかしながら多くの北朝鮮市民は、いわゆる「ブローカー」を通して外国にいる親戚と連絡したり、中国国境近くで使える中国製の携帯電話を使って、禁止令を切り抜けている【921】。ブローカーを通して人々は外国にいる親戚からの送金を不正に受け取ることもできる。こうした方法で助けを求めるのは非常に危険であり、捕まると厳しい処罰をうけることになる。

ひとりの男性は、2009年、中国製の携帯電話から外国に電話をしている時に、国家安全保衛部（SSD）に捕まった。彼はスパイ容疑をかけられ、殴打され拷問された。保衛部は携帯電話の追跡に精巧な機器を使っている、と彼は語った【922】。

5・人道支援ともっとも弱い人々への接近の妨害

623. 「経済的、社会的及び文化的権利に関する国際規約（ICESCR）」第2条1項と第11条2項に従って、締約国は、個々に、そして国際的な支援と協力を通して、飢えから免れる状態を確保する義務がある。もし締約国がその国民に適切な食糧を提供できない場合は、その国の領域内の人々が飢えから免れるよう、外部からの支援を積極的に求めることも含めた、すべての可能な措置を取らなければならない。経済的、社会的及び文化的権利委員会によると、国家の制御が及ばないという理由から義務の実行が出来ないと主張する国家は、それが本当であること、必要な食糧の有用性と利用可能性を確保するための国際的支援を得る努力が成功しなかったことを証明する責任がある【923】。

624．この点に関し、締約国は人道的支援を恣意的に拒否しない義務も課せられている。人道的支援を恣意的に拒否していると断定するには、いくつかのパラメーター（補助変数）を使うことができる。締約国が、理由を示すことなく支援を拒否するか、または、示された理由が事実誤認（たとえば、適切な評価なしの人道的必要性の否定）である場合、締約国はその義務を尊重していないことになる。締約国はまた、もし締約国が国際的義務に従わないと言う理由で支援を拒否するなら、その行為は恣意的なものである。たとえば、一国家が、他の供給源から必要な支援を確保できないにもかかわらず、人道、公平、中立、独立の人道的原則に沿った支援を拒否するような場合がそれにあたる【924】。人道的必要性に基づく援助の差別なき配分の原則に反して国際食糧援助を流用することも、援助の恣意的拒否にあたり、したがって、食糧への権利を含む人権の侵害となる【925】。

625．１９９０年代半ばに最初の救援組織が到着して以来、国際組織とＮＧＯは北朝鮮当局が課す困難な条件の中で活動してきた【926】。調査委員会は、北朝鮮政府が人道支援当事者たちに移動と連絡の規制をかけて彼らの活動を過度に妨げていると認識し、これらの規制は人道的観点、もしくは安全性の観点からも正当化できるものではない、と見なすものである。さらに、当局は支援組織に信頼できるデータを故意に提供してこなかった。それらが提供されていれば、人道的取り組みの効率性を高め、多くの命を救うことが出来ただろう。

626．北朝鮮当局は、国際救援機関が申し出た、北朝鮮北東部への最初の支援提供に抵抗した。国連世界食糧計画（ＷＦＰ）の援助活動は１９９７年以前は東海岸に近づけなかった。１９９０年代後半、ＷＦＰの援助物資は、その全体量のわずか5分の1が、北朝鮮全人口の3分の1の住む地域の人々の食糧となったにすぎない【927】。

調査委員会はこの事象について、政治犯収容所や慎重に扱うべき軍事施設がある地域であるなど、様々な説明を受けた【928】。しかしながら、調査委員会は、低位の成分《ソンブン》階層が集中させられている地域全体へのアクセスが拒否されたことに注意を払うものである【929】。

図10は、１９９５年から１９９６年に非常に多くの人々が飢

えと飢餓で死亡した北東地域への人道支援活動を北朝鮮政府はほとんど拒否したことを示す。人道支援が届かなかった4地方（咸鏡北道、環境南道、両江道、慈江道）は公的配給制度（ＰＤＳ）による配給が最初に停止した場所とも重なる【930】。

627. 外国の支援、特に「敵」性諸国から支援を受ける事の北朝鮮にとっての政治的意味が、国民の窮状よりも重要視されることが多かった。

ワシントン公聴会で、**アンドリュー・ナチオス**は米国から提供された支援物資に関連する問題について調査委員会に語った。

北朝鮮の港に援助物資を運んできた船の掲げる米国旗を降ろすかどうかについて大論争になりました。最初に積荷が着いたとき、船長が米国旗を降ろさなかったので、船が3日間も港に停泊していたことを、国連世界食糧計画（ＷＦＰ）が私に話してくれました。イメージの問題でした。その港では2年間も中央政府から積荷が届いたことがなかったのです。路上では人々が死にかけていました。こうした人たちすべてを米国が救うということが政治当局には非常に屈辱的だったのです【932】。

628. 人道支援当事者に北朝鮮が課した規制は、人道支援活動の基本原則に違反したものであり、それは今も続いている。1998年から2000年の間、国境なき医師団（ＭＳＦ）、オックスファム、ケア、世界の医療団など信頼のできる多くの人道支援組織が北朝鮮での活動を停止した。それは北朝鮮当局が課す条件下での関与は続けられないと彼らが考えたからであった。2002年、当時ＭＳＦの調査主任だった**フィオナ・テリー**［*Fiona Terry*］はＭＳＦのような人道支援組織が北朝鮮での活動を停止した理由を説明した。

北朝鮮には今日、人道主義的な空間はどこにも存在しないために、北朝鮮内に入る援助食糧が、ゆっくり進行する飢饉を緩和しているのか、スターリン独裁制の地球上最初の政治プロジェクトを持続させているのか、分からなくなっている。地域の不安定化を避けるために政権の突然の崩壊を阻止するという意図をもって大半の政府は寄贈しているのだが、その意図によっても、また、手段によっても、北朝鮮への援助の「人道的」本質を守ることは難しい【933】。

629. 北朝鮮の中で困っている人々に近づくことが物理的に出来ないために、人道支援当時者は、状況を適切に評価し、もっとも効果的に行動するという彼らの活動を展開できなかった【934】。もっとも弱い人々のところにたどり着けないという問題に直面し、数多くの人道団体が「ノーアクセス、ノーエイド」方針を採用した。そのことで援助物資配布を監視する団体のアクセスにはいくらか改善が見られた。

630. 国連世界食糧計画（WFP）が近づける郡の数は時を経て変化した。2013年3月にWFPが作成した最新の地図（前頁図11）はWFPが200の郡のうち82の郡に接近できていることを示している【935】。ただし、重篤な栄養失調と成長阻害がある慈江道全域（両江道沿い）にはWFPの活動は及んでいない。

631. 経済的、社会的及び文化的権利委員会、女性差別撤廃委員会、子供の権利委員会はすべて、北朝鮮に対し、農村地帯の女性と子供、そして経済的に恵まれない女性と子供に、食糧援助と他の国際的支援を届けるよう要求した【937】。北朝鮮では、妊婦、授乳中の女性、子供、そして高齢者は特に被害を受けやすいと考えられる【938】。しかしながら、調査委員会が受け取った情報は、食糧援助など国際支援が多くの場合、目標としたグループに届けられていないことを語っている。特に、調査委員会は、元北朝鮮市民、北朝鮮で活動した元人道支援グループのスタッフなどから、ストリートチルドレンなど支援をもっとも必要とする子供達に援助が届いていないという情報を受け取った。

632. 2000年、アクション・アゲンスト・ハンガー（AAH）は、もっとも弱い子供達へのアクセスを当局に拒否されたため、北朝鮮での子供支援活動の停止を決定した。AAHはその決定を次のように説明した。

図10｜アクセス可・不可地域（1995-1996）【931】

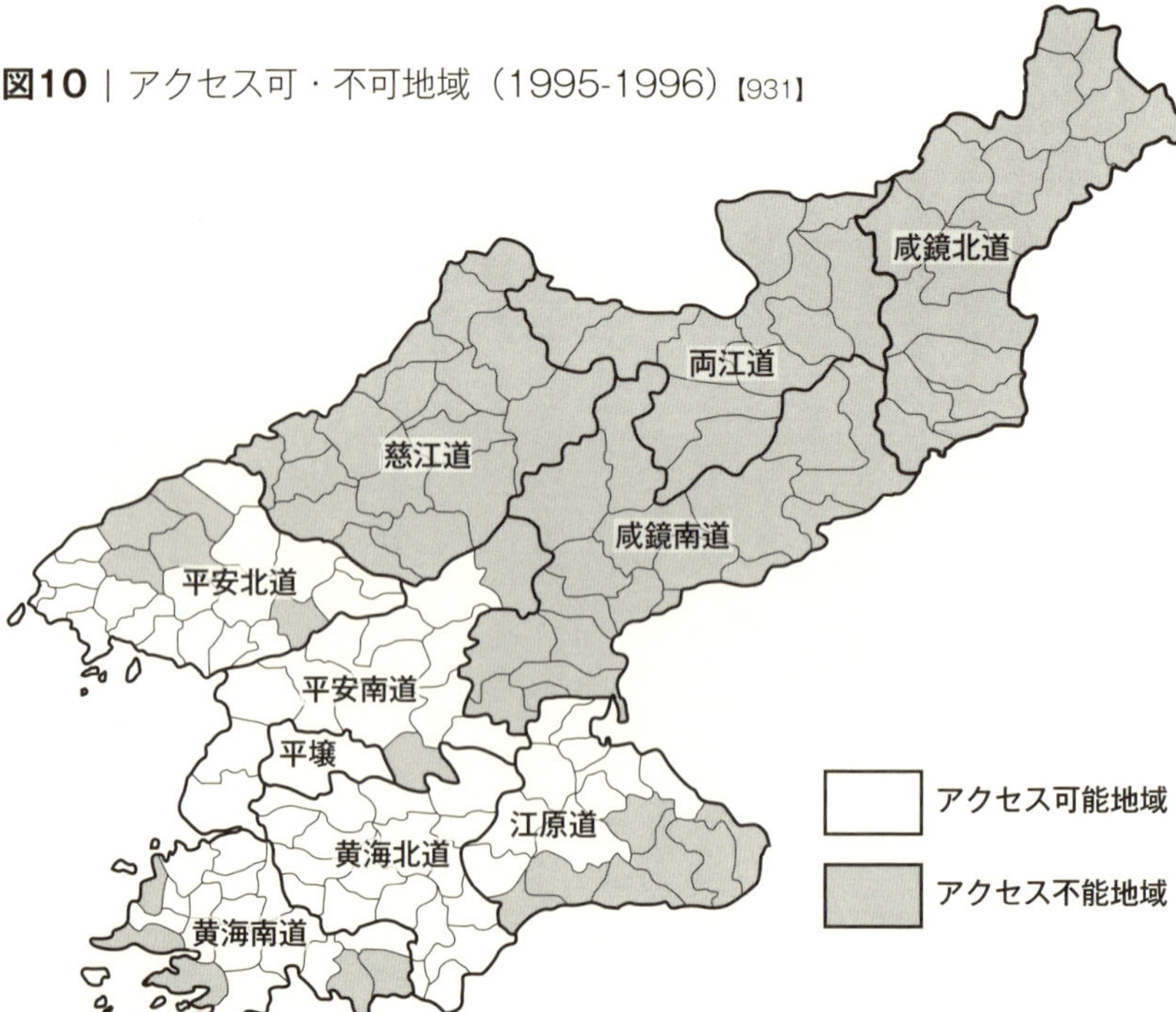

ＡＡＨの訪問が事前に伝えられていたにも関わらず、（ＡＡＨの援助を受け取った）施設にいる子供の数は公式発表の人数より少なかった。ＵＮＩＣＥＦ、ＷＦＰ、ＥＵがおこなった栄養調査では16％の子供が栄養失調であることを示していたが、これらの施設での栄養失調は1％あまりだった。私たちのチームが目撃した栄養失調のほとんどのケースは施設を利用できない子供達に見られた。特にひどい打撃をうけているのは「ストリートチルドレン」だった。彼らの多くは3歳から4歳で、ひとりで徘徊し、見たところ非常に衰弱して食糧を漁っていた。この状況に直面し、政府の運営する施設を通した援助はもっとも弱い人たちには届かないと確信したＡＡＨは、もっともリスクの高い子供達のために施設の外で炊き出しをすることを当局と交渉した。しかしこの計画を実行するための条件を北朝鮮当局は拒否した。私たちは北朝鮮に入る国際支援物資はもっとも必要とする人々に届かないと確信する。私たちはもっとも貧しい家族への訪問を当局に拒否された。そうした家族は子供達を家に閉じ込め、あらゆる支援を断たれ、実質上、死刑宣告を受けていると私たちは思っている。近づいて適切な支援をすれば、こうした子供達の命は助けることができるのに、これは極めて忌まわしいことである【939】。

632. 1998年、国境なき医師団（ＭＳＦ）は、次のように語って北朝鮮での活動を停止した。「人道支援の実行をさらに規制し制

632.

図11 | WFP（国連世界食糧計画）活動範囲（2012-2013）
【936】

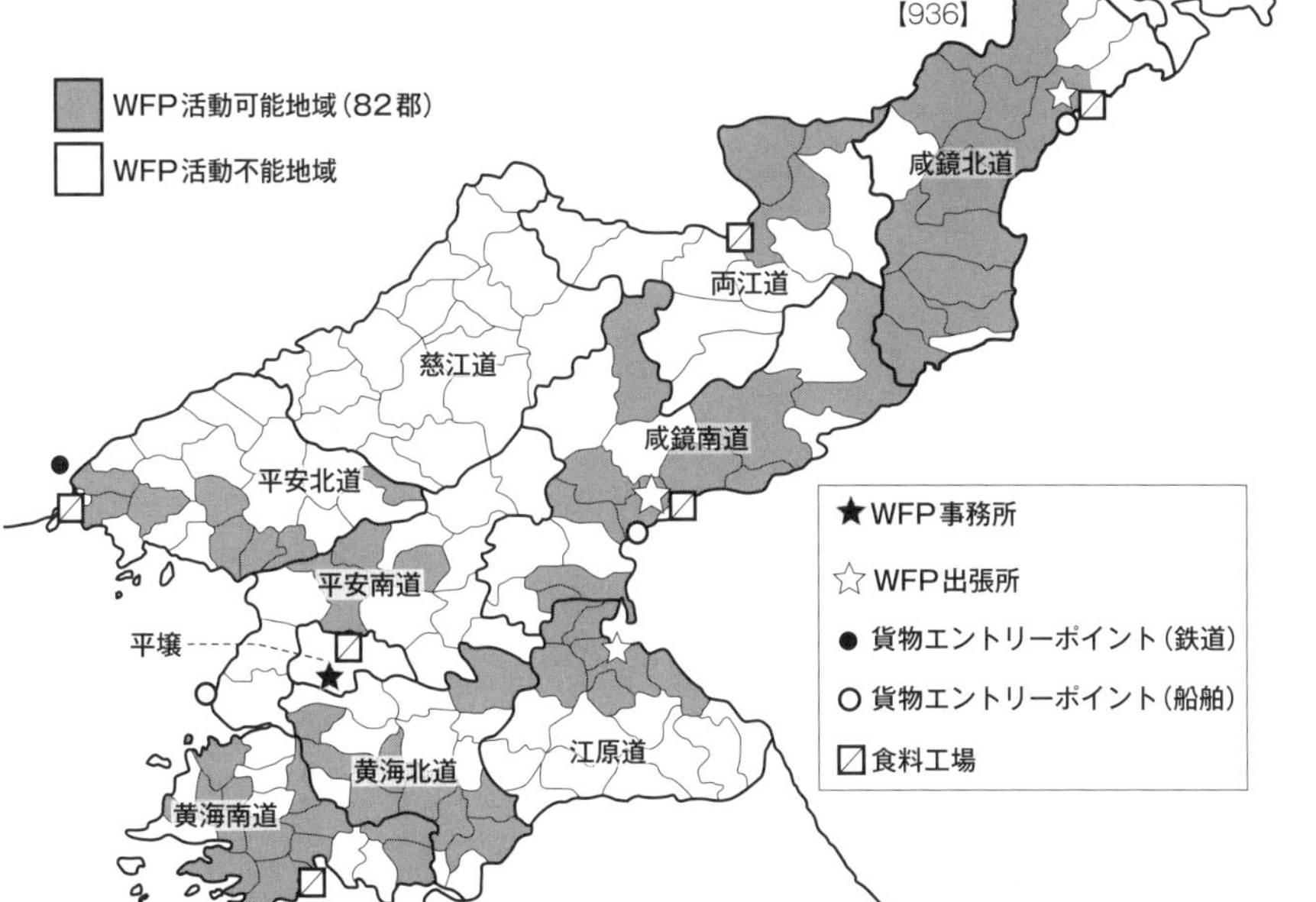

限する方針転換が高いレベルで行われ、原則的で説明可能な方法において援助をとどけることが不可能である」。ＭＳＦはホームレスの子供や孤児のような特に傷つきやすいグループを対象にしていた。北朝鮮当局は、もっとも効果的な医療支援と栄養支援は「ＭＳＦが医療用原料の供給に注目すること」であると主張した【940】。

633． 別の時期に北朝鮮で働いた人道支援のスタッフたちから調査委員会が受け取った証言は、彼らに紹介された人々や子供達が支援をもっとも必要としている人たちなのかどうかについての強い疑問があることを語っていた。それは彼らがアクセスを許可された地域においてさえ言えることであった。これらの訪問は「演出の行き届いたパフォーマンス」だったとの指摘もある【941】。大量の北朝鮮への国際援助物資が大量にあったにも関わらず、もっとも弱い人々には届けられなかったとの指摘もあった【942】。

634． 北朝鮮当局は国際支援提供者による監視を事実上、禁止し続けている。北朝鮮での活動継続を決めた人道支援組織にとって、国内の状況を理解することは非常に難しかった。物理的なアクセスの欠如に加え、ＷＦＰのような国際救援組織が朝鮮語を話すスタッフを持つことは許可されなかった。その代わり、北朝鮮当局から地元の通訳を提供された。これらのスタッフの独立性と公平性について明らかに疑問が生じてくるのだが、それとは別に、このことは人道支援活動の質にも影響を与えた。地元のスタッフには援助活動をおこなう特定の技術的能力がなかったからである【943】。国連は北朝鮮の子供の栄養状態に関する無作為調査を行いたいとして許可を何度も要請したが、一貫して拒否された【944】。

ワシントン公聴会で、２００１年から２００６年に米国国際開発庁（ＵＳＡＩＤ）の行政官として働いた**アンドリュー・ナチオス**は、１９９０年代の北朝鮮でのＵＳＡＩＤの活動を語った。

> 飢饉の初期、北朝鮮の人たちは私たちに子供の検査をさせてくれませんでした。彼らは彼らで執り行うことに固執しました。彼らが「定点観測」地点を決めました。これはつまり正確な調査ではないということです。何もしないよりはいいのですが、簡単に政治に利用されるので正確な測定にはならないのです【945】。

635． 国際機関に協力的すぎたことで地元の政府関係者が職を外されたとの報道もある【946】。１９９８年、ＭＳＦは、北朝鮮は「もっとも必要としている人に効果のある支援を責任をもって与えることよりも、自給自足思想の維持」を優先した、と述べた【947】。

636． 北朝鮮国内の訪問可能な地域と監視活動は、人道支援組織にとって年を経るにつれて改善したと主張するオブザーバーもいる。訪問できる郡が着実に増えた人道支援組織もある。さらに、一定の組織には、北朝鮮が選んだのでない朝鮮語を話す人を使うことも許可されている。食糧援助の監視の領域では進展も少し見られる。しかしながら、人道支援組織が北朝鮮で活動を開始して20年を経ても、人道支援作業員は未だに受け入れがたい制限を受け、援助が本当に必要な国民に近づくことを妨害されている。北朝鮮内で活動する国連チームによると……

> 活動に対する規制があるため、援助提供者からの信頼を損ない、物資収集が難しい状態が続いている。そして、そのことにより、活動条件の改善の話し合いも難しくなっている。北朝鮮内の訪問地域に関する交渉は長く困難なプロセスであったし、それは今だに難しい。北朝鮮政府は、人道支援機関が計画を実行し、実態を視察し、活動評価を行うための活動領域に受け入れがたい制限を付けている【948】。

6・最大限利用できる資源の不使用

637. 「経済的、社会的及び文化的権利に関する国際規約（ICESCR）」第2条1項は、「現行規約の締約国は、個々に、また、国際的支援との協力を通して、立法措置その他の**すべての適当な方法により**この規約において認められる**権利の完全な実現を漸進的に達成するため、その国の利用できる資源を最大限使って対策を講じる**」と述べている。

638. 「漸進的な達成」と言う概念は、国際人権規約の経済的、社会的及び文化的権利に関する国家義務の中心概念である。その中核には、経済的、社会的及び文化的権利の完全な実現に向けて、一国家の資源を最大限に利用して適切な対策を講じる義務がある。「利用できる資源」に言及するのは、これらの権利の実現が資源の欠如によって妨げられることがあり、また、充分な時間をかけてのみ達成可能であることが認識されているからである。同様に、それは、国家が適切な対策を講じる義務を遵守しているかどうかは、その国家にとって財政資源などの利用可能な資源の観点から評価される、という意味を持つ【949】。

しかしながら、漸進的な達成と言う概念を、当該国家が充分な資源を持つまでその国は義務から外される、と誤って理解されてはならない。その反対に、規約は、経済的、社会的及び文化的権利の完全な実現に向けて適切な行動をとる直接的な義務をその国家に課す。資源の欠如が、無為、もしくはこれらの権利実現対策の無限の延期を正当化することはできない。その国家に利用できる資源に関わりなく、一国家は、優先課題として、すべての人が、少なくとも、最低限の権利を利用できるように努め、また、特に貧しい人達、社会から取り残された人たち、不利な立場にある人たちを守るために作られた計画を利用できるよう努めなければならない。一国家は、国家がすべての資源をすべて使って、経済的および社会的ニーズを優先させたことを示せない限り、資源の制約を理由に、飢えから免れる自由の保障など、最小必須レベルの社会・経済的幸福の保障に失敗したことを正当化することはできない[950]。

639. 調査委員会は、受け取った証言と提出物に基づいて、北朝鮮による資源配分は、特に大量飢餓の時代に、人々を飢えと慢性的飢餓から解放する目的を優先させなかったと、見る。国家は、北朝鮮の多くの人たちの生存のために必要な食糧の購入を優先することもなければ、国の食糧の有用性と利用可能性の改善に向け、農業、インフラストラクチャー、その他の方法への投資を優先することもなかった。国連食糧農業機関（FAO）と国連世界食糧計画（WFP）は、どの1年をとっても、穀物1人1日573グラム分という正式の政府目標を連続的に達成できていないことは、食糧有用性に問題があるばかりでなく、保管、交通、商品輸送のような広範囲の供給システムにも問題があることを示していると、述べている[951]。

640. 調査委員会が受けとった証言や他の情報は、北朝鮮は引き続き不釣合いな量の資源を、軍隊、首領の個人崇拝、それに関連する称賛イベント、そしてエリート層へ贅沢品の購入に当てていることを語っている。

(a) 最優先される軍事費

641. 北朝鮮は、約120万人からなる、世界最大級の常備軍を維持する。これは一般国民に対する軍関係者の比率が世界最高であることを示す。国家の秘密主義的性質のために、実際に

D・食糧への権利違反と、生命に対する権利に関連する側面

使われる軍事費を知ることは難しい。当局筋は国家予算総額の約16％であるとしている[952]。ある情報源ではGNP（国民総生産）比の25％であると推測する[953]。

642. 1990年代末の飢饉の間、資源を緊急のニーズにあてる代わりに、金正日は「先軍」思想にしたがって軍隊を以前にも増して重視した[954]。朝鮮中央通信社はこの方針を次のように説明した。

我々の歴史の中で『苦難の行軍』と呼ばれた時代に、偉大なる同志金正日は、人民の運命と革命の将来は銃身にかかっている、そして我々は困難を突き破り、軍に依拠することによってのみ革命を勝利に導く、と信じた……もし、銃身が弱ければ、いくら経済が強かろうが、いくら科学とテクノロジーが進んでいようが、国は外部勢力に飲み込まれてしまうだろう[955]。

643. 朝鮮労働党の機関紙「労働新聞」の2003年の社説は同じようなことを述べる。

軍隊と経済の関係において指導的地位にあるのは今も軍隊である……経済力が軍事力に基づいていれば、軍事力が経済の保障であり、経済発展の推進力である。強力な軍事力なしに、我々は民族の産業を守ることも出来なければ、経

ヘイトスピーチの源泉と行く末を知る

ナショナリズムの誘惑

木村元彦、園子温、安田浩一

1400円＋税／978-4-907239-02-2

本屋大賞PR誌の好評連載を単行本化

離島の本屋

22の島で「本屋」の灯りをともす人たち

朴順梨

1600円＋税／978-4-907239-03-9

3刷

元ホスト、新右翼青年の反差別行動ルポ

奴らを通すな！

ヘイトスピーチへのクロスカウンター

山口祐二郎

1200円＋税／978-4-907239-04-6

ヘイトスピーチに抗う歴史ノンフィクション

九月、東京の路上で

1923年関東大震災ジェノサイドの残響

加藤直樹

1800円＋税／978-4-907239-05-3

4刷

でこぼこで、

作ること＝生きること

クラフトワーカーのもの語り

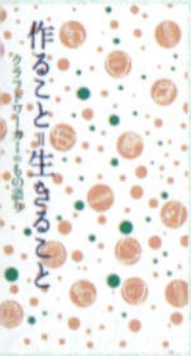

サッカー本大賞受賞！

Jリーグを初観戦した結果、思わぬことになった

中村慎太郎

1300円＋税／978-4-907239-07-7

3刷

裸足のフラメンコダンサーのすべて

写真集 YASKOと長嶺ヤス子

YASKO70周年プロジェクト・編

2000円＋税／978-4-907239-08-4

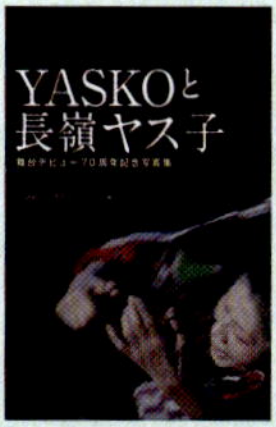

「ヘイト本」をあふれさせているのは誰か？

NOヘイト！

出版の製造者責任を考える

ヘイトスピーチと排外主義に加担しない出版関係者の会・編

900円＋税／978-4-907239-10-7

2刷

アイデアをカタチに、カタチをビジネスに

長いは短い、短いは長い

なにわの事務長「発明奮闘記」

宋君哲

1500円＋税／978-4-907239-11-4

日本の縮図「東久留米」から考える

議会は踊る、されど進む

民主主義の崩壊とその再生

谷隆一

1600円＋税／978-4-907239-12-1

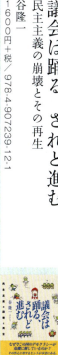

ヘイト出版社と
ヘイト本を徹底検証

さらば、ヘイト本！

嫌韓反中本ブームの裏側
木村元彦、大泉実成、加藤直樹
900円＋税／978-4-907239-14-5

戦争体験者へ。
「同世代」からの手紙

若者から若者への手紙

1945←2015
落合由利子、北川直実、室田元美
1800円＋税／978-4-907239-15-2

ロックフェスから
考える脱原発

太陽のひと

ソーラーエネルギーで音楽を鳴らせ！
朴順梨
1400円＋税／978-4-907239-09-1

ワンコリアから
ワンアジアへ

ハナ

ワンコリア道草回顧録
鄭甲寿
2700円＋税／978-4-907239-17-6

人権を語り合う

ヒューマンライツ

人権を守る人、生かす人【香山リカ対談集】
共著・香山リカ、マーク・ウィンチェスター、加藤直樹、土井香苗、

済建設の平和的な環境を確保することもできない。我々が強力にして自立する国家軍事産業への基盤を築いた時、その時に、我々は、軽工業と農業を加えて人民の生活の質を上げるべく、経済の全領域を活性化することが出来るようになるのである【956】。

644. 調査委員会に提示された専門家の分析は、国家軍事費を僅かに食糧購入に回すだけで国民を飢えと栄養失調から救うことができたとする。最近の国連食糧農業機関（ＦＡＯ）と国連世界食糧計画（ＷＦＰ）の作物評価を基にしたエコノミストの**マーカス・ノーランド** [*Marcus Noland*] の分析によると、北朝鮮には明らかに4万トンの穀物が不足していると言う。国際通貨基金（ＩＭＦ）によると、２０１３年9月、コメの値段は1キロ約４７０ＵＳドルで、トウモロコシの値段は1キロ約２０７ＵＳドルであった【957】。国連のデータを基に分析した**ノーランド**は、北朝鮮の経済力を２０１１年で１２４億ドルと推測する【958】。それ故、穀物ギャップを埋める資源の再配分は国民所得の０・02％以下となる、と彼は言う。国民所得の25％が軍事費に使われているという推測が正しければ、軍事予算を1％弱削減して穀物不足に宛てればよいことになる【959】。

645. **マーカス・ノーランド**はさらに、大量飢餓のピークのときでさえ、食糧不足を補うために必要な資源総額はほぼ1億ＵＳドルから2億ＵＳドル程度であったと推測する。これは輸出品とサービスからの収入の5％から20％、もしくは、同時期の国民所得の1％から2％に相当する。ワシントン公聴会で、彼は次のように話した。

（１９９０年代の飢饉の間）需給ギャップを埋めるためには今より多くの穀物が必要でしたが、穀物価格は今よりはるかに安かったのです。ですから、飢饉のピーク時、ギャップを埋めるために必要な資源は、データにもよりますが、わずか1億ドルから2億ドルだったのです。もし、彼らがそれを使い、輸入を維持し、災難を回避することを選んでいたとしたら、飢饉の間でさえ、北朝鮮政府には自由に使える資源があったのです【960】。

646. 軍装備品の購入を遅らせ、代わりに外国通貨を使って国際市場で食糧を購入しさえすれば、膨大な数の人々を救う可能性があった。１９９４年、食糧不足がすでに当局の知るところとなった時、北朝鮮は多くの潜水艦を購入したと伝えられている【961】。１９９９年、北朝鮮が穀物輸入を20万トン以下に削減した同時期に、北朝鮮政府は外国通貨を使ってベラルーシからＭｉＧ29を40基、カザフスタンから軍用ヘリコプターを8基購入したと伝えられている【962】。

647. ２００５年、国連事務総長は、北朝鮮当局は軍事防衛費を削減し、食糧危機と開発の必要な他の領域に資源を公平に、そして確実に再分配する責任があると、述べた【963】。

648． しかしながら、調査委員会は、人道主義的課題よりも軍隊を優先する北朝鮮の姿勢の変化を示す情報は何ひとつ受け取っていない。それどころか、現在の首領金正恩は「先軍」が北朝鮮の指導的原則のひとつであることに固執する。２０１２年４月15日に行った彼の首領としての初の演説で、金正恩は次のように強調した。

> 我々が先軍朝鮮の威厳を永久的に称えるために、そして、強力な社会主義国家建設の大義を成功裏に達成するために、第1に、第2に、第3に、我々はあらゆる方法を尽くして人民の軍隊を強化しなければならない【964】。

649． 最高人民会議への２０１２年国家予算の報告の中で、財政相、崔寛鎮《チェカンジン》［*Choe Kwang-jin*］は、支出総額のわずか「38・9％が、義務教育、無料医療サービス、社会保険、治安、保養と休養、さらに文学と芸術の発展、スポーツ能力の構築など、社会主義下における国民の社会的教養のための政策と措置の強化に使われた」と述べた【965】。崔の報告は、経済的、社会的及び文化的権利にプラスの影響を及ぼす領域での支出の増大にフォーカスが置かれている一方で、「国家予算総額には国家防衛に使われたものもある」と曖昧に述べている【966】。

(b) 国の食糧支出削減を目的とした援助物資の利用

650． 北朝鮮は外国の援助に対して相反する態度を取ってきた。北朝鮮は、初めは援助を北朝鮮システムの失敗を認めること、また、内政干渉が始まることとして捉えた。北朝鮮水害復旧委員会議長の李鐘和《リジョンファ》［*Lee Jong-wha*］は飢饉を「全くの虚構」と述べた。彼は、援助が国家の誇りを貶め、経済的政治的変化の要求につながり得るが故に、北朝鮮は政治目的ではいかなる食糧援助も受け入れない、と述べた【967】。１９９７年、金正日《キムジョンイル》は言った。「帝国主義者の援助は、ひとつを与えて10を、いや１００を盗み取る略奪と征服の罠である」【968】。労働新聞は人道援助に対する北朝鮮の公式的立場を伝えた。「帝国主義者の援助は侵略の道具である……貧困、飢饉、そして死をもたらす危険な毒物である。繁栄をもたらすものではない」【969】。

651． しかしながら、北朝鮮は援助をそれ自身の政治目的に利用した。北朝鮮は、援助活動への条件と国際援助作業員の入国許可人数を、人道支援団体が交渉のテーブルに載せる金額に従って操作した【970】。

652． もっとも問題なのは、北朝鮮が援助の流入を、国民のもっとも傷つきやすい部分を飢えと飢餓から救う手段としてではなく、事実上、国際収支支援として使っていることを数字が示していることである。北朝鮮自身の食糧輸入の補填として援助を使うのではなく、援助を輸入品の代りに使ったのは明らかである。ワシントン公聴会で**マーカス・ノーランド**が調査委員会に示した図12は、北朝鮮への援助量が増えると食糧輸入高が減少したことを示している。

653. 図13も、**マーカス・ノーランド**が調査委員会に提出したものだが、北朝鮮の商品輸入総量の変化と食糧輸入の変化を比較している。国内の栄養失調が慢性的な状態にあるにもかかわらず、1993年から2010年の間、増加が顕著な一般商品輸入とは反対に、食糧輸入は減少傾向にあった。

(c) 二国間贈与の役割

654. 北朝鮮への援助で多国籍機関の果たした役割は比較的小さかった。1995年以降、配布された食糧援助総量のおよそ75%が中国、韓国、米国、そして日本から提供された。こうした支援提供に付随する条件は国ごとに異なっている。太陽政策に沿って、韓国は無条件で大量の援助物資を配布した。米国は援助を核問題の進展と関連付けた。1995年と2009年の間に米国は北朝鮮へのエネルギー支援に約6億USドルを提供した。1995年と2003年の間と、2007年と2009年の間に、北朝鮮のプルトニウム型核施設の凍結と引き換えに、援助が送られた【973】。

655. 二国間贈与という形での援助方法が国連や他の人道支援機関の活動に影響を与えた。中国と韓国が2000年代半ばに配布した無条件援助物資により、北朝鮮は国連世界食糧計画（WFP）が導入しようとした監視協定のいくつかに抵抗できるようになった、と観測筋は記している【974】。米国議会調査局（CRS）は次のように述べている。

> 2006年、国連世界食糧計画（WFP）は、北朝鮮政府が新しい規制をかけた後、活動計画を大幅に制限し、組織の規模を削減し、配布と積荷の監視活動を制限した。WFPと平壌政府はその上で新たな交渉に入り、それまでWFPが目標としていた640万人の3分の1以下の190万人に食事を与えることに合意した。北朝鮮の全人口はおよそ2200万人である。WFPとの取り決めで、外国人スタッフは75%削減されて10人となり、そのすべてが拠点を平壌に置いた。2006年以前、WFPは国内に40人の外国人スタッフと6カ所の事務所を持ち、毎年、監視ツアーを何回も行っていた。北朝鮮政府はWFPに朝鮮語の話せる人を国内スタッフとして働かせることを許可しなかった【975】。

(d) 首領の利益のための並列ファンド

656. 1990年代に北朝鮮が直面した経済的財政的諸問題により、北朝鮮当局は外貨獲得のために多くの合法・非合法の活動に関わるようになった【976】。しかしながら、獲得した外貨は、飢饉のときに国民が緊急に必要としていた食糧、薬品などの購入には使われなかった。代わりに、それは通常の政府予算の外部に存在する別のファンドに流し込まれた【977】。

657. これらのファンドは、現在も存在するが、朝鮮労働党中央委員会に制度的に直結する部署を通して首領によって厳重に管理されている。これらは首領が個人的に自由にできるものとして存在し、首領、彼の家族、側近たちの個人支出と、公式予算には計上されることのない政治的に慎重に扱うべき支出に当てられる。

658. この資金に関わった政府関係者たちの証言から、北朝鮮当局は外貨獲得のために数多くの犯罪行為に関わっていたことが分かる。犯罪行為からの収入は2008年には年間5億USドルに及ぶと推測され、これは北朝鮮の年間輸出額の3分の1にあたる【978】。受け取った情報では、北朝鮮が送り出した国外で働く労働者の給与の相当額がこの種の基金に納入されている【979】。

ある証人は、1997年に朝鮮国際保険会社（KFIC）の北東アジア銀行における彼の仕事について話してくれた。彼は北朝鮮に存在する2つの並列する予算、彼が呼ぶところの、「人民の経済」と「王朝経済」について詳細に述べた。「王朝経済」は首領が運営する。この証人は外国の保険会社に詐欺行為を働いて外貨を稼ぐ任務にあたった。この金は「王朝経済」に回され

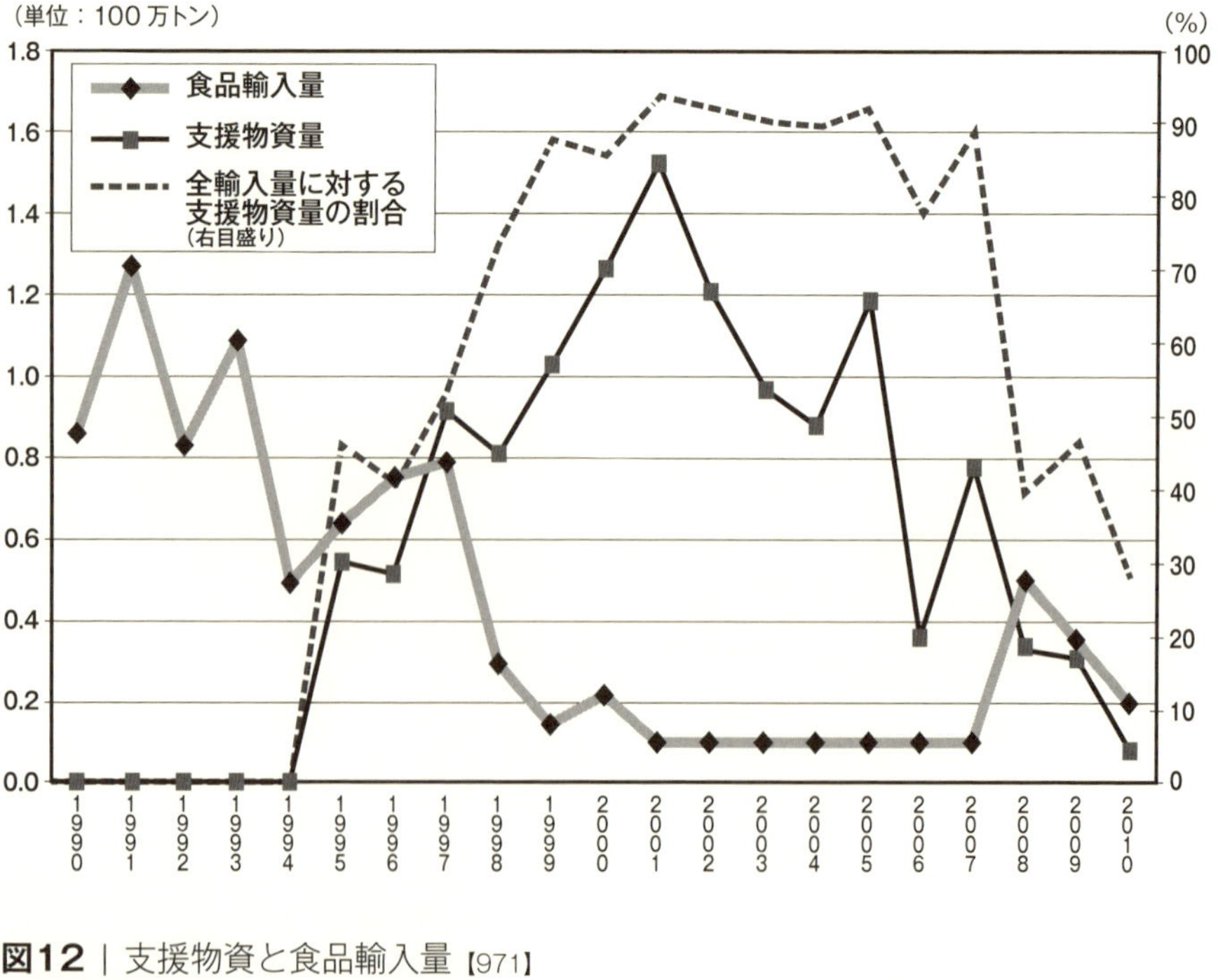

図12 | 支援物資と食品輸入量【971】

た。外貨収入のほとんどが金正日の個人的な「革命基金」へ献納されている証拠を消すために、KFICで使った書類はすべて破棄された。この証人本人が、会計記録や預金引き出し情報などのたくさんの書類を破棄した【980】。

1990年代に錦繡山《クムスサン》太陽宮殿で働いていたある証人は、労働党の経理部が、金一族の欲しいものの生産、処理、提供の任務にあたり、彼らのコメもこの経理部が別個に生産していると、語った。商社のひとつ、綾羅《ルンラ》888がそのファンドの財源を作り出していた、と彼は言った【981】。

658. ひとりの元国家安全保衛部関係者は、政府機関すべてはそれぞれが稼ぐべき外貨割当を与えられていた、と語った。

政府は金がどこから来ようが気にしていませんでした。それで各機関はどんなことでもせざるを得なかったのです。

彼は、中国商人と武器と薬品を取引していた国家安全保衛部職員を知っていた。彼らは北朝鮮の国営薬品工場や倉庫から武器と麻薬を入手していた。この証人は当局の中央レベルが正式に認めている麻薬のメタンフェタミンの密売のことを直に知っていた【982】。

658. ある証人は、ある会社が漢方薬に使われる材料を薬品製造者

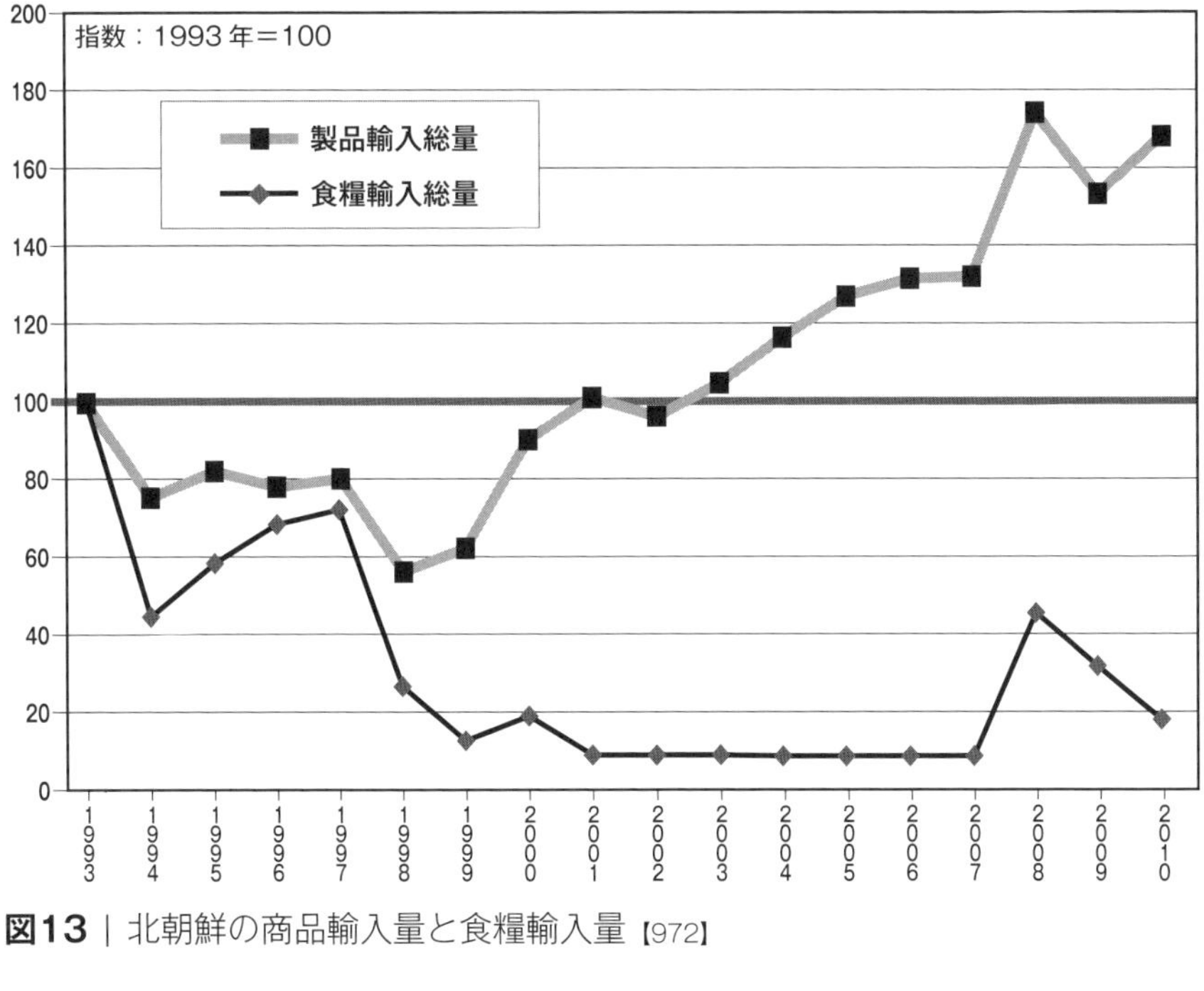

図13 ｜ 北朝鮮の商品輸入量と食糧輸入量【972】

に売っていたと話した。1990年代、彼は定期的に教化所（一般刑務所）に行って、教化所で生産されている大麻を買い、それを商社に売っていた。彼は一度、薬品材料を管理する地方担当局の経済計画を見せられたことがあった。その計画には大麻が輸出目的で生産されていることが明記されていた【983】。

　国営企業の元マネージャーである別の証人は、労働党の中央レベルから外貨獲得用に大麻を栽培して取引をするよう彼の会社に指示が来たことを覚えていた【984】。

　別の元政府関係者は、世界中の北朝鮮大使館が関わる不正活動の詳細にわたる情報を提供した。国外にある北朝鮮の大使館は、イスラム諸国でのアルコールの非合法販売、または、アフリカ諸国から中国への象牙の密売などに関わっていた【985】。

(e) 個人崇拝と政治体制礼讃の進展

659. 元政府高官の証言など多数の目撃証言から、相当量の国家資源が個人崇拝と金体制礼讃のために使われていることを確認した。

　1973年に建てられた錦繍山太陽宮殿は故金日成の壮大な霊廟となった。建設工事は大規模な飢餓が国を壊滅させている1995年に始まった。錦繍山太陽宮殿は飢饉が絶頂に達している時に建てられた記念碑のひとつである。それは1万平方メートルの中央広場があり、総面積3万4910平方メートルで、20万人を収容できる。20種類の異なる形をした70万体の御影石の彫刻が建物を飾っていると伝えられている【986】。元政府高官が証言した。

　　金日成は1994年に死にました。数カ月間、喪に伏し、7億9000万ドル相当が彼の墓やその他の記念碑の建造に費やされました。その時でもすでに良くなかった北朝鮮経済は底を打ちました【987】。

　別の元政府関係者である証人は、金日成長寿研究所での彼の仕事を話してくれた。金日成長寿研究所は極端に良い設備を整えた施設で、金日成と金正日の長寿と健康を確保する目的のためだけに建設された【988】。

　調査委員会は、平壌で1989年7月1日から8日に開かれた第13回若者と学生のワールドフェスティバルに使われた膨大な支出についての証言も受け取った【989】。ワールドフェスティバルは明らかに1988年に韓国で開かれたオリンピックに対抗して開かれた国家イベントである。

　金正日の護衛にあたる朝鮮人民軍護衛司令部のメンバーだったある証人は、「金正日は飛行機、船、列車、ヘリコプター、車を何台も持っていましたが……飛行機は使わなかったのですが、持ちたがったのです」と言った【990】。

660. 巨大な銅像など金日成《キムイルソン》と彼の後継者の個人崇拝を強化す

るプロジェクトや彼らの業績のショーケースに巨額の国家経費が使われた。これらのプロジェクトは絶対的に優先され、短期間で完成されることが多いという事実もそのことを証明している【991】。北朝鮮財務大臣の崔寛鎮は北朝鮮の2012年度予算について報告した。

経済発展と国民の生活水準改善のための国家歳出総額のうち44・8%は金日成書記長の生誕100周年記念に披露する建造物建設と、チュチェ思想に基づき近代的かつ自立的経済の物理的かつ技術的基盤の強化と国家改装作業の資金に使われた【992】。

661. 2013年、金正恩《キムジョンウン》は朝鮮人民軍に「世界レベル」のスキーリゾートの建設を命じた。これは韓国で開催される2018年冬季オリンピックのために建設されているウインタースポーツ施設に対抗するものであった。伝えられるところによると、2013年5月に現地を訪れた金正恩は「兵士であり建設者である者たちが、数10万平方メートルに広がる山岳地帯に、全長11万メートル、幅40から120メートルの初級、中級、上級コースのあるスキー場を建設したことを知り、大変満足だった」【993】。

662. これと同じような、一般国民にすぐにはプラスの影響を与えることのない、紋繍《ムンス》遊泳場、綾羅《ルンラ》イルカ水族館、平壌の遊園地、元山《ウォンサン》のビーチリゾートなど数多くの特権的プロジェクトが推進されている【994】。

(f) 贅沢品の購入

663. 国連安全保障理事会決議第1873号(2009年)に準じて創設された国連専門家パネルの報告書で確認されたように、北朝鮮は引きつづき巨額の国家資金を贅沢品の購入と輸入に割り当てている。この決議案はとりわけ、贅沢品の輸入を禁止する安全保障理事会制裁の実行を監視する。専門家パネルは、ある報告の中で、1万2000ユーロ(1万7290USドル)相当の高級コニャックとウイスキーと、13万ユーロ(18万7310USドル)と見られる1000人収容の映画館用機材をイタリアで押収したと、記した。報告書はさらに北朝鮮が12台のメルセデスベンツ、高級音楽録音装置、3ダース以上のピアノと化粧品を購入しようとしていたことも明らかにした【995】。

664. 北朝鮮による贅沢品購入は2012年には6億4580万USドル(4億7000万ユーロ)に上った。伝えられるところによると、これは2013年10月の金正日治下の1年3億USドル平均からの急激な上昇を示していた【996】。

7. 飢え、餓死、そして飢餓に関連する病気から免れる自由の侵害

665. 飢えから免れる自由は、適切な食への権利(「経済的、社会的及び文化的権利に関する国際規約(ICESCR)」第11条(2))と生きる権利(「市民的及び政治的権利に関する国際規約

（ICCPR）」第6条）の結合地点に位置する。国家は、個人もしくは国民が、個人もしくは国民の力のおよばない理由から、食糧の利用を享受できないときは、必要ならば外部からの支援に訴えても、食糧を直接提供する義務がある。

666. 1990年代に北朝鮮で飢餓もしくは関連する病気で何人が死亡したかについては多くの議論がなされてきた。1999年、北朝鮮水害復旧委員会の政府関係者チョン・インチャン［*Jon In-chan*］が1995年と1998年の間に37％の死者数の増加を示す数字を発表したとの報道があり、このことから飢饉関連死者数22万人という数字が出てきた【997】。

667. 他の情報源はこれよりはるかに多い死者数を示している。ひとりの元政府関係者は、1995年の餓死者は50万人、1996年と1997年は各年100万人だったと述べた【998】。韓国の情報筋は、1998年に人民保安省が行った調査が1995年と1998年3月の間における250万人から300万人の人口減少を記録している、と報告した【999】。しかしながら、この数字は移民を含んでおり、食糧支援が確実に追加されるように誇張されている可能性がある。1998年に北朝鮮から脱出した元政府高官、黄長燁は、様々な彼の公の声明の中で、1995年から1997年の死亡者数が250万人に上ると発言をしている。

> 1996年11月、私は経済がとても心配で、農業と食糧担当の最高幹部に何人が飢えで死んだのかを聞きました……（最高幹部は）1995年には約50万人が餓死し、その中には5万人の党幹部が含まれていると答えました。1996年は約100万人が餓死したと推測されています……1997年は、もし国際支援物資が提供されなかったら、約200万人が死んでいたことでしょう【1000】。

668. さまざまな学者が、既存のデータに統計的方法論を適用して、死亡者数の推測を引き出している。2001年、ダニエル・グッドカインド［*Daniel Goodkind*］とロレーヌ・ウェスト［*Loraine West*］は飢饉による過剰死亡は1995年から2000年の間、60万人から100万人の間であるとの結論に達した【1001】。2011年グッドカインドとウェストは早期の過剰死亡推測数を49万人に下方修正した【1002】。ジョンズ・ホプキンス大学公衆衛生大学院の研究グループは、1995年から1998年の期間に210万人の死者が出たと推測した【1003】。スティーブン・ハガード［*Stephen Haggard*］と**マーカス・ノーランド**は死者は60万人から100万人の間か、危機以前の人口のおよそ3％から5％だと推測する【1004】。

669. 調査委員会は1990年代の「大飢饉」もしくは苦難の行軍に関連する死者数について独自の推測を提供する立場にはない。しかしながら、誰に聞いても、最低限でも数十万人の罪のない人々が国際人権法の重度の違反によって死亡した。さらに、苦しみは死んだ人に限ったものではなく、生き残った数百万人の人々にも広がっている。彼らが経験した飢えと栄養失調は長期にわたる身体的かつ心理的損傷をもたらしている。

670. 過去20年間に提供された大量の国際支援にも関わらず、北朝鮮の栄養失調と成長阻害の数値は引き続き高く、不均等な広がりを見せている。調査委員会は特に北朝鮮の子供達の現在の状況を憂慮するものである。北朝鮮が締約国である「子供の権利条約（CRC）」第6条は、すべての子供に本来備わる生きる権利を認め、締約国に「子供の生存と成長を最大限保障する」よう要請している。

671. 母体の栄養失調と低出生体重児、そして幼児期成長阻害および低体重が相互に密接に関係していることは古くから知られていることであり、世代を越えた影響を与えるものである【1005】。この世代間サイクルを打ち破ることが重要である。なぜならそれは「根本的な倫理問題であるばかりでなく、すべての政府の将来の国民の知的ならびに経済的能力に関する優先課題」であるからだ【1006】。調査委員会は、飢餓が世代を超えて与える影響は人権と責任追及《アカウンタビリティ》の観点からも考慮されるべきものであるとの見解に立つ。

672. 飢餓は食糧への権利を最も深刻に侵害する。飢餓を考慮するとき、4つの状況が考えられる。

・当局の管理が及ばない要素の結果としての飢餓（自然災害など）
・力量不足、無能力、汚職など国内の要因による飢餓
・状況を認識しているにもかかわらず国家の無為と無関心
・故意の行為の結果として起こる飢餓

673. これら4つのカテゴリーは国家責任のレベルの違いを表す。これらは個人の決定責任に大きく関係する。大飢饉を悪化させ餓死を増やす決定を下した政府関係者の、人道に対する罪の責任について調査委員会は、本報告書第5章で考察する【1007】。

674. 自然災害と、制裁などの敵対諸国が取った様々な行為が、国内の栄養失調と飢えの正式な説明として北朝鮮により繰り返し述べられてきた。国家管理が及ばない要素からの食糧状況への影響を正しく考慮した上で、調査委員会は、北朝鮮とその指導部の決定、行動、怠慢がこの状況を作り出し、悪化させたと見る。それは少なくとも数十万人の人間を死亡させた。生き残った人たちは永久的な身体的かつ心理的損傷を負っており、それは世代を超えて続くものでもある。国内の飢饉の条件を作り出した行動と怠慢には以下のものがある。

・広範な国民の食糧安全保障よりもイデオロギーと政治、そしてエリートの利益を優先する
・食糧を国民統制の手段として使う
・人命を救えたはずの情報とデータを隠す
・食糧へのアクセスに直接影響する国民の情報の自由の権利と、移動の自由の権利を侵害する
・大量飢餓に直面しているときですら、国が国際支援組織の全面的なアクセスと監視を拒否する
・国際支援組織の活動の種類と期間に関し財政条件を付与する
・成分《ソンブン》制度を基盤とし、また、北朝鮮への忠誠と実用性の有無の判断にしたがう差別的な方法で食糧を配分し、国際支援物資を流用する

675． 調査委員会は、1990年代以降、数多くの要素が発展してはいるが、飢えを悪化させるか発生させる他の要素が、国家管理が可能であるにもかかわらず、変わることなく存在していることを憂慮するものである。これらの要素が国内に飢饉と大量飢餓を再発させる原因となる可能性がある。北朝鮮は引き続き、人道支援組織と救援組織の全面的にして妨害のないアクセスを拒否している。誠実な協力の欠如は国内の飢餓による死亡者数、成長阻害、その他の食糧関連の問題を増大させる結果になりうることを無視することはできない。国家は引きつづき国民の生命と健康に影響する問題を秘密にしておきたがる。アクセスを遮断し、正確な監視を妨害することで、北朝鮮当局は、人々、特にもっとも傷つきやすい人々を飢えから救うための効果的な支援計画の発展を妨げている。

676． 北朝鮮からの報告は、引きつづき、飢餓による重度の栄養失調と成長阻害、そして多くの死を示している。これらの報告から浮かび上がる特定の地域的・社会的パターンは国家が指定する成分《ソンブン》制度を基盤とした差別により生じたものである。北朝鮮は、また、いまだに、国内の飢えの問題の対処に最大限利用可能な資源を使えていない。差別、思想的思惑、移動の自由と意見の自由と結社の自由への規制、政策決定への国民参加の欠如が、食糧の権利実現のための持続的な改善を不可能にしている。これらの要素のために、市場で食糧が手に入るだけでは飢餓が抑止されない可能性がのこる。

677． 1983年、北朝鮮の大飢饉が始まる以前に、ノーベル賞受賞者で飢餓と飢餓の原因の専門家であるアマルティア・セン［*Amartya Sen*］は次のように語っている。

「飢餓とは食べるものが充分にない人に見られる特徴である。それは食べるものが充分にない状況の特徴ではない【1008】。

678． 飢餓を食糧の有用性の問題だけに絞って考えると、何故そもそもその状況が起きたのかという問題と、同じ状況が再現

しないかどうかの問題が見えなくなる。同じ考えを持つ人が次のように論じている。

飢饉は、３つの段階——食糧不足、長期間必要な栄養を摂取しなかった結果生じる極度の空腹状態、大量の死からなる政治・社会・経済の長期化した抑圧過程として見るべきである。この過程がピークに達するのは最終段階の病気と死のはるか以前である。人々が死ぬ以前にこの過程が停止しても、それでもそれは飢饉である。次に、飢饉は被害者を考慮するだけでは定義できない。この過程は「共同体の一部が恩恵をうけるが、その一方で損失は他に移る」過程である【1009】。

679. 公聴会の専門家と調査委員会が受け取ったさまざまな証言は、こうした洞察が北朝鮮に当てはまると主張した。

東京公聴会で、**石丸次郎**は語った。

北朝鮮を調査した私の経験から私が理解するのは、北朝鮮の場合は食糧供給の絶対的な不足ではないということです。北朝鮮の飢饉は食糧へのアクセスの問題なのです【1010】。

680. 食糧へのアクセスは、食糧を管理する人々と食糧を管理出来ない人々の間の力関係に左右される。人権はこの関係の中心に位置する。北朝鮮で市民的、経済的、政治的そして社会的権利が進化しない限り、国民には飢えと飢餓のリスクがある。政策決定が高度に中央集権的であるところでは、食糧配給、外国からの食糧購入、予算配分、そして外国政府やＮＧＯとの相互関係などの食に関する決定は、最終的には小グループの政府関係者が行う。これらの政府関係者は、その国民の過去、現在、未来の行動に対して責任があり、その責任追及《アカウンタビリティ》がなされるべきである。

8・食糧への権利侵害と囚人

681. 調査委員会は、北朝鮮には尋問目的で拘留されている人々と政治犯収容所と教化所（一般刑務所）に監禁されている人々が意図的に飢えさせられていることに対しての責任がある、と見る【1011】。受刑者の飢餓は北朝鮮の拘留の一般的特徴である。食糧の意図的剥奪が拘留施設の管理と処罰の手段として組織的に使われている。配給割当の削減は警備訓練の一部をなし、刑務所の書類に記載されていた。定期的な健診が受刑者に行われているので、刑務所当局はこの食糧剥奪のもたらす結果に充分気づいていた。拘留施設での食糧剥奪は全体的な食糧状況とは無関係に全期間を通して記載されていた。

9・調査委員会の主要な調査結果

682. 北朝鮮という状況下での、食糧への権利と飢えから免れる自由、および生きる権利は、食糧不足と商品へのアクセスという狭い議論に落とし込んではならない。北朝鮮国家は食糧を国民を支配する手段として使ってきた。国家は政権の維持に欠かせないと当局が信じる人たちを、捨ててもよいと思われる人々よりも優先してきた。

683. この論理により、困っている人たちから食糧を収奪し、強奪し、そして他のグループに食糧を提供している。国家は食糧へのアクセスとその配給に関し、成分《ソンブン》制度に基づく差別を実践してきた。加えて、国家は平壌などの特定の地域を他よりも特権的に扱っている。国家はもっとも傷つきやすい人々のニーズを考慮していない。調査委員会は、特に、子供達の慢性的な栄養失調とその長期的な影響を憂慮するものである。

684. 北朝鮮は、１９９５年に国際援助に訴えるはるか以前から悪化する食糧状況に気づいていた。国家管理の食糧生産と食糧配給は、遅くとも１９８０年代末から適切な食糧を国民に提供できなくなっていた。透明性と責任追及《アカウンタビリティ》と民主的機関が欠如し、表現、情報、結社の自由が規制されていることにより、朝鮮労働党の指令に従った対策を適切かつ経済的に解決することが不可能であった。北朝鮮は、国民への支配力を失うことを恐れて、経済と農業の構造改革を回避した。

685. 飢饉期間中、思想的洗脳によって政治システムが維持され、その代償として飢えと飢餓が深刻に悪化した。すでに困窮している国民から兵士のために食糧を徴収し、1日の食事を3回から2回にするといった公式キャンペーン（1日2食運動）、そして苦難の行軍という美辞麗句が使われ、国民に国家目的の困窮に耐えることを強要した。情報が隠蔽されたために国民は壊れかけた公的配給制度（PDS）に代わるものを見つけられなかった。そのことは、迅速に提供された場合、多くの命を救った可能性のある国際的支援も遅らせた。

686. 国民に適切な食糧を提供できないにも関わらず、国家は法と支配を維持し、食糧探しに国内外を移動し非公式の市場で取引もしくは働くなどの対処メカニズムを利用する国民を実際的に犯罪者として扱うことにより支配を強化している。

687. 大飢饉の最悪の期間ですら、北朝鮮は、人道的な配慮に基づかない条件を課して食糧援助の配布を妨害した。国際支援機関は人道原則に矛盾する規制をかけられた。援助組織は人道的ニーズの適切な評価と、援助物資配布の監視を妨げられた。北朝鮮は、もっとも被害の大きいいくつかの地域やホームレスの子供達のような人たちへの人道的なアクセスを拒否した。

688. 北朝鮮は、利用できる最大限の資源を使って空腹な人々に食物を与える義務を一貫して果せていない。利用できる財源があっても北朝鮮は、飢餓が蔓延しているときですら、不十分な生産を補うために必要な食糧を購入していない。軍事費は飢餓の期間ですら優先された。しかしながら、それでも北朝鮮は一般の兵士に食事を与えることができなかった。首領が直接管理する基金など巨額の国家資金が、一般の市民が飢えに苦しんでいるときに、贅沢品の購入と個人崇拝の進展に費やされた。

689. 北朝鮮は、拘留場の管理と処罰の手段として意図的に飢えさせる方法を組織的に使用している。配給割当の減らし方は警備訓練の一部として教えられており、刑務所の書類にも記述されている。この結果、多くの政治的市民と普通の市民が死亡している。

690. 調査委員会は、北朝鮮国内に食糧への権利に対する組織的で広範囲にわたる深刻な侵害を見る。調査委員会は、北朝鮮とその指導部の決定、行動、怠慢が少なくとも数十万人の人間を死亡させ、生き残った人たちに世代間に伝わるものを含む永久的な身体的かつ心理的損傷を負わせていると見る。

691. 調査委員会は、１９９０年代に起こったことは、北朝鮮とその政府関係者に対するもっとも深刻な告発であると見る。北朝鮮の高度に中央集権化したシステムの中で、生産と配分などの食糧に関する決定、国家予算の配分、人道支援と国際的支援の使用に関する決定は、最終的にほんの一部の政府関係者によって決定されている。彼らには、彼らの決定に影響される人々に対しての責任追及《アカウンタビリティ》が事実上、存在しない。この状況において、調査委員会は本報告書の第5章で飢餓の人道に対する罪を考察する。

692. １９９０年代から状況が変わった一方で、飢えと栄養失調は引きつづき広範囲に広がっている。餓死は引きつづき報告されている。調査委員会は、適切な食糧への権利と飢えから免れる自由の権利を侵害する法律と政策を含む構造的な問題が依然として存在し、そのことが大飢餓の再発につながることを憂慮するものである。

E・恣意的拘留、拷問、処刑、強制失踪と政治犯収容所

693．調査委員会は、恣意的拘留、拷問、処刑、強制失踪と政治犯収容所に関する調査を、「市民的及び政治的権利に関する国際規約（ICCPR）」第6条（命の権利）、第7条（拷問、残忍で非人道的もしくは品位を傷つける取扱いからの自由）、第9条（身体の自由及び安全についての権利）、第10条（拘束された者に対する人道的取扱い）、第14条（公正な裁判を受ける権利）に準拠し、その結果を出すものである。調査委員会は、「子供の権利条約（CRC）」第6条（生きる権利）、第37条（拷問と、自由の不正な剥奪を受けない権利）と第40条（拘留の取扱い）も考慮した。

1・恣意的逮捕と強制失踪

694．北朝鮮の法律は治安機関に対し、裁判前と尋問中における捜査権、押収権、逮捕権など、広範な権力を与えている。「市民的及び政治的権利に関する国際規約（ICCPR）」第9条（3）は、北朝鮮に、刑事罰で逮捕されたか、もしくは拘留された人は速やかに裁判官または他の司法官に付託されなければならないとの国際的義務を課すが、この義務に反し、拘留手続きは検察庁だけが監督し、裁判所の関与はない。刑事訴訟法によると、検事が逮捕状を発行し、逮捕状は被疑者に提示されることになっている。拘留延長の確認は、逮捕から48時間以内に検事から請求されなければならない【1013】。

695．実際は、北朝鮮の法律が規定するこれらの義務さえ守られてる訳ではない。韓国の大韓弁護士協会が2012年に行った北朝鮮の拘留と裁判の手続きについての調査では、逮捕時に拘留を正当化する逮捕状などの書類を見せられたと答えたのは回答者の18・1％のみであった。大半の回答者が逮捕理由に関する情報を何も受け取っていなかった【1014】。被疑者の多くは口頭でさえ逮捕理由を知らされていない。

キム・グァンイル（男性）は、松茸の販売に中国を往来していた所を当局に見つかり、逮捕状なしに逮捕された。**キム**は逮捕理由を知らされてもいなければ、逮捕状を見せられてもいない【1015】。調査委員会が非公開で聞き取りを行った多くの証言者たちも同様の経験をしている。

696．北朝鮮の刑事裁判制度全体に適正な手続きが欠如していることは明らかであるが、事件が政治的次元におよび、特に国家安全保衛部（SSD）と朝鮮人民軍（KPA）の軍事保衛司令部の扱いになると、それが如実に現れる【1016】。経験則として、事件が政治的なものであればあるほど、被疑者は、憲法と刑事訴訟法が保障するわずかな適正手続きすら受ける望みは薄くなると言える。政治不正の被疑者は、夜中に、または路上で、もしくは職場などで逮捕され、拘留施設に連行されることが多い。被疑者は逮捕理由を尋問の内容から想像するしかない。

アン・ミョンチョル［*Ahn Myong-chol*］（男性）は、政治犯収容所の警備員として勤務した数年の間に話をした囚人たちが自分の逮捕理由をまったく知らなかった、と証言した。

彼らは皆、家で寝ているところに突然、（国家安全保衛部職員が）やってきて、逮捕された、と私に言っていました……囚人たちは悪い奴等だと教えられていましたが、彼らが何故そこにいるのか全く分かっていないことを知りました【1017】。

ひとりの元国家安全保衛部（SSD）職員は、監督官からの承認書だけで政治不正行為の被疑者を逮捕できていたと確認した。被疑者は口頭で逮捕理由を知らされるだけだった【1018】。

2008年、保衛員たちが咸鏡北道の会寧郡で証人の息子を逮捕した【1019】。この被害者はキリスト教に改宗し、中国で朝鮮系アメリカ人牧師と連絡を取っていた。男たちは逮捕状を見せず、彼らが誰なのか、どこに息子を連れて行くのか質問をするな、と被害者の母親を脅した。2年後、この家族は保衛部内部の個人的な知り合いから息子が保衛部に6カ月間尋問を受け、最終的に、裁判なしに、政治犯収容所16号に送られたと聞いた。この証人は彼の息子が「死んだも同然」なことが分かるために苦しんでいる。しかし、生きている息子と再び会う望みを彼は捨ててはいない。

697. 北朝鮮の刑事訴訟法第183条によると、被疑者の家族は48時間以内に逮捕理由と拘留場所を通告されなければならない。実際には、この義務が尊重されないことが多い。前述の大韓弁護士協会の調査では、家族に彼らの拘留を知らされていたのは回答者の49・4%だけだった【1020】。

698. 政治犯罪の被疑者は通常、隔離拘禁される。友人、仕事仲間、近所の人たちの目の前からその人物は消え、二度と消息を聞くことがないことが多い。近親者ですら逮捕理由や被害者の居場所を知らされない。家族が時折、賄賂または個人的なコネを使って非公式のチャンネルから情報を得ることができる場合もある。従って、北朝鮮国内の政治的動機による逮捕は、通常、逮捕されると被害者の安否や居場所の発表はなく、被害者が法の保護の外に置かれるので、強制失踪を意味する【1021】。

699. 調査委員会は、政治不正容疑で逮捕された人の安否に関する情報通知拒否はこのシステムの意図的な性質だと、と認識する。それは、絶対的な服従を示さない者は当局だけが決定を下し、当局だけが知る理由において「消える」ことがある、と国民に知らしめているのである。

2・拷問と飢餓による尋問

700. 人民保安省（MPS）は、警察署と拘留場のネットワークを、集落、市、郡、地方（道）、および国家レベルで運営する。

捜査が通常より長引くと、特に中国から送還されている場合、被疑者は集結所に拘留される【1022】。国家安全保衛部（SSD）に逮捕された政治不正もしくは政治犯罪の被疑者は最初、郡、道（地方）、国家レベルにある拘留場に入れられる。これに加え、秘密の尋問拘留施設を保衛部が数多く持っていることは明らかである。それらは婉曲に「招待所」と呼ばれている。

701. 法律上の進展として、北朝鮮刑事訴訟法の2005年改革で尋問と裁判前拘留に2カ月間の期間制限が導入された。検察庁の承認で例外的な場合には4カ月まで延長できる。人民保安省（MPS）が扱う一般犯罪ではこれらの限定期間は通常、尊重されている。

702. しかしながら、事件が政治次元に及ぶと状況は一変する。重大な政治不正の被疑者は、どの時点で被疑者がすべての罪と共犯者全員を自白したかによって、数日から6カ月以上、拘留場に拘留される。彼らは郡レベルの国家安全保衛部（SSD）拘留場、次に道（地方）レベルの保衛部拘留場と続けて尋問されることが多く、例外的なケースでは最後に平壌の保衛部国家本部で尋問される。

703. 微罪の政治不正の被疑者でさえ複数の治安機関を移動させられるため、処罰決定以前の予備拘留が数カ月に及ぶことが多い。多くの場合、被疑者は保衛部か朝鮮人民軍（KPS）軍事保衛司令部に延々と尋問を受ける。被疑者が軽度の不正に関与しただけと判断されると、彼または彼女は人民保安省の手に渡され、そこで尋問の全過程が再び最初から始まる。

(a) 組織的で広範囲にわたる拷問の使用

704. 尋問段階では、被疑者を圧倒して全面自白させるために、被疑者たちは組織ぐるみで品位を傷つけられ、脅され、拷問される。拘留場内部がすでに、拘留者が品位を傷つけられたと感じ、怯えるように設計されていることが多い。

中国から強制送還された後、**キム・ソンジュ**（男性）は最初、茂山（咸鏡北道）の国家安全保衛部（SSD）拘留場に連行され、彼には「洞窟」のように見える地下監房に入れられた。地下監房は保衛部拘留場の特徴をなしている。

次に**キム**は茂山の人民保安省（MPS）拘留場に移された。40人の囚人と一緒に入れられた監房の中では入り口のドアが約80センチの高さしかないため、手で這い、膝立ちで動いていた、と**キム**は説明した。警備員が彼に言った。「この監獄に入ったら、お前は人間じゃあない、動物みたいなものさ。ここに入ったらすぐ、動物みたいに四足で動かなきゃならないんだ」【1023】。

チョン・グァンイル [*Jeong Kwang-il*]（男性）は他の政治犯罪被疑者と会寧（咸鏡北道）の保衛部が運営する地下施設に入れられたと証言した【1024】。

恣意的拘留を受けた別の目撃者が、清津の人民保安省拘留場の監房扉も出入りするには這わなければならないように作られていたと語った【1025】。

705. 北朝鮮刑法第167条は強制的手段を使って被疑者の自白をとることを禁じている。刑事訴訟法第229条ではさらに、尋問中、証人と被疑者は暴力の使用もしくは脅迫から守られるべき、と明記している。

706. 調査委員会が非公開で聞き取りを行った元保衛員と元人民保安省職員たちが語ったことから、調査委員会は、彼らが上司から受ける一般的な指示では被疑者への拷問を強制していないことが分かった。時おり、首領と中央政府機関から拷問をしないようにとの一般的な指示が発せられていることは明らかである（拷問の使用が高いレベルで認識されていることを物語っている）。しかしながら、注目を浴びる事例では、特定の人物に容赦なき尋問を行うよう、首領から命令が与えられた【1026】。特に政治的に慎重な事例においては、被疑者に自白を強要し、共犯者の名前を吐かせるために拷問が行われていることを指令系統は理解している、と元北朝鮮政府関係者は語った。被疑者を殴打して自白させるのがもっともよく使われる方法だが、さらに残酷な方法も使われた。

707. 拷問は尋問過程の特性として定着している。同じ手段と方法を使う拷問がさまざまな地方でさまざまな時代に使われてきた。政府関係者は、自白するまで被疑者を殴打するのは極めて当たり前のことと見ている。より精巧な拷問方法に合わせて設計されている尋問施設もある。高位の政府関係者が下位の政府関係者に効果的な拷問方法を指示した事例もある。このことは事実が語っている。

元保衛部関係者は、彼が就任した地方の保衛部拘留場にあった特別拷問室について語った【1027】。

拷問室には貯水タンクがあり、その中に被疑者は溺死の恐怖に襲われるまで沈められた。その部屋には、人を逆さ吊りにする拘束具があった。被疑者の指の爪の下に刺す長い針や被疑者の鼻の穴に注ぐ唐辛子混合液の壷などの拷問器具もいつでも使えるように置かれていた。こうした激しい拷問の結果として、被疑者は犯していない罪を認めることが多かった。

キリスト教を信仰した容疑で別の地方の保衛部に拷問されたひとりの女性が、前述の保衛部関係者が述べたものと同じような貯水タンクで拷問された時のことを話してくれた。この女性は冷たい水の中に数時間どっぷりと浸けられた。つま先で立って水面に鼻を出し、やっと息ができたが、その瞬間以外はほとんど息をすることができなかった。パニックに襲われ、溺死の恐怖にかられた【1028】。

元人民保安省（MPS）職員が、平壌の人民保安省本部の裁判前捜査局で鉄製の小さな檻が使われていたことを明らかにした。被害者が数時間この檻に押し込められると、身体の先端への血液循環が遮断され、身体の他の部分が膨れ上がる。被害者の身体はさび茶色に変色する。檻から被害者が出されると、身体が突然「広がり」、さらに激痛が走る。

この証人は、中佐の地位にある上司から拷問のテクニックの訓練を正式に受けたことも覚えていた。この高官は人民保安省職員に、被疑者の血液循環を紐でとめ、同時に被疑者に最大の痛みを与える肉体的圧力のかけ方を教えた【1029】。

708．原則として、北朝鮮刑法第253条は拷問などの不正な尋問方法を犯罪と見なす。北朝鮮は、拷問などの強圧的尋問手段の被害者は被害を補償されると正式に述べてきた【1030】。被害者はまた、拷問の事例を検事と、朝鮮労働党、法務省、国家調査委員会のレベルにある特別苦情機構に報告することができる【1031】。

709．しかしながら、実際は、加害者は責任がないとの理解がなされている。拷問の加害者が責任を負ったケースは、調査委員会が受け取った情報の中ではたった一件であった【1032】。国際法の下で義務づけられるような、拷問の被害者が適切で効果的かつ速やかな補償を受けたケースは、調査委員会が受け取った情報の中にはひとつもない【1033】。

(b) 国家安全保衛部（SSD）による拷問と非人道的扱い

710．被疑者の扱いは、国家安全保衛部（SSD）拘留場で特に残酷で非人道的である。保衛部は「反国家および反人民的犯罪」の弾圧にあたる主要機関である。保衛部に捕らえられた被疑者は大かたが外部との連絡を遮断される。被疑者の立場はさらに一層弱くなる。

711．拘留環境が非人道的であるために囚人は生き残ろうとして早く自白する。尋問中、被疑者は飢えと飢餓感をもよおすよう考案された食糧配給を受ける。

712．囚人が農業と建設の強制労働をさせられる拘留場もある。これは正式に有罪判決を受けていない人に強制労働を禁じる国際法に違反する【1034】。

713．尋問を受けていないとき、もしくは労働に就いていないときの囚人は、往々にして人員過剰な監房の中で1日中、同じ姿勢で座るか、膝まずいていなければならない。彼らは、許可なしには、話すことも、動くことも、周りを見回すことも許されない。これらの規則を破れば、その罰として殴打され、食糧配給をカットされるか肉体運動を強制される。処罰は監房全体の囚人に課せられることが多い。

714．国際基準に従い、男性と女性はほとんどの場合、別々に拘留される。しかし、どの年代の子供も大人と一緒に拘留されることが多く、特に、中国から強制送還された後の尋問の場合は一緒に拘留される。幼児は大抵、母親と一緒にいることが許可される。子供達はもっともきつい強制労働からは免れるが、大人と同じ非人道的な状況下に置かれる。

715．囚人たちは病気の感染しやすい不潔な衛生環境に耐えている。医療サービスは病気が極端に重い人のみに提供されるか、全くされないかのどちらかである。多数の囚人が飢えもしくは病気で死亡する。

チョン・グァンイル（男性）は、会寧（咸鏡北道）にある保衛部管轄の地下尋問施設に拘留された。**チョン**は、韓国市民と取引をしていたために、韓国のスパイ容疑で拘留された。10カ月間の拘留中、**チョン**に与えられた食糧が非常に少なかったため、体重が75キロから36キロに減った。

自白するようにと、**チョン**はこん棒で殴られ、逆さ吊りにされた。調査委員会が聞き取りをしたほかの多くの証人のように、**チョン**は所謂「鳩拷問」を受けた。

後ろ手に手錠をかけられました。そうしたまま吊るされるのです。それで立つことも座ることもできません【1035】。

チョンは、3日間続けて鳩拷問の姿勢をとらされたことが何度かあり、その度に激痛に耐えた。

見ている人は誰もいないのです。誰もいないのです。耐えられないし、眠れません。あんな風に3日も4日も吊るされると、失禁するし、排泄するし、乾燥しきってしまうのです。……（鳩拷問）はすべての拷問のなかで一番痛い拷問です。痛すぎて死んだほうがましだと感じました【1036】。

チョンは保衛部の検察局職員に、嘘の自白をするまで拷問されたと訴えたが、無駄だった。

検事が助けてくれると思っていたのですが、検事が立ち去ってから捜査官が戻ってきました。そして私を殴り出し、襲い掛かって、私を逆さに吊しました。翌日、検事が戻ってきて言いました、「正直に話すか?」と。それで私は言いました。「はい、はい、私はスパイです」――自白したのです【1037】。

クォン・ヨンヒ（女性）は、彼女の弟が行方不明になり、国を脱出したのではないかとの疑いがかけられたために一週間、茂山の保衛部拘留場に拘留され、尋問された【1038】。尋問の間、**クォン**は頭をこん棒で殴られた。彼女は100ページに上る自己批判文を書かされた。殴打の結果、腫瘍ができ、その後どうにか韓国に逃亡してから除去手術を受けた。

キム・ウンチョル［*Kim Eun-chol*］（男性）は、茂山（咸鏡北道）の保衛部拘留場に6カ月間拘留され、尋問された。彼がロシアに違法滞在していた時、亡命を申請していたからだった。政治犯収容所（管理所）第15号に送られることになったのは、木の棒による殴打に耐え切れず自白したためだった。キムは身体に残る深い傷に今でも悩まされている。

もう10年も経つのですが、まだ傷が残っています。私の歯は、韓国に来てから、韓国政府が入れ歯をくれたのですが、当時は歯がありませんでした。耳を見てください。10年経っても、まだ耳が痛みます。頭も痛みます。木の棒で殴られたからです。未だに傷が残っています。頭には10個の傷があると思います【1039】。

Xは咸鏡北道の尋問拘留施設で保衛部に10日間尋問された。尋問には殴打が付き物だった。

彼らは基本的に死にかけるまで殴りつづけます……私の答えが尋問官の気に入らないと、彼らは私をコンクリートの床に膝をつかせ、殴り出しました

尋問を受けていないときは、囚人は監房の中で膝をつき、身動きせず、話をせずにいなければならなかった。誰かが話をして捕まると、監房全体がスクワットを１０００回させられた。そうしている間に多くの人が気絶した。あるとき、**X**は拘留者のひとりが監房の中で倒れて動かないことに気がついた。そのことを彼女が警備員に知らせると、彼らは彼女を踏みつけて、頭から血が出るまで棒で彼女を叩いた。さらに、彼女の監房の全員が食事を３日間減らされる罰を受けた【1040】。

716． 拷問、意図的な飢餓、または酷い生活環境のために発症、もしくは悪化した病気が原因で、多くの被疑者たちが死亡している。

チ・ソンホ（男性）は、彼の父親は豆満江を渡って中国に逃亡しようとしていたところを逮捕された、と証言した【1041】。２００６年11月、**チ**の父親は保衛員から受けた拷問による怪我が原因で死亡した。彼の父親が生き延びる見込みのないことが明らかになると、保衛部は彼を荷車に乗せて家に運び、家に世話をする人が誰もいないにもかかわらず、そこに置き去りにした。その後、近所の人が死んでいる父親を見つけた。

２０１１年8月、咸鏡北道の会寧市で、保衛員が証人の17歳の息子を、韓国映画を見ていたとして逮捕した。17歳の息子はひどい拷問を受けたために左の足首が砕け、顔が腫れて甚だしく変形した。保衛部は家族が大量の賄賂を工面した後にやっと彼を釈放した。この少年は、釈放後すぐに尋問の際に受けた殴打が原因で患っていた脳内出血で死亡した【1042】。

２００１年、この証人と他の拘留者たちは、咸鏡北道の保衛

部拘留場で殴られ、壁に頭を打ち付けられた。そのとき受けた傷が原因で彼女のグループのひとりの男性が死亡した。証人が浅い共同墓地を掘らされたことから考えると、他の監房でも収容者たちが死亡しているに違いないと彼女は思った【1043】。

若い女性であるこの証人は、2004年、中国から強制送還され、穏城《オンソン》（咸鏡北道）の保衛部拘留場に拘留された。彼女はそこで異所性（子宮外）妊娠による膣からの大量出血と痛みに苦しんだ。申し立てにも関わらず、彼女は何の医療補助も受けられなかった。生理用ナプキンを使うことも許されなかった。監房のトイレ用の穴の臭いで吐き気がするので、その穴から離れたところに座らせてくれるように彼女が頼んだとき、彼女は殴られた。彼女の健康状態が危機的状態になったとき、同房者が隠していたお金を使って賄賂を渡し、拘留所からでることが出来た。地元の病院の医師は彼女に生き残る可能性を何も与えてくれなかった。それでも、彼女は奇跡的に回復した。

この証人は他の拘留者たちが飢餓と水が原因の病気で死んでいくのを見た。彼女は、激しい運動の最中に心臓が破裂し、動かなくなった男性も見た。その後、警備員がこの男性を引きずって行き、再び彼の姿を見ることはなかった【1044】。

保衛員が、2006年に穏城《オンソン》の同じ拘留場でひとりの年老いた女性を尋問し拷問した。彼女が耐えた拷問と飢餓が彼女の持病の肝臓病を悪化させた。彼女の弟を中国から強制送還させ、保衛部に出頭させようとの企てから、彼女は医師の診察を拒否された。15日後に、この女性は拘留場で死亡した【1045】。

(c) 人民保安省（MPS）の拷問と非人道的取扱い

717. 証人たちは、人民保安省（MPS）の尋問官から受けた拷問と恣意的飢餓について、特に許可なしの中国行きと政治的に慎重を期する行動についての尋問の時に受けた拷問と恣意的飢餓について説明してくれた。拘留環境は国家安全保衛部（SSD）の拘留場と似ているが、被疑者に家族の訪問が許可される点が保衛部と異なっている。

A（男性）は、北朝鮮の家族を養う手段を得ようと中国に頻々に渡っていたために人民保安省に尋問された。太い棍棒で殴られ、腎臓に負った傷が長く痛んだ、とAは語った。

> 彼らは私の背中を何回も殴りました。私は気絶しそうになり、叫ぶことすら出来なくなりました。私が叫べなくなったので彼らは殴るのを止めました……答えるまで殴れといわれていたんだと思います【1046】。

キム・グァンイル（男性）は、警察官が彼を「鳩拷問」の姿勢をとらせて尋問した様子を説明してくれた【1047】。この姿勢のまま彼は血を吐くまで殴打された。さらに、彼は、卒倒するまで腕をひっぱられ、苦痛が極限に達する「オートバイ拷問」と「飛行機拷問」を受けた【1048】（次頁イラスト）。尋問を受けていないとき、囚人たちは一日中、監房の中で膝をつき、頭を地面につけた姿勢を保っていなければならなかった。動いた囚人は殴られた。最終的に**キム**は警察が望む罪を犯したと偽りの自白をした。

P（女性）は、穏城《オンソン》（咸鏡北道《ハムギョンプクト》）の人民保安省による尋問の最中に酷く殴られたため、両足が折れた。背骨も骨折した【1049】。

茂山《ムサン》の人民保安省の拘留場で、**キム・ソンジュ**（男性）は、許可なく話をした同房者が処罰された様子を説明してくれた。警備員がこの同房者に監房の狭い鉄格子の隙間に手を挟むように命令した。それから警備員は、金属製の銃清掃具を使って彼の手を30回殴った。「この囚人の手を見てショックを受けました」と言って**キム**はその時のことを詳細に語った。

彼の腕と同じくらい太い道具で打たれたために、彼にはこぶが出来ていました。警備員はこの囚人に監房に戻るように命じたのですが、彼は腫れあがった手を狭い鉄格子から抜くことができませんでした。彼はしゃがみこんで泣き続けました。泣くことしか出来なかったのです【1050】。

キム・ヒョク（男性）は、中国から強制送還されたとき16歳だった。国家安全保衛部（SSD）に最初の尋問を受けた後、穏城《オンソン》（咸鏡北道）の人民保安省（MPS）の手に渡された。尋問する警察官はこん棒で彼の膝を殴り、その一方で痛みを強めるために彼の膝の後ろ側にもう一本こん棒をつきたてた。その後、彼は前述した鳩拷問を受けた。**キム**は拘留場に長く入れられた。長くいれば、彼が17歳になり、北朝鮮の法律で成人として裁けたからだ【1051】。

717. ある証人（女性）は、2011年2月に中国から送還された。保衛部による殴打と尋問の12日間に耐えた後、人民保安省に手渡された。人民保安省の拘留場で2カ月間拘留されている間、彼女たち囚人は、特に尋問の最中に、さまざまな物体で殴られた。尋問中に気絶する者は意識のない振りをしていると見なされ、最初から尋問がやり直された。

718. 彼女は取扱いを寛容にしてもらおうと賄賂を払ったが、それでも一輪車のハンドル、銃身、木片で殴られた。拘留者たちは一日中、強制労働に就かされた。作業目標に達しなかったために、2人の男性が殴り殺された。ひとりの女性が餓死した。囚人たちは監房の中ではずっと足を交差させ、手を膝について身動きしてはならなかった。もしも動けば、三角逆立ちとスクワットをさせられるか、殴られた。威圧的な位置を利用して囚人を強姦する看守もいた。そうした時、囚人は「尋問」用の場所に連れて行かれた【1052】。

(d) 訴訟手続き、もしくは、超法規的手段による処罰の決定

718. 尋問の最後の過程で、被害者は調査機関が作成した供述書が正確であると証明するために書類に指紋を押印させられる。保衛部でも同様の書類が用意され、被害者——容赦のない報復

があると脅しをかけられている――に、拘留場で経験したことを決して他に明かさないことを義務付ける。

719．この段階で、捜査機関は被疑者を法的手続きで処罰するか、裁判なしの超法規的手段で処罰するかの重要な決定をくだすことになる。これらの決定には、被疑者の不正の重度、被疑者の家族の社会・政治的経歴（成分階層《ソンブン》）、そして事例の法的決済か超法規的処理の政治的有効性が考慮される。

720．国家安全保衛部（SSD）が処理する政治的事例の経験則では、事例が政治的に深刻であればあるほど、司法を無視する超法規的手段で処理される可能性が高い。意思決定は強度に中央集権化されていて、通常、地方本部と中央本部との協議を通して行われる。尋問にあたる保衛部事務所が、秘密の政治犯収容所への強制失踪か、または即決の処刑に該当する深刻な事例であると見れば、その時はすくなくとも保衛部国家本部からの決定を必要とする。

721．裁判所は、政治犯収容所送りの決定には全く関わっていないようである。裁判所を除外することは国際法に違反するばかりでなく、北朝鮮刑法第127条にも違反する。刑法第127条の規定によると、地方人民裁判所は終身刑になり得る政治犯罪に関わる事件に対して司法権を持つ。重大な不正に関わる注目度の高い事件は、当局がそれを一般市民に高度の視覚的警告として、特に公開裁判と公開処刑で行うことが政治的に有効であると考えるとき、裁判所に付託されることがある。国家安全保衛部が運営する特別軍事裁判所がそうしたケースに関わることが多い【1053】。

722．しかしながら、深刻度が中程度の政治事件には通常、司法のルートが用意されている。国家安全保衛部（SSD）の尋問担当部署がそうしたケースを起訴と裁判の準備のために保衛部検察局に引渡す。政治不正の深刻度によって、保衛部検察官が、死刑宣告か、刑務所への投獄か、もしくは拘留場での短期強制労働かを求刑する。

723．国家安全保衛部（SSD）が被疑者は軽度の政治不正しか犯していないと決定するか、全く政治的でないと決定したときは、人民保安省（MPS）でのさらなる捜査が必要なケースと見なされる。

724．人民保安省が扱う場合、経験則の逆が適用される。より深刻なケースは司法を通して処理されるが、裁判所は深刻度の低いケースでは無視される【1054】。

725．司法のルートが取られることになれば、人民保安省は検察庁と協力し、検察庁が懲役か、または、適切であり政治的に有用である場合は、死刑を求刑する。

鳩拷問｜元囚人キム・グァンイル［Kim Kwang-il］が提出した絵

天秤、飛行機拷問・オートバイ拷問｜
元囚人キム・グァンイルが提出した絵

725.

726．比較的軽度の政治不正の場合、人民保安省は被疑者を数カ月から2年までの間、短期強制労働拘留施設に拘留し、強制労働に就かせる。郡レベルの保衛部が比較的軽度の政治不正の被疑者を扱うことになった場合、同じことをすることもある。

727．こうした非司法的実刑「判決」は、被疑者が、法の定めるところの、正当な権限のある、独立した公平な裁判で、公正な公開審理を受ける権利を侵害する。この権利は、「市民的及び政治的権利に関する国際規約（ＩＣＣＰＲ）」第14条で規定されている。それはまた、北朝鮮国内の法律にも矛盾する。特に、行政処分法は無給労働は認めるが懲役は認めていない。このような非司法的判決は刑法第２５２条が規定する刑事犯罪にもあたる。しかしながら、調査委員会は、刑法第２５２条違反の司法判決権不正侵害で、治安関係者が有罪となった事例をひとつとして実証することが出来ない。

728．保衛部と人民保安省関係者は、政治不正の加害者を作り出すという大変なプレッシャーを背負って活動している。彼らは、被疑者に寛容すぎると疑われて処罰の標的となることを恐れていることが多い。結果として、不当に政治不正の罪を問われている人でさえ、処罰なしに治安機構の支配から逃れることは、不可能でなかったとしても、難しいことが多い。しかしながら、政治的な関係のある友人の仲介と、また、ますます増える賄賂の支払いによって、不正が軽減され釈放が可能となることが多くなっている。

3・政治犯収容所

729．重度の政治不正で捕まる人たちは、即座に処刑されない場合は、公式には存在しない政治犯収容所に強制的に消し去られる。ほとんどの被害者は一生涯幽閉され、生きて収容所を出る機会はない。収容所の囚人たちは外部世界との接触を一切拒否されている。近親者でさえ彼らの生死の通知を受け取ることはない。

730．この収容所は、現在の政治制度と北朝鮮指導部に政治的、思想的、もしくは経済的に異議を申し立てる団体、家族そして個人を社会から永遠に排除する機能を果たしている。この秘密の収容所から漏れてくる限られた情報が、北朝鮮の一般市民の間に恐怖の絵図を創り出し、政治制度への異議申し立てに強力な抑制効果を及ぼしている。収容所は概して遠隔地の山岳地帯にあるため、「山に送られた」という無害な表現が北朝鮮では国家の行う強制失踪と同義語になる。人々は収容所の存在に気づいており、収容所内で起こっている違反行為についてもそれとなく知っているため、それが彼らを恐怖に陥れ入れている、と数人の証人が調査委員会に説明した【1055】。

チョン・ジンファ（女性）は、収容所は大抵の人が知っていて、怖がられていると語った。

北朝鮮の人はだれでも（収容所について）知っています。一度入れば、二度と出られない所だと感じています。とても残酷なところです。想像してみてください。警官に殴られるのですよ。それで、中でどんなに酷いことをされるか想像できるじゃないですか【1056】。

キム・ヒョク（男性）も、収容所の中で何が起きているか、囚人たちがどんな生活を送っているかは特に知らないが、誰もが収容所のことは知っていると語った。

一度入ったら、出られないことは知っています。それは誰もが知っていることです。（政治犯収容所に）入れられるのに適正手続きなどはないこと、そして家族が夜のうちに消えてしまうことを私たちは知っています。その時、家族が（収容所に）送られたのだと感じるのです【1057】。

731． 当局は北朝鮮内の政治犯収容所の存在を強く否定する【1058】。国際人権団体が1980年代から報告しているにもかかわらず、政治犯収容所の存在そのものが国家機密と考えられている【1059】。当局は相当な努力を払って収容所についての詳細を外部世界に隠している。収容所は軍事施設もしくは農業施設として偽装され、特別の機密情報取扱い許可を持つ選ばれた政府関係者のみが収容所を訪問することが許されている。収容所のある地域の訪問を許可された人権団体はこれまでにひとつもない。機密の内部用語でさえ収容所は婉曲的に「管理地域」と呼ばれている。囚人は「移動された人々」と呼ばれる。収容所を管理する国家安全保衛部（SSD）の事務局（第7局）は「農業局」として知られている。非公開の聞き取りで得た証言では、北朝鮮の外交官は収容所の存在を決して認めてはならないとの指示を受けていることが指摘された。

732． 警備員、釈放された囚人、収容所付近の地域社会の人々は、収容所についての情報を漏らせば手厳しい報復を受けると脅されている。もっとも憂慮すべきことに、収容所当局は武装対立もしくは革命の場合はすべての囚人を殺害して収容所の存在の証拠を破壊せよとの命令を受けている。最初の命令は金日成自身から発せられたようであり、その後、金正日が再確認した。

アン・ミョンチョル（男性）は、戦争が起これば、警備員たちは収容所の存在についての「いかなる証拠も抹消するため」すべての囚人を「皆殺し」にすることになっていると、証言した。調査委員会が非公開で聞き取りを行った他の収容所の元看守と政府関係者たちは、同様の命令を認識していた。**アン**や他の証人が、この命令の実践方法に関する特別計画が存在し、短期間に多数の囚人を殺害する訓練が行われていることも話してくれた【1060】。

キム・ウンチョル（男性）は、韓国に脱出してから、第15号政治犯収容所で彼が拘留されていた3年間について公に話し始めた。当局は、連座制政策によって彼の弟を処刑して報復した。この悲劇が彼の妹を自殺に追い込んだ【1061】。

733. 政治犯収容所制度の存在を否定し、隠蔽するあらゆる努力が行われているとはいえ、調査委員会は、広範な政治犯収容所制度は１９５０年代以来、存在し続け、現在も運営されている、と見る。調査委員会は、元囚人や元看守など、政治犯収容所を個人的に経験したか、見たことのある多数の人々に聞き取りを行った。これらの証人たちは公聴会で証言した【1062】。

734. 加えて、調査委員会は、専門の衛星画像アナリストから収容所の衛星画像とその画像分析を入手した。さらに関連する構造を識別できる元看守や元囚人の証言がそれを補った【1063】。これらの画像は、大規模な拘留施設が存続することと進行中の活動を調査委員会が満足いくまで証明し、また、それらは収容所の建物の発展をはっきりと示しており、元囚人と元看守から受けた証言を裏づけるものである。調査委員会の公聴会の開催中に、数人の元囚人と元看守は衛星画像の中に収容所の場所を識別して説明でき、強制労働、拷問、処刑などの収容所関連活動が行われている特定の場所を見分けることができた。

(a) 政治犯収容所の場所と大きさ

735. 今日の北朝鮮に４つの大きな収容所が存在することが知られている。北朝鮮自身の内部用語で、収容所はそれぞれ番号で区別されている【1064】。

第14号政治犯収容所は、咸鏡南道の价《ケ》川《チョン》市近くの山岳地帯にあり、広さは１５０平方キロメール【1065】。この収容所は１９６０年代から存在しているようであり、現在の場所に１９８０年代に移された。すべての囚人は生涯監禁されている。これまでひとりの囚人だけが脱走に成功したことが知られている。

調査委員会の前で証言した**シン・ドンヒョク** [*Shin Dong-hyuk*]（男性）がその人である。衛星画像からみると、この収容所は彼の脱走した２００５年以降、拡張されたようである【1066】。

第15号政治犯収容所は、咸鏡南道、耀徳郡の渓谷をまたいで３７０平方キロメートルの敷地に広がっている【1067】。他の既存の収容所の囚人が釈放の機会の全くない終身刑であるのに対し【1068】、第15号収容所は完全管理地域と革命化地域のふたつに分かれているところがその特徴をなす。完全管理地域の囚人は思想的に矯正不可能と考えられており、生涯監禁される。革命化地域の囚人は深刻度の低い不正で監禁され、非常に良い成《ソン》分《ブン》階層の特権的家族の出身者が多い。過去には、重労働や毎日の洗脳部会への熱心な参加、そしてしばしば賄賂で、彼らが思想的に更正したと収容所当局が納得すれば、数年の監禁の後、釈放されるチャンスがあった【1069】。

第16号政治犯収容所は咸鏡北道、明澗郡《ミョンガン》（現在、化成郡《ファソン》）の荒涼とした地形の約560平方キロメートルを占めている【1070】。それは豊渓里《プンゲリ》核実験場に近接する。当時ははるかに小さい施設であったが、この収容所が1970年代から存在していることを、直接、得られた目撃証言が明らかにした【1071】。囚人は収容所の北西部と南西部にあるふたつの居住地域に住む。

第25号政治犯収容所と呼ばれることの多い施設は、咸鏡北道清津市近くにある【1072】。第14号収容所、第15号、第16号が数万人の囚人がいるのに対し、第25号収容所は数千人。ここが他と違う点は、中央のブロックが高い壁に囲まれ、最強の警備が施されているように見えることだ。ここの囚人は政治的理由で裁判なしに終身刑を受けた受刑者である。これが第25号収容所が政治犯収容所と呼ばれる理由である。近年、第25号収容所は拡張された。2006年から表面面積は2倍になり、現在、980平方メートルの敷地に広がる。

736．第14号、第15号、第16号の各政治犯収容所は、国家安全保衛部（SSD）に管理されている。第25号も保衛部が管理しているようだが、確かではない。

737．調査委員会は、今のところ発見できていない秘密拘留施設がまだ存在し、政治犯収容所として知られている施設と同じような環境で政治犯が拘留されている可能性を排除できない。特に、証人たちが提供した情報では、秘密の場所に朝鮮人民軍（KPA）軍事保衛司令部が管理する規模の小さな特別囚人収容所があり、将校や一般兵士が政治的理由で裁判なしに捕らえられていることを示唆している【1073】。

元朝鮮人民軍（KPA）将校の**キム・ジュイル**［*Kim Joo-il*］（男性）は、首領金正日が1996年に**キム・ジュイル**の大隊を訪問したときのことを話してくれた。兵士たちに食糧が供給されていないことに金正日が気づくと、直ちに大隊長をクビにし、裁判なしに、KPAの囚人収容所に送った。**キム・ジュイル**はこれらの収容所はKPAが運営する拘留施設で、KPA施設の中にあると語った。彼は次のように付け加えた。

そこで終身刑に服している人もいます。これらの軍事刑務所から釈放された人はだれも生き残れません。彼らの罪の政治的性格上、仕事に就くことができないからです【1074】。

738．過去には他にも政治犯収容所があったことは確かである。12カ所かそれ以上あった可能性もある。時とともに制度が合併整理されていった。閉鎖された収容所もあり、残された囚人たちは他の拡張された収容所に移された【1075】。

1960年代から2012年半ばに閉鎖されるまで、保衛部は会寧《フェリョン》（咸鏡北道）近くの第22号政治犯収容所を運営していた。

この収容所は脱走のリスクと収容所の情報が外部世界に発信されるリスクを高める中国国境に近かったために、当局が閉鎖したと信じられている【1076】。

第22号収容所は、２００９年か２０１０年に閉鎖へのプロセスが開始されるが、それ以前の収容者数は3万人から5万人であると見られていた。第22号収容所の囚人が釈放されたとの情報はない。調査委員会は、相当数の囚人たちの行方を確かめることができない。第22号収容所の囚人たちがどうなったかについては観測筋の意見も分かれている。第22号収容所の囚人たちは第14、第15、第16号に移されたと見る人もいる【1077】。衛星画像が示す他の収容所には、第22号政治犯収容所の全収容者の受け入れ用に再建した様子が見られないと言う人もいる。彼らは、２００９年と２０１０年に第22号収容所への食糧が横流しされ、そのために多数の囚人が餓死したとの申し立ても提示した【1078】。

国家安全保衛部が管理する第11号政治犯収容所は、咸鏡北道の冠帽山の上部斜面にあった。もともとそこは注目度の高い囚人とその家族の拘留に使われていた。１９８０年代の終わりに金日成の別荘がこの地域に建てられることになったため、この収容所は閉鎖されたようである。生き残っていた囚人たちは第16号収容所と第22号に移された【1079】。

第12号政治犯収容所と第13号（これらも国家安全保衛部が運営）は咸鏡北道の現在の穏城《オンソン》郡にあった【1080】。囚人には元地主の家族、ライバルの社会主義派閥の支援者、日本植民地行政府の協力者がいた。この収容所は１９９０年代に閉鎖された。生き残っていた囚人たちが第22号収容所に移されたことは明らかである。

少なくとも１９６０年代初頭より、平壌近くの勝湖《スンホ》に第26号収容所と呼ばれる政治犯収容所が存在していた【1081】。ひとりの元政治犯がその存在を暴露し、アムネスティ・インターナショナルがその収容所について大々的に報告した後、１９９０年代初頭に閉鎖された【1082】。

739. ２００６年まで、人民保安省（ＭＰＳ）とその前身である社会安全省も、国家安全保衛部と朝鮮労働党の監督を受ける政治犯収容所を管理していた。人民保安省収容所は、現存する収容所にある特徴（例えば、結婚の禁止など）を同じように備えている訳ではなかったが、囚人が強制失踪させられ、裁判なしで飢えと強制労働の環境下に投獄される点においては同じであった。

大同江《テドンガン》南岸の第14号収容所近くにある、北倉郡《ブクチャン》（平安南道）の第18号収容所は、１９９０年代後半には5万人の囚人を収容していた可能性がある。第18号収容所は、少なくとも一部の囚人が思想的に更正したと見なされれば早期の釈放が保障されていた点において、第15号政治犯収容所の革命化地域と同じであった【1083】。第18号政治犯収容所は徐々に縮小され2006年に、北倉郡（平安南道）の敷地は閉鎖された。今日、短期労働拘留施設がかつて第18号政治犯収容所のあった場所に設置されている。第18号政治犯収容所で生き残っていた囚人は釈放されたようだ。しかし多くの囚人は他に行くところがないために収容所に残って働き続けた。第18号収容所の囚人の極一部が釈放されなかったのは明らかである。彼らは第14号収容所に境を接するチョマ峰（山）［*Ch'oma-Bong*］（平安南道、价川郡）近くの新しい収容所に移された可能性がある【1084】。

第17号政治犯収容所は、徳城《トクソン》郡（咸鏡南道）にあり、人民保安省（MPS）の前身である社会安全省が管理していた【1085】。この収容所は一度1980年代半ばに閉鎖された。1990年代末、深化組事件との関係で第18号政治犯収容所が新規の逮捕者の大量流入を扱え切れなくなって以来、この収容所が暫定的に再開された、と指摘する目撃証言もある【1086】。

社会安全部が咸鏡南道の端川《タンチョン》に第19号収容所も運営していたとの報道もある。この収容所は1990年に閉鎖され、ほとんどの囚人が釈放された。咸鏡南道の徳城郡にある第23号収容所は、これも社会安全部が運営していたが、1987年教化所（一般刑務所）に変えられた【1087】。

740． 収容所へのアクセスが物理的に不可能であるため、異なる時点での政治犯収容所の収容者数に対する信頼に足る概数を推測することは極めてむずかしい。韓国の国家情報院から1982年に提供された最も古い推測数では在監者数として10万5000人の数字を挙げている。最近の推測数では、非政府組織から提供されたものがあり、それは衛星画像と1990年代と2000年代初頭に収容所にいた看守と囚人からの証言に基づいて、15万人から20万人の囚人がいるとしている【1088】。

741． 調査委員会に情報を提供した観測筋は大方が、過去数年の間に政治犯収容所の収容者数が減少していることに同意している。韓国の統一研究院（KINU）は8万人から12万人の人々が今日、政治犯収容所に拘留されていると推測している【1089】。この数字は、KINUが最近の衛星画像の分析と直接聞き取った証言に基づいて割り出したものであるが、第18号政治犯収容所と第22号政治犯収容所の囚人たちの消息が不確かであることを考慮に入れている。同様に、非政府組織の北朝鮮人権委員会（HRNK）は8万人から13万人が政治犯収容所の収容者数を正確に表現している数字であるとした【1090】。これらの数字は北韓人権情報センター（NKDB）の2011年の推測とも合致する。NKDB2011年の推測は収容所人口を最低13万5000人としているが、第22号収容所の閉鎖とその囚人の消息が不確かであることを考慮していない【1091】。

742. 囚人数が減少したのは第18号収容所に拘留されていたほとんどの囚人が釈放されたことによる可能性がある。しかしながら、それと同様に重要な要因は、囚人が一般的には子供をもつことが許されないという事実の上に、拘留中の死亡率が極めて高いことがある。さらなる釈放がない中、収容所人口が減少するのは、新しく入ってくる囚人の数が、飢え、放置、過酷な強制労働、病気、処刑による（獄中）死亡者数より少ないことを意味しているに過ぎない。

(b) 政治犯収容所の進化と目的

743. 北朝鮮は金日成の下で大規模な粛清が行われた1950年代末に、秘密政治犯収容所システムを確立し始めた【1092】。このシステムはヨシフ・スターリン統治下のソ連のグラーグ（矯正労働収容所中央管理局）が管理した政治犯収容所（ラーゲリ）からアイデアを得たものであった。北朝鮮の収容所の特性はグラーグ収容所よりも一層過酷であった【1093】。

744. 金日成が政敵とライバルの社会主義派閥を粛清し、キリスト教と天道教のあらゆる表現活動を弾圧して支配を強化するにしたがい、収容所はその規模を拡大して行った。粛清の主要なターゲットとされた人々は多くの場合処刑されたが、彼らと関係した下位の政府関係者らは収容所に消えた。さらに、上位の政府関係者をふくむ多くの人々が1970年代と1990年代の間に粛清され、朝鮮労働党と国家機構の内部から、金日成の死に伴う金正日の王朝継承に反対する勢力が排除された。

745. 「連座制」の原則に基づき、粛清された人の両親、配偶者、兄弟、子供（年齢に関係なく）など、家族全員が最終的には政治犯収容所行きとなることも多かった。粛清時にすでに他家に嫁いだ女性の親類だけはそれを免れた。厳格な父系制度のために、彼女たちは他の家族に属すと考えられた。配偶者が粛清時に直ちに離婚をすれば、収容所行きを免れることもあった。

1981年に、2歳と3歳の子供を含む証人の家族全員は国家安全保衛部員に逮捕され、第12号政治犯収容所に送られた【1094】。証人は、他家に嫁いでいたから投獄されずにすんだのだと思っているが、彼女が家族と会うことは二度となかった。この家族が、金正日の継承に対する挑戦を阻止するために粛清されたことは明らかである。家族は、金正日との結婚で縁続きとなったキム・ファンヒョプ［*Kim Huan-hyup*］の親類だった。朝鮮労働党の高級官僚であるにもかかわらず、キム・ファンヒョプ自身は粛清されたと伝えられている。

1997年、人民保安省（MPS）は、家族の経歴を隠している政府関係者を洗い出す大がかりな調査を開始した【1095】。「深化」として知られるこの調査は、戦略的に、金正日への忠誠が疑問視される「保守派」政府関係者の粛清にも使われた。後に釈放されたとはいえ推定2万人の被疑者が裁判なしで第18号政治犯収容所に消えた。続いて起こったその反動の粛清で数千人の人民保安省関係者が朝鮮人民軍（KPA）軍事保衛司令部と国家安全保衛部（SSD）に逮捕された。獄中で彼らは特に過酷な処罰を受け、拘留中に多くの人が死亡した。ひとりの元政府関係者が人民保安省矯正局の統計資料を見せてくれた。それによると、この反動粛清の期間中に投獄された人民保安省関係者で刑期を生き延びた人は極少数であった【1096】。第12号教化所の看守たちが食糧配給カットと殺害目的に過酷な処罰をあたえる者を囚人の中から選んで、それを実行せよとの命令を受けていたのは明らかだ、と**キム・グァンイル**（男性）が証言した。教化所に入れられ、そうしたやり方で最終的に殺されたふたりの囚人の名前を彼は挙げた。そのうちのひとりは「深化作戦」で拘留されていた【1097】。

746． 大土地所有者もしくは工場主、韓国への脱走希望者、日本植民地政府の協力者などの「敵対成分《ソンブン》」も収容所に消された。調査委員会は、収容所制度が、集団と個人を一般社会から完全に追放することで、成分《ソンブン》制度の思想に合わせて北朝鮮の社会構造を再編成する狙いに有利に働いた、と見る。この狙いは、収容所の囚人が全市民権を喪失したものと見なされる事実にはっきりと現れている。どう見ても、もはや彼らは北朝鮮の市民の一部としては存在していない。

747． 調査委員会は、「敵対成分《ソンブン》」の粛清は三代目の子孫、つまり、当事者の孫たちにまで及んでいたと、理解する。囚人が収容所で子供ができるといった稀な場合には、その子供ですら囚人となった。こうした世代間処罰の思想的基盤は、金日成自身が発したと伝えられる指示にその原型がある。その指示によると「敵対成分《ソンブン》と派閥主義者は誰であれ、その種は三代に渡って絶やさなければならない」【1098】。収容所の看守などの治安関係者たちは基礎訓練のときにこの原則を教授される。「金日成の指示によると……囚人は3世代に渡り絶滅すべき」であったと元収容所看守の**アン・ミョンチョル**（男性）は覚えていた【1099】。金日成の指示を大きな黒板に書いて三世代原則を看守たちに覚え込ませた収容所もいくつかあった【1100】。

シン・ドンヒョク（男性）は1981年、看守によって関係をもたされた両親の子として生まれた。両親にはこの関係をもつことに選択の余地のなかった。彼の父親と家族は収容所に入れられていたが、その理由はシンの叔父のひとりが韓国に逃亡したことであった。**シン**は母親が収容所にいた理由は分からなかった。**シン**は、投獄の理由と条件を決して問わないという家族連座制の原則に従い、家族の罪を内面化するよう洗脳されたことを話してくれた。

> 私は犯罪者として生まれ、犯罪者として死ぬのです。それが私の運命です……私が暮らしていた所には2種類の人間しかいませんでした。銃を持った看守と制服を着た囚人で

す。囚人は囚人として生まれたので、私たちは囚人として生きたのです。それが私たちの運命でした……誰かがそう教えたというのではなかったのですが、それだけしか見えなかったのです……ですからそれが私たちの生き方でした【1101】。

下校途中に**キム・ヘスク**（女性）が国家安全保衛部（SSD）工作員に捕まったのは、彼女が13歳のときだった【1102】。彼女は第18号政治犯収容所に連れて行かれた。そこには彼女の家族全員がすでに投獄されていた。家族の誰にも罪の内容は全く知らされなかった。囚人たちは、もし逮捕理由を訊いたり、そのことについて他の囚人と話したりすれば、処刑すると警告された。ある日彼女の父親がなぜ収容所に入れられているのかと看守に問い詰めると、父親は連れ去られ、家族が彼に会うことは二度となかった。投獄28年間の中で**キム**は何故、彼女が長い間、飢えと強制労働に耐えなければならないのか全く分からなかった。彼女は両親を恨み始めた。2001年、第18号政治犯収容所が縮小された時、彼女は釈放された。親類のひとりから家族が処罰されたのは彼女の祖父が朝鮮戦争中に韓国に逃げたためであることを聞いた。

1975年、証人の家族全員が国家安全保衛部に逮捕された。裁判はなく、逮捕理由も刑事責任も伝えられなかった。逮捕は、南浦市で行われた土地所有者など「敵対成分《ソンブン》」の子孫に向けられた大作戦の一環だった。全部で300人の人たちが列車に詰め込まれ、第18号政治犯収容所に送られた。証人は第18号収容所が閉鎖された2006年に釈放された【1103】。

748. 政治犯収容所は、成分《ソンブン》制度に思想的、政治的、社会的に挑戦するものの出現を阻止し、その基盤を保護する目的に適ったものであり、その役割は今も続いている。囚人たちは、彼ら、もしくは彼らの家族が北朝鮮の政治体制を批判したため、特に首領が批判の直接的な対象である場合に、政治犯収容所に送られた。

アン・ミョンチョル（男性）は、公共流通センターの管理役員だった彼の父親が、北朝鮮に食糧が不足しているのは上部の人たちが仕事をちゃんとしていないからだと他の高官に言った時のことを話してくれた。自分の犯した政治犯罪に気づいた**アン**の父親は自殺した。**アン**の母親と、まだ小学生の妹を含む3人の兄弟姉妹は全員逮捕され、政治犯収容所に送られた。**アン**は中国との国境を渡って投獄を免れた【1104】。

証人の叔父は、叔父自身の家族のなかにいた情報提供者が、金正日は首領になる素養がないと叔父が言ったと告発した後、姿が見えなくなった。家族が叔父について最後に聞いたのは、叔父が第22号政治犯収容所に送られたということだった【1105】。

749. 権力の座にある金一族に関する政治的に敏感な情報など

の「国家機密」を家族のひとりが漏らしたことで、家族全員の姿が見えなくなったことがある。

元プロのダンサーの**キム・ヨンソン**［*Kim Young-soon*］（女性）は、後に金正日の第3番目の妻となり金正男の母となった成蕙琳《ソンヘリム》［*Song Hae-rim*］と仲の良い友人だった。**キム・ヨンソン**は、まだ金正日と彼女の友人の関係が国家機密であった1969年にその事を知っていた。1970年、彼女の夫が姿を消した。一カ月後、国家安全保衛部が彼女を逮捕した。彼女は非公式の秘密拘留施設に拘留され、2カ月間、成蕙琳について彼女の知っていることを尋問された。**キム**には、政府関係者が成蕙琳と金正日の関係に関する情報を彼女が漏らすことを恐れていることが分かった。尋問が終了すると、**キム**は裁判も説明もなく耀徳《ヨドク》の第15号強制収容所に送られ、1979年まで拘留された。**キム**の両親と彼女の4人の子供（失踪時、3歳、5歳、7歳、10歳）も一緒に耀徳に送られた。両親とひとりの子供は強制収容所で死亡した。第15号政治犯収容所で**キム**は、成蕙琳の金正男の出産を手伝ったために強制収容所に送られていた別の女性に会った【1106】。

2005年、平壌出身の大学教授とその家族全員が耀徳《ヨドク》の第15号政治犯収容所に送られた。この男性は同僚に金正日はロシアで生まれた（そして公式の自伝が言っている白頭山ではない）と話した。彼は韓国で制作され放送された短波放送を不正に聴いていたときにこの情報を得ていた。他家にすでに嫁いでいた娘の1人を除く家族全員が姿を消した【1107】。

750. 囚人の中には、「資本主義的」な外部の影響からの孤立、もしくは情報の国家独占という当局の政策を脅かす活動をする人たちもいる。かつては、多くの戦争捕虜と朝鮮戦争中に拉致された市民が、過去への沈黙を拒否し、帰国する権利の否定を受け入れなかったために、強制収容所に入れられた。1950年代と1960年代【1108】に日本から帰国した朝鮮人の多くが強制収容所に姿を消した。それは彼らが外国で見た破壊的情報を撒き散らす可能性があると当局が感じたからであった。1989年ごろ東欧とソ連に留学し、ベルリンの壁の崩壊後、これらの国に起こった民主主義の台頭を目撃した多くの北朝鮮の若い市民たちも同じ悲惨な目に遭った。

カン・チョルファン（男性）の父方の祖父は、1960年代に国の建設を助けるために日本から北朝鮮に移住した。1977年、祖父が突然、姿を消した。それからすぐに、**カン**（当時9歳）は逮捕され、起訴も裁判なく、第15号政治犯収容所に送られた。彼の母親だけが**カン**の父親との離婚を受け入れたために難を免れた。強制収容所での飢えと強制労働の10年間を生き延びたあと、**カン**は何の説明もなく釈放された。彼は、第15号政治犯収容所にある全施設が、資本主義文化を知りすぎているという理由で拘留されている日本出身の朝鮮人で占められていた、と調査委員会に語った【1109】。

当時、第22号政治犯収容所に看守として働いていた**アン・ミョンチョル**（男性）は、彼の言葉で言う「ソビエトブロックの崩壊」との関係で逮捕された新しい囚人が大量に入ってきたときのことを話してくれた。囚人たちは、もともと動物の運搬用に作られた貨物列車で連れてこられた。「6台の貨物車は人で溢れかえっているようでした。そうした列車が6日間続けてやってきました。ですから数千人の人が入ってきたわけです」と**アン**は証言した。

751. 人々の強制収容所への連行は続いている。なんらかの改編が行われているとは言え、超法規的秘密政治犯収容所それ自体が廃止される兆しはない。最近、強制収容所に姿を消した人々の中には、北朝鮮を脱出した人、韓国関係者や韓国市民と許可なく連絡を取った人、もしくはキリスト教を信仰した人たちがいる。

チョン・グァンイル（男性）は、２０００年から２００３年、耀徳《ヨドク》にある第15号政治犯収容所の革命化地域に拘留されていた。特権的な家族の出身である彼は中国で取引に関わる機会があった。会社の利益幅を上げるため、彼は品物を中国人仲介者を通さず、直接、韓国のバイヤーに売り始めた。こうした禁止行為が国家安全保衛部に密告者から伝えられると、**チョン**は逮捕された。彼は、韓国のスパイに関わっていたと偽りの自白をするまで拷問下での尋問を6カ月間受けた。第15号政治犯収容所で飢えと強制労働の3年間を生き延びた後、**チョン**は釈放された。

A（男性）は、２００７年、彼の年上の姉が中国から強制送還された後、第15号政治犯収容所に送られた、と証言した。国家安全保衛部（ＳＳＤ）は彼女の事例を特に重く捉えていた。彼女が逮捕されたのがモンゴルに渡ってそこから韓国に行こうとしていた時だったからである。キリスト教信仰を実践していたこともさらに事態を悪くした。年老いた女性である彼女は保衛部からの拷問を受けた時、脳卒中を起こした。それでも彼女は診療を受けられず政治犯収容所に送られた。**A**は彼の姉が強制収容所の悲惨な医療環境と生活環境のために強制収容所で死亡したにちがいないと思っている。

ある証人は、彼の息子がキリスト教徒になり、中国に何度も通っていた時のことを話してくれた。中国で彼の息子は朝鮮系米国人牧師から宗教的指導を受けていた【1110】。２００８年の末、息子の牧師との接触が見つかった。中国にいる保衛員がこの牧師を監視していたのである。息子は保衛部に逮捕された。尋問の後、息子は政治犯収容所に送られ、その後、彼を見た人はいない。

２００９年7月、証人と他の3人は、ふたりの韓国出身の年老いた市民である朝鮮戦争の戦争捕虜が中国国境を越えて北朝鮮を脱出する手助けをした【1111】。この脱出作戦は見つかってしまった。証人はどうにか国境を越えて逃げることができたが、他の人たちは逮捕され、最後には耀徳《ヨドク》の第15号政治犯収容所に送られた。

752． 連座制の原則による家族全員の投獄が北朝鮮の政治犯収容所の特徴をなしている。この原則では、北朝鮮の現在の政治システムに反対しようとする人は、自分自身ばかりか、近親者の犠牲も覚悟しなければならない。それによって反対意見の抑圧に特に効果を発揮してきた。北朝鮮を脱出した人たちからの聞き取りの記録を基に、「北韓人権情報センター（NKDB）」は、832人の政治犯収容所の囚人の投獄理由を解析した。政治的理由で政治犯収容所に姿を消した大多数の人たちはその理由が、個人的な理由が直接の原因であった（48・3%）。少数の囚人が経済的犯罪、行政上の犯罪、そしてふつうの犯罪によって（7・1%）、もしくは中国へ逃亡したこと（8・0）で収容されていた。しかし囚人の3分の1以上（35・7%）が連座制のためとしか思えない理由で投獄されていた【1112】。

753． 調査委員会は、ここ数年、連座制で政治犯収容所に送られる人の数に減少の兆候がある、と見る【1113】。それでも、家族の一員が不正を犯したために家族が強制収容所に送られるケースがいまだに存在する。当局は、一般市民もしくは社会の特定の部分への警告のために、特別に過酷に反応する必要があると捉える注目度の高いケースにそうした集団的処罰を課す場合が多い。家族が政治犯収容所行きを免れる場合でさえ、彼らは職か大学を追われるといった厳しい報復を公式に受ける【1114】。

2007年、証人は北朝鮮を脱出した。その後、証人の家族は逮捕尋問され、証人の脱出に関わっていなかったにも関わらず第15号政治犯収容所に送られた。脱出以前にこの家族は政治的に不信な人々として分類されていた。彼らが日本から移住した朝鮮人だったからである。

2012年、国家安全保衛部は会寧（咸鏡北道）で、携帯電話、カメラ、小型ラジオを北朝鮮へ密輸入するグループに対し大規模な掃討作戦を行った【1115】。このグループは北朝鮮で妨害活動を謀ったとでっち上げられた。国営メディアは、密輸業者の1人とされ**チョン・ヨンチョ**［*Jon Yong-cho*］（男性）という男が金日成と金正日の銅像破壊を図る結社を作っていたと自白し、韓国政府を巻き込むまでは「死ねない」と言っていると報道した【1116】。密輸容疑者の家族を含む推定90人の人たちが逮捕され、政治犯収容所に送られたと信じられている。伝えられるところによると、**チョン**は処刑された。

2013年12月の金正恩の義理の叔父、張成沢の処刑の後、治安関係者が彼の親類縁者を逮捕し、政治犯収容所に送っているとの申し立てが多くなっている【1117】。

(c) 全面管理、拷問、処刑

754. 政治犯収容所の囚人たちは北朝鮮市民としての権利を失ったものとされ、強制収容所当局の全面管理下に置かれる。元収容所看守**アン・ミョンチョル**が詳しく語ってくれた。

> 管理所（政治犯収容所）では、囚人はもはや市民として登録されてはいないのです。ですから罪状を決めるのに法律は必要ないのです。ボイブ（SSD）の職員が、助かるか処刑されるかを決めるのです。彼の吐く言葉以外の判断基準は存在しないのです。囚人たちはすでに社会から抹殺されているのです【1118】。

755. 調査委員会は、収容所に残る大部分の囚人たちが釈放される見込みは全くない、と見る。彼らは完全管理地域に入れられ、死ぬまで監禁される。第15号政治犯収容所の革命化地域に入れられている比較的軽い不正で捕まった囚人だけが市民として復帰させられ、収容所での数年の後に釈放される望みがあることになる。このことが現在にも当てはまるかどうかは確かではない。２００７年以降、第15号政治犯収容所から人々が釈放されたとされる事例はない。それ故、この収容所の目撃者が外にでる可能性を排除するために、第15号政治犯収容所全体が完全管理地域となったのではないかと恐れる観測者もいる【1119】。

756. 収容所の物理的な設計が実際上、脱走を不可能にしている。収容所は、致死量の高電圧の通った壁で囲まれ、さらにそれに鉄条網が張り巡らされている。壁の周辺には落とし穴と地雷原が仕掛けられている。各収容棟は多数の監視所と検問所に囲まれ、自動小銃で武装した看守が警備に就いている。収容所内部での囚人の動きは厳しく制限されている。囚人達は、看守の許可がない限り、壁に近づくなとの厳しい命令を受けている。**シン・ドンヒョク**（男性）は、完全管理地域からの脱走に成功したたった一人の人として知られているが、彼の脱走の成功には悲劇が伴った。その日の夜の帳が降り始めた頃、友人と彼は壁の周辺で薪を集める仕事に就いていた。彼らは脱走のチャンスだと決心した。彼の友人が先に壁にたどり着き、壁にある穴を通って上ろうとしたとき、感電して死んだ。電線にぶら下がるこの友達の遺体が、壁を登って逃げる**シン**を覆ってくれた。**シン**は危険な決心をした動機を説明してくれた。

> この新しく入ってきた囚人から、外の人たちは看守と同じような食べ物を自由に食べていると言うことを聞いたのです。私は感電して死んでいたかもしれません。射殺されていたかもしれません。でも、私はただ一日でも（収容所の）外の人たちが食べている物を食べたかったのです【1120】。

757. 収容所の看守は脱走しようとするものは誰でも射殺せよとの命令を受けており、射殺すれば報奨が与えられる。看守も囚人も、脱走しようとすれば即決の処刑となるとの指示を受けている。このルールは自動的に実行される。脱走未遂の即決処刑は、指定のグループから離れたり、許可なく収容所を囲む壁に近づいたといったような曖昧な指標に基づいて行われる。

アン・ミョンチョル（男性）は、仲間の看守が褒美を貰おうとして5人の囚人を殺し、囚人たちが脱走を試みたからだと偽りの報告をした、と証言した。捜査によってこの看守のしたことが発覚すると、彼は他の強制収容所に移されたが、「強制収容所内の（看守たちの）志気を維持するために」厳しい処罰を受けることはなかった【1121】。

チョン・グァンイル（男性）は、2件の脱走容疑者の処刑について語ってくれた。2001年8月、ひとりの男の囚人がとてもお腹がすいていたので食糧を探しに彼のグループを離れた。グループを離れることは死罪に値する脱走の試みとされるために、彼は隠れた。3日後に看守が彼を見つけ公開処刑にした。

2003年3月、別の男性が、あまりの空腹感のために倉庫からジャガイモを取ろうと労働班から離れた。看守から脱走を試みたと見られることを恐れて、彼は隠れようとした。看守たちは追跡犬を使って追った。彼を見つけた犬は、彼が死にそうになるまで噛んだ。それから看守たちがその場で彼を射殺した【1122】。

758. 調査委員会は、即決処刑など裁判外の処罰が、収容所の厳格な規則への違反、命令への不服従、もしくはその他の処罰に値すると見なされる行いに対して執行されている、と見る。処罰の手続きはすべて保衛員の特別捜査班の管理下にある。死刑の決定ですらいかなる種類の不服申し立てや司法審査を受けることはない。「判決」が下される前、被害者は収容所の保衛部捜査班による拷問下の長い尋問を受ける。

759. 処刑は他の囚人への警告として囚人全員の前で執行される。被害者の家族、そしてあらゆる年代の子供も処刑見物の参加を強制される。正規の収容所看守で構成される銃殺隊が処刑を執行する前に、保衛員が処刑理由を発表する。

760. 他の処罰には、食糧配分カットと追加強制労働から独房監禁、殴打、手足の切断まで多種多様な形態がある。身体への処罰は通常、特別処罰棟で行われる。その場所は拷問下の尋問にも使用される。時折、看守個人が、正式な尋問手続きも経ずに、その場で拷問し、残酷で、非人道的で、品位を落とす処罰を行うことがある。子供でさえ、もっとも残酷な処罰から免れることはない。

シン・ドンヒョク（男性）は、14歳のとき、母親と兄の間で話された脱走計画の取り調べのために第14号政治犯収容所の処罰棟で6カ月間、拷問を受けながら尋問された。彼は特に燃える火の上に背中に火傷ができるまで紐で吊るされる罰を受けた。年上の同房者が傷を治してくれたのでやっと彼は生き延びることができた【1123】。

別の機会に**シン**は彼が働かされている工場にあるミシンを誤って落としてしまった。罰として彼は中指を切断された。

> 看守が現場支配人に私の指を切り落とせと言いました。それで膝をついて私はやめてくれと懇願したのですが、効き目がなかったのは明らかでした。私は腕が全部切り落とされるのではないかと思っていましたが、指一本だけでした。それで、その時はありがたいと思いました。腕でなく指一本なくしただけだったので、その看守に本当に感謝したのです【1124】。

アン・ミョンチョル（男性）は第22号政治犯収容所での事件を覚えていた。彼の上司が、病気の囚人を火炎発射器をこん棒代わりに使って殴り殺した。この男性の仕事の仕方が遅かったからだった。事件の捜査が行われた後、上司は罰を受けず、褒美に大学に行く権利を与えられた【1125】。

カン・チョルファン（男性）は、耀徳の第15号政治犯収容所で囚人の処罰に使われていた「乾燥室」のことを話してくれた。正面玄関の看守用宿舎近くに位置する「乾燥室」とは、ひとりの人間がその中で立つことも横になることもできないほど小さな木製の箱だった。囚人はその中に入れられ、かがみ込んだ格好で膝まずかされた。囚人の尻の部分が何度も踵に押し付けられ、でん部が黒く固まって激しく痛んだ。これにより血の循環が止まり、箱の中に長くいると囚人は死亡する。さらに、乾燥室に入れられた囚人に食糧は与えられなかった。彼らは箱の中の這っている昆虫を食べてやっと生き延びていた【1126】。

第15号政治犯収容所の革命化地域に拘留されていたある証人によると、刑務所当局を批判したと報告された人は誰でも処罰棟に連れて行かれたと言う。多くの人が戻って来なかったので、終身刑の完全管理地域に送られた可能性がある。帰って来ることの出来た人たちは肉体的にも心理的にも酷い状態であった。この証人は、処罰棟から戻ってきたひとりの囚人があまりに痛ましい健康状態だったために、労働割当分を果せなかったことを覚えている。看守たちが彼を獰猛に殴りつけたので、2日後に彼は死んだ【1127】。

761. 看守は、囚人は人民の敵であり、敵意をもって接しなければならないと教えられている。彼らは囚人を個人的に残酷に扱っても罰せられないことを承知している。

アン・ミョンチョル（男性）は、彼の受けた訓練の説明の中で、「私たちは6カ月間、非常に集中した訓練をうけました。その訓練は……囚人への敵意を掻き立て、囚人は敵だと心に刻む訓練だったと思います」【1128】と語った。彼はまた、彼ら看守たちが囚人に同情することが時々あったが、その感情を表すことはなかったと語った。そうした感情を示すと、当の看守が処罰を受けることになるからであった。

アンのような新入りの看守が受ける集中的思想訓練は囚人への敵意を掻き立て、囚人は敵であると心に刻み付けることを目的としていた。この点を念押しするために、看守たちは格闘技の訓練に囚人を「人間サンドバック」として使わせられた。

> 教官が時々、外で働いている囚人を呼びつけることがありました。囚人たちは私たちが彼らを使って格闘技の練習ができるように呼ばれたのです。こうした囚人たちを使って私たちの技を練習するのは……囚人たちを警戒させるためと、彼らが私たちの敵であると私たちに教える込むためでした。他に練習に使う人はいませんでしたから、教官たちは囚人を呼んで、私たちが彼らに蹴りや殴りを入れて練習できるようにしたのです……実際、私たちは彼らを殺そうが生かそうが気にしていません【1129】。

アンは、脱走しようとする囚人の捕獲のために収容所に飼ってある獰猛な犬のことも話してくれた。ある時、その何匹かの犬が子供の囚人用の学校で3人の子供たちを襲い、かみ殺した。司令官は最初、犬を離した犬の調教師を叱りつけた。しかし、その後、他の看守たちの前で効果的に政治犯を殺害できるよう犬を訓練したとしてこの調教師を褒めた。

キム・ヘスク（女性）は、第18号政治犯収容所で受けたもっとも屈辱的な瞬間を耐えた。何人かの看守がやみくもに彼女を掴んでとめ、膝をついて座って口を開くように命じた。看守たちは彼女の口のなかに唾を吐きつけ、彼女にそれを飲み込むように言った。彼女が嫌悪感を表したとしたら、激しく殴られることが彼女には分かっていた【1130】。

762． 看守に加え、政治犯収容所は囚人の中から何人かを選んで他の囚人の管理と監視をさせていると、調査委員会は見る。囚人たちは作業単位に編成されている。これらの単位の長に任命された囚人は規律を励行させる責任があり、そのためには自分の裁量で暴力を使ってもよいことになっている。加えて、収容所管理者は、食糧割当分を多くもらうか、看守から寛容な扱いを受けようとして協力する通告者を制度化している。個々の囚人には、他の囚人の不正を報告しないと厳しい処罰をうけることになると言い渡されている。彼らが収容所に着いた瞬間から、この原則は子供の囚人にも教え込まれ、子供たちが自分自身の両親をも密告することになる。

シン・ドンヒョク（男性）が収容所からの脱走について話し合っている母親と兄の会話を耳にし、それを報告したとき、彼は

13歳だった。結果として、母親と兄はふたりとも処刑された。**シン**は母親と兄の公開処刑を他の囚人たちといっしょに見ていなければならなかった。**シン**は自分自身の母親と兄を訴えるに至った動機を説明してくれた。

> 母と兄の（脱走の）計画を報告したのは、私には看守にすべての詳細を報告する義務があったからでした……それが政治犯収容所の規則でしたから、その時は母と兄の計画を報告するのが私の仕事だと思っていました。私の年で、私はそれをとても誇りに思っていました……私は指導官に褒美をくれるよう頼みました。お腹が一杯になるご飯をくれと頼んだのです。それでそのご褒美をくれると約束されました。それが、母と兄の計画を報告した理由です【1131】。

(d) 性的暴力と、家族の権利と生殖の権利の否定

763. 収容所によって方針は異なるようではあるが、連座制の下に収容所に送られた家族は一緒にいてよいとされる場合が多い。調査委員会は、しかし、既存の収容所の囚人は一般的に新しい家族を持つことや、または子供を作ることは許されていない、と見る【1132】。この方針は敵対成分《ソンブン》の種を絶やすという目的に適っている。稀にではあるが収容所当局が、際立ってよく働き、おとなしく従うお手本の囚人たちの間を取り持って「結婚」の準備をする場合がある。選ばれた囚人には相手の選択権はない。「結婚した」カップルはいっしょに住むことは許されないが、一年に数回、夜、親密な接触を取るために一緒にされる。結果として子供が生まれる場合もある。こうした関係から生まれた子供も囚人となる。

764. 当局が承認した関係からでなく妊娠した女性は強制堕胎され、さらに処刑もしくは拷問などの処罰を受ける。

シン・ドンヒョク（男性）の両親は、第14号収容所の模範囚人であったために看守により「結婚」するよう指定された。**シン**は11歳まで母親とだけ暮らしたが、その後、別の収容施設に移らなければならなかった。彼の父親は収容所内の別のところに住んでいたが、ほとんど会うことはなかった。**シン**は収容所の中には家族という考え方はないと感じた。

> 私たちは皆、囚人で、私が両親にできることは何もありませんでした……そして、彼らも両親としてできることはありませんでした。ですから、私は両親への愛着とか感情といったものは感じなかったのだと思います【1133】。

アン・ミョンチョル（男性）は、囚人は三世代が死滅されるべきである、との金日成の指示が行き渡っていると話した。それ故、妊娠は完全に禁止されていた。金日成はさらに「政治犯は次の世代がないことを徹底するために収容所が存在する」とも述べていた。収容所当局が労働者のやる気を起こさせるために結婚を許可することが時折あった。しかし、未婚の女性が他

の囚人の子供を出産すると、厳しい処罰がついて来た。

　父親が囚人であると、その男は射殺され、女性は炭鉱に送られて最も過酷な労働に就かされることになります【1134】。

　2007年から2010年に耀徳の第15号政治犯収容所の革命化地域に拘留されていた元政治犯は、当局の承認なく妊娠した女性が強制的に堕胎させられた2つのケースを目撃した。被害者の刑期も延長された。ひとつのケースは妊娠後期の中絶で、陣痛を起こす注射が打たれた。証人自身が被害者が死んだ胎児を娩出する手伝いをさせられた【1135】。

　この証人は妊娠中に第18号政治犯収容所に送られた。妊娠期間が終わりに近づくと、彼女は看守に蹴られて、陣痛が始まった。子供が生まれると、看守たちは彼女を殴って、泣き叫ぶ赤ん坊を彼女から取りあげた。彼女は苦しみのあまり意識を失った。目が覚めると赤ん坊は死んでいた。遺体は他の遺体といっしょに貯蔵室に放置され、充分な数の遺体が集まってからまとめて墓地に投げ込まれた。痛みと出血が続く中、証人は翌日、強制的に労働に就かされ、割当分の仕事ができなかったために殴られた【1136】。

765． 囚人は絶対服従の立場にあり、さらに咎めがないため、看守と特権的な地位にある囚人による強姦が日常的に行われている、と調査委員会は見る。女性の囚人が腕力で強姦される場合もあれば、女性が厳しい労働を免れるか、食糧を余分に与えるとして、性的関係を強要される場合もある【1137】。後者の場合も、加害者が収容所環境の威圧的利点を利用しているが故に、強姦にあたる【1138】。

766． 他の種類の拷問とは異なり、強姦それ自体は収容所の規則では許されてはいない。むしろ、保衛員と看守は囚人と親しくならないようにとの厳しい命令を受けている。特に、囚人とのいかなる性的関係も持ってはいけないことになっている。しかしながら、強姦が明るみに出る場合には、加害者は単なる免職か、全く処罰なしで済むことが多い。一方で、被害者はより厳しい労働に配置転換されることが多く、特に女性が妊娠すると秘密裏に処刑される【1139】。妊娠した被害者は、例外なく中絶させられるか、生まれた子供は殺害される。

　アン・ミョンチョル（男性）は、一般の看守と違って高位の保衛部関係者は、女性の囚人に性的虐待を加えても、女性が妊娠しない限り、何の罰も受けない、と証言した。妊娠した場合、その保衛部関係者は職を解任され、女性は厳しい炭鉱労働に送られるか、秘密裏に処刑された。ある時、**アン**の属する班の司令官が女性を強姦し、その女性が妊娠して赤ん坊を出産した。母親と子供は拘留処罰棟に連行され、そこで子供は犬用の餌桶に投げ込まれた。

　アンは、第22号収容所で看守に強姦され、拷問と処罰が行われる建物に連れて行かれた少女のことも覚えていた。この少女はストーブ用の熱した金属製の道具を胸に押し付けられる拷問を受けた。その後、炭鉱での厳しい労働に就かされ、そこで彼女は事故に会い、両足をなくした。

アンはさらに、看守たちがお腹を空かせた囚人たちに加虐的な性的虐待を加えて楽しんでいたと、証言した。ある時、第22号政治犯収容所で保衛員が椅子に座り、釣竿の先につけた豚の脂身を裸の女囚人に差出し、その肉を求めて彼女が犬のように這い、肉に飛びつくよう彼女を誘った。保衛員は、囚人が肉に触れられない程度の高さに釣竿を吊り上げ、それから彼女がもう一度飛びつくよう、それを下げたりしながら、明らかにこのゲームを楽しんでいた【1140】。

キム・ヘスク（女性）は、第18号政治犯収容所の鉱山で働く女性たちが夜勤をいかに恐れていたかを話してくれた。彼女たちが夜勤の仕事に向かう行きと帰りに看守と囚人が彼女たちを強姦したからである。処罰を恐れて、体験を公に話す被害者は誰もいなかった。しかし、多数の女囚人たちが非公開で彼女たちのトラウマとして残る体験を詳しく話してくれた【1141】。別の証人は第18号収容所の看守たちは特に10代の少女達を狙っていたと報告した【1142】。

第11号収容所の元看守は、非常に高い地位にある政府関係者が定期的に収容所を訪問する際、収容所当局者が女性の囚人を彼らの性的乱交に饗するよう用意していたと話した。政府関係者が女性を強姦した後、女性は殺害された【1143】。

(e) 飢え、強制労働、病気

767. 第15号政治犯収容所の革命化地域に収容されている少数の囚人を除き、収容所の囚人たちは思想的に矯正不可能であると思われている。彼らに釈放の望みはまったくない。それどころか、明らかに最小限の経費で最大限の利益を引き出す目的で、彼らは飢えと厳しい条件下の奴隷労働を通じてゆるやかに抹殺されている。

元政治犯収容所看守の**アン・ミョンチョル**（男性）は次のように説明した。

（政治犯収容所の）囚人たちは人間として扱われていません。彼らが釈放されることは決してありません。彼らの記録は永遠に抹消されます。収容所で彼らは重労働で死ぬことになっているのです。そして私たちはこれらの囚人が敵だと思うように訓練を受けていました。ですから私たちは彼らを人間として見ていませんでした【1144】。

768. 元囚人の**シン・ドンヒョク**（男性）は同じ結論を出した。調査委員会への証言で、彼は言った。

北朝鮮の独裁者たちは、私たちは死ぬべきだ、私たちは生きるに値しない、と思っていたのです。彼らは私たちの命を少しばかり延ばしていただけなのです。私たちが彼らのために生産し、働いている間に死ぬように、ただ生かしていただけなのです【1145】。

769． 政治犯収容所の囚人たちは言うに耐えないほどの残虐行為と苦難を経験している。しかし、元囚人たちが最も辛いものとして強調するのは彼らの空腹感と毎日の餓死との闘いだった【1146】。囚人たちに割り当てられる食糧は、量、質、種類がすべてあまりに不十分で、割当だけにたよる囚人はだれでもすぐに餓死する。この飢餓食ではやせ細った政治犯は骸骨のようになる。毎年、多数の囚人が、飢餓もしくはペラグラ（ニコチン酸［ナイアシン］欠乏症）のような栄養欠乏症で死亡している。ペラグラの症状の特徴は皮膚発疹、神経系統と消化器官の疾患、知能の低下である。囚人たちは昆虫、齧歯動物、野生植物を採って集めるか、農業用の家畜のエサを横取りする方法を見つけ、やっと長期間生き残れるのである。

770． 調査委員会は、囚人の飢餓は北朝鮮中に蔓延する食糧不足を反映するものではなく、意図的な政策に基づくものである、と見る。それは北朝鮮の全体的な食糧状況がより安定していた時にさえ存在した収容所の普遍的な特徴であった。調査委員会が聞き取りを行った元看守など治安関係の職員たちは、飢餓は囚人を弱めて管理しやすくし、苦痛を強める意図的な手段であると語っていた。

キム・ヨンソン（女性）は、彼女の家族が１９７０年代に耀徳の第15号政治犯収容所に投獄されていた時に与えられたのはトウモロコシと塩だけだったと話した。彼女の父親は餓死した。**キム・ヨンソン**は、仕事に遅れると食糧割当が減らされるために、いつも仕事に走って行ったと語った。骨折した時でさえ、割当が減らされないために仕事に走って行かなければならなかった。食糧割当があまりに少なかったので、家族は蛇と齧歯動物を採って幼い子供たちが生き残れるようにした。**キム**は次のことを覚えていた。

> 赤ん坊はお腹が膨れ上がっていました。私たちは蛇と鼠を料理して赤ん坊に食べさせていました。鼠が一匹採れれば、その日は私たちにとっての特別のご馳走の日でした。私たちは生きているモノは何でも食べなければなりませんでした。目に入る何の肉でも、飛んでいるものでも、地面を這っているものでも、何でもです。地面に生えている草は何でも食べなければならなかったのです。それが収容所の現実です【1147】。

カン・チョルファン（男性）は、第15号政治犯収容所にいた10年の間、飢餓と栄養失調で死んだ３００人以上の遺体を埋めたと、証言した。彼が投獄されていた１９８０年代は北朝鮮国内の食糧状況は良かったにも関わらず、食糧割当は月一回で、トウモロコシの穀粒が与えられ、それは半月でなくなった。

当時、経済状況はかなり安定していました。ですから（国の）食糧状況は良かったのだと私は思います。しかし政治犯に対して彼らが与えたのは月に一度、一握りのトウモロコシの穀粒でした……15日経つと、食糧がなくなりました。それで草を刈ってお粥を作り、命をつないだのです。元気な男たちや健康な人々でさえ3カ月すると栄養失調に掛かります。栄養失調を乗り越えるために、鼠、蛇、蛙、毛虫、目に入ってくるものは何でも食べてたんぱく質を摂りました……収容所に入って最初の3カ月、その3カ月がとても重要なのです。……その3カ月で私は栄養失調になり、死に掛けました。でも、私より以前からそこにいた子供たちが地面にいる鼠を捕まえて私にくれたので、私は命を救われました。……（収容所に入れられる前は）エリートの人たち、知的な人たち、高い地位にいた人たち、こうした人たちは（鼠や野鼠を）食べようとしないので、最初に死んでいきます。収容所の外で厳しい生活をしていた人たち、そして子供たちは、自分たちの本能に頼ったので生存率が高かったのです【1148】。

1982年に第14号収容所で生まれた**シン・ドンヒョク**（男性）は、拘留中に充分な食糧があったことはなかったので、いつもお腹が空いていたと、証言した。収容所の囚人たちは動物を育て、コメを栽培していたが、それを食べることは許されず、そのうちのわずかばかりが食糧割当分に入っていただけだった。**シン**は1日にトウモロコシのお粥400グラムが与えられていたことを覚えている。したがって、生き残るためには、草や鼠のような他の食糧源を見つけなければならなかった【1149】。

1990年代の飢饉の前ですら、**キム・ヘスク**（女性）の家族7人が受け取ったのは1月に4・5キロの乾燥トウモロコシだけだったので、第18号政治犯収容所で生き残るためには食事を補わなければならなかった【1150】。飢饉の間、食糧割当はさらに減らされ、フルタイムで強制労働をできる大人だけが食糧割当を受け取るようになった。彼女の祖母は餓死し、消耗しきった彼女の母親は食べられる野生植物を摂ろうとしていたとき、険しい崖から転落した。

第15号収容所に2003年から拘留されていた**チョン・グァンイル**（男性）と**キム・ウンチョル**（男性）は、1日に3回、120グラムのトウモロコシ粥だけが囚人に渡されていたと語った。特別な日には、スープに一切れの豚肉が入っていた。労働割当分を果さないと食糧は半分に減らされた【1151】。

771. 収容所の方針として、命令に従わない囚人への食糧割当は、短期間で餓死するレベルに削減されることになっている。調査委員会が聞き取りを行った元囚人たちは、収容所の食糧割当が、労働が不十分である罰、労働するには体調が悪すぎるか負シン（男性）は看守に見つからないように囚人たちは床に落ちている草や食べ物のかけらをこっそりと食べなければならなかったことを話してくれた。

それをする時には看守たちが見ていないことを確かめなければなりませんでした。床に落ちているパンくずを食べていいか看守に訊かなければならないこともありました。鼠がたくさんいました。たくさんいたのです……囚人たちは鼠に突進して、捕まえるのですが、看守を見かけると、私たちの中で一番よく働く人が看守に鼠を捕まえて食べてもいいかを訊きました。看守が気分のいいときは許可をくれましたが、許可をくれない時もありました。看守に知られずに鼠を捕まえたときは、それをパンツの中にかくしていました

キム・ウンチョル（男性）は、第15号政治犯収容所の仲間の囚人が畑からジャガイモを盗んだために囚人の目の前で処刑された時のことを覚えていた。**キム**は残った食べ物を盗んで捕まった人は耀徳の第15号政治犯収容所の処罰棟に独房監禁され、極端な飢餓割当を受けたと証言した。**キム**は独房監禁の経験を詳しく語った。

一度そこに入ると、多くの人は出てこれません。独房に入傷している罰として、または、収容所の規則に従わなかった罰として、しばしば半分に減らされていた事実を証言した。元政府関係者は、こうした食糧削減は看守が訓練の一部として指示を受け、それは書面上に詳細に記載されていたと、語った。

772. 飢餓割当を切り抜けようとして、例えば、看守の食べ残し、家畜用の食糧、収容所で栽培される食糧などを取って捕まると、即決の処刑など極めて厳しい処罰を受けることになる。**シン・ドンヒョク**（男性）は、ポケットに数粒の穀物をすべりこませた7歳の少女のことを話してくれた。看守がこの少女を捕まえ、木の板で彼女を酷く殴ったために、その時うけた傷で少女は死んだ。

一週間に2度くらい看守は子供を1人選んで、その子が何か盗んでいないか、何か隠していないかを調べるのですが、彼女は運悪くそれに選ばれてしまったのです。彼女のポケットに少しばかりの穀物があり、看守がどこで取ったのかを訊きました。彼女は道路で拾ったと答えました。そこには看守たちの使う木の板がありました。看守はそんなことは教えていないから自分の教えに逆らったと言いました。そして、彼女は木の板で酷く殴られて気絶してしまいました。私たちが彼女を彼女の母親のところに連れて行きました。翌日彼女が学校に来なかった時、彼女が死んだことを私たちは知りました【1152】。

れられると、殴られ、一回30グラムの食事が与えられ、怖じ気づいてしまいます。それですぐに弱くなってしまうのです。（入るときに）50キロあった人が（独房を出るときには）体重が20キロにも減ってしまうのです【1153】。

第18号政治犯収容所に拘留されていた証人は、消化されずに残っている穀物がないか丹念に牛の糞を調べていた。彼女を見つけた看守は彼女の頭を蹴りつけた。彼女は裂傷を受け、歯を数本失った。証人は、仲間の囚人が盗んだトウモロコシを口の中に隠そうとして、殴り殺されたことも話してくれた。もう一人の囚人が死体の口を開けてトウモロコシを取ろうとした時、彼も激しく殴られた【1154】。

773． 調査委員会は、意図的に引き起こされる飢餓に耐えることに加えて囚人たちは生存のための基本的な必需品も与えられていない、と見る。冬季には気温が摂氏マイナス20度になるにも関わらず、彼らは窓ガラスも暖房もないことが多い小屋もしくは簡素な兵舎に住まわされている。毛布、石鹸、女性用の生理用品などの衛生用品、そして料理器具はまれに供給されるか、または、全く供給されない。

774． 収容所には最も基本的な医療施設しかない。そこには医療用品もなく有資格者もおらず、重病者に死ぬ場所を提供しているに過ぎない。衛生設備と医療設備がないために感染症病が発生すると、飢餓状態の囚人たちの多くが死に至る。

アン・ミョンチョル（男性）は、ある収容所で、腹をすかした囚人が病気にかかった鼠を取って食べたために感染症が発生し、２００人の囚人が死んだことを話してくれた。（寒気がもっとも酷く、備蓄食糧がなくなる）冬と春にも多くの死者がでている【1155】。

シン・ドンヒョク（男性）は、ガラス戸のない窓がひとつある小さな家で凍える冬を耐えた。

強風が入ってきました。冬は本当に寒かったのを覚えています【1156】。

K（男性）は、第11号政治犯収容所の囚人は、わらぶき屋根のモルタルでできた掘っ立て小屋に住んでいた。それは地面を掘った穴に建てられており、収容所の豚小屋のすぐ横にあった【1157】。

キム・ヘスク（女性）は、妊婦向けの医療など何も受けることなく収容所で2人の子供を持った。彼女は1人で山中で食べられる草を探している時に、最初の子供を生み、ボロボロの衣服と葉っぱに赤ん坊をくるんで、居住地域に這って帰った【1158】。

ある元囚人によると、第18号政治犯収容所には薬品がなく医師がいなかった。重病の囚人は特別「労働棟」に集められ、そのまま死ぬまで放置された。囚人は死亡後直ぐには埋葬されなかった。遺体は、集団埋葬用に充分な数の遺体が集まるまで倉庫に保管された。鼠が遺体の肉をかじることが多かった【1159】。

775. 政治犯収容所は、農場、鉱山、伐採作業を収容所自身で運営し、石炭、軍隊用の衣類、消費財などを生産している。政治犯収容所は囚人が使う以上の食糧も生産している。特に、肉などの良質の食糧は看守用、または販売用に確保される。生産された食糧が一般経済に確実に届くよう道路網と鉄道網が整備されている。生産施設は、最低限のコストで最大限の生産を生み出すよう管理されている。そこでは囚人の厚生や生存への適切な配慮はない。すべての囚人は強制労働をさせられる。彼らは通常1日12時間かそれ以上、毎日、病気にかかっていても、働く。彼らが強制労働を免れる（または当番の回数が少なくなる）のは重要な国民の祝日と施設のメンテナンスが行われる日だけである。

776. 囚人がもっとも恐れる仕事は収容所の鉱山と伐採の仕事である。仕事場が敷地内にある収容所もある。そこで囚人たちは特に危険な環境の下、簡単な道具だけを使って働かなければならない。命に関わる事故がしばしば起こるのは、囚人たちの肉体的状況が最悪であることと、安全のための手段が取られていないことによる。

777. 囚人たちは、1日の作業割当を満たせないと、殴打され、労働時間を延長され、食糧をカットされる。ひとつの作業班の囚人全員が集団で罰を受けることが非常に多い。このため、囚人のなかの作業班長が部下の囚人が完全に消耗するまで働かせることになる。彼らは仕事が遅い部下の囚人を殴りつけることが多い。

778. 第15号政治犯収容所の革命化地域では、高齢の囚人は働かなくてよくなっているが、食糧割当が減らされる。しかし、完全管理地域では囚人たちは明らかに死ぬまで働かなければならない。

779. 子供たちは5歳から農作業や清掃のような強制労働に就かされている。これに加え、彼らは数時間、国家安全保衛部（ＳＳＤ）職員から基礎教育を受ける。15歳か16歳から子供たちはフルタイムで強制労働システムに繰り込まれ、石炭採掘のようなもっとも過酷な作業からも免れることはない。

第14号収容所で生まれた**シン・ドンヒョク**（男性）は、子供たちがほんの僅かの教育しか受けず、ほとんどの時間を農業や他の作業にあてていた様子を話してくれた。収容所当局は「私たちを耕作用の動物と思っているので、何も教える必要はないと感じている」と、彼は思っていた【1160】。15歳のとき、彼は豆満江の水力発電所建設の手伝いの仕事を言いつけられた。ある時、3人の大人と5人の子供が壁から落ちたコンクリートの塊に潰された。作業班は働き続けなければならず、遺体の処理ができたのはシフトが終了した後だった。16歳からシンは豚小屋の仕事に就く幸運を得た。それは動物用の飼料にこっそり近づけるため誰もが就きたがる仕事だった【1161】。

K（男性）は、第11号政治犯収容所を解体していたとき、農耕に使われていた小さな鎌を見つけた。その場に残っていた保衛員からこれらの道具が5歳の子供が強制的に働かされるときに使われていたと聞いてショックを受け、悲しくなった。子供達はほんの僅かの教育しか受けていなかった【1162】。

キム・ヘスク（女性）は、15歳のときから第18号政治犯収容所の炭鉱で働かされた。名目上は3交代制だったのだが、生産量を最大限にするために1日16時間から18時間働いていた。男たちはつるはしとシャベルで石炭を掘った。それから女たちが袋やバケツ、または手押し車を使って石炭を地上まで運んだ。彼女の夫と弟は2人とも鉱山事故で死亡した。鉱山で働いたことのある多くの人と同様、彼女もいまだに黒肺塵症を患っている【1163】。

同じ炭鉱で働かされていた別の証人は、各囚人は1日1トンの石炭を掘るか運ぶノルマがあったと語った。このノルマを果すまで20時間働く人たちもいた。この炭鉱だけで1年に200人の人たちが死んだ、と証人は推測した【1164】。

(f) 拘留中の死と、死者への尊厳の欠如

780. 政治犯たちは市民性を抹消されたと考えられている。彼らが死ぬと、遺体が収容所の外にいる家族に返されることはなく、文化的伝統や死者の尊厳に対して何の敬意も払われず処理される。収容所の外に家族がいても、家族にその死が知らされることはない。

アン・ミョンチョル（男性）は、収容所には囚人用に指定された埋葬場所も朝鮮式の墓もない、と説明した。その代わり、遺体は集団埋葬地の浅い穴に入れられるだけだった。

> 遺体の上に遺体を重ねて埋葬することもありました。地面を掘っているとき、骨を見つけることもありました。それで（収容所の）鉱山があるところは、その周囲の丘や山々が墓地のようなものでした。政治犯のための墓地というものはありません……【1165】。

カン・チョルファン（男性）は耀徳の第15号政治犯収容所に10年間いる間に300体を越える遺体を埋葬したことを覚えていた【1166】。遺体埋葬の仕事に就かされた囚人は遺体の衣服を剥がし、再利用するか交換した【1167】。最終的には収容所当局が

埋葬に使った丘をブルドーザーで整地しトウモロコシ畑に変えた。

> 機械が地面を剥ぎ取っているとき、人間の肉片が永眠の地から出てきました。腕、足、足首が、中にはまだ靴下を履いて、ブルドーザーの前に次から次へと転がり出ました。私は恐ろしくなりました。友人のひとりは吐いてしまいました。……次に看守たちが溝を掘り、数人の囚人に地面から見える遺体と身体部分すべてをその中に投げ入れるように命じたのです【1168】。

781.　調査委員会が聞き取りを行った元囚人と元看守は全員、収容所生活の特徴は絶えることなく存在する死であったとの結論に至った。収容所をめぐる全体的な秘密主義を考慮すると、何人の囚人が処刑され、何人が死ぬまで働かされ、何人が餓死し、何人が感染症で死んだかを推測するのは非常にむずかしい。しかしながら、外部世界が収容所の恐怖をほとんど知らないことを考えると、控えめに推測しても、調査委員会は、１９５５年以前に収容所が設立されて以降、収容所の中で数10万人の人々が亡くなったと見る【1169】。

4・刑務所機構における過度の人権侵害

782.　国家安全保衛部（ＳＳＤ）が運営する政治犯収容所に加え、北朝鮮は広範囲にわたる教化所（一般刑務所）制度を維持している。これらの刑務所の存在は認知されているもので、刑法にその法的基盤を持つ【1170】。

783.　一般刑務所は人民保安省の刑務局がそのほとんどの運営にあたり、検察庁の監視を受ける。比較的重い犯罪の加害者が一般刑務所（教化所と呼ばれ、文字通りに訳すと「矯正と啓蒙」である）に投獄される。比較的軽い犯罪には「労働訓練収容所」（労働鍛錬隊）での数カ月から2年間の懲役刑が課せられる。さらに、少年犯罪者とストリートチルドレンのために様々なタイプの拘留施設と隔離施設がある【1171】。

784.　北朝鮮が２００１年に国連人権委員会に提出した報告によると、３つの刑務所施設があり、そこには１９９８年末に１１５３人、１９９９年末に３０４９人、２０００年末に１４２６人の囚人が収容されているとされた【1172】。２００５年に、北朝鮮は、女子に対するあらゆる形態の差別の撤廃委員会（ＣＥＤＡＷ）に、２００５年3月時点で40人の女性のみが判決内容に従って矯正施設に投獄されている、と報告した【1173】。

785.　受け取った証言などの情報に基づき、調査委員会は、これらの数字は甚だしく過小評価された数字であり、教化所（一般刑務所）制度を正しく説明していない、と見る。既存の刑務所数についての情報と、いくつかの施設に収容されている囚人数の報告からは、教化所（一般刑務所）制度で収容されている囚人の数は7万人かそれ以上に上るものと見られる【1174】。

786・北朝鮮は、自国の刑務所は労働を通じて囚人を矯正する矯正施設であると主張する【1175】。北朝鮮はまた、関連法規を厳格に適応して、刑務所には寝室、浴室、食堂、作業所、教室、図書室、診察室などの設備が整い、自然光と電光および換気装置と暖房が設置されていると述べた。囚人は食事、飲み水、衣類、寝具、診療が与えられていた。医師は囚人の健康状態を検診し、適切な治療を無料で与えた。矯正施設の職員は特別訓練を受けており、囚人への拷問と侮蔑は禁止されていた。囚人は、1日8時間労働で、彼らの作業の質と量に従って報酬を支払われた。囚人は本、雑誌、新聞を読み、映画とテレビを見、ラジオを聴き、ゲームをして遊び、スポーツをし、家族の訪問を受け、手紙のやりとりが出来ることになっていた【1176】。北朝鮮は、女性の囚人は彼女たちの体調に合わせて適切な軽い労働に就かされているとも主張する【1177】。

787・外部訪問者に時折披露される理想の刑務所はこれらの基準を一定程度満たしているかもしれない。しかしながら、多数の元囚人や元政府職員からの証言から、調査委員会は、大半の囚人たちが現実に経験している刑務所はこれとはまったく異なる環境にある、と見る。意図的に飢えさせるための食事割当、強制労働、非人間的な居住環境、拷問、即決の処刑などがパターン化して存在し、違反の程度が比較的小さいとはいえ、それらは多くの点において政治犯収容所のパターンと同じである。

(a) 教化所（一般刑務所）

788・教化所（一般刑務所）の多くの囚人は、暴力罪と経済犯罪など一般犯罪の加害者たちである。判決は軽度の犯罪に対して不釣合いに長い刑期を課すものがある。しかしながら、この厳しい判決の執行は、政治的に重要な記念日に布告される部分的な恩赦によりある程度、相殺される。これらの恩赦により多くの囚人が早期に釈放され、彼らが政府の寛大さに感謝することになる。

789・教化所のかなりの数の囚人は、人権を行使したことにより投獄されている。許可なく中国との国境を渡ろうとした人々は、特に彼らが常習犯であるか、成分《ソンブン》階層の低い家族の出であると、教化所に投獄される。キリスト教が北朝鮮に広がるにつれ、成分《ソンブン》の良い一般のキリスト教信者が教化所（一般刑務所）の懲役刑を受けることが多くなっている。教会指導者、活動的な宣教師など注目度の高い違反者は依然として政治犯収容所に送られる【1178】。

(i) 一般刑務所の大きさと場所

790・教化所（一般刑務所）の名前、場所、機構は比較的よく知られている。政治犯収容所のように当局はそれに番号を付けている。

咸鏡北道、前巨里《チョンゴリ》の第12号教化所（一般刑務所）は最大の一般刑務所であり、おそらく一番よく報告されている収容所である。その囚人の多くは中国から強制送還されたか、国境地帯にある教会に接触した人達である。この刑務所の囚人は3000人から4000人と推測され、その中には2009年から別棟に入れられている1000人あまりの女性の囚人が含まれる。第12号教化所は銅山、伐採事業と農業を運営している。

第1号教化所（一般刑務所）は、平安南道、价川市にあり、男女合わせて約2000人の囚人が収容されている。この刑務所は衣類と布地を生産しており、生産物の中には明らかに近隣諸国に輸出されているものもある。

第4号教化所（一般刑務所）は、主に平壌の住人と軍隊の隊員を拘留する場所である。推定4000人の囚人がいるこの刑務所の中心部は、平安南道、江東郡の三登里《サムドウンリ》にある。この刑務所は平壌にいくつかのその出先機関を持つ。平壌の出先機関は外国からの訪問者に時折、モデル刑務所として披露されることがある。しかしながら、他の収容施設は極めて混雑している。2008年、この刑務所の全施設が、収容限界人数の4倍にあたる1万2000人の男女の囚人を収容しているとの報道があった。ここは銅山とさまざまな工場を運営している。

黄海北道《ファンヘボクド》、沙里院《サリウォン》市にある6号労働教化所は3つの敷地からなる。挑林《ドリム》にあるそのうちのひとつは外国人訪問者に紹介されてきた。3000人から4000人の囚人がおり、彼らは農業と、衣類と靴の製造作業に就かされている。

咸鏡南道、咸興《ハムフン》にある第9号教化所（一般刑務所）は日本植民地時代からすでに存在していた。この刑務所は男性用（約1500人を収容）の刑務所と女性用（500人収容）の刑務所からなる。ここは炭鉱を運営し、ミシンの生産と家畜の飼育を行っている。

平安南道、甑山《チュンサン》の第11号教化所（一般刑務所）は山岳地帯にある。小さな居住棟からなり、その経済活動は、農作、家畜、塩の生産を中心に行われている。報告によると、男女合わせて3000人から5000人の囚人がいる。

咸鏡南道、栄光《ヨングァン》郡、五老《オロ》の第22号教化所（一般刑務所）は小さな施設で、2006年に労働訓練施設から教化所に格上げされた。男女の囚人たちは農作の仕事に就かされている【1179】。

791．その他に存在が伝えられる教化所があるが、その情報は少ない。それらは以下の通り。

・江原道、元山《ウォンサン》市、丑山《チュクサン》村の第88号教化所（一般刑務所）は約2000人の囚人がいると言われている。2007年以来、女性の囚人も収容している。

・平安北道《ピョンアンブクト》、東林《トンリム》郡にある第2号教化所（一般刑務所）。

・平安北道、新義州《シニジュ》にある第3号教化所（一般刑務所）。
・慈江《チャガン》道、江界《カンゲ》市にある第7号教化所（一般刑務所）。
・平安北道、天摩郡にある天摩教化所。
・江原道、川内《チョンネ》郡の龍潭《リョンダン》教化所【1180】。

792. 調査委員会は、この他にも外部にはいまだに知られていない教化所（一般刑務所）がある可能性を除外することはできない。

(ii) 収監前の不公平な裁判

793. ひとりの人間を裁判なしに治安関係者が教化所（一般刑務所）に送るケースが時折報告されている。しかし、教化所のほとんどの囚人が裁判の有罪判決が確定した刑期で懲役刑を受けている。しかし、そうした裁判はもっとも基本的で公平な裁判の保障人を欠く不十分なものであることから、多くの有罪犯は恣意的拘留の被害者であると見なければならない。司法制度が独立性と公平性を欠いていることは、被疑者の有罪を当然の事として捉える観のある訴訟手続きに如実に現われている【1181】。

794. 北朝鮮憲法第164条は、被疑者は弁護の権利を保障されると規定する。実際のところは、裁判に実質的な証拠開示手続きがないことが多い。被告は罪を告白するもの、後悔の念を表すものと思われている。

795. 北朝鮮最高裁判所で働く上級法務官が、外国人訪問団への話の中で、北朝鮮での一般的な無実の捉え方を次のように要約したと伝えられている。

> ほとんどの被告人たちは、判決以前に警察の捜査によってすでに罪が明らかにされている人達です。裁判所にひとりの人間が入ってくる時、私たちは彼らが無実だとは思っていません【1182】。

796. 刑事訴訟法には、通常、国が任命する弁護人の権利が規定されている。しかし、調査委員会の前で多くの証人が、国家指定の弁護人は何も発言しないか、または、判事と検事とともに被告の行為を非難する、と証言した。弁護人がすることは、せいぜい被告の良い成分《ソンブン》階層を根拠に、寛容な扱いを懇願することぐらいであった。

797. 北朝鮮憲法は裁判の公開を義務付ける。しかしながら、刑事訴訟法第271条は広範な例外を定め、その中には「悪い影響をあたえる事件」の非公開手続きを許可するものがある。実際には当局から疑われることを恐れて、公式な要請がない限り誰も裁判を見ようとはしない。

キム・グァンイル（男性）は、会寧市（咸鏡北道）の人民法廷で、教化所での懲役判決を受けた。裁判は裁判所の小法廷で開かれ、そこには判事1人、検事1人、弁護士1人、市民陪審員2人がいた。判事は彼が有罪かどうかを尋ねようとすらしなかった。

北朝鮮では想像もできません。判事が『あなたは罪を犯したのかどうか』と尋ねることなどありません。判事はただ単に決定を下すだけです。それでは、この人にこれこれの年数の刑を与えることにしましょうと……。そして私たちが有罪かどうかなど尋ねることは決してないのです【1183】。

キム（男性）が裁判以前に国家の指定する弁護士と話す機会はなかった。弁護士も訴訟手続きの間、彼に実質的な質問をすることもなかったし、弁護することもなかった。代わりに、彼は**キム**に家族にパイロットか軍の将校はいないかどうかを尋ねた。いればもっと寛容な判決が下されていたことだろう。

キム・ヒョク（男性）は、中国国境を違法に越えたことで懲役3年の判決を受けた裁判のことを話してくれた。**キム**は警察署で彼が「非公式裁判」と呼ぶものを受けた。そこには1人の判事と、1人の検事、1人の弁護士、そして1人の裁判官がいた。弁護人は**キム**と話そうともせず、実質的な発言はしなかった。訴訟手続きの最後に、彼は判事にただ**キム**が若く、孤児であるので寛大な処置を、と頼んだだけだった【1184】。

ある証人は、第11号教化所（一般刑務所）の懲役3年の刑を受けることになった法廷で終始頭を下げていなければならず、彼女の罪が読み上げられるときに「はい」と言う事だけが許された【1185】。

もう一人の男性は、尋問中に検事を殴ったことで有罪とされ、第12号教化所（一般刑務所）での懲役9年の判決を受けた。裁判の間中、彼自身の弁護士は彼の行為を厳しく批判した【1186】。

798. 前述した韓国の大韓弁護士協会による北朝鮮から逃亡した人々に対する２０１２年の調査で、刑事裁判を受けた回答者の19%だけが裁判以前に弁護士と面会していたことが分かった。弁護士が何らかの助けになると信じていた人はわずか5%だった。検事と弁護士、双方が出席した裁判は57%だった。81%のケースで法廷は被告側の証人を召喚しなかった。北朝鮮刑事訴訟法第３３０条に沿って最終陳述が許されたのはたった54%だった。回答者のほぼ半数（46%）が非公開裁判を受けていた【1187】。

(iii) 非人間的な拘留環境

799. 北朝鮮刑法第30条にしたがって、教化所（一般刑務所）の囚人の市民権は部分的に差し止められている。しかしながら、政治犯収容所と比較すると、教化所が検察庁の監視下にあるという事実から、ここではささやかな保護のための措置が取られている。加えて、囚人たちは一月に一回、家族の面会を受けていいことになっている。しかし、家族が囚人と会い、彼または彼女に食糧など生き残るために必要なものを渡すために、刑務所当局に賄賂を渡しているのが実際の姿である。

800. 調査委員会は、北朝鮮の刑務所は全般的に収容人数が多すぎて非常に混雑している、と見る。トイレは共有であり、清掃されることはめったにない。シャワーはなく、囚人たちが身体を定期的に洗える機会はない。彼らに石鹸などの衛生素材が与えられることはあまりない。厳しい朝鮮の冬期に囚人が受ける暖房はわずかである。囚人は自分たちで衣類と毛布を持ってくることになっている。自分で持ち込めない場合、洗濯されていない中古品が配られ、それにはシラミ、ナンキンムシなどの害虫がはびこっている。

キム・グァンイル（男性）は、前巨里《チョンゴリ》の第12号教化所（一般刑務所）で、14人から17人用に作られた監房に60人から70人の人々が入れられていたと語った。夜、人々は順番に横になり、順番を待つ人達は監房の中で立っていた。これは囚人たちを極端に疲労させた【1188】。同じ刑務所に２０１１年まで入れられていた別の証人が、家族から毛布の差し入れのない囚人は自分の着ている衣服を毛布代わりに使った、と付け加えた。監房はナンキンムシとシラミがはびこり、感染症が広がりやすかった【1189】。

別の第12号教化所の元囚人によると、新しく建設された女性用の監房も同様に人が多く収容されすぎていたと言う。囚人２０００人用に建設された施設に１２００人の女性がいた。衛生状態は酷く、シラミとゴキブリがあふれていた。冬であっても、女性たちが身体を洗えるのは川の中であり、それを男性看守が見ていた。石鹸と生理用品を与えるのは彼女たちの家族だけだった。彼女たちはその生理用品を洗って再利用することが多かった【1190】。

甑山《チュンサン》にある第11号教化所（一般刑務所）の元女性囚人は、約40平方メートルの監房に40人から50人が入れられていた様子を話してくれた。人々は身体を伸ばして横になることは出来ず、スペースをめぐって喧嘩がよく起きた。冬の独房棟は極めて寒かった。囚人たちが身体を洗えるのは月に一度だけで、みんなシラミが涌いていた。彼女の監房で、毎月、少なくとも2人が死亡した【1191】。

801. 政治犯収容所のように、教化所（一般刑務所）でも囚人を強制的に労働させて、鉱山、工場、農場、伐採場を運営している。これらの事業からの利益は刑務所に再投資されているようには見えない。囚人たちは、量的にも種類の上からも彼らに提供されるよりも多くの食糧を生産している。国際法は正式に有罪判決を受けた犯罪者を矯正する目的で行われるあらゆる形態の不随意の刑務所内労働を禁止してはいないが、北朝鮮の刑務所で強制されている労働の形態は、ほとんどすべての場合、国際水準で定義される違法な強制労働に相当する【1192】。囚人たちは、適切な裁判所で正式に判決を受けていないことが多く、通常は、最も基本的な公平性の保障も守られない法廷で懲役判決を受ける。

囚人の強制労働はまた、権力の座にある金一族の業績と教えを集中的に講義する毎日の洗脳化必修授業と一体化されており、政治的強制の一形態として見なされなければならない。この観点から、調査委員会は、刑務所制度は人権に準拠して囚人を矯正しようとしているのではなく、彼らを制圧し、政治システムとその指導部への絶対的服従を再構築するために使われている、と見る。

802. この調査結果は、刑務所内の作業があまりに非人道的に行われているため、法の定める更正目的をも果たしているとは言えないという事実に裏づけされている。飢餓食糧割当を受けながら命をながらえている囚人達は、一週間のうちの毎日、9時間から12時間の間、無報酬での労働を強制されている。通常の場合は機械か荷役用の動物によって行われる仕事（耕作または石炭採掘）を、北朝鮮内の刑務所では原始的な道具を使って手仕事で行われなければならない。囚人が過酷な1日の作業割当を達成できなかったり、刑務所の所有物をうっかり壊してしまった場合、拷問され、殴打され、独房に監禁され、少ない食糧割当をさらにカットされるなど、非人道的な処罰を受ける。作業の安全性への配慮がまったくなされていないため、作業中の死亡事故が多発している。

ひとりの元囚人は、平安南道、江東郡の第4号教化所（一般刑務所）の石灰岩採石場と金山で働いていた。囚人たちは疲れきり、消耗しきっていたために作業事故が多発した。ある時、彼は鉱山事故で足に開放骨折を負った。麻酔なしに皮膚を縫合された日に鉱山に戻って報告するよう命令された。彼の作業班の班長が少し軽い作業に就かせたので彼はやっと生き延びた。

腕や衣服を石灰岩破砕機に取られて何人もの作業員たちが圧死するのを彼は見た。空気がひどく埃っぽかったので、彼らにはあまりよく見えなかった。叫び声が聞こえただけだった。機械の方に走って行った時、破砕機から釣り下がっている潰れた遺体が見えた【1193】。非常に似たタイプの圧死事故を別の証人が語った。彼は前巨里《チョンゴリ》の第12号教化所（一般刑務所）の銅山で働いていた【1194】。

五老《オロ》の第22号教化所（一般刑務所）の元囚人は適切な道具なしに農場で働かなければならず、人糞でできた肥料を素手で撒かなければならないことさえあった【1195】。

803. 女子に対するあらゆる形態の差別の撤廃委員会への20

０５年の提出書類の中で、北朝鮮は、女性の囚人は衣類、靴、バッグのような品目を生産する作業所で働くだけであり、それに対して彼女たちは報酬を得ている、と強く主張した【１１９６】。調査委員会は教化所（一般刑務所）の採掘作業を強要されている女性に関する情報を受け取ってはいないが、林業と農業の過酷な作業に無報酬で従事させられていた女性の囚人から信頼できる多くの話を聞いた。

前巨里《チョンゴリ》の第12号教化所（一般刑務所）の元囚人だった女性は、朝の5時に起きなければならなった。毎日、午後10時まで薪を集めた。仕事がのろい囚人達は殴られた。囚人には中古品の衣類しか渡されず、彼女は彼女に渡された靴のサイズが合わず、それを履いて働くことはできなかった。彼女が彼女の作業班の仕事の速度に付いていけなくなると、看守が彼女の首に紐を巻きつけて、彼女を引きずりまわした【１１９７】。

第12号教化所（一般刑務所）に２０１１年まで拘留されていた元女性囚人は、つらい農作業をしなければならなかった。しかしながら、農地で生産される食糧は看守の食事に使われた。少量の食糧割当で彼女はあまりに空腹であったため、さまざまな草、野生のきのこ、木の皮を食べて生き延びた。他の囚人たちが食糧を盗んで叩かれるのを彼女は何回も見た【１１９８】。

同じような農作業はもう一人の女性にも強要された。彼女は第12号教化所（一般刑務所）に２０１０年末まで拘留されていた。看守は、お腹を空かせた囚人たちが栽培しているトウモロコシを盗みはしないかと、彼女たちを常に監視していた。女性の囚人たちが夕方7時ごろ仕事を終えると、その後、彼女たちは金正日と金日成の偉大さを強調する長い洗脳授業の間ずっと座っていなければならなかった【１１９９】。

804． 教化所（一般刑務所）に入るとき、新入所者たちのほとんどは、それ以前に拘留場と警察の一時収容施設で数週間から数カ月間、飢餓割当を受けているためにすでに衰弱し、飢えている。教化所で彼らは引き続き飢えにさらされる。教化所で与えられる食事割当は、囚人が就かされる強制労働と囚人の行いによって異なる。強制される労働の内容が非常に厳しいものであるにもかかわらず、平均的な囚人が受け取る食事は、粗いトウモロコシのお粥か豆の入ったご飯が1日３００グラムだけである。この量は、国連の計算によると、北朝鮮の成人が食事から取る最低限の必要エネルギーのほんの一部でしかない【１２００】。したがって、追加的な食糧源が見つからない人々は実質的に餓死の刑を宣告されていることになる。ふつうの収容所の多くの囚人は毎月の訪問時に家族が持ってくる食糧だけで生き延びている。他の人たちは自分たちで齧歯動物や害虫を採って食べ、草と野生植物を食べるか動物用飼料を自分たちに使う方法を見つけている。

805． 元政府関係者が、飢餓割当政策は囚人を弱め、管理しやすくするための意図的なものであることを確認した。このことは、囚人の強制労働が作り出す余剰食糧などの資源が、囚人の生存に必要な食事として提供されていない事実からも証明される。

前巨里《チョンゴリ》の第12号教化所（一般刑務所）の元囚人、**キム・グァンイル**（男性）は、囚人たちは一回の食事に質の悪い80グラムの食糧しか受け取れなかったので飢えていたと証言した。

> ほとんどの人は身体がとても弱くなりました。彼らがくれる食糧は一回の食事に80グラムでしたが、もし何か間違ったり、失敗すると、減らされるのです……彼らがくれるのは豚でも食べないようなもので、たとえば、腐ったきゅうりなどです。腐ったきゅうりを煮て、食べ物として与えられるのです。もしも食べることを拒否すれば、罰せられます。罰として50グラム以下の食糧になることもありました……【1201】。

囚人たちは必死だったので刑務所の敷地内にいる蛇を取って食べた、と**キム**は付け加えた。

第12号教化所の別の元囚人、**キム・ヒョク**（男性）は、ほとんどの囚人たちは家族が持ってくる食糧のお陰で生き延びていたと説明した。家族が待っても来ないため、死亡した囚人もいた。**キム**は孤児だったので、外からの助けに頼ることはできなかった。

> 自分自身で生き延びなければならないことが分かっていました。それで私は何でも食べました。トカゲ、ヘビ、ネズミ、爬虫類であろうが、なんであろうが食べました……春には草を食べましたが、悪い草を食べると毒にやられ、身体中が腫れあがり、もうろうとしてしまいます。そうならないような草と根を食べていました【1202】。

第12号教化所（一般刑務所）の別の元囚人によると、囚人たちは、朝、小さなジャガイモ5個、昼食と夕食にトウモロコシ粥が小さな椀に一杯とキャベツの葉の入った塩辛いスープを受け取った。みんな非常に空腹で、すぐに体重が減った。食糧を持ってくる家族のいない人たちは早期に死亡した。ある時、ひとりの囚人があまりに腹が減っていたので家族が送った食糧をすべて一度に食べてしまった。彼は沢山の食糧に慣れていなかったので、吐いた。彼は吐いたものを袋に入れ、また腹が減るときのためにとっておいた。

またある別な時には、証人の作業班は小さな壷に種を植え、それを後から畑に苗として植える作業をさせられていた。お腹を空かせた囚人がその種を食べてしまうことを恐れた看守たちが種を尿と肥やしに浸けた。囚人たちはそれでも種を食べようとした。それで、看守たちは囚人たちに自分の番号を叫び続けさせ、囚人たちの間をグルグル歩き回って、囚人皆が一瞬も種を噛めず、飲み込めないようにした。もし囚人が自分の名前を言えなければ、看守は胡桃大の岩を彼らの口の中に入れ、囚人が口の中のものを食べられないようにした【1203】。

咸興《ハムフン》市の第9号教化所（一般刑務所）の元囚人によると、囚人たちは栄養失調が酷かったので、みんな大きな頭の付いた細い棒のように見えたと言う。囚人たちはネズミを取って生き延びようとした。しかし多くの人たちは天候の如何にかかわらず朝8時から夕方遅くまで毎日外で働かされていたために、ネズミを捕まえられるほど早く走ることが出来なくなっていた。特権的な経歴をもつ囚人たちの中には看守に賄賂を渡して食糧割り当てを良くしてもらい、より簡単な仕事に就かせたもらう人たちもいた。こうした囚人たちは「お食事階級」とあだ名された【1204】。

(iv) 拷問と処刑

806. 教化所（一般刑務所）の囚人たちは厳格な規則に従い、看守への絶対的な服従をしめさなければならない。命令に従わない場合は、食糧割当の削減と睡眠の剥奪から、より厳しい労働への配置転換、殴打の罰と小さな監房での独房監禁に至るまで、いろいろな方法で処罰される。それぞれ異なる教化所の元囚人たちが、独房監禁は監房があまりに小さいので横にもなれず、立っていることも出来なかったと語った。独房に監禁させられている間は食糧割当がコメとトウモロコシの粥1日100グラム以下に減らされた。

807. 看守は囚人をその場で処罰することが多い。看守や看守を代行する班長が深刻な身体的虐待をしてもなんの責任も問われない。政治的に注意を要する犯罪で拘留されている囚人たちが選ばれて特定の処罰を受けさせられることがよくある。

キム・グァンイル（男性）は、前巨里《チョンゴリ》の第12号教化所（一般刑務所）では、看守たちには、睡眠中の鼾のようなささいなことなどを理由に何時でも囚人たちを殴るか、そうでなければ拷問する権利があったことを話してくれた。看守たちは、囚人の中の密告者から受けた不正行為の報告に基づき、囚人たちを最悪の強制労働に配置するか、食糧割当をカットした【1205】。

キリスト教信仰を実践したことで懲役刑を受けた价川《ケチョン》市の第1号教化所（一般刑務所）のひとりの元囚人は、7年の拘留期間中、独房監禁の罰を10回受けた。彼女は刑務所の便所から糞便の移動に使う荷車を引く仕事に就かされた。看守は彼女を辱め、懲らしめるために、こぼれた糞便を何度も舐めさせた【1206】。

別の元囚人は、前巨里《チョンゴリ》の第12号教化所（一般刑務所）の彼ら囚人たちは、大雨からトウモロコシの根を守るためにトウモロコシの根に土を置くように命令された、と語った。囚人が作業に乗じてトウモロコシを食べた時、看守が彼らを捕まえ、囚人の口の中にトウモロコシの茎を一日中くわえさせた。茎を吐き出した囚人は厳しい殴打をくらった【1207】。

中国国境を越えて密輸をしていたことで有罪となったひとりの男性は、第12号教化所（一般刑務所）で、許可を受けていないにもかかわらず、監房で仲間の囚人と話をした。看守はその罰として彼の口の中に金属棒を打ち込み、彼は歯を数本失った【1208】。

第12号教化所（一般刑務所）の別の元囚人は、決して看守の目を見てはならないとの規則を破った。彼の証言によると、彼は出血して腕が折れるまでこん棒で殴られ、そして蹴られた【1209】。

808. 北朝鮮の教化所（一般刑務所）は通常、先端に鉄条網が張られ致死量の電圧が通った高い壁で守られている。刑務所内部には監視カメラが最近設置された。看守たちには脱走する囚人を射殺する権利がある。生きて捕まった人たちは極めて厳しい罰に処せられる。脱走しようとした囚人たちは、数年前まで、即決処刑されていた。こうした処刑が今日でも慣行されているかどうか確かではない。

キム・ヒョク（男性）は、第12号教化所（一般刑務所）を脱走しようとしたひとりの囚人の処刑を目撃した。**キム**自身は、山にいる間、作業班から離れてしまったことがあったが、どうにか処刑は免れた。彼は脱走未遂として尋問を受け、看守に銃身で頭を殴られて自白を強要された。最終的に彼は道に迷っただけであることを彼らに納得させた【1210】。

1997年、第12号教化所（一般刑務所）の別の元囚人は脱走しようとした男性の処刑を見せられた。処刑が終わると、収容所所長が彼の運転手に死んだ囚人の首にロープを結び付けさせた。ロープの反対側の先端は車の後部に結び付けられていた。車は遺体を後ろに引きずって、刑務所の庭を4回回った。囚人全員がこの残酷な光景を見ていなければならず、それが将来の逃亡への警告であることを意味していた。

甑山《チュンサン》の第11号教化所（一般刑務所）に2004年から2007年に投獄されていた別の証人は、脱走を試みた人は誰でも即決で処刑するのが刑務所の方針だったことを覚えていた。この証人はこうした囚人たちの処刑を幾度か見た【1211】。

第12号教化所（一般刑務所）に2011年まで拘留されていた別の男性によると、脱走を試みた囚人たちは、逃げようとしている間に射殺された。この証人は生きて捕まった囚人が即決で処刑されるのは見たことがなかった。そうした囚人は命を奪うような厳しい労働に配置転換された。囚人は別の囚人と一組にさせられ、互いを監視するよう命じられた。ひとりが逃げようとすると、もうひとりも罰せられた【1212】。

(v) 強姦と強制堕胎

809. 女性の囚人の数が増えている。とりわけ、中国に逃げて結果的に帰還させられた人達の多くが女性であるからである。男性と女性の囚人は、国際基準に合わせて一般的には別々の場所に収容される。しかしながら、男性の看守が女性の囚人の警備に配置されることが多い。看守と囚人の性的な接触は刑務所当局が寛容に扱うものではないが、看守と囚人の力関係により、罰せられることなく看守が囚人を虐待し、強姦しやすくなる。強姦のケースには、生き残るために必要な食糧などの必需品と引き換えに、刑務所環境の威圧的状況を利用して看守が性行為を要求する場合も含まれる【1213】。強姦に付きまとう社会的汚名を気遣って、こうした虐待を多くの被害者が明かそうとしないため、北朝鮮の教化所で起きている強姦を数値で表すことはむずかしい。

キム・ヒョク（男性）は、第12号教化所で病院長がひとりの女性を強姦したときのことを話してくれた。他の機会に彼は一人の看守が一人の女性を強姦しているのを見た【1214】。

同じ収容所の元囚人の女性によると、看守たちは女性の囚人の中で比較的可愛い女性を格子の近くに座らせ、彼女たちの胸を触っていたと言う。同じ証人は、生き残るために、通常の食糧割当より多くの恩恵を得ようと看守との性的接触に同意した女性を何人か知っていた。ある時、ひとりの女性囚人がそうしたことを他の囚人と話していた。看守は彼女を外に連れ出し、頭からつま先までぶ厚い雪を被せて跪かせた。そのため彼女は奇怪な人間雪だるまのように見えた【1215】。

かつては、刑務所に来たときにすでに妊娠しているか刑務所で妊娠した女性は、通常は強制堕胎させられていた。胎児がすでにそれ自身で生きられるほど活発になる妊娠後期の女性も同様であった。新しく入ってくる女性の囚人の妊娠検査のために血液検査を組織的に行う刑務所もあった。近年では、子供を生むために刑務所を離れ、子供を家族に預けて帰ってくることが許された女性の報告が多くなっている【1216】。

第9号教化所（一般刑務所）で当局は、医療補助員として勤務していた証人に虫下しを使って妊娠3カ月の仲間の囚人を中絶させ、処理するよう強要した。この薬品処理が失敗すると、被害者はアヘンを飲まされて子供を堕ろした。胎児は刑務所に飼われている豚の餌にされた【1217】。

別の目撃者は、2004年から2011年まで第12号教化所（一般刑務所）に拘留されている間に、中絶を強要された仲間の囚人のことを話してくれた【1218】。

(vi) 医療サービスの欠如、拘留中の死、死者への敬意の欠如

810. 調査委員会は、北朝鮮の教化所（一般刑務所）内で毎年、数

千人の人々が死亡している、と見る。彼らは意図的に引き起こされる飢えと、病気、処刑、作業事故、そして殴打などから生じた障害のために死亡している。

811． 飢えと飢えに関連する病気が主要な死因である。多くの刑務所では、刑務所当局がすぐに死にそうな人々を体系的に見極めるために飢えの定期点検を行っている。こうした方法で刑務所内の飢えの記録を取っているにも関わらず、当局は飢えを引き起こす方針を変えない。代わりに、危機的な段階にあるとされた人々は作業班から外される。飢えが危機的な段階にある囚人を死に至らせないための医学的介入は何もなされない。末期症状にあると思われる囚人が釈放され、死が近いと見込んで家族に引き渡される場合もある。

咸興の第9号教化所（一般刑務所）に服役中、証人は「医療見習い」としての仕事に就かされた。この仕事の中で、彼は1990年と2000年の冬に収容されていた1200人の囚人のうち480人が6カ月のうちに死亡したことを知った。医療スタッフは定期的に囚人の臀部の間の空間を測って、囚人の飢えの程度を測定した。危機的状態にあると分類された人たちは作業班から外され、死亡室に連れて行かれた。彼らには通常の食糧が渡されたが、餓死を止める薬も医療も施されなかった。彼らの手伝いをするよう配置された囚人たちは空腹のために瀕死の囚人用の食糧を盗もうとした。死亡した人の遺体は倉庫に集められ、刑務所敷地内のかまどで大量に焼却される前に、倉庫にいるネズミが遺体を齧ることが多かった【1219】。

キム・グァンイル（男性）は第12号教化所でも餓死しそうな人をみつけるために同じような飢餓点検が行われていたと語った。

> みんな栄養失調でした。刑務所では裸にされて尻の山の状態を点検されます。身体が弱っているかどうかを彼らが見極めるのです。もしも尻の山が離れていたり緩んでいれば、看守は拳骨を尻の山の間に突っ込んで、それが入るかどうか調べます。こうして弱っているかどうかを見るのです。「第一級衰弱」と判定された人が起立させられ、その横に立つ人は「第二級」、三番目の人は「第三級」です。この人たちのように弱いと決められてしまえば、刑務所から出る事は決してできなくなるのです【1220】。

調査委員会は、前巨里《チョンゴリ》の第12号教化所（一般刑務所）に服役中に医療補助として働いたひとりの男性から証言を得た。彼がそこで過ごした12カ月の間に全員が栄養失調に苦しみ、彼個人でも死亡した178人の囚人のケースを知っていた。夜中に患者を起こして意識がはっきりしているかどうかを調べるのが彼の仕事だった。意識のはっきりしない人たちは5分間点滴を与えられたが、その他のことは何もなされなかった。死が近い囚人たちは死に場所として家族の元に送り返された【1221】。

812. 衰弱した多数の囚人が感染症に罹って死亡している。ひどく混雑した監房の悲惨な衛生状態は感染症の理想的な温床である。疫病が教化所を定期的に破壊する。刑務所には通常、軍医がいて、未経験の囚人がアシスタントとして付いている。しかしながら、医療施設には効果的な治療をするための器材と薬品がない。家族が差し入れる薬品だけで重症の囚人の命を保っていることが多い。

813. 刑務所で死亡した遺体が家族に返されることはない。その代わり、遺体は共同墓地に投げ込まれるか、まとめて焼却されることが多く、死者に敬意が払われることはない。家族に死亡が通知されることはなく、家族が面会に来たときに囚人が死亡したことが知らされる。

チ・ヒョナ（女性）が、甑山《チュンサン》の第11号教化所（一般刑務所）で、強い下痢を伴う病気で1日に約20人の囚人が死んだときのことを話してくれた。彼らには粉に砕いた焼きトウモロコシの茎の他は何の薬もなかった。遺体は「花の丘」として知られる共同墓地で焼かれた。被害者の一人が**チ**の親しい友人だった。

彼女は段々体重が減って起き上がれなくなり、手でものを食べていました……私にできることは何もありませんでした。彼女に渡す薬もありませんでした。彼女が死んだとき、彼女は目を閉じることもできませんでした。目を開けたまま彼女は死んだのです。私は胸が張り裂けるほど泣きました

チは彼女の友達の遺体に一本の瓶を結びつけ、その中に、いつか誰かに分かるよう、友達の名前、誕生日、死亡した日にちを書いた紙を入れた【1222】。

別の第11号教化所（一般刑務所）の元囚人は、カエルとネズミを取り、草を食べて生きていたときのことを話してくれた。特に冬には沢山の囚人が飢えで死んでいった。少しばかりの薬草の他はなにもなかったので、多くの人たちが下痢などの病気で死んだ。彼女の仕事は遺体を「花の丘」共同墓地に運ぶことだった。そこにはすでに5000体の遺体が埋められていると言われていた。彼女たちは死者のための穴を掘らなければならなかったのだが、穴は小さくて狭かったので、それに合わせて遺体を折り曲げなければならなかった。死んだ人の足が地面から突き出してしまうこともあった【1223】。

キム・グァンイル（男性）によると、彼が第12号教化所（一般刑務所）にいた2年5カ月の間に数百人が死んだ。**キム**自身は100人以上の囚人の遺体処理に関わった。遺体は物置に集められた。そこで遺体は齧歯動物に食べられるか、夏の暑さで腐ることが多かった。充分な数が集まると、遺体は大きな荷車に積み込まれ、山に運ばれて焼かれた。力のある囚人たちが遺体処理の手伝いに狩り出された。**キム**は遺体は「ゴミのように焼か

れた」と語った。遺体の一部が刑務所の畑の肥料として使われることもあった【1224】。

男性の元囚人は、第12号教化所（一般刑務所）では彼が釈放された2011年でも、死者を集めて焼き、その灰を肥料として使っていたことを確認した。多くの遺体を山に運ばれされたある時、ネズミがすでに遺体の顔の肉を齧っているのを彼は見た。この証人は少なくとも800人の囚人が栄養失調、感染症、作業中の事故で死んだ、と語った【1225】。

ひとりの元囚人は、1997年と1998年に約500人の囚人が前巨里《チョンゴリ》の第12号教化所（一般刑務所）で腸チフスで死んだことを覚えていた。別の囚人は2009年から2010年にかけた冬に、この刑務所を襲った2回目の腸チフスを経験した【1226】。死者があまりに多いため、作業班の機能が完全に停止した。彼女自身も腸チフスにかかり、衰弱が酷かったので看守が死が近いと思われる囚人用の部屋に彼女を投げ入れた。窓の凍った水を舐めて熱を下げたのでどうにか命が助かった、と彼女は思っている。生きていると分かると、彼女は監房に戻された。その後になってやっと彼女に薬が渡され、生き延びた【1227】。

五老《オロ》の第22号教化所（一般刑務所）に収容されていたひとりの女性は、飢えと殴打のために多くの人達が死んだことを覚えている。遺体はトウモロコシ小屋のひとつに集められ、それから共同墓地に投げ込まれた【1228】。

元人民保安省（MPS）関係者は、江東郡の第4号教化所の訪問中、死を間近にした数多くの飢えた囚人たちが置き去りにされているのを見た【1229】。この光景にショックを受けた証人が2010年に人民保安省刑務局に問い合わせたところ、第4号教化所で年間800人以上が死んでいると知らされた。多くの囚人が平壌近くの出身であるために死亡者の数が増えていた。彼らが犯罪を犯した結果、彼らの家族が平壌から遠隔地に消されていた【1230】。つまり、家族が定期的に訪問して食糧を与えることが出来なかったのだ。

(b) 短期強制労働拘留施設

814. 比較的軽い犯罪を犯したと見られた人々は短期労働収容所に送られ、そこで彼らは通常、1カ月から1年間、収容される。たとえば、中国から本国送還された後、中国にいた期間が比較的短かく、教会や韓国市民との接触がないと国家安全保衛部（SSD）が納得した人たちが一般的にこうした施設に送られる。中国製の携帯電話を使ったか、または、外国映画を見たことで捕まった成分《ソンブン》階層の良い人たちは、こうした施設に入れられずに済むことが多い。

815. 男性と女性は国際基準に合わせて別々に収容されている。施設の囚人の中には子供のいる施設もある。しかし、子供達は一般的に軽度の労働に就かされる。

816. 大半の短期強制労働収容所は人民保安省（MPS）と地方当局に管理されている。すでに知られている極少数の短期強制労働拘留施設は保衛部と朝鮮人民軍（KPA）保衛司令部が運営する。

817. 短期労働収容所の中でももっとも一般的なのは「労働鍛錬隊」と呼ばれる施設である。労働鍛錬隊は、軽犯罪者用の施設を地方当局が設立するべき、との金正日の命令に従って、1990年代から設置され始めた【1231】。労働訓練という処罰を見越した刑法第31条が、今日、これら収容所に法的根拠を与えている。

818. 北朝鮮の人権データーベースセンターは、2012年の調査で、人民保安省（MPS）の管理する49カ所の労働鍛錬隊と朝鮮人民軍（KPA）保衛司令部が管理する2カ所を確認している【1232】。こうした施設が各郡レベルで設立されていることを考えると、実際の数はこれを上回る可能性が高い。

819. 加えて、人民保安省（MPS）は地方と大都市に「労働矯正センター」と呼ばれる施設を運営する【1233】。深刻度の低い「反社会的行為」を含む中程度の犯罪の加害者はこれらの施設で強制労働に就かされる。人民保安省と国家安全保衛部（SSD）の収容センターである「集結所」も、法的根拠はないようだが、実質的には北朝鮮の処罰場として使われている【1234】。

820. これら3つのカテゴリーの短期労働収容所内で自由を奪われている囚人すべてに共通する点は、彼らの受けている罰が、国際法が定めるような、司法裁判所が下す刑事上の有罪判決に基づいたものでないことである。その代わりに、彼らの罪と罰は、政府行政機関の一部である人民保安省（MPS）と国家安全保衛部（SSD）によって決定されている。労働矯正センターと労働鍛錬隊の囚人たちが裁判を受けていることはまれであり、受けていたとしても、それは前述したような極めて不公平な裁判によるものであった【1235】。したがって、裁判所で正式に有罪判決を受けたと考えられる囚人はほとんどいない。つまり、彼らは国際法が定義する、恣意的で違法な強制労働の被害者である。

　証人は、拷問下で尋問された後、保衛員から中国への違法渡航の罪で労働鍛錬隊での6カ月の「判決」を受けた。その職員は刑の軽減理由として、彼女が中国で過ごした時間が短く、家族を助ける意図をもって中国に行ったことを考慮した。彼女は二度と中国に行かず、保衛部の尋問中に起こったことを誰にも言わないと誓う書類に捺印（指で）しなければならなかった【1236】。

　別の女性は、違法に中国に行ったことで、なんの裁判もなしに、保衛員が彼女を咸鏡北道の労働鍛錬隊に収容した、と語った。彼女は刑期を一度も知らされることなく、4カ月間収容された。彼女が生き残れたのは、収容所の所長が彼女の父親の古い友達だったという幸運のみによるものだ、とこの証人は語っている【1237】。

恵山《ヘサン》（両江道）出身の若い女性は、韓国で制作された映画を隠れて見ていたことを、2009年に友達に告発された。4人の人民保安省関係者が朝の3時まで彼女を尋問し、「罪」を認めるまで彼女を平手でたたいた。その後、彼女は隔離拘禁され、供述調書を書くよう強要された。9日間拘留された後、警察官の集団の前に連れて行かれた。この警察官の前で行われる彼女の「裁判」とは、彼女の罪と懲役6カ月の刑の発表のことだった【1238】。

821．短期強制労働拘留施設は、囚人が家族の訪問を受ける機会が多い点において教化所（一般刑務所）とは確実に区別される。警備もあまり厳しくない。この種の刑務所から脱走を試みて即決で処刑されたケースは極僅かである【1239】。

822．しかしながら、短期労働収容所の囚人達は教化所（一般刑務所）の囚人達と同様の人権侵害を受けている。非人間的な衛生状態に置かれ、少ない食事量で飢えと向き合いながら、強制労働に就かされる。仕事がうまく出来ないか、または、看守に従わない囚人達は叩かれ、それも激しく叩かれることが多い。短期労働収容所には医療サービスがあっても、それはほとんどないに等しい。病気が重くなった囚人達は地元の病院に連れて行かれる。多くの囚人達が、飢え、病気、殴打と作業事故による怪我がもとで死亡する。死が間近になった囚人たちは、多くの場合、家族に引き渡される。収容所側が責任をとらず、遺体処理の負担を負わなくてすむからだ。労働鍛錬隊では多くの強制堕胎が目撃されており、それらが外部に伝えられている。

中国から本国送還された後、咸興（咸鏡南道）の労働鍛錬隊に拘留されたティモシーが一回の食事に受け取った量はスプーン5杯の味付けのないコメとマメの粥だけだった。「皮がやっと付いている骸骨のような」栄養失調の囚人達は、毎日朝の5時から夜の10時まで起きていなければならなかった。重労働に加え、彼らは思想指導も受けた。金日成の教えを正しく覚えられないと刑期が延長された。1カ月から2カ月の服役後、沢山の囚人が死亡した。

沢山の遺体、死体が拘留場から出てきます。（北朝鮮を）逃げようとする人たちが最初に死んで出てくるのです【1240】。

P（女性）は咸鏡北道の労働鍛錬隊に服役中、木の幹の運搬と草刈りをさせられた。囚人達は飢えていた。

どうにか生きていける程度のトウモロコシを使った食事が

渡されました。若い男性の囚人たちには（渡される食事）は不十分なものでした。それで男性の囚人達は労働中に地面のミミズやヘビを見つけていました。彼らは胃でその感触を味わうためにそれを生きたまま食べていました【1241】。

労働鍛錬隊で拘留されている間に伐採の仕事に就かされていた別の女性は、山の傾斜地を大きな丸太を背負って運ぼうとしているときに、沢山の囚人達が木の幹に潰されたことを話してくれた【1242】。

2004年、この証人は新義州《シニジュ》で国家安全保衛部（SSD）に尋問された後、労働訓練施設に監禁された。彼女は朝5時から農作業と伐採の仕事をさせられた。1日に受けとる食事は一塊のトウモロコシと5片の大根の漬物だった。彼女は怪我をして足を引きずっていたために他の人と同じように働けなかった。看守が顔を殴ったので歯が抜け、彼女は気絶した。意識が戻ったとき、ひとりで立てなかったが、すぐに畑に戻らなければならなかった。彼女が何も仕事が出来なかったので、看守達が再び彼女を殴りつけた。彼女は最終的に医者の診察を受けたが、薬は何も与えられなかった。

この証人は、畑から取った生のコメを食べて捕まったひとりの女性のことを覚えていた。その女性は独房棟に連れて行かれて殴られた。証人が彼女を助けようとしたとき、証人も殴られた。

誰もが下痢になっていた。彼女の監房のひとりの囚人は何の治療も受けなかったために死んだ。この被害者の遺体はあまりに痩せていたので、看守がそれを折り曲げて軽々と運び出した【1243】。

2000年、証人は、収容者が全員女性の咸鏡北道にある労働鍛錬隊で6カ月間の投獄生活を過ごした。28平方メートルの監房に30人から40人の囚人が詰め込まれていた。藁を敷いた床の上で彼女達は寝た。刑務所は生のトウモロコシと塩味のスープしか出さなかった。しかし家族は食糧を持って訪問してよいことになっていた。彼女は砂袋と岩の運搬の仕事に就かされた。夜になると囚人達は行進とランニングもさせられた。うまく出来ない人たちは叩かれた【1244】。

元労働鍛錬隊の囚人は、恵山《ヘサン》にある短期労働収容所で妊娠7カ月の20代の女性が腹を蹴られているところを目撃した。夜中に、この被害者は早産し、彼女の部屋の女性達が出産の手助けをした。子供は生きて生まれたが、一分後に死亡した。証人は赤ん坊の遺体を布で包み、廊下に置いた。看守たちがそれを持ち去るまで遺体はそこに一週間置いておかれた【1245】。

別の労働鍛錬隊に拘留されていたひとりの女性が同じような話をした。中国から本国送還された妊娠後期にある女性が出血するまで蹴られていた。看守は彼女を病院に連れていった。彼女が帰ってきた時、お腹はもう大きくなく、泣きはらした目が腫れていた。証人はそれを見て女性が子供を失ったことが分かった【1246】。

5・処刑

823．北朝鮮は引き続き死刑を課している。死刑は北朝鮮刑法第27条により規定されている。北朝鮮は総合的な統計は何も提出していないが、調査委員会や他の観察者が直接収集した証言により、北朝鮮で大量の人々が毎年、処刑されている、と調査委員会は見る。その大半の事例の中に、「市民的及び政治的権利に関する国際規約（ＩＣＣＰＲ）」第６条が死刑に際して義務付ける厳しい条件と制限は見て取れない。

824．２００４年の北朝鮮刑法改革は、北朝鮮で死刑の対象となる犯罪の数を減らした。しかしながら、刑法に据え置かれた死刑規定は、ＩＣＣＰＲ第６条が死刑の適用を制限する「もっとも深刻な犯罪」を遥かに超える広範な行為を対象とする。さらに、死刑規定が非常に大まかであり、定義が曖昧であるために、人権の行使の抑圧に容易に乱用され得る。北朝鮮刑法第59条は、たとえば、反国家目的のデモへの参加というとりわけ重大な事例に死刑を課すことができるとする。重大な事例では、死刑は、「帝国主義者の支配下で、人民民族解放闘争かまたは国家再統一闘争を抑圧するか、さもなくば、帝国主義者に国益を売りわたして国家を裏切る朝鮮国民」に課してもよいものとされている【1247】。

825．２００７年以降、死刑の対象となる犯罪の範囲が再び拡大された。２００７年９月、最高人民会議の常任委員会は新しい違反行為を加えた刑法の付随書類を含む法令を採択した。16の新しい違反行為が死刑の対象となった。法令にしたがって、貴金属の密輸、もしくは国家財産の意図的破壊といった「極めて重大な」経済犯罪が死刑の対象となった。もっとも気がかりなことに、２００７年法令には「多目的」項目があり、加害者が多数のとくに重大な犯罪を犯し、法廷がその加害者は更正不可能とみなされれば、死刑判決を許可するとされている。

826．２００９年、人民保安省は北朝鮮政府を代表して声明を発表し、外国通貨によるさまざまな形態の違法取引を禁止した。声明では死刑などの厳しい刑事制裁を想定している。同年、死刑は刑法第64条の下で「反国家の目的での不実な破壊」罪にもその適用が拡大された。

(a) 中心地での公開処刑

827．処刑は市の中心地で公開で行われることが多いため、ほとんどすべての北朝鮮市民が処刑の証人となった。多くの場合、処刑の行われる地域に住む、子供を含む全住民がその見物に参加させられる。選ばれた観衆を前に、スタジアムもしくは大ホールで処刑が行われることもある。

828. 北朝鮮は通常、執行した処刑に関する統計データを出さない。国連人権委員会の質問への回答の中で、北朝鮮は、2001年10月、1998年と2001年の間に執行された処刑は12件だけであり、最後の公開処刑は1992年10月に遡ると述べた【1248】。

829. 統一研究院は、北朝鮮を脱走した人たちからの証言を集め、2005年から2012年の間に行われたと見られる510件の処刑を立証した【1249】。中国国境から遠い地方から離れる人が比較的少ないことを考慮すると、実際の数はおそらくこれより多い。

830. 処刑は北朝鮮では通常、銃殺隊が死刑囚に数回発砲して執行される。被害者が絞首刑に処される例外的な事例もある。過去数年間、当局は被害者を機関銃で殺害することが多くなった。おそらく処刑の最大限の威嚇効果を狙ったものと思われる。とくに被害者の幼い子供達や親戚にとって、こうした殺人を目撃することは非常に恐ろしい経験であるために、目撃している人たち自身も、ICCPR第7条に違反する非人道的で残酷な取扱いの被害者と考えられるべきである。

チェ・ヨンファ［*Choi Young-hwa*］（男性）と**キム・ジュイル**（男性）は10歳の時、初めて処刑を見た。どちらの場合も彼らの教師が授業を中断し、子供達を処刑見物に連れ出した。

チェ・ヨンファ（男性）は16歳の時、別の処刑を見た。工場が成果を上げられなかった後、工場長がスパイ容疑で処刑された。彼は恐ろしさのあまり誰でもこうした処刑の被害者になるのだ、と感じたことを覚えていた【1250】。

9歳の時、**キム・ヒョク**（男性）は、清津《チョンジン》近くの第25号政治犯収容所周辺で行われた公開処刑を初めて目撃した。彼は、その後、落ちている弾丸を見つけて他の子供達といっしょに遊んだことを覚えていた【1251】。

リ・ジャクム（男性）は北朝鮮にいる30年の間に少なくとも10件の公開処刑を目撃した。彼の作業班全員が処刑場に行くようにと言われた。処刑場には総勢約1000人の人たちが集まっていた。彼は、朝鮮労働党の指導者を批判して処刑されたある男性の事例を覚えていた。**リ**は処刑を人々に見せる目的を次のように語った。

> 彼らは私達をまるで社会見学に連れて行くように公開処刑に連れて行きました。そうして、党に従わなかったり、金日成の思想に従わないなどとは誰も決して考えないようにさせるのです【1252】。

831. 社会秩序と国家支配の崩壊を止める目的で発せられた金正日の命令に基づいて、1990年代、北朝鮮では公開処刑が特によく行われた。被害者の多くは、国営工場の物品横領か、生きるのための食糧の盗みといった経済犯罪で処刑された。多くの場合、被告は裁判なしに処刑された。警告として、被害者の遺体が処刑場にしばらく放置されることがよくあった。飢饉の時は北朝鮮に恣意的処罰が多い時期だった。

飢饉の間、**チョン・ジンファ**（女性）は故郷の咸興（咸鏡南道）で何回か公開処刑を見た。

> 国家のものだと思われている資産を盗んだ人たちと他人の所有物を盗んだ人たちが公開で処刑されました。このため、私たちの生活を支配しているのは私たちだとは感じられなくなりました。私たちには自分達の人生を終わらせる権利さえなかったのです【1253】。

咸興地方出身の別の証人は、工場や公共設備から電線を盗むなど生き延びるための小さな犯罪に対しても処刑が執行されたことを覚えていた【1254】。

ひとりの男性は公開処刑のやり方が１９９０年代末に残虐になったと話した。１９８０年代、彼が19歳の時、咸鏡南道の北《プク》倉《チャン》で初めて公開処刑を見たとき、被害者は布で覆われた木の枠に立たされていた。こうすると彼らに見えるのは崩れ落ちる遺体のシルエットだけだった。飢饉の間ではやり方が違っていた。誰もが血にまみれた被害者の遺体を見るよう、被害者達は柱に縛り付けられたまま、射殺された【1255】。

ひとりの女性は咸鏡北道の故郷の村で公開処刑を5回見た、と証言した。その中には一匹の牛を自分達家族の食用にしようとこっそりと殺した農民数人の処刑もあった。殺害以前に裁判はなかった。ひとりの政府関係者が犯罪を発表し、被害者が頭を撃たれる、それだけだった【1256】。

この証人によると、両江道、恵山《ヘサン》では毎週、「反社会的」行為のために20人が処刑されたと言う。人々が処刑場に集まるよう、軍の戦車が道を塞ぐことも何度があった。最初の一発で被害者を殺害した後、銃殺隊は、被害者の首、胴、足を木の柱に縛り付けている紐を撃ち抜いた。結果としてばらばらになった遺体の部分がいたるところに飛び散った【1257】。

１９９９年7月のある時、朝鮮人民軍保衛司令部が恵山市で、反国家的行為をしたとされる12人を処刑した。その中には市の管理部の部長もいた。恵山市の全住民が集められ、公開処刑を目の前で見せられた【1258】。

832. ２０００年から社会状況がいくらか改善し、国家が弾圧のレベルを緩和できるようになった後に公開処刑の報告は少なくなった。しかしながら、公開処刑そのものはなくならなかった。２００９年12月の国連普遍的・定期的レビュー（ＵＰＲ）の期間中、北朝鮮自身が、残忍な犯罪に関わる例外的なケースでは公開処刑は依然として行われている、と認めた【1259】。調査

832.
832.

委員会が受け取った情報では、それ以降も公開処刑が行われたことを示していた。多くの場合、被害者たちは、殺人、麻薬取引、国有財産の窃盗、そして「人身取引」（この時期、北朝鮮から自由意志で逃げる人を助ける人々が不当にかけられた容疑）で公開処刑されていた。外国映画などの政治的に問題のある物品の密輸業者も被害者の中に入っていた。本報告書が完了した直後、調査委員会は、政治目的のようにみえる一連の処刑があったとの申し立てを受けとった。これらの出来事は金正恩の首領就任と彼の権力強化と関連しているようだ。このことは、これらの出来事における彼の役割に疑問を投げかけている。

２０１３年12月、当局は首領金正恩の義理の叔父である張成沢を処刑した。死の直前まで、張成沢は朝鮮労働党中央委員会の行政部長だった。処刑は一般市民の前では行われなかったが、この情報は北朝鮮国営メディアによって国内外に広く伝えられた。加えて、国民の大部分は全員参加の通告行事に出席し、政府の説明による処刑とその理由を聞かされたと伝えられている。

北朝鮮自身の説明によると、国家安全保衛部の特別軍事法廷は、張に「被告、張が自らを敵と思想的に提携することにより、北朝鮮の人民勢力を打倒する目的をもって国家転覆を試みた」罪で有罪判決を与えた【1260】。伝えられるところによると、判決は「彼を不道徳な政治出世第一主義者、詐欺師、あらゆる年代への裏切り者であると強烈に非難した」【1261】。

死刑判決は張逮捕のたった3日後に言い渡された。朝鮮労働党政治局の会議場で彼が逮捕される映像は北朝鮮のテレビで放送された。この事件に見られる手続きの公平性は、首領金正恩が議長を務める政治局拡大会議の報告書で問いただされている。その報告書は判決の3日前に発表された。報告書ではすでに、張は「想像力を惑わす犯罪行為を犯し」、そして「我が党と革命に甚大な損害」を与えた、との結論に達していた【1262】。

「市民的及び政治的権利に関する国際規約（ＩＣＣＰＲ）」第6条における赦免を求める権利、または判決の減刑をもとめる権利に違反し、また、ＩＣＣＰＲ第14条(5)の規定する法律における上位の裁判所に有罪判決と刑罰を再審理させる権利に違反して、死刑は特別軍事法廷が判決を言い渡した直後に執行された【1263】。調査委員会は、北朝鮮自身の説明による張成沢《チャンソンテク》の裁判と処刑の状況は、国際人権諸法に違反する多くの要素を含んでいると、見る。国内の最高位の政府関係者のひとりに対してこうした違反がなされるとするなら、一般市民に与えられる法と正義の水準を評価することは難しい。

調査委員会は、朝鮮労働党と人民保安省内の張成沢側近が処刑されたとの報告も受け取った【1264】。公開処刑の被害者の中には、かつて張成沢が率いていた朝鮮労働党行政部の最高位の高官たちもいた。２０１３年11月、行政部第一副部長李龍河《リ・ヨンハ》［*Ri Riong-ha*］と行政部副部長張秀吉《チャンスギル》［*Jang Su-gil*］が国家安全保衛部の特別軍事法廷の判決により処刑されたと伝えられている。これらの報告は、朝鮮労働党中央委員会政治局拡大会議の声明――党は「張を除去し、彼のグループを排斥し、党内の派閥主義的活動に一撃を与えることで、留まって党の活動を傍観できないようにした」――と一致する【1265】。張成沢に死を宣告した判決は、特に、張に「信頼される引き立て役」として李龍河の名前を挙げている【1266】。2014年新年の首領金正恩の声明は同様の動向を指し示しており、金正恩はその中で、党が「党内に潜在する派閥主義者の除去に決定的な手段を取った」と述べた。

調査委員会は、2013年8月、10月、11月に北朝鮮の様々な場所で行われた一連の公開処刑についての報告を受け取った。それによれば、被害者の多くは外国映画とポルノ素材の配給への関与で処刑されている。報告された処刑のほとんどは、金正恩の妻、李雪主《リソルジュ》［*Ri Sol-ju*］のポルノスキャンダルに関連する未確認情報が国際メディアに広く報じられた後に執行された。これらの未確認情報に対し、北朝鮮当局は、噂に惑わされるな、と国民に厳しい警告を発し、ポルノ素材と外国映画などの「反社会主義的素材」の弾圧を強化したと伝えられている。

2010年初頭、2009年の破滅的な通貨改革に関わった多くの政府関係者が処刑された【1267】。この処刑が行われた時、金正恩はすでに病気療養中の父、金正日からの国務継承を徐々に開始していた。統一研究院の証言などを含む、調査委員会が受け取った証言によると、その中には、通貨改革が実行されたとき、朝鮮労働党中央委員会計画財政部長であった、朴南基も入っていた【1268】。彼の処刑の報告があってから、朴は姿を見せておらず、金正恩が議長を務める朝鮮労働党政治局の拡大委員会により「すべての世代に対する裏切り者」と公に呼ばれている【1269】。このことが受け取った報告の正確さと信用度を高めている。

833. 非公開の聞き取りの中で、証人達が最近行われた他の公開処刑について調査委員会に証言した【1270】。

2013年3月、清津市（咸鏡北道）の松坪《ソンピョン》区域の住人たちがひとりの男性とひとりの女性の処刑を見ろとの命令を受けた。大人も子供も例外なく参加しなければならなかった。被害者は大量のメタンフェタミンを製造し販売したと、ひとりの政府関係者が群集に発表した後、被害者は殴打され、柱にくくりつけられた。それから6人の将校からなる銃殺隊が機関銃で2人を射殺した。この同じ場所で、2007年（人身取引の罪）、2008年（国営工場からの盗みの罪）、2009年（殺人罪）に公開処刑が行われていた。

2012年春、平安南道の北倉で愛人を殺したとしてひとりの女性が公開処刑された。

２０１１年11月、咸鏡北道の恩徳郡で麻薬を製造し販売したとして、４人の人たちが公開で処刑された。

２０１１年６月、咸鏡南道の金野《クミャ》郡で人々は殺人罪を宣告されたひとりの女性の公開処刑を強制的に見せられた。

２０１０年、韓国で制作された映画とテレビドラマを販売したひとりの女性が咸鏡南道、咸興で公開処刑された。

２００９年10月、ひとりの男性が韓国当局と接触したとして咸鏡北道、会寧で公開処刑された。

(b) 拘留場での処刑

834. 調査委員会はまた、数多くの処刑が北朝鮮内の拘留施設の中で執行されている、と見る。司法判決に基づいて処刑が行われる場合もあれば、なんらの裁判もしくは司法命令もなく、明らかに規律と施設の規則を守るために、即決の処刑が行われている場合がある。通常、拘留施設にいる全員がこうした処刑の場に参加し、見ることを強要される。これは囚人に恐怖を浸み込ませて服従させることを目的に行われているようである。

政治犯収容所元看守の**アン・ミョンチョル**（男性）は、脱走の試みがあった時、収容所の設備が壊された時、または、事態が管理不能になった時には、収容所当局は処刑を行った、と証言した。「私たちは、残る囚人の見せしめに囚人を殺害するか処刑した。処刑の決定は、常に、裁判所を通さずに収容所内にある国家安全保衛部の尋問局が行った。収容所内の全員が処刑を見なければならなかった。各収容所の処刑の回数は一定したものではなかった。20人もの人たちが公開処刑される年もあった【1271】。

キム・ヘスク（女性）は、第18号政治犯収容所で多数の処刑を目撃した。囚人たちは、看守の命令に従わなかったり、脱走しようとしたり、看守の居住区に入って残り物の食糧をあさったことで処刑された【1272】。

ひとりの元囚人によると、２００７年、耀徳第15号収容所でふたりの男性が処刑された。この男達は空腹のため山で食糧を探そうとしたために居住区を離れた。収容所当局による大規模な捜索が行われた後、彼らは発見され、他の囚人達の前で即決で処刑された【1273】。

キム・ヒョク（男性）は、前巨里《チョンゴリ》（咸鏡北道）の第12号教化所で過ごした僅か3カ月のうちに4回の公開処刑を目撃した。ひとりは刑務所の倉庫から食糧を盗もうとして即決に処刑され、もうひとりは脱走しようとしていた。他のふたりは、幾つかの深刻な罪を犯していたために、裁判所で処刑判決を受けていた【1274】。

835. 政治犯収容所と一般刑務所の囚人たちは秘密裏に行われる処刑に対して特に弱い立場にいる。彼らは彼らの基本的な権利はなくなったものと見なされており、政治犯収容所の場合は、外部の世界と何の接触もない。囚人の殺害は、収容所の囚人の遺体が家族に返されないために隠しやすい。調査委員会は、収容所と尋問拘留施設で秘密裏に即決で処刑が行われている事例についての信頼できる情報を直に受け取った。

1998年以後、前巨里《チョンゴリ》の第12号教化所（一般刑務所）の多数の囚人が秘密裏に処刑された。被害者達はほとんどが成分《ソンブン》の悪い階層の人たちと（または）政治的に慎重を要する犯罪で投獄されていた人たちだった。被害者の中には刑務所の状況に不満を言ったり、命令に従わなかった人がいた可能性もある。目撃証言によると、被害者達は夜、監房から連れ出され、一人ひとり順番にある部屋に連れて行かれたと言う。そこで政治犯収容所関係者と平壌から来ているひとりの人民保安省（MPS）関係者が被害者に偽りの罪状を言い渡した。その直後、刑務所看守が被害者の首を金属の紐で締めて殺害した。囚人の中から選ばれた作業班長が遺体の運搬を担当させられ、遺体を刑務所の中心部から数キロ離れたところにある火炉に運んで行った。こうした殺人は定期的な間隔を置いて行われ、その度に数人の囚人が殺された【1275】。

1997年、政治的に慎重を要する犯罪の加害者を対象にした秘密裏の処刑が、平安北道《ピョンアンプクト》、大興《テフン》にある教化所（一般刑務所）で行われ、その後この収容所は、同じ年に閉鎖されたようである。夜中か早朝に毎週、3人から5人が刑務所中心部から1・5キロくらい離れた場所で射殺された【1276】。

この極秘処刑は2件とも、治安機構に「心の病んだ」分子をすべて撲滅せよと命令したとされる1997年に金正日の発した布告に関連しているようだ【1277】。

1993年2月と1998年の間に、ソ連のフルンゼ陸軍士官学校で学習した約250人の陸軍将校が処刑されたと伝えられている。彼らのうちの何人かがクーデタを図ったことは明らかだ。この粛清の指導にあたったのは朝鮮人民軍軍事治安司令部である。被害者たちは、治安関係者たちが彼らの有罪を決定した後、裁判なしに処刑された。被害者の家族には政治犯収容所に送られた人たちもいた。集団処罰を免れた家族もいたが、それは彼らが明らかに国家の最も影響力のある家族を代表していたからであった【1278】。

元看守達が、第13号政治犯収容所の囚人達が秘密裏に処刑されたことを示す情報を提供した。第13号収容所のひとりの元看守は、彼が政治犯たちを山の中にある秘密の処刑場に移送しなければならなかった時のことを話してくれた。被害者は、治安関係者が彼らの頭をハンマーの一撃で殴って殺す前に、自分達の墓穴を掘らなければならなかった【1279】。**アン・ミョンチョル**は、収容所近くの山が秘密の処刑用に使われていたと話し、この地域からの銃声が夜、時々聞こえてきたと語った。彼は、この地帯で建設作業が行われた時に見つかった死骸を見たとも語った【1280】。

6・医学的実験

836. 調査委員会は、国家当局が化学兵器と生物兵器の影響をテストするために行っている医学実験で政治犯たちが意図的に殺害されているという申し立てに注目し、これに対する調査を行ってきた【1281】。障害のある人たちのための隔離病棟で行われている医学実験に関しても同様な申し立てを受け取った。

837. 調査委員会は、こうした深刻な申し立ての正確さを検証するには特別の配慮を必要とすると考える。本報告書の作成終了時に手に入る情報に基づき、調査委員会はこうした医学実験が行われているかどうかを確認する立場にはない。調査委員会の適用する厳格な証拠水準に合わせるにはさらなる証拠を必要とする。然るに、調査委員会は、この申し立てを将来的に調査し、検討するものとして記録する。

7・調査委員会の調査結果

838. 調査委員会は、北朝鮮の警察と治安部隊は、現政権とそれを支える思想へのあらゆる挑戦をあらかじめ阻止するために恐怖の風潮を作り出し、過度の人権侵害にあたる組織的な暴力と処罰を使っている、と見る。究極的には、北朝鮮の現在の国家構造という殿堂は恐怖に支えられている。関連機構にも関係者にも責任追及《アカウンタビリティ》はない。すべて刑事免責される。

839. 拘留、処刑、失踪に関連する北朝鮮国内の人権侵害には、広大な治安機構のさまざまな部門間で行われる中央集権的調整がその特徴として存在する。国家安全保衛部、人民保安省、朝鮮人民軍治安司令部は、政治犯罪容疑者を定期的かつ恣意的に逮捕する。これは、国際法による法的義務、および北朝鮮自身の法律の義務にさえ応えるものではない。結果的に、そうして逮捕された人々は大抵、長期間、隔離監禁される。彼らの家族が彼らの安否と居場所を知らされることはない。従って、政治犯罪容疑者は強制失踪の被害者である。被疑者を失踪させるのは、絶対的な服従を示さない者を当局が決め、当局だけが知る理由によっていつでも消せる、という恐怖を国民に浸透させるためで、このシステムの意図を表したものである。

840. 拷問の使用は、北朝鮮の尋問手続き、特に政治犯罪事件の尋問手続きの特長として定着している。飢えなどの非人道的拘留環境は、被疑者が自白し、他の人たちも有罪とさせるための圧力として意図的に課されている。

841. 重大な政治犯罪に関わったと見られた人々は、裁判も司法判断もなく、政治犯収容所（管理所）に姿を消す。そこで彼らは監禁され、隔離拘禁される。彼らの家族は、彼らが死亡してもそれを知らされることはない。過去においては、当局が近親者の犯した政治犯罪により家族全員（3世代の祖先までを含む）を政治犯収容所に送るのが一般的であった。こうした事例はいまだにあるが、ここ数十年では少なくなっているようだ。

842．北朝鮮の政治犯収容所（管理所）の収容者に対してなされる言語に絶する残虐行為は、20世紀の全体主義国家が設立した収容所の恐怖にも似ている。北朝鮮の政治犯収容所の中では、恣意的飢餓、強制労働、処刑、拷問、さらに強姦、処罰、強制堕胎、嬰児殺など生殖の権利の否定といった性的暴力を通して、収容者数が徐々に消し去られている。調査委員会は、この50年以上の間にこれらの政治犯収容所内で数十万人の政治犯が死亡したと推測する。

843．北朝鮮当局は、政治犯収容所が存在したこと、していることは全くないと主張し、それらが位置するとされる地域への外部者の接近を拒否している。しかし、この主張は、元看守、元囚人そして元近隣者たちの証言によって偽りであると指摘されている。衛星画像は収容所システムが稼働中であることを証明している。政治犯収容所と囚人の数は死亡と釈放により減少しているが、その一方で、推定8万人から12万人の政治犯が現在、4つの大きな政治犯収容所と、以前に存在した第5の政治犯収容所の残存施設に拘留されている。

844．過度の人権侵害は、教化所（一般刑務所）と様々な短期強制労働拘留施設からなる一般の刑務所システムの中でも起こっている。囚人の大半は、彼らが裁判なしで投獄されるか、または、国際法で設定する適切な手続きと公正な裁判の保証人を全く尊重しない裁判に基づいて投獄されているが故に、恣意的拘留の被害者である。

さらに、多くの一般刑法受刑者は、実際には、国際法に準拠した充分な理由なしに拘留されている政治犯である。教化所（一般刑務所）の囚人達は組織ぐるみで意図的に飢えさせられ、強制労働に就かされている。拷問や強姦などの看守や仲間の囚人の手による恣意的な残虐行為が蔓延し、その行為は刑事免責されている。

845．国家政策として、当局は処刑を、政治犯罪やその他の犯罪（最も重い罪でないことが多い）の罰として――裁判を通してか、または裁判なしで――執行する。公開処刑の定期的な執行は一般国民に恐怖心を植え付ける効果をもつ。公開処刑は2000年以降、少なくなったが、今日でも引き続き執行されている。本報告書が完了する直前、政治的な動機による公開処刑の数が明らかに急騰した。

F・拉致など他国から強制失踪させられた人たち

846．強制失踪とは、政府の諸機関に属する職員やその政府のエージェントとして活動する民間組織、あるいは政府からの援助を受けるか黙認された民間人によって行われる逮捕、拘禁、拉致その他の自由を奪うあらゆる行為をいう。また失踪させられた人の安否や所在を隠蔽し、自由を奪われたことを認めない、もしくはその人たちを法の保護の外に置くことでもある【1282】。

847．「強制失踪からのすべての者の保護に関する宣言」第1条は次のように言明する。

1　強制失踪のいかなる行為も人間の尊厳を犯すものである。それは国連憲章の目的の否定として、また、世界人権宣言に謳われ、この領域における国際的法律文書で再確認され発展してきた人権と基本的な自由への重大にして甚だしい違反として、非難されるものである。

2　強制失踪のあらゆる行為は、失踪者を法の保護の外に置き、彼らと彼らの家族に深刻な苦しみを与える。それは、とりわけ法の前にひとりの人間として認められる権利、その人間の自由と安全の権利、拷問など、残酷で、非人間的、もしくは品位をおとす扱いや処罰を受けない権利を保証する国際法の規則に違反するものである。それはまた、生きる権利の侵害であり、生きる権利への甚大な脅威である。

1・拉致など強制的で不随意的な失踪の時期と種類

(a) 1950～1953年 朝鮮戦争中の韓国市民の拉致

848．朝鮮戦争中、北朝鮮軍は朝鮮南部から数千人の人々を北部に連行した。1950年6月25日から1953年7月27日の休戦協定調印までの朝鮮戦争の間、38度線の南側に住む民間人の北部への誘拐と移転は、市民の拉致である。これらの被害者は朝鮮戦争拉致被害者と呼ばれることが多い。

849．朝鮮戦争中、捉えられ、北部へ強制移動させられた韓国市民の数は正確には知られていない。しかしながら、8万人から10万人に及ぶと推測される【1283】。戦争中に拉致された韓国市民の所在と現況を特定する市民社会組織、6・25戦争拉北人士家族協議会（KWAFU）は、数年にわたる集中的な調査の後、その調査機関、韓国戦争拉北事件資料院（KWARI）の行った調査を基に、9万6013人の朝鮮戦争拉致被害者の記録を収集した【1284】。これらの記録は、韓国政府と拉致直後の被害者家族団体とが集めた拉致被害者の詳細なリストに基づいて作られた。他の情報源と被害者家族などの目撃証言もこのリストを補完した。

850. 拉致は広範囲にわたって組織的に行われ、国策に沿って計画的に実施されたことを示している。KWAFUが提示する9万6013人のリストは、拉致が、北朝鮮の社会主義国家基盤の建設と維持に役立つ農地開墾や建設などの技術作業に経験のある若い男性を集める計画的作戦であったことを示している【1285】。調査委員会に提供された情報は、個々の拉致被害者について下記の数値を明らかにする【1286】。

851. 拉致は朝鮮労働党の兵士によって実行された。兵士達は、ほとんどの場合、尋問のために拘留するとの条件で市民を彼らの家や職場から連れ出したが、帰宅させなかった。

ソウル公聴会で、**キム・ナムジュ**［*Kim Nam-joo*］（男性）は、調査委員会に、ソウル特別市中心部、忠武路《チュンムロ》の電気技師だった彼の父親が拉致された時のことを語った。市民を装ったふたりの男が**キム**の父親の電気店に入って来て、父親がいないかと尋ねた。**キム**の父親が出てくると、3人の朝鮮人民軍将校は父親を連れ去り、再び帰ってくることはなかった。しばらくして北朝鮮政府関係者が**キム**の家に**キム**の兄を探しにやって来たが、捕まえることはできなかった。**キム**は調査委員会に次のように語った。

　こうして、一度は幸せだった私たち家族は崩壊してしまいました。……過去に経験した苦しみは60年経っても未だに

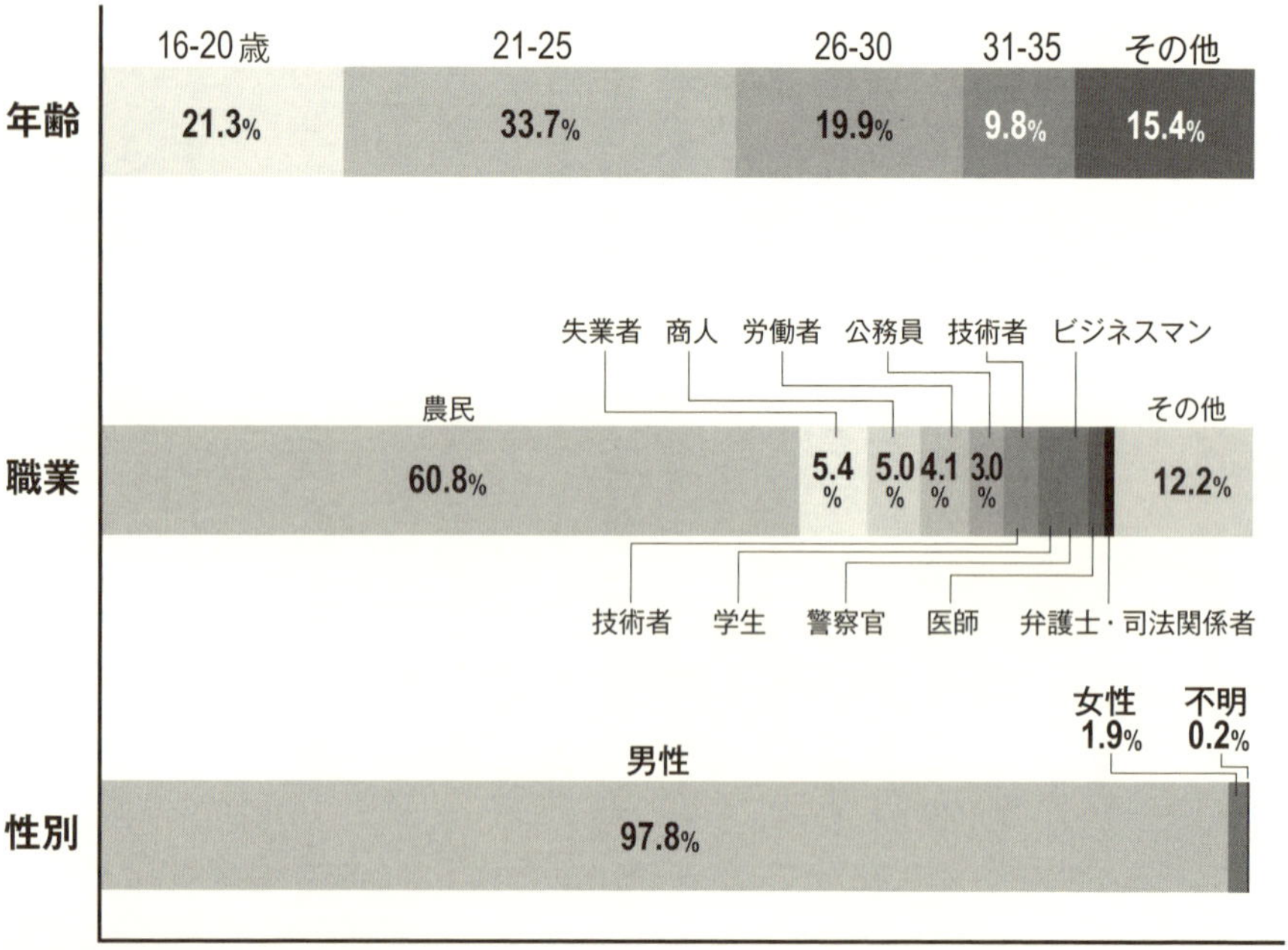

朝鮮戦争の拉致被害者

消えません。私たちは今でもあの苦しみの中で生きています。私は今も思い出して泣いています【１２８７】。

852. 実践的なスキルと専門性が狙われた多くの若い男性に加えて、医療、法律、管理の訓練を受けた熟練専門家たちを狙った拉致もあった。韓国の治安機関と情報機関に勤める人たちも狙われた。６・25戦争拉北人士家族協議会（ＫＷＡＦＵ）によると、２９１９人の公務員、１６１３人の警察官、１９０人の司法関係者と弁護士、４２４人の医師が拉致被害者に含まれていた。

拉致された警察官の息子である**チェ・ガンソク**［*Choi Gwang-seok*］（男性）は調査委員会に、彼の父親は標的とされることを恐れて、自分が警察関係者であることが分かる制服などすべてを隠していた、と語った。しかし、その努力にも関わらず、彼の父親は捕えられ、二度と家族と会うことはなかった【１２８８】。

私の父は、ご存知のとおり、治安部の所属でした。警察のようなものです。父は私に父の制服と関係書類を地下室に隠せと言いました。……私は地下室にいて、書類と制服を隠していました。その時、父と父を探しに来た共産党員との話し声が聞こえました。彼らは私の父に一緒に来いと言っていました。彼らは父を連れ去りました。私が最後に父を見たのは、父が、私の祖母である彼の母に別れの挨拶をしている時でした。私が父の声を聞いたのはそれが最後でした【１２８９】。

北朝鮮国外に生存するおそらく最後の拉致被害者である**パク・ミュンチャ**［*Park Myung-ja*］（女性）は、朝鮮戦争時、彼女が働いていた病院の半数のスタッフと北部に連れて行かれた時の経験を話してくれた。**パク**は、ソウル国立大学病院の北朝鮮軍による占拠のことと、咸鏡南道の咸興市に病院を設立する目的で病院のスタッフの半数が拉致されたことについて、調査委員会に語った。

私たちは山岳地帯を抜けて行きました。私たち――医師、看護婦、事務員たちは、皆、とても疲れていました。足はクタクタでした。疲れた者は出てくるようにと彼らは言いました。手を上げて出て行った人たちは殺されました。とても恐ろしかったので彼らに従うほかありませんでした。私たちの足は弱っていました。私たちが歩行を止めないよう、彼らは私たちを殴り続けました【１２９０】。

853. ６・25戦争拉北人士家族協議会（ＫＷＡＦＵ）が調査委員会に提出した病院の資料は、拉致が自然発生的に起きたのではなく、北朝鮮の中央レベルが特定した労働と技術を獲得する目的で実行されたことを示している。北朝鮮の文書には特定のスキルと専門性を持った人々を求める内容が書かれている【１２９１】。たとえば、北朝鮮が韓国に侵入する直前の１９５０年６月６日に、民族保護省が朝鮮労働党に出した緊急要請では、技師、薬剤師、医師のような人材を必要としていた【1292】。韓国政府からの追加資料と、以降、開示された外国政府の戦時期の電報では、これらの外国政府に戦争中の市民の拉致が知られていたことが詳しく述べられている【1293】。たとえば、機密指定を解除されたロシアの書類は、北朝鮮駐在のロシア大使が、ソウル市民を北部の農場に移送する決定を述べた１９５０年７月17日付けの北朝鮮の書類を翻訳し、１９５０年８月１７日付けでそれをロシアに送った事実を明らかにしている【1294】。

854． 戦時下の拉致の主要な目的は、労働力と専門家を動員しながら、同時に南部の能力を枯渇させることであった、と信じられている。戦争による北部の人口喪失と、独立初期の北朝鮮政府の迫害による国民の大量脱出のため、北部では労働力と専門家の必要性が増していた【1295】。日本から独立し、38度線以北に北朝鮮を建国した後、新設社会主義国家は、私有財産を占有し、土地所有者、知識人、宗教的な人々など新国家に脅威となりうる人々に対して厳しい行動に出た。結果として、そうした大量の人々が南部に逃れ、突然の労働力不足が起こったのである。拉致は、南部に混乱と混沌をもたらし、熟練専門家と若者の不足により戦後の復興を困難にし、拉致を自発的脱走として描くことで社会主義的な夢を広めることにも役立った。１９４９年８月５日（朝鮮戦争以前）に発表された報告書は、「（南の）反共産主義集団を、北部に連行することによって、分断し破壊する」【1296】との北朝鮮の国家政策を示している。

855． 休戦協定は、両サイドの司令部に対し、１９５０年６月24日以後に境界線を越えた市民が望む場合には、彼らの故郷への帰還を許可し、それを援助するよう指示した【1297】。国際法も、武装対立中に拘禁された市民の本国送還を諸国家に義務付けている【1298】。これらの義務が課されているにも関わらず、１９５０年６月24日以前に境界線の南側で生まれ、朝鮮戦争終了時に北部に居住していた市民の中で、南部に帰還することに対して援助をうけた人は誰もいない。朝鮮戦争以降、北朝鮮は一貫して、戦争時の拉致を否定し、多くの人々が自発的に北部にやってきたと主張している【1299】。たとえば、２０１３年６月30日に、金正恩は、北朝鮮の公式新聞である労働新聞を通じて次のようなメッセージを送った。

> 現在の傀儡指導部（韓国政府）傘下における（朝鮮戦争拉致被害者）騒ぎは前任者の挑戦をはるかに越えている。……脱走者に関して言えば、彼らは強制されて脱走したのではなく、彼らの政治的信念と再統一への望みと民族的意識によって、愛国的にして英雄的な行動にでたのである【1300】。

856． １９５６年、北朝鮮は、国際赤十字委員会を通じて、「避難民」と呼ばれていた朝鮮戦争拉致被害者の安否を報告するよう求められた。当時提示された７０００名の名前のうち３３７

人の情報だけが渡された【1301】。それ以上の拉致被害者の情報開示の要求に対し、「拉致」と「拉致被害者」との呼び方を排除するようにとの要求が返ってきた。2012年、6・25戦争拉北人士家族協議会（KWAFU）は、国際赤十字委員会に安否が不明な朝鮮戦争拉致被害者9万6013人の名前のリストを渡して、詳細にわたる拉致被害者の安否を明らかにするための協力を要請した。現在まで、北朝鮮からの返答はまったくない。拉致発生からの時間の経過を考えると、朝鮮戦争拉致被害者の多くが生存しているとは考えがたい。このリストは国連強制失踪作業部会（WGEID）にも渡された。しかし、北朝鮮からの協力が得られないために、作業部会は何も確認できていない。

857. 朝鮮戦争拉致被害者は北朝鮮に到着した後、著しく差別され、良い扱いを受けなかった。特別技能と専門職のために選ばれた人たちでさえ、役に立つ人としてではなく敵対者と見られるようになった。国家イデオロギーを心の底から受け入れていない人たちは特に厳しい処罰を受け、厳重に監視された。ほとんどの人たちが辺境の鉱山地域に追放され、多くの人たちが労働収容所と政治犯収容所に消えた【1302】。およそ6万6000人の市民が南部から北部に強制移動させられた後の1950年9月5日、江原道にある北朝鮮内務事務所は、地域と市の内務局に対し、「解放されたソウル市民」と婉曲的に呼ぶ人たちの扱い方について覚書を発表した。この覚書は、彼らの調査、尋問、監視を指示している。覚書では、元ソウル市民の働く各工場と各鉱山に、「補充された労働者たち」のリストを彼らの権限において作成して定期的に質問し、「望むべからざる振る舞いをしないよう、彼らのあらゆる動きを見張り、逃亡した場合は、現行犯逮捕するよう努力すること」と指示している【1303】。

調査委員会は、身体的技能があるとして拉致されたボクサーを叔父に持つある証人から話を聞いた。彼の叔父は拉致後、スパイとしての訓練を受けた。韓国に残った家族への監視が厳しくなったので、ボクサーの姉と2人の弟は北に亡命した。ボクサーは弟の一人と一緒に暮らし、別の弟と妹は北でそれぞれ自分の家庭を持った。ボクサーのスパイ部の上司が北朝鮮を離れて韓国に行くまでは、家族は平壌で比較的よい暮らしをしていた。この後、ボクサーはそのスパイ部の全員とともに処刑された。ボクサーと一緒に暮らしていた弟も処刑された。ボクサーとは別に自分の家族といっしょに暮らしていたもうひとりの弟は、連座制で彼の家族が処罰されないよう自殺を図った。その後、この弟と彼の家族全員は殺されたと信じられている。ボクサーの妹と妹の娘（証人）は辺境の鉱山地域に送られた【1304】。

拉致された韓国市民の娘が、1977年と1978年に韓国市民が山岳地域に追放されたときのことを調査委員会に話してくれた。彼女の家族は、彼女の父親が大学の先生だったので都市部に住んでいた。しかし、1977年、彼女達は、韓国出身の他の家族と一緒に山岳地方に追放された。彼女は、「追放された後、私たちは人間以下に扱われました」と語った【1305】。

858. 朝鮮戦争拉致被害者は北朝鮮を離れて韓国に戻る自由が否定されているばかりでなく、南にいる彼らの家族もしくは韓国当局と話す権利も否定された。ほとんどの人が結婚（韓国で結婚していた場合は再婚）し、彼らは成分《ソンブン》の最下層に分類されたために、彼らと彼らの子孫は代々、教育と就職の機会を失なった。数人の証人が、調査委員会に彼らが「敵対」階層の成分《ソンブン》に分類されたことを話してくれた【1306】。

859. ある朝鮮戦争拉致被害者の娘は、父親が南で生まれたことを彼女の夫が知り、この夫に離婚を強要されたと語った。

860. 韓国の一般市民の拉致は計画的に実行されたようである。北朝鮮と外国の文書に、労働力の必要性と、韓国人の——特に農作業用に——北への移住計画と、彼らの処置の仕方が記述されている。調査委員会に提出された目撃証言は、大規模な強制移住と特定職業の目標設定があったことを示唆している。これらの拉致が朝鮮人民軍（KPA）によって実行されたという事実は、戦時下での市民の拉致が首領金日成の指示で実行されたとの結論を強固にするものである。調査委員会は、KPAは、戦争状況を利用して韓国の一般市民を北部に強制的に連行し、金日成の指示に従い、休戦時にこれらの市民に韓国へ戻る機会を与えなかった、と見る。

(b) 1953年：朝鮮戦争の戦争捕虜の本国送還の否定

861. 朝鮮戦争終了時、推定8万2000人の韓国軍兵士が行方不明となった【1308】。戦争捕虜として捕らえられ、北朝鮮もしくは北朝鮮の同盟国に拘留された人々は、5万人から7万人と推測される【1309】。

スターリン、金日成、周恩来《しゅうおんらい》［*Zhou Enlai*］、他の高官の間で開かれた会議を記録したソ連の資料によると、1952年9月、北朝鮮は3万5000人の韓国人戦争捕虜を拘束した【1310】。金日成はスターリンに、休戦交渉中の北朝鮮は約7500人だけの韓国兵を戦争捕虜にした、と伝えた。金日成によると、相手方もしくはメディアに存在を明らかにしていない戦争捕虜2万7000人もいたことになる。同じ会議の席で、北朝鮮で中国義勇軍を指揮した中国の元帥、彭徳懐《ほうとくかい》［*Peng Denhuai*］は、中国軍は、参戦以来、韓国から4万人の戦争捕虜を拘束したと述べた【1311】。

862. 休戦直後の1953年4月から1954年1月の間に韓国に戻された戦争捕虜は8343人のみである【1312】。この数字と、金日成と彭徳懐からスターリンに報告された数字の相違を基に、調査委員会は少なくとも5万人の韓国からの戦争捕虜が本国送還されていないと見る。

863. そのうちのおよそ500人の生存者がいまだに北朝鮮に拘束されていると推測される【1313】。彼らには、韓国など北朝鮮国外に住む400人の戦争捕虜家族がいる【1314】。

864. 国際人権法は、戦闘の停止後、戦争捕虜は速やかに釈放され、本国送還されるべきとする【1315】。加えて、朝鮮戦争の休戦協定では、戦争捕虜の本国送還の時期と経由機関を明記している【1316】。休戦協定に署名した締約国は以下を合意した。

合意成立後60日以内に、各サイドは、妨害することなく、捕獲時に属していた側への帰還を強く要求する、拘留中の戦争捕虜すべてを、直接送還し、集団での引き渡しを行うこととする【1317】。

865. 合意には、赤十字による送還作業の進め方が詳述されている。取り決めについて問題が生じた場合は、戦争捕虜本国送還委員会が調停することになっていた【1318】。戦争捕虜本国送還委員会は、送還計画の完了をもって、軍部休戦委員会により解散されるものとした【1319】。これらの国際法による義務にもかかわらず、数千人の韓国人戦争捕虜が北朝鮮から本国送還されず、送還予定も知らされることはほとんどなかった。

866. 保管された記録によると、北朝鮮、ソ連、中国の指導者の当時の会談から、金日成が彼の管理する戦争捕虜全員を返還する意図がなかったことは明らかである。それどころか、北朝鮮は、韓国人戦争捕虜を朝鮮人民軍部隊に移送して、彼らの存在と所在を隠した。そして、金日成はスターリンに、移送した戦争捕虜の存在は観測筋に知られることはない、と報告した。

我々が提出したリストでは、我々が捕えた捕虜は総数1万2000人だ。そのうちの4416人は外国人で、残りが南朝鮮人だ。300人のアメリカ人パイロットの捕虜のうち30人以上が将校である。**約2万7000人の南朝鮮人を朝鮮人民革命軍に移送した。これらの戦争捕虜についてはメディアに発表していない**」【1320】。

867. 調査委員会は、本国送還されなかったが、後に北朝鮮から逃亡した数人の韓国人戦争捕虜から証言を受けた。2012年8月までに、80人の元朝鮮戦争拉致被害者が韓国に戻った【1321】。受け取った証言とこの問題に関する報告書によると、戦争初期に捕らえられた戦争捕虜たちは、朝鮮人民軍に入隊させられる以前の数年間、再教育（思想訓練）を受け【1322】、「彼らは今や、韓国解放闘争に参加している」と言われていた【1323】。

868. 少数だが、自らの意思で北朝鮮軍に入隊した人たちもいる。ある元戦争捕虜は、彼が自らの意思で朝鮮人民軍に入って負傷者の病院で働いていたとき、戦争捕虜としては扱われず、戦争後には北朝鮮兵士と同じような恩恵に浴すことができた、と語った【1324】。別の元戦争捕虜は、捕縛後に自らの意思で北朝鮮に参加した人たちは「39番」と記された書類をもち、南が陥落したときには責任ある地位に就くことが約束されていた、と調査委員会に語った【1325】。

869．しかしながら、大半の人々にとって、朝鮮人民軍への入隊（自らの意思ではなく）とは「建設部隊」へ編入されることであった。こうした部隊は戦争捕虜だけで構成され、戦争捕虜たちは最北端の石炭鉱山、工場、農村で強制労働に就かされた【1326】。戦争捕虜たちは、戦争中と戦後の１９５６年まで、こうした労働現場の収容所に入れられていた【1327】。休戦協定が結ばれると、中国軍とソ連軍に捕らえられた戦争捕虜たちは北朝鮮に引き渡され、同じ境遇に置かれた【1328】。

870．この境遇に置かれていた人で、調査委員会に証言してくれた人はそれぞれに、１９５３年の休戦後にも本国送還の機会が全く与えられなかったと、語った。

ユ・ヨンボク（男性）は、若い時に戦争捕虜となり、北朝鮮で50年以上を過ごした後、やっと逃げることができた。彼は本国送還の話は一度もされなかったと証言した。それどころか彼ら６００人の戦争捕虜たちは、平安北道《ピョンアンプクト》の鉱山でずっと働かされていた。

> この鉱山で私たちは強制的に働かされていました。私たちは南朝鮮人だ、戦争捕虜なのだ。なぜ私たちは交換されないのか、なぜ私たちは鉱山で働いているのか、と質問しました。北朝鮮人たちは何故だか分からない、やれと言われたことをやっていろ、と言いました。……私たちはそれが長く続くことはないだろうと思っていました。南と北の関係はよくなるだろうと思っていたのです。将校達は皆、生きているのだから、南朝鮮政府はあそこにあるのだから、大統領がいるのだから、いつかは彼らが私たちを探しにやって来て、救い出してくれるだろう、と思っていました。それで私たちは辛抱して待つことにしたのです……でも、50年が過ぎ、誰も私たちを探しにきませんでした。誰も私たちを救い出そうとしませんでした。それで、北朝鮮が私たちをこき使ったのです【1329】。

871．迫害されるのが怖くて、本国送還の希望を訊かれた時に恐ろしさの余り正直に答えることができなかったと話す人たちもいた。ある証人は、ある時、本国に帰りたいとはっきりと答えた人たちが狙撃されたと、語った【1330】。しかし、大半の人たちは本国送還の希望を訊かれなかったと証言した。ある証人は、本国送還の拒否に対して否定的な話をした人は収容所で縛り上げられたと語った【1331】。

872．１９５６年から１９５７年に、ほとんどの戦争捕虜は朝鮮人民軍から解放され、市民となった【1332】。解放後、戦争捕虜たちの大半は辺境の鉱山の仕事に送られ、そこに死ぬまで留められた【1333】。

ソウル公聴会で、元戦争捕虜の**ユ・ヨンボク**（男性）は調査委員会に、1953年の休戦の後、韓国に帰されるだろうと思っていたこと、しかし、1953年8月に北朝鮮の鉱山に送られ、「信じられないほど困難な」「骨の折れる」強制労働をさせられたことを話してくれた。

北朝鮮で私は何も悪いことはしていませんでした。北朝鮮に47年間、尽くしました。彼らがしろと言ったことはすべてやりました。数十年間、強制労働をしました。北朝鮮で私は何も悪いことをしていません……それで死ぬ前に、私は、家族の住む私の故郷に帰るのが望みでした。そして、北朝鮮のしたことを証言しようと思ったのです【1334】。

873. 採掘坑は危険に満ち、作業条件は過酷であった【1335】。鉱山で奴隷化された人たちの多くは、事故か、採掘坑の粉塵による病気にかかって死亡した【1336】。手足や肉が引きちぎられる爆発、作業員を飲みこむ鉱山の崩壊、機械に押しつぶされるか切断されて死亡する事故は珍しいことではない【1337】。状況は劣悪で、死亡者や重症者が多くでたので、ある証人によると、人々は「娘を炭鉱夫とは絶対に結婚させるな」と言いあっていたと言う。それは炭鉱夫と結婚すると、未亡人になり、夫からの収入がなくなるという意味だった【1338】。証人は鉱夫のうち20％の人は60歳の定年年齢に達しなかったと推測している。

ユ・ヨンボク（男性）がその状況を説明してくれた。

鉱山の仕事は原始的です。私が働いていた鉱山では、地中1000メートルの深さまで降りて行かなければなりませんでした。空気が悪く、仕事そのものが過酷でした。北朝鮮人でさえ一番きつい作業の必要な鉱山だと言うと思います。とても原始的な仕事の仕方をしていました――そこに道具は何もなかったのです」【1339】。

874. 扱いに不満を述べたり、韓国への帰還を主張した戦争捕虜たちは、刑務所か政治犯収容所に送られるか、もしくは消えた【1340】。その結果、建設部隊と鉱山の内部に恐怖が生まれ、その恐怖の雰囲気が、ストライキの組織化はもちろんのこと、労働条件への批判や抗議を抑制した。

ユ・ヨンボク（男性）は次のように証言する。

彼らは強制的に私たちを鉱山に連れてきました。もちろん、戦争捕虜なのにどうして自分たちの家に帰されないのだと尋ねる同志や仲間もいました。反抗する人もいたのです。すると、言われたことをやっていればいい、と彼らは言いました。ですから相当なプレッシャーがあったのです。北朝鮮に抗議した人は皆の前で処刑されるか、秘密裏にどこかに連れて行かれました。政治犯収容所に連れて行かれたのだということを私は後から知りました。ですから私たちのほとんどは黙っていることにしたのです。もしも文句を言ったら、もっと酷い目に合わされることが分かっていたからです【1341】。

どうにか逃亡できた別の元戦争捕虜も、不満を言うことが許されず、不満を言えば厳しく処罰されたことを強調した。彼は、大きな声で韓国に帰りたいと言った仲間の戦争捕虜の**オ・サム**[*Oh Sam*]（男性）のことを覚えていた。この男性は政治犯罪容疑で教化所での15年の刑を宣告された。最終的に彼はまた炭鉱に現れた。その後すぐに彼の姿は再び消え、二度とその姿を見ることはなかった【1342】。

875. 炭鉱で強制労働させられた戦争捕虜たちは、人民保安省（MPS）と国家安全保衛部（SSD）に特に厳しい監視を受けた【1343】。これらの機関からの（拷問を含むことの多い）尋問を受けるのは戦争捕虜にとっては当たり前のことで、彼らの生活は些細なことまで知られ、記録されていた【1344】。戦争捕虜と朝鮮戦争拉致被害者の監視と脱走阻止に対して、北朝鮮政府は特別の努力を傾けたように見える。調査委員会は、保衛部が包括的な監視を行なった結果、保衛部によって最後の瞬間に発見され、阻止された脱走計画についての証言も聞いた。

876. ある元戦争捕虜は、平安北道にある戦争捕虜収容所からの彼の部隊の脱走未遂についての話をしてくれた。事件の最中に数人の戦争捕虜が狙撃され、残りは捕らえられ、裁判にかけられた。裁判前尋問の間、証人は電流で拷問され、指の爪をはがされ、記憶をなくした。裁判では35人の戦争捕虜が死刑判決を受け、この証人は部隊のなかで一番若かったために20年の刑となった【1345】。

877. 北朝鮮の採る連座政策によって課せられる罪により、脱走未遂は家族の死をも招く。調査委員会は、戦争捕虜の脱走を助けようとした兄の計画が失敗した後、平安北道の保衛部拘留場で尋問を受け、その結果死亡したある女性の話を聞いた【1346】。

別の証人は、韓国に戻ろうと中国へ渡る2人の年老いた戦争捕虜を助けようとしたために、耀徳収容所（管理所）に送られた2人の人物について証言した【1347】。ある元戦争捕虜は調査委員会に、彼が北朝鮮から逃げようとした後に自殺した妻のことを話してくれた。彼女は、連座政策による罪で彼女の前の結婚で生まれた息子が罰を受けないよう、自殺したものと思われる【1348】。

878. 朝鮮戦争拉致被害者と同じように、戦争捕虜とその家族は成分《ソンブン》制度の最下層に分類されるため、彼らの子孫も戦争捕虜が受けた差別と同じ差別に苦しんだ。調査委員会は、戦争捕虜とその子孫から彼らの受けた差別についての話を聞いた。たとえば、戦争捕虜の子供達は高等教育を受けられなかった。彼らは彼らの家族と同じ鉱山で働くよう指示され、大抵の場合、鉱山での最悪の仕事に就かされた【1349】。

戦争後数十年経ってから北朝鮮から逃亡して韓国に戻ったある戦争捕虜は、成分《ソンブン》制度の階層のために彼の子供達が北朝鮮で活躍する機会はまったくなかったと、調査委員会に語った。あまりの酷さに、彼の息子は彼に、「どうして私たちは生まれてしまったのか?」と質問したことがあると言う【1350】。

父親と同じ鉱山に働くある戦争捕虜の息子は、治安関係者と仲良くなった後、彼の書類に43という番号が付いているのを発見した。43番は戦争捕虜の子供達に使われる番号だった。

879. 調査委員会に証言した戦争捕虜の人たちすべてが、彼らの逃亡の一番の理由は、北朝鮮で生まれた彼らの子供達のためにより良い機会を探すことだ、と語った。子供たちと孫達は常に、教育や職業の機会を拒絶された。娘達は、戦争捕虜の子供であることが分かると良い成分《ソンブン》の男性と結婚することが難しくなったので、さらに差別された【1351】。こうして、戦争捕虜の娘や女性の孫にとっての結婚は同じように低い成分《ソンブン》階層の男性に限られる。このことが、差別の循環を永続させ、最低レベルの出身階層の男達が鉱山のような困難で生命の危険のある環境で働かされるために、若年で夫をなくす機会が多くなる。子孫の受ける差別は、子供達の生活を改善できないと悲観した戦争捕虜の自殺の原因にもなっている【1352】。

880. 捕らえられた後に自分の意思で北朝鮮人民軍に入隊した戦争捕虜の扱いはいくらか良かった。しかしながら、最終的には彼らも一般の国民と同じ自由の規制を受けた【1353】。

ある証人は、１９５１年に連行された後、病院で朝鮮人民軍のために働くことに同意したために、戦争捕虜と思われることはまったくなく、彼の家族も差別を受けなかった。戦争後、彼は彼の同意なく黄海道《ファンヘド》のホルドン金山で働くよう指定されたが、彼は地下鉱山での労働は免れた【1354】。

881. 戦争後、北朝鮮に拘束され、戻されていない戦争捕虜の韓国の家族は、戦争捕虜になった家族についての情報を何も受けとらなかった。家族が彼らに連絡することも出来なかった。２０００年６月の南北首脳会談の後、北朝鮮と韓国は、南北閣僚会議と南北赤十字会談で、離散家族の問題とともに戦争捕虜の問題に対処することに合意した【1355】。２００６年２月、第７回南北赤十字会談で、両サイドは、離散家族の身元確認とともに、「戦中と戦後に身元の分からない人々」の生死確認をすることに合意した。北の戦争捕虜と南の彼らの家族とが連絡が取れるよう両サイドが踏み出したことは歓迎できる。しかしながら、結果としては、北に生存していると推測されるほとんどの戦争捕虜の家族が連絡を取れていない。わずか数家族がわずか数時間、連絡しあう以上は許されていない【1356】。

2度目の南北離散家族再会から19回目までの間（2000年から2013年）、19人の戦争捕虜の北朝鮮内での生存が確認され、22人が死亡、105人が未確認であった。たった17人の戦争捕虜しか家族再会で韓国の家族と会うことができていない。2013年5月に、「忘れな草（Dream Makers for North Korea）」と呼ばれる韓国内の組織が戦争捕虜の登録センターとして設立された。このセンターの目的は戻されていない戦争捕虜の生死を見極めることである【1357】。

882. 北朝鮮内の戦争捕虜と彼らの韓国の家族が確実に連絡をとりあえるようにするとの約束にもかかわらず、北朝鮮は、戦争捕虜の問題は休戦協定に沿って戦争捕虜交換が行われた時点で解決していると主張する。彼らは北朝鮮に残るすべての戦争捕虜は自らの意思で北朝鮮にいると主張して止まない【1358】。調査委員会に証拠を提出した元戦争捕虜たちは全て、戦争捕虜たちが北朝鮮に自らの意思で残っているとする北朝鮮に対して異議を唱えている。

ソウルで、**ユ・ヨンボク**（男性）が詳しく語った。

> 北朝鮮には南朝鮮の戦争捕虜はひとりもいないと北朝鮮は主張し続けています。もし南朝鮮に家があるのなら、もし南朝鮮に両親や兄弟姉妹がいるのなら、いったい誰が北朝鮮で信じられないほど大変な鉱山で働きたいなどと思うのですか？　まったく理不尽です。それにまだ北朝鮮は、北朝鮮国内にいる戦争捕虜たちは、彼らが望んでそこにいるのだと言い続けています。今や、その男の人たちは70歳か80歳になっています。北朝鮮の報道によると、そうした戦争捕虜の人たちが500人位、（現在、北朝鮮に）生存しています。北朝鮮政府はこの500人の人たちを南朝鮮に行かせようとはしません。彼らは実際、逃げないよう、南朝鮮に行かないよう、阻止されているのです。彼らはこの人たちを捕らえ、処罰し、処刑しています。彼らは戦争捕虜の子供達も抑圧しています——これはまったく非人間的なことです。南朝鮮政府と国際社会はこのことを理解すべきであり、北朝鮮国内の人権侵害問題を解決すべきです」【1359】。

さらに、北朝鮮内の戦争捕虜と韓国内の彼らの家族の再会の問題に関して、**ユ**は訴えた。

> 北朝鮮国内の（生存する）戦争捕虜の人たちは皆、80歳を越えています……彼らには子供がいます。彼らには北朝鮮に孫達がいます。北朝鮮からひとりの年寄りを南朝鮮に連れて行ったら、彼は南朝鮮でどうやって生きていくと言うのですか？　彼らには北に家族がいるのですよ。ですから、南朝鮮政府がこの問題を解決したいのなら、北朝鮮の戦争捕虜の家族をいっしょに南朝鮮に連れて行くべきです【1360】。

883. 調査委員会は、国連軍司令部下の行方不明兵士、特に米国人兵士の置かれた境遇に関連する申し立てを聞いた。「朝鮮戦争と冷戦の戦争捕虜および失踪者家族連合」によると、朝鮮戦争の最後に捕虜交換が行われている時、捕虜交換で釈放される人々といっしょに捕られえられていて、生存が確認されていた米軍兵士は、北朝鮮当局から引渡されなかったと言う。確認される人数は900人を越え、総数にすれば4500人にも上るだろうと同盟は申し立てている【1361】。1952年9月のソ連軍、北朝鮮軍、中国軍指導者の戦略会議の議事録によると、8000人の米軍兵が中国軍に捕らえられ、およそ4000人の外国人兵士が北朝鮮軍に捕らえられた。同じ会議の席で、中国軍司令官、彭徳懐は、「外国人戦争捕虜の多くが困難な物理的環境の下で死亡した」ことを認めている【1362】。帰還していない米軍兵の家族は、これまでに北朝鮮、中国、ロシア、米国に情報を求めてきた。しかしながら、多くの家族が充分な協力が得られないことへの不満を語っている。このことが彼らの苦痛を増大させている【1363】。

(c) 1955～1992年　朝鮮戦争後の韓国市民の拉致と強制失踪

884. 韓国人の拉致および強制失踪は、朝鮮戦争の休戦協定署名後も引きつづき起こっている。朝鮮戦争後、韓国人約3835人が北朝鮮に拘束もしくは拉致された。そのうちの3319人は、一年半以内に韓国に戻され、9人はその後韓国に自力で逃げ帰った【1365】。韓国人516人は、北朝鮮により失踪させられたままであると見られている。

(i) 漁師の拉致と強制失踪

885. これらの拉致被害者の大半（89%）は、海上の漁船で捕えられ、強制的に失踪させられた。彼らの漁船が、北朝鮮領海内に乗り入れた事案もあれば、公海または韓国領海内で捕まった事案もあるようである。合計で漁船124隻が北朝鮮に拿捕され、漁師1147人が拘束された【1366】。韓国人漁師457人は、北朝鮮に失踪させられたままである。

886. 各漁船が拿捕された正確な場所は不明である。しかし、すべての船が類似した方法で拿捕されたことを示す信頼に値する情報が、ある元北朝鮮治安関係者から寄せられている【1367】。北朝鮮の元治安関係者たちによると、漁船の拿捕と漁師の捕獲は、朝鮮労働党の海軍部隊により実行された【1368】。船が捕らえられると、船員は、数カ月間調査される。大抵の場合、数名の船員は調査後釈放されるが、他の船員は北朝鮮に残された。

887. 韓国人漁師の漁船は、伝統的に2隻1組で航行し、片方の船がもう一方の船の状況を政府に通報したため、北朝鮮による妨害や捕獲は、即座に韓国内で知られるところとなった。しかし、2隻とも失踪させられ、拿捕から数カ月後に乗組員を北朝鮮が開放するまで、漁船と船員の状況が分からない場合もあった。たとえば、プンブク号に乗船していたチェ・ウォンモ[*Choi Won-mo*]の場合、1967年6月5日に海上で捕獲され、1967年9月16日に船員8名のうちの5名が、別の船で韓国に戻された【1369】。残された船員と戻された乗組員の違いから、若い船員を残すという北朝鮮当局の傾向がわかる。北朝鮮の元工作員の証言によると、もっとも若くて利発な者は、思想上の訓練を受けさせられ、スパイにされるとのことである【1370】。残された他の漁師達は、別の産業へ従事させるべく送り込まれる前に思想教育を強いられたと見られる【1371】。

888. 極端な場合は、船とその乗組員の確認がかなり遅れることがあった。拉致された乗組員が北朝鮮から逃げて韓国に戻ってから知られることになる場合である。たとえば、2013年8月にある漁師が北朝鮮から逃げて韓国に戻ったとき、41年前に海上で行方不明になったと思われていた2隻の漁船と25人の乗組員が初めて確認された【1372】。

1970年に拿捕された船に乗っていた**リ・ジャクム**（男性）は、ソウルで調査委員会に拿捕の様子を話してくれた。

> 1970年4月29日、2隻の小型砲艦が私たちの船に近づいてきました。私たちの船は国境線からおよそ50マイル離れたところにいました。遠くから2隻の砲艦が近づいてきました。……私は韓国海軍がやってきたと思っていました。しかし武装した10人の北朝鮮人たちが私たちに発砲したのです。そして彼らは、「投降しろ、さもなくば殺す」と叫んでいました。それで、船長と私たち全員は、何が起こっているのか分かりませんでした。私たちは目が覚めたばかりだったのです。船長はその時、ちょうど立ち上がろうとしていました。彼らは船長を撃ったのです。彼らの指示はたったひとつ。私たちが従わなければ、ただちに私たちを撃つと。それはとても威嚇的だったので、私たちは何故そんなことをするのか、訊けませんでした。彼らは私たちに降りろと言ったので、私たちはそのとおりにしました。もし言われたとおりにしなかったら、すぐに殺すと彼らは言いました。それで、私たちは言われたとおりにしました。そして、食堂に入りました。彼らはドアを閉めました。とにかく、この2隻の北朝鮮小型砲艦が私たちの船をおよそ1時間曳航しました。国境をまさに越えようとした時だったと思いますが、韓国海軍が私たちに気づき、攻撃を始めました。しかし、私たちの船はすでに38度線を越えて北朝鮮領海内にいたのです。それで韓国海軍には救助されなかったのです【1373】。

889. ある元政府関係者によると、捕縛された乗組員の中のもっとも若く、肉体的にもっとも健康な人たちは韓国には戻されなかったと言う【1374】。彼らは朝鮮労働党が運営するスパイ訓練施設に送られた。

リ・ジャクム（男性）は、訓練されてスパイになった、捕縛された韓国漁業者のひとりだった。彼は調査委員会で証言した。

一般的に、韓国から拉致された人たちは比較的高い教育を受けていました。私たちは小学校、中学校を卒業し、高校をドロップアウトした人もいましたが、比較的高い教育を受けていました。それで、北朝鮮人たちは、私たちを監視し、観察し、肉体的な健康度を見て、後で使いものになるかどうか、金日成と指導者達を守るために働けるかどうか、を見ようとしていました【1375】。

890． スパイ学校で、彼らはチュチェ思想と金日成について、そして革命的振る舞いについての講義を受けた。彼らは、テコンドー、運転、拉致の仕方、家屋侵入、窃盗、見つからないで家に忍び込み殺害する方法を訓練された。教室は小さく、ふつう一クラス4人に限られている。訓練を受ける人たちは、常に、彼らのクラスの他の3人以外の人に会わないようにされる。彼らは、異なった時間に、教室に案内され、教室から出される。極端な場合は、各教室や施設の間を歩く間も目隠しをされる。

私たちはスパイ学校に送られました。私たちにはなぜその学校が必要なのか分かりませんでした。この学校を卒業すれば、他の学校を卒業するよりはるかに良い特権か恩恵が得られる、と彼らは言っていました。彼らが私たちを脅すことさえありました。ですから私たちはスパイ学校に行くしかなかったのです。それで私たちは3年と8カ月間、その学校で教育を受けたのです【1376】。

891． 調査委員会は、人質をスパイ訓練学校の学習過程に心から専心させるために使われた方法も聞いた。恐怖と物理的力が、学生を威嚇するために使われた。**リ**（男性）は山の中腹に連れて行かれ、授業をもっと熱心に聞き、よい成績を収めなければ死ぬことになると脅された。

私がこの学校に入れられた時、私はちゃんと学習していませんでした。数日間はあまり集中していませんでした。そうしたある日、彼らが私を連れ出し、散歩に連れて行くと言ったのです。彼らは私を車に乗せました。2時間ぐらい走ったと思います。深い山の中でした。彼らが車を止めたところは誰もいない山の中でした。運転手が持っていた2丁の拳銃を私に見せて、言ったのです。「逆らい続けるのか、お前は？　膝をつけ、さもないと弾をくらうことになるぞ」と。それで、私は尋ねました。「私を殺すのか？」すると彼は言いました。「もしお前が私たちの話しを聴かないなら、どうして生かしておかなければならないんだ？」それで私は言いました。「分かった、膝をつく。従うことにする。」だから私は生き残ったのです。生きていられたのです【1377】。

892. 彼らに期待されるスパイ活動を素直に、従順におこなった人たちは、国家により独立した住居を与えられ、おそらく国家の意思に従ったものと思われる。スパイ訓練学校を際立った成績で卒業できなかった人たちは、工場の仕事に送られた。学校で学生達は、学校から解放される前に、拉致についての真実を人に伝えないとの誓いをさせられた。

私たちは、私たちが北朝鮮に拉致されたことについて話さないと誓う書類に拇印を押さなければなりませんでした。……もし私たちが誰かに拉致されたことについて話していたら、私たちは政治犯収容所に送られていたでしょう。私たちは卒業し、北朝鮮社会に仲間入りしました。そして私たちはやれと言われたことは何でもしたのです【1378】。

893. 拉致され、スパイ学校用に選ばれなかった漁師は、他の産業の仕事に配置される前に別の思想訓練学校に送られ、北朝鮮社会に放たれた【1379】。ある証人は、北朝鮮はこうした人たちを「自分の意思で北朝鮮にやって来た勇気ある英雄達」と表現した、と語った【1380】。

894. 学校からいったん解放されると、拉致被害者達は国家安全保衛部（SSD）の厳しい監視下に置かれた。ある目撃者は7段階の監視を受けたと、調査委員会に語った【1381】。南朝鮮出身であることで、漁師と彼らの子孫たちは成分《ソンブン》の敵対階層に分類され、教育と職業の機会を制限された。

息子は韓国人の子供ですから、高等教育を阻止されました。北朝鮮政府に忠実な人たちの子孫、北朝鮮政府に役立つ人たちだけが大学に行く事を許可されます。……高等教育を受けさせるためには私の命を渡してもいいと私は彼に言いました。韓国では私の息子は高麗大学校を卒業しました。彼は電子工学を学び、その後、順調に行っています。しかし、北朝鮮では私が韓国の出身だからだというだけで、私の子供達、私の息子は高等教育、良い教育を受けることが出来なかったのです。北朝鮮での生活を経験した人は誰もこの事、この事実に気づいています」【1382】。

(ii) 北朝鮮工作員による拉致

895. 北朝鮮に依然として拘留されている５１６人の韓国人のうちの70人は、韓国国内や他の国に配置された北朝鮮秘密工作員により拉致された。これら拉致被害者の中には、ハイジャックされた飛行機の乗客、十代の若者、海外で捕らえられた市民、兵士や沿岸警備隊員が入っている【1838】。これら強制失踪させられた韓国人のほとんどは、彼らの家族が北朝鮮へ繰り返し嘆願しているにもかかわらず、家族とも韓国当局とも連絡することを許可されていない。調査委員会で証言したある元北朝鮮諜報員は、金正日の実質的な指令下にある情報局の朝鮮労働党中央委員会第35局が韓国からの拉致に関わっていたと報告した【1384】。

896. 他の元政府関係者は、朝鮮人民軍偵察局局長（三つ星の将軍）を通じて韓国人拉致の命令が伝えられたと証言した。ターゲットの選別は明らかに「軍事務局584号」として知られる調査センターからの提言に基づいて行われた。調査委員会は、朝鮮人民軍の特別作戦ユニットの一つの任務が韓国および日本の海岸沿いのスパイ活動を実行することであったとの証拠を受け取った。秘密情報源は、一般的潜入、拉致および沿岸調査の3種類の作戦を軍事584号室が実施したと証言した。拉致された漁民達は、思想教育とスパイ教育を受け、これらの活動に関わるデータを分析し、また、作戦を実施するために工作員を海に案内した。

897. 1969年12月11日、大韓航空の国内線の航空機が、北朝鮮工作員にハイジャックされ、北朝鮮に飛行した。同年12月13日、北朝鮮放送局は、当該航空機が2名のパイロットにより自発的に北朝鮮に飛来したと報じた。しかし、後日、パイロットは機内で北朝鮮工作員に脅迫されていたことが明らかとなった。乗組員4名および旅客46名が航空機に搭乗していた。旅客の39名はハイジャックの66日後に解放され、韓国に帰国した。乗組員4名と残りの7名の旅客は韓国に帰されなかった。北朝鮮は、これら11名は自分の意思で北朝鮮に残ったと主張した。客室乗務員2名は韓国への放送の中で使われた【1388】。1992年8月、ソン・キョンヒ［*Sung Kyung-hee*］（女性）は、平壌放送局で「私の心身すべてが北朝鮮に根ざしている」と話した【1389】。39名が韓国帰国時に行った記者会見で、北朝鮮に残った人々は自発的にそうしたわけではないことが明らかになった【1390】。北朝鮮は、赤十字を通じて伝えられた彼等の解放を求める陳情も拒否した。意思に反して留め置かれた11名は、比較的若く高度の技術を有していた。彼等の職業は、パイロット、映画製作、カメラマン、出版および薬学であった。

ソウルでの公聴会で、拉致された映画制作者の**ホアン・ウォン**［*Hwang Won*］（男性）の子息と拉致された客室乗務員の**チョン・キョンスク**［*Jung Kyung-sook*］（女性）の兄弟は、調査委員会に証言した。2人は、家族が拉致された時の深い喪失感と絶望感を話した。**チョン**は、調査委員会に、「我々家族にとってあれはただただ本当に悲しい事件だった。私たちは彼女がよい学校を卒業して素晴らしい仕事についてとても幸せだったが、彼女は拉致された」と延べた【1391】。**ホアン**は、調査委員会に対し、彼の父の北朝鮮での所在を見つけるために韓国政府に対して何年も支援を求め続け断られ続けた結果、韓国政府を信じることをやめたと述べた。

898. ハイジャックされた航空機の拉致被害者の家族達は、拉致被害者に関する情報を得るのに非常に苦労した。拉致被害者の家族によれば、韓国政府はこの件を取り上げることを渋っていた。拉致被害者は離散家族と認識され多数の離散家族の一連として対処されると聞かされた【1392】。ホアンは、韓国の誰もが離散家族の再会に注目しているので拉致を政治的でなく人道的な文脈で考えるのではないかと述べた【1393】。

899．民間航空機およびその搭乗者の拉致は、重大な国際法違反である。1970年9月9日、国連安全保障理事会は、決議286号を採択し、航空機のハイジャックに関して加盟国に対し旅客および乗組員の即時解放を訴えた【1394】。1970年11月25日、第25回国連総会で決議第2645号が採択され、航空機のハイジャックによる旅客および乗組員の拘束を非難し、航空機が駐機する加盟国に対して、旅客および乗組員へ配慮と安全を提供し、旅客・乗組員が旅程を再開できるようにすることを要請した【1395】。1983年以降、北朝鮮は、航空機不法奪取防止条約の締約国となっている。北朝鮮は、北朝鮮に着陸した不法に奪取された航空機に搭乗しているすべての旅客と乗組員が旅行を継続することができるように便宜を与える義務を負っている【1396】。国際社会の要請にもかかわらず、この国際法上の犯罪に対する十分な対応は得られなかった。

900．1977年および1978年夏に韓国の高校生5名が韓国の海岸周辺で拉致された。1977年、2名の高校生リ・ミンギョ［*Lee Min-gyo*］（男性）とチェ・スンミン［*Choi Seung-min*］（男性）は、同じ浜辺で拉致された【1397】。1978年夏、キム・ヨンナム［*Kim Young-nam*］（男性）は、韓国の郡山の浜辺で連れ去られ、リ・ミョンウ［*Lee Myung-woo*］（男性）とホン・グンピョ［*Hong Gun-pyo*］（男性）は、紅島の浜辺で拉致された。キム・ヨンナムは、2006年の離散家族再会で短期間家族と再会することができた。

901．一人の元北朝鮮情報士官は調査委員会に対して、高校生の拉致は35号室により金正日の指揮の下で実行されたと証言した。この士官によれば、生徒達は北朝鮮に連れて行かれ、米国、韓国へ外国人学生として送り込まれることを目的として訓練を受けた【1398】。

902．韓国当局は、拉致被害者として、30名の韓国軍兵士と沿岸警備隊員をリストアップした。これら兵士は、軍事境界線で、または、ベトナム戦争従軍中に、拉致された。これら沿岸警備隊員は、北朝鮮による韓国海上警備隊に対する攻撃の際に連れ去られた。

903．調査委員会は、ベトナム戦争に従軍し戦争捕虜となった韓国兵士が帰還を拒否され北朝鮮に引き渡されたとの申し立てを聞いた。アン・ヨンソ［*Ahn Young-soo*］（男性）は、ベトナム戦争従軍中に消息を絶ち1967年にニュースキャスターとして平壌に現れた兄のアン・ハクソ［*Ahn Hak-soo*］は北朝鮮に引き渡され1975年に処刑された、と主張した【1399】。2009年、韓国政府により調査委員会が設置され、アン・ハクソは、自発的に北朝鮮に逃亡したとの当初の想定とは異なり、ベトナムで捕らえられ意志に反して北朝鮮に送られたと結論付けた【1400】。

アン・ヨンソは、調査委員会に対し、ラジオで聞いた兄（の声）について話した。

> 兄の声は聞こえました。それは、とげとげしいもので、まるで原稿を読んでいるようでした。彼は、何故、如何にして北朝鮮にいることになったのかを話していました。そして、それは私の兄に限ったことではありませんでした。当時、北朝鮮に強制的に連れていかれた者が私の兄が読んだような原稿を読まなければならなかったことは、誰もが知っています【1401】。

904. 12名の韓国人が海外旅行中に拉致されたと信じられている。このカテゴリーに含まれる被害者として、拉致後に逃げ出すことができた有名な韓国人女優の崔銀姫《チェウニ》［*Choi Un-hee*］と韓国人監督の申相玉《シンサンオク》［*Shin Sang-ok*］の2名がいる。その他にも、西独で2家族8名、オーストリアで学生1名、ノルウェーで教師1名が拉致されている。

905. 1978年、韓国人女優の崔銀姫は、香港に映画産業の関係者と会うために旅行した時、拉致された。北朝鮮工作員に船上に強制的に乗せられた後、崔は、加害者に対して説明を求めた。これに対し、彼等は、「崔夫人、我々は金日成将軍の懐に向かう」と返答した【1402】。1月22日、北朝鮮到着に際して、崔は金正日の迎えを受け、平壌へ同行した【1403】。崔の失踪を知った著名な映画製作者である前の夫の申相玉は、彼女を捜しに香港に行った。彼も、香港で、同じ北朝鮮工作員に1978年7月に拉致された【1404】。金正日は、彼が北朝鮮に到着した際、「私はあなたのような才能ある監督が北朝鮮に欲しくて作戦チームにあなたを連行するプロジェクトを実行させた」と彼に話した【1405】。この情報は、金正日が自分自身で拉致命令に署名したと示唆する、拉致に直接関与した元北朝鮮政府関係者による説明と符合している【1406】。北朝鮮にいる間、申相玉と崔銀姫は、金正日が製作責任者となった多数の北朝鮮製映画に関与した。1986年、ベネチア映画祭訪問中に、2人は、米国大使館に逃げ込んだ。その後米国に定住した。申は既に死亡している。

906. 欧州で多くの韓国市民が消息を絶っており、そこで活動している北朝鮮工作員に拉致されたと信じられている。

1971年4月、ドイツ連邦共和国（西独）の韓国大使館職員のユ・ソングン［*Yu Seong-geun*］、妻のチョン・スンソブ［*Jeong Sun-seob*］と子供のユ・キョンヒ［*Yu Kyeong-hee*］とユ・ジニ［*Yu Kyeong-hee*］が拉致された【1407】。

1979年6月、コ・サンムン［*Ko Sang-moon*］が欧州で消息を絶ったが、後に、北朝鮮は、彼はオスロの北朝鮮大使館に入った後自分の意思で北朝鮮に亡命したと主張した【1408】。

1985年12月、オ・ギルナム［*Oh Gil-nam*］、その妻のシン・スクジャ［*Shin Suk-ja*］と子供のオ・ヘウォン［*Oh Hye-won*］とオ・ギュウォン［*Oh Gyu-won*］が、ドイツにいた北朝鮮工作員に北朝鮮行きをそそのかされた【1409】。オは、（その工作員が）他の韓国国民を北朝鮮に誘い込む任務にある最中に、コペンハーゲンで逃げ出すことに成功した。彼の家族は、北朝鮮で拘束されている。

1987年8月、マサチューセッツ工科大学の学生のリ・ジェファン［*Lee Chae-hwan*］（男性）は、オーストリアで夏期休暇中に消息を絶った【1410】。

(d) 朝鮮半島の拉致と強制失踪の解決への努力

907. 韓国人戦争捕虜と拉致被害者は、何年にもわたり、精神的苦痛と愛する人の突然の失踪という喪失感に加え、彼ら自身の政府からの差別に苦しんだ。韓国に独裁政権が続く間（1963年から1988年）、北朝鮮に拉致された人と強制失踪させられた人の家族は監視され、左翼系脱走者の関係者だから信頼できないと思われていたために、政府系の教育施設に入れず、職業に就けなかった。

チェ・サンヨン［*Choi Sung-yong*］（男性）は、ソウル公聴会で、1968年の北朝鮮による青瓦台襲撃事件の後、韓国政府が恐怖心を深めたのだ、と説明した。

> 1968年、金新朝《キムシンジョ》［*Kim Sin-jo*］による青瓦台襲撃がありました。漁師などが北朝鮮に拉致されたのは、それよりかなり以前のことです。もし彼らが韓国に返されていれば、彼らは歓迎され、褒美を貰っていたでしょう。しかし、1968年のこの金新朝《キムシンジョ》事件後は、北朝鮮にいた人はだれでも反共法に違反するとして逮捕されました。ですから関連性が罪となる法律があったわけです。私たちは外国に行けませんでした。私たちは公務員になれませんでした。ですから拉致被害者の家族は韓国政府からも犠牲にされたのです【1411】。

908. 韓国の国家安全保障上の理由による強制失踪被害者家族への監視政策は1990年代まで続いた。失踪者の子供達は高等教育と政府系の職業に就くことを拒否されたため、この政策にかなり苦しめられた。自分の国で基本的な権利が否定されていることへの不満と失望を、多くの人たちが調査委員会に語った。たとえば、拉致された漁師の娘であるある証人は、彼女の雇い主が警察から目をつけられることを嫌ったために仕事を失った【1412】。警察が仕事場に定期的に訪れて拉致被害者の娘を監視した。多くの家族が当局から不必要に注目されないよう、韓国内での引っ越しを選択した。しかし、これがさらなる疑惑を生み、結果として警察がより頻々に訪れることもあった【1413】。

韓国人拉致被害者と強制失踪者の家族は調査委員会に次のよ

うに語った。

警察は拉致被害者家族を見張っていました。人の出入りを彼らは見張っていました。そしてもし私たちが動けば、つまり、もし引っ越せば、引越し先まで質問しにやって来たのです【1414】。

警察は何も助けてくれませんでした。彼らがしたことは私たちの監視だけです。韓国政府は拉致被害者について北朝鮮に何も訴えず、何の文句も言わなかったようです【1415】。

909. 南北の緊張が高まった時、当時、諜報工作員がスパイ探しに躍起となっていたこともあり、北朝鮮に自分の意思で行ったと疑われていた人の家族は特に厳しく扱われた。

ベトナム戦争で従軍中に共産軍によって北朝鮮に移送されたある韓国人兵士の家族は、特に厳しい扱いを受けた。この兵士の兄の**アン・ヨンソ**［*Ahn Yong-soo*］（男性）は調査委員会に次のように語った。

私の弟が拉致されてからは、私たちは多くの困難に見舞われました。前にも言いましたように、私の父は学校の校長をしていたのですが、職を辞さなければならなくなりました。父が退職を余儀なくされてから、私たちは潜在的スパイだと決め付けられました。父は江原の山岳地帯にある工場に送られました。私たち家族の人権は侵害されました。私は叩かれ、拷問も受けました。

当時の国家諜報機関のやり方は本当に酷いものでした。誰かをスパイにしたり、スパイを発見できると、諜報機関は褒章を受けることになっていたのです。それで彼らはでっち上げて、スパイを捏造したのです。こうしてスパイを報告すると、工作員たちは褒美をもらえたのです【1416】。

910. 金大中大統領が採った「太陽政策」の数年間（1998年から2008年）、北朝鮮との対話の焦点は民間事業の設立と北との共存に絞られたために、韓国国民の強制失踪に関係する問題は避けられた。金大中大統領の下、拉致問題は「離散家族」問題の中に組み込まれた。拉致が離散家族というより大きなカテゴリーに吸収されることは、短期的な解決が予期できないことになり、そのことが家族をさらに苦しめた。

911. 拉致問題と強制失踪問題が離散家族問題に吸収されることによって家族は離散家族再会に参加を申し込むことができるようになったのだが、実際には、それは強制失踪者の家族になんの恩恵ももたらさなかった。2000年から2010年の間に離散家族の再会事業は18回行われた【1417】。2005年から、拉致被害者家族はこの再会への参加を申し込んだ。

離散家族再会に参加を申し込むには、家族は韓国でくじをひかなければならなかった。選ばれた場合は、赤十字へ生存確認を申し込む必要があった。家族の生存が確認された場合には、次に行われる離散家族再会で家族と会える事になっていた。

強制失踪者の家族は、家族の離散状況、もしくは拉致問題全般についての言及なしに、離散家族再会に申し込むことができた。拉致された2人の漁師の母親はほんの一時であったとは言え、離散家族再会で息子のひとりと再会できた喜びを調査委員会に語った。しかし、恐ろしくて何を話していいのかわからず、あまり話せなかったと嘆いていた【1418】。離散家族再会に申し込んだほとんどの拉致被害者家族にとって、生存確認の申請から受け取る返事は、愛する人が死亡したか、もしくは、生存確認が不可能という内容であった。

912． ここ数年の韓国の方針転換によって、強制失踪者の家族は一同に会して、彼らの経験を共有し、彼らの権利を擁護できるようになった。２００３年頃から、家族は、韓国政府に対し強制失踪者の生存を確認することと、政府による監視と差別から受けた損害の賠償を求めるロビー活動を行った。２００７年、同年から3年以内に申請する拉致被害者家族は賠償されるとの法律が成立した【1419】。最初は、金銭による支払によって政府から受けた困難を弁償するとされたが、後に、慰労金と名前が変更された。拉致された時期によって、被害者間で分け合うよう、3万から4万５０００ＵＳドルの賠償が家族に与えられた。２００７年、政府が承認した拉致の件数はおよそ４００件であった。この計画が２０１０年に終了するまでには、公認された拉致件数は５１７件となった。５１６世帯の被害者家族が賠償を申請し、１２００人が支払いを受け取ったと推測される。

913． ２０１０年、韓国で、朝鮮戦争拉致被害の真相究明と拉致被害者の名誉回復のための法律が制定された。この法律は、戦争中に拉致された人々の家族にとって重要な名誉回復手段であった。この法律により、拉致被害者とその家族の尊厳の回復のために拉致に関する真相究明を担当する「朝鮮戦争拉致被害真相究明委員会」が設立された。この法律はまた、国家に、拉致被害者の死亡確認と、彼らの返還（死亡の場合の遺骨を含む）、手紙のやりとりと家族再会の促進といった政策を制定し強化する義務を負わせた【1420】。

914． 強制失踪者とその家族に対する政府の姿勢と政策の変化は、北朝鮮に失踪させられた人々の当時の任務における業績を、遅れて承認することにもなった。たとえば、**チェ・サンヨン**（男性）の父親は、朝鮮戦争中、治安部隊の部隊長として任務にあたり、その後、１９６７年に海上で一隻の船から拉致されたが、その父親に代わって、２０１３年6月、**チェ**が名誉勲章を受け取った【1421】。

915． 拉致問題は、北朝鮮と韓国、双方の国内政治情勢により複雑化している。両国とも全半島の住民は自国に属すると主張する。そうであったとしても、戦争中に市民を組織的に拉致することは、戦争捕虜の本国送還を拒否することとともに、市民権の観点とは関わりなく、強制失踪である。

(e) 1959~1984「地上の楽園運動」中、日本から北朝鮮に移住した朝鮮人と日本人の強制失踪

916. 第二次世界大戦直後、日本には240万人ほどの朝鮮人が住んでいた。1945年に北朝鮮は在日本朝鮮人総聯合会（朝鮮語で*Chae Ilbon Chosonin Ch'ongyonhaphoe*、略して*Chongryon*。日本語の略は総聯）を創設した。総聯は、日本とは別の教育とビジネス展望を在日朝鮮人に与えるため、学校、ビジネス、大学を日本に設立した。当時、日本に住む多くの朝鮮人たちは総聯への忠誠を示した。北朝鮮か韓国かの選択をしなければならなかった時、日本に住む朝鮮人たちは、在日北朝鮮国民として登録するほうを選んだ。こうした人たちが「地上の楽園」または「楽園への帰還」と呼ばれる宣伝活動の対象となった。

917. 地上の楽園運動は1959年12月14日に始まった。これは公式には1984年に終了した。しかし、最終的に9万3340人に上る「帰国者」のうちの81%が1961年までに北朝鮮に渡っていた【1422】。当時、この運動は人道的な活動として見られ、日本赤十字社と北朝鮮赤十字社の間で組織された。9万3340人の「帰国者」の大半は在日朝鮮人であった。これらの人たちの多くは38度線以北の出身ではなかった。むしろ、彼らの家族は南の出身で、朝鮮半島分割時点で日本に住んでいた人たちだった。「帰国者」の中の6730人は、在日朝鮮人の配偶者かその子供で日本国籍をもつ日本人であった【1423】。1831人は朝鮮人と結婚した日本人女性、「日本人妻」だった。日本人の男性と子供の正確な数は分かっていない。

918. 当時、地上の楽園と呼ばれた北朝鮮は、総聯によって、人々がその能力に応じて働き、必要に応じて（教育や医療のような）モノとサービスを受けとれる場所として描かれていた。北朝鮮は日本より鉱山資源と食糧が豊かであると言われ、多くの領域での生産性に関しては日本を凌駕することが期待されていた。つまり、北朝鮮は「労働者の楽園」と呼ばれていた。当時、日本は未だ第二次世界大戦の敗戦からの復興渦中であり、多くの人たちが貧困のなかで暮らしていた。在日朝鮮人の暮らしは差別のために日本人より厳しかった。帰国運動の専門家で人道活動家の加藤博は、東京で開かれた公聴会で、総聯ばかりでなく日本のメディアもこれらの夢をおだて上げて10万人にもおよぶ人々を北朝鮮への移住に掻き立てたと、調査委員会に説明した。

加藤の説明のように、北朝鮮に行った人々にとっては残念なことに、彼らが目の当たりにしたのは理想とは異なる光景だった。

> （しかし）現実を見ると、北朝鮮は朝鮮戦争の惨状から復興しようとしているところでした。彼らには労働力、技術、製造施設、原料が不足していましたが、そんな時に、国がこ

のキャンペーンを思い立ち、彼らの国を「地上の楽園」と呼んだのです。しかし（私が言ったように）、朝鮮系住民が彼らの故郷と呼んでいたところは、厳しい現実が彼らを待っているところだったのです。しかし、その時は誰もそのことを知りませんでした。今は、多くの人たちが現実を理解しています【1424】。

919．帰国者達を待っていた過酷な現実は単に彼らの生活条件もしくは割当量だけではなかった。彼らは彼ら自身の生活を彼ら自身で決めることができなくなった。到着したその日から、どこに住むか、どこで働くか、何を食べるか、誰とどのように話すかを、彼らは命令として受けたのである。彼らの動きは制限され、監視され、また、他の人々を監視するように仕向けられた。彼らが日本にいる家族に送る便りはチェックされ、検閲された。

920．検閲があったにもかかわらず、彼らが日本の家族に送った、暗号化し、意味をぼかした言葉を使った手紙で北朝鮮の直面する問題と困窮が伝えられた。調査委員会に示された暗号化された手紙には、「帰国者」が、検閲を恐れて手紙には書けなかった本心を切手の裏に書いたものがある。この手紙の作者はこう書いていた。

私たちは村には住めない。兄は来るな。母が会いたいと言

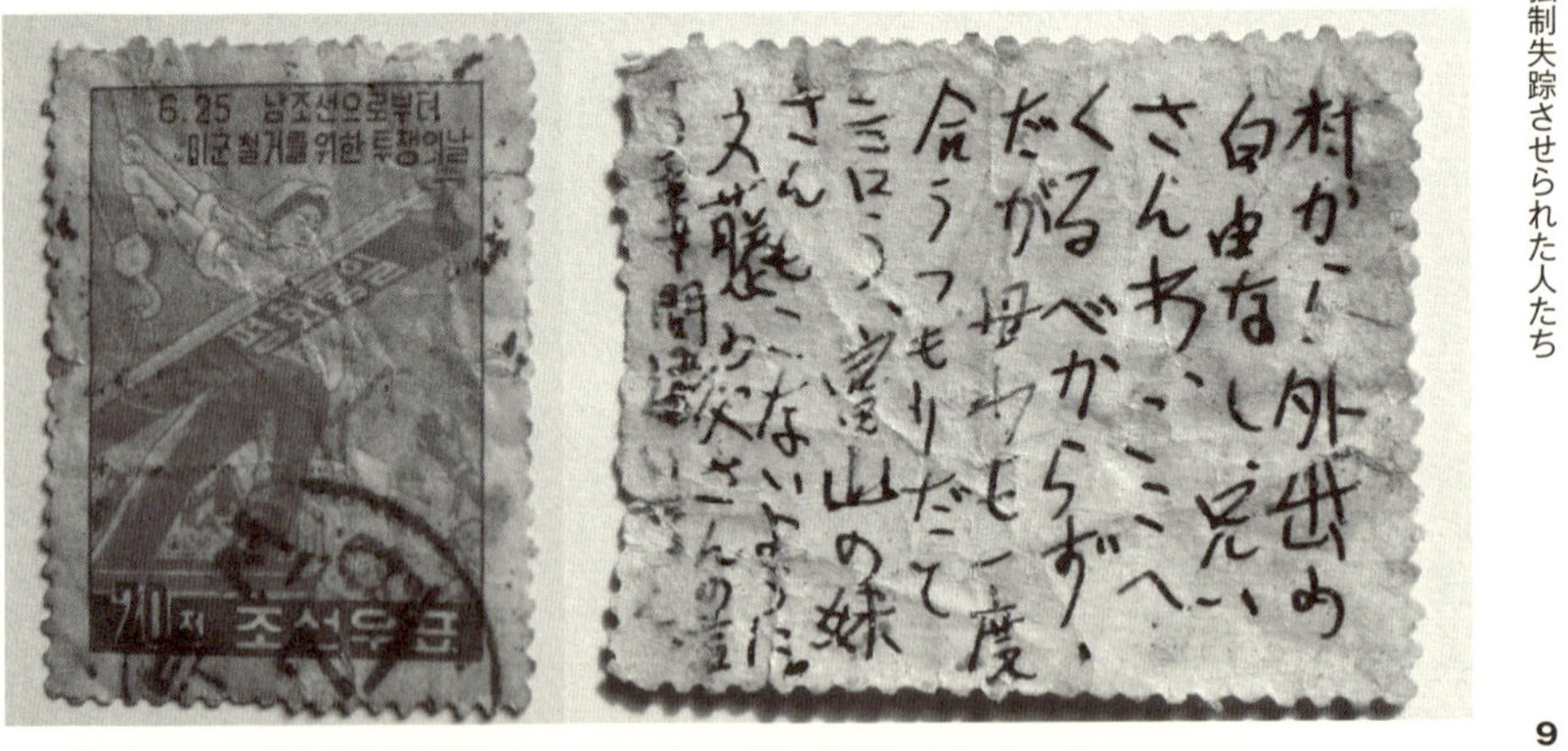

っている。富山の姉にも来るなと言ってくれ。ブントの父が言ったことは本当だ【1425】。

ある証人は、日本にいる家族は彼ひとりなのだが、家族が北朝鮮に移住した後、家族から同じようなメッセージを受け取った。北朝鮮の強い支持者であるこの証人は、家族と北朝鮮に移住しようと思っていた。しかし、総聯との仕事のために日本に残って仕事を続けるよう頼まれていた。娘を家族と一緒に住まわせたいと北朝鮮にいる家族に伝えたとき、家族は「子供達は両親と一緒に住んだ方が良い」、「おばあちゃんは一切れ食べてとても幸せだった」といったメッセージを送って来始めた。これらのメッセージから証人は家族は娘を向こうに送るのは良くないと思っていることを理解した。後になってから彼自身が北朝鮮を訪ねて家族と会えたとき、家族が栄養失調にかかり、話したがらず、監視を恐れている姿を見た【1426】。

921．モノやカネを送ってくれとの依頼が途絶えることなく来るために、日本にいる家族は北朝鮮の生活の展望について心配し始めた。このことが日本にいる朝鮮人の北朝鮮への流れを止めた。こうした現実への対応として、北朝鮮政府は「帰国者」と日本にいる彼らの家族の連絡を厳しく規制した。北朝鮮への移住3年後には家族の訪問のために日本に帰ることができるとの出発前になされた「日本人妻」への約束は守られず、帰国者達は監視と迫害が増えたと感じていた。彼らは自分の意志で北朝鮮へ渡ったのだが、1960年代半ばまでには、大半の人が実質的には彼らの意思に反して国内に留め置かれ、残してきた家族との連絡が許可されないようになった。

922．「帰国者」と一般の北朝鮮市民達はお互いにお互いを信じなかった。多くの「帰国者」が清津港に着いたとき、日本と比べて極端に粗末なインフラと生活水準を見て騙されたと感じた。北朝鮮の人たちは、「帰国者」が資本主義社会に住んでいたので彼らを疑わしいと思った【1427】。帰国者への疑惑のため、ほとんどの人が厳しい監視下に置かれるようになり、成分《ソンブン》制度の「敵対」階層を与えられ、辺境に閉じ込められた。最初は、日本語で話すことを控えるようにと言われたが、後には禁止された。日本語を話すか、日本の歌を歌ったことで警察に連行され、殴られるなどの処罰を受けたと証人達は調査委員会に証言した。日本語で歌を歌ったことで捕まり、椅子に縛られ、殴られ、腹を刺されたある証人から調査委員会はその証拠を受け取った【1428】。

923．多くの「帰国者」たちは高い水準の教育を受けていた。それは日本で彼らに機会があったからで、そうした機会は打ち続いた戦争とその後の復興途中の朝鮮にはなかった。最初、これらの人々は重要な機関で高いレベルの仕事をすることができ、平壌市内やその近くに住むことが許された。東京公聴会で、加藤は、最初は能力や技術が歓迎され、その後、スパイ容疑で迫害された人々の例を数件挙げた【1429】。調査委員会は、初めは貴重な高度の技術者の中にいたが、最終的には失墜し、政治犯収容所に消された「帰国者」の家族から直に話を聞いた。

柴田幸三の兄の**柴田博之**は、彼の弟が、北朝鮮政府に日本国籍をもった人たちの帰国を請願したために政治犯となったことを、調査委員会に話してくれた。

> それは刑期20年という確固とした判決で、耐え難いものでした。彼がこの最初の判決で投獄されたのは、日本人配偶者達を助けすぎたためでした。それが私の弟、**幸三**が逮捕された理由です。それが刑罰でした。20年の刑期の間、彼には責任も仕事もあまりなかったのですが、後になって、20年の刑期に、さらに6年が追加されました。彼は20年（訳注◉原文6年）の間、もう充分勤めたのだから、釈放されるだろうと感じていました。そう彼は予想していたのです。判事さえ何も言っていませんでした。しかしながら、20年の刑期の最後になって、判事がスパイ行為の容疑があると突然言い出し、結果として6年の刑期が追加されたのです【1430】。

柴田幸三の囚人仲間からの目撃証言を基に、アムネスティ・インターナショナルが後に、**柴田幸三**は勝湖《スンホ》の政治犯収容所（管理所）に収容されていると報告した。アムネスティ・インターナショナルからの質問に答えて、北朝鮮は、**柴田幸三**と彼の家族全員は信じがたい状況で起こった列車事故で死んだと主張した【1431】。

923． **カン・チョルファン**（男性）の父方の祖父は、1960年代、国家建設の一助となろうと日本から北朝鮮に移住した。そして1977年、彼の祖父が突然、いなくなった。その後すぐに、**カン**（当時9歳）は逮捕され、起訴も裁判もなく、第15号政治犯収容所に連行された。彼の母親だけは、**カン**の父親との強制離婚を受け入れたので助かった。飢えと強制労働の収容所での十年が過ぎたあと、何の説明もなしに彼は釈放された。**カン**は、第15号政治犯収容所は、明らかに資本主義的文化を知りすぎているという理由で拘留されている日本出身の朝鮮系住民で一杯だった、と調査委員会に語った【1432】。

(f) 1970年代から1980年代：日本人の拉致

924． 2002年9月、日本の小泉純一郎首相は、北朝鮮による拉致が疑われた日本人の帰国について北朝鮮当局と交渉すべく、平壌を訪れた。北朝鮮の首領金正日は、小泉首相に対し、北朝鮮工作員が13名の日本人（女性7名、男性6名）を拉致したことを認めた。これは、多くの日本人が北朝鮮により強制的に誘拐されたのではないかと日本において何年も疑われてきた末でのことである。小泉首相が述べたところでは、金正日は、拉致を認める中で、「これらは北朝鮮に所属していた者による過去の仕業であったとし、謝罪をして、遺憾の意を表した」。金正日と小泉首相が国に代わって出した日朝平壌宣言では、「日本国民の生命と安全にかかわる懸案問題については、朝鮮民主主義人民共和国側は、日朝が不正常な関係にある中で生じたこのような遺憾な問題が今後再び生じることがないよう適切な措置をとることを確認した」と記された【1434】。小泉首相に（拉致を）認める前、北朝鮮は、同国に拉致されたまたは強制的に失踪させられたと考えられる失踪者に関するすべての主張を否定していた。

925. 調査委員会は、拉致を実行する部門で働いていた元北朝鮮職員からの証言を得た。朝鮮労働党の35号室で働いていた元職員は、当該室は「誘拐や拉致といった通常の諜報活動」を担当していたと述べた。当該室のある部局は、日本人の拉致を専門に扱っていた。この元職員は、１９９０年に35号室に入ったが、当時、北朝鮮に人を「連れてくるように」との命令が金正日から下された。これを受け、幹部がこの命令を実行するための計画書を作成すると、金正日がこれに署名した。一般的な指示は、外国人を北朝鮮に来るよう説得するようにというものであった。しかし、それが不可能なときには、誘拐しなければならなかった【1435】。

926. 日本での誘拐の多くは、海岸に近い地方で発生した。工作員は、海から日本に近づき上陸した。一人で歩いている女性は、実行が容易なため、しばしば標的にされた。元職員は、被害者を捕えるために用いられた様々な手段について述べた。例えば、ボートに運ぶための袋に入れる前に、被害者を取り囲み、呼吸を塞ぎ、そして／または麻酔剤に浸した包帯を口に縛るといったことである。調査委員会が得た他の証言によれば、スパイ訓練の正規の科目に拉致の実践が含まれており【1436】、また、50％のスパイが日本語を、50％は韓国語を教えられたとのことである【1437】。35号室で働いていた前述の元職員は、拉致された10名の日本人女性を個人的に知っていた【1438】。

927. 朝鮮人民軍の偵察局で働いていた別の元職員は、海上における日本人拉致に関わったと証言している。この元職員によると、拉致のオペレーションを行うには金日成か金正日の署名が必要であった。金正日はまた、拉致に関与する主要部署の１つである偵察部門を頻繁に訪れていた。海上における拉致は、一般的に、深夜0時から午前3時までの間に行われた。北朝鮮の船は日本船舶（日本語が記載されていた）に偽装し、日本の海岸近くにおいて一隻だけいる日本の小船に近づいた。この小船が襲撃されると、最も若くて優秀な船員だけを捕らえた後に小船は沈められ、他の必要とされない乗組員は溺死した。北朝鮮工作員は、エンジンルームのポンプを切断し、小船を浸水させ、１～2時間以内に沈没させた【1439】。

928. 日本人は、通常、スパイ活動やテロ行為に利用するために誘拐された。彼らは、日本語や日本の文化を北朝鮮工作員への訓練の中で教えたり、日本の身分証明書をより精巧に偽造するための研究を行った【1440】。また、北朝鮮工作員が拉致された者の身分を使用して日本人になりすましたりすることに利用された。

例えば、1987年、2名の北朝鮮工作員が日本人の旅券を使って日本人になりすまし、バグダッド発アブダビ、バンコク経由ソウル行きの大韓航空機858便の頭上手荷物入れに爆弾を仕掛け、アンダマン海上空で爆破させ、搭乗していた115名全員を死亡させた。2名の北朝鮮工作員は、バーレーン空港で逮捕された後に自殺を図った。男性工作員は死亡したが、金賢《キムヒョン》姫《ヒ》［*Kim Hyon-hui,*］という女性工作員は生き残り、後に、自分と相手の男性が北朝鮮国籍であり、韓国大統領選挙と1988年のソウル・オリンピックを妨害するために金正日から航空機を爆破せよという命令を受けていたことを自白した。他の国民の拉致に関する証言でも、日本人になりすましていた拉致実行犯がいたとのことである【1441】。

929. 朝鮮労働党中央委員会傘下の35号室および作戦部並びに朝鮮人民軍傘下の偵察局は、2009年、統合されて「偵察総局」となり、公式には朝鮮人民軍に所属している。

930. 2002年の（訪朝時の）記者会見において、日本の小泉首相は「私は不審船事案が繰り返されてはならないと発言したのに対し、金正日総書記からは、**これは軍部の一部が行ったと思われ**、今後、更に調査をしたい、このような問題が一切生じないよう適切な措置を取るとの反応があった」旨述べた【1442】。調査委員会は、これら拉致事案が、軍隊の不届きな分子により行われたものではないと見る。むしろ、それらは金日成そして引き続いて金正日による明確な命令の下で実行された、対象を絞った攻撃であった。

931. 金正日が日本人13名の拉致を認めたが、すべての真実を語ってはいないあ。日本政府は、帰国者5名を含む17名の日本人（女性9名、男性8名）が拉致されたことに疑いはないとしている。日本の警察は、北朝鮮による拉致の可能性を排除できない日本人行方不明者として、約860名につき引き続き捜査・調査している【1443】。日本人の行方不明（および北朝鮮における人権）に関連した問題に取り組んでいるグループの集合体である「北朝鮮における『人道に対する罪』を止める国際連合」（ICNK）の日本チームは、調査委員会に対し、北朝鮮による日本人拉致被害者数は少なくとも40名、おそらく100名以上にのぼると証言した【1444】。

932. 北朝鮮による十分な協力を得られない状況において、調査委員会は、日本から北朝鮮に拉致された日本人の数を正確に把握することはできない。しかし、調査委員会は、少なくとも100名の日本人が北朝鮮に拉致された可能性があると考えている。拉致の理由としては、工作・軍関係の訓練学校において外国語を教えること、拉致被害者の専門的な技術の必要性、そして、多くの拉致被害者の事案に見られたように、北朝鮮に住む外国人の結婚相手として「与える」こと、などがあると考えられている。Ⅳ章のCで記述したとおり、「純粋な朝鮮民族」の保護と維持が北朝鮮社会の重要な特色であり、混血の朝鮮民族の出生を防ぐための多大な努力がなされている。特に、日本人は、将来日本においてなされる革命を引き起こすために北朝鮮における日本人の数を増加させるため、他の集団から隔離されているようである。

(i) 日本からの拉致

933. ２００２年、日本の小泉首相との会談の際、金正日は、日本人13名の拉致を認めた【1445】。その後、日本人５名が日本への訪問を北朝鮮に認められ、全員がそのまま日本に残った。北朝鮮は、その他8名の日本人拉致被害者については、死亡したと述べた。しかし、その主張を裏づける明確な証拠は示されていない。

横田めぐみ〈1977年11月15日〉

934. 横田めぐみは、13歳の時、日本の新潟県の沿岸地方において、下校中に強制的に連れ去られた。２００２年、金正日は彼女の拉致を認めたが、めぐみは29歳の時に死亡したとされた。しかし、この主張を裏づけるために提供された死亡確認書は偽造されたものと見られ、また、彼女のものとされた遺骨のＤＮＡ検査では一致が見られなかった。めぐみは、本人もまた10代に北朝鮮により拉致された韓国のキム・ヨンナム［*Kim Young-nam*］と結婚したと見られる。その間には、一人の娘がいる【1446】。

935. 横田の両親、横田早紀江と横田滋は、全ての拉致被害者のために、疲労をものともせず活動してきた。両親は、２０１３年８月に東京で開催された公聴会に出席し、調査委員会に対し以下のとおり証言した。

> 初めて成長した（めぐみの）写真を見た（とき）……涙が出ました。（拉致以来）初めて、写真で娘を見たのです。本当に悲しかった。それまでの20年間、あらゆる所を探しました。そして今、平壌にいるのです。とても胸が苦しかったです。やっと娘を見つけたのに、まだ助けることができずにいます。娘にごめんなさいと言いました。そして、まだ彼女を助けてあげられずにいることに対し、涙を流しました【1447】。

田口八重子〈1978年6月〉

936. 田口八重子は、１９７８年６月、２人の幼い子供を残したまま、東京から行方不明となった。１９８７年11月に発生した大韓航空機爆破事件で有罪となった元北朝鮮工作員の金賢姫は、田口に日本人になりすます方法を教わったとされている。北朝鮮は、田口は30歳の時に死亡したと主張した。しかし、北朝鮮当局は、彼らの主張を裏づける信頼性のある証拠を提示していない。

地村富貴恵（旧姓濵本）、地村保志夫妻〈1978年7月7日〉

937. 地村夫妻は、日本の福井県小浜海岸付近で、夕刻、デートをしている時に、拉致された。地村夫妻は、２００２年、（北朝鮮が）拉致を認めた後に日本への帰国が許された5名の拉致被害者のうちの2名である。彼等は北朝鮮に戻らなかった。その後、彼等の子供達は、２００４年、日本にいる両親の元に戻ることができた。２００６年、日本政府は、彼等の拉致に責を負うとされる北朝鮮工作員・辛光洙《シングァンス》［*Shin Gwang-su*］の逮捕状を発令した。

蓮池祐木子（旧姓奥土）、蓮池薫夫妻〈1978年7月31日〉

938. 蓮池夫妻は、日本の新潟県柏崎市の海岸で拉致された。蓮池夫妻は、２００２年、（北朝鮮が）拉致を認めた後に日本への帰国が許された拉致被害者5名のうちの2名である。彼らの子供達は、２００４年に日本に帰国した。２００６年および２００７年、日本の当局は、同夫妻の拉致に関わったとされる３名の北朝鮮工作員、チェ・スンチョル［*Choi Sun-chol*］、ハン・クムニョン（自称：ハン・ミョンイル［*Han Myeong-il*］）、キム・ナムジン［*Kim Nam-jin*］の逮捕状を発令した。

増元るみ子、市川修一〈1978年8月12日〉

939. 北朝鮮が拉致を認めた3組目のアベックである増元と市川は、１９７８年夏、日本の鹿児島県吹上浜に夕日を見に出かけた後、行方不明となった。北朝鮮は、2人は１９７９年7月に結婚し、それぞれ27歳と24歳で死亡したと主張した。死亡したとされている他の拉致被害者と同様、彼らの死亡を立証する信頼性のある証拠は提示されていない。増元の弟である増元照明は、調査委員会に対して以下のとおり述べた。

> 私の家族は、るみ子のことが心配で病気になりそうでした。彼女がどこかで生きているようにと祈らなかった日はありません。私たちは、長い間深く悲しみましたが、ある時点から、このことについて話すのを止めました。話すたびに傷口が開き、母が、昨日起こったことの様に泣き始めるからです。私たちは、挫けずに毎日を生きていこうとしましたが、私たちの笑顔は作り笑いです。私たちは、いつもるみ子のことを考えています。私たちは、人生を楽しむ力を完全に失ってしまいました。愛する姉を失った苦痛は決して消えません。私は、両親が経験してきた痛みを想像することしかできません【1448】。

曽我ひとみ、曽我ミヨシ〈1978年8月12日〉

940. 曽我と彼女の母親は、新潟県の佐渡島で、買い物からの帰宅途中に拉致された。北朝鮮は、曽我ひとみの拉致は認めているが、彼女の母親である曽我ミヨシを拉致したことは否認している。2002年、(北朝鮮が)拉致を認めた後、曽我ひとみは、日本への帰国を許された。

941. 曽我ひとみは、北朝鮮において、チャールズ・ジェンキンス［*Charles Jenkins*］と結婚した。彼は、朝鮮戦争後、韓国にある基地から北朝鮮に自発的に渡ったアメリカ人脱走兵5名のうちの1人である。1965年に韓国にある基地から脱走したジェンキンスは、彼より先に北朝鮮に渡っていた3人のアメリカ人、ラリー・アレン・アブシャー［*Larry Allen Abshier*］(1962年)、ジェームズ・ジョセフ・ドレスノック［*James Joseph Dresnock*］(1962年)、ジェリー・ウェイン・パリッシュ［*Jerry Wayne Parrish*］(1963年)の近所に住んでいたと述べている【1449】。ジェンキンスによると、4人は厳重に監視され、行動の自由が著しく制限されていた。4人は、1966年にソ連大使館に亡命を求め脱出を試みたが成功せず、北朝鮮から離れられる機会は全くないことを確信した。彼らは、自発的に北朝鮮に渡ったが、捕らわれの身となった。2004年、ジェンキンスと2人の娘は、曽我と日本で再び共に暮らすことになった【1450】。

942. わずか19歳で拉致された曽我は、北朝鮮に着いた後の最初の1年間、横田めぐみと同じ場所で監禁された。2人は厳重に監視され、相互の日本語での会話は禁じられていたが、互いに親しくなった。

原敕晁〈1980年6月〉

943. 1980年6月、原敕晁《ただあき》は、日本の宮崎県で行方不明となった。北朝鮮工作員である辛光洙は、後に日本において原になりすました【1451】。また、辛光洙は、原のパスポートを使って、韓国を含む様々な国に渡航した。彼は、韓国において逮捕され、裁判にかけられ、投獄された。逮捕後、彼は韓国当局に対して、原を拉致し北朝鮮に連れて行ったことへの関与を認めた。北朝鮮は、原は1986年に肝硬変で死亡したと主張した。日本人拉致について自身の著作の中で多くの情報を明らかにしたジャーナリストの石高健次は、調査委員会に対し、原拉致事件の経緯について以下のとおり述べた。

> 3名の人物が辛光洙に協力し、彼の命令に従って、原敕晁という大阪の調理師を誘拐した。辛光洙は、原を九州に連れて行き、そこで北朝鮮からやってきた他の工作員たちと合流して、原を袋の中に入れて無理矢理船に乗せ、北朝鮮まで連れ帰った【1452】。

944. 日本政府は、他に4人の日本人が北朝鮮に拉致されており、その解放と日本への帰国を求めている【1453】。北朝鮮当局は、これら4人の日本人が北朝鮮に入境したことはないと主張している。

久米裕〈1977年9月19日〉

945．久米裕は、石川県の宇出津《うしつ》海岸で姿を消した。元警備員であった久米は、北朝鮮の工作員である在日朝鮮人により、金儲けに誘われ騙された。工作員は、岸から離れた場所に係留している船に乗っている人々のところにゴムボートでお金を持っていくよう、久米に依頼した。久米は帰ってこなかった。警察は、その工作員の疑わしい行動に気付き、23日間拘束したが、出国前の久米の意思が不明であったことから、最終的に久米の失踪に関係したとの証拠の収集には至らなかった【1454】。北朝鮮は、久米は入境していないと主張している。

松本京子〈1977年10月21日〉

946．松本京子は、日本の鳥取県で編み物教室へ行く途中に姿を消した。松本が2人の見知らぬ男と話していたところを近所の住民が目撃している。松本のサンダルは海岸の近くで発見されており、その見知らぬ男たちにより船で連れ去られた疑いがもたれている【1455】。日朝協議の中で、北朝鮮は、松本京子の入境は確認できないと述べている。

947．曽我ミヨシ〈1978年8月12日〉

曽我ミヨシは、曽我ひとみ（940参照）と共に拉致された。北朝鮮は、曽我（ミヨシ）は入境していないと主張している。

(ii) 海外からの拉致

948．1970年代初め、共産主義および／または主体《チュチェ》思想に魅了され、自らの意志で北朝鮮に渡ったある日本人グループが、その後、海外における日本人の拉致に加担した。

949．よど号グループは、1970年に航空機をハイジャックして北朝鮮へ向かった9名の日本人からなる。このグループは、日本の共産主義同盟（ブント）から1969年に分離した日本赤軍に属していた。警察は、当時の佐藤首相を誘拐する計画を暴き、50名以上を逮捕し9名を国外逃亡させるに至った【1456】。1970年3月31日、思想上のリーダーである塩見孝也と活動上のリーダーである田宮高麿の指示の下、このグループは、乗客129名を乗せた東京発福岡行きの日本航空351便をハイジャックし、（福岡とソウルで乗客を降ろした後）北朝鮮に向かわせた。彼等がハイジャックした飛行機が「よど号」であったことから、この9名は「よど号グループ」として知られることとなった。このグループは、キューバ行きを計画し、北朝鮮がキューバへ彼等を送ってくれることを期待したが、北朝鮮に留まることとなった。

950．よど号グループの妻や恋人は、後に、北朝鮮への入国を認められた。未婚のメンバーは、北朝鮮において日本人と結婚した。よど号グループおよびその配偶者は、平壌郊外の「日本革命村」と名付けられた地域に居住した。彼らは、金日成が終局的な共産主義の楽園を創造するには三世代に渡る革命家が必要であると信じていたので、子供を産んで日本での革命を担う将来の世代を築くことを任務とした。よど号のメンバーおよびその配偶者は、主体思想と金日成主義に基づく集中的な教育を受けた後、金日成の要請に従って活動を行うよう命ぜられた。

　八尾恵は、主体《チュチェ》思想に関心を抱いた日本人であったが、1977年に、2~3カ月の滞在のつもりで、北朝鮮に渡航した。渡航すると、彼女は、囚われ、よど号メンバーである柴田泰弘との結婚を強制され、子供を産んだ。北朝鮮に囚われていた間の1983年、彼女は、金日成の命令と朝鮮労働党56課の監視の下、若い日本人女性をそそのかして北朝鮮に連れてくるよう強いられた。この命令の結果、八尾は、日本人拉致被害者である石岡亨か松木薫のどちらかと結婚させ子供をもうけさせる目的で、日本人学生であった有本恵子をそそのかしてロンドンから北朝鮮に入国させた。これは、日本における革命勢力グループの人数を増やす計画の一部であった。

951. 朝鮮労働党56課は、駐ザグレブ北朝鮮総領事館から出されるヨーロッパでの作戦を遂行していた【1460】。ザグレブの副領事キム・ユチョル［*Kim Yu-cheol*］は、56課で働いており、よど号グループとその配偶者の活動を管理していた。副領事のキムとよど号グループのリーダーである田宮は、革命軍に加えるため日本人を「獲得」し北朝鮮に連行せよとの金日成の命令に基づき、海外における日本人拉致を協力して行った【1461】。

田中実〈1978年ごろ〉

952. 田中実は、1978年にヨーロッパに向けて出発した後に失踪した。2005年、日本政府は、田中を拉致被害者と認定し、北朝鮮からの解放を要求した。北朝鮮からは、この要求に対する反応はない。

石岡亨および松木薫〈1980年5月〉

953. 石岡と松木は、友人であったが、北朝鮮の工作員にヨーロッパで拉致されたと認識されている。2人は、よど号メンバーの妻である森順子と若林（旧姓黒田）佐喜子によって、そそのかされて北朝鮮に連れて行かれた【1462】。北朝鮮は、彼等の拉致について認める一方、2人は、比較的若い頃に死亡したと主張している。しかし、北朝鮮は、その主張を裏づける信頼性のある証拠を提示していない。

有本恵子〈1983年7月〉

954. 有本は、1983年に、八尾恵によってそそのかされ、北朝鮮に連れて行かれた。有本は、ロンドンの語学学校での勉強を修了し、1983年7月に日本に帰ろうとしていたとき、八尾と出会った。八尾は、北朝鮮でマーケティングのアルバイトの仕事に就くように有本を説得した。（北朝鮮にいる）よど号リーダーの指示と、魚本（旧姓安部）公博（よど号メンバー）と北朝鮮の工作員キム・ユチョル（旧ユーゴスラビアの駐ザグレブ北朝鮮総領事館の副領事）の指揮の下、八尾は、コペンハーゲンで有本をマーケティング会社のボス（魚本）と国営貿易会社の責任者（キム）に会わせる段取りをした。4人がレストランで会った後、有本はキムと北朝鮮に渡り、消息が途絶えた。それまでに拉致されていた日本人男性の妻となる若い日本人女性が「必要」とされていたことから、有本が北朝鮮の工作員の標的となった。

955．1988年、日本にいる石岡の両親は、石岡、松木、そして有本が北朝鮮にいることを知らせる手紙を受け取った。その手紙は、ポーランドから送られたようであり、有本恵子の保険の書類に書かれていた【1463】。手紙では、彼等が元気であることと、なぜ北朝鮮にいるのかは書くことができないと述べる以外は、詳細が記載されていなかった。手紙には、石岡と有本の子供とされる赤ん坊の写真が同封されていた。有本の両親は、何年もの間、彼等の娘に会うために支援を求めたが、日本政府は、日本と北朝鮮に国交がないためできることは何もないとの助言で一貫していた。

956．2002年、北朝鮮は、これら3名の拉致について認めたが、有本、石岡そしてその幼い子供は皆、自宅でガス中毒により死亡したという。これらは北朝鮮の実情に鑑みて信憑性が低く、彼等の死を証明する詳細な説明や信用できる証拠は、提示されていない。8名の拉致被害者は亡くなったとする北朝鮮の主張にかかわらず、有本（恵子）の母・有本嘉代子は、拉致被害者の家族を代表して、今後も引き続き娘と全ての拉致被害者に関する回答を追及すると、東京で調査委員会に対し、以下のとおり述べた。「私たちは、拉致被害者を救うための活動を止めることはできません」。

田中実〈1978年6月〉

957．2005年、日本政府は、田中実をヨーロッパから北朝鮮に連れて行かれた拉致被害者として認定した。

958．田中実は、兵庫県の飲食店の従業員であり、1978年6月、ヨーロッパに向けて出発した後、姿を消した。日朝協議の際、北朝鮮は田中の入境を確認できないと主張している。

(iii) その他の事案

959．調査委員会は、更に多くの日本人が拉致されたという信頼できる証言があると考えている。

朝鮮労働党中央委員会の35号室の元職員は、拉致された10名の日本人女性（訳注◉日本政府が公式に認定しているよりも1名多い）を個人的に知っていた。

1名の日本人の拉致に直接関与した八尾は、数百名が拉致されていたかも知れないと示唆した。八尾は調査委員会に以下のとおり述べた。

正確には分かりません。しかし、北朝鮮が拉致したと思われる日本人は恐らく数百名。みんな［革命村のよど号メンバーとその妻たち」が拉致を行っていましたが、彼等はこれを「仕事」や「活動」と呼んでいた。「Xはこの活動を完遂した」などという言い方をしていました。それで、私はみんながそれ（拉致）を実行していると知ったのです【1466】。

朝鮮人民軍の偵察局の元職員で海上での日本人拉致に関与していた者は、調査委員会に対し、海上での日本人の拉致および強制失踪に関与したと述べた。

１９７９年11月、この元北朝鮮職員は、日本の沿岸近くに偽装船で赴き、数名が乗船する他の船舶から離れたところにある船を探した。対象とした船には６名の乗組員がいた。工作員らは、最も若い者を捕えて北朝鮮に連れて行き、残りの５名は殺害した【1467】。

日本において拉致の可能性がある事案を調査している特定失踪者問題調査会（COMJAM）は、４７０名の失踪者の事案を調査している。その調査から、COMJAMは、約２８０名の日本人拉致被害者がいる「可能性がある」と考えており、そのうち77名は北朝鮮による拉致の可能性が「濃厚」としている【1468】。調査委員会は、COMJAMが現在「拉致濃厚」としている事案の多くは、そのすべてではないとしても、実際の拉致であると見る。北朝鮮とつながりが非常に高いとみられる事案において、いくつかのパターンが見られる。例えば、同種の職業（技術者、印刷工等）、特定の時期の失踪、身寄りのない成人、特定の地域の女性といった点である。

960. 拉致された疑いのある何名かの者は、北朝鮮で目撃されている。例えば、ある北朝鮮住民は、失踪した印刷工３名のうちの１人である日高信夫に似た者を見たと述べている。日高は、１９６７年９月に東京から失踪した。３名の印刷工は、１９６６年から１９６８年の間に北朝鮮によって東京から拉致されたものと考えられている。３名は、それぞれ日本の異なる地方の出身で、いずれも東京で一人暮らしをしながら印刷会社で働いていた。彼等は、恐らく偽札を作る目的のため、その印刷機械に関する知識と技術の故に対象となったと考えられている。

961. 日本人の拉致が疑われる顕著な事案の一つが藤田進である。大学生であった藤田は、１９７６年２月７日、アルバイトのため家を出た後、姿を消した。特定失踪者問題調査会が得た情報によると、藤田は、北朝鮮工作員によってある病院に留め置かれていたが、北朝鮮まで連れてこられたとのことである。ある元北朝鮮住民によって提供された写真が、藤田の写真であるとされている。この写真の専門家による鑑定により、当該写真と彼が失踪する前の写真とが類似していることが判明した。日本の捜査官は、平壌の金正日政治軍事大学で藤田を見た元北朝鮮工作員から証言を得ている。藤田の事案については、強制失踪作業部会により追跡調査されている。しかし、北朝鮮側は、藤田について全く承知しないとしている。

962・朝鮮労働党の56課により北朝鮮に連れてこられた日本人拉致被害者（家族を含む）は、よど号グループが住んでいた日本革命村近くの敷地内に居住している【1469】。35号室により北朝鮮に拉致された日本人女性は、平壌に住んでいる。35号室により拉致された日本人女性の何名かは、北朝鮮工作員の子を妊娠しており、彼女らは、複数の場所にある警備された住宅である「密封招待所」に送られて居住している。子供が生まれれば、その工作員の両親のところに預けられる。母親は週末にしか子供と会うことが認められていない。女性は、北朝鮮にいる間は、35号室の監視・見張りの下にある。彼女らが外出したり、子供に会いに行ったり、その他の活動に従事するためには、許可を取得しなければならない【1470】。

(g) 1970年代後半 他の各国からの拉致および女性の強制的失踪

963・1977年以降、北朝鮮により、（日本および韓国以外の）他の国の国民も同様に拉致された。拉致は、時に強制的に、時にそのかしによって、実行された。拉致の理由としては、外国語をスパイや軍のための訓練学校で教えること、技術的な専門性の取得、そして、多くの拉致被害者の事案に共通することであるが、朝鮮人と非朝鮮人との婚姻を回避することを目的とした北朝鮮内の外国人への結婚相手として「与える」こと等がある。Ⅳ章のCで言及されたとおり、「純粋な朝鮮民族」は朝鮮社会の主要な特性の一つで、混血の朝鮮人の誕生を防止するため、多大な努力が費やされてきた。

一例を挙げると、元米兵たちには、不妊症であると信じられたため夫から離縁された（北朝鮮女性の）調理師たちが提供された。ジェンキンスによれば、この調理師たちは、「基本的には、非公式な妻として、妻としてのすべての伝統的な役割を果たすこととされた」。米兵たちは、これら調理師と性的関係を持つことが期待され、少なくとも一つの事例では、性的関係の欠如が男性の殴打に繋がっている。1978年、元米兵アブシャーの調理師は妊娠し、「一夜のうちに消えた」。

> アブシャーの調理師がたまたま妊娠してしまった後、我々の指導員は我々に対し、組織は、北朝鮮人の女性調理師を提供するという政策はうまくいっていないと決定し、我々の妻とするため4名のアラブ人女性をレバノンから見つけてきたと述べた

964・日本および韓国以外の国々の国民について確認されたすべての拉致が、アブシャーの調理師が妊娠した後に発生しており、4名の元米兵が後に非朝鮮人の女性と結婚していることは、注目に値する。北朝鮮に拉致された非朝鮮人の女性のうち少なくとも何名かは、朝鮮民族の純血性を損なうことを回避する手段として北朝鮮内の非朝鮮人の結婚相手とすることを目的に連

れてこられたものと推測される。

1978年：レバノン人女性4名の強制的失踪

965. 1978年、レバノン人女性4名がそのかしによって北朝鮮に連れてこられた【1472】。チャールズ・ジェンキンスによれば、彼女たちは、4名の元米兵の妻となることとなっていた【1473】。彼女たちは、月給千ドルの秘書業務に東京で就くことになると告げられていた。このうち2名が、ベオグラードを訪問中、拉致されてから1年1カ月後に逃亡を果たしたのである。他2名は、元米兵のジェームズ・ジョセフ・ドレスノックおよびジェリー・パリッシュに妻として「与えられた」。北朝鮮に残された拉致被害者のうち1名の母親は、この女性の所在をつきとめ、被害者の解放を求めて交渉した。ジェンキンスによれば、拉致被害者のうち1名は、北朝鮮を離れる際、パリッシュの子を身籠っていた。このことで、彼女とその家族は困難に直面することになり、彼女は、子供の父親と暮らすため、北朝鮮に戻るこにとした。

1978年：マカオでのタイ人女性の拉致

966. アノーチャ・パンチョイ［*Anocha Panjoy*］（女性）は、1978年7月2日、マカオで拉致された。北朝鮮でパンチョイの近所に住んでいたジェンキンスによれば、パンチョイは、マカオで無理矢理船に乗せられ、自らの意思に反して北朝鮮に連れてこられた。彼女の失踪から3日後の新聞記事によれば、パンチョイは日本人を装った男性と一緒に出かけたとのことである。この記事では、パンチョイの友人の発言として、パンチョイがその友人に対し、自分が夕方6時までに外出から戻らなければ警察に通報するよう話していたことが引用されている【1474】。この情報は、パンチョイが北朝鮮に到着後にジェンキンスが聞いた話と整合性がある。パンチョイは元米兵のアブシャーに「与えられた」。

967. 調査委員会は、2013年9月、タイのバンコクで調査を実施し、パンチョイの家族から証言を得た。タイ政府は、パンチョイの失踪を拉致事件と認めたことはなく、彼女の失踪を「行方不明者」の事案として捉えている。にもかかわらず、タイ政府は、北朝鮮当局に対してパンチョイの情報提供を繰り返し要請しているが、何ら前向きな対応はないと述べている。2014年1月、タイの国家人権委員会は、パンチョイ事件に関する報告書をとりまとめた。調査委員会は外務省が引き続きパンチョイの事案を追及するよう、タイ政府に勧告している。

968. 調査委員会は、パンチョイがマカオ滞在中に拉致され北朝鮮に連れて行かれたことを証明する十分な証拠が得られていると認識している。この結論の主要要素は、チャールズ・ジェンキンスの証言およびパンチョイも写っている家族写真等の証拠である。調査委員会は、彼女が今日も北朝鮮にいるものと判断している。

1978年：マカオにおける中国人女性2名の拉致

969. コン・リンイン［*Kong Lingying*］（別表記 *Hong Leing-ieng*）とスー・ミャオジェン［*Su Miaozhen*］（別表記 *So Moi-chun*）という中国人女性2名は、パンチョイと同時期にマカオで拉致され、北朝鮮に連れていかれた【1475】。2人は、マカオの宝石店で一緒に働いていた。家族の説明によると、彼女たちは、日本人と思われる男性とその宝石店で知り合った。この北朝鮮工作員と思われる男性は、気前がよく、彼女たちを時々夕食や他の遊びに連れ出していた【1476】。

970. パンチョイがジェンキンスに語ったと伝えられるところによると、マカオからの船内には他の2名の女性のアジア人拉致被害者がいたが、彼女はこれら被害者らと話すことを許されなかった。北朝鮮到着の直前、これら女性3名は、服を脱ぐよう命じられた。服は、後日、きれいに洗濯されて返却された。到着時、3名は、一列に並んで上級指導員2名による審査を受けた。調査委員会は、これら指導員2名の身元を把握している。伝えられるところによれば、幹部はそれぞれ1名の中国人女性を自分の車で連れていった。パンチョイは、その後、どちらの女性とも会うことはなかった。元北朝鮮工作員金賢姫《キムヒョンヒ》は、コンから中国語を学んだと明らかにしている。拉致された韓国人女優の崔銀姫も、北朝鮮でコンと連絡があったとのことである。

1978年：シンガポールでのマレーシア人女性4名 および シンガポール人女性1名の拉致

971. 「北朝鮮に拉致された日本人を救出するための全国協議会」によれば、1978年8月20日、シンガポールにおいて、4名のマレーシア人女性、すなわちイェン・ヨケ［*Yeng Yoke*］（23歳）、セエト・タイ・ティム［*Seetoh Tai Thim*］（19歳）、ヤプ・メ・レン［*Yap Me Leng*］（22歳）、マーガレット・オン・グアト・チョー［*Margaret Ong Guat Choo*］（19歳）と、シンガポール人女性のダイアナ・ン・クム［*Ms Diana Ng Kum*］が拉致された【1477】。日本人と称する男性2名が船上パーティーに5名の女性を派遣するようエスコート業者に依頼した。19～24歳の5名の女性は消え、船も二度と現れなかった。崔銀姫は北朝鮮で近所に住んでいたマレーシア人について聞いたことがあるとされている。

972. 調査委員会は、これらシンガポールおよびマレーシア国民の拉致疑惑に関する更なる情報を求め、両国政府に対して質問を行った。シンガポール政府は、本件に関する情報を有しておらず、また、近親者から領事面での支援を求められたこともない旨回答した。マレーシア政府からは、情報提供に関する我々の要請への対応が得られていない。

1979年：ルーマニア人女性の強制的失踪

973. ドナ・ブンベア［*Dona Bumbea*］は、1978年、イタリアで失踪しており、北朝鮮にそそのかされて連れていかれたものと見られている。ブンベアは、イタリアで美術を学んでいた時、画商と称するイタリア人男性と出会った。この男性は、香港で展覧会を開催するようブンベアを説得した。2人は平壌経由の香港行きで出発したが、男性は平壌で消えた。ブンベアは、北朝鮮に留め置かれ、元米兵ドレスノックに「与えられた」。ブンベアは、北朝鮮で、2人の息子を残して死亡した。1981年生まれのリカルド・ドレスノック［*Ricardo Dresnock*］と1983年生まれのガブリエル・ドレスノック［*James Gabriel Dresnock*］は、2006年の「クロッシング・ザ・ライン」（監督ダニエル・ゴードン、ニコラス・ボナー監、英国ドキュメンタリー映画）や2013年の「エイム・ハイ・イン・クリエーション」（アンナ・ブロイノフスキー、豪ドキュメンタリー映画）などに登場している。ルーマニアのブンベアの家族はブンベアの子供に会いたいと願っているが、全く連絡が取れない状況が続いている。

974. ルーマニア政府は、調査委員会に対し、チャールズ・ジェンキンスの2006年の著作で北朝鮮におけるブンベアの生活について明確な証拠が提供されて以降、北朝鮮当局に対してブンベアに関する情報提供を要請したとしている。ルーマニア当局からの要請に対し、北朝鮮は、「現状では、ルーマニア人が拉致されたことを確認する証拠やこれを示唆するものは存在しない」と回答した。

フランス人女性

975. 調査委員会は未確認のフランス人女性の拉致疑惑に関する情報を入手した。崔銀姫によれば、このフランス人女性は、フランスにおいて、アジアの富豪の跡継ぎと称する北朝鮮工作員と恋愛関係になり、そそのかされて北朝鮮に連れてこられた。この女性が平壌までその男性と旅行してきたのは明らかであるが、その後、この男性は、消息を絶った。彼女は、北朝鮮において、招待所に留め置かれた【1481】。金賢姫はこのフランス人女性を見たことがあるとされている。ジェンキンスは、映画撮影中に共演したフランス人女性を見たことを記憶している。しかしながら、彼は、その女性が拉致されてきたのかどうかは知らない【1482】。

1 帰国したレバノン人拉致被害者による同時期の報告によれば、レバノン人女性が留め置かれたのと同じ北朝鮮の収容所に3名のフランス人女性がいた【1483】。

2 調査委員会は、北朝鮮により他の外国人、特に女性が拉致された可能性が高いと見る。前出のレバノン人女性は、帰還した時、レバノンの報道関係者に対して、収容所には3名のフランス人女性、3名のイタリア人女性、2名のオランダ人女性と他のヨーロッパ出身の女性および中近東出身の女性を含む28名の女性がいたと述べたと伝えられている【1484】。

(h) 1990年代から現在まで：中国での拉致

976．1990年代から中国に多数の住民が流出し始めたことに対応して、北朝鮮の国家安全保衛部の工作員は、組織的な拉致を中国国内で実行した。被害者達は、北朝鮮内で強制的に失踪させられた。これらの被害者の主だった者としては、中国や中国経由で韓国に逃亡する北朝鮮住民を支援した中国人や韓国人に加え、外国や韓国当局へセンシティブな情報を伝える可能性のある北朝鮮の元当局者等がいる。

キム・ヨンファン［*Kim Young-hwan*］は、軍事境界線地域で積極的に活動した韓国の人権活動家であるが、少なくとも6名の韓国国民と多数の中国国民（そのほとんどが朝鮮族）が過去15年間で誘拐されたと証言した。**キム**は、また、拉致は北朝鮮住民のうち特定の背景を有する人々を標的にしていたと示唆した。

少なくとも過去15年間にわたり、多くの誘拐およびテロ行為が行われている。北朝鮮は、誘拐のための組織を立ち上げ、運用している。彼等は、誘拐のために人を（中国の主要都市に）送り込み、誘拐犯達は瀋陽のような都市まで行っている。しかし、彼等は、無差別に韓国人や北朝鮮人を誘拐しているわけではなく、国家安全保衛部や警察に所属していたり国家と特別な関係を有しているような重要な人物を拉致している。彼等は、重要な地位に過去に就いていたか、現在、重要な地位を占め始めた脱北者を標的とする。誘拐の標的とされた人物が特別な地位に就いていなかったとしても、中国において反国家的政治活動に従事していたことが分かれば、拉致の標的となり得る【1485】。

977．調査委員会は、北朝鮮の国家安全保衛部のために中国において拉致を行った工作員を有罪とする裁判所の判決を、一つは韓国から、もう一つは中国から入手した。拉致を実行した組織および拉致の方法に関して判決で明らかにされた事実は、相互補完的であり、また、調査委員会が公聴会、秘密面談および提出された文書から得た情報によっても裏づけられている。

978．第一の判決は、2005年に韓国のソウル中央地方法院によって下された【1486】。この裁判で明らかとなった事実は、容疑者である中国朝鮮族の国家安全保衛部員の自白および拉致事件に直接関わったことのある元北朝鮮工作員の証言を基礎としたものであった。それは、韓国の牧師キム・ドンシク［*Kim Dong-shik*］、元日本人のリャン・チョオク［*Ryang Cho-oek*］（女性）とその家族、そしてその他12名の北朝鮮人の北朝鮮による拉致を、極めて詳細に明らかにするものであった。

979．第二の判決は、2006年に中国の吉林省延辺朝鮮族自治州の中級人民裁判所によって下された【1487】。この裁判では、2名の北朝鮮人と4名の中国人が6件の拉致事件と1件の不法拘留の罪で有罪宣告を受けた。同判決は、被告人達が北朝鮮の国家安全保衛部の高官により北朝鮮から下された命令に従って拉致を実行したと裁断している。判決で言及されている被害者の中には、元日本人のリャン・チョオクと韓国のキム・ドンシクが含まれている。国家安全保衛部の工作員を含む2名の北朝鮮人は、3年7カ月および3年6カ月の懲役刑を宣告された。中国人の被告人達は、6カ月から2年間の禁固刑を宣告された。

980. これらの判決および調査委員会が聴取した追加的な証言およびその他の入手した情報は、北朝鮮の国家安全保衛部の工作員および中国人により構成されるチームが、北朝鮮のために、周到に組織化された多数の拉致を実行したことを示している。彼等は、北朝鮮の咸鏡北道の会寧に所在する国家安全保衛部の工作員に雇われ、その命令と緊密な作戦指揮の下で行動した。谷山工場として知られる会寧の国家安全保衛部の「隠れ家」が、作戦基地として使用された。中国および韓国での判決は、作戦を首謀した咸鏡北道に勤務する国家安全保衛部の司令官達の名を特定している。調査委員会は、かつて中国にいた国家安全保衛部の元工作員および北朝鮮から脱出する北朝鮮住民の支援活動を行っている他の証人から、同一の関係者達を示唆する情報を独自に得ている【1488】。

２０００年1月、国家安全保衛部のあるチームが、キム・ドンシクを中国吉林省東部の延吉市で拉致した。キムは、北朝鮮住民が中国から韓国へ脱出するのを支援していたため、北朝鮮の標的となった。国家安全保衛部の工作員は同師を罠に誘い込み、北朝鮮に強制的に連れていった。国家安全保衛部の工作員が北朝鮮内で同師を引き受けた。同師は、北朝鮮において、咸鏡北道会寧の地下尋問拘禁施設に拘禁された。同じ地下監獄にキム・ドンシクと同時期に拘禁されていた**チョン・グァンイル**［*Jeong Gwang-il*］（男性）は、そこでキム・ドンシクと会い話をしたと調査委員会に証言した。キムは松葉杖をついていて、拷問によって怪我をしているように見えたという【1489】。韓国統一研究院（ＫＩＮＵ）によれば、キム・ドンシクは、２００１年２月、拷問による怪我の結果、拘禁されたまま死亡した【1490】。

１９９９年2月、国家安全保衛部の工作員は、リャン・チョオクと3名の家族を拉致した。主な被害者は、１９６０年代に日本から移住し後に北朝鮮市民となった61歳の日本人女性であった。現場の工作員に対して発出された命令によれば、「仮にリャン・チョオクとその家族が日本に辿り着くことになれば北朝鮮にとって恥辱」となることから、会寧の国家安全保衛部は、あらゆる必要な手段を尽くしてこの女性と家族を拉致すべしとの「最高命令」を受けたとのことである【1491】。

981. １９９８年から２０００年にかけ、下記の人々が、北朝鮮の国家安全保衛部により命令され同部のために実施された周到に計画された作戦により、中国から拉致された【1492】。

１９９８年3月、北朝鮮住民のチョン・ソン［*Chun Sung*］（中国名：*Qian Cheng*）（男性）は、中国吉林省延吉市で拉致された。国家安全保衛部が彼を韓国の情報当局に協力していたと考えたため標的とされたと見られる。

１９９８年８月、北朝鮮を脱出し韓国国籍を取得していた元ジャーナリストの北朝鮮人、チェ・チョンソク［*Choi Chun-sok*］（中国名：*Zhu Yuan*）（男性）は、中国吉林省延吉市で国家安全保衛部に拉致された。

１９９９年１月、リュ・ヨンボム［*Ryu Young-beom*］（男性）は、中国吉林省竜井《りゅうせい》市で北朝鮮に拉致された。彼と一緒に働いていたパク・ボンウク［*Park Bun-oek*］（男性）も、中国吉林省安図県で1カ月後に拉致された。

１９９９年２月、ソク・トゥウク［*Seok Du-oek*］（男性）は、中国吉林省竜井市で北朝鮮に拉致された。

１９９９年２月、ペク・ソンクク［*Paek Seung-kuk*］（男性）は、韓国の情報当局のために活動しているとの疑いを北朝鮮から受け、吉林省竜井市で拉致された。

１９９９年２月、国家安全保衛部の工作員が、中国吉林省竜井市三河鎮に脱出していた朝鮮人民軍兵士を拉致した。

１９９９年２月、国家安全保衛部の工作員が、2名の朝鮮人民軍治安部隊隊員と結託して中国吉林省竜井市で2名の兵士を拉致しようとして、失敗した。これら2名の兵士は北朝鮮から脱出する人々への支援に関わっていた。

１９９９年３月、吉林省竜井市において、国家安全保衛部の工作員が、ホァン・ヨンチャン［*Hwang Young-chan*］（男性）を拉致した。同氏は中国へ脱出前は平壌の高官であった。

１９９９年３月、リム・インスク［*Rim In-Sook*］、夫のハン・インチャン［*Han In-chan*］、彼らの娘2名、息子1名および8歳の孫は、中国吉林省安図県で北朝鮮に拉致された。

１９９９年６月、キム・チャンロク［*Kim Chang-roek*］（男性）は、国家安全保衛部により穀物盗難の疑いがかけられていたが、同部工作員により中国吉林省竜井市三河鎮で拉致された。

２０００年10月、北朝鮮工作員が、中国吉林省延吉市から、中国人のジン・ジョンル［*Jin Zhonglu*］（男性）を拉致した。被害者はかつて機密情報を持って北朝鮮から中国に脱出し、中国国籍を取得していた。

２００１年４月、北朝鮮工作員が、中国吉林省において、ジン・ホウツェ［*Jin Huzhe*］を拉致した。彼等は、本来の標的である他の北朝鮮人の情報を得ようとして、同氏に対し、豆満江でおぼれさせると脅迫した。既にその標的が中国から韓国へ移動していたことを知ると、工作員は同氏を解放した。

982. 調査委員会は、北朝鮮による中国での拉致は、1998年から2001年の間に実行されたこれらの拉致事案にとどまらず、より長い期間行われてきていたと信じるに足る根拠を有している。

首領とその家族の護衛任務に就いていた北朝鮮護衛司令部の元メンバーは、1989年に中国に脱出したと証言した。彼が北京に到着した後、韓国の外交官を装った北朝鮮の工作員が北朝鮮大使館に彼を誘い込み、彼を強制的に平壌に連れ戻した。その後、彼は、最終的に解放されるまで、耀徳の第15政治犯収容所に何年間も拘束された【1493】。

1995年7月、アン・ソンウン［*Ahn Seung-woon*］師が拉致された【1494】。彼は後に北朝鮮のテレビ放送に映ったが、その後の彼についての情報は得られていない。

世界キリスト教連帯（CSW）によれば、北朝鮮住民のキル・チマン［*Gil Ji-Man*］、キム・チョルフン［*Kim Cheol-Hun*］、キム・チョルス［*Kim Cheol-Su*］、シム・ソンシン［*Shim Seong-Shin*］が中国で2003年4月に拉致された疑いがある。2002年に北朝鮮から韓国に脱出したジン・キョンスク［*Jin Kyeong-Suk*］（女性）は、2004年4月、中国を訪問中に拉致された。元北朝鮮軍士官のカン・ジョン［*Kang Jeong*］とリム・ヨンハク［*Lim Yeong-Hak*］は、北朝鮮住民の同国脱出を支援していたが、2005年に中国吉林省延吉市で拉致された疑いがもたれている【1495】。

「北韓自由連合」は、70のNGOが集結した組織であるが、中国の病院で北朝鮮工作員によって73歳の女性のリ・ジュイム［*Lee Ju-Im*］が拉致されたと報告した。北朝鮮は朝鮮戦争時に若かったリを拉致していた経緯があることから、工作員は（この時も）リを標的にしたと見られる。2008年4月、42歳の中国朝鮮族のリ・ギチョン［*Lee Gi-Cheon*］（男性）は豆満江の近くで北朝鮮工作員に捕えられた。リは、脱北者の支援に関わっており、新たに脱出した北朝鮮住民を国境から中国延吉市まで先導していた時に拉致された【1496】。

調査委員会に対して、ある証人が、中国吉林省延吉市における2010年のチュ［*Chu*］（氏のみ公表）拉致事件について証言した【1497】。中国朝鮮族のチュも、北朝鮮からの脱出の支援に関わっていた。調査委員会に提出された他の秘匿証言は、200人に上る中国人（ほとんどが朝鮮族）が拉致された可能性があると示唆している。

他の数名の証人は、すべて中国側で北朝鮮脱出を支援して定期的に同地域を訪問しているが、国家安全保衛部の工作員が継続して滞在しており拉致の危険があると証言している【1498】。ある証人は、国家安全保衛部の工作員と名乗る者から2度の身体的攻撃を受けた。彼は、2度とも、危ない所で逃れることができた【1499】。他の証人達は、如何にして計画的な拉致から逃れたかを詳しく延べた。彼等は、中国治安当局の友好的な知人から特別な警告を受け取っていた【1500】。最近北朝鮮を脱出してきたある元北朝鮮政府関係者は、国境地域のいくつかの教会に助けを求めたが、教会の指導者らがこの証人を助けることにより、かえって　自らが拉致被害者となることを恐れたために断られたと報告した【1501】。

ある元政府関係者は、このことと関連して、タイに所在する北朝鮮政府関係者もタイに辿り着いた高いレベルの脱北者を発見し拉致するよう指示されていたと述べた。

2・失踪の結果としての苦悩、差別、迫害

(a) 北朝鮮の失踪者とその子孫の苦悩、と彼らの処遇

983. 「強制失踪からのすべての者の保護に関する宣言」は、強制失踪を、世界人権宣言の中で謳われる人権と基本的な自由に対する重大かつ言語道断な侵害として、また、人間の尊厳への犯罪として分類する【1503】。失踪者は、北朝鮮を離れる権利の侵害に加えて、差別を含む、多くの人権侵害を受けた。

984. 北朝鮮に失踪させられた人たちは全員、特別監視下に置かれているようであり、北朝鮮内の移動に制限を加えられた【1504】。彼らは、法の前にひとりの人間として認められる権利を否定され【1505】、拷問を受けない権利や、残酷な扱いか、非人道的な扱い、もしくは品位を落とす扱いを受けない権利を否定されている【1506】。朝鮮労働党と朝鮮人民軍（ＫＰＡ）の各部局がさまざまな拉致被害者グループの監視に当たっている。たとえば、35局（ＫＰＡ）は同局が拉致した人を監視し、５１９部（ＫＰＡ）は多くの非朝鮮人拉致被害者の監視にあたる【1507】。北朝鮮内の非朝鮮人失踪者の監視には、家の中のすべての物音を記録する盗聴、警備員による敷地の包囲、警備員付きでの週一回のみの外出許可などが含まれる。社会に組み込まれ、定期的な監視下にある【1508】朝鮮人失踪者（日本出身の朝鮮人とその家族を含む）は、さらに職場と近所の人たちから見張られ、監視される。失踪者たちは、「絶え間ない監視」に晒されている、と報告した。こうした監視は、１９６８年の米海軍情報収集艦プエブロ号を北朝鮮が拿捕したときのような国際的事件の時に強化された。

985. 北朝鮮に失踪させられた人の家族に対する監視は、その人に北朝鮮からの逃亡の可能性があると思われた時か、または逃亡したとの疑いがかかった時に強化された【1509】。オ・ギルナム［*Oh Gil-nam*］（男性）（906参照）の場合、オの家族は、オが韓国人をドイツから北朝鮮に誘い出す任務についている間、彼

の忠誠を確実にするためとして拘留された。任務期間中に彼が逃亡したことが北朝鮮に報告されると、彼の妻と2人の娘達は耀徳《ヨドク》の政治犯収容所に送られた【1510】。

986. 移動に対する監視と制限は非常に厳しく、強制失踪させられても北朝鮮から逃亡した人たちは、中国・北朝鮮国境を越えて追跡され、北朝鮮に強制的に連れ戻される。たとえば、「地上の楽園」運動で日本から移住した日本人女性のリャン・チョオク（女性）は、彼女の家族と共に中国の彼女達の新居まで追跡された。4人の家族は新居から強制連行され、北朝鮮に連れ戻された。

987. 第4章Bで記したように、成分《ソンブン》制度による差別が北朝鮮国内で蔓延している。朝鮮戦争拉致被害者と戦争捕虜は社会に統合されているとはいえ、彼らの出生により敵対階層に分類されているため国家からの差別を受け、また、南出身であるため北朝鮮市民から差別を受けた。たとえば、ある戦争捕虜の妻は、彼女の成分《ソンブン》階層を守るために戦争捕虜の夫と離婚するよう当局から圧力をかけられた。この女性は警察官と結婚し、戦争捕虜の夫は姿を消した【1511】。こうした理由から、多くの人たちが自分の出身を他の人に明かそうとしなかった。自分自身の家族にも明かさない場合があった。国家と国民からこの二重の差別を受けているために、彼らは結果として、人間関係に制約を受け、特別の監視下にさらされ、移動の制限と、さらに教育と雇用の機会が閉ざされ、食糧と医療サービスの利用を制限された。

988. 失踪者は教育と雇用の機会が拒否され、選挙権を与えられていない。この点に関し、韓国人失踪者が特に差別されてきた【1512】。彼らの子供達は軍隊に入隊できず、大学に入れない。拉致された漁師の**リ・ジャクム**（男性）の場合、北朝鮮で生まれた彼の息子は大学に行けなかった。彼は息子に教育を受けさせようと北朝鮮を離れた。

> 彼らが私の息子を大学に行かせないので、私は北朝鮮を離れました。私が子供を教育しなければ、子供達は成功できません【1513】。

帰還できたある戦争捕虜によると、鉱山に働く朝鮮人失踪者の子供達は強制的に働かされているという。彼はまた、北朝鮮社会に統合され、IDカードを受け取っているとは言え、彼らは5年間、選挙することが出来なかったと調査委員会に証言した【1514】。

989. 強制失踪者の大半が「敵対」階層に分類され、特に咸鏡《ハムギョン》北道《プクド》のような地方に送られていたため、厳しい境遇を生き残っていた人々は、その低い地位ゆえに、1990年代の飢饉の最初の被害者であった、と思われる。資源の限られた辺境地に住まわされている強制失踪者に利用できる医療施設は限られた。

990．非朝鮮人拉致被害者は一般的に平壌の近くに住まわされており、1990年の飢饉から全面的な影響は受けず、医療サービスを利用できたが、彼らは別の人権侵害を受けた。北朝鮮社会に溶け込めない彼らは、働く権利を否定され、住居を離れられず、自由に社会の中で動けなかった。また、彼らの子供たちは教育の機会を選ぶことができなかった。そして、監視者から性的な誘いを受けたり、強制的に結婚させられるといった性的なジェンダーに基づく人権侵害にさらされた。

991．各国には、強制失踪させられた母親から生まれた子供を全面的に保護する義務がある【1515】。こうした状況で生まれた子供の出生は、子供の身元を保障するために登録されるべきであり、その情報は子供の家族と（または）法的な関係者に与えられるべきである【1516】。これらの義務に違反し、北朝鮮は、拉致被害者から生まれた子供達を彼らの両親の国籍のある国に登録させず、また、その子供達が他の国にいる彼らの親戚と連絡することを許可していない。

(b) 失踪者の家族の苦悩

992．失踪者の家族は、拷問などの非人道的で、品位を貶める扱いを受けてきた【1517】。彼らは、真実の権利【1518】、家庭生活の権利、そして文化的実践の権利などの人権の侵害【1519】から実効的に救済される権利を否定されてきた。

(i) 真実の権利の侵害

993．朝鮮戦争は60年前に終了しているにも関わらず、朝鮮戦争拉致被害者と戦争捕虜にとってはまだ終わっていない。朝鮮戦争の拉致被害者と捕虜は、今日まで、家族との連絡が取れていないか、または、家族の安否についての情報を得ていない。戦後の拉致被害者の家族は、「知らされない」という拷問にいまだに苦しめられている、と調査委員会に語った。拉致された漁師の母親は、拉致された息子と連絡を取れない悲しさを語り、最悪でも彼と手紙のやりとりをするか電話で話したいと述べた【1520】。

(ii) 家族生活の権利の侵害

994．人権法は、家族は、国家が全面的に保護する義務を負うべき、基本的にして自然の単位であることを認めている。人権法は国家に、家族を一緒にし、離反したときには再会させる特定の義務を課す。

995．南北朝鮮間で離散家族再会計画が設定されたにも関わらず、韓国の強制失踪者の家族の中に、愛する人々と短期間でも再会できた人は非常に少ない。

996．極僅かの戦後の韓国人拉致被害者家族が参加しているが、拉致について語らないという条件の下での参加である【1521】。

離散家族再会に申し込んだ戦後の拉致被害者家族のほとんどは、身元確認段階で、彼らの愛する人々が死亡したか身元確認できないとの連絡を受け取っている。韓国出身者への厳重な監視体制と、地方レベルから人民班（近隣住民監視制度）までにおよぶ北朝鮮の社会監視体制全般の特質を考えると、調査委員会は、北朝鮮国内で身元確認が不可能であるとは信じがたい。

997. 韓国以外の被害者については、2002年に日本に帰国した5人の日本人拉致被害者を除いて、強制失踪者にその家族と連絡をとらせようとする新たな取り組みもなければ、帰国させる動きもない。数人の証人たちが、彼らの家族生活が否定された苦痛を、調査委員会に語った。

85歳の**キム・ハンテ**［*Kim Hang-tae*］（女性）は、彼女の周りの愛し合う人々の関係を見て、同じような関係を持ちたいと願う苦しみを語った。

> 夫の遺体を見つけることさえできれば、遺体を覆ってあげたい……手を握っている人を見るたびに、おじいさんが孫の手をひいているのを見るたびに、同じようにしたくなります。父親に愛されている子供を見るたびに、つまり、私の夫は何も悪いことをしていなかったのです。もし罪を犯していて、そのために殴られ、殺されたのであれば、こんなに苦しく感じることはないでしょう。でも、信じられないのです。こんなことが私に起こったなんて認めることができないんです。私の夫は良い人で、品行方正な人でした。夫を無くすと、妻は自分の半分がなくなってしまうのです。腕を一本なくしたように感じるのです。今日まで待っているのです。私は娘の手を握って、私の夫が戻ってくるまで待ちます【1522】。

13歳の時に拉致された横田めぐみの母、横田早紀江は、家族の権利が新指導者に理解されることを望み、拉致被害者全員が戻されることを望む、と調査委員会に話した。

> 金正恩も一家族の一員です。彼は一人の父親です。彼には家族があります。家族の誰か、愛する誰かをなくした家族がどう感じるのか、彼は理解すべきです。この事を私は日本政府を通して彼らに話したいのです。双方から平和な世界を作れるように、こうした間違ったことは双方でやめるべきです【1523】。

(iii) 文化的権利の侵害——死に関連する文化的慣習を実践出来ないこと

998. 朝鮮戦争拉致被害者、戦争捕虜、1950年代に失踪した漁師のような歴史上の拉致の被害者の多くは、拉致後の時間の経過から、北で死亡したと信じられている。これらの拉致被害者の家族は、愛する人をなくした苦しみに耐えなければならないばかりでなく、彼らの死を充分に悼む事もできていない。

朝鮮社会における死

999. 南北朝鮮と日本において、愛する人の死亡した日を知り、それを確認することは、文化的実践と死後の世界の信仰にとって重要である。死後、友達や家族が集まり、故人とその家族に敬意を払うため、故人の遺体は3日から5日間、家族の家に置かれる。この習慣を実施できない家族は、愛する人に彼ら自身が別れを告げられないばかりか、彼らの共同体、友達、親戚にそうした機会を与えることもできない。

1000. 故人の遺体、遺骨、または遺灰は、故人の魂の安らぎを願って、死後、安全な場所に置かれる。愛する人を安らかに眠らせる責任から、そうしたことが出来ないと、故人の家族は愛する人の魂の安らぎを案じることになる。家族は責任を果せないことに罪悪感を覚えるのである。

1001. 死後の世界についての宗教的信仰に加え、ほとんどの韓国人と日本人、そしてある程度までの北朝鮮国民は、愛する人たちが一年に一度、家族との再会に訪れる、と信じている。朝鮮語で祭祀《チェサ》として知られるこの行事の準備で、家族は生前、故人が好んだ食物を用意し、それを故人の魂に捧げる。死亡した家族の命日を知らない家族は、それ故、愛する人の魂と再会する機会を毎年、逃すことになる。朝鮮では、陰暦9月9日を重陽節《チャンヤンジョル》（死者の日）と名づけて、愛する人の死亡した日が分からない人もこの日に、祭祀《チェサ》を行う日としている。しかしながら、重陽節での祭祀は広くは知られておらず、家族は正しい命日に祭祀をしたいと強く願う。

1002. 強制失踪者の遺骨を見つけ、本国に戻そうとする個人の努力によって、6人の戦争捕虜の遺骨が韓国に戻ることができた。遺骨の本国送還は失踪者の家族を前向きにさせる重要な一歩であり、彼らに死者を追悼する文化の実践を可能にした。

(c) 強制失踪のジェンダー上の影響

1003. 調査委員会は、少女を含む女性、少年を含む男性が、北朝鮮による強制失踪の被害者であると認識し、また、失踪させられた人の親戚もまた危害を被った、と認識する。調査委員会はさらに、少女や少年を含む男女が、それぞれ異なった形でこうした危害を受けたのは、ジェンダーの役割、伝統、そして文化に原因がある、と理解する。

1004. 戦争中の拉致、戦争捕虜の本国送還の拒否、そして戦後の漁師の拉致は、非常に多くの韓国人男性を巻き添えにした。歴史と伝統にジェンダーの役割が深く根ざしている文化にあって、また、これらの役割が今日よりもより明白であった時期における10万人から17万人の男性の失踪は、女性、少女、少年の生活に甚大な影響を与えた。多くの女性が突然、家庭の長となった。彼女達は、失踪者の家族が疑惑をもって監視されている時に、家族の主要な稼ぎ手なしに彼女達自身で家庭生活のすべての責任を負わなければならなくなった。

1005. ソウル公聴会で、調査委員会は、夫や父親が失踪させられた時に家族が直面した極度の困窮状況を、失踪者の家族から聞いた。海上で連れ去られ、失踪させられた漁師の息子の**ナム・チャンホ**［*Nam Jang-ho*］（男性）は、調査委員会に次のように語った。

私の母はできることをなんでもしてくれました。母はいろいろな仕事に就きました。私の兄弟姉妹は充分な教育は受けられませんでした。小学校を卒業するのがやっとでした。家の暮らしが悪すぎたので、私は小学校も卒業できませんでした。家に父親がいないので、母は私たちに食べさせるために他人の畑からサツマイモとジャガイモを盗んでいました。私は母の荷を軽くしたいと思い、家を出たのです。その方が母が少しは楽になると思ったのです。私たち、子供にとっても大変だったのですが、母にとってはもっと大変だったと思います【1524】。

1006. 調査委員会は、また、女性であるという理由でおこなわれた戦後の女性拉致は、ジェンダーに基づく侵害行為であることに留意する。これに関連して、調査委員会は、日本人拉致被害者の妻にすべく日本人女性をヨーロッパで見つけて拉致せよとの八尾恵に与えられた特別な指示、米軍脱走兵に「与える」妻として7人の外国人女性の拉致【1525】、北朝鮮で性的搾取の被害者になったとされるマカオから連行された2人の女性に留意する。調査委員会は、これらの女性達が、北朝鮮に強制的に失踪させられた他の女性達とともに、性的暴力の危険に過度にさらされた（ている）ことに対し強い憂慮を覚えるものである。

(d) 子供への差別

(i) 拉致された子供

1007. 子供の強制失踪は、「強制失踪からのすべての者の保護に関する宣言」が規定する多くの権利を侵害するばかりでなく、子供に対する暴力の極端な形態である【1526】。調査委員会は、多くの拉致被害者は拉致された時点で18歳以下であったことに留意する。

それらには以下の事例がある。

数千人の朝鮮戦争拉致被害者が拉致された時点で子供であった【1527】。

キム・インチョル［*Kim In-cheol*］（男性）は、1968年、漁船（トクス2号）から拉致された時、高校生だった。

1977年と1978年の夏、韓国の浜辺から5人の韓国人高校生が連れ去られた。

横田めぐみは、１９７７年11月15日、13歳の時に日本から拉致された。

1008．これらの子供達は、強制失踪の対象とされない権利を否定されただけでなく、家族の権利、両親から引き離されない権利【1528】、両親の世話を受ける権利も否定されている【1529】。調査委員会は、これらの子供達が、表現の自由【1530】、思想・良心の自由と信教の自由【1531】、プライバシーへの権利といった基本的な権利を北朝鮮で否定されていることも憂慮するものである【1532】。これらの子供達の両親も、家族の権利と、彼らの子供を指導する権利を否定されてきた【1533】。

(ii) 放置される子供

1009．調査委員会は、北朝鮮によって失踪させられた人々の子供達は、家族を持ち、それを維持する権利と、家族から引き離されない権利を否定されてきた、と認識する【1534】。数人の証人が、調査委員会の前で、幼いときに両親と引き離され、常に両親に会いたいと思っていると証言した。

大韓航空機ハイジャックによって拉致されたホァン・ウォン［*Hwang Won*］（男性）の息子であるホァン・インチュル［*Hwang In-chul*］（男性）は、調査委員会に次のように語った。

> 私は2歳で、私の妹は生まれて１００日目でした。私の母はひとりで私たちを育てなければなりませんでした。私は母に父はどこにいるのか何回も訊きました。私には父の記憶がありませんでしたが、父が私をとても愛していたことは覚えていて、会いたくてたまりませんでした。つまり、私の記憶ははっきりしているのです。私は父をはっきり覚えています。私は母に訊きました。私が母に父はどこにいるのかを訊く度に、母は父は米国に仕事で出張していると答えました。私は母に父のことを訊き続け、父を待ち続けました。私が小学校3年生の時、私の父の弟である叔父が、私の父は飛行機に乗っていたときに拉致されたと言いました。それ以来ずっと、私は今日まで父に会いたくて仕方がありません【1535】。

1010．数人の証人が調査委員会に、彼らの両親の生死を知りたい強い思いと、年齢を考えると死亡しているかもしれない両親の遺体を返して欲しいとの願いを語った【1536】。

3．調査委員会の調査結果

1011．１９５０年以降、北朝鮮は国家政策として大規模に、外国からの組織的な拉致、本国への送還の拒否、およびその後の結果としての強制失踪に携わってきた。子供を含む２００,０００人を大幅に超える人々が外国から北朝鮮に連れてこられ、「強制失踪からのすべての者の保護に関する宣言」で定義された強制失踪の被害者となっている可能性がある。被害者の人数をより正確に推定するためには、北朝鮮から情報が提供されなければならない。

1012．他国と共に存続することを求める国にとって、他国の主権および国際法下で保証された外国人の権利を無視した上述のような行動は他に例を見ない。

1013．拉致および強制失踪の大部分が、朝鮮戦争および1959年に始まった在日朝鮮人の帰還事業に関連している。ただし1960～1980年代に、韓国や日本、他の国々の数百人の人々も拉致および強制失踪させられている。さらに近年では、北朝鮮は中国から多数の自国民と韓国人を拉致した。

1014．北朝鮮は陸軍、海軍、諜報機関を拉致および逮捕の実行に使った。戦中と戦後に行われたこれらの作戦行動とともに首領のレベルで承認された。被害者の大多数は北朝鮮の労働力およびその他国家のための技術力の獲得を目的として、強制的に失踪させられた。一部の被害者はスパイやテロ活動にも利用された。北朝鮮は、非北朝鮮人女性を、彼女たちが女性であるという理由において標的とした。これはジェンダーに基づく侵害行為である。朝鮮人女性が異なる人種間の子供を生むようなことがないよう、ヨーロッパ、中東およびアジアから拉致された女性は他国の男性と強制的に結婚させられた。拉致被害者の女性の中には、性的搾取を受けた者もいる。

1015．強制失踪者の中には自発的に北朝鮮に渡航した者もいる。強制的に、または騙されて拉致された者もいる。その後彼らは皆北朝鮮を離れる権利を否定された。さらに、北朝鮮国内の移動の自由も大幅に奪われ、法の下において人として認められる権利、および拷問やその他残忍、非人道的または名誉を傷つけるような処遇に晒されることのない権利も否定されている。全ての強制失踪者は、厳重な監視下に置かれており、教育および雇用の機会も否定されている。

1016．韓国や日本から北朝鮮によって強制失踪させられた朝鮮系の人々は、その素性および背景に対して差別を受けている。「敵対階層」と分類され、北朝鮮辺境の炭鉱や農場で働かされた。社会的地位が低かったため、彼らの多くが1990年代の飢饉における最初の犠牲者となった可能性が高い。強制的に居住させられていたので、資源の限られた遠隔地に強制失踪者達の利用できる医療施設も非常に少なかった。

1017．非朝鮮系の拉致被害者は、厳重に管理された敷地内に拘束されていたため、北朝鮮の社会的および経済的生活に溶け込むことはできなかった。働く権利、居住地を離れる権利または地域社会を自由に移動する権利を否定され、自分もその子供たちも教育の機会を選択することができなかった。

1018．強制失踪者達の多くが、拉致または逮捕時に18歳以下で

1018．1021．
であることを把握している。被害者およびその家族に対する人権侵害は続いている。

あった。これらの子供たちは、失踪させられない権利を否定されているばかりでなく、家庭で生活を営む権利、家族と引き離されない権利、そして両親に世話を受ける権利を否定されている。

1019．外交的保護の発動にかかる権利を行使しようとする海外にいる被害者の家族および被害者の母国である外国政府は、被害者の安否および所在を確認するために必要な情報の提供を北朝鮮から一貫して拒否されている。強制失踪者の家族は、拷問やその他残忍、非人道的または名誉を傷つけるような扱いを受けてきている。彼らは真実を知る権利を含む人権侵害に対する適正な救済の権利を否定されている。強制失踪させられた子供の両親および失踪者の子供は、家族で生活を営む権利と子供を導く権利を奪われている。北朝鮮により失踪させられた人たちの子供たちは家族を見つけ、家族を持つ権利を否定され、両親から引き離されない権利を否定されている。

1020．国家の工作員による日本人13名の拉致を認めたにもかかわらず、北朝鮮は国際的な拉致実行を一度も否定していない。1990年代以降も北朝鮮の工作員は、中国籍、韓国籍、そして少なくとも一つの事案においては元日本国籍1名を含む多数の人々を拉致してきた。

1021．調査委員会は、上述の被害者のほぼ全員が失踪したまま

V

人道に対する罪

Crimes against humanity

1022. 国連決議第22／13は、調査委員会に対し、「人権侵害が人道に対する罪にあたる可能性のあるところでは特に、全面的な責任追及《アカウンタビリティ》を確実におこなう意図をもって」調査するよう要請している。国連決議第22／13が参照する特別報告者の報告書パラグラフ31では、「調査は、組織的で広範に行われる深刻な人権侵害の責任追及、特に、人道に対する罪にあたる人権侵害への制度の責任と個人の責任を追及すべきである」とし、また、「人道に対する罪が犯されたかどうかについての詳細な調査と法的な分析」をすべきであると、定めている【1537】。

1023. 調査委員会はこの要請に対し、委員会自身は司法機関でもなければ検察官でもないとの認識をもって臨んだ。調査委員会は個人の犯罪責任に最終的な判断を下すことはできない。調査委員会ができることは、調査委員会の調査結果が人道に対する罪が犯されたことの正当な根拠となるかどうかを決定し、ある国の然るべき司法機関か国際的な司法機関による犯罪捜査に役立てることである。調査委員会が調査により人道に対する罪を見つけた場合、その調査結果は、「正当な根拠」を持つ証拠基準に基づくものであると理解されなければならない【1538】。

1024. 調査委員会は、人道に対する罪を検討するにあたり、本報告書第4章で確定したように、調査委員会の調査結果で特に明らかとなった甚大な人権侵害に注目した【1539】。被害者を6つのグループに分けて分析した。

1. 政治犯収容所内の囚人
2. 一般刑務所の囚人、特に政治犯
3. 宗教信仰者など破壊的な影響を与えるとされる人たち
4. 北朝鮮からの逃亡を試みる人たち
5. 餓死寸前の人たち
6. 国際的拉致と強制失踪の被害者となった他の国の人々

1025. 人道に対する罪とは、(1) 意図的な非人道的行為であり、それが (2) 組織化され広範にわたる攻撃の一部をなしているものでなければならない【1540】。調査委員会はそれ故、これら6グループのそれぞれに関し、まず、いかなる非人道的行為がなされたのかを立証する。次に、6グループのそれぞれで行われた非人道的行為が何故、市民に対する組織的にして広範囲にわたる攻撃の一部をなすかという問題に取り組む。この点において、調査委員会は、市民に対して行われた国家による次のような攻撃が、北朝鮮における人道に対する罪の基本にあることを立証する。

・北朝鮮国家は、北朝鮮の政治制度と指導部への脅威と思われる人に対し組織的にして広範囲にわたる攻撃を行っている。政治犯収容所と一般刑務所の囚人、北朝鮮逃亡を試みる人びとや宗教指導者など破壊的影響を与えると考えられている人びとを狙った人道に対する罪はすべてこの攻撃にふくまれる。

・北朝鮮国家は、一般住民の飢餓を知りながらそれを悪化させ、多くの無実の一般市民の命を犠牲にして、政治システムとその指導部を守るために組織的にして広範囲にわたる一般住民への攻撃をおこなった。

・北朝鮮国家は、朝鮮半島の支配権争いの中で、北朝鮮を強化する労働力と技術を得るために、多数の他国民を、組織的にして広範囲にわたって拉致し、強制失踪させた。

A・国際法上の人道に対する罪の定義

1026．人道に対する罪には、人道意識に衝撃を与える規模と水準で組織される甚大な人権侵害がある。１９４５年、ニュールンベルグの国際軍事法廷憲章で初めて提示された人道に対する罪の定義は、ニュールンベルグ裁判と東京裁判、旧ユーゴスラビア国際刑事裁判所（ＩＣＴＹ）とルワンダ国際刑事裁判所（ＩＣＴＲ）、シエラレオネ特別法廷（ＳＣＳＬ）、そして各国の裁判所から生まれた法学全体によって確立された。国際刑事裁判所に関するローマ規程（ローマ規程）採択へと至る協議で明らかになった国家の慣習と、その後の１２２カ国によるローマ規程の批准が、人道に対する罪の定義を明確化し、かつ詳細化した。ほとんどの場合、ローマ規程第7条と、ローマ規程の定める犯罪諸要素が、今日、その概念が生かされているように、国際慣習法の人道に対する罪の定義に反映されている【1541】。

1027．人道に対する罪には高い法的基準を持つ、次のふたつの要素が同時に存在しなければならない。

(a) 個人が犯罪意識をもって非人道的行為をおこなっていなければならない。

(b) これらの非人道的行為が、組織的にして広範囲にわたり、直接的に市民を狙った攻撃の一部をなしていなければならない。ローマ規程では、この攻撃が国家的または組織的な政策に従うものであるか、またはそれを増進させるためのものでなければならないとする【1542】。

1・非人道的行為

1028．非人道的とされる行為の多くは、甚大な人権侵害と認識されているものと重複する。本調査の目的に関わる非人道的行為とは以下の通りである。

・殺人
・絶滅させる行為
・奴隷化すること
・住民の追放又は強制移送

・国際法の基本的な規則に違反する拘禁などの身体的な自由の著しい剥奪
・拷問
・強姦、性的な奴隷化、強制売春、妊娠状態の強制的継続、強制断種、またはこれらと同等の重大性を有するもの、その他あらゆる形態の性的暴力
・政治的、人種的、国民的、民族的、文化的又は宗教的な理由、またはジェンダーに係る理由、または国際法の許さない理由による特定の集団に対する迫害
・人の強制失踪
・その他の同様の性質を有する非人道的な行為であって、身体又は心身の健康に対して故意に重い苦痛を与えるか、又は重大な傷害を加えるもの【1543】

1029. 非人道的行為は犯罪意思をもって行われているものでなければならない。ローマ規程によると、こうした犯罪意思とは、加害者が非人道的行為をおこなう目的で行動しているか、または、非人道的行為の特徴をなす結果が必然的に生じることを自覚していなければならない【1544】。重大な過失や、不注意による無謀な行為は、人道に対する罪であるとするには十分ではない。

2. 組織的にして広範囲にわたる攻撃

1030. 前述した非人道的行為は、それらが単独で行われるか、または、断片的に行われた場合には人道に対する罪には当たらない。人道に対する罪は、それより大規模な一般市民に対する攻撃の一部をなしているものでなければならない。こうした攻撃は、「武力の使用に限られるものではなく、一般市民の虐待をも含む」【1545】。この攻撃は広範囲に行われているものであるか、または、組織的に行われるものでなければならない（実際の攻撃は広範囲にわたり、かつ組織的に行われている）。

1031. 攻撃が「多様な被害者を標的とし、本格的かつ集団的に、又、頻々に行われる大規模な行動」を含む場合、それは広範囲にわたる攻撃である【1546】。

1032. 組織的攻撃には「共通政策に基づく組織化された行為が定期的に行われていていなければならず、相当の公共資源か私的資源が使われていて……そこには事前に準備された計画または政策が存在しなければならない」【1547】。

攻撃の組織性を示すと考えられる指標には、

・人権侵害が基本的な政治目的と合致する
・ひとつの共同体を破壊するか、迫害するか、弱体化させるイデオロギーがある
・高位の政治当局と／または軍事当局が犯罪実行の戦略の定義作成に関与している
・犯罪が行われる環境づくりにプロパガンダ、洗脳化、ま

たは、心理的抑圧が使われている

- 犯罪行為が非常に大規模に行われており、それらが無作為に起きていることはないと思える程に規則的なパターンを取って行われている。
- 互いに関連する非人道的行為が繰り返され、連続して起きている
- 犯された犯罪が組織的に隠されている【1548】。

B・政治犯収容所における人道に対する罪

1033．受け取った証言と情報に基づき【1549】、調査委員会は、北朝鮮当局が政治犯収容所において、絶滅させる行為、殺人、奴隷化、拷問、監禁、強姦などの性的暴力、政治的迫害、宗教的迫害、ジェンダーに基づく迫害などの人道に対する罪を犯してきたし、現在も犯していると見る。

1．非人道的行為

1034．調査委員会は、次のような非人道的行為がこれまでに行われ、現在も行われていると見る。

(a) 監禁

1035．国際法に違反する監禁には、適切な手続きを順守することなく行われる拘留が含まれる【1550】。適切な手続きの原則とは、「市民的及び政治的権利に関する国際規約（ICCPR）」の第9条と第14条に正式に記されている。拘留者に対する適切な手続きを取らなかっただけでは国際法上の監禁には当たらない。しかしながら、拘留者が長期間、判事の前に出廷させられず、訴追されず、裁判にかけられず、または、いかなる罪も課せられない場合には、重大な違反のレベルに達していることとなる【1551】。一人の人間が国際法に則る法的根拠なしに拘留されている時は、国際法の原則の侵害に当たる。囚人が国際法の保証する人権を行使した結果として監禁されている場合もその中に含まれる【1552】。

1036．調査委員会は、政治犯収容所の囚人は監禁の被害者である、と見る。囚人は、通常、「市民的及び政治的権利に関する国際規約（ICCPR）」第9条3項と4項が規定するところの判事の前に出廷し、判決を受ける機会を与えられることなく、収容所に一生涯、監禁されている。彼らは、ICCPR第14条1項が義務つける、法により確立され、法的拘束力を有する、独立した公正な裁判による公平な公判の後に有罪判決、監禁の宣告を受けていない。

1037．加えて、囚人は通常、国際人権法に適う理由で監禁されているのではない。多くの場合、彼らの罪とされているのは、彼らが、彼ら自身の政治的疑問を表現したか、彼ら自身の国を離

れたか、宗教を信仰していたか、またはその他の国際法が保証する人権を行使したことだけである。多くの囚人は個人的な悪行を告訴されているのではない。彼らは家族連座制の原則によってのみ監禁されている。囚人として生まれる人さえいる。

(b) 強制失踪

1038. 国際刑法では、「強制失踪」を、一国家または一政治組織の認可、支援、黙諾によって人びとが逮捕、拘留、拉致され、その後、長期間にわたって法の保護を受けさせない意図をもって、自由を剥奪されていることを認めず、それらの人たちの安否と居所の情報提供を拒否すること、と定義する【1553】。

1039. 調査委員会は、受け取った情報に基づき北朝鮮の政治犯収容所の囚人たちは、強制失踪の被害者である、と見る。彼らは彼らの市民権を奪われ、公式には存在しないとされる遠隔地の政治犯収容所に隔離拘禁されている。ほとんどの囚人たちが釈放の見込みなしに一生涯監禁される。拘留者の家族に拘留者の安否と居所が知らされることはない。北朝鮮当局は監禁の事実を認めない。囚人が死亡した場合、家族にそれが知らされることはなく、埋葬のために遺体を受け取ることも許されない。

1040. これらの収容所は北朝鮮の法律に従って検察が一般刑務所に行う管理対象から外されている。北朝鮮当局はまた、国連の人権機関に対し、これら収容所への訪問と収容所についての情報を一貫して拒否している。当局は収容所と囚人は存在しないと嘘をついている。これらのことを考慮すると、この収容所は、明らかに、北朝鮮法と国際法により設置された管轄機関の行使できる保護を囚人に与えないために設立されたものである。

(c) 絶滅させる行為

1041. 絶滅させる行為とは、ある地域の住民の一部の絶滅を計画して、生活状態を意図的に苦しめること、とりわけ、食糧と医療の利用を剥奪することである、と国際法は定義する【1554】。それ故、絶滅させる行為という犯罪は大規模な殺人でなければならない【1555】。これはまた、大勢の人びとを監禁し、生活必需品を与えずに大量死を起こすことによっても実行される【1556】。大量殺人の基準に達するかどうかを決定するにあたり同様の絶滅させる行為が行われた出来事全体を合計すると、殺人が時と場所を違えて起こっているものであるとは言え、死者の数はさらに増える可能性がある【1557】。

1042. 犯罪意思要件を満たすには、加害者が多数の人々の死を目的としている必要はない。調査委員会の意見では、加害者が、結果的には大量死を引き起こすことになる生活条件を、それと知りながら強要していれば足りる【1558】。

1043. 調査委員会が行った北朝鮮の政治犯収容所の調査結果が示す事実は、「絶滅させる行為」の定義と一致する。すべての収容所で政治犯に強要される生活条件が原因で、毎年、数千人の人たちが死亡している。収容所制度の存続期間全体で数十万人が死亡した。

1044. 調査委員会は、政治犯収容所の生活条件は大量死を起こすべく計画されたものであると認識する。極限までの疲労を強いる労働を強制される囚人たちへ与えられる食糧はあまりに不十分なものであり、多くの囚人たちが餓死する。生き残る囚人たちは自分たち自身で対処方法を工夫して生き延びている。食糧を盗むなどの手段を取らねばならないことが多いが、そうした手段は収容所では禁止されており、厳しい罰に処せられる。死者の数は、処刑、拷問による死、適切な医療サービス提供の拒否、多発する作業事故、救護施設、そして適切な衣服の欠如によって増大している。

1045. 政治犯収容所の管理当局は、大量死が結果として起こることに気づいている。元看守や元囚人たちから調査委員会に提供された情報は、収容所が多くの囚人を死ぬまで働かせることで収容所人口を徐々に絶滅させる目的を持っていることを示唆している。元収容所看守の**アン・ミョンチョル**が指摘したように、政治犯収容所の囚人たちは「過酷な労働によって収容所の中で死亡するものとされている」【1560】。このことは、敵と派閥主義者は3世代にわたって絶滅させなければならないという金日成が収容所関係者に指示し指導したことと一致する。

(d) 殺人

1046. 国際法における殺人罪には、違法に人を死に至らしめている必要がある【1561】。加害者は、こうした死または重い損傷に至らせる主観的な目的をもってか、または、死因が攻撃的な行為の結果であることを承知で、その行為を行っていなければならない【1562】。

1047. 即決の処刑、殴打、嬰児殺害、恣意的飢餓などの違法な手段の結果として起こる北朝鮮政治犯収容所内の個々の囚人の殺害はすべて殺人罪に該当する。

(e) 奴隷化すること

1048. 所有者に付随する権限のいずれか又はすべてを他者に対して行使することが奴隷化である【1563】。被害者の法的人格を事実上破壊する劣悪な環境の下で労働が強制される場合、それは奴隷化に該当する【1564】。拘留または監禁の環境では、選択の自由又は動きの自由などの自律性が統制されている。そこでは、逃亡の防止又は抑制手段として、暴力を使ったり、残酷な扱いをしたり、虐待の恐怖を与えたり、生殖を厳しく管理するなど、被害者側の弱点に対して権力が乱用されている【1565】。

1049. 調査委員会は、北朝鮮政治犯収容所の囚人が経験していることは、奴隷化のすべての特徴を含んでいる、と見る。囚人は、苦痛にみちた危険な労働に一生涯、強制的に就かされている。元囚人のシン・ドンヒョクが表現したように、彼らは「耕作用動物」のように扱われている【1566】。囚人たちは栄養失調と病気により非常に弱っているため、文字どおり死ぬまで働かされている。囚人たちにこうした環境から解放される機会はまったくない。強制された労働ができないと、即決の処刑、拷問、飢餓をさらに深める食事割り当て削減などの厳しい処罰にさらされる。警備の厳しい完全管理区域からの脱出はほとんど不可能である。囚人たちは、囚人たちを定期的に拷問し、囚人たちの性的権利と生殖の権利を否定する収容所当局に完全管理されている。

(f) 拷問と極端に非人道的な拘留環境

1050. 国際刑事裁判所に関するローマ規程では、身体的なものであるか精神的なものであるかを問わず、抑留されている人又は支配下にある人に著しい苦痛を故意に与えることを拷問と見なす【1567】。

1051. 国際慣習法における拷問の定義は、旧ユーゴスラビア国際刑事裁判所（ＩＣＴＹ）で取り入れられたように、身体的または精神的な著しい苦痛が存在しなければならないとするが、監禁下または支配下にある必要はないとする。その代わり、拷問の場合、問題の行為が「情報か自供を得ることを目的とするか、または、被害者か第三者への処罰か威嚇か抑圧を目的としていること、または、被害者か第三者への何らかの差別が目的で行われていなければならない」とする【1568】。

1052. 調査委員会は、身体的拷問は北朝鮮の政治犯収容所の特性をなす、と見る。そこでは、政治的、宗教的、社会的差別が理由で拘留されている囚人を処罰し、怯えさせるために身体的拷問が広範囲に行われている。通常それは、特設された処罰棟で執行される。看守は、囚人が犯したとされる違反にその場で著しい苦痛をあたえる処罰を課すことを認可され、指示されている。

1053. 故意に人を非人道的な拘留環境に置くことは人道に対する罪になり得る【1569】。北朝鮮の政治犯収容所の場合、特に、囚人に生涯にわたり身体的苦痛と精神的苦痛をあたえる恣意的飢餓がその全体的状況の非人道性を表している。政治的な理由において囚人たちを怯えさせ処罰するためにこの著しい苦痛が囚人たちに与えられているが故に、調査委員会は、恣意的飢餓だけでも拷問の基準に達する、と見る。

(g) 強姦やその他の性的暴力

1054. 人道に対する罪が強姦を含むことは、今や議論の余地はない【1570】。正式に禁止され、懲戒処分の対象とされることがあるとは言え、強姦は、北朝鮮の政治犯収容所で頻繁に犯されている。それは政治犯収容所の環境と収容所職員が免責されるという状況の産物である。それ故、強姦は、収容者に対する暴行全体の一部をなす。女性の囚人が力づくで強姦されることもある。女性が、厳しい労働を免れるためか、食糧を得ようとして、「合意に基づく」性関係を持たざるをえなくされることもある。こうした場合も、加害者が収容所の威圧的な環境と女性の囚人が置かれた弱い立場を悪用しているがために、国際法で定義される強姦にあたり得る【1571】。

1055．許可なく妊娠した女性の囚人に強制される堕胎は、身体に直接的な損傷をあたえるばかりでなく、被害者の生殖能力を妨げ、強い精神的苦痛をあたえる。それ故、広範囲にわたり組織的に行われている強制堕胎は、人道に対する罪の重度をもつ性的暴力の形態と考えるべきである【1572】。

1056．政治的差別とジェンダーによる差別から標的とされる、拘禁下の強姦と強制堕胎の被害者が受ける苦痛は、ローマ規程と国際慣習法が定義する拷問の基準に達する【1573】。

(h) 迫害

1057．刑事国際法は、迫害を、グループまたは集団のアイデンティティを理由に、国際法に反して、基本的権利を故意に、そして、著しく剥奪すること、と定義する【1574】。この剥奪は、被害者に対する特別な差別的意図をもって行われていなければならない。ローマ規程と国際慣習法はどちらも、迫害の理由のなかで政治的かつ宗教的理由による迫害は人道に対する罪であると認めている【1575】。

1058．調査委員会は、北朝鮮の政治犯収容所の囚人はほとんどの場合、迫害の罪の被害者である、と見る。彼らは、彼らの宗教かまたは政治的信念、彼らの家族の社会・政治的経歴を理由に、恣意的拘留、強制失踪、拷問、飢餓、強制労働、その他の人権侵害を含む処罰を受けている。政治犯が釈放される稀なケースであっても、彼らへの迫害は続き、彼らと彼らの家族が成《ソン》分《ブン》制度の最下層に入れられることで一般社会への復帰を妨害されている。

1059．女性の場合、政治的または社会的迫害はジェンダーに基づく迫害に重なる【1576】。女性たちは、彼女たちのジェンダーのために、強姦と強制堕胎を含む性的暴力に晒される。強制堕胎の場合、いわゆる「敵対階層」の生殖を阻止するために、女性の生殖能力が、恣意的かつ組織的に標的とされる。強姦の場合、迫害意図は加害者個人の動機に根付いているだけのものではない。それは、彼らの行為が北朝鮮刑法においては犯罪とされ、非公認の性的接触を禁止する収容所の規則を破るものであったとしても、男性の加害者を真剣に罰しようとしない慣習にも現れている。

2・国家による組織的で広範囲にわたる攻撃

1060. 調査委員会は、北朝鮮内の政治犯収容所で行われている非人道的行為は、国家方針にしたがって組織された広範囲な攻撃に相当するほどの規模と組織力で遂行されている、と見る。さらに、政治犯収容所制度そのものが、北朝鮮の政治制度と指導層への脅威と見なされる人に対する組織的で広範囲な攻撃の核心的要素をなしている。

1061. 政治犯収容所は、主要な政治目的、つまり派閥主義者と敵対成分《ソンブン》を3世代にわたり絶滅する目的で設置されたものである。金日成の決定通りに、看守や収容所当局者はそれが収容所の目的であるとの指示を受けている。収容所は引き続きこの目的のために使われている一方で、政治制度とその指導部へ脅威となる人たちを社会から一掃するためにも使われている。加えて、収容所の鉱山、農場、工場で囚人に強制した労働は、エネルギー生産と治安部隊への物資の提供など、重要な経済目的にも役立っている。

1062. 調査委員会は、北朝鮮の政治犯収容所で行われる非人道的行為は、包括的な国家政策の一環であると推測され、大規模で、かつ一定のパターンを取って起きている、と見る。北朝鮮の様々な政治犯収容所全体と、60年間という時を通じて、数十万人の囚人たちが、飢餓、強制労働、その他の非人道的行為という非常に似通ったパターンに苦しんできた。今日、8万人から12万人の囚人たちが政治犯収容所に拘留されている。これは２００人に1人の割合で北朝鮮市民が収容されていることになる。

1063. 政治犯収容所で働く看守と治安工作員は、囚人を市民権を持たない人間以下の敵として考えるよう教えられている。したがって、彼らは囚人を情け容赦なく扱うようにとの指示を受ける。こうしたメッセージは、いわゆる「人民の敵」に対する敵意を作り出す、朝鮮労働党宣伝部などの国家機関の活動によって増強される。特殊訓練による洗脳と一般的なプロパガンダとが相まって、人間の抑制能力を失う心理的環境が作り出されている。こうした環境がなければ看守の人間としての抑制能力で囚人が非人間的行為を受けることを止める可能性はある。

1064. 北朝鮮は、不規則に増大する収容所を制度化することと拡大することに膨大な資源を投入してきた。この国の精鋭治安機関である国家安全保衛部が囚人警備と収容所管理を担当する。国家安全保衛部の全部署がこの任務にあたり、数千人の工作員と看守が配備されている。収容所で生産される製品が経済に完全に組み込まれるよう、道路・鉄道網が建設された。調査委員会が見た衛星画像は、収容所、収容所の警備施設、そのインフラストラクチャーへの投資が継続していることを示している。北朝鮮が強力な中央集権的性格をもつ国家であることを考えると、高いレベルで承認された国家方針に基づかずに、このような大規模で複雑な機構制度が機能するとは考え難い。

1065. 調査委員会は、収容所制度が国家の最高レベルから統制されていることを示唆する情報を受け取った。個人を収容所に失踪させる命令を首領のレベルまで調査委員会が追跡することができたものもあった。さらに、個人の収容所への失踪を決定する国家安全保衛部は首領の指令下にあり、首領から厳密な監視を受けている。

1066. その努力がますます無意味になっているにもかかわらず、当局は引き続き膨大なエネルギーを使って政治犯収容所の存在を隠し、収容所内で犯されている罪についての情報を国際社会に知らせないような努力を重ねている。戦争または革命が起きた際には、収容所の存在と内部環境の証拠を消滅させるために、北朝鮮当局は、囚人全員を殺害せよとの首領からの命令までも受けている【1578】。

1067. 調査委員会は、期間が短く破壊の性質が異なるとは言え、20世紀の全体主義国家の収容所がこれら北朝鮮の収容所にもっとも類似している、と見る。このような政治犯収容所が現在、北朝鮮に存在し続けていることは、普遍的に共有されている人権の価値に対する侮辱であり、人道に対する罪である。これらの収容所が取り壊され、生き延びている囚人たちがこれ以上遅れることなく釈放されることは、北朝鮮と国際社会の果たすべき義務である。

C・一般刑務所制度における人道に対する罪

1068. 受け取った証言やその他の情報に基づき【1579】、調査委員会は、人道に対する罪は一般刑務所制度、特に、一般刑務所（教化所）と、低度ではあるが、様々な短期強制労働拘留施設にも広がっている、と見る。

1・非人道的行為

1069. 調査委員会は、次のような非人道的行為が行われてきたし、現在も行われている、と見る。

(a) 監禁

1070. 北朝鮮の一般の囚人はほとんど常に、国際法の原則に違反する監禁の罪の被害者である。

1071. 一般刑務所（教化所）の監禁は通常、法的手続きに基づいている。しかしながら、これは、国際法が義務付けるような、法の定める権限を持った独立した法廷による、公正な公判とは掛け離れた手続きである。短期強制労働拘留施設に拘留されている人々は全く裁判を受けていないことが多い。

1072. 一般刑務所の多くの囚人たちは国際法に準拠する理由な

しに監禁されている。彼らは人権を守る行為をし、決して犯罪とすべきでない行為を行ったために監禁されていることが多い。その中には、北朝鮮を離れる権利を行使した人たちや、宗教を実践するか、外国映画を見るか国際電話をかけて情報の自由の権利を行使した人たちがいる。

(b) 絶滅させること、そして殺人

1073． 多くの点において、一般刑務所（教化所）の囚人の置かれた環境は政治犯収容所に見られるものと同様である。取り扱いには大差がなく、原則に差は存在しない。強制労働と恣意的飢餓、不適切な医療サービス、そして不衛生な環境が重なり、それが原因で毎年、多数の死者が出ている。人道的な刑務所制度の運営に必要な能力と資源が北朝鮮に欠如している訳ではない。ほとんどの一般刑務所は食糧生産を行っているが、空腹を抱えた囚人に食糧は与えられない。さらに、炭鉱労働と囚人による生産品は収入を生み出しているが、それらは適切な拘留環境を確立するためには使われない。したがって、調査委員会は収容所内の非人道的環境は国家方針により恣意的に生みだされた結果である、と見る。

1074． 北朝鮮の一般刑務所は囚人を絶滅させる意図はない可能性もある。収容所の法律上の目的は少なくとも、労働を通しての囚人の再教育である。しかしながら、中央政府が発する一般刑務所運営方針には、適切な食糧と医療サービスの恣意的な拒否が含まれ、それが自然の成り行きで刑務所人口の大部分に死をもたらすことがわかっていても実行されている。調査委員会の見解では、ここにおける犯罪意思のレベルは、絶滅と殺人という人道に対する罪が犯されていると確証するに十分である【1580】。

1075． 調査委員会の調査結果によると、逃亡を試みる人への即決の処刑と秘密裏に行われる処刑など、看守による殺人行為が一般刑務所で行われている【1581】。

(c) 拷問、強姦、その他の深刻な性的暴力

1076． 国際法で定義される拷問が北朝鮮の一般刑務所の特徴として定着している。拷問は、独房監禁、懲罰として極度の飢餓の恣意的強制、強い殴打による刑罰、その他残酷な囚人への刑罰として行使されている。非人道的な拘留環境に加えて、さらなる罰として囚人に課せられる飢餓の延長による苦痛も拷問の基準に達する。

1077． 一般的方針としては承認されておらず、刑務所規則に反するとはいえ、頻発する強姦は全体として人道に対する罪の形態をとっている。政治犯収容所内の強姦の場合、刑務所の看守や他の職員は免責され、審査を受けない。妊娠した囚人が受ける強制堕胎は、人道に対する罪に必要な基準に達する重度の性的暴力である。

(d) 奴隷化すること

1078・強制労働の環境は拘留施設のタイプによって異なる。刑事国際法が規定する奴隷化の基準に達するものは北朝鮮の一般刑務所制度の中には存在しない。しかしながら、一般刑務所の囚人に課せられる強制労働の種類、期間、そしてその重度によっては、特に刑務所の鉱山での強制労働のそれは、奴隷化の基準に達している。この調査結果にいたる時、調査委員会は、恣意的飢餓、非人道的な生活環境、作業割り当てを満たせなかったか、あるいは逃亡を試みた人びとへの厳しい処罰といった全体的な状況を考慮にいれている。調査委員会は、したがって、北朝鮮が一般刑務所は国際基準に見合っていると主張した国連人権委員会への北朝鮮の反論を強く否定するものである【1584】。

(e) 住民の強制移送

1079・住民の強制移送という人道に対する罪は、国際法により、住民が合法的に存在している地域から住民を排除か他の高圧的な行為によって強制的に立ち退かせること、と定義されている【1585】。

1080・北朝鮮の一般刑務所の囚人たちは、個人に罪があるとの前提に基づいて収監されている。しかしながら、連座制の罪は一般刑務所の囚人の家族、特に平壌に住む家族に自動的に適用されている。彼らの親戚の犯罪のために、こうした家族は低い成分《ソンブン》の住民グループであると見なされる。したがって、彼らは自動的に平壌から追放され、遠隔地の地方（道）に強制的に移送され、そこでさらに厳しい社会・経済的環境を経験する【1586】。

調査委員会は、数千人の平壌出身の囚人のいる第4号教化所（一般刑務所）の大きさに注目する。したがって、調査委員会は、有罪判決を受けた個人の家族であるとの理由で、数千人の北朝鮮市民が平壌から追放されたものと認識する。

1081・親戚の犯した犯罪に関わっていない家族を集団的に追放する北朝鮮の行動は、北朝鮮の公式の法律に根拠があるものではなく、また、国際法に違反する。調査委員会はしたがって、こうした追放は住民の強制移送の罪に当たる、と考える。

2・国家による組織的で広範囲にわたる攻撃

1082・北朝鮮では、刑事司法制度と刑務所は一般犯罪を処罰するためだけに存在するものではない。それは、政治制度とその指導部への脅威と見なされる人に対しての、国家による組織的で広範囲にわたる攻撃に欠くことのできない一部として存在する。北朝鮮の一般刑務所の囚人の多くは、実際には、政治犯である。一般刑務所の政治的機能は、北朝鮮の現在の憲法と刑事訴訟法において正式に承認されている。このことは金日成と金正日が強調している。

これらの法律は国家と司法に敵対成分《ソンブン》を抑圧し制圧する義務

を課す【1587】。刑務所の強制労働の生産物である鉱石などの輸出用物品は、政治制度と、政治制度に忠誠なエリート層を維持するための外貨を稼いでいる。したがって、一般刑務所とその運営方法は、ふたつの政治的目的を達成しているのである。

1083．一般刑務所内で拘留者が受ける非人道的行為は、ある特定の看守または施設に限って行われている事象ではない。調査委員会は、非人道的行為が、巨大な刑務所システム全体で、数十万人の囚人をいつでも犠牲にし得るパターンに従って行われている、と見る。

1084．恣意的飢餓と強制労働は国のすべての刑務所で同じパターンで行われているので、それが中央レベルの命令に基づいている可能性を示唆している。非常に類似した処罰施設と拷問施設（例えば非常に小さい独房）がすべての拘留施設にある。調査委員会の調査結果によれば、毎年、数千人の一般刑務所の囚人が、飢餓、極度の疲労、殴打、予防可能な作業事故、治療可能な病気によって死亡している【1588】。

　北朝鮮当局は、中央レベルを含め、このことを承知している。特に、刑務所では飢餓状態の定期検査が行われていることからもそれは推測できる。しかしながら、当局は基本的な方針を変えようとしない。北朝鮮刑法第30条によって、一般刑務所（教化所）の囚人の市民権は部分的に制限してよいと考えられている。このことが囚人への虐待を助長する。

1085．（加害者の）免責も、囚人に対する非人道的行為が公式の政策を反映していることを示すものである。刑事司法制度の2本の柱である人民保安省と検察庁が一般刑務所システムを管理し、監視しているとはいえ、北朝鮮当局は、拷問、強姦、処刑、その他の囚人に対する非人道的行為の加害者の免責措置を廃止するための何らかの努力もしていない。

1086．それどころか、北朝鮮は、刑務所システム内の人権侵害を自国民と国際社会から隠蔽している。拘留されている親戚の安否を家族が知ることのないよう、刑務所施設内かその周辺に、刑務所内で死亡した人々の火葬用の炉と共同墓地を建設した。国連人権機構との協力作業の場において、北朝鮮代表団は、特定の質問への回答として、刑務所システムのサイズと刑務所内での取り扱い状況について非常に不正確な情報を提供した。

　北朝鮮はまた、一貫して刑務所の訪問（時々行われるモデル用刑務所への訪問を除いて）を拒否している。刑務所システムを含む北朝鮮訪問の調査委員会からの再三の要請はすべて無視されるか拒絶されている。

D・宗教信仰者や破壊的影響を与えるとされる人びとへの人道に対する罪

1087・受け取った証言などの情報に基づき【1589】、調査委員会は、政治的または思想的に破壊的な影響を与えると考えられている人びとは人道に対する罪を受けている、と認識する。

1088・中でも、少数の国家指定の宗教機関以外で信仰する人びとが最大の被害者である。現在の北朝鮮において、こうした宗教信仰者は、中国の国境地域にある朝鮮語の教会を通じてキリスト教徒の共同体を作っている。

1089・この他、韓国出身の人びとと許可なく個人的に接触したか、または、電話で連絡した人びと、外国映画、ニュース、芸能番組を見るか、回覧する、または、外国からのテレビ番組やラジオ放送を視聴する人びとも、破壊的影響を与える人びとの中に入れられる。

1・非人道的行為

1090・調査委員会は、北朝鮮では次の非人道的行為が行われてきたし、現在も行われている、と見る。

(a) 監禁と拷問

1091・当局は、彼らが敵対国家であるとする国々が起源の宗教、映画、放送、特に、韓国と韓国市民との許可無しの接触は政治的に破壊的であると考える。国家は、こうした行動を取るものは、刑法に言う「反国家的および反人民的犯罪」の罪を犯しているとする。彼らの行動が国際人権法に守られる範囲内のものであるという事実は指摘するまでもない。捕まった場合、彼らは、数週間または数カ月間、判事の前に連れて行かれることなく、尋問のために監禁される。

　これは「市民的及び政治的権利に関する国際規約（ICCPR）」第9条に違反する。したがって、彼らは、ICCPR第14条の規定を満たさない裁判で懲役を宣告されている可能性と、裁判なしに政治犯収容所に送られている可能性がある【1590】。

1092・耐え難い殴打、延長される恣意的飢餓などの拷問行為が、北朝鮮に破壊的な影響を与えるとされる人びとに組織的に課せられる。目的は自供を引き出し、さらに犯罪者を作り出すことである。

(b) 殺人

1093・当局が特に重大であると捉える場合、キリスト教徒と外国の映画や素材の配給者は処刑される。調査委員会は、こうした処刑は、それが司法判決に基づいたものであっても、当該行為は国際人権法により守られているものであり、「市民的及び政治的権利に関する国際規約（ICCPR）」第6条の「もっとも深刻な犯罪」（死刑の適用制限がある）にあたらないが故に、殺人に該当する、と認識する【1591】。

(c) 迫害

1094. キリスト教徒は迫害の被害者でもある。国家承認の少数の宗教機関以外で信仰を実践する人びとが受ける暴力と厳しい処罰は、キリスト教徒に対する差別政策の核心をなす。北朝鮮はそのプロパガンダと教育を通してキリスト教を非難し、事実上、宗教関連資料の輸入と保持を禁止している。さらに地下教会への侵入を図り、国家承認の教会での宗教実践方法を監視し規制している。こうした国家が作り出す差別的環境全体も、彼らへの迫害である。

キリスト教徒はまた、成分《ソンブン》制度の最下層の敵対階層とされているため、彼らの受ける差別の上にさらに不利な条件が加えられているのである。

2・国家による組織的で広範囲にわたる攻撃

1095. 北朝鮮の政治制度と指導部への脅威とされる住民への組織的で広範囲にわたる攻撃は、宗教を信仰するか、または他の破壊的影響を与えるとされる人びとにも向けられている、と調査委員会は見る。これらのグループは、朝鮮労働党とその指導部による情報、また思想形成の独占を脅かすがゆえに特別な脅威であると考えられている。国家はまた、キリスト教徒に独立したキリスト教共同体の再生をさせないという政治目的を持つ。過去の粛清においてこうした共同体は絶滅させられている。

1096. 国家当局は、キリスト教徒や他の破壊的影響をあたえるとされる人びとの逮捕や処罰のために膨大な労力をさいている。通常の手続きとして、中国から送還された人びとは誰でも、教会や韓国市民との接触の有無を調べられる。調査委員会の調査結果によると、国家安全保衛部、人民保安省、朝鮮人民軍治安部は、外国映画の流入を組織的に弾圧しており、首領自身から発せられた命令にしたがって、合同捜査班を立ち上げている。国家の最高決定機関である国防委員会の名で、住民は外国映画と外国テレビ番組を見るか、配信するものは治安部隊に報告せよとの布告が発せられた。

税関当局は組織的に流入物品を検査し、外国映画か外国放送を受信する器材の発見に努めている。国家安全保衛部捜査チームは精巧な技術を使って、認可を受けない中国製携帯電話の使用を検出している。

1097. 北朝鮮当局は、国家の管理する教会以外で宗教的実践を行うキリスト教徒に対する迫害を国際社会から隠そうとの努力を組織的に行っている。彼らは少数の国家管理の教会を宗教の自由と多元性が国内に存在する例証として挙げる。

E・国外逃亡しようとする人に対する人道に対する罪

1098・受け取った証言と情報に基づき【1592】、調査委員会は、北朝鮮から逃げようとする人たち（中国から強制送還された人びとを含む）に対して人道に対する罪が犯されてきたし、現在も犯されている、と見る。

1・非人道的行為

1099・調査委員会は、次の非人道的行為が犯されてきたし、現在も犯されている、と見る。

(a) 監禁

1100・標準的な手続きとして、国家安全保衛部と人民保安省は、北朝鮮から逃げようとして捕まった人びと又は、強制送還された人びとを、尋問を理由に拘留する。その期間は数か月に及ぶことが多い。その間、拘留者は、「市民的及び政治的権利に関する国際規約（ICCPR）」第9条3項に準拠する裁判を通常、受けない。彼らには、ICCPR第9条4項が規定する、拘留の法的根拠を法廷で問う機会も与えられない。

1101・国家安全保衛部と人民保安省の尋問官に、仕事探しか、中国に住む親戚の援助を得ようとして北朝鮮を離れたと納得させた拘留者は、短期間の監禁の罰（裁判なしに）を受ける。彼らは、彼らに唯一残された彼ら自身の国を離れるという権利を行使したことで処罰されている。この処罰には国際法に適う根拠がない。

1102・キリスト教信仰を実践したか、韓国人と接触したと思われた人びとは、不公正な裁判に基づくか又は裁判なしに、一般刑務所か政治犯収容所に監禁される。

(b) 殺人

1103・調査委員会の調査結果によると、国家安全保衛部の職員は、送還された人が外国にいる間に接触したキリスト教会と韓国人を割り出そうと、強度の殴打、恣意的飢餓などの拷問手段を、被送還者に行使する。被送還者たちは通常、殴打と飢餓の結果として拘留中に死亡する。多くの場合、彼らの死は、加害者の与える危害の結果として死を招くことに加害者が自覚的であるが故に、殺人である。

1104・北朝鮮の国境警備員は、許可なく国境をわたる人を射殺する権限を与えられている。こうした殺害は殺人罪にあたる。一般市民に対する旅行禁止は国際法違反であるが故に、これらの行為は合法的な国境警備手段として正当化され得ない。さらに、無許可の国境越えを阻止する目的で生命を意図的に奪い取る事は、こうした状況における判断基準の均衡を甚だしく逸脱している。国際法が殺傷力の意図的使用を許すのは、その行為が差し迫った脅威から生命を守るために是が非でも必要な場合のみである【1593】。

(c) 強姦や他の性的暴力

1105・調査委員会の調査結果によると、中国滞在中に妊娠し、強制送還された女性は強制的に堕胎させられる。これは人道に対する罪の基準を満たす性的暴力にあたる。送還され、拘留された女性に課せられる強制堕胎は拷問でもある【1594】。嬰児殺害の場合は、殺人罪が犯されていることになる。こうした犯罪は、被送還者を収容する尋問拘留施設内に免責の風潮があるため、犯行が広範囲に行われるようになる。同様の免責の風潮が、個々の看守に強姦などの性的暴力を犯させる。彼らは処罰されない。中国から送還された女性に対する、強制堕胎と嬰児殺害の加害者は、朝鮮人の純潔維持の重要性を強調する公式思想に突き動されているようである。こうした状況において、彼らは、中国人と性関係を持ち、「不純」とされる赤ん坊を妊娠した朝鮮人女性に特別の敵意を表す。これらの非人道的行為は人種的差別と性差別が要因でもある。

1106・北朝鮮の拘留場において送還された女性が受ける性的屈辱は戦略として恣意的に使われている。個々の看守は彼女たちを、身体的に又、口頭で性的に虐待（そして、強姦の場合もある）し、処罰をを受けない。送還されて拘留場に入れられる女性たちは、通常他の囚人や看守の前で全裸にされる。全裸にされている間に、彼女たちの個人的な部分に隠している金銭を取り出すとして、一連のスクワット動作（「ポンプ」として知られている）をさせられる。これらの行為は、特にそれが同じ被害者に何度も強いられていることを考慮すると、あまりに侮蔑的であるために、人道に対する罪になりうる重度の性的暴力にあたる、と調査委員会は見る【1595】。

1107・既定方針にしたがい、女性は、女性看守か、時には男性看守が膣内に手を入れて行う金銭所持検査を受ける。一般の看守が非衛生的な方法でこれらの身体検査を行う。こうした検査は他の囚人や、時には、異性の看守がいるところで行われる。膣検査の前に行われる全裸での「ポンプ」などの一連の手順が全体を屈辱的なものにする。こうして通常、被送還者の中国で稼いだ金銭を看守が盗める状況が生まれる。調査委員会は、金銭が取り出され、法的手続きの証拠として使われた事例を報告されたことがない。これらの検査はそれ故、犯罪の証拠収集目的でのみ検査を可能とする北朝鮮の刑事訴訟法に違反する【1596】。それはまた、国際基準――必要な時と場所において、人道的な方法で、適切な訓練を受けた人によって行われる検査のみを許可する――を満たすものでもない【1597】。抵抗する人たちは服従するまで殴られる。刑事国際法は、加害者による性器への高圧的な不当侵入は強姦であると捉えている【1598】。調査委員会は、北朝鮮の拘留場で行われる膣腔への侵襲的検査は強姦にあたると見る。これらの検査が北朝鮮自身の法律でも違法であり、性的に屈辱をあたえる状況で行われ、法的視点から正当化されるものでないことを考慮するからである。

(d) 強制失踪

1108. 調査委員会の調査結果によると、北朝鮮の国家安全保衛部の工作員が、中国に逃亡する市民と、彼らを助けた中国人と韓国人を拉致している【1599】。国際機関と出身国からの問い合わせにもかかわらず、被害者の安否はまったく明らかにされていない。こうした事案は、刑事国際法が定義するように、強制失踪にあたる【1600】。

2・国家による組織的で広範囲にわたる攻撃

1109. 調査委員会は、北朝鮮から逃亡する人びとは、北朝鮮の政治制度と指導部に脅威をあたえるとして組織的で広範囲にわたる攻撃の標的にされている、と見る。なぜなら、北朝鮮の隔離制度と情報統制、そして洗脳は、国家が国民を外部世界から孤立させられるかどうかによって機能もし、失敗もするからである。国外逃亡者は、外部世界との接触を持つが故に、脅威となる。彼らは、朝鮮労働党と首領の正当性を揺るがす情報を北朝鮮内の人びとに伝えることができる。

1110. この政治目的は、北朝鮮から逃亡を試みる人びとが一般的に反国家罪と反人民罪を犯したとされる事実からも証明される。加えて、北朝鮮からの逃亡者の処罰は北朝鮮刑法を強固な根拠とする。北朝鮮刑法は、不当な国境越えを犯罪とし、重い懲役刑を課す。その一方で、一般市民には「市民的及び政治的権利に関する国際規約（ＩＣＣＰＲ）」第12条2項による北朝鮮を離れる権利の行使という合法的な選択肢を拒否している。

1111. 首領にまで及ぶあらゆるレベルの国家官僚は、脱北者問題がより大きく広がった90年代以降、この問題にかなりの注意を払い、資源を傾けている。金正日自ら介入し、処罰レベル調整の指針を与えた。病床の父の後継者としての２００９年の金正恩の登場は、国境閉鎖と逃亡を助けた人びとに厳罰が処せられている最中の出来事であった。最近、中央レベルが即射殺方針の修正（廃止ではない）に介入した。これは、中国が国境上での射撃の中国領土への影響に不満の意を示した後になされたようである。国家安全保衛部が政治的に非常にデリケートな中国領土内からの拉致を行っているという事実は、北朝鮮から逃亡する人たちに対する人権侵害が国家の最高レベルの指令であることを示唆している。

1112. 北朝鮮の高位政府関係者と国営メディアも北朝鮮からの逃亡に成功した人びとを「裏切り者」または「人間の屑」と断定し、北朝鮮を逃亡しようとする人びとへの人道に対する罪を助長し、奨励さえする心理的環境を作り出している。

1113. 北朝鮮は北朝鮮に強制送還された多数の人びとの処置と処罰にかなりな資材を投入してきた。このことは中央で決定された国家方針の存在をさらに証明するものである。主要な治安機関（国家安全保衛部、人民保安省、朝鮮人民軍）は緊密に調整しあって国境を閉鎖し、国境を越えた人びとを処罰する。国家安全保衛部が2012年以降、国境管理全体の主導権を握っている。これは北朝鮮指導部がこの問題を政治的に重視していることを示唆するものである。多数の送還者を拘留するために尋問・中間拘留施設が拡大されており、新設される場合もある。

1114. 人権侵害の規模が大きく、一定のパターンに従っているという事実は、それが国家方針に根ざすものであるという調査委員会の調査結果を裏付ける。中国に逃げた北朝鮮人の数の膨大さと中国が遂行する厳しい強制送還を考慮すると、数十万人の北朝鮮人が送還されている可能性がある。送還された人びとのほとんど全員が非人道的行為にさらされる。検査と初期尋問中に被害者が受ける拷問、性的暴力、そして拘留の非人道的環境は一定のマニュアルに基づいているようである。治安機関と拘留施設間の送還者の移送に関しても一定の命令によって統制されているようである。

F・飢餓

1115. 受け取った証言と情報に基づき【1601】、調査委員会は、北朝鮮政府関係者が、集団飢餓、餓死、深刻な精神的・身体的損傷を引き起こす行動を決定し、その方針を実行することで、人道に対する罪を犯してきた、と認識する。基本方針は国家のもっとも高いレベルから下されたものであった。集団飢餓と餓死がピークに達した1990年代後半からこの方針に多くの変化が見られてはいるが、調査委員会は、人道に対する罪となる要素はいまだに存在することを憂慮する。

1・非人道的行為

1116. 調査委員会は次の非人道的行為が行われていると見る。

(a) 人を絶滅させる行為

1117. 住民の一部を壊滅する意図を持って食糧の取得手段を奪うことは、人を絶滅させる行為に当たる【1602】。数値的な基準は存在しないが、「一部の住民の壊滅」という概念には大量死がなければならない【1603】。

1118. 人を絶滅させる犯罪の意図に関しては、多数の人びとの死が加害者の目的である必要はない。絶滅させる行為という犯罪が起こるためには、加害者が、自然の成り行きでは大量死が起こりうることを承知で住民から必要な食糧を取り上げていることで十分である【1604】。集団飢餓と大量死を起すか、それをさらに悪化させるリスクを充分承知していたにもかかわらず、そうした決定がなされる場合のように、単なる無謀さだけでは、人道に対する罪としての絶滅させる行為の基準には達しない。

1119. 北朝鮮内で、特に1990年代、少なくとも数十万人の人びとが亡くなった食糧不足と集団飢餓の原因は、北朝鮮の建国時にさかのぼる一連の方針にそのルーツがある。これらの方針では、参加の原則と良質なガバナンスを尊重せず、重工業と投入物集約型農業システム、そして個々人の生活を厳格に管理する計画経済政策を押し付けた。これはまた、誤った歳出優先策を基盤としていた。それが、政治命令により持続不可能な治安機関と差別的食糧配給を維持することになった。これらの方針を採択・維持した北朝鮮当局は、その結果としておきる北朝鮮自身の食糧などの農業生産不足をソ連、中国、その他の社会主義国家の援助に頼っていたように見える。これらの政策に内在する食糧への権利や他の人権の侵害が、人道に対する罪の広がる環境を作り出した。

1120. 食糧不足は北朝鮮史に再三登場する【1605】。ソ連と東側社会主義諸国の崩壊と同じ時期の1990年代初頭から、北朝鮮には深刻な食糧不足と集団飢餓がすでに存在した。1991年の「1日2食運動」の発令時には北朝鮮自身もこのことに気づいていた。1993年末までには、北朝鮮当局は、援助を求めた中国や南アジア諸国が、集団飢餓とその結果起こる大量死を防ぐに必要な援助を提供しないことを知っていた。

1121. 飢饉が始まった時に、北朝鮮の政府関係者が行った決定と方針は、国際法に違反するものであり、それが集団飢餓を悪化させた。これにより餓死者の数が増大した。北朝鮮に残された資料からその動機を検証する日がくるかもしれない。入手できた証言やその他の情報に基づき、調査委員会は、北朝鮮政府関係者が一般住民を飢えさせ、その後、死に至らせようとの主観的目的で行動したとの結論をだすことはできない【1606】。しかしながら、調査委員会の調査結果によると、当局は、1990年代に彼らが行った決定が飢餓を深め、その後、自然の成り行きでは死者数が増えることを十分承知していた。それにもかかわらず、彼らは北朝鮮の政治システム、首領、その取り巻きのエリート層の維持を優先させるためにこれらの方針を決定した。前述のように、犯罪意思のレベルは絶滅罪に十分達するものである。

1122. 調査委員会は、国際的な人権問題当事者に誤解されやすい情報を意図的に与えるか、または、飢えている住民に国際的な食糧支援が届かないようにすることは、大量死が発生した場合、人を絶滅させる行為にあたる、と見る【1607】。北朝鮮には、「経済的、社会的及び文化的権利に関する国際規約（ＩＣＥＳＣＲ）」第11条が規定する、それ自身の資源が飢餓からの自由を確保できない時は国際社会に食糧支援を求め、それを促進する義務があった。この義務を実行する責任のある北朝鮮政府関係者は、多数の人々がすでに瀕死の状態にあった１９９５年まで国際社会に食糧支援を要請する努力を怠った。これに先立ち、政府関係者は国内に飢餓は存在しないとの誤った情報を流していた。当局は政治的な理由により集団飢餓の規模を明らかにしなかった。金正日自身が１９９６年の演説で飢餓が軍部にまで広がっていることを認め、この事実が発覚すると軍が弱体であるように見えることを示唆していた【1608】。

1123. 北朝鮮が最終的に国際支援を要請した後、政府関係者たちは、切迫した必要性をかかえる住民への直接の接近を規制し、食糧支援の配送と配布を妨害した。このことは人道的観点、または安全保障の観点から正当化されるものではない。こうした国家の規制を受け、多くの人道組織が人命救助の活動を取りやめた。こうした妨害の結果として、国際食糧援助の到着は遅れ、必要とされる量より少なかった。このことが死者の数を増大させた。

1124. 調査委員会の調査結果によると、北朝鮮の担当政府関係者は「経済的、社会的及び文化的権利に関する国際規約（ＩＣＥＳＣＲ）」第11条と他の国際法が規定する、北朝鮮自身のすべての資源を使って、飢餓からの自由の確保を優先する義務を果たさなかった【1609】。それどころか、飢饉が猛威を振るっている１９９９年に北朝鮮は外国からの食糧購入を削減した。飢饉の期間中にも軍事を優先し、外貨と国家予算の相当額を戦闘機、戦闘ヘリコプター、ミサイル、核兵器などの新兵器に振り向けた。北朝鮮は、１９９０年代から増加した合法および非合法活動から生まれる外貨も必要の食糧の購入に当てなかったようだ。代わりに、飢餓からの自由の確保のために使うことができたはずの相当額の外貨を、核拡散防止条約に違反するミサイルと核兵器の開発と、首領と彼の側近のエリート層の維持に使い続けた。集団飢餓が蔓延している状況で、金日成の霊廟建設に多額の出費をおこなうのは不合理である。一般国民の空腹緩和対策は、北朝鮮の政治システム存続のための軍部と指導部への出費に優先されるものではなかった。調査委員会は、担当政府関係者が、餓死者数が増大することを十分承知の上で、関連する決定と政策を行っていった、と見る。

1125. 調査委員会の調査結果は又、担当政府関係者が、「経済的、社会的及び文化的権利に関する国際規約（ＩＣＥＳＣＲ）」第２条２項と第11条が規定する、政治的および社会的理由による差別をすることなく、市民の飢餓から免れる権利を満たす義務の行使を怠ったことを立証した【1610】。担当政府関係者は、過去の粛清と住民の強制移住の結果として低い成分《ソンブン》の人びとが住んでいる北東部で、公共配給制による食糧割り当ての配布を停止した。援助組織は、北東部の数十万人の人びとが飢えているにもかかわらず、この地域に近づくことを拒否された。手に入る食糧は政治的に重要な平壌に住む人びとと、朝鮮労働党幹部、治安機関の高位階層に回されていたとの情報を調査委員会は受け取った。国際支援からの食糧の相当量がエリート層に回され、最も必要とする人たちに届けられなかったのである。軍関係者と軍事資産がこの目的に使われたようであるが、腹を空かせている下層兵士が受け取る食糧はなかった。この資源配分が一般市民を害することに当局は気づいていた。政治システムとその指導部を維持するエリート層の存命と維持とに重点が置かれる時、失っても良いと思われた住民がいたのである。

1126. 北朝鮮政府関係者は、住民、特に中国国境とロシア国境に近い北東部の被害の大きい地方に住む住民が、中国またはロシアに労働の代価として、または親戚の助けを得て食糧を求めないように、移動の制限を継続した【1611】。国内の移動規制は、解除されなかった。このことが食糧を求める北朝鮮国内の住民の動きに影響した。利用可能で明らかに行使可能な対処方法の拒否は、自国を離れる権利（「市民的及び政治的権利に関する国際規約（ICCPR）」第12条）と、飢餓から免れる権利（「経済的、社会的及び文化的権利に関する国際規約（ICESCR）」第11条）の侵害にあたる。

中国から強制送還された北朝鮮市民への厳しい処罰を含む、旅行全般の禁止が対策として強化された。国内の移動規制と国境超えの規制により、中国に行けず仕事や親戚からの援助を求められなくなった。数え切れない市民たちが飢えに追い込まれた。また、家族関係と南北朝鮮の連帯によって助けが得られる韓国に北朝鮮市民が行くことを許可するという選択肢を、北朝鮮は一度も真剣に考えなかった。政府関係者が、旅行禁止がすでに飢えている住民にあたえる破壊的な影響に気づいていたのは確かである。それでも彼らは移動禁止を実施し、政治システムの崩壊を防いだ。金正日は１９９６年の演説で、彼自身がその政治的計算を暴露している。「人民に人民自身で食糧問題を解決させるならば……朝鮮労働党はその時、その人民的基盤を失い、ポーランドやチェコスロバキアのようにメルトダウンを経験することになる」と語った【1612】。

1127. 朝鮮人民軍は、不十分な割り当ての補完用に、一般住民から食糧を盗むよう兵士たちに奨励した【1613】。こうした犯罪に対処するためか、または、根本原因を解決するため、中央政府から不適切な努力がなされたが、根本的な原因は兵士に適切な食糧を供給できなかった国家の失敗にある。政府関係者は、兵士による飢えた市民からの食糧の盗みを許せば結果的には市民の間に飢饉を悪化させ、餓死を増やすことになると気づいていたはずである。

(b) 殺人

1128. 前述の北朝鮮指導部の様々な決定と方針は、国際法で定義される殺人罪を伴うものである【1614】。何故ならば、担当政府関係者は、自然の成り行きでは多くの死をもたらすと十分承知の上で、飢餓を悪化させたからである。

1129・さらに、飢えないために食糧を盗むなどの経済的犯罪を犯したことで、多数の人びとが公開処刑された【1615】。集団飢餓が考慮にいれられる時ですら、生き残りのための犯罪が、「市民的及び政治的権利に関する国際規約（ＩＣＣＰＲ）」第６条が死刑の適用を制限する「最も重大な犯罪」とは見なされなかったのである。さらに、こうした処刑は、裁判なしか、ＩＣＣＰＲ第６条と第14条が死刑宣告を適用する際に行われるべき公正な裁判なしに、即決で執行された。この理由において、飢饉の期間中に起きた生き延びるための経済的犯罪に対する公開処刑は、国際法の定義する殺人であった【1616】。

1130・これらの処刑は又、飢える住民全体に向けられた攻撃の一部であった。ミクロレベルでは、処刑により、市民は（食糧が配給されない）差別政策の回避や挑戦（盗み）を断念せざるを得なくなった。マクロレベルでは、頻々に執行される公開処刑から恐怖が生まれた。北朝鮮当局にとってその恐怖は、一般国民の大量死を代償にして政治制度とその指導部の存命を図る政策の遂行に必要だったのである。それが既存秩序の全面的な崩壊を防ぎ、政治制度への飢えた国民からの反乱を抑制した。

(c) 他の非人道的行為

1131・前述の決定と方針と行動により、身体的・精神的損傷を負った数百万人の人びとが餓死は免れたものの、飢えは一層重くなった、と調査委員会は見る。多くの被害者たちが引き続きその影響下にあり、特に、妊娠中と幼児期の慢性的栄養失調のために成長障害に苦しむ人たちがいまだに存在する【1617】。調査委員会は、結果として飢餓やその関連の苦痛が生じることを承知で、多数の人びとに長期的で深刻な飢餓を起こさせるか、又は、それを悪化させることは、人道に対する罪にあたる非人道的な行為である、と見る。

2・国家による組織的で広範囲にわたる攻撃

1132・集団飢餓と餓死を増やし、その結果としての苦痛と身体的損傷をいっそう重いものにした決定と政策と行動は国家方針に基づくものであった、と調査委員会は認識する。その国家方針は、政治制度とその指導部維持のための、組織的で広範囲にわたる一般市民に向けられた攻撃の一部であった。そのために飢餓がひろがり、一般住民の相当部分が犠牲となったのである。

1133・この結論にいたる時、調査委員会は、一般市民に対する攻撃は人道に対する罪を引き起こすが、それは武力による攻撃に限るものではないことを喚起する。住民の虐待は攻撃とみるに十分である【1618】。北朝鮮の場合、飢餓と餓死を増やすことが分かっていても、この虐待は国家の決定と政策と行動という形を取って長期間実行された。これらの決定と政策は処刑などの暴力的手段を通して行われた。そしてこの虐待は一般市民に向けられ、市民が飢餓とそれらの手段の直接的な被害者となった。

1134．調査委員会は、北朝鮮の一般の市民への攻撃は、大半の住民に影響を与えたが、それは単に広範囲に行われただけではない、と見る。飢餓状況を悪化させる多くの国家政策が国家の中央レベルでのみ採択され得たことを考えると、それは組織的なものでもあった。新兵器と北朝鮮指導部の為の支出を食糧購入より優先し、北東部の食糧配給を最初に停止すること、または、人道支援を国の一部に限定することなどは、中央レベルでのみ決定できた。

1135．住民を飢えさせることが国家政策の基本的な目的ではなかったのかもしれない。しかしながら、人道に対する罪には、その原因となる国家政策が一般市民を傷つける目的で作成されている必要はない。調査委員会の見解では、国家政策を作成する高位の政府関係者が、国家政策とその結果として起きる損傷との直接的な因果関係を承知していれば十分である【1619】。国家の他の目的の政策にも同様のことが言える。国家の隠れた政治目的遂行手段として無節操に犯されることが多いのが、「国家犯罪」としての人道に対する罪の本質である【1620】。上層部が認識していたことも、それが低位の政府関係者が単独で行った個人的行為ではなく、個々の加害者が犯した非人道的行為が国家に寄与するものであったことを十分に裏付けている。

1136．北朝鮮の場合、中央レベルの政策決定者たちが、極度に中央集権化した官僚組織からの報告を基に、集団飢餓と死者数について十分な認識があったことを示す情報を調査委員会は、受け取った。金正日自身が国の様々な場所を訪問している。訪問中に彼は状況に気づいたはずである。加えて、中央レベルの政策決定者たちが、彼らの作成した政策と、集団飢餓と餓死者の増大との因果関係を承知していたとの結論にいたる理由が存在する。まず、その因果関係は飢饉の全体的規模を見れば明らかである。さらに又、国家政策と餓死との関係は、人道支援組織の声明や彼らが高位の北朝鮮当局者と行った個人的な会話によって高位の政策決定者の知るところとなっていたはずである。

1137．人道に対する罪を引き起こす、集団飢餓と餓死を増大させる国家政策の多くは、引き続き現在も実施されている。北朝鮮内の特定グループに対する差別が続行していることが、特にこのことを示している。北朝鮮は、人道状況に関するデータや、人道支援を必要とする住民にそれが妨害なく届いているかについてのデータを故意に提出せず、又、差別的な支出と食糧配分のパターンのデータも提出していない。北朝鮮内の飢餓と栄養失調のレベルはいまだに高いが、全体的状況（少なくとも公開されたデータが示すもの）は改善されている。これは、機能不全の公的配給制度の代替手段として住民が作った非公式市場によるところが大きい。他には、相当量の外国からの援助と豊作が続いていることも要因として挙げられる。しかしながら、さらなる集団飢餓とそれに関連する人道に対する罪は引き続き存在する。調査委員会は、二国間や多国間の諸機関、北朝鮮政府関係者と連絡できる援助資金提供者などが、北朝鮮の政策決定者たちに、住民と住民の普遍的人権への影響を認識させることが重要であると考える。北朝鮮政府関係者は、集団飢餓の原因をつくるか、それを悪化させることになる決定または政策を、それを承知の上で採択することは人道に対する罪を犯すことであると、警告されなければならない。

G・特に拉致による他国者を狙った人道に対する罪

1138．受け取った証言と情報に基づき調査委員会は【1621】、北朝鮮が、他国出身者、すなわち、国際的拉致被害者とその他の帰国を拒否されている人びとに対し、人道に対する罪を犯してきたし、今も犯している、と見る。

1・非人道的行為

1139．調査委員会の調査結果によると、1950年と1980年代半ばの間に、大量の国際的拉致と本国帰還拒否があった。国際的拉致と本国帰還拒否には強制失踪が伴う【1622】。法の不遡及の原則（「市民的及び政治的権利に関する国際規約（ICCPR）」第15条）に従い、これらの行為は、それが最初に起こった時の状況で、人道に対する罪の定義に基づいて検証されなければならない。

1140．強制失踪は、1966年の国際法委員会の「人類の平和と安全に対する罪についての法典草案」の中で、人道に対する罪の原因となる非人道的行為として初めて特定された【1623】。国際法における人道に対する罪は、ローマ規程第7条2項(i)に詳細に定義され、1998年に採択された。しかし、1940年代後半のニュールンベルグ裁判以降、その同時代の定義での強制失踪にあたる行為は非人道的行為であり、それゆえ、人道に対する罪を引き起こしうると認識されている【1624】。

1141．強制失踪を伴う範囲において、北朝鮮とその指導部が1950年から行った拉致と本国帰還拒否はそれ故、人道に対する罪を引き起こすことになる。これは国際刑事犯罪を遡及的に適用していることにはならない。

1142．刑事国際法上の強制失踪の定義は、国際人権法よりも厳しい側面を持つものであるが、それは次の要素を伴う。

・国家または政治組織の承認、支援、黙認による、逮捕、拘留または拉致
・それに続く、自由の剥奪または、それらの人びとの安否と居所に関する情報提供の拒否
・長期間にわたり、それらの人びとを法の保護から引き離

す意図【1625】

1143. 調査委員会は、前述の定義に当てはまる数多くの非人道的行為が北朝鮮当局によって犯された、と見る。朝鮮戦争中に、およそ8万人の市民が北朝鮮軍に拉致された。数十万人の戦争捕虜が、釈放され本国送還されるべき時に、拘留されていた【1626】。彼らの多くは拘留に似た状況下にある炭鉱での労働を強要された。1959年から、9万3000人以上の人びとが日本から北朝鮮への移住を偽の約束で唆された。北朝鮮到着後数年経つと、彼らは残してきた家族との連絡を拒否された。彼らの多くが最終的には北朝鮮の政治犯収容所や他の拘留施設に入れられた【1627】。彼らの中には、北朝鮮を離れる権利を約束されていた数千人の日本人もいた。

1144. 朝鮮戦争終了後、北朝鮮海軍は数百人の韓国人漁師を海上で逮捕し、その後、彼らの帰国を許可していない【1628】。100名以上の日本人や韓国人、その他の国の人びとが北朝鮮の特別作戦と諜報機関による極秘作戦で拉致された。北朝鮮の諜報機関は暴力を用い、また、本当でないことを言って説得して被害者を制圧した。多くの被害者はその後、北朝鮮諜報機関が支配する「招待所」に拘留された。拉致被害者の中には欧州や中東、また他のアジア諸国出身の多くの女性が含まれており、彼女たちは北朝鮮にすでにいる外国人の妻として与えられるために拉致された。調査委員会の調査結果によると、1950年から1980代後半の間に北朝鮮に連れてこられた被害者の数は全体で20万人を超える。

1145. 80人の韓国人戦争捕虜と9人の韓国人漁師が北朝鮮脱出に成功し、帰国できた。韓国出身の映画監督申相玉《シンサンオク》と女優の崔《チェ》銀姫《ウニ》と、2人のレバノン人女性も逃げることができた。朝鮮戦争終了以降、韓国に渡された戦争捕虜の遺体は6体がだけである。5人の日本人拉致被害者と1人のレバノン人拉致被害者が本国へ帰された。北朝鮮はさらに8人の日本人の拉致を認めたが、その人たちの安否と居所に関する適切で正確な情報を提供できていない。他のすべての場合には、北朝鮮は、自由の剥奪を認めず、失踪者の安否と居所に関する情報を与えていない。各国や国際機関、そして家族からの多くの情報提供の要請にもかかわらず、この姿勢は変わっていない。

1146. 調査委員会はさらに、政府当局は長期間にわたり被害者に法の保護を受けさせない意図を持って行動した、と見る。自由の剥奪を認めないことは、実質的に、被害者の母国が国際法に従って与える保護を被害者に拒否していることになる【1629】。政府当局は、国際法の任務を遂行する国連人道機関からの保護をも否定する。さらに、北朝鮮が被害者の自由を奪っていることを正式に否定しているという事実は、北朝鮮内の司法の独立性と公平性の欠如を考慮すると、被害者が北朝鮮司法制度の保護を求めても無駄なことを意味する。

1147. 拉致、帰国の拒否、それに続く強制失踪が、恣意的な非人道的行為であるとの調査結果にいたるに及んで、調査委員会は、韓国、日本、その他の国々の家族が数十年にわたって経験した深刻な精神的苦痛も考慮する。恣意的な非人道行為は人道に対する罪にあたる。必死の思いの親族から何度も交渉を求められているので、担当した北朝鮮政府関係者は、この苦痛を十分承知していたし、今も承知している。北朝鮮の現在と過去の首領は、被害者の親戚が外国メディアを通じ、また、当調査委員会の公聴会において伝えた、必死の訴えに気づかずにいられるはずはない【1630】。

1148. 調査委員会は、又被害者の多くが人道に対する罪に苦しめられている、と見る。何故なら彼らは理由もなく、また、適切な手続きもなしに監禁されるなど自由を剥奪され、多くの場合、現在もそれは続いているからである。こうした自由の剥奪は、諜報機関の施設、政治犯収容所、一般刑務所そして採掘施設で行われた。

2・国家による組織的で広範囲にわたる攻撃

1149. 調査委員会は、外国人の強制失踪は、政治的根拠に基づいた国家方針による、組織的で広範囲にわたる攻撃である、と見る【1631】。強制失踪は数十年にわたって実行されているが、共通の要素を持ち、それがひとつの大規模な攻撃であることを思わせる。

1150. 強制失踪には同一の政治的な動機、特に、北朝鮮の国力強化に必要な労働力と技術を獲得し、朝鮮半島の支配権のための韓国との闘いを優先するという政治的動機がある。

1151. 国際的拉致が最高レベルで承認されていることを示唆するものもある。これらの行動が国家の最高レベルで承認されていることは、拉致と逮捕にあたり、陸上部隊、海上部隊、特殊作戦部隊、諜報部隊を様々に使い分けている事実もそれを証明している。金日成自身は、大多数の囚人を帰還させず、彼らの失踪を外部世界には秘密にするとの決定を知っており、それを支持した。朝鮮戦争後の拉致に関しては、金日成とその後継者の金正日が拉致命令に個人的に署名したことを数人の政府関係者が示唆している。金正日は拉致被害者と個人的に接触している。その中には映画監督の申相玉《シンサンオク》と女優の崔銀姫《チェウニ》がおり、彼らは北朝鮮のプロパガンダ映画の製作に使われた。金正日がその映画のエグゼクティブ・プロデューサーであった。韓国人と日本人の被害者は機密性の高い北朝鮮のスパイ行為やテロ行為に使われた。このことは彼らの拉致と失踪が中央政府によるものであることを強く示唆している。

1152. 最後に、北朝鮮当局は、他国の人々の強制失踪への関与を、彼らの家族や関連諸国に全面的に否定するという共通方針を数十年にわたって実行した【1632】。この方針はあらゆる年代の失踪被害者全員に対して適用された。唯一の例外は、日本人を標的にした13件の拉致を認めたことである。これは2002年、日本の小泉純一郎首相が北朝鮮訪問中に起きた。他の被害者たちに対しては、国外に逃亡して情報を漏らさないよう、北朝鮮の治安機構による厳しい監視・管理対策がとられている。調査委員会に報告された少なくとも2件の場合、中国に逃げた被害者が再び拉致されている【1633】。監視対策の厳しさは、60年間のうちにたった93人しか北朝鮮から脱出できていないという事実からも証明される。

1153. 北朝鮮当局は又、強制失踪に関わる国際組織、被害者の出身国、被害者家族からの問い合わせに対し、全く情報を渡さないか、不完全で不正確な情報しか渡さないという方針を貫いている。当局は、外国での拉致が国家方針に沿ったものであることを否認していない（原文ママ）ことも留意に価する。最近起こった北朝鮮市民の拉致と彼らの中国領土からの逃亡を助けた人々の拉致がそのことを証明している。

3・強制失踪に継続的に現れる人道に対する罪の本質

1154. 外国人の強制失踪は遠い過去の犯罪ではない。それらは現在も引き続き起こっている犯罪である。被害者の安否と居所が完全に明らかにされて初めてその犯罪は終了する【1634】。自由の剥奪を認めず、被害者の安否と居所に関する情報を否定することに努力を続けている北朝鮮政府関係者は、彼らが当初の逮捕、拉致または拘留に関わっていなかったとしても、彼らに人道に対する罪への責任は発生する【1635】。調査委員会は、50年以上前に始まったこれらの事案における被害者、特に朝鮮戦争拉致被害者の多くが自然死か他の理由により死亡している可能性があることに気づいている。しかしながら、それは法的観点から重要な問題ではなく、犯罪性に変化はない。残念ながら、犯罪行為が最終的に完全に明らかになる時までに被害者が亡くなっている強制失踪の事案は珍しくはない。失踪させられた人びとが亡くなっている場合には、当局は失踪の状況を解明し、遺骨を返して家族の感情を落ち着かせることによって、彼らの犯している犯罪に終止符を打つことができる【1636】。

H・政治的ジェノサイドにあたるか？

1155. 調査委員会の調査結果によると、50年以上の期間を通じて、政治犯収容所などの施設において、数十万の囚人が処刑されている【1637】。敵対成分《ソンブン》と派閥主義者を3世代にわたって絶滅するという目的に基づき、子供たちを含む家族など全員が、彼らが何をしたかではなく、彼らが誰であるかのために政治犯収容所に消えた。このことから、ジェノサイドか又はそれに近い国際犯罪が犯されたのではないかとの疑問がでてくる。

1156. 国際法はジェノサイドを、国民的集団、民族的集団、人種的集団、又は、宗教的集団の全体または一部の破壊の意図をもって行われる次の行為として定義する。

(a) その集団のメンバーの殺害
(b) その集団のメンバーに重大な身体的・精神的損傷を負わせる
(c) その集団全体かその一部の物理的破壊を狙って恣意的にその集団の生活条件を悪化させる
(d) その集団内での人間の誕生を阻止する対策をとる
(e) その集団の子供たちを強制的に他の集団に移す【1638】

1157. 北朝鮮の政治犯収容所の場合、その人が持つとされた政治的意見と国家指定の社会階層に基づいて絶滅させる行為が行われている。国際法による現行のジェノサイドの定義にはそうした根拠を含んでいない【1639】。しかしながら、身体的破壊を引き起こす生活条件を彼らに意図的に課してひとつの階層全体を絶滅させるという考え方は「ジェノサイド」に近い考え方になる。当局は、囚人に出産を禁止し、これを強制堕胎と嬰児殺害によって、集団内の人間の誕生を阻止し、終了させてもいる【1640】。

1158. こうした犯罪が「政治的な組織の抹消」と呼ばれる可能性もある。しかしながら、非技術的な意味において、上記に詳述した行いもジェノサイドではないとする理由に疑問を投げかける人もいる。調査委員会は、ジェノサイドの現在の理解に可能な拡大解釈を支持するものである。しかしながら、多くの人道に対する罪の調査結果に照らし、調査委員会はこれらの理論上の可能性をここで探る必要はないと考える。調査委員会は、調査委員会の権限において、人道に対する罪は、当該国家に責任があるばかりでなく、さらなる犯罪を防ぎ、加害者の責任を追及するために、国際社会全体に責任があるほどの重大性を持つ犯罪であることを強調する。

1159. 調査委員会への証言で、世界キリスト教連帯（CSW）は、1950年代と1960年代に宗教団体、特にキリスト教徒に対して行われたジェノサイドを示すものがあると述べた【1641】。調査委員会は、北朝鮮自身の数値に基づき、北朝鮮住民の中の宗教信仰者の割合、主にキリスト教徒、天道教徒、仏教徒が、1950年には24％であったが2002年には0・016％に落ちたことを確認した【1642】。調査委員会は、1950年代と1960年代に宗教信仰者を標的として粛清が行われたとの情報も受け取った。しかしながら、調査委員会は、当局が当時、極端な暴力的手段を使って宗教集団を弾圧しようとしたか、または、特的の宗教集団の信仰者を集団として物理的に全滅させる意図を持っていたかどうかを決定するに十分な情報を収集する立場にない。これは歴史全体のリサーチを必要とするものであり、北朝鮮の関連アーカイブを見ることなしには行うことは困難であるか、又は、不可能なものである。

Ⅰ・主要な調査結果

1160. 調査委員会は、高位の国家レベルで策定された方針にしたがって、北朝鮮内で人道に対する罪が犯されてきた、と見る。これらの人道に対する罪は、その根幹をなす諸政策、諸施設、免責のパターンが実施され続けているが故に、いまだに犯されている。

1161. 政治犯収容所（管理所）などの収容所に拘留されている人びと、国外逃亡を試みる人びと、キリスト教や他の破壊的影響を与えるとされるものの信奉者は、人道に対する罪にさらされる。これは、北朝鮮の政治制度と指導部に脅威を与えるとされる人に対して行われる、組織的で広範囲にわたる国家からの攻撃の一部として生じる。前述の攻撃は、成分《ソンブン》に基づく差別的階級制度など、一般住民が体験する政治的動機による広範なパターンの人権侵害に組み込まれている。

1162. 加えて、人道に対する罪は、飢え死にしそうな住民に対しても犯されている。これらの犯罪は、食糧への普遍的な人間の権利に違反する決定と方針を源とする。これらは、飢餓を増大し、餓死を増やすことになるとの十分な認識を持った上で、現在の政治システムの維持を目的として作成されたものであった。人道に対する罪を引き起こす多くの方針は、引き続き今も、実行されている。北朝鮮の人権状況の信頼できるデータの不提供、必要とする住民に国際人道団体が自由に妨害なく近づくことの拒否、そして差別的支出と差別的な食糧配給などもその一環である。

1163. 最後に、人道に対する罪は、組織的に拉致され、北朝鮮のための労働やその他の技術のために帰国を拒否されている韓国人、日本人、その他の国々の人びとに犯されてきたし、現在も犯されている。これらの人びとは、現在進行中の強制失踪という犯罪の被害者である。彼らが自由を剥奪されていることを認めず、彼らの安否と居所についての情報を提供できない政府関係者にも、彼らが当初の拉致や帰国拒否に携わっていなかったとしても、刑事責任が発生する。

1164. 北朝鮮では、国際的犯罪が国家の制度に内在しているように見える。この人道的な感情を欠いた制度は北朝鮮の全域に広がっているが、これと同等の制度は近代の国際社会に存在しない。このように多くの犯罪が長期間続いているという事実は、普遍的な人権に対する侮辱である。これらの犯罪は直ちに止めなければならない。それは北朝鮮の義務であり、北朝鮮ができなければ、遅れることなく確実にそれがなされるようにするのは国際社会の責任である。

1165．次章で、調査委員会は、人道に対する罪の責任は誰にあるかの問題と、どのように責任が取れるかの問題を検討する。

Ⅵ

特に人道に対する罪の責任追及《アカウンタビリティ》

Ensuring accountability, in particular for crimes against humanity

1166. 国連人権理事会は、調査委員会に、完全な責任追及《アカウンタビリティ》の確保、特に人道に対する罪への責任追及を目指して調査するよう要請した。調査委員会は、直接的な関係のある制度や個人の責任追及に加え、北朝鮮国民を人道に対する罪から守る責任を踏まえて、国際社会の責任も追求した。

A・制度上の責任追及《アカウンタビリティ》

1167. 党、国防委員会、首領の実質的な支配と指導の下にある朝鮮労働党中央とその地方機関ばかりでなく国家の治安機構と司法機構が、人道に対する罪に当たるものを含む人権侵害に関わってきたし、引き続き関わっていると、調査委員会は見る。

1168. 主な治安機関、国家安全保衛部（SSD）、人民保安省（MPS）、朝鮮人民軍（KPA）が、即決死刑など、裁判外の殺害、強制失踪、拷問、長期にわたる恣意的拘束、強姦や強姦同様の重い性犯罪などを含む、甚だしい人権侵害である人道に対する諸犯罪を永続化させている機関である。朝鮮労働党の中央組織と地方組織、検察、司法官もまた、人権侵害に深く関わっている。

1・国家安全保衛部

1169. 国家安全保衛部（SSD）は、組織的かつ広範に行われている重大な人権侵害に事実上、すべて関わっている。これらの人権侵害は人道に対する罪でもある。1972年に設立された保衛部は、北朝鮮社会のすべての機関とすべての社会階層に配置された密告者の巨大な情報網を有し、数十万人の正規職員を持つ【1643】。保衛部は様々な局に分かれているが、それぞれの局が担当する内容は重複している。元職員やアナリスト達からの情報では、保衛部は首領に直接報告するルートを維持しているようであるが、公式に国防委員会の下に位置する【1644】。

1170. また、北朝鮮刑法に規定されているように、国家安全保衛部は、「反国家的、反人民的犯罪」と公式に呼ばれている、最も深刻な政治犯罪を扱う権限を持つ主導機関である【1645】。それゆえ、保衛部は、率先して、政治的意見の相違、外国からの「破壊的」情報の流入、政治体制と指導者に特に脅威となるキリスト教徒などの活動を識別し、抑圧する。保衛部は、直接的な迫害から逃れるためか、または、それ自体が人権侵害に起因する飢餓から自分と自分の家族を救うために北朝鮮から逃げる人々への重大な人権侵害と人道に対する罪に深く関わっている。拷問、恣意的飢餓、性的暴力、非人道的扱いが、拘留場、特に、中国から強制送還された人々が最初に入れられる拘留場で、組織的に行われている。保衛部は、政治犯収容所を管理し、上からの命令に従って、政治犯収容所への送還者を決定する。保衛部の部署がコミュニケーションを総合的に監視し、外国のテレビ・ラジオ放送の受信と携帯電話の使用の禁止にあたる。少なくとも1990年代から、保衛部員が中国内の拉致に関わり、北朝鮮国民、韓国と中国の市民、そして少なくとも一人の元日本人を強制失踪させている。

2・人民保安省

1171．人民保安省（MPS）は、国内治安、社会統制、基本的な警察機能を担当し、また暴動の鎮圧にも当たる。人民保安省は、すべての集落・都市地域にある警察署を運営し、都市、郡、道、国家レベルの拘留場も運営する。人民保安省の正規職員は20万人以上であると推定される【1646】。人民保安省の刑務局が、一般刑務所と短期労働拘留施設を管理している。調査委員会はこれらの施設内で、人道に対する罪を含む重大な人権侵害が犯されていると見る。2006年まで、人民保安省が管理する政治犯収容所もあった。

1172．人民保安省（MPS）は、中国に食糧と仕事を求めるためだけに北朝鮮を逃げる人々を尋問し、処罰する。そうした人々は、人民保安省職員の決定に基づき、人民保安省が運営する労働鍛錬隊送りの刑を受け、そこで、意図的に飢餓状態にさせられ、非人道的な扱いを受ける。人民保安省は住民登録システムを管理しており、個人と家族の情報を秘密裏に記録し、成分《ソンブン》制度（国家公認の社会階層）に根ざした差別の土台を提供する。人民保安省はまた、北朝鮮内の強制移動と居住規制を担当する機関であり、追放命令を実行するのも人民保安省である。

3・検察庁と裁判制度

1173．検察庁と裁判制度が、人権侵害の合法化に重要な機能を果たしている。検察庁と裁判制度は、不公平な裁判を含む法的手続きを通して政治的不正を起訴し、処罰するために使われていると、調査委員会は見る。注目度の高い政治犯罪を扱うのは国家安全保衛部に属する特別軍事法廷であり、不正な裁判を行って、死刑を宣告する。

1174．制度上、検察庁は一般刑務所と拘留施設の内部で行われる人権侵害にも責任がある。なぜなら、検察庁は、裁判前拘留者と有罪犯が北朝鮮の法律の下でさえ約束されている保護と権利を監督し実行する北朝鮮の法律上の義務を怠っているからである。

4・朝鮮人民軍

1175．朝鮮人民軍（KPA）は重大な人権侵害とそれに関連する人道に対する罪に関与している。この事は特に、軍隊内の政治警察である軍治安司令部に当てはまる。軍治安司令部はKPA関係者と直接関係のない政治的不正も扱う。国境警備の指導権は2012年、KPAから国家安全保衛部に移行したとはいえ、北朝鮮を離れる人々の基本的人権を暴力的に侵害しているのは主にKPA国境警備司令部である。KPAは、食の権利の侵害とそれに関連する人道への犯罪に関わっている。彼らは、人道支援物資を上級将校に横流しし、一般国民から食糧を収奪しているが、将校団はそれを見逃している。

1176. 朝鮮人民軍（ＫＰＡ）は、朝鮮戦争時に一般市民を拉致し、戦争捕虜を本国に帰国させず、朝鮮戦争の結論がでた後、「建設部隊」で強制労働させた。ＫＰＡの海軍と特別作戦部隊は、朝鮮戦争後の韓国人と日本人の強制失踪に関わった。

5・朝鮮労働党

1177. 朝鮮労働党の各部署と各部隊は、地方と首都で人権侵害に直接的に関与している。特に、表現の自由と結社の自由の侵害、そして食の権利の侵害への関与である。党の宣伝・扇動部が行う大規模な洗脳計画を通し、党は、市民の思考の自由と情報の自由の否定に努めている。党はまた、大衆組織、子供と学生向けの洗脳計画、そして市民の全員参加が義務付けられる日々の洗脳と自己批判の集会を担当する。私事に立ち入る制度であるところの「人民班《インミンバン》」（近隣住民監視制度）は、朝鮮労働党の支配下にある地域の人民委員会が管理する。

1178. 各道、各郡にある党の人民委員会が、朝鮮労働党の中央組織と関係官庁の指令と方針に基づき、公的配給制度の食糧を差別的に配分する。朝鮮労働党中央の特別諜報機関が、日本人、韓国人、その他の国の人々を強制失踪させた秘密誘拐作戦を実行した。

6・人権侵害と人道に対する罪の中央集権的組織化

1179. 治安と司法の機構全体と、朝鮮労働党の機構全体が、人権侵害と人道に対する罪に関わっているという事実は、これらの機構が独立して行動しているのではなく、中央政府の最高位で行われる決定と上司の命令に従っていることを意味する。この結論によってのみ人権侵害に関わる多様な国家機関間の高度な調整作業――調査委員会が得た全証言と全情報から観察した――を説明することができる。

1180. 国家の内部構造とその命令系統は、恣意的かつ組織的に分かりにくくされており、特に、国家が最も悪質な人権侵害に関与する領域ではそれが著しい。人権侵害の実行命令は口頭でのみ発せられることが多い。文字に書かれるところでは、関連書類は選ばれた職員のみが読めるようにされており、外に漏れないよう特別の防御手段がとられている。こうした制度化された予防手段は人権侵害が中央レベルで認識され承認されていることをさらに示唆するものである。

1181. 北朝鮮への入国と北朝鮮政府関係者との連絡を拒否されたため、調査委員会は、中央レベルでの決定プロセスと実行部隊への命令系統を再現することは極めて困難であった。中央の意思決定構造での命令は、概して冗長で重複している。これは明らかに機構間内部の対立を促進し、どの機関も首領への脅威とならないように配慮されていることを示している。さらに、北朝鮮で影響力のある個人は、朝鮮労働党中央組織と、軍部や治安部などの国家機関で複数の地位に付いており、どの機関（個人とは対照的に）が特定の決定を下す手続きをとっているのか確実に示さないようになっている。有力な個人の粛清や昇進が、機関全体の様相を一変させることが屡々あるが、それは公式化されたものでなく、公にされるものでもない。

1182. それでも調査委員会は、意思決定の基本的なプロセスについて結論にいたることができた。この結論に達するにあたり、調査委員会は、北朝鮮憲法と朝鮮労働党憲章、そして元政府関係者や北朝鮮政治システムの専門家から得た情報を分析した。

1183. 調査委員会は、北朝鮮の意思決定過程、特に、甚だしい人権侵害とそれに関連する人道に対する罪が犯される領域の意思決定過程は極めて中央集権化されている、と見る。その過程は、首領と、朝鮮労働党の中央組織と国防委員会を主導する少数の人々によって支配されている。これらの個人の多くが軍の高官の地位に付き、軍機構と治安機構の要職を占める。そのうちの何人かは首領の親戚である。朝鮮労働党指導部と国防委員会のどちらが力があるかを決定するのは難しく、また、それは時とともに変化している【1648】。しかしながら、朝鮮労働党と国防委員会の長である首領の支配的な役割は、北朝鮮の政治システムの中で揺らぐことはない。

1184. 最高人民会議は、名目上、国家最高機関ではあるが、主に前述の機構の決定を承認する手段にすぎない【1649】。首相の内閣は経済政策・政治政策の決定に限定的な権限を持つが、実際的には、治安に関するすべての事案において防衛委員会に取って代わられている。

7・朝鮮労働党指導部

1185. 北朝鮮憲法第11条は、朝鮮労働党の優位性を規定する――「北朝鮮はすべての活動を労働党の指導の下に行う」。この優位性を実施するために、党は戦略として、統治のあらゆるレベル、そして社会のあらゆる領域に浸透し、党の方針を確実に実行させている。軍部、治安機構、司法システム管理、国営企業の意思決定者はほとんどの場合、党幹部から選ばれる。全国民は党の大衆組織への参加を義務付けられ、洗脳され、扇動される。さらに、党の代表が国家機構の戦略的地位――特に治安機構と司法機構――を占めることが正式に条文化されている。党はまた、地方および郡の人民委員会を支配し、それらを使って党の方針と指令を実行する。

1186. 党の影響は社会の草の根にまで及ぶが、党の中央は首領に統制されている。このことは、単一指導部維持の重要性を強調する朝鮮労働党憲章に記述されている。朝鮮労働党憲章は、すべての党員に首領と単一指導部を防御する義務を課す【1650】。２０１４年の年頭演説で、金正恩は、党の独占的指導体制の堅持を強く主張した【1651】。

1187. 朝鮮労働党内の意思決定権は、総書記、中央委員会政治局常任委員会、首領の信頼を得ている中央委員会の一定の部署にある【1652】。金日成と金正日は共に、総書記の称号を持ち、政治局常任委員会の一員であった。「永遠の総書記」という称号を故金正日が保持しているので、金正恩は、総書記の機能を持つ労働党第一書記のタイトルを持った。彼は、政治局常任委員会の一員である。さらに、金正恩は、朝鮮人民軍を統括する中央軍事委員会の委員長である【1653】。

1188. 名目上、党大会が党の最高機関である【1654】。党大会は、中央委員会のメンバーを選出し、選出された中央委員会メンバーが政治局メンバーを選出することになっている。しかしながら実際には、これらの機関は首領の権威と彼の方針を承認するためだけに機能している。このことは、党大会はこれまで６回しか開かれておらず、最後に開かれたのは１９８０年に遡るという事実からも証明される。中央委員会総会は、金正日が権力の座にあった１９９３年から２０１０年の間は開かれなかったようだ。党の構造は、金正恩への権力の移行の正当化に一定程度、再活性化されたようである。特に、中央委員会政治局は、２０１０年と２０１２年に第４回、第５回党大会を開催し、国家と党の主要地位の金正恩への移行を支持した。張成沢とその支持者の粛清――金正恩が首領になって以降、公表された最も重要な権力の移行――は、労働党政治局の拡大会議の公式決定として発表された【1655】。

8・国防委員会

1189. 国防委員会は１９７２年に設置された。金正日が金日成の後継者として登場し、権力を継承して以降、国防委員会の役割が他を圧倒した。金正日は徐々に、先軍思想の一環として国防委員会を強化し、軍部と治安機構に勢力基盤をおく人々に政策決定権を移行した。この移行は現在の北朝鮮憲法に反映されている。現行憲法は、国防委員会を国家の最高防衛指導機関として承認する【1656】。調査委員会は、国防委員会委員長――初代は金正日、２０１２年からは金正恩――が北朝鮮の首領であるされていることも確認している【1657】。

1190. 国防委員会の機能は、外国勢力からの国家防衛ばかりでなく、国内治安にも拡がる。したがって、国家安全保衛部、朝鮮人民軍、人民保安省もすべて国防委員会に属している。国防委員会は、首相が議長をつとめる内閣よりも上位に位置する。この憲法は、国防委員会の決定と指令に矛盾する他の国家機関の決定と指令すべてを無効にする権限を国防委員会に与えている。

9・首領

1191. 首領は、党と国防委員会の地位を通して権力を行使するほか、自立した政策決定機関としても行動する。調査委員会に証拠を提出した元政府関係者たちは、首領が発した命令は規範的な命令であり、他のすべての党や機関の決定を無効にするものであると見なされている、と語った【1659】。憲法の規範基準規定は、首領が国防委員会委員長としての権限において「国家の諸事全般を指導する」（つまり、国防の他のすべての事項を含む）こととする。首領は憲法により命令を発する権限を与えれている。その命令は、他の全国家機関の決定より勝り、それらの決定を無効にする【1660】。金正日治世時に、党の各部署と諸官庁による首領への直接報告が始まったようだ。首領個人がその報告に署名すれば、それは首領の個人的指令とされた【1661】。

1192. 国防委員会委員長の権限において、首領は北朝鮮軍の最高司令官でもある。さらに、かれは国防の領域における主要幹部を任命し、また解任する権限を持つ【1662】。金日成、金正日、金正恩は、この権限を利用して国家安全保衛部、人民保安省、朝鮮人民軍の指導的立場にある人々を交代させ、彼らが個人的に信頼し信用する人々のみが権力の位置を占めるようにした。調査委員会は、今回の調査の全過程を通し、こうした人々が重大な人権侵害または人道に対する罪を犯したことで解任された事例をひとつとして確認することはできなかった。実際には、北朝鮮の元政府関係者が、人道に対する罪にあたる重大な人権侵害が明らかに首領のレベルからの命令で行われた、と調査委員会の前で証言した【1663】。国家安全保衛部、人民保安省、朝鮮人民軍は、首領から、特定の個人やグループを狙って特別の組織を作るよう命令を受けた場合もあった【1664】。こうした場合の多くは、実際に命令を敢行した関係者は、重大な人権侵害を含む彼らのとった行動の詳細を首領に報告しなければならなかった【1665】。

10・主要な調査結果

1193. 北朝鮮は、人権侵害と人道に対する罪が機構的な枠組みに深く染み込んでいる国家であると、調査委員会は見る。国家安全保衛部、人民保安省、朝鮮人民軍、検察庁、司法制度、そして朝鮮労働党は、人権侵害と人道に対する罪に関わっている。これらの機関は、朝鮮労働党指導部、国防委員会、北朝鮮の首領の支配下で行動している。

1194. したがって、調査委員会は、北朝鮮の責任追及《アカウンタビリティ》の確保には、最上層部と国家機関の中心部からの制度改革が必要である、と見る。人権を侵害することだけを目的としている全機構——監視機構、洗脳機構、弾圧機関——が解体されなければならない。この意味で、治安部門と司法部門のみの改革では充分ではなく、それらの根拠となる政策決定過程の透明性を確保することが必要であり、実効性のある牽制と均衡の対策が取られなければならない。また、調査委員会は、国民の基本的なニーズの供給が差別的な方法でなされていることから、経済システムの改革が必要である、と見る。責任追及《アカウンタビリティ》、差別の撤廃、政策決定への市民の参加、もっとも傷つきやすい人々を優先し、利用できる資源の最大活用など、本報告書で述べてきた諸原則は、北朝鮮国家の政策と国家計画を検討するにあたって、最重要事項である。北朝鮮が国際人権法の義務にしたがう国家になるためには、北朝鮮はすべての人々が経済的、社会的、文化的な権利を享受できるような手段を積極的に取っていかなければならない。この意味において、少数のエリートに恩恵をあたえている、深刻な社会・経済的格差とそれに関連する差別的な社会・経済構造に対する特別措置が取られなければならない。この少数のエリートたちが人道に対する罪の組織化に直接関わっているのである。

B・個人的犯罪の責任追及《アカウンタビリティ》

1195. 人道に対する罪の禁止は、慣習法の問題として国際社会全体が義務を負う「強行規範」（訳注◉国際法上、いかなる逸脱も許されず、複数の国家による条約等でも排除されない、高次の規範のこと）の一部である【1666】。それゆえ、北朝鮮が国内法に人道に対する罪を制定しておらず、国際刑事裁判所のローマ規程の締約国でないとはいえ、北朝鮮国内で人道に対する罪を犯した者は、国際慣習法上、その個人にも責任がある【1667】。調査委員会はまた、人道に対する加害者は、上司の命令に従って行動したという前提で刑事責任を免れることはないとする国際法の原則を喚起する。そうした重罪を犯せという命令が違法なことは明白であるからである【1668】。

1196. 調査委員会が受け取った証拠と情報が、人道に対する罪を犯したか、命令したか、助長したか、手を貸したか、または扇動した個人の名前を示していた場合、それらはすべて記録した。人道に対する罪に関わった部署、収容所、または施設を統括していた個人の名前を調査委員会が確実に把握した場合にも、それらはすべて記録した。関連情報は調査委員会の部外秘データベースに保管した。調査委員会は、調査委員会の機能を引き継ぐ国連人権高等弁務官に対し、こうした情報を、犯罪などの責任追及《アカウンタビリティ》の確保の目的で信頼できる調査を行うか、人権侵害の真実を突き止めるか、特定の個人か機関に対して国連の制裁を行う関係当局に提供する権限を与えた。調査委員会は高等弁務官に対し、証人と情報源を、状況をよく説明された上で同意（インフォームド・コンセント）された範囲において、また、それらが守られ、注意深く取り扱われる範囲においてのみ、利用させるよう要請した。

1197. 2013年12月16日、調査委員会は中国に対し、北朝鮮市民を強制送還する中国の方針とその行使に対する懸念をレターで書き送った。調査委員会は特に、そうした人々の情報を北朝鮮当局に提供する中国政府関係者への懸念を伝えた【1669】。調査委員会は中国政府に対し、そうした行為は、結果的には人道に対する罪の幇助にあたる——本国送還と情報交換が、北朝鮮内の人道に対する罪を犯すために行われているか、または人道に対する罪を助長する目的をもつ——と、関係する政府関係者に警告するよう訴えた。

1198. 調査委員会は、北朝鮮の首領、金正恩に送った２０１４年1月20日付けのレターをもって、本報告書に収めた調査結果の全内容を彼と共有した【1670】。調査委員会は、国際刑事法における「指揮官および上官の責任の原則」に首領の注意を喚起した。「指揮官および上官の責任の原則」によると、指揮官と一般市民の上官は、彼らの指揮下にある人物が犯した人道に対する罪を防止するか抑制することができなかったことに対しての刑事責任が発生する【1671】。北朝鮮の首領、朝鮮労働党第一書記、党中央軍事委員会議長、朝鮮人民軍最高司令官としての地位を踏まえ、調査委員会は、首領金正恩に対し、国家安全保衛部、人民保安省、朝鮮人民軍、検察庁、特別軍事裁判所などの裁判所、さらに朝鮮労働党の関係者が、人道に対する罪を犯し、彼らが朝鮮労働党中央機関、国防委員会、そして最終的には首領の指揮のもとに行動しているとの調査結果を調査委員会が得たことを認識させた。調査委員会は、首領金正恩に対し、彼の権限において、さらなる犯罪を防止・抑制するために必要にして適切な措置をすべて取るよう要請し、捜査と告訴にあたる所轄官庁に犯罪事例を提出するよう強く要請した。

1199. 現段階において、人道に対する罪が北朝鮮内で処罰を受けることなく犯されている。このことは、人道に対する罪が国家の最高レベルにおいて承認された決定と方針に基づいていると考えるべきである。北朝鮮内における根本的な制度改革が存在しない限り、調査委員会は、北朝鮮諸機関は、国際法が規定する人道に対する罪の捜査と告訴を行う意思もなければ能力もないと見る。この状況において、介入して加害者に裁きを確実に受けさせることは国際社会の責務となる【1672】。

1200. 調査委員会は北朝鮮内で長期にわたり行われ、今も引き続き発生している人道に対する罪を裁く司法権が、国際裁判所か国際法廷に遅れることなく与えられるべきであると見る。国際社会は、国連を通し、また、国際社会の責任において、北朝鮮内の人道に対する罪にもっとも責任のある人々が確実に国際裁判所で告訴され、裁かれるよう提案すべきである。

1201. 2つの選択肢がある。その2つとも北朝鮮の同意を必要としない。

(1) 安全保障理事会が、ローマ規程第13条b項と、国連憲章第12条に基づいて、北朝鮮の状況を国際裁判所に委託する。国際裁判所に委託する場合の利点は、確立した機関的枠組、手続きの規則、そして専門スタッフがすでに存在し、これ以上遅れることなく、人道に対する罪にもっとも責任のある人々が対処されることである。国際裁判所に委託する場合、その司法権は2002年7月以前の犯罪には及ばない。しかしながら、2002年以前の犯罪の責任者の多くは存命していないだろうし、法廷に立つことができないだろう【1673】。

(2)または、国連が北朝鮮のための特設国際法廷を設置することである。こうした特設国際法廷は2002年7月以前に遡る司法権を発動することができ、それゆえ、北朝鮮の人道に対する罪に包括的に取り組むことができる。しかしながら、これには膨大な資材と制度設計が必要となり、加害者の裁きがさらに遅れる。こうした法廷は、ユーゴスラビアとルワンダの国際法廷の設立の前例【1674】に習い、安全保障理事会は国連憲章第12章の下にその権限を行使して開くことができる。安全保障理事会が国際裁判所に委託できず、特設国際法廷を開くことができなかった場合は、国連総会が法廷を開くことができる。これに関しては、国連総会は、とりわけ、「平和のための団結」決議【1675】で承認されたその権限とユニバーサル司法権に基づいて、人道に対する罪の加害者を裁くためにすべての国連加盟国の主権にたよることができる【1676】。

1202. 調査委員会は、この他に3つの選択肢を考慮したが、そのどれも、現在の北朝鮮の状況に適したものではないと見た。

(1)人道に対する他の犯罪が犯されたところでは、国際法廷と当該国裁判所の検察官と判事による混成法廷が開かれてきた【1677】。しかし、この選択肢には、当該国の同意を必要とする。北朝鮮からの同意が得られたとしても、北朝鮮の政治体制と司法制度の改革がないところにおいて、こうした混成法廷に参加する北朝鮮の判事は、高位の政府関係者を被告として迎える確率の高い刑事裁判を行うために必要な中立性と独立性を欠くことになる——この問題に調査委員会は留意する【1678】。

(2)北朝鮮のための特別国際検察庁を、安全保障理事会か国連総会が設置できる。こうした検察庁が作られた場合、検察官は容疑者をどこの裁判所に起訴するのかが明確にならない。この点において、裁判前に証人証言などの情報を確保する応急措置としての検察庁の機能は、国連人権高等弁務官が確立した非訴追証拠書類構造によって果たせることに調査委員会は留意する【1679】。こうした非訴追構造は、国際裁判所の仕事、または、特設国際法廷の仕事を補完することになる。

(3)調査委員会はまた、「真実と融和の仕組み」という選択肢も検討した。この仕組みでは、犯罪の責任者が、犯した犯罪の関与についてすべてを話し、その代わりに、彼らが関与を停止し起訴を免れる【1680】。こうしたアプローチは、人道に対する罪が止むことなく発生している状況には適さないと、調査委員会は見る。このような重い犯罪の容疑者に恩赦を与えることは、被害者とその家族を侮辱することにもなる。さらに、罪に責任を取って将来の犯罪を抑制するという抑止効果を失う。調査委員会は、人道に対する罪への恩赦は国際法ではもはや認められず、特に、こうした犯罪に最も責任のある人々に関しては、適応できないことにも留意した【1681】。

1203. 国際社会は必然的に、限られた数の加害者の責任追及《アカウンタビリティ》を確保することしかできない。いったん北朝鮮の政治と制度に抜本的な改革が始まれば、それと同時に、朝鮮人主導の暫定的司法手続きが緊急に必要となる。この段階で、必要に応じて国際的な援助をうけながら、人道に対する加害者の告訴を進める特別検察庁が国内に設置されるべきである。この手続きには、真実を追求し審査する広範囲な手段を国が所有して、中間程度と低度の加害者を暴露し無力化させる必要がある。この手続きは、享受できる人権と、彼らの国が侵害した人権について知らされていない一般市民全員のマインドセットを変える包括的な人権教育キャンペーンとともに行われる必要がある。

C・国際社会の責任

1204. 国連加盟国のひとつが長期間にわたって人道に対する罪を犯してきたとの調査委員会の調査結果が出たことにより、国際社会の責任追及《アカウンタビリティ》の問題が浮上する。調査委員会は、2005年のサミットに集まった各国首脳が、大量殺戮、戦争犯罪、民族浄化、人道に対する罪から自国の国民を守る責任があると再確認したことを喚起する。加えて、各国首脳は、国際社会に補完的責任を持つことに同意していた。

国際社会は、国連を通じて、各国国民を大量殺戮、戦争犯罪、民族浄化、人道に対する罪から守る助けをするために、国連憲章第6章と第8章にしたがって、適切な外交、人道支援など、平和的な手段を行使する責任がある。これに関連し、平和的手段が不適当であり、国家当局が自国民を大量殺戮、戦争犯罪、民族浄化、人道に対する罪から守ることが明らかに出来きていなければ、私たちは、第12章を含む国連憲章に沿って、安全保障理事会を通し、個別的に、適切な地域の関係組織と協力しながら、時機を逸せず、断固として、集団的行動をとる用意がある【1682】。

1205. 北朝鮮が人道に対する罪から自国民を守ることに明らかに失敗していることを踏まえ、国際社会は、国連を通し、何よりもまず、適切な外交と人道支援などの平和的な手段を行使して、北朝鮮の国民を人道に対する罪から守る責任がある。国際社会の責任は、北朝鮮の人道に対する罪が、他の国家の人々に影響を与えている——北朝鮮に組織的に拉致され、残された家族とともに、強制失踪の苦しみの中にある——事実によってさらに正当化されるものである。多くの場合、拉致は他の国の領土主権を侵害して行われた。

1206. 調査委員会は、国連総会、人権理事会、経済社会理事会の人権委員会、国連事務総長、国連人権高等弁務官が、北朝鮮内の人道に対する罪の原因となる、重大な人権侵害に終止符を打つべく北朝鮮を関与させる多大な平和的努力をしたことを認識する。一方で、安全保障理事会は、国内の人権状況の改善が北朝鮮の好戦的な姿勢を軽減することを充分評価することなく、朝鮮半島への関わりを、核不拡散と軍事問題に制限した。

1207. 国連総会は、9年連続で、北朝鮮に過度の人権侵害を止めるようもとめる決議を採択した。それに先立ち、人権理事会と人権委員会は、組織的で深刻な広範囲にわたる人権侵害を批難する決議を採択した。これらの決議に基づき、国連事務総長、国連人権高等弁務官、北朝鮮の人権状況に関する歴代の特別報告者たちは、人権を懸念する詳細な報告書を提出した。時とともに、状況への国際的な認識と懸念が広がり、国連総会と人権理事会の最近の決議は投票なしで行われるまでに至った。特に、調査委員会が、国連人権理事会決議22／13を通して、投票なしで設立されたことには前例を見ない。

1208. 国連総会と国連人権理事会で示される国際社会の団結した姿勢に対し北朝鮮が挑戦的であるために、これまでに取られた平和的努力は不適切であることが証明された。北朝鮮は、国連総会と国連人権理事会の決議を、「邪悪な政治目的で人権を乱用し、北朝鮮の主権を侵害し、威厳ある社会主義システムに危害を加えようとする愚かな試みであり」、また「記述するにもあたらない政治的なごまかしである」として拒否した【1683】。さらに北朝鮮は、これらの決議とその他の国連の人権に関する制度にしたがって取られた手段への協力を一切拒否した【1684】。北朝鮮がこうした挑戦的姿勢を取っているがゆえに、調査委員会は、この場合、安全保障理事会により、国連機構による現行の活動を支援しながら、断固として、しかも注意深く対象を絞った行動が取られるべきである、と考える。

1209. 国連事務局と国連機関からなる国連機構全体によって責任が取られるべきものでもある。2013年12月1日、国連事務総長は「人権を最優先に」イニシアティブを立ち上げ、人々が深刻な人権侵害の危険にさらされている状況に対する国連の取り組みの改善に乗り出した。「人権を最優先に」イニシアティブは、国連の対応に一貫性を持たせること、人権状況に関する率直な情報の提供など、国連内の政府間組織との対話と関係性を強化すること、などである【1685】。調査委員会は、北朝鮮の深刻な人権状況は、国連機構が「人権を最優先に」戦略を導入して実行するのに正当な対象である、と見る。

1210. 北朝鮮の人々は、人権侵害に長く苦しんできた。彼らを彼ら自身の政府による略奪から守ることは国際社会の責任である。国際社会は、人道に対する罪にもっとも責任のある人々を対象にする強力な責任追及《アカウンタビリティ》対策、北朝鮮当局との人権の関わりの強化、人と人との対話に基づく緩やかな変化と南北朝鮮の融和問題の支援など、多面的な戦略を実行することで、その責任を果たすべきである【1686】。調査委員会は、このアプローチのために、国際社会に対する勧告を作成した。これらの勧告は、調査委員会の報告書に書かれている。

VII

結論および勧告

Conclusions and recommendations

1211. 北朝鮮には、過去も現在も、国やその機関、当局者による組織的で広範かつ重大な人権侵害が存在する。調査委員会が人権侵害と認める事案の多くは、人道に対する罪に相当する。これは、単なる国家の行き過ぎた行為ではなく、国が目指す理想とかけ離れた政治制度に不可欠な要素になっている。こうした侵害の重大性と規模、そして本質は、同国が現在世界に類をみない国家であることを露呈している。20世紀の政治学者は、この種の政治組織を全体主義国家と特徴づけた。すなわち、一握りの人間による独裁支配のみならず、そこから国民生活のあらゆる側面を支配し、国民を恐怖でねじふせようとする国家である。

1212. 北朝鮮は、全体主義国家としての多くの特質を示している。それは、1人が単独政党を支配するルールであり、現・首領が「金日成主義・金正日主義」と呼ばれる、緻密な指導思想の上に成立している。北朝鮮は国民を子供の頃から洗脳し、公式イデオロギーに疑問を呈するあらゆる政治的表現、宗教的表現を抑圧し、国民の移動や通信手段を厳しく制限することで、この指導思想を植え付けようとする。性別や成分《ソンブン》に根差す差別を利用し、政治システムへの抵抗を生み出しにくくし、硬直化した社会構造を維持している。

1213. 国が食糧調達を独占することは、政治的忠誠心を強要する上で重要な手段となっている。食糧の分配は、現在の政治制度の存続に有用な人間が優先され、さほど必要でないと目される国民の犠牲の上に成り立っている。国民の国家への完全な依存は、近代史上で最大規模の飢餓をもたらした。当局は最近になってようやく、市場を完全にコントロールすることはできないという事実を認めるようになった。しかし、北朝鮮は食糧の権利を実現する改革を本格化させることはせず、非効率的な経済的生産と差別的な資源分配システムを維持している。そのため、北朝鮮政府は、防ぐことのできるさらなる飢餓を国民の間にもたらしている。

1214. 北朝鮮の政治システムは、監視、弾圧、恐怖、処罰を戦略的に用いることにより、いかなる反対意見の表明も排除する、巨大な政治・治安機構がキーとなっている。国民を脅し屈服させる究極の手段は、公開処刑や政治犯収容所による強制失踪である。国家による人権侵害が顕在化した例が、国家ぐるみの他国民の拉致および強制失踪である。このように他国におよぶ強制失踪は、その深刻さ、規模、性質において他に類をみない。

1215. 今日、北朝鮮を取り巻く世界は、政治的、経済的、技術的に急激な変化を遂げている。こうした変化が、国内の社会変化に次第に影響をおよぼし始めている。それに対応して、国外からの「破壊」分子の影響を取り締まるため、当局による深刻な人権侵害が行われている。こうした影響は、韓国や他国の映画、ドラマ、ラジオ放送、外国の携帯電話に象徴的に現れている。同じ理由で北朝鮮は暴力と処罰を用いて、国民の国外脱出の権利を阻止している。中国から強制送還された人々は、通常、拷問、恣意的拘禁、即時処刑、強制堕胎などの性的暴力を受ける。

1216. 調査委員会が報告した組織的で広範な人権侵害の多くは、長期にわたって行われ、現在も続いているものだが、それらは国際法上の人道に対する罪の証拠に必要とされる高い基準に達している。しかし、加害者の行動が国策に沿ったものであるがために、北朝鮮は、加害者を起訴し、法の裁きを受けさせるという国際的義務を実行しようとしない。

1217. 北朝鮮は国連の一員でありながら、数十年にわたり人道上の犯罪につながる国策を推進してきたことは事実であり、国際社会の不適切な対応が問題視されている。国際社会は、北朝鮮国民を人道に対する罪から守る責任を負わなければならない。それは北朝鮮政府がその責任を負わないことが明らかなためである。特に、朝鮮半島の分断と朝鮮戦争が未解決のままであることに対して国際社会（特に大国）が担う役割に応じて、この責任は果たされなければならない。こうした不幸な事態が続いていることが、人権状況を悪化させているばかりでなく、それに対する有効な対策が急がれる理由でもある。

1218. 国連は、北朝鮮内の人道に対する罪の首謀者に対し、責《アカ》任追求《ウンタビリティ》を確実に取らせなければならない。この目的を達成するには、安全保障理事会による国際刑事裁判所への付託や、国連による特別法廷の設置等の選択肢がある。責任追及《アカウンタビリティ》確保のための緊急措置として、人権問題に関する対話を強化し、人的交流による変化の促進、和解に向けた南北間の協議を重ねていくべきである。

1219. 調査結果および結論に基づき、調査委員会は以下のとおり勧告する。

1220. 調査委員会は、北朝鮮に対し以下を勧告する。

(a) 首領と朝鮮労働党の権力の上に、真のチェック・アンド・バランスを導入するため、抜本的な政治改革と制度改革を遅滞なく実施すること。こうした変化には、独立した公正な司法、複数政党制、真に自由で公正な選挙から選出された議員による、地方、中央レベルの議会が含まれるべきである。人権侵害に関わる将校団をすべて査察し、朝鮮人民軍の任務を外国からの国の防衛に限定し、治安部門を改革すること。国家安全保衛部を解体し、透明で民主的な監視の下に社会安全省を設置すること。このプロセスを推進するため、北朝鮮社会で人望を得ているメンバーによる憲法・制度改革に関する独立委員会を編成し、国外から適任の専門家による支援を受けるべきである。

(b)本報告書に記載されている政治犯収容所を含めた、人権侵害の存在を認めること。国際的な人道支援団体や人権監視団体に対し、収容所への即時立ち入りと生存する収容者への面会を許可すること。政治犯収容所を完全解体し、政治犯を全員釈放すること。また、追跡困難な失踪者の安否に関し、本格的解明を行うこと。

(c)刑法および刑事訴訟法を改正し、定義が曖昧な「反国家」罪、「反人民」罪を廃止し、市民的及び政治的権利に関する国際規約（ICCPR）に明記された公正な裁判を受ける権利と適正手続の保障を権利として十分に認めること。尋問の手段として、拷問、その他の非人道的手段を禁じ、これを違法とする刑法および刑事訴訟法を履行すること。自由を奪われたすべての収容者に対し、拘留の人道的条件が確保されるよう、一般刑務所制度を改革すること。連座制による報復を廃止すること。有罪判決を受けた犯罪者の家族を強制移住させる慣行を即時撤廃すること。

(d)死刑判決および死刑執行の即時中止を宣言し、実行すること。それに続き、遅滞なく、法律上および実行上において死刑制度を廃止すること。

(e)当局から独立した新聞社およびその他メディアの創設を許可すること。他国の大衆文化を含め、インターネット、ソーシャルメディア、国際通信、外国放送および出版物を国民が自由に利用できるようにすること。また、当局による大衆組織や教化集会への強制参加を廃止すること。

(f)国家、民族、戦争を賛美し、政治的憎悪を煽る、一切のプロパガンダや教育活動を廃止すること。

(g)キリスト教徒や他の宗教信者が、懲罰、報復、監視の不安なく、独立し、かつ公に信仰できるようにすること。

(h)教育や雇用機会などの問題も含めて、政治的忠誠心や家族の社会政治的な背景による国民差別をなくすこと。人民班（近隣住民監視制度）による監視、秘密公民登録簿システムなど司法的・民主的統制を受けず、政治弾圧の目的のためのあらゆる監視を撤廃すること。過去に実施した住民や通信に関する監視の範囲を公に認め、公民登録簿へのアクセスを国民に許可すること。

(i)女性に対し、公的生活と雇用における平等な機会を提供するなどジェンダー平等を確保するための施策をすみやかに講じること。女性に影響を及ぼす差別的な法令、規則、実践を撤廃すること。家庭内暴力や、国家公務員お

1220.
1220.

よび国家機関による性的暴力など、女性に対するあらゆる形態の暴力に対処する措置を講ずること。また、女性の人身取引に対する有効な措置をすみやかに講じ、女性がそうした違法行為の被害を受けやすい構造的原因に対処すること。

(j)国民が、食糧やその他の経済的社会的権利を、差別なく享受できるよう確保すること。特に女性、ストリートチルドレン、高齢者、障害者などの社会的弱者に配慮すること。民主主義への参加、正統な統治、反差別的な農業政策、経済政策、財政政策を促進すること。国民が生活の糧を得られるよう、自由な市場活動、対内・対外貿易、その他の独立した経済活動を法制化し、支援すること。

(k)指導部、軍隊、治安機構の過去の支出を踏まえ、優先事項を整理し、利用可能な資源を提供することにより、軍役に就く者を含めて、国民を飢餓から救い、国民にとってその他の最低限度の生活水準を確保できるようにすること。

(l)食糧への権利の保障上、必要な場合、遅滞なく国際的な人道支援を求めること。国際的な人道支援機関が、有効なモニタリング目的も含めて、支援を必要とするすべての国民に自由にアクセスできるようにすること。また、不適当な目的のために人道支援を横領する国家公務員に対し、責任追及《アカウンタビリティ》すること。

(m)一般国民に対する事実上の海外渡航禁止を撤廃すること。越境行為の違法規定を撤廃し、国際基準に合った出入国管理を行うこと。国境での射殺命令を撤廃すること。中国から強制送還された国民を政治犯とみなさないこと。また、それらの国民に対する投獄、処刑、拷問、恣意的拘禁、恣意的飢餓、違法な体腔検査、強制堕胎などの性的暴力をやめること。国家による住居と雇用の強制指定、居住地域外への国内旅行の許可制を撤廃すること。

(n)拉致その他の手段による強制失踪者のすべての家族および母国に対して、これらの人々の安否情報、また、生存している場合にはその所在に関する完全な情報を提供すること。生存者およびその子の帰還を速やかに許可すること。家族および母国との連絡を密にし、死亡者の遺骨等を特定し、返還すること。

(o)国民が望む場所に旅行し、移住できるようにするなどして、離散家族の再会を実現させること。当事者らに対し、手紙、電話、Eメール、その他の通信手段など監視のない通信のための機器をただちに提供すること。

1220. 1220.

(p)人道に対する罪の首謀者とされる者を訴え、法の裁きの下に置くこと。このプロセスを監督する特別検察官を任命すること。被害者とその家族に対し、人権侵害に関する真相を知らせるなど、十分で迅速かつ有効な補償と救済を確実に提供すること。人権侵害に関する真相を立証するため、国民主導のプロセスを確立すること。成人および未成年者に対し、人権および民主的統治に関する国内外の法令や実践に基づき、総合教育を提供すること。移行期の司法措置に関し、国際社会から助言と支援を求めること。

(q)本報告書において調査委員会が提起し、また、国連総会および人権理事会の一連の決議、普遍的定期的レビューの手続き、特別手続きを委託された人や条約諸機関の報告書で提起されたあらゆる人権侵害に関し、これを即時中止し、人権問題の懸念に対処するあらゆる措置を講ずること。

(r)「強制的な失踪からのすべての人々の保護に関する宣言」、「障害者の権利に関する条約」、「国際刑事裁判所に関するローマ規程」、国際労働機関の基本的条約を遅滞なく批准すること。

(s)これらの勧告の履行を促進するため、国連人権高等弁務官事務所や他の関係国連機関の現場への立ち入り、技術支援をすみやかに受け入れること。

1221. 調査委員会は、中国および他国に対して、以下のとおり勧告する。

(a)ノン・ルフールマン原則（追放・送還禁止の原則）を尊重し、これに基づき、国際的人権監視団体によって北朝鮮での処遇に明らかな改善が認められない限り、いかなる者の北朝鮮への強制送還を差し控えること。庇護や他の永続的保護の手段を、国際的な保護を必要とする脱北者に拡大すること。こうした人々が完全に平等に扱われ、差別から正当に保護されるよう確保すること。中国国内に居住する北朝鮮国民の活動や連絡先に関する情報を、北朝鮮国家安全保衛部および他の治安機関に提供しないこと。北朝鮮国籍付与や他の保護措置を与えようとする他国の外交官、領事館に対し、北朝鮮国民が自由に接触できるようにすること。

(b)国連難民高等弁務官などの人道機関に対し、接触を求めるすべての北朝鮮国民が完全に、自由に接触できるようにすること。

(c)国際難民法が定める義務が遂行されるよう、国連からの技術支援を要請すること。また人身取引の有効な対策を確保すること。

(d) 人身取引の被害者がその国にとどまる権利をはじめ、法的保護、基本的サービスへのアクセス提供を含め、自国民に提供するものと同等の医療的処置、教育機会、雇用機会などに関し、被害者の人権を重視したアプローチを採ること。

(e) 中国国民と結婚し、子どもをもうけている北朝鮮出身の男女の地位を法的に保護すること。こうして生まれた子どもが、出生登録、可能な場合は中国国籍を得て、差別なく教育および福祉の権利を得られるよう確保すること。

(f) 北朝鮮当局者が、中国領内からさらなる拉致を実行できないよう、即時の対策を講じること。逮捕された拉致加害者を起訴し、適切に処罰すること。また、法に則った裁判が行われるよう、拉致命令を発した者の引き渡しを求めること。中国は、北朝鮮の首領、他の高位の当局者に対し、拉致問題、中国国籍の権利を有する子どもの殺害、送還女性に対する強制堕胎、中国からの送還者を標的とした他の人権侵害の問題を提起すべきである。

1222. 調査委員会は、南北朝鮮の人々に対し、和解に向けた取り組みの開始に向け、段階的に南北間の対話を進めることを勧告する。南北朝鮮の対話は、友好的なスポーツイベント、学術交流やビジネス交流、北朝鮮出身の若者に対する奨学金制度や職能訓練制度、学生交流、国内の赤十字社などによる市民社会団体の交流、専門組織や女性団体の交流、姉妹都市関係の発展によって促される、そして最終的には、輸送と通信手段の再建といったイニシアティブによっていっそう促進されうる。

1223. 調査委員会は、文化、科学、スポーツ、経済の分野で、各国およびＮＧＯが人と人との対話と交流を深める機会を提供するよう勧告する。このことが北朝鮮市民に、情報の交換と、外の世界を知る機会を提供するのである。北朝鮮および国際社会は、人と人との交流を阻む障害を取り除くべきである。これには、国際人権法の定めを無視した、旅行や人との接触を処罰する措置を取り除くことが含まれる。

1224. また、調査委員会は、北朝鮮の人権状況を改善するため、各国、財団および民間企業が、人権侵害の記録や、それぞれの国内の情報を報道するなど、ＮＧＯの活動の支援を強化することも勧告する。最終的には、人権侵害の状況があるとみなされれば、財団や企業は、国家の発展、国民生活の創造、人権状況の改善に向けた計画を一貫して推進する取り組みを行い、関係各国の力となるべきである。

1225. 国際社会および国連に対しては、調査委員会は以下のとおり勧告する。

(a) 国連安全保障理事会は、国際刑事裁判所がその司法管轄に従って手続きをとるよう、北朝鮮の事態を同裁判所に付託すべきである。また、安全保障理事会は、人道に対する罪の首謀者とされる者に対象を絞った制裁を承認すべきである。一般国民の社会状況、経済状況が苦境に瀕していることに鑑み、調査委員会は、北朝鮮国民、あるいは北朝鮮経済全体を標的とした安全保障理事会が課す制裁や2国間の制裁を支持しない。

(b) 国連総会と人権理事会は、調査委員会の設置以前から存在する北朝鮮に関する特別な人権監視と報告メカニズムを拡大すべきである。これは、国連事務総長および国連人権高等弁務官の定期的レポート、北朝鮮人権状況報告者への委託を含む。そのようなメカニズムは、特に人道に対する罪に対し、責任追及《アカウンタビリティ》の確保に重きを置いた任務委託がなされ、調査委員会による勧告の履行状況に関する報告を行うべきである。

(c) 国連人権高等弁務官は、人権理事会と国連総会の全面的な支援を受け、北朝鮮における人権侵害、特に人道に対する罪にあたる人権侵害の責任追及《アカウンタビリティ》を確保するための機関を構築すべきである。この機関は、その犯罪について収集された証拠および文書に基づくものであるべきである。それは、現地に適切なスタッフを派遣することにより、被害者や目撃者に対する持続的な接触を実現すべきである。人権報告メカニズムに関する情報提供や、関係者による提供情報の安全なアーカイブを提供するほか、こうした機関の業務は、人道犯罪の首謀者を国連が起訴するか、さもなくば、責任追及を行う際にも有用となる。

(d) 国連人権高等弁務官は、技術支援を行い、積極的な政策提言を行いつつ、国連人権高等弁務官事務所による北朝鮮への関与を継続すべきである。国連人権高等弁務官は、特別報告者による戦略の実行を支援し、国連システムのあらゆる関係の人権メカニズムを関与させ、一貫して遅滞なく、国際的な拉致問題、強制失踪、本報告書に記載された関連事項に取り組むべきである。加盟国は、こうした戦略が確実に実行されるよう、十分な協力をすべきである。

(e) 国連人権高等弁務官は、本報告書に盛り込まれた調査委員会の勧告の履行に関して、人権理事会および他の適切な国連機関に対し定期的に報告すべきである。

(f) 国連人権理事会は、調査委員会の結論および勧告が、国際社会から絶えず注目されるよう確保すべきである。かつて多くの苦難が生まれ、今もなお生まれ続けており、行動を起こすことは国際社会全体が負うべき責任である。

(g)国連事務局および各機関は、北朝鮮と関わるすべての者が、調査委員会がまとめた本報告書の内容を含めて、人権問題に効果的に取り組み、対処できるよう、「人権を最優先せよ」戦略を緊急採択し、実施すべきである。国連は、北朝鮮におけるこの人道に対する罪の再発防止支援戦略をすみやかに開始すべきである。この戦略は、事務総長が安全保障理事会に事態を付託しうる可能性を想定すべきである。

(h)北朝鮮と歴史的に友好な関係を有している各国、主要な支援国および潜在的な支援国、並びに6カ国協議の枠組みの中で既に北朝鮮と関わりを持っている各国は、北朝鮮における人権状況についての懸念を提起し、また状況改善のための実効的な支援を提供するため、人権侵害にコンタクトするグループを形成すべきである。

(i)国際社会は、北朝鮮に対する経済的圧力、政治的圧力を加えるために、食糧の供給や他の基本的な人道支援を利用すべきではない。人道支援は、反差別原則など、人道と人権の原則に則って行われるべきである。支援は、無

1225. 1225.

制限の国際的人道支援や関連のモニタリングが十分に保障されない場合は控えるべきである。2国間および多国間での支援国は協力しあい、人道的アクセスとそれに関連するモニタリングに対し北朝鮮が適切な条件を提供するよう努力すべきである。

(j)北朝鮮がただちに履行すべき国際法上の義務を損なうことなく、国連と朝鮮戦争の当事国は、ハイレベルの政治会合の招集に向けて行動を起こすべきである。この会合の出席者は、人権と基本的自由の尊重を含め、すべての当事者が国連憲章の原則を履行する、戦争の最終的な和平合意を検討し、同意を得られれば、それを承認すべきである。この地域の各国は協力を強化し、ヘルシンキ・プロセスの例にならうことを検討すべきである。

(了)

索引

＊おもな人名、地名、用語が現れる頁を示した

＊人名は本文中の表記に従ったが、欧米系著名人については「性，名」で表記した

＊「数字」「欧字」「かな」の順で記載

＊漢字の読みはコリア語発音の場合がある。

数字

欧字

A

C

F

H

I

K

L

M

N

O

P

R

S

かな

索引

く

け

索引

す

せ

そ

た

ち

脚注

＊本文中の脚注（【　】で表記）の原文を記載した

＊番号は本文中の脚注番号に対応する

1 A/HRC/RES/22/13.

2 Human Rights Council resolution 19/13 and General Assembly resolution 67/151.

3 A/HRC/13/13

4 E/CN.4/1996/53/Add.

5 A/HRC/22/57.

6 Resolution on accelerating efforts to eliminate all forms of violence against women: preventing and responding to rape and other forms of sexual violence (A/HRC/RES/23/25).

7 For instance, Human Rights Council Resolution S-17/1 mandated the Commission of Inquiry on the Syrian Arab Republic to investigate all alleged violations of international human rights law since March 2011.

8 The Commission of Inquiry (COI) on Libya investigated whether NATO committed violations during its bombing campaign (see A/HRC/19/68, paras. 83 ff). The Darfur COI reported that Chad and Libya were providing weapons to the rebellion. The COI on Syria documented the complicity of Hezbollah fighters in violations (see A/HRC/23/58, paras. 40 and 6). The COI on Israeli Settlements (A/HRC/22/63, paras. 96 ff) referred to the responsibility of foreign businesses, while the COI on Cote d'Ivoire detailed violations by Liberian mercenaries (A/HRC/A/HRC/17/48, paras. 64, 82 & 102).

9 According to the DPRK's state-operated Korean Central News Agency, this position was conveyed through a Foreign Ministry spokesperson. See "UN Human Rights Council's "Resolution on Human Rights" against DPRK Rejected by DPRK FM Spokesman", KCNA, 22 March 2013. Available from http://www.kcna.co.jp/item/2013/201303/news22/20130322-39ee.html;

10 See Annex I of the Commission report (A/HRC/25/63).

11 In particular, the Commission followed the best practices that are also outlined in Office of the High Commissioner for Human Rights, International Commissions of Inquiry and Fact-Finding Missions on International Human Rights Law and International Humanitarian Law (2013).

12 See "KCNA Commentary Slams S. Korean Authorities for Chilling Atmosphere of Dialogue", KCNA, 27 August 2013. Available from http://www.kcna.co.jp/item/2013/201308/news27/20130827-14ee.html.

13 Office of the High Commissioner for Human Rights. "Commission of Inquiry on Human Rights in the Democratic People's Republic of Korea – Public Hearings". Available from http://www.ohchr.org/EN/HRBodies/HRC/CoIDPRK/Pages/PublicHearings.aspx.

14 See A/HRC/25/63, annex II .

15 Secretary-General's Bulletin, Record-keeping and the management of United Nations archives, 12 February 2007 (ST/SGB/2007/5).

16 The Committee on the Elimination of Discrimination against Women in its concluding observations on the Republic of Korea in July 2011 remained concerned about "the persistence of patriarchal attitudes and stereotypes regarding the roles and responsibilities of women and men in the family and in the society" (CEDAW/C/KOR/CO/7). Similarly, in July 2005, the Committee had urged the DPRK "to address stereotypical attitudes about the roles and responsibilities of women and men, including the hidden patterns that perpetuate direct and indirect discrimination against women and girls in the areas of education and employment and in all other areas of their lives" (CEDAW/C/PRK/CO/1).

17 Andrea Matles Savada, ed., North Korea: A Country Study, Library of Congress, 1993, Available from http://countrystudies.us/north-korea/12.htm.

18 For example, see Daqing Yang, "Japanese Colonial Infrastructure in Northeast Asia", in Korea at the Center: Dynamics of Regionalism in Northeast Asia, Charles K. Armstrong and others, eds. (New York, M.E. Sharpe, 2006).

19 See the Encyclopaedia Britannica, available from http://www.britannica.com/EBcheck ed/topic/364173/March-First-Movement; Global Nonviolent Action Database, available from http://nvdatabase.swarthmore.edu/content/koreans-protest-japanese-control-march-1st-movement-1919; and Nishi Masayuki, "March 1 and May 4, 1919 in Korea, China and Japan: Toward an International History of East Asian Independence Movements," Asia-Pacific Journal: Japan Focus, October 31, 2007, available from http://japanfocus.org/-nishi-masayuki/2560#sthash.F2t9tgKt.dpuf.

20 In May 2012, the Republic of Korea's Supreme Court in a decision that reversed previous lower court decisions and ruled that the right of former forced workers and their families to seek withheld wages and compensation was not invalidated by the 1965 treaty that normalized bi-lateral ties. In July 2013, the Seoul High Court ruled in favour of four Korean men who were taken into forced labour, ordering Nippon Steel & Sumitomo Metal to pay them a total of 400 million won. The Busan High Court, on 30 July 2013, ordered Mitsubishi Heavy Industries to pay the same amount in compensation to five Koreans. In October 2013, the Gwangju District Court ordered Mitsubishi Heavy Industries Ltd. to pay four Korean women, who were forcibly conscripted as labourers, 150 million won (about US$141,510) each in compensation. Japan maintains that all individual compensation claims were settled with the 1965 treaty. "South Korean court orders MHI to pay Korean women for forced labour", Kyodo News, 1 November 2013. Appeals against these judgements were pending when this report was finalized.

21 According to Bruce Cummings, 32 per cent of the entire labour force of Japan was Koreans. Bruce Cummings, The Origins of the Korean War: Liberation and the Emergence of Separate Regimes, 1945-1947 (Princeton University Press, 1981), p. 28.

22 Bruce Cummings, The Origins of the Korean War, p. 25.

23 Charles Armstrong, The Koreas (New York, Routledge, 2007), pp. 95-101.

24 After the war, half of the Koreans in China chose to stay, and about 600,000 Koreans remained in Japan. Charles Armstrong, The Koreas, pp. 108-111.

25 The DPRK's official biography of Kim Il-sung notes that, "Through the agrarian reform, a total of 1,000,325 hectares of land that had belonged to Japanese imperialists, pro-Japanese elements, traitors to the nation and landlords were confiscated and distributed to 724,522 peasant households which had had little or no land." Kim Il Sung: Condensed Biography (Pyongyang, Foreign Languages Publishing House, 2001), p. 131.

26 Hwang Jang-yop was the highest level defector to the ROK. See Hwang Jang-yop Hoegorok (Hwang Jang-yop's memoirs) (Published in Korean by Zeitgeist, 2006, translated by Daily NK). SUB0064.

27 Joseph Stalin backed Kim Il-sung's war by withdrawing his earlier opposition to it, minimizing his own contribution and putting the onus of support on Mao Zedong's new government in China. The Soviet Union provided heavy weaponry to the DPRK but did not provide troops. Nevertheless, Kim Il-sung's top military advisors in the early phase of the war were Russian generals who re-drew North Korean invasion plans to their own specifications. Mao pledged to send Chinese troops if the Americans entered the war. David Halberstam, The Coldest Winter: America and the Korean War (New York, Hyperion, 2007), pp. 47-59. Soviet archives also support this account, in Andrei Lankov, From Stalin to Kim Il Sung: The Formation of North Korea, 1945-60 (London, Hurst and Company, 2002), p. 61.

28 The DPRK has always claimed that the Korean War was initiated by an attack by ROK forces. However, archival material from the Soviet Union confirms the stated sequence of events. For example, see "Top Secret Report on the Military Situation in South Korea from Shtykov to Comrade Zakharov", 26 June 1950, History and Public Policy Program Digital Archive, Collection of Soviet military documents obtained in 1994 by the British Broadcasting Corporation for a BBC TimeWatch documentary titled "Korea, Russia's Secret War" (January 1996). Available from http://digitalarchive. wilsoncentre.org/document/110686.

29 In favour of Security Council Resolution 82 (1950) were the United Kingdom, the Republic of China (Taiwan), Cuba, Ecuador, France, Norway and the United States. The Kingdom of Egypt, India and the Socialist Federal Republic of Yugoslavia abstained.

30 The Soviet Union had assumed that the Security Council would not be able to discharge its functions under article 27, paragraph 3 of the United Nations Charter: "Decisions of the Security Council on all other matters shall be made by an affirmative vote of nine members including the concurring votes of the permanent members". The other members of the Security Council decided that a member's absence could not prevent the body from carrying out its functions.

31 Security Council Resolution 84. Those States contributing forces included: Australia, Belgium, Ca nada, Colombia, Ethiopia, France, Greece, Luxembou rg, the Netherlands, New Zealand, the Philippines, South Africa, Thailand, Turkey and the United King dom. Five States contributed medical support: Denm ark, India, Italy, Norway and Sweden.

32 On 3 November 1950, the General Assembly adopted the "Uniting for Peace" Resolution (377 A) st ating: "that if the Security Council, because of lack of unanimity of the permanent members, fails to exerci se its primary responsibility for the maintenance of international peace and security in any case where there appears to be a threat to the peace, breach of the peace, or act of aggression, the General Assemb ly shall consider the matter immediately with a view to making appropriate recommendations to Me mbers for collective measures, including in the case of a breach of the peace or act of aggression the use of armed force when necessary, to maintain or resto re international peace and security." The resolution affirmed that the General Assembly may recomme nd collective action including the use of force, despi te the UN Charter which gives power to the Securi ty Council on all matters relating to international pe ace and security. On 1 February 1950, the General Assembly adopted Resolution 498, finding that the People's Republic of China was "engaging in hostiliti es against United Nations forces" in the DPRK and called on "all States and authorities to continue to lend every assistance to the United Nations action in Korea".

33 The People's Republic of China also characte rized participation by Chinese soldiers in the Korean War as action by "volunteers" in keeping with its de piction of the conflict on the peninsula as an internal armed conflict.

34 Andrei Lankov, From Stalin to Kim Il Sung, pp. 61-62.

35 Hwang Jang-yop notes in his memoirs, "In the November of 1953, I came back to Pyongyang from life in Moscow. Pyongyang was not what it had been before I left. There was literally not a single decent house on the ground; only huts filled the city." From Hwang Jang-yop Hoegorok(Hwang Jang-yop's memo irs) (Published in Korean by Zeitgeist, 2006, translat ed by Daily NK), 21.

36 A report issued by the Ministry of External and Inter-German Trade of the German Democratic Republic indicated that the steel, non-ferrous metal, cement and fertilizer industries of the DPRK were entirely destroyed and that the overall capacity of st ate businesses had been reduced to 15-20 per cent. The report is cited in Liana Kang-Schmitz, "Nordkor eas Umgang mit Abhängigkeit und Sicherheitsrisi ko", PhD dissertation, The University of Trier, 2010, pp. 59-60. Also available from http://ubt.opus.hbz-nrw.de/volltexte/2011/636/pdf/Nordkorea_DDR.pdf.

37 Casualty figures still vary significantly by so urce. These figures come from the United States De partment of Defense in 2000 and the Encyclopaedia Britannica.

38 Bruce Cummings, The Korean War: A Histo ry (New York, Modern Library, 2010), pp.172, 187 and 190.

39 Samuel Lyman Atwood Marshall was a chief United States Army combat historian during World War II and the Korean War. David Halberstam, The Coldest Winter, pp. 1-2.

40 Seven million bags with American logos were used to distribute food aid provided by the Un ited States in response to the food crisis of the 1990s; these bags were seen by DPRK citizens as they were re-used and appeared in markets. Andrew Nat sios, Washington Public Hearing, 31 October 2013, morning (01:48:00).

41 The ROK's own domestic legal framework is influenced by its ongoing conflict with the DPRK. Among the ROK's own human rights challenges are the government's interpretation of the six-decade-old National Security Law and other laws to limit freed om of expression as well as the jailing of conscientio us objectors to military service. See the report of the Special Rapporteur on the promotion and protection of the right to freedom of opinion and expression (A/HRC/17/27/Add.2).

42 The Suryong (supreme leader) system embe ds all powers of the state, party and military under one singular leader.

43 Ken E. Gause, "Coercion, Control, Surveillance and Punishment: An Examination of the North Kore an Police State", The Committee for Human Rights in North Korea, 2012, pp. 88-91. (Exhibit W07). Also available from http://www.hrnk.org/uploads/pdfs/HRNK_Ken-Gause_Web.pdf.

44 The official biography of Kim Il-sung, publish ed by the DPRK, notes the following:"In December 1945, Kim Il Sung convened the Third Enlarged Exe cutive Committee Meeting of the Central Organizi ng Committee of the CPNK in order to crush the ma chinations of the factionalists and local separatists who had been hindering the implementation of the Party's organizational line, and radically improve Pa rty work … The meeting took a historic measure to strengthen the Party's central leadership organ by acclaiming Kim Il Sung as its head, and meted out st ern punishment to the factionalists who had contrav ened the instructions of the Party Centre and violat ed Party discipline." Kim Il Sung: Condensed Biogra phy, pp. 122-123.

45 According to the 1955 population and housi ng census conducted by the ROK Central Statistical Office, 735,501 persons of the total population had come from the North (before and during the Korean War). Korea Institute for National Unification (KINU), White Paper on Human Rights in North Kor ea (2013), p. 509. During the Armistice negotiations, the DPRK insisted that 500,000 Koreans who had been "taken away" from the North during the hostili ties had to be returned. Transcript of Proceedings of the Armistice Negotiations of 1, 3 and 12 January 1952, as reflected in Korean War Abduction Resear ch Institute, People of No Return: Korean War Abdu ction Pictorial History (Seoul,2012), pp. 56-58. The Co mmission received no information indicating that th ose who left the North during the war were forcibly abducted.

46 Andrei Lankov, From Stalin to Kim Il Sung, pp. 78-109.

47 Record of conversation between the First Se cretary of the Soviet Embassy G. Ye. Samsonov and the departmental head of the Korean Workers' Party Central Committee Ko Hui-nam from Soviet archiv es. Andrei Lankov, From Stalin to Kim Il Sung, p. 169.

48 According to the DPRK's official biography of Kim Il-sung: "At a plenary meeting of the Party Cen tral Committee held in August 1956, Kim Il Sung took resolute measures to expose and eliminate the anti-Party, counterrevolutionary factionalists who flew in the face of the Party. … The anti-Japanese re volutionary veterans and other attendants at the me eting delivered a telling blow to this desperate chall enge. The sectarian group subjected to exposure and destruction during the meeting was not a mere faction but an atrocious anti-Party and counterrevol utionary clique that attempted to over throw the Pa rty and the government in collusion with the US im perialists." Kim Il Sung: Condensed Biography, pp. 200-201.

49 Andrei Lankov, "The Repressive System and Political Control in North Korea", English version of a chapter from Severnaia Koreia: vchera i segodnia (North Korea: Yesterday and Today), published in Russian in 1995 (Moscow, Vostochnaia literatura). Available from http://north-korea.narod.ru/control_lankov.htm.

50 Andrei Lankov notes public executions beca me a customary practice in the DPRK in the 1950s. He cites Soviet archives for Pang Hak-se's conversat ion with Counsellor V. I. Pelishenko."Kim Takes Con trol: The "Great Purge" in North Korea, 1956-1960", Korean Studies, vol. 26, No. 1(2002), pp. 98-105.

51 Cited from a diplomatic cable sent in 1959 by the Ambassador of German Democratic Republic (GDR). In 1957, the GDR Embassy already noted info rmation according to which students who had retur ned from Poland had been sent to prison camps in Pyongyang that were guarded by soldiers. For a cita tion of the original German texts, which were found in GDR archives after reunification, see Liana Kang-Schmitz, "Nordkoreas Umgang mit AbhaÅNngigkeit und Sicherheitsrisiko", pp. 225-226.

52 See section IV.D.3.

53 This classification appears to have been revis ed at various points, and later the three broad categ ories became the core, basic and "complex", which in cludes both the wavering and hostile classes.

54 See section IV.B.

55 Ken E. Gause, "Coercion, Control, Surveillance and Punishment", p. 101.

56 In December 2003, the Committee on Econo mic, Social and Cultural Rights in its concluding obs ervations of the DPRK's initial report, expressed con cern "that the right to work may not be fully assur ed in the present system of compulsory state-allocated employment, which is contrary to the right of the individual to freely choose his/her career or his/her workplace" (E/C.12/1/Add.95).

57 See section IV.D.

58 Andrei Lankov, "The Repressive System and Political Control in North Korea". See also section IV.E.

59 The First Secretary of the Polish Embassy in Pyongyang noted in 1958, "In the party and in priva te life it would be unthought-of to express the smalle st critique or to express doubts regarding the correc tness of this or that party directive from the party or the government. If one does critique, then along the lines of the formulations used in official speech es. I.e., first one needs to point to a large number of

achievements and then criticize what is officially being criticized. If one does not want to be deprived of the means of support and of all perspectives for the future, including removal from Pyongyang, one must act this way only." "Notes from a Conversation between the 1st Secretary of the PRL Embassy in the DPRK with the Director of a Department in One of the Ministries", 05 January 1958, History and Public Policy Program Digital Archive, Polish Foreign Ministry Archive. Obtained by Jakub Poprocki and translated by Maya Latynski. Available from http://digitalarchive.wilsoncentre.org/document/111732.

60 These were called "620 groups" specially created for this purpose. Andrei Lankov, "The Repressive System and Political Control in North Korea".

61 Kim Il Sung: Condensed Biography, pp. 207-208.

62 Kim Jong Il: Brief History (Pyongyang, Foreign Languages Publishing House, 1998), p. 51.

63 Article 2, Code of Criminal Procedure. Anti-state and anti-people crimes are set out in articles 59 ff. of the Criminal Code and comprise of vaguely worded and extremely broad offenses targeting political activities.

64 Article 3, Criminal Code.

65 See section IV.E.5.

66 It is even more expressly entrenched in the reported Ten Principles for the Establishment of the One-Ideology System. Principle 5.3 reportedly stipulates that Kim Il-sung's instructions must be viewed as a legal and supreme order.

67 According to article 109 of the DPRK Constitution, the National Defence Commission has the duty and the authority to abrogate the decisions and directives of state organs that run counter to the orders of the Chairman of the National Defence Commission and to the decisions and directives of the National Defence Commission. Article 100 stipulates that the Chairman of the National Defence Commission is the Supreme Leader of the DPRK.

68 TLC037. Witnesses who were confidentially interviewed by the Commission are identified by only a six digit code. The identity of each witness is known to the Commission.

69 Article 11 of the Prosecutory Supervision Law, as stated in KINU, White Paper on Human Rights in North Korea (2013), p. 174.

70 In the late 1950s to early 1960s, in the wake of the massive famine brought on by China's Great Leap Forward, it is estimated that between 50,000 and 70,000 ethnic Korean Chinese emigrated to the DPRK.

71 From World War II until 1984, it is estimated that the DPRK received $4.75 billion in aid from the Soviet Union (roughly 50 per cent), China (20 per cent) and the Soviet-aligned countries of Eastern Europe (30 per cent). Victor Cha, The Impossible State: North Korea, Past and Future (New York, Ecco, 2012), p. 28. For a detailed overview of assistance received between 1953 and 1960 from not only the Soviet Union and China but also East Germany, Poland, Czechoslovakia, Romania, Hungary, Bulgaria, Albania, Mongolia and North Vietnam, as well as the breakdown of Soviet aid by product such as rolling metal, tires and sugar, see Stephen Kotkin and Charles Armstrong, "A Socialist Regional World Order in North East Asia After World War II", in Korea at the Center, Charles K. Armstrong and others, eds, p. 121.

72 According to the Embassy of the German Democratic Republic in 1961: "The cult of personality surrounding Comrade Kim Il Sung has been growing steadily for some time. Everything the Party and the Korean people earn is attributed to Comrade Kim Il Sung. There is no room, no classroom, no public building in which a photo of Kim Il Sung cannot be found. The Museum of the War of National Liberation is designed entirely around the role of Kim Il Sung. There are no less than 12 figures of Kim Il Sung in the rooms of the museum, each larger than the next. The history of the revolutionary war and the formation of the Communist Party of Korea are not correctly portrayed. The decisive role of the Soviet Union in the liberation of Korea is completely downplayed. Its role is addressed on only a single panel. This is also expressed in the materials as well as in films and depictions. Thus,a legend of Kim Il Sung has been created that does not correspond to the actual facts if one considers what Comrade Kim Il Sung has actually done. Party propaganda is not oriented toward studying the works of Marxism/Leninism, but rather is solely and completely oriented toward the "wise teachings of our glorious leader, Comrade Kim Il Sung. Many rules of Party life, such as the link to the masses, are portrayed as if they were discovered by Kim Il Sung rather than by Marx, Engels, and Lenin. There are almost no articles or events in which Comrade Kim Il Sung is not mentioned. It is also a fact that all of those who are not in agreement with such an approach are characterized as sectarians, and recently as revisionists." "Report, Embassy of the GDR in the DPRK to the Foreign Policy and International Department of the Socialist Unity Party, GDR" 14 March 1961, History and Public Policy Program Digital Archive, SAPMO-BA, Dy 30, IV 2/20/137. Translated by Grace Leonard. Available from http://digitalarchive.wilsoncentre.org/document/112303.

73 Kim Jong-il explained: "Under the guidance of the great leader Comrade Kim Il Sung, our Party and our people have firmly maintained the Juche character and properly sustained the national character in the revolution and construction and thus advanced the Juche revolutionary cause victoriously. The respected leader Comrade Kim Il Sung was a great thinker, theoretician and a great statesman who advanced the idea of preserving the Juche character and national character for the first time in history, translated it brilliantly into reality and gave successful leadership to the revolution and construction. Keeping and embodying the Juche character and national character is the principled requirement of the revolution and construction elucidated by the Juche idea created by the great leader Comrade Kim Il Sung. The Juche idea, the man-centred outlook on the world, is a noble idea of loving the people as well as an idea of true love for the country and nation; it is a great revolutionary idea of our times which illuminates the road of advancing the cause of world independence forcefully. The Jucheidea clarified that the country and nation are the basic unit for shaping the destiny of the masses and that the popular masses must firmly maintain the Juche character and national character of the revolution and construction in order to shape their destiny independently. "On Preserving the Juche Character and National Character of the Revolution and Construction", 19 June 1997. Available from http://www.korea-dpr.com/lib/111.pdf.

74 According to Andrei Lankov, 1957 saw "the first and, perhaps, most famous of the endless mobilization campaigns that later became so typical of North Korean society. In 1957 Kim Il Sung launched the much trumpeted 'Ch'o˘llima (Flying horse) movement' which was initially an imitation of some contemporary Soviet schemes but soon came to be influenced by and modelled after the Chinese Great Leap Forward. The people were encouraged to work more and more, to do their utmost to achieve high (and often unrealistic) production targets." Andrei Lankov, "Kim Takes Control: The "Great Purge" in North Korea, 1956–1960", Korean Studies, vol. 26, No. 1 (2002). Other subsequent examples include October 1974 when the "entire Party, the whole country and all the people" started a 70-day campaign to fix the mining industry, exports and transport which resulted, according to Kim Jong-il's official biography, in a 70 per cent increase in industrial production and gross industrial output value for the year increased by 17.2 per cent over the previous year. Kim Jong-il: Brief History, pp. 57-58.

75 Stephen Haggard and Marcus Noland, Famine in North Korea (New York, Columbia University Press, 2007), Chapter 2.

76 Haggard and Noland, Famine in North Korea, Chapter 1.

77 "We call the leader's revolutionary thought Kimilsungism because the idea and theory advanced by him are original. The definition that Kimilsungism is a system based on the idea, theory and method of Juche means that Kimilsungism is consistent with the Juche idea in content and that it forms a system based on the idea, theory and method in composition. Both in content and in composition, Kimilsungism is an original idea that cannot be explained within the framework of Marxism-Leninism. The Juche idea which constitutes the quintessence of Kimilsungism, is an idea newly discovered in the history of human thought": Kim Jong-il, "On Correctly Understanding the Originality of Kimilsungism: Talk to The oretical Propagandists of the Party", 2 October 1976 (Pyongyang, Foreign Languages Publishing House, 1984).

78 Ambassador Franz Everhardt of the GDR Embassy in Pyongyang commented, "The economic situation in the DPRK is indeed extremely difficult and complicated. The main reasons for this are the cult of personality [surrounding Kim Il-sung] and the subjectivism deriving from it." Report from the GDR Embassy in the DPRK, "Note concerning a Conversation in Moscow on 12 May, 1976, with the Head of the Far East Department, Comrade Kapitsa, and the Head of the Southeast Asia Department, Comrade Sudarikov." 27 May 1976, History and Public Policy Program Digital Archive, Political Archive of the Federal Foreign Office, Berlin (PolA AA), MfAA, C 6857. Translated for NKIDP by Bernd Schaefer. Available from http://digitalarchive.wilsoncentre.org/document/114290.

79 The Ten Principles, comprised of a total of 10 articles and 65 clauses, describes how to establish the one-ideology system: 1) We must give our all in

the struggle to unify the entire society with the revolutionary ideology of the Great Leader Kim Il Sung. 2) We must honour the Great Leader comrade Kim Il Sung with all our loyalty. 3) We must make absolute the authority of the Great Leader comrade Kim Il Sung. 4) We must make the Great Leader comrade Kim Il Sung's revolutionary ideology our faith and make his instructions our creed. 5) We must adhere strictly to the principle of unconditional obedience in carrying out the Great Leader comrade Kim Il Sung's instructions. 6) We must strengthen the entire party's ideology and willpower and revolutionary unity, centreing on the Great Leader comrade Kim Il Sung. 7) We must learn from the Great Leader comrade Kim Il Sung and adopt the communist look, revolutionary work methods and people-oriented work style. 8) We must value the political life we were given by the Great Leader comrade Kim Il Sung, and loyally repay his great political trust and thoughtfulness with heightened political awareness and skill. 9) We must establish strong organizational regulations so that the entire party, nation and military move as one under the one and only leadership of the Great Leader comrade Kim Il Sung. 10) We must pass down the great achievement of the revolution by the Great Leader comrade Kim Il Sung from generation to generation, inheriting and completing it to the end. Translation from Joanna Hosniak, "Prisoners of Their Own Country", Citizens' Alliance for North Korean Human Rights, 2004 (Original Korean source from Korea Research Institute for Military Affairs). The Ten Principles were amended in 2013 to include references to Kim Jong-il.

80 Kim Jong-il: Brief History, p. 80.

81 In the 1992 Constitution, the National Defence Commission was elevated to a separate body from the Central People's Committee. Before this revision, the President held the position of National Defence Commission Chairman as the head of the military. This separation of power from the President effectively made the Chairman of the National Defence Commission the Chief Commander of the State exercising the highest military authority. Yoon Dae-kyu, "The Constitution of North Korea: Its Changes and Implications", Fordham International Law Journal, vol. 27, No. 4 (2003), p. 1299.

82 For a detailed analysis of the activities of the security apparatus and their compliance with international human rights obligations see section V, in particular sub-sections V.A, V.B, V.B.1 and V.D.

83 The Kukgabowibu is sometimes also translated as the National Security Agency or the Ministry of State Security.

84 See section IV.

85 Article 100 of the DPRK Constitution states: The Chairman of the National Defense Commission of the Democratic People's Republic of Korea is the supreme leader of the Democratic People's Republic of Korea.

86 Kim Jong-un, "Let Us Forever Glorify Comrade Kim Jong Il's Great Idea and Achievements of the Military-First Revolution", Rodong Sinmun and Chosun People's Army, 25 April 2013. Accessed through Sino-NK, "Kim Jong-un and the Songun Retrenchment: A Quintessential Equation", 30 November 2013.

87 In 1959, the DPRK signed its first agreement on cooperation in nuclear research with the Soviet Union. A similar agreement with China quickly followed. By 1965, the DPRK had a Sovietdesigned research reactor, the IRT-2000, which it modernized through the 1970s. By the late 1970s, the DPRK's interest in the development of its nuclear capacity had shifted from energy production to nuclear weapons. In 1977, the DPRK yielded to pressure and agreed to International Atomic Energy Agency (IAEA) inspections of its research reactor developed with the Soviet Union but did not allow access to a second reactor. In 1985, at the behest of the Soviet Union, the DPRK ratified the Treaty on the Non-Proliferation of Nuclear Weapons (NPT), although it refused the safeguard agreement which it did not sign until 1992. Nevertheless, the United States detected nuclear testing in 1985. In 1992, the DPRK and the ROK agreed to the Joint Declaration for a Non-Nuclear Korean Peninsula. However, in 1993 the DPRK failed to implement an agreement with the IAEA for inspection of the DPRK's nuclear facilities and threatened to withdraw from the NPT. Tensions escalated with the United Nations urging the DPRK to cooperate with the IAEA. In 1994, the DPRK triggered the first nuclear crisis by unloading fuel rods from the Yongbyon reactor, withdrawing from the IAEA, and ejecting inspectors. This ultimately resulted in the United States-DPRK Agreed Framework negotiated by former United States President Jimmy Carter. The United States administration under President Bill Clinton provided non-aggression assurances, promised normalization and two light water reactors for a nuclear freeze, reciprocal moves with a timetable including the halt to construction of a 50 megawatt and a 200 megawatt reactor. This first episode appears to have set the pattern whereby the DPRK precipitates a crisis and then negotiates favourable terms for the resolution of the crisis.

88 Asymmetrical forces are those that are more difficult to counter and address perceived weaknesses in the other side. See Joseph S. Bermudez, Jr, Washington Public Hearing, 31 October 2013, afternoon (00:10:00).

89 For details on the DPRK's obligations to ensure the right to food in the context of defence funding and the development of nuclear weapons, see section IV.D.4.

90 In September 1991, the United States supported the DPRK's bid to join the United Nations. The United States also withdrew all land and sea tactical nuclear weapons from around the world, including the Korean peninsula. In January 1992, the United States ended its Team Spirit military training exercises that had incensed the DPRK. Later that month, Under-Secretary of State for Political Affairs Arnold Kanter met with the Korean Workers' Party Secretary for International Affairs Kim Yong-sun to discuss improving relations.

91 Andrei Lankov notes the difficulty in realizing the actual level of support from the Soviet Union and China as much of their aid was provided indirectly through subsidized trade: Andrei Lankov, The Real North Korea: Life and Politics in the Failed Utopian State (Oxford, Oxford University Press, 2013), pp. 73-76.

92 Victor Cha, The Impossible State, p. 327.

93 See section IV.D.

94 Andrei Lankov, The Real North Korea, pp. 82-90.

95 See section IV.D.

96 The temporary closure of the Kaesong Industrial Complex in early 2013 demonstrated the difficulties for the DPRK in engaging in the international economy. After the DPRK shuttered the operation for several months in a political stand-off, the complex reopened in September 2013. ROKbased companies suffered serious financial damage and face an uncertain future.

97 See section IV.D.

98 The Six Party Talks are aimed at ending the DPRK's nuclear programme through negotiations involving China, the United States, the DPRK, the ROK, Japan, and Russia. After several rounds of negotiations, the September 2005 agreement was reached whereby the DPRK agreed to abandon its pursuit of nuclear weapons. In 2009, the DPRK abruptly ended its participation in the Six-Party Talks. Discussions to re-start the talks continue.

99 See section IV.D.

100 S/RES/1695 (2006).

101 Acting under Chapter VII of the United Nations Charter, but barring automatic military enforcement of its demands under the Charter's article 41, the Council unanimously adopted resolution 1718 (2006), which prevents a range of goods from entering or leaving the Democratic People's Republic of Korea and imposes an asset freeze and travel ban on persons related to the nuclear-weapon programme. Through its decision, the Council prohibited the provision of large-scale arms, nuclear technology and related training to the Democratic People's Republic of Korea, as well as luxury goods, calling upon all States to take cooperative action, including through inspection of cargo, in accordance with their respective national laws.

102 For example, in 2012, the Korean Central News Agency captioned a cartoon of President Lee Myung-bak: "The dirty hairy body of rat-like Myung-bak is being stabbed with bayonets. One is right in his neck and the heart has already burst open. Blood is flowing out of its filthy bottom hole." Available from http://www.bbc.co.uk/news/world-asia-22038370.

103 For more detail on the 2009 currency reform, see section IV.D .

104 Between 2006 and 2013, the United Nations Security Council passed five resolutions on the DPRK imposing sanctions and counter-proliferation measures against missiles: resolutions 1695 (2006), 1718 (2006), 1874 (2009), 2087 (2013) and 2094 (2013).

105 A joint investigation by the ROK, United States, United Kingdom, Sweden and Australia took six months and found that the Cheonan was attacked by an underwater torpedo manufactured by the DPRK. China did not accept the results and blocked the UN Security Council resolution condemning the DPRK for the attack.

106 In a tradition set by his father, Kim Jong-il retains his former titles of Secretary-General of the Workers' Party of Korea and Chairman of the National Defence Commission after his death.

107 On 12 February 2013, the Spokesperson of the Ministry of Foreign Affairs of the DPRK addressed the President of the Security Council: "The DPRK's nuclear test is a just step for self-defence

and is not contradictory to any international law. The U.S. has long put the DPRK on the list for pre-emptive nuclear strikes. It is a quite natural, just me asure for self-defence to react to the ever increasing nuclear threat of the U.S. with nuclear deterrence. The DPRK withdrew from the Treaty on the Non-Proliferation of Nuclear Weapons after going throu gh legitimate procedures and chose the way of havi ng access to nuclear deterrence for self-defence to pr otect the supreme interests of the country. There have been on the Earth more than 2,000 nuclear tes ts and at least 9,000 satellite launches in the history of the United Nations, spanning over 60 years, but th ere has never been a Security Council resolution on banning any nuclear test or satellite launch" (S/2013/91).

108 According to 38 North, US-Korea Institute at SAIS, Johns Hopkins University, the 3G service, Kor yolink, launched in December 2008 by CHEO Techn ology JV Company, a joint venture between the Egy ptian telecommunications firm Orascom and the government-owned Korea Post and Telecommunicat ions Corporation, reached one million subscribers by February 2012. That rate was then doubled in 15 mo nths, reaching an ostensible two million subscribers in May 2013. As 2011, Koryo link's network had 453 base stations covering Pyongyang, 14 main cities and 86 smaller cities. See Kim Yon-ho, "A Closer Look at the 'Explosion of Cell Phone Subscribers' in North Korea", 26 November 2013.

109 See section IV.C.

110 Alastair Gale, "North Korea Clamps Down on Defections", Wall Street Journal, 27 August 2013.

111 According to an expert interviewed by the Commission, one of the perks enjoyed by the elite in the DPRK has been the education of children abro ad. This privilege has expanded beyond the small nu mber of selected cadres to those business people who are able to pay for this access. As the number of North Korean children abroad has increased, this situation has become more complex leading to conce rns about control. ECC002.

112 Ken E. Gause, "North Korean Leadership Dyn amics and Decision-making under Kim Jong-un: A Fi rst Year Assessment", CNA Strategic Studies, Septe mber 2013.

113 On 24 May 2013, President Xi Jinping in his meeting with Choe Ryong-hae, the director of the Ge neral Political Bureau of the Korean People's Army and a member of the Presidium of the Political Bure au of the Workers' Party of Korea Central Committ ee who was the special envoy of Kim Jong-un, said, "China has a very clear position concerning the issue that all the parties involved should stick to the objec tive of denuclearization, safeguard the peace and sta bility on the peninsula, and resolve disputes through dialogue and consultation.", Xinhua News Agency. On 27 June 2013, President Xi Jinping re-affirmed this position during the summit with ROK President Park Geun-hye in Beijing in a joint statement issued at the end of their meeting.

114 Many of the witnesses who testified at the Co mmission's public hearings as well as confidential in terviews confirmed this route. The Korean Bar Asso ciation's 2012 White Paper on Human Rights in Nor th Korea noted that the usual escape route is via Ch ina and Thailand, p. 533.

115 See section IV.C.

116 See Pyongyang Declaration at http://www.mofa.go.jp/region/asia-paci/n_korea/pmv0209/pyon gyang.html.

117 The DPRK repeatedly raises historical griev ances such as the issues of conscription into the Jap anese military operations and the existence of "comf ort stations" during World War II. Japan maintains that it is necessary to comprehensively resolve outst anding issues of concern, such as the abduction issue and other security matters, in order to normalise the Japan-DPRK relationship.

118

119 General Comment No. 22, para. 1 (CCPR/C/21/Rev.1/Add.4).

120 TAP002, TAP005.

121 TAP005, TAP006.

122 Park Kwang-il, "Seoul Summit: Promoting Hu man Rights in North Korea – Human Rights concern ing Education: North Korean Authoritarian Regime's Infringement on Human Rights Starts from Educati on", 2005. Official subjects apparently include "Dear Leader Kim Il-sung's childhood days," "Dear Leader Kim Jong-il's Childhood days", "Dear Leader Kim Il-sung's Revolution Activities", and "Dear Leader Kim Jong-il's Revolution Activities", p. 120.

123 TAP006, TLC035.

124 TLC035.

125 Article 20 indicates that such propaganda and advocacy should be prohibited by law, which en tails not only the adoption of necessary legislative measures against such acts, but also that the State ef fectively prohibits them and also itself refrains from any such propaganda or advocacy, Human Rights Co mmittee General Comments No. 11, paras. 1-2 (HRI/GEN/1/Rev.9 (Vol. I)).

126 TAP005. From among the pictures taken in the DPRK by an Associated Press photographer, one of the pictures featured was described as "Kinderga rten kids' drawings that depict children killing U.S. soldiers hang on the wall at Kaeson Kindergarten in central Pyongyang on 9 March 2013. For North Kore ans, the systematic indoctrination of anti-Americanism starts as early as kindergarten". Avail able from http://www.nationalgeographic.com/125/photos/north-korea-guttenfelder/?utm_source=NatG eocom&utm_medium=Email&utm_content=pom_20 131103&utm_campaign=Content#.UpdduNKkpaB.

127 TAP005.

128 TSH019.

129 TAP005, TLC022.

130 TLC031.

131 Kim Jong-il, "On Further Improving Party Id eological Work: Concluding Speech at the National Meeting of Party Propagandists", 8 March 1981. (Pyo ngyang, Foreign Languages Publishing House, 1989). Available from http://www.korea-dpr.com/lib/215.pdf.

132 Kim Jong-il, "On Further Developing Mass Gymnastics: Talk to Mass Gymnastics Producers", 11 April 1987. (Pyongyang, Foreign Languages Publi shing House, 2006), also available from http://www.anightinpyongyang.com/pdf/02.05.01.pdf.

133 TSH009.

134 Tokyo Public Hearing, 29 August 2013, after noon (with additional details provided by the witne ss in a confidential interview).

135 TAP006, TAP007, TAP008, TAP012, TAP015, TLC005, TLC035, TSH052.

136 As translated by Citizens' Alliance for North Korean Human Rights.

137 "NK Adds Kim Jong Il to 'Ten Principles'", Da ily NK, 9 August 2013. Available from http://www.dailynk.com/english/read.php?cataId=nk01500&n um=10828; "Sessions Ordered to Check on Ten Princ iples", Daily NK, 24 September 2013. Available from http://www.dailynk.com/english/read.php?cataId=n k01500&num=10998.

138 "Execution prompts surprise, fear inside Nor th Korea", BBC News, 16 December 2013. Available from http://www.bbc.co.uk/news/world-asia-25399143.

139 Article 67 provides that (1) Citizens are guar anteed freedom of speech, the press, assembly, demo nstration and association; and (2) The State guarante es the conditions for the free activities of democratic political parties and social organizations.

140 UPR DPRK national report, A/HRC/WG.6/6/PRK/1, para. 44.

141 KINU, White Paper on Human Rights in Nor th Korea (2013), p. 296.

142 TAP007, TSH052.

143 TAP006.

144 TAP015.

145 TAP005, TAP006, TAP007.

146 TAP007.

147 TAP007; KINU, White Paper on Human Righ ts in North Korea (2013), pp. 296-297; International Coalition to Stop Crimes against Humanity in North Korea (ICNK), "Introduction to North Korea", pp. 18-19.

148 TAP007.

149 TAP006, TAP007, TSH019.

150 TAP006.

151 TAP015.

152 TLC035.

153 TAP007.

154 TAP006, TAP009.

155 TAP008, TAP009.

156 This is explained further in section IV.B.

157 TAP009.

158 Kim Jong Il, "On Further Improving Party Id eological Work: Concluding Speech at the National Meeting of Party Propagandists".

159 TAP002.

160 "Mansudae Art Studio, North Korea's Coloss al Monument Factory", Business Week, 6 June 2013. Available from http://www.businessweek.com/artic les/2013-06-06/mansudae-art-studio-north-koreas-colossal-monument-factory.

161 TAP005.

162 Korean Central News Agency (KCNA) is the state-run agency of the Democratic People's Republ ic of Korea as stated on its website. "Review of Fulfi llment of State Budget for Last Year and State Budg et for This Year", KCNA, 1 April 2013. Available from http://www.kcna.co.jp/item/2013/201304/news01/20130401-20ee.html.

163 "N. Korea spent 530 million dollars in idolizat ion propaganda", Dong-A Ilbo, 28 November 2013. Available from http://english.donga.com/srv/servi ce.php3?bicode=050000&biid=2013112843348.

164 See for example: "The day Kim Il-sung died his first death", Asia Times, 25 September 2013. Ava

ilable from http://www.atimes.com/atimes/Korea/KOR-01-250913.html; Barbara Demick, Nothing to Envy: Ordinary Lives in North Korea (New York, Spiegel & Grau, 2009), p. 46.

165 TAP009; In May 2007, there were apparently instructions issued by the Organization Bureau of the Central Party on "Overall Inspections on How to Carry out Respect for the Portraits of Great Leader and Beloved General", KINU, White Paper on Human Rights in North Korea (2013), p. 282.

166 TBG005.

167 TSH051.

168 See http://www.kcna.co.jp/item/2012/201207/news19/20120719-08ee.html.

169 TLC004 noting, however, that real reason for the arrest and execution of the man had been his involvement in the politically sensitive smuggling of cameras and radios into the country. See also section IV.E.

170 Submission to the Commission: Confidential source.

171 TAP009.

172 Seoul Public Hearing, 22 August 2013, afternoon (with additional details provided by the witness in a confidential interview).

173 Seoul Public Hearing, 22 August 2013, afternoon (00:10:48).

174 TAP003.

175 TAP009.

176 Ms Jeong Jin-hwa, Seoul Public Hearing, 22 August 2013, afternoon.

177 A quotation by Kim Il-sung in Kim Jong-il, "The Cinema and Directing" (Pyongyang, Foreign Languages Publishing House, 1987). Available from http://www.korea-dpr.com/lib/209.pdf.

178 TAP009.

179 TAP009, TJH008.

180 TAP009.

181 Reporters Without Borders, "North Korea: Frontiers of Censorship – Investigation Report", October 2011, pp. 4, 8.

182 Intermedia, "A Quiet Opening: North Koreans in a Changing Media Environment", May 2012. p. 21. Available from http://www.intermedia.org/a-quiet-opening-in-north-korea/.

183 TAP009, TJH008.

184 TJH008.

185 A/HRC/WG.6/6/PRK/1, para. 42.

186 TAP009; Mr Jang Hae-sung, Seoul Public Hearing, 22 August 2013, afternoon.

187 TAP009.

188 Note sub-principle 4.7 of the Ten Principles which states, "Use considerately the guidelines of the Leader when preparing reports, discussions, lectures or printed materials and eliminate any words or writing that is contrary to his instructions."

189 TAP009; Mr Jang Hae-sung, Seoul Public Hearing, 22 August 2013, afternoon.

190 Seoul Public Hearing, 22 August 2013, afternoon.

191 TAP009.

192 "Associated Press opens news bureau in North Korea", The Guardian, 16 January 2012. Available from http://www.theguardian.com/world/2012/jan/16/associated-press-bureau-northkorea.

193 "Now You See It", National Geographic, October 2013. Available from http://ngm.nationalgeographic.com/2013/10/north-korea/sullivan-text.

194 TSH051.

195 TSH052.

196 KINU, White Paper on Human Rights in North Korea (2011), pp. 275-277.

197 Orascom Telecom Holding (OTH) subsidiary Koryolink is operated through Cheo Technology, a joint venture between OTH and the North Korean Ministry of Posts and Telecommunications. OTH owns 75 per cent of the operation, with the DPRK government owning the rest. Koryolink launched its 3G coverage in Pyongyang in December 2008 with an initial 5,300 subscribers. "Orascom Telecom North Korean mobile subsidiary nears 2 million subscribers", Daily News Egypt, 1 May 2013. Available from http://www.dailynewsegypt.com/2013/05/01/orascomtelecom-north-korean-mobile-subsidiary-nears-2-million-subscribers/.

198 "North Korean Traders Scramble for Smartphones From South", Radio Free Asia, 15 November 2013. Available from http://www.rfa.org/english/news/korea/smartphones-11142013185158.html.

199 TAP009; National Human Rights Commission of Korea, Seoul Public Hearing, 22 August 2013, afternoon; KBA, 2012 White Paper on Human Rights in North Korea , p. 313 footnote 13.200 Intermedia, "A Quiet Opening: North Koreans in a Changing Media Environment", pp. 57, 72.

200

201 "In 1984 moment, N. Korea deletes near entirety of news archives", NK News, 16 December 2013. Available from http://www.nknews.org/2013/12/in-1984-moment-n-korea-deletesnear-entirity-of-news-archives/.

202 TBG031. TLC041 referred to Bureau 14 being responsible for monitoring telephone waves.

203 See also "North Korea's 'World Class' Cyber Attacks Coming from China", VOA News, 21 November 2013. Officials in the ROK were reported to have said that recent cyber attacks traced to Pyongyang have demonstrated hacking capabilities that are world class, and that there are seven North Korean hacking organizations and a network of spies operating in China and Japan. Available from http://www.voanews.com/content/north-koreas-world-class-cyber-attacks-coming-from-china/1795349.html.

204 London Public Hearing, 23 October 2013, session 4.

205 Intermedia, "A Quiet Opening: North Koreans in a Changing Media Environment", p.8.

206 TAP001, TAP002, TAP008, TAP015, TJH017, TJH028, TSH019, TSH052.

207 TAP002; Intermedia, "A Quiet Opening: North Koreans in a Changing Media Environment", p. 71.

208 2009 Criminal Code of the DPRK as translated by Citizens' Alliance for North Korean Human Rights.

209 Tokyo Public Hearing, 29 August 2013, afternoon (with additional details provided by the witness in a confidential interview).

210 TJH015.

211 TBG028.

212 TAP002, TAP008, TBG031.

213 TAP008.

214 TLC041.

215 TAP016.

216 TJH004.

217 See section IV.E.

218 Intermedia, "A Quiet Opening: North Koreans in a Changing Media Environment", pp. 8, 16-19, 57-58.

219 "Pyongyang cracks down on 'recordings' from outside", The Korea Times, 20 November 2013. Available from https://www.koreatimes.co.kr/www/news/nation/2013/11/116_146567.html.

220 ntermedia, "A Quiet Opening: North Koreans in a Changing Media Environment", pp. 54-57.

221 TJH008.

222 See section IV.E.

223 TBG004.

224 TJH022, TJH023.

225 Submission to the Commission: SUB060.

226 "Traitor Jang Song Thaek Executed", KCNA, 13 December 2013. Available from http://www.kcna.co.jp/item/2013/201312/news13/20131213-05ee.html.

227 TAP009.

228 TAP009.

229 Seoul Public Hearing, 22 August 2013, afternoon (01:02:20).

230 Seoul Public Hearing, 22 August 2013, afternoon (01:03:28).

231 TLC035.

232 London Public Hearing, 23 October 2013, session 1 (01:29:45).

233 CCPR/C/PRK/2000/2, paras. 117-118.

234 E/C.12/2003/SR.44, para. 46.

235 CCPR/C/GC/34, paras. 9-10.

236 See CRC, article 12

237 See CRC, article 13.

238 TAP002, TAP008.

239 Ken E. Gause, "Coercion, Control, Surveillance, and Punishment", pp. 42-48.

240 TAP011.

241 London Public Hearing, 23 October 2013, session 4 (with additional details provided by the witness in a confidential interview).

242 TSH051.

243 TBG016.

244 Seoul Public Hearing, 23 August 2013, morning.

245 TJH026.

246 TSH011.

247 TAP013. See Ken E. Gause, "Coercion, Control, Surveillance, and Punishment", p. 60 where 'Bureau 10 targets' are discussed and appear to refer to those who are privy to the private lives of the Kim family and continue to be monitored as members of the exploiting class; Yun Tae-il, The Inside Story of the State Security Department (Seoul, Wolgan Chosun, 2002).

248 Group 927 has been identified as the central inspection group dealing with the homeless and "vagrants". See section IV.D for more on this i.e. the "927 retention camps".

249 TAP002; Ishimaru Jiro, ed., Rimjin-gang: News from Inside North Korea (Osaka, Asia press Publishing, 2010), pp. 438-443; ICNK, "Introduction to North Korea", p. 19.

250 TJH004.

251 TJH015.

252 "Can the 'Jasmine Revolution' Spread to N. Korea?", The Chosun Ilbo, 23 February 2011. Available

from http://english.chosun.com/site/data/html_dir/2011/02/23/2011022301300.html;"N.Korean Protestors Demand Food and Electricity", The Chosun Ilbo, 23 February 2011. Available from http://english.chosun.com/site/data/html_dir/2011/02/23/2011022300383.html; Reporters Without Borders, "North Korea: Frontiers of Censorship – Investigation Report", p. 4.

253 See ICCPR, article 21 and CRC, article 15.

254 London Public Hearing, 23 October 2013, session 5 (with reference to written submission).

255 Examples of such sub-principles (as translated by Citizens' Alliance for North Korean Human Rights) include:2.1 The Great Leader Comrade KIM Il Sung is a genius of the revolution, the sun of the people and a legendary hero whom we must respect unendingly, revere eternally and come to with the greatest happiness and glory. 2.3 Believe firmly in the way pointed to by our Great Leader Comrade KIM Il Sung, entrust our fate to the Great Leader and devote our bodies and spirits for the revolutionary fight driven by the Great Leader, carrying with us always, the strong belief that there is nothing impossible if we are under the leadership of the Great Leader. 3.1 Have a firm position and perspective that no one else has the knowledge required, only the Great Leader Comrade KIM Il Sung. 3.6 Respectfully worship our beloved Great Leader Comrade KIM Il Sung's sculptures, plaster casts, bronze statues, badges with portraits, art developed by the Great Leader, board with Great Leader's instructions, basic mottos of the Party. 4.3 Unconditionally accept, treat as a non-negotiable condition, and decide everything based upon our Great Leader Comrade KIM Il Sung's instructions and in every act think only about the greatness of our Leader. 4.10 Fight with all one's will against anti-Party and anti-revolutionary thinking trends that have its origin in capitalistic ideas, feudal Confucian ideas, revisionism, dogmatism, toadyism and are contrary to the revolutionary thought of the Great Leader KIM Il Sung. Hold on to the purity of revolutionary thought and Juche ideas of the Great Leader. 5.2 Regard as a holy duty and supreme glory reducing the concerns of our Beloved Leader Comrade KIM Il Sung and fight for it with complete dedication.

256 Seoul Public Hearing, 22 August 2013, afternoon (02:32:10).

257 Washington Public Hearing, 30 October 2013 (02:45:50).

258 Andrei Lankov, "North Korea's missionary position", Asia Times Online, 16 March 2005. Available from http://www.atimes.com/atimes/Korea/GC16Dg03.html; Michael Breen, Moon Sun-myung, "The Early Years, 1920-53: Chapter 6 – Jerusalem of the East". Available from http://www.unification.org/ucbooks/earlyyears/Chap06.htm.

259 HRI/CORE/1/Add.108/Rev.1, p. 10; CCPR/CO/72/PRK/Add.1, p. 3.

260 Christian Solidarity Worldwide, "North Korea: A Case To Answer – A Call To Act", 2007, p. 65. Available from http://dynamic.csw.org.uk/article.asp?t=report&id=35.

261 Won Jae-chun, "Religious Persecution in North Korea: Process and phases of oppression 1945-2011", International Journal for Religious Freedom, vol. 4, No. 1 (2011), pp. 87-100.

262 Database Center for North Korea Human Rights (NKDB) divided it into six periods covering from 1945-present: see "Religious Freedom in North Korea", January 2013, pp. 28-41.

263 Won Jae-chun, "Religious Persecution in North Korea: Process and phases of oppression 1945-2011", pp. 87-100.

264 NKDB, "Religious Freedom in North Korea", pp. 41, 98-102.

265 Submission to the Commission: SUB048.

266 NKDB, "Religious Freedom in North Korea", p. 28.

267 A/HRC/WG.6/6/PRK/1, para. 45.

268 CCPR/C/PRK/2000/2, para. 116.

269 U.S. Commission on International Religious Freedom (USCIRF), "2013 Annual Report", April 2013, p. 111. Available from http://www.uscirf.gov/reports-and-briefs/annual-report/3988-2013-annual-report.html.

270 KBA, 2012 White Paper on Human Rights in North Korea, p. 262.

271 Mr Timothy, Seoul Public Hearing, 22 August 2013, afternoon; TLC018.

272 USCIRF, "2013 Annual Report", pp. 110-111.

273 Mr Timothy, Seoul Public Hearing, 22 August 2013, afternoon; TLC024.

274 KINU, White Paper on Human Rights in North Korea (2013), pp. 270-271.

275 USCIRF, "2013 Annual Report", p. 111.

276 Mr Timothy, Seoul Public Hearing, 22 August 2013, afternoon; TLC018; a witness included in one submission to the Commission described having heard a story as a child of Christians living secretly in basements of hospitals and luring innocent people who were killed and whose blood were sucked and sold to bad people, SUB048.

277 See KBA, 2012 White Paper on Human Rights in North Korea, p. 255 and footnote 33.

278 London Public Hearing, 23 October 2013, session 1 (01:05:06).

279 USCIRF, "A Prison Without Bars", March 2008, chapter 5; USCIRF, "2013 Annual Report", pp. 108-116.

280 Submission to the Commission: SUB048.

281 Korea Institute for National Unification (KINU), Seoul Public Hearing, 21 August 2013, afternoon; TAP013.

282 TBG006.

283 Mr Timothy, Seoul Public Hearing, 22 August 2013, afternoon.

284 Seoul Public Hearing, 22 August 2013, afternoon.

285 London Public Hearing, 23 October 2013, session 1 (with additional details provided by the witness in a confidential interview).

286 TJH010.

287 TJH017, TJH018, TSH039.

288 The classes reflect the assumed political loyalty of an individual's family to the DPRK's political system and its leadership. One former official noted that there are actually 103 songbun classes today and that he had provided this documentation to the government of the ROK, TBG031.

289 Section IV.C.

290 Seoul Public Hearing, 21 August 2013, afternoon (02:31:00).

291 Seoul Public Hearing, 24 August 2013, morning (02:57:55).

292 The 51 categories are Core class: People from the families of laborers, hired people from the families of laborers, hired peasants (farm servants), poor farmers, and administrative clerical workers during the Yi Dynasty and Japanese occupation, Korean Workers' Party bereaved families of revolutionaries (killed cadre members, in anti-Japan struggles), bereaved families of patriots (killed as noncombatants during the Korean War), revolutionary intellectuals (trained by North Korea after liberation from Japan), families of those killed during the Korean Wars, families of the fallen during the Korean War, servicemen's families (families of active People's Army officers and men), and families of honored wounded soldiers (family members of service members wounded during the Korean War); Basic class: Small merchants, artisans, small factory owners, small service traders, medium service traders, unaffiliated persons hailing from South Korea, families of those who went to the South (3 distinct categories), people who formerly were medium-scale farmers, nationalistic capitalists, people repatriated from China, intellectuals trained before national liberation, people from the core class who are deemed lazy and corrupt, tavern hostesses, practitioners of superstition, family members of Confucianists, people who were previously locally influential figures, and economic offenders; Complex (wavering and hostile) class: Wealthy farmers, merchants, industrialists, landowners or those whose private assets have been completely confiscated, pro-Japan and pro-US people, reactionary bureaucrats, defectors from the South, members of the Chondoist Chongu Party, Buddhists, Catholics, expelled party members, expelled public officials, those who helped South Korea during the Korean War, family members of anyone arrested or imprisoned, spies, anti-party and counter-revolutionary sectarians, families of people who were executed, anyone released from prison, and political prisoners, members of the Democratic Party, capitalists whose private assets have been completed confiscated. KINU, White Paper on Human Rights in North Korea (2012), p. 222, citing source as Ministry of Unification report, "An Overview of North Korea", 2000, p. 420.

293 TSH019.

294 TJH022, TJH023.

295 DPRK Constitution, articles 8 and 162.

296 The 1993 Ministry of Social Safety publication of a document entitled, "Resident Registration Project Reference Manual" issued a set of instructions for resident registration investigators to use during the conduct of their songbun investigations. See Robert Collins, "Marked for Life: Songbun North Korea's Classification System", Committee on Human Rights in North Korea (HRNK), 2012.

297 TCC014.

298 TAP011.

299 Seoul Public Hearing, 24 August 2013, morning (02:05:00). Other testimonies in section IV.A.

300 The three broad areas appear to have shifted over time to where the wavering and hostile classes together have been condensed into a "complex" category and the middle category is characterized as the "basic" category. These figure from the Korea Institute for Nationa Unification, An Overview of North Korea (2009), p. 330.

301 "Because overlapping membership is comm on in public office, top-ranking office holders number less than 100": Federal Research Division Library of Congress, Robert L. Worden ed., North Korea: A Cou ntry Study (2009), p. 211.

302 Twenty-eight per cent of 23.3 million total po pulation amounts to about 6.5 million.

303 See section IV.C.

304 Seoul Public Hearing, 24 August 2013, aftern oon (03:06:30).

305 Ms Kim could not participate in the public he arings. The Commission conducted a video-conference-based interview with her, during which she agreed to have her name published in this repo rt.

306 Also TBG024.

307 TJH004, TJH015.

308 See section IV.A.

309 TAP006.

310 TSH009.

311 TLC035.

312 TAP007.

313 TAP002, TAP008.

314 TAP006, TAP015, TLC035, TSH009.

315 TSH051.

316 There is some information indicating that the resident registration file has also been computerized since the early 2000s, although it is not clear how far access is granted in consideration of the risk of lea ks.

317 TJH007.

318 Songbun is not mentioned on the ID cards is sued to people. Ordinary people will not be informed about their songbun (TCC014).

319 TLC018.

320 TJH041.

321 Witness TJH037 only learned why he had low songbun after fleeing the DPRK and being told by his mother in the ROK that his grandmother had been a landlord. His first attempt to flee when he was captured and repatriated had been because he did not want to undergo 10 years of military service as is the usual case for those people who do not have high songbun.

322 TBG021.

323 See section IV.F.

324 "Report, Embassy of Hungary in North Korea to the Hungarian Foreign Ministry", 01 August 1960, History and Public Policy Program Digital Archive, MOL, XIX-J-1-j Korea, 5. doboz, 5/ca, 004238/1/1960. Translated for NKIDP by Balazs Szalontai. Available from http://digitalarchive.wilsoncentre.org/docume nt/113409.

325 Confidential interview and Tokyo Public Hea ring, 30 August 2013, morning. TAP001 from Japan said that her family was discriminated against beca use they were not originally from the village where they now lived. As a child, others used to stay away from her and not play with her, although over time this decreased.

326 TAP002.

327 TSH038.

328 Andrei Lankov, "Minorities in North Korea, part 1: Japanese-Koreans", NK News, 6 August 2013.

329 TJH026.

330 Tokyo Public Hearing, 30 August 2013, morn ing (01:59:57).

331 TSH036.

332 TAP012 explained that he and his family were sent to a political prison camp due to his late father's low songbun, associated with being political ly unreliable. However, a family member who had married into the witness's family had also ended up in the same camp because he had been born in Sou th Korea despite having joined the North Korean mi litary.

333 Washington Public Hearing, 30 October 2103 (00:20:00). Also, witness Mr J was born in Yangbian, China. His father had been born in North Korea, and moved to China during the 1930s. As his father was an intellectual, the family became endangered duri ng the Cultural Revolution, and they moved back to the DPRK in 1960. Mr J described being excluded from mainstream life in the DPRK because was he born abroad. He experienced discrimination in vario us ways including being sent to live far from any cit ies in North Hamgyong province where Korean POWs and other immigrants were settled. At school, he had been subjected to severe bullying for his acc ented speech and for wearing clothes from China. Despite being very good at gymnastics and getting selected by teachers for special training, only the ch ildren of party officials would be selected for compet itions. Mr J was first assigned to work in a gold mine. He worked hard, and was promoted to leader of in a small work unit. His direct supervisor (a par ty member) also from the same village encouraged him to join the party, writing a recommendation for him. Mr J studied hard for the party tests, and appli ed twice, but was refused both times. He was later told by the supervisor that had recommended him that his application was excluded because under Kim Il-sung's order, foreign-born nationals could not join the party (TSH049). Also TBG017.

334 TBG008.

335 Seoul Public Hearing, 23 August 2013, aftern oon (00:18:35).

336 TJH029.

337 Andrei Lankov, "North Korea's new class sys tem", Asia Times, 3 December 2011. Also, ECC010.

338 According to Transparency International's 2013 Corruption Perceptions Index, the DPRK along with Afghanistan and Somalia were the worst perfo rmers, scoring just 8 points each and tying for last pl ace at 175th. A country or territory's score indicates the perceived level of public sector corruption on a scale of 0 - 100, where 0 means that a country is per ceived as highly corrupt and 100 means it is perceiv ed as very clean. A country's rank indicates its posit ion relative to the other countries and territories inc luded in the index.

339 CEDAW/C/PRK/1, para. 72.

340 See section III.

341 Park Kyung-ae, "Women and Social Change in South and North Korea: Marxist and Liberal Pers pectives", Women and International Development, Working Paper No. 231, Michigan State University, June 1992, p. 2.

342 Yu Eui-young, Kim Il Sung Works (Pyongya ng, Foreign Language Publishing House, 1980), p. 185 as cited in Park Kyung-ae, "Women and Social Chan ge in South and North Korea: Marxist and Liberal Perspectives", p. 2.

343 Park Kyung-ae, "Women and Revolution in No rth Korea", Pacific Affairs, vol. 65, No. 4 (Winter 1992), p. 533.

344 Ibid, 8.

345 Ibid, 9.

346 Ibid, 9.

347 Socialist Constitution of the Democratic Peop le's Republic of Korea (1972), article 62.

348 Kim Il-sung, "On Further Developing the Nu rsing and Upbringing of Children. Speech delivered at the sixth session of the fifth Supreme People's As sembly", 29 April 1976.

349 See section IV.A.

350 See section IV.C.

351 KINU, White Paper on Human Rights in Nor th Korea (2013), pp. 382-303; Park Kyung-ae, "Women and Social Change in South and North Korea: Marxi st and Liberal Perspectives", p. 11.

352 Stephen Haggard and Marcus Noland, "Gend er in Transition: The Case of North Korea", World Development, vol. 41 (2012), p. 52.

353 See section IV.C.

354 Citizen's Alliance for North Korean Human Rights (NKHR), "Status of Women's Rights in the Co ntext of Socio-Economic Changes in the DPRK", May 2013, p. 31.

355 Louisa Lim, "Out Of Desperation, North Kore an Women Become Breadwinners", National Public Radio, 28 December 2012.

356 Peterson Institute as quoted in Louisa Lim, "Out Of Desperation, North Korean Women Become Breadwinners", National Public Radio, 28 December 2012.

357 TAP007.

358 Stephen Haggard and Marcus Noland, "Gend er in Transition", pp. 51-66.

359 "Women on bicycles banned again", Daily NK, 14 January 2013. Available from http://www.da ilynk.com/english/read.php?cataId=nk01500&n um=10231.

360 Ibid; Citizens' Alliance for North Korean Hu man Rights, "Flowers, Guns and Women on Bikes: Briefing Report on the Situation of Women's Rights in the DPRK", 2009, p. 17.

361 These restrictions are said to have been repe aled in July 2013, however expert evidence suggests the restrictions are still in force outside of Pyongya ng.

362 TLC042.

363 TLC013.

364 CEDAW/C/PRK/CO/1.

365 Citizen's Alliance for North Korean Human Rights, "Status of Women's Rights in the Context of Socio-Economic Changes in the DPRK", p. 16.

366 KINU, "Study on the Power Elite of the Kim Jong Un Regime", (2013), p. 24.

367 Won-woong Lee, "An Observer Report on the UN Human Rights Committee's Review Session on North Korea's Second Periodic Report on Human Ri ghts" as cited in KINU, White Paper on Human Righ ts in North Korea (2013), p. 381.

368 TAP007, TBG030 and TSH052.

369 TBG030.

370 TSH052.

371 Lim Soon-hee, "The Food Crisis and the Chan ging Roles and Attitudes of North Korean Women", KINU, 2005, p. 14.

372 Louisa Lim, "Out Of Desperation, North Kore

an Women Become Breadwinners", National Public Radio, 28 December 2012.

373 TAP007, TSH020, TSH055, TLC042, TBG028.

374 TBG030.

375 TBG028.

376 TSH020, TSH008, TLC042.

377 Citizen's Alliance for North Korean Human Rights, "Status of Women's Rights in the Context of Socio-Economic Changes in the DPRK", p. 29.

378 TLC042.

379 TSH008.

380 TSH020.

381 Stephen Haggard and Marcus Noland, "Gender in Transition", p. 51.

382 KINU, White Paper on Human Rights in North Korea (2013), p. 395.

383 TJH044.

384 Lim Soon-hee, "The Food Crisis and the Changing Roles and Attitudes of North Korean Women" (2005), p. 22.

385 See section IV.D.

386 See section IV.C.

387 United Nations Enable, official website of the United Nations Convention on the Rights of Persons with Disabilities, "factsheet 2013".

388 World Health Organization, "Disability in the SouthEast Asia Region", 2013. According to Kim Mun-chol, Deputy Chairman of the Chosun Disabled League Central Committee, who led the North Korean sports delegation to the 14th Paralymics in London in 2012, the total number of persons with disabilities in the DPRK is 5.8 per cent of the population. KINU, White Paper on Human Rights in North Korea (2013), p. 440.

389 A/HRC/WG.6/6/PRK/1, para. 74.

390 Seoul Public Hearing, 22 August 2013, morning (01:36:00). Mr Ji lost his left hand and part of his lower leg after falling from train and being run over by it. After the incident he had trouble accessing coal for food and went to China to find food. Upon his return, he was arrested and held for bringing shame to the DPRK for going to China as a disabled person. He left the DPRK in 2006.

391 TAP007, TAP011.

392 TCC014.

393 EBG002, TBG026.

394 Seoul Public Hearing, 21 August 2013, afternoon (02:34:00).

395 Citizens Alliance on North Korean Human Rights, "Status of Women's Rights in the Context of Socio-Economic Changes in the DPRK".

396 KINU, White Paper on Human Rights in North Korea (2013), pp. 442-444.

397 TJH004. A former State Security Department official reported rumors of these islands (TJH041). Also, see Citizens Alliance on North Korean Human Rights, "Status of Women's Rights in the Context of Socio-Economic Changes in the DPRK".

398 On alleged medical experiments, see also section IV.E.6.

399 Submission to the Commission: SUB060. Also, "North Korea's first Paralympian inspires the disabled", Associated Press, 28 August 2012.

400 A/HRC/WG.6/6/PRK/1.

401 SUB060.

402 TJH041.

403 TGC001.

404 Tokyo Public Hearing, 30 August 2013, morning (02:04:41).

405 For more detail on the impact of discrimination on access to food, see section IV.D.

406 TSH051 explained that people with low songbun cannot go to teachers college because they would be influencing children, but they can go to technical colleges which include medical school.

407 TBG015.

408 E/C.12/1/Add.95.

409 According to TAP001, most people who came from Japan were highly-educated and able to get jobs but would still not get high level positions.

410 Seoul Public Hearing, 22 August 2013, afternoon (00:46:31).

411 TAP011, TLC007.

412 Choe Sang-hun, "North Korea's Leaders Promise Improvements to Educational System", New York Times, 25 September 2012.

413 CRC/C/PRK/4, paras. 174-176; A/HRC/WG.6/6/PRK/1, para. 59.

414 TBG030.

415 Charles Robert Jenkins with Jim Frederick, The Reluctant Communist, My Desertion, Court-Martial, and Forty-year Imprisonment in North Korea (Berkeley, University of California Press, 2008), pp. 129, 134-135; TSH054.

416 TBG024.

417 KINU, White Paper on Human Rights in North Korea (2012), p. 364; Kang Chol-hwan in his book, The Aquariums of Pyongyang, (New York, Basic Books, 2001), pp. 63-78, details the change in schooling when he was sent to a political prison camp at the age of nine.

418 TJH026, TAP008.

419 TGC001.

420 TSH051 explained that because of her songbun, no one would approach her to get married. A military doctor from Pyongyang came to see her on an arranged blind date and after several dates they were supposed to get engaged, but the engagement was called off when he found out about her songbun. It was a very embarrassing time, with the witness thinking that she was never going to be married. In the DPRK, songbun comes first, the witness said.

421 DPRK Constitution, articles 56 and 72.

422 TSH051, TSH004.

423 TSH051.

424 Citizen's Alliance for North Korean Human Rights, "Status of Women's Rights in the Context of Socio-Economic Changes in the DPRK", p. 37.

425 UNICEF, "2003 Country report", pp. 47-50.

426 WHO, UNICEF, UNFPA and The World Bank Estimates, "Trends in Maternal Mortality: 1990 to 2010", 2012.

427 The State report for the DPRK's first Universal Periodic Review in 2009 stated the following: "In the DPRK, equality is fully ensured based on unity and cooperation between persons. No citizen is discriminated on the basis of his/her race, sex, language, religion, education, occupation and position and property, and all citizens exercise equal rights in all fields of the state and public activities" (A/HRC/WG.6/6/PRK/1, para. 32).

428 Discrimination on the basis of religion is addressed in section IV.A.

429 See section III.

430 See section IV.C.

431 For more on Juche, see section III.

432 For more on Kim Il-sung's cult of personality, see section IV.A.

433 CCPR/C/PRK/2000/2, para. 77.

434 KINU, White Paper on Human Rights in North Korea (2013), pp. 355-356.

435 2009 Criminal Code of the DPRK as translated by Citizens' Alliance for North Korean Human Rights.

436 TSH052.

437 See section IV.B for more on Songbun system.

438 National Human Rights Commission of Korea (NHRCK), Seoul Public Hearing, 22 August 2013, afternoon.

439 Submission to the Commission: SUB055, Kim Hi-tae and Peter Jung, The Persecuted Catacomb Christians of North Korea (Seoul, Justice for North Korea, 2013), p. 41.

440 TSH020, TSH030. See section IV.E on political prison camps.

441 Seoul Public Hearing, 22 August 2013, morning (01:18:30).

442 TSH032.

443 TJH015.

444 See Good Friends, "North Korea Today No. 456", 23 March 2012. Available from http://www.goodfriendsusa.blogspot.ch/2012/05/north-korea-today-no-456-may-23-2012.html.

445 KINU, White Paper on Human Rights in North Korea (2013), p. 351.

446 KINU, White Paper on Human Rights in North Korea (2013), p. 353 states that the average rate of factory operation is only 20-30 per cent due to the deteriorating economy and dilapidated infrastructure.

447 KINU, White Paper on Human Rights in North Korea (2013), p. 235 footnote 187.

448 See section IV.D.

449 TGC004. See section IV.E on ordinary prison camps.

450 Seoul Public Hearing, 23 August 2013, morning. For more on banishment of families with children with disabilities, see section IV.B.

451 TAP011.

452 TAP007.

453 ASIAPRESS started in Tokyo in 1987 as an independent network of journalists in Asia. In 2007 ASIAPRESS began publishing a magazine entitled "Rimjin-gang: News from Inside North Korea" in Korean and Japanese. (After the 4th issue of the Korean edition was released in April 2009, the Seoul staff began publishing on its own and is no longer connected with ASIAPRESS.)

454 TAP024.

455 Seoul Public Hearing, 22 August 2013, morning (00:26:16).

456 Seoul Public Hearing, 22 August 2013, morning (00:31:42).

457 TJH004.

458 TSH020.

459 TSH051.

460 CCPR/C/PRK/2000/2, para. 76.

461 CCPR/C/SR.1944, para. 35.

462 TAP005.

463 KINU, White Paper on Human Rights in North Korea (2013), pp. 22, 234-239.

464 TAP002, TAP005, TBG024; NKDB, "Prisoners in North Korea Today", 2012, pp. 29-30.

465 KINU, White Paper on Human Rights in North Korea (2013), p. 234.

466 See section IV.A on the Neighbourhood Watch.

467 NHRCK, Seoul Public Hearing, 22 August 2013, afternoon; KINU, White Paper on Human Rights in North Korea (2013), pp. 22, 234-238.

468 TAP008.

469 TSH052.

470 CCPR/C/21/Rev.1/Add.9, paras. 11, 13-14, and 16-17.

471 See also CCPR/CO/72/PRK, para. 19 where the Human Rights Committee concludes that the requirement of a traveller's permit for domestic travel within the country raises serious questions vis-à-vis ICCPR, article 12 (1).

472 DPRK Immigration Law 1996 as amended in 1999 and 2012, articles 9-12.

473 KINU, White Paper on Human Rights in North Korea (2013), pp. 246-247.

474 NHRCK, Seoul Public Hearing, 22 August 2013, afternoon.

475 TAP002, TSH052.

476 TJH022.

477 See Criminal Code, article 233. Note also article 234 which provides for punishment to those working in the border administration who help illegal border crossers.

478 See section III.E for further on this.

479 The Committee for Human Rights in North Korea (HRNK), Written submission to the hearing before the Congressiona-Executive Commission on China, One Hundred Twelfth Congress, Second Session, "China's Repatriation of North Korean Refugees", 5 March 2012, p. 50. Available from http://www.hrnk.org/uploads/pdfs/Congressional per cent20Hearings/China_Repatriation_March_5_2012.pdf.

480 The Korean Central News Agency used this term inter alia to describe those persons who fled the DPRK who appeared before the Commission to testify in public hearings. See "N. Korea slams U.N. rights committee, calls defectors 'human scum'", Global Post, 27 August 2013. Available from http://www.globalpost.com/dispatch/news/kyodo-news-international/130827/n-korea-slams-un-rights-committee-calls-defectors-huma.

481 "Ministry of People's Security Vows to Punish Defectors Keen on Escalating Confrontation", KCNA, 19 June 2013. Available from http://www.kcna.co.jp/item/2013/201306/news19/20130619-01ee.html.

482 TJH015, TJH041.

483 TCC014.

484 Seoul Public Hearing, 24 August 2013, morning.

485 TAP005. See also section IV.D.

486 TJH004, TJH041.

487 TJH004.

488 EJH003 indicated that, apart from being driven by larger political reasons, Kim Jongun may have also attached particular attention to border control since he was assigned to serve as a border guard as a young man.

489 Seoul Public Hearing, 24 August 2013, afternoon.

490 The following table showing the number of DPRK citizens who have entered ROK between 2001 and September 2013:~2001 2002 2003 2004 2005 2006 2007 2008 2009 2010 2011 2012 2013 .9 TotalMale5655114726244235125716086715897974052507829Female4796328101272959151019772197225818131909109779117820Total104411431282189613822022254828052929240227061502104125649Female ratio46 per cent55 per cent63 per cent67 per cent69 per cent75 per cent78 per cent78 per cent77 per cent75 per cent70 per cent72 per cent76 per cent69 per cent Source: ROK, Ministry of Unification, The Number of North Korean Defectors. Available from http://www.unikorea.go.kr/index.do?menuCd=DOM_000000101007001002.

491 KBA, 2012 White Paper on Human Rights in North Korea, pp. 54, 510-513.

492 Seoul Public Hearing, 22 August 2013, afternoon (with additional details provided by the witness in a confidential interview).

493 TJH017.

494 See section IV.D.

495 See section IV.B.

496 Note that people smugglers are not necessarily involved in the trafficking of persons. The latter requires the element of "exploitation of the prostitution of others or other forms of sexual exploitation, forced labour or services, slavery or practices similar to slavery, servitude or the removal of organs" at minimum. See the Palermo Protocol on this.

497 EJH003.

498 KINU, White Paper on Human Rights in North Korea (2013), pp. 44, 459-461. See also International Crisis Group, "Perilous Journey: The Plight of North Koreans in China and Beyond", 26 October 2009. Available from http://www.crisisgroup.org/en/regions/asia/north-east-asia/northkorea/122-perilous-journeys-the-plight-of-north-koreans-in-china-and-beyond.aspx. The approximate figure of 100,000 was also advanced by the humanitarian organization Life Funds for North Korean Refugees for 2007. Available from http://www.northkoreanrefugees.com/faq.html.

499 TJH010.

500 KINU, White Paper on Human Rights in North Korea (2013), pp. 461-462 footnote 12.

501 Available from http://goodfriendsusa.blogspot.ch/2011/09/north-korea-daily-no-417-august-24-2011.html.

502 KINU, White Paper on Human Rights in North Korea (2013), pp. 45, 461-463.

503 "People's Units Working to Limit Defection", Daily NK, 6 November 2013. Available from http://www.dailynk.com/english/read.php?cataId=nk01500&num=11150.

504 TJH015, TJH041, TBG031.

505 TJH015.

506 TBG027.

507 Seoul Public Hearing, 24 August 2013, afternoon.

508 TJH010.

509 TBG031, a former official.

510 International human rights law only allows the use of intentional force if strictly necessary to protect life. See Report of the Special Rapporteur on extrajudicial, summary or arbitrary executions, "Study on Targeted Killings" (A/HRC/14/24/Add.6, para. 32).

511 For more information on these abductions, see section IV.F.

512 Seoul Public Hearing, 24 August 2013, morning (02:14:00).

513 TJH038.

514 TJH018.

515 David Hawk, The Hidden Gulag: The Lives and Voices of 'Those Who Are Sent to the Mountains', Washington D.C. The Committee for Human Rights in North Korea, 2012) p. 118.

516 See section IV.E.

517 TJH015.

518 TJH004.

519 TJH041.

520 See also section IV.E for more details and illustrative examples on torture, deliberate starvation and inhumane conditions of detention imposed on persons held at interrogation detention centres.

521 See further section IV.E on international standards.

522 London Public Hearing, 23 October 2013, session 1 (00:19:45).

523 Seoul Public Hearing, 22 August 2013, morning.

524 Seoul Public Hearing, 22 August 2013, afternoon.

525 Seoul Public Hearing, 20 August 2013, afternoon.

526 TBG013.

527 TJH028.

528 TJH032.

529 TAP010, TSH018, TSH029, TSH049.

530 TSH031.

531 TSH029.

532 Seoul Public Hearing, 21 August 2013, afternoon (with additional details provided by the witness in a confidential interview).

533 TJH028.

534 Seoul Public Hearing, 24 August 2013, afternoon.

535 Seoul Public Hearing, 20 August 2013, afternoon (02:35:00).

536 London Public Hearing, 23 October 2013, session 1 (with additional details provided by the witness in a confidential interview).

537 TBG013.

538 TBG018.

539 TGC001.

540 See World Medical Association, "Statement on Body Searches of Prisoners, adopted by the 45th World Medical Assembly held in Budapest, Hungary", October 1993, also available from http://www.wma.net/en/30publications/10policies/b5. See also CAT/C/HKG/CO/4, para. 10.

541 See Code of Criminal Procedure, article 143 and Criminal Code, article 252.

542 See Elements of Crime, Assembly of States Parties to the Rome Statute of the International Criminal Court, 1st Session, September 3-10, 2002, article 7(1)(g)-1, para. 1. See also Prosecutor v, Furundzija, IT-95-17/1-T, Trial Judgment, para. 185; Prosecutor v. Seasay et al, Case No. SCSL-04-15-T, para. 145; Prosecutor v. Sesay et al Prosecutor v. Brima et al, Case No. CSL-2004-16-T, Trial Judgment, para. 693. Prosecutor v Akeyesu, para. 688. See also id., where the International Criminal Tribunal for Rwanda fin

ds that thrusting a piece of wood into a dying woman's vagina constitutes rape.

543 TJH032.

544 TSH015.

545 TJH032, TSH050.

546 Seoul Public Hearing, 20 August 2013, afternoon (02:38:00).

547 TSH029.

548 TJH032.

549 London Public Hearing, 23 October 2013, session 2 (01:03:00) and the confidential interview with the witness.

550 TGC001.

551 TBG018.

552 TJH037.

553 TBG018, TSH049.

554 TSH029.

555 TAP003, TSH029, TSH051, TBG024.

556 David Hawk, The Hidden Gulag: The Lives and Voices of 'Those Who Are Sent to the Mountains', p. 66.

557 TAP003.

558 TBG031.

559 TGC001.

560 TJH028.

561 TLC009.

562 Seoul Public Hearing, 24 August 2013, afternoon (00:28:20).

563 TBG031.

564 TAP003.

565 TAP007.

566 TBG031.

567 TAP010, TBG018, TSH015, TSH050.

568 Submission to the Commission: Confidential source.

569 TAP003, TGC001, TSH039, TSH049, TJH032, Ms P, Seoul Public Hearing , 21 August 2013, afternoon.

570 TAP007, TSH015, TSH050.

571 TLC009.

572 TAP010, TSH018, TSH030.

573 TAP010.

574 TLC008.

575 TAP010, TBG018.

576 TAP010.

577 TBG017.

578 Seoul Public Hearing, 20 August 2013, afternoon (03:09:45).

579 TAP010.

580 TBG018.

581 Ms Jee Heon A, Seoul Public Hearing, 20 August 2013, afternoon.

582 TBG018, TLC018.

583 TLC018.

584 TBG018, TSH051.

585 Seoul Public Hearing, 20 August 2013, afternoon (02:42:00).

586 Seoul Public Hearing, 24 August 2013, afternoon (00:30:50).

587 The People's Safety Enforcement Law (1992), article 50 clause 3.

588 See section IV.E for further on this.

589 See Special Rapporteur on Violence against Women, its Causes and Consequences, E/CN.4/1999/68/Add.4, paras. 45, 49. See also Beijing Platform for Action, adopted at the Fourth World Conference for Women (1995), para. 115; Committee on the Elimination of Discrimination against Women, General Recommendation 19, A/47/38, para. 22; CEDAW/C/CHN/CO/6, para. 32.

590 Article 1 of the Convention against Torture, which also informs the definition of torture under ICCPR, article 7, defines torture as any act by which severe pain or suffering, whether physical or mental, is intentionally inflicted on a person for such purposes as obtaining from him or a third person information or a confession, punishing him for an act he or a third person has committed or is suspected of having committed, or intimidating or coercing him or a third person, or for any reason based on discrimination of any kind, when such pain or suffering is inflicted by or at the instigation of or with the consent or acquiescence of a public official or other person acting in an official capacity. On the recognition of forced abortion as an act of torture see the reports of successive Special Rapporteurs on Torture and other Cruel, Inhuman and Degrading Treatment, A/HRC/22/53 (2013), para. 48; A/HRC/7/3, para. 69. See also Human Rights Committee, General Comment No. 28, CCPR/C/21/Rev.1/Add.10, para. 11.

591 Life Funds for North Korean Refugees, "China Promises Bounty on All NK Refugees Turned In" , 31 April 2013. Available from http://www.northkoreanrefugees.com/2013-03-bounty.htm.

592 KINU, White Paper on Human Rights in North Korea (2013), p. 46.

593 In 2002, the Chinese Ministry of Foreign Affairs apparently issued a letter to foreign embassies following events which "occurred in succession [where] third country nationals intruded into foreign embassies and consulates in China … directly endanger[ing] the security of the embassies and consulates concerned and disturb[ing] their routine work [as well as] provoked Chinese law and affected the public security and stability of China." As such, in response to requests made to it by "many foreign embassies and consulates in China" and "in conformity with the interests of both sides", a series of measures were taken by the Chinese authorities to protect the security of foreign diplomatic and consular representing institutions. The letter also states that, "According to the principle of international law that embassies and consulates has no right of asylum, the Chinese side also wishes embassies concerned to render cooperation and inform the Consular Department of Chinese Ministry of Foreign Affairs in case the illegal intruders were found, and hand over the intruders to the Chinese public security organs." Human Rights Watch (HRW), "The Invisible Exodus: North Koreans in the PRC", November 2002, pp. 29-30. Available from http://www.hrw.org/reports/2002/northkorea/norkor1102.pdf. See more on the successive attempts made by DPRK nationals to access foreign embassies and consulates in China leading to the issuance of the letter at pp. 28-29 of the same HRW report. Additional cases of DPRK nationals who were seized by Chinese officials as they tried to find protection in diplomatic and consular premises are reported in North Korea Freedom Coalition, "'The List' of North Korean Refugees and Humanitarian Workers seized by Chinese authorities", 2013. Available from http://www.nkfreedom.org/UploadedDocuments/THELIST2013_English.pdf.

594 Under a combination of the provisions in the ROK Constitution, the ROK Nationality Act and the Protection of North Korean Residents and Support of their Settlement Act, DPRK nationals are in fact entitled to ROK citizenship with some exceptions (namely, those who have committed serious non-political crimes). See Elim Chan and Andreas Schloenhardt, "North Korean Refugees and International Refugee Law", International Journal of Refugee Law, vol. 19, No. 2 (2007), p. 19. The Settlement Act, article 3 further provides that the Act shall only "apply to residents escaping from North Korea who have expressed their intention to be protected by the Republic of Korea" while article 7 of the same Act sets out the procedure for invoking such protection which includes applying "for protection to the head of an overseas diplomatic or consular mission". (See HRW, "The Invisible Exodus: North Koreans in the PRC", pp. 30-31 on ROK policy).

595 TBG013.

596 TJH028.

597 TJH037.

598 TSH029.

599 EJH003.

600 TBG017.

601 See A/HRC/4/34/Add.1, para. 129.

602 OHCHR, "Press briefing notes on North Korean defectors and Papua New Guinea", 31 May 2013, available from http://www.ohchr.org/EN/NewsEvents/Pages/DisplayNews.aspx?NewsID=13390&; UNHCR "UNHCR chief calls on states to respect non-refoulement after North Koreans deported from Laos", 30 May 2013, available from www.unhcr.org/51a7510b9.html.

603 UNHCR submission to China's UPR, March 2013. Available from http://www.ohchr.org/EN/HRBodies/UPR/Pages/UPRCNUNContributionsS17.aspx.

604 For further information on refugees sur place, see UNHCR, "Handbook on Procedures and Criteria for Determining Refugee Status under the 1951 Convention and the 1967 Protocol relating to the Status of Refugees", January 1992, paras. 94-96.

605 London Public Hearing, 23 October 2013, session 1 (00:55:01).

606 TJH015. See section IV.A.4.

607 This description is consistent with testimony reportedly put forward by other former DPRK Citizens. See Suzanne Scholte, Testimony to Hearing before the Congressional-Executive Commission on China, "China's Repatriation of North Korean Refugees", 5 March 2012, p. 6.

608 TBG018.

609 EJH003. See also Roberta Cohen, Washington Public Hearing, 31 October 2013,afternoon.

610 Ministry of Foreign Affairs of the People's Republic of China, Zhonghua Renmin Gongheguo bianjie shi wu tiao yue ji. Zhong Chao juan (Compilation of Treaties on Border Affairs of the People's Republic of China: Sino-North Korea Volume), pp. 388-389 (Beijing, World Affairs Press, 2004) (Unofficial English translation).

611 See Annex II of the Commission report (A/HRC/25/63).

612 See Annex II of the Commission report (A/HRC/25/63).

613 United Nations Protocol to Prevent, Suppress and Punish Trafficking in Persons, especially Wom

en and Children, supplementing the United Nations Convention Against Transnational Organized Crime, 2000. The protocol defines trafficking in persons as the recruitment, transportation, transfer, harbouring or receipt of persons, by means of the threat or use of force or other forms of coercion, of abduction, of fraud, of deception, of the abuse of power or of a position of vulnerability or of the giving or receiving of payments or benefits to achieve the consent of a person having control over another person, for the purpose of exploitation. Exploitation shall include, at a minimum, the exploitation of the prostitution of others or other forms of sexual exploitation, forced labour or services, slavery orpractices similar to slavery, servitude or the removal of organs.

614 See A/HRC/4/34/Add.1, paras. 125-129.

615 Ibid., para. 144.

616 Ibid., paras. 215-218.

617 See section IV.B for more information about gender discrimination, and section IV.D for details of the gendered impact of violations of the right to food.

618 National Human Rights Commission of Korea, Fact-finding Study on Human Rights Violations against North Korea Refugee Women in the Process of Flight and Settlement (Seoul, 2009), pp. 134-135.

619 National Human Rights Commission of Korea, Fact-finding Study on Human Rights Violations against North Korea Refugee Women in the Process of Flight and Settlement, p. 134.

620 There are an estimated 30-40 million "missing" women in China due to non-medical sex selective abortions: Jing-Boo Nie, "Non-medical sex-selective abortion in China: ethical and public policy issues in the context of 40 million missing females", British Medical Bulletin, vol. 98, No. 1 (2011). The Plenum of the 18th Party Congress in December 2013 issued a resolution to ease the one-child policy.

621 TSH029.

622 Seoul Public Hearing, 24 August 2013, morning (03:31:16).

623 Seoul Public Hearing, 20 August 2013, afternoon (02:27:15).

624 Good Friends: Centre for Peace, Human Rights and Refugees, "Alternative NGO Report on the Convention on the Elimination of All Forms of Discrimination Against Women First Periodic Report of the Democratic People's Republic of Korea", June 2005, p. 11. Available from http://www.refworld.org/pdfid/46f146320.pdf

625 Seoul Public Hearing, 24 August 2013, afternoon (00:33:45).

626 TAP010.

627 EJH003.

628 TSH015.

629 Seoul Public Hearing, 20 August 2013, afternoon (02:30:46).

630 Seoul Public Hearing, 24 August 2013, afternoon (00:35:25).

631 Seoul Public Hearing, 21 August 2013, afternoon (01:32:02).

632 London Public Hearing, 23 October 2013, session 2 (with additional details provided by the witness in a confidential interview).

633 Seoul Public Hearing, 24 August 2013, afternoon (00:35:49).

634 TSH029.

635 Seoul Public Hearing, 24 August 2013, morning (03:32:10).

636 London Public Hearing, 23 October 2013, session 2 (with additional details provided by the witness in a confidential interview).

637 TSH014.

638 TSH039.

639 TSH029.

640 TSH049.

641 TSH029.

642 KINU, White Paper on Human Rights in North Korea (2013), pp. 44, 461.

643 According to a confidential submission to the Commission, the Chinese Nationality Law provides for any person born in China to have Chinese nationality as long as one or both of that person's parents is a Chinese national. It also provides that any person born in China whose parents are stateless or of uncertain nationality and have settled in China shall have Chinese nationality. It is not clear how, if at all, such provisions are implemented in practice particularly in favour of children born to one parent of Chinese national and the other parent being an undocumented DPRK national.

644 Life Funds for North Korean Refugees, "Universal Periodic Review Second Cycle –China – Reference document", March 2013. Available from http://www.ohchr.org/EN/HRBodies/UPR/Pages/UPRCNStakeholdersInfoS17.aspx.

645 Seoul Public Hearing, 24 August 2013, afternoon (00:37:32).

646 KINU, White Paper on Human Rights in North Korea (2013), p. 468.

647 TSH039.

648 London Public Hearing, 23 October 2013, session 2 (00:46:43).

649 London Public Hearing, 23 October 2013, session 2 (00:46:43).

650 London Public Hearing, 23 October 2013, session 2 (with additional details provided by the witness in a confidential interview).

651 Seoul Public Hearing, 24 August 2013, morning.

652 CCPR/C/21/Rev.1/Add.9, paras. 20-21.

653 KINU, White Paper on Human Rights in North Korea (2013), p. 509.

654 "Korea family reunion lottery", BBC News, 5 July 2000. Available from http://news.bbc.co.uk/2/hi/asia-pacific/820667.stm.

655 KINU, White Paper on Human Rights in North Korea (2013), p. 513.

656 "N Korea postpones family reunions over South's 'hostility'", BBC News, 21 September 2013. Available from http://www.bbc.co.uk/news/world-asia-24184696.

657 The Mount Kumgang resort is one of the two main joint ROK-DPRK projects which had also stalled following the shooting of an ROK tourist by a DPRK soldier in 2008. The ROK had proposed for talks to be held on 25 September regarding the reopening of the resort.

658 "N Korea postpones family reunions over South's 'hostility'", BBC News.

659 "South Korea Proposes Resuming Reunions of War-Divided Families", New York Times, 6 January 2014. Available from http://www.nytimes.com/2014/01/07/world/asia/south-korea-proposes-resuming-reunions-of-war-divided-families.html?ref=world&_r=0.

660 CESCR, General Comment No. 12, E/C.12/1999/5, para. 6.

661 E/CN.4/2001/53, para. 14.

662 CESCR, General Comment No. 12, E/C.12/1999/5, para. 12.

663 Human Rights Committee, General Comment No. 6, HRI/GEN/1/Rev.1, para. 5.

664 The United Nations declares a famine only when the following measures of mortality, malnutrition and hunger are met: 1) at least 20 per cent of households in an area face extreme food shortages with a limited ability to cope; 2) acute malnutrition rates exceed 30 per cent; and 3) the death rate exceeds two persons per day per 10,000 persons. See FAO, "The Integrated Food Security Phase Classification, technical manual V.2", 2012. Available from http://www.ipcinfo.org/fileadmin/user_upload/ipcinfo/docs/IPC-Manual-2-Interactive.pdf.)

665 Food that is quantitatively and qualitatively sufficient to meet physiological caloric needs and containing the nutrients necessary for physical and mental development.

666 See section IV.D.4.

667 Article 20 of the DPRK Constitution stipulates that "the means of production are owned solely by the state and cooperative organizations". The collectives were converted into state farms where workers-farmers receive state wages rather than a portion of fruits of their collective labour. This conversion is provided for by article 23 of the Constitution: "The state shall consolidate and develop the socialist cooperative economic system by improving the guidance and management of the cooperative economy and gradually transform the property of cooperative organizations into the property of the people as a whole based on the voluntary will of all their members."

668 Article 34 of the DPRK Constitution states that, "The state shall formulate unified and detailed plans and guarantee a high rate of production growth and a balanced development of the national economy."

669 See section III.D. Beginning with the 1992 revision of the Constitution, Juche received prominence as the first article (article 19) in the Economics chapter: "In the DPRK, socialist production relations are based upon the foundation of an independent national economy." In the early 1970s, the Juche idea was announced as the leading guideline of the country: the principle of food self-sufficiency was officially incorporated into Juche Gyungje. Juche Nongbub ("Juche agriculture") primarily concerns farming techniques. It consists of three parts: youngnong wonchik (farming principles), youngnong bangbub (farming methods) and sebu gongjeong (detailed production processes). In the first place, its farming principles provide four basic rules for agricultural administrators and producers to follow in order to increase agricultural production under such unfavourable natural conditions as small land and cold weather. Lee Suk, "Food shortages and economic institutions in the Democratic People's Republic of Korea", PhD dissertation, University of Warwick, 2003, p. 128.

670 Lee Suk, "Food shortages and economic institutions in the Democratic People's Republic of Korea"

, p. 128.

671 Stephen Haggard and Marcus Noland, Famine in North Korea: Markets, Aid, and Reform, p. 26.

672 Stephen Haggard and Marcus Noland, Famine in North Korea; Hazel Smith, Hungry for Peace: International Security, Humanitarian Assistance, and Social Change in North Korea (United States Institute of Peace Press, 2005), p. 66.

673 Victor Cha, The Impossible State: North Korea, Past and Future (Ecco, 2012), p. 186.

674 Meredith Woo-Cumings, "The Political Ecology of famine: The North Korean Catastrophe and Its lessons", Research Paper Series, No. 31 (Tokyo, Asian Development Bank Research Institute, 2002), p. 26.

675 See for instance: "North Korea Is Told of Loan Default", New York Times, 23 August 1987.

676 Submission to the Commission: Stephan Haggard and Marcus Noland, Hunger and Human Rights: The Politics of Famine in North Korea (U.S. Committee for Human Rights in North Korea, 2005), p. 14.

677 Haggard and Noland, Hunger and Human Rights, p. 4.

678 Submission to the Commission: U.S. Committee for Human Rights in North Korea, "Failure to Protect, A Call for the UN Security Council to Act in North Korea", 2006, p. 18.

679 Nicholas Eberstadt, "The North Korean economy. Between Crisis & Catastrophe", p.110. For more details on the change of China's policy towards the DPRK see also Liu Ming, "Changes and Continuities in Pyongyang's China Policy", in North Korea in Transition. Politics, Economy, and Society, Park Kyung-ae and Scott Snyder, eds. (Rowman &Littlefield Publishers, 2013), pp. 219 ff.

680 Lee Suk, "Food shortages and economic institutions in the Democratic People's Republic of Korea"
.

681 Ibid., pp 21-22.

682 ROK Ministry of Unification, "Food rations by class: Understanding North Korea 2005", Education Centre for Unification, March 2006, pp. 245-247.

683 Submission to the Commission: Andrew Natsios, The Great North Korean Famine (Washington, D.C., United States Institute of Peace Press, 2002).

684 Lee Suk, "The DPRK famine of 1994-2000: Existence and Impact", KINU, 2005.

685 Oh Gyung-chan cited in Lee Suk, "The DPRK famine of 1994-2000: Existence and Impact", KINU, 2005, p. 6.

686 TLC033.

687 TAP001.

688 TAP011.

689 Lee Suk, "The DPRK famine of 1994-2000: Existence and Impact", KINU, 2005, p.6.

690 Ibid.

691 TJH027.

692 "North Korean defector tells of food riots", The Guardian, 23 August 1993. Available from http://www.theguardian.com/world/1993/aug/23/northkorea.

693 Lee Suk, "The DPRK famine of 1994-2000", p. 7.

694 Lee Suk, "The DPRK famine of 1994-2000", p. 8. See also Mr Natsios' testimony. Washington Public Hearing, 31 October 2013, morning.

695 Ahn Jong-Chui cited in Lee Suk, "The DPRK famine of 1994-2000", p. 8.

696 Lee Suk, "The DPRK famine of 1994-2000", p. 8.

697 Reportedly, economic problems were admitted on some occasions. See "North Korea: It's bad-Official", The Economist, 18 December 1993 and "North Korea: A dangerous game", 28 May 1994.

698 United Nations Department of Humanitarian Affairs, "United Nations Consolidated UN Inter-Agency Appeal for Flood-Related Emergency Humanitarian Assistance to the Democratic People's Republic of Korea (DPRK) 1 July 1996-31 March 1997", April 1996.

699 "Floods Strike 5 Million, North Korea Reports", New York Times, 31 August 1995. Available from http://www.nytimes.com/1995/08/31/world/world-news-briefs-floods-strike-5-million-north-korea-reports.html.

700 FAO/WFP, "Crop and Food Supply Assessment Mission to the Democratic People's Republic of Korea", 27 July 2001.

701 Ibid.

702 "Press Conference by the Press Secretary 19 September 1995", Ministry of Foreign Affairs, Japan. Available from http://www.mofa.go.jp/announce/press/1995/9/919.html#2. See also http://www.mofa.go.jp/policy/other/bluebook/1996/I-c.html.

703 Seoul Public Hearing, 24 August 2013, morning (03:20:45).

704 Washington Public Hearing, 30 October 2013 (00:45:19).

705 London Public Hearing, 23 October 2013, session 3 (00:52:32).

706 London Public Hearing, 23 October 2013, session 3 (01:08:02).

707 TSH016.

708 Seoul Public Hearing, 21 August 2013, afternoon.

709 Seoul Public Hearing, 24 August 2013, morning (00:10:58).

710 Seoul Public Hearing, 22 August 2013, afternoon.

711 Seoul Public Hearing, 22 August 2013, morning (01:42:55).

712 FAO/WFP, "Crop and Food Supply Assessment Mission to the Democratic People's Republic of Korea: Special Report", December 1996. Recourse to wild food (wild fruits, plants, grass, etc.) is generally considered as an extreme coping mechanism because it can be associated with diarrhoea and other diseases and a leading cause for malnutrition of children under 5.

713 Andrew Natsios, "The Politics of Famine in North Korea", Special Report 51, United States Institute of Peace, August 1999, pp. 5-11.

714 Amnesty International, "Starved of Rights: Human Rights and the Food Crisis in the Democratic People's Republic of Korea (North Korea)", January 2004, pp. 9-10.

715 WFP, "Nutrition Survey of the Democratic People's Republic of Korea", November 1998.

716 TBG028, TSH018, TSH016.

717 Seoul Public Hearing, 24 August 2013, morning.

718 Seoul Public Hearing, 24 August 2013, morning (01:52:06).

719 TBG032.

720 TAP001.

721 Tokyo Public Hearing, 30 August 2013, morning (01:12:00).

722 Kim Byung-yeon and Song Dong-ho, "The Participation of North Korean Households in the Informal Economy : Size, Determinants, and Effect", Seoul Journal of Economics, vol. 21 (2008), p. 373.

723 TAP011.

724 TAP001.

725 TSH035.

726 TSH018.

727 TLC013.

728 TLC038.

729 Stephen Haggard and Marcus Noland, Famine in North Korea, p. 172.

730 TSH052.

731 TBG028.

732 Tokyo Public Hearing, 29 August 2013, afternoon.

733 TBG032.

734 Malnutrition is defined as nutritional disorder in all its forms and includes both undernutrition and overnutrition. It relates to imbalances in energy, and specific macro and micronutrients as well as in dietary patterns. Conventionally, the emphasis has been in relation to inadequacy, but it also applies to both excess and imbalanced intakes. Malnutrition occurs when the intake of essential macro- and micronutrients does not meet or exceeds the metabolic demands for those nutrients. These metabolic demands vary with age, gender and other physiological conditions and are also affected by environmental conditions including poor hygiene and sanitation that lead to food as well as waterborne diarrhoea (WHO Global Nutrition Policy Review). When micronutrient malnutrition occurs in persons who are of a normal weight or who are overweight or obese, it is sometimes referred to as hidden hunger. Hidden hunger often has no visible warning signs, leaving sufferers unaware of their dietary deficiency and its potentially adverse impact on their health. Pregnant and lactating women have additional specific needs. The additional food needed during pregnancy and lactation is critical to ensuring adequate nutrient intake sufficient in both quantity and quality for fetal growth and production of breast milk. Maternal undernutrition at this stage can lead to intrauterine growth retardation and low concentrations of certain nutrients in breast milk. FAO, Committee on World Food Security, "Coming to terms with terminology", CFS 2012/39/4. Available from http://www.fao.org/docrep/meeting/026/MD776E.pdf.

735 FAO, The State of Food Insecurity in the World (2013).

736 FAO/WFP, "Crop And Food Supply Assessment Mission to the Democratic People's Republic of Korea", 27 July 2001.

737 "15,000 North Korean soldiers desert amid famine in 2001-2002: report", Agence France-Presse, 26 September 2003.

738 Exhibit T8: Ishimaru Jiro ed., Rimjin-gang: News From Inside North Korea (Osaka, Asiapress Publishing, 2010), p. 49

739 Ibid.

740 "North Korea, Facing Food Shortages, Mobilizes Millions From the Cities to Help Rice Farmers",

New York Times, 1 June 2005. Available from http://www.nytimes.com/2005/06/01/international/asia/01korea.html?_r=0.

741 TAP001.

742 KINU, White Paper on Human Rights in North Korea (2012), p. 98. Accounts of execution for the motive of cannibalism and cannibalism in detention were also mentioned by TSH009, TBG011, TLC025.

743 Andrei Lankov, The Real North Korea; WFP, "WFP Emergency Reports", 30 September 2005. See also Human Rights Watch, "A Matter of Survival: The North Korean Government's Control of Food and the Risk of Hunger", 2006

744 FAO/WFP, "Special Report: Crop and Food Security Assessment Mission to the Democratic People's Republic of Korea", 8 December 2008.

745 Ibid., pp. 23-24.

746 FAO/WFP, "Crop and Food Security Assessment Mission to the Democratic People's Republic of Korea", 28 November 2013, p. 30.

747 United Nations Office for the Coordination of Humanitarian Affairs (OCHA), "DPRKorea 2013: Humanitarian Needs and Priorities", p. 6.

748 FAO/WFP, "Special Report: Crop and food security assessment mission to the Democratic People's Republic of Korea", 8 December 2008.

749 FAO/WFP, "Executive Summary: Rapid Food Security Assessment: Democratic People's Republic of Korea", June/July 2008, p. 3.

750 FAO/WFP, "Executive Summary: Rapid Food Security Assessment: Democratic People's Republic of Korea", June/July 2008.

751 Scott Snyder, "North Korea Currency Reform: What Happened and What Will happen To Its Economy?", The Asia Foundation, 31 March 2010, p. 4. See also "North Korea revalues currency, destroying personal savings", Washington Post, 2 December 2009.

752 Exhibit T8, Ishimaru Jiro ed., Rimjin-gang: News From Inside North Korea, p. 169.

753 Exhibit T8, p. 167.

754 "N. Korea's Currency Reform 'a Bid to Cement Power'", Chosun Ilbo, 2 December 2009, http://english.chosun.com/site/data/html_dir/2009/12/02/2009120200656.html

755 KBA, 2012 White Paper on Human Rights in North Korea, p. 349.

756 Mr. Kim Yong-il was considered at the time as number 3 of the DPRK regime. See "North Korea's Premier Apologizes Over Chaotic Currency Reform", Associated Press, 10 February 2010; "N. Korean technocrat executed for bungled currency reform: sources", Yonhap News, 18 March 2010. Available from http://english.yonhapnews.co.kr/northkorea/2010/03/18/72/0401000000AEN20100318004400315F.HTML.

757 On the executions related to the currency reform, see also section IV.E.5.1.

758 "North Korea bans foreign currencies", USA Today, 31 December 2009. Available from http://usatoday30.usatoday.com/money/world/2009-12-31-north-korea_N.htm.

759 Exhibit T8, Rimjin-gang: News From Inside North Korea, pp. 156-157 (photograph ofthe official decree posted on the street in January 2010).

760 KINU, White paper on Human Rights in North Korea (2012), p. 341.

761 Scott Snyder, "North Korea Currency Reform: What Happened and What Will happenTo Its Economy?", p. 3. See also "Economic 'Reform' in North Korea: Nuking the Won", Time, 3 December 2009. Available from http://content.time.com/time/world/article/0,8599,1945251,00.html.

762 "North Koreans fear another famine amid economic crisis", Los Angeles Times, 25 March 2010. Available from http://articles.latimes.com/2010/mar/23/world/la-fg-korea-famine24-2010mar24; "North Korea Backtracks as Currency Reform Sparks Riots", The Chosun Ilbo, 15 December 2009. Available from http://english.chosun.com/site/data/html_dir/2009/12/15/2009121500361.html.

763 A/HRC/13/13, para. 82.

764 Good Friends, "North Korea Today, No. 335", March 2010.

765 Good Friends, "North Korea Today, No. 340", June 2010.

766 "North Korea lifts restrictions on private markets as last resort in food crisis", The Washington Post, 18 June 2010. Available from http://www.washingtonpost.com/wp-dyn/content/article/2010/06/18/AR2010061802837.html.

767 "Children pay for North Korea food crisis", Reuters, 6 October 2011. Available fromhttps://www.youtube.com/watch?v=IOa0_Df62fo. WFP also released a video, "The Face of Hunger inDPR Korea", 12 September 2011. Available from https://www.youtube.com/watch?v=zAcwHZraZGs.

768 WFP/ FAO / UNICEF, "Rapid Food Security Assessment Mission To The Democratic People's Republic Of Korea", 24 March 2011.

769 TBG032.

770 "Why the World Should Be Rallying For The 'Yuan-ization' Of North Korea", Business Insider, 22 June 2013. Available from http://www.businessinsider.com/north-korea-hyperinflation-dollarization-shift-2013-6.

771 Asiapress International, "North Korea: Report on the Famine in the Hwanghae Provinces and the Food Situation", 2012.

772 "Special Report: Crisis grips North Korean rice bowl", Reuters, 7 October 2011. Available from http://www.reuters.com/article/2011/10/07/us-korea-north-food-idUSTRE7956DU20111007.

773 TBG032.

774 TLC042. Other sources confirm these statements: Amnesty International, "Starved ofRights": North Koreans forced to survive on diet of grass and tree bark, 15 July 2010; Will Morrow,"Famine threatening millions in North Korea", World Socialist website, 15 October 2011. Available from http://www.wsws.org/en/articles/2011/10/kore-o15.html; "North Korea faces famine: 'Tell the world we are starving'", The Telegraph, 16 July 2011. Available from http://www.telegraph.co.uk/news/worldnews/asia/northkorea/8641946/North-Korea-faces-famine-Tell-the-world-we-are-starving.html;"Hunger Still Haunts North Korea, Citizens Say", NPR, 10 December 2012. Available from http://www.npr.org/2012/12/10/166760055/hunger-still-haunts-north-korea-citizens-say; "The Dangers of the Coming North Korean Famine", US News Weekly, 12 November 2012. Available from http://www.usnews.com/opinion/blogs/world-report/2012/11/12/the-political-consequences-of-famine-in-north-korea;"The Cannibals of North Korea", Washington Post, 5 February 2013. Available from http://www.washingtonpost.com/blogs/worldviews/wp/2013/02/05/the-cannibals-of-north-korea/; "The North Korea we rarely see", CNN, 12 April 2013. Available from http://edition.cnn.com/2013/04/12/world/asia/north-korea-we-rarely-see/.

775 "PDS Distribution Volumes Rise in 2013", Daily NK, 7 August 2013. Available fromhttp://www.dailynk.com/english/read.php?cataId=nk00100&num=10815.

776 OCHA, "DPR Korea 2013: Humanitarian Needs and Priorities", p. 6.

777 FAO/WFP, "Crop and Food Security Assessment Mission to the Democratic People'sRepublic of Korea", 28 November 2013, p. 30.

778 A/HRC/WG.6/6/PRK/1.

779 The World Bank Group, "Poverty reduction and Economic management/Human Development/Development Economics", May 2001, p. 27.

780 Second Periodic Report submitted in May 2002 to the Committee on Economic, Social and Cultural Rights (E/1990/6/Add.35).

781 FAO, Committee on World Food Security, "Coming to terms with terminology" (CFS2012/39/4).

782 Stunting reflects shortness-for-age; an indicator of chronic malnutrition. It is calculated by comparing the height-for-age of a child with a reference population of well-nourished and healthy children. According to the UN Standing Committee on Nutrition's 5th Report on the World Nutrition Situation (2005) almost one third of all children are stunted. (WFP, http://www.wfp.org/hunger/glossary). Stunting is used for measuring achievements of the Millennium Development Goals.

783 EBG007.

784 World Health Organization, "Global Database on Child Growth and Malnutrition". Available from http://www.who.int/nutgrowthdb/about/introduction/en/index5.html.

785 Wasting reflects a recent and severe process that has led to substantial weight loss, usually associated with starvation and/or disease. Wasting is calculated by comparing weight-for-height of a child with a reference population of well-nourished and healthy children. It is often used to assess the severity of emergencies because it is strongly related to mortality. (WFP, available from: http://www.wfp.org/hunger/glossary).

786 Daniel J. Hoffman and Lee Soo-kyung, "The Prevalence of Wasting, but Not Stunting,Has Improved in the Democratic People's Republic of Korea", Journal of Nutrition, vol. 135, No. 3(2005), pp. 452-466.

787 A/HRC/WG.6/6/PRK/1.

788 UNICEF, "Tracking Progress on Child and Maternal Nutrition: A survival and development priority", November 2009, pp. 11 and 104. Available from http://www.childinfo.org/files/Tracking_Progress_on_Child_and_Maternal_Nutrition_EN.pdf.

789 UNICEF, "Democratic People's Republic of Korea Final Report of the National Nutrition Survey 2012", March 2013. Available from http://www.unicef.org/eapro/DPRK_National_Nutrition_Survey_2012.pdf.

790 UNICEF, "DPRK National Nutrition Survey

2012", March 2013.

791 Kristen Devlin, "Stunting Limits Learning and Future Earnings of Children", Population Reference Bureau, October 2012. Available from http://www.prb.org/Publications/Articles/2012/stunting-among-children.aspx; World Bank, http://worldbank.org/children/devstages.html. "The Dutch Famine Birth Cohort Study", by the departments of Clinical Epidemiology and Biostatistics, Gynecology and Obstetrics and Internal Medicine of the Academic Medical Centre in Amsterdam, in collaboration with the MRC Environmental Epidemiology Unit of the University of Southampton in the United Kingdom, found that the children of pregnant women exposed to famine were more susceptible to diabetes, obesity, cardiovascular disease, microalbuminuria and other health problems. Moreover, the children of the women who were pregnant during the famine were smaller, as expected. However, surprisingly, when these children grew up and had children those children were also smaller than average. These data suggest that the famine experienced by the mothers caused some kind of epigenetic changes that were passed down to the next generation.

792 Kathryn G. Dewey and Khadija Begum, "Long-term consequences of stunting in early life", Maternal and Child Nutrition, vol. 7, suppl. 3 (2011), pp. 5–18.

793 Cesar G. Victora and others, "Maternal and child undernutrition: consequences for adult health and human capital", Lancet, vol. 371 (2008).

794 Center for Children Medicine Support Inc., "Symposium on the Health Conditions of North Korean Children", Sejong Cultural Center, 14 November 2002.

795 On the situation of street children, see also section IV.C.1.

796 CRC/C/65/Add.24.

797 Confidential interview.

798 The name reportedly refers to the date of 27 September 1995 when Kim Jong-Il issued the edict requesting their establishment. Amnesty International, "Starved of Rights", p.16.

799 Citizens' Alliance for North Korean Human Rights (NKHR), "Child is the King of theCountry, Briefing Report on the Situation of the Rights of the Child in the DPRK", 2009, p. 22.

800 See for instance, Doctors Without Borders, "MSF Calls on Donors to Review Their Policy in DPRK", 30 September 1998. Available from http://www.doctorswithoutborders.org/press/release.cfm?id=460.

801 Seoul Public Hearing, 22 August 2013, morning (00:08:57).

802 TSH020.

803 TSH051.

804 KINU, White Paper on Human Rights in North Korea (2013), p. 431.

805 TJH004.

806 See testimony of Mr Ishimaru Jiro, Tokyo Public Hearing, 29 August 2013, afternoon.

807 Article 14, CEDAW.

808 See section IV.B.

809 Hazel Smith, Hungry for Peace: International Security, Humanitarian Assistance, and Social Change in North Korea, p. 89.

810 Lim Soon-hee, "The Food Crisis and the Changing Roles and Attitudes of North Korean Women", p. 38.

811 KBA, 2012 White Paper on Human Rights in North Korea, p. 337.

812 Ibid., p. 341.

813 NKHR, "Status of Women's Rights in the Context of Socio-Economic Changes in theDPRK, Briefing Report", May 2013, p. 28.

814 See section IV.C on related issues of trafficking in women.

815 Seoul Public Hearing, 21 August 2013, afternoon (01:32:00).

816 Lim Soon-hee, "The Food Crisis and the Changing Roles and Attitudes of North Korean women", p. 26.

817 Hazel Smith, "Crimes against Humanity in North Korea? Unpacking 'CommonKnowledge' about Violations of the Right to Food," KINU, UN Human Rights Mechanisms & Improvement of Human Rights Conditions in North Korea," (Seoul, 2013), pp. 235, 245.

818 KINU, "Relations between corruption and human rights in North Korea", 2013, p. 35.Hazel Smith states that "There were no indications that the ranks of the army were given excessively large rations, but unlike the general population they were more or less assured of a basic food supply all year around. These were basic rations, however, and ordinary soldiers of the million-strong army often remained hungry, as did their families, who did not receive preferential treatment simply because ason or daughter was serving in the armed forces." Hazel Smith, Hungry for Peace: International Security, Humanitarian Assistance, and Social Change in North Korea, pp. 87-88.

819 London Public Hearing, 23 October 2013, session 3 (00:25:55).

820 TJH027.

821 London Public Hearing, 23 October 2013, session 4 (00:24:18).

822 Andrew Natsios, The Great North Korean Famine, p. 117.

823 Stephen Haggard and Marcus Noland, Famine in North Korea, p. 111; Andrew Natsios, The Great North Korean Famine, pp. 117 ff.

824 London Public Hearing, 23 October 2013, session 3 (00:54:12).

825 London Public Hearing, 23 October 2013, session 4 (00:24:53).

826 Tokyo Public Hearing, 29 August 2013, afternoon (01:51:19).

827 KINU, "Relations Between Corruption and Human Rights in North Korea", p. 36.

828 Confidential interview.

829 London Public Hearing, 23 October 2013, session 3, and confidential interview.

830 TSH004.

831 "Kim Jong Il Berates Cadres for Food Anarchy" (in Korean), Wolgan Chosun, 20 March 1997, pp. 306-317; "Kim Jong Il, Speech at Kim Il Sung University, December 1996", British Broadcasting Corporation, 21 March 1997.

832 Andrew Natsios, The Great North Korean Famine, p. 40.

833 Tokyo Public Hearing, 29 August 2013, afternoon (01:40:00).

834 TBG027.

835 CESCR, General Comment No. 12, para. 28.

836 See section IV.B.

837 ROK Ministry of Unification, "Food rations by class: Understanding North Korea 2005", Education Center for Unification, March 2006, pp. 245-247.

838 Washington Public Hearing, 31 October 2013, morning (00:23:35).

839 TLC033.

840 TAP001.

841 TGC004.

842 TBG004.

843 TSH019.

844 TLC040.

845 TJH019.

846 See section IV.C.

847 EJH002.

848 See footage of the negotiations between DPRK authorities and the representative oft he non-governmental organization CARE who tried to initiate programmes in Tongsin and Huichon in Chagang province. "The 1997 Famine Still Affecting North Korea Today". Available from https://www.youtube.com/watch?v=30-2sPGNGEw.

849 Washington Public Hearing, 31 October 2013, morning (00:23:53). This is detailed inAndrew Natsios, The Great North Korean Famine, particularly p. 89 onwards.

850 Map produced by World Food Programme DPRK, April 2011 in "Overview of Needsand Assistance", 2012.

851 OCHA, "DPR Korea 2013, Humanitarian Needs and priorities", p. 4. Available from http://www.wfp.org/sites/default/files/DPRK%20Overview%20Of%20Needs%20And%20Assistance%202012.pdf

852 CESCR, General Comment No. 12: The right to adequate food (1999), para. 17. See also CESCR, General Comment No. 3, para. 10.

853 Hwang Jang-yop Hoegorok (Hwang Jang-yop's memoirs) (Published in Korean byZeitgeist, 2006, translated by Daily NK).

854 Spokesperson for the DPRK Agricultural Commission, North Korean Policy Trend, No. 27 (January 1994), p. 47 cited in Lee Suk, "The DPRK famine of 1994-2000: Existence and Impact", KINU, 2005, p. 8.

855 TBG022, a former ministry official; TLC033.

856 Washington Public Hearing, 31 October 2013, morning.

857 Official DPRK sources have emphasised that Kim Jong-il's devoted his frequent fieldvisits to military units and other work units "talking to soldiers and people and acquainting himself indetail with their living conditions." Between 1964 and 2002, Kim Jong-il reportedly "provided field guidance to at least 8,460 units, spending over 4,200 days." See "Kim Jong Il's Hobbies", KCNA, 24 May 2002. Available from: http://www.kcna.co.jp/item/2002/200205/news05/24.htm. "In the period from 1995 to 2001, he gave on-site guidance to 1,300 units, covering some 116,700 kilometres." See "Splendid fruition of Songun politics", KCNA, 9 April 2003. Available from: http://www.kcna.co.jp/item/2003/200304/news04/10.htm.

858 London Public Hearing, 23 October 2013, session 4 (00:25:27).

859 Several agencies have expressed their concerns about the lack or unavailability of datawhich im

pact the work in their sector. "Students at primary schools need food and basic necessities such as boo ks, pencils and notebooks. The government does not reveal any official statistics about ICT[information and communication technologies], not even the num ber of people using computers." (ICT, UNESCO, http://www.unescobkk.org/education/ict/themes/policy/regional-country-overviews/north-korea/). See also World Health Organization, "WHO Country Cooperation Strategy Democratic People's Republic of Korea 2009-2013", p. 16.

860 See CRC/C/15/Add.88 and CEDAW/C/PRK/CO/1.

861 Human Rights Watch notes: "North Korea ra rely publishes reliable data on basics facts of life in the country. In the few exceptional cases when it does do, the data is often limited, inconsistent, or oth erwise of questionable utility. North Korea almost ne ver allows foreigners to conduct research in the cou ntry. The research for this report was carried out in the context of these limitations."Human Rights Wat ch, "A Matter of Survival", May 2006.

862 CESCR, General Comment No. 12.

863 Ibid.

864 A/HRC/WG.6/6/PRK/1.

865 See section IV.D.2.a.

866 Heather Smith and Yiping Huang, "Trade dis ruption, collectivisation and food crisis in North Kor ea", in Peter Drysdale, Yiping Huang, and Masahiro Kawai, eds., Achieving High Growth: Experience of Transitional Economies in East Asia (London, Routle dge, 2003).

867 Lee Suk, "Food Shortages and Economic Inst itutions in the Democratic People's Republic of Kor ea"; EBG003; Jean Francois, "CoreÅLe du Nord: Un reÅLgime de famine", Esprit (February 1999), p. 5.

868 EBG002, ELC007.

869 Andrei Lankov, The Real North Korea, p. 36.

870 Andrei Lankov, "North Korea Makes Mistake by Not Emulating China-Style Land Reform", Radio Free Asia, 14 October 2013. Available from http://www.rfa.org/english/commentaries/fami ne-10142013151315.html.

871 Seoul Public Hearing, 21 August 2013, morni ng.

872 TLC033, TBG032.

873 Andrei Lankov, The Real North Korea, p. 194.

874 John Everard, "The Markets of Pyongyang", Korea Economic Institute, Academic Paper Series, Vol. 6, No. 1, January 2011

875 Washington Public Hearing, 31 October 2013, morning (00:16:26).

876 Kim Jong-il, "Giving Priority to Ideological Work Is Essential for accomplish Socialism", 1995, av ailable from: http://www.korea-dpr.com/lib/101.pdf

877 As translated in John Everard, "The Markets of Pyongyang", quoting Wolgan Chosunof April 1997.

878 A/HRC/WG.6/6/PRK/1, para. 56.

879 "Uli sig-ui gyeongjegwanlibangbeob-ui wanseong-eul/naegag gwangyeja inteobyu sahoejuui wonchig gosu, guggaui tong-iljeogjido", [Completing our way of economy managementmethod—Intervi ew with a government official] Choson Sinbo, 10 May 2013. Available from http://chosonsinbo.com/2013/05/0510th-4/. See also Andrei Lankov, "How eco nomic reforms are changing N.Korea's farming indu stry", NK News, 2 January 2014, http://www.nknews.org/2014/01/how-economic-reforms-are-changing-north-koreas-farming-industry/

880 "North Korea's 'New Economic Management System': Main features and Problems",Korea Focus, October 2013 Available from: http://www.koreafocus.or.kr/design2/layout/content_print.asp?group_id=105092.

881 KINU Center for North Korean Studies, "Ana lysis of North Korea's 2014 New Year'sAddress by Kim Jong-un and Domestic and Foreign Policy Pros pects", Online Series CO 14-01.882 Seoul Public Hear ing, 21 August 2013, morning (03:22:00).

883 TLC033.

884 Andrei Lankov, "How economic reforms are changing N. Korea's farming industry",NK News, 2 January 2014. Available from http://www.nknews.org/2014/01/how-economic-reforms-are-changing-north-koreas-farming-industry.

885 See Kongdan Oh and Ralph C. Hassig, North Korea Through the Looking Glass (Brookings Institu te, 2000), p. 55.

886 TLC013.

887 TBG028.

888 TCC014.

889 London Public Hearing, 23 October 2013, sess ion 4 (00:59:30)

890 TLC033.

891 TJH044.

892 TLC038.

893 TBG032.

894 TJH027, TJH044, TSH052.

895 TBG015, TBG016.

896 TBG005.

897 TBG020.

898 TSH019.

899 TSH052

900 TLC013.

901 TJH027.

902 WFP, "The Coping Strategies Index: A tool for rapid measurement of household foods ecurity and the impact of food aid programmes in humanita rian emergencies, Field Methods Manual", Second Edition, January 2008, p. 3.

903 See section IV.C.

904 See section IV.C.1.

905 Andrew Natsios, "The Politics of Famine in North Korea", p.12.

906 Amnesty International, "Starved of Rights", p. 16.

907 See section IV.C.

908 See also section IV.C.

909 Washington Public Hearing, 30 October 2013 (00:35:00).

910 Idid. (00:36 :00).

911 Seoul Public Hearing, 24 August 2013, morni ng.

912 See section IV.C.2.

913 See section IV.C.2.

914 According to Human Rights Watch (HRW), the decree from Kim Jong-il said, "If anyone crosses the border because they are in need of food, they sh all live." This decree was effective between 16 Febr uary 2000 (Kim Jong-il's birthday) to 10 October 2000 (the fiftieth anniversary of the establishment of the Korean Workers Party). HRW, "The Invisible Ex odus: North Koreans in the PRC".Available from http://www.hrw.org/reports/2002/northkorea/nork or1102.pdf.

915 Meredith Woo-Cumings, "The Political Ecolo gy of Famine: The North Korean Catastrophe and Its Lessons".

916 See Decision No. 2483 of the Presidium of the Supreme People's Assembly, adopted on 19 Decemb er 2007.

917 For details on the inhumane conditions preva iling in these detention facilities, see section IV.E.4 b).

918 TSH038.

919 TBG001.

920 TBG010.

921 For more details on the use of Chinese mobi le phones, see section IV.A.

922 TBG004.

923 CESCR, General Comment No. 12, para. 17 (E/C.12/1999/5).

924 A/65/282, paras. 81 and 82.

925 A/65/282, paras. 86 ff.

926 See for instance, Doctors Without Borders, "MSF Calls on Donors to Review Their Policy in DPRK", 30 September 1998. Available from http://www.doctorswithoutborders.org/press/release.cfm?id=460. See also L. Gordon Flake and Scott Snyder, Paved with Good Intentions. The NGOExperience in North Korea (Praeger Publishers, 2003), p. 111.

927 John Feffer, "North Korea and the politics of famine, Part 2: Human rights violations", Asia Times, 23 September 2006. Available from http://www.atimes.com/atimes/Korea/HI23Dg01.html

928 TLC033, ELC003.

929 See in this regard sections IV.B, IV.C and IV.D.2.

930 See above, section IV.D.1.

931 Exhibit W-2. Provided by Marcus Noland, "Accessible & Restricted Counties 1995-1996", WFP Asia Regional Bureau (2005).

932 Washington Public Hearing, 31 October 2013, morning (02:51:38).

933 Fiona Therry, Condemned to Repeat?: The Paradox of Humanitarian Action (CornellUniversity Press, 2002), p. 243.

934 Stephen Haggard and Marcus Noland, Fami ne in North Korea, p. 89. See also sectionIV.D.1.

935 On its web site, WFP states that its operatio ns currently target "2.4 million women andchildren in 87 of DPRK's 210 counties". Available from http://www.wfp.org/countries/korea-democratic-peoples-republic-dprk/overview.

936 WFP, "Democratic People's Republic of Kor ea, Newly Proposed PRRO Operational Coverage 2012-2013". Available from http://reliefweb.int/sites/reliefweb.int/files/resources/Democratic%20Peoples%20Republic%20of%20Korea%20Newly%20Proposed%20PRRO%20Operational%20Coverage%202012%202013_0.pdf.

937 CESCR Committee, Concluding Observations on DPRK, E/C.12/1/Add.95, para. 21;CRC Concludi ng Observations CRC/C/PRK/CO/4, para. 16; CED AW Concluding Observations A/60/38, para. 60.

938 See for instance WFP, "Emergency Food Ass istance to Vulnerable Groups in the Democratic Peo ple's Republic of Korea". Available from http://one.wfp.org/operations/current_operations/project_docs/200266.pdf.

939 Action Contre la Faim, "Action Against Hunger stops its activities in North Korea", 10 March 2000. Available from http://reliefweb.int/report/democratic-peoples-republic-korea/action-against-hunger-stops-its-activities-north-korea#sthash.Yp6AJhK8.dpuf.

940 Doctors Without Borders, "MSF Calls on Donors to Review Their Policy in DPRK",30 September 1998. Available from http://www.doctorswithoutborders.org/press/release.cfm?id=460941 EBG003.

941 EBG003.

942 According to a nutritionist who visited a nursery and orphanage in Cheongjin, in North Hamgyeong Province, on 15 July 1999, aid did not reach the most vulnerable children. At the nursery, the nutritionist saw 20 severely malnourished children, 3 of whom were about to die. At the orphanage, she saw 11 severely malnourished children. The children were dirty and suffering from skin infections such as scabies, and appeared as if they had been left unattended by the staff. The children received goats milk mixed with water and water mixed with sugar, neither of which is adequate as a treatment for malnutrition. The nursery did not have any high-energy milk even though UNICEF had delivered two tons of high-energy milk to the nursery in Chongjin in May 1999. Jean-Fabrice Pietri, Action Contre la Faim, "The Inadequacies of Food Aid In North Korea", Summary of Comments (Plenary Session II), IVth International Conference on North Korean Human Rights and Refugees, Prague, March 2003.

943 Stephen Haggard and Marcus Noland, Famine in North Korea, p. 96.

944 L. Gordon Flake and Scott Snyder, Paved with Good Intentions. The NGO Experiencein North Korea, p. 115.

945 Washington Public Hearing, 31 October 2013, morning (01:44:48).

946 Humanitarian Practice Network, "North Korea: Conflict Management, Food Aid andHumanitarian Principles". Available from http://www.odihpn.org/general/north-korea-conflict-management-food-aid-and-humanitarian-principles.

947 Doctors Without Borders, "MSF Calls on Donors to Review Their Policy in DPRK",30 S e p t e m b e r 1998.

948 United Nations Country Team, "Overview of needs and assistance", 2012. Available from http://www.wfp.org/sites/default/files/DPRK per cent20Overview per cent20Of per cent20Needs per cent20And per cent20Assistance per cent202012.pdf.

949 Office of the High Commissioner for Human Rights, "Frequently Asked Questions on Economic, Social and cultural Rights," Geneva, 2008, p. 13.

950 See CESCR, General Comment No. 12, para. 17, (E/C.12/1999/5), and CESCR, General Comment No. 3, annex III, para. 10 (E/1991/23).

951 FAO/WFP, "Crop and Food Security Assessment Mission to the Democratic People'sRepublic of Korea", 28 November 2013.

952 "Report on Implementation of 2009 Budget and 2010 Budget", KCNA, 9 April 2010. Available from http://kcna.co.jp/item/2010/201004/news09/20100409-10ee.html.

953 The Center for Arms Control and Non-Proliferation, "U.S. Defense Spending vs. Global Defense Spending", 24 April 2013. Available from http://armscontrolcentre.org/issues/securityspending/articles/2012_topline_global_defense_spending/.

954 See also section III.E.

955 On 21 March 2003 an Editorial Bureau Special Article in the DPRK newspaper Rodong Sinmun, "Military-First Ideology Is an ever-Victorious, Invincible Banner for Our Era's Cause of Independence" was broadcast on Pyongyang Korean Central Broadcasting Station (KCBS). The translated text is available from http://nautilus.org/publications/books/dprkbb/military/dprk-briefing-book-dprk-military-first-doctrinal-declaration/.

956 "Military- First Politics is a Precious Sword of Sure Victory for National Sovereignty", Rodong Sinmun, 2003. Translated text available from http://nautilus.org/publications/books/dprkbb/military/dprk-briefing-book-dprk-military-first-doctrinal-declaration/.

957 Note that the IMF estimates the price of rice at USD 448 in November 2013 (Commodity Market Monthly, December 2013. Available from http://www.imf.org/external/np/res/commod/pdf/monthly/121313.pdf).

958 Other figures at the disposal of the Commission suggest this figure to be higher and around 14.7 billion dollars.

959 Submission to the Commission: Marcus Noland.

960 Washington Public Hearing, 31 October 2013, morning (01:16:00).

961 See for instance, "North Korea Buying Old Russian Subs", New York Times, 20 January 1994. Available from http://www.nytimes.com/1994/01/20/world/north-korea-buying-old-russian-subs.html.

962 Submission to the Commission: Stephen Haggard and Marcus Noland, Hunger and Human Rights, p. 16.

963 A/60/306, para. 17.

964 Speech delivered by Kim Jong-un on 15 April 2012 in Kim Il-sung square in Pyongyang. An unofficial English translation of the full text is available at: http://www.northkoreatech.org/2012/04/18/english-transcript-of-kim-jong-uns-speech/

965 "Review of Fulfilment of State Budget for Last Year and State Budget for This Year",KCNA, 1 April 2013. Mr Choe's report was given before the 7th Session of the 12th Supreme People's Assembly.

966 Reportedly, the DPRK spent $1.34 billion for the launch of two rockets in 2012. "North Korea's rocket costs as much as a year's worth of food," The Hankyoreh, 8 December 2012. Available from http://www.hani.co.kr/arti/english_edition/e_northkorea/564382.html.

967 Kristin Gustavson and Jinmin Lee Rudolf, "Political and Economic Human Rights Violations in North Korea" in Thomas H. Henrikson and Jongryn Mo, eds., North Korea after Kim Il Sung : Continuity or Change? (Hoover Institution Press, 1997), p. 142.

968 Kim Jong-il, "On preserving the Juche Character and National Character of theRevolution and Construction" (19 June 1997). Available from http://www.korea-dpr.com/lib/111.pdf.

969 "North Korea warns against outside aid", The Associated Press, 4 October 2000.

970

971

972 Submission to the Commission: Marcus Noland based on data provided by the ROKMinistry of Unification, FAO Special reports, and Mr Noland's own calculations.

973 Congressional Research Service (CRS), "Foreign Assistance to North Korea", 11 June2013.

974 See "North Korea rejects UN food aid", BBC News, 23 September 2005. Available from http://news.bbc.co.uk/2/hi/asia-pacific/4273844.stm.

975 CRS, "Foreign Assistance to North Korea".

976 Stephen Haggard and Marcus Noland, Famine in North Korea, p. 245.

977 TBG025, TJH015.

978 CRS, "Report for Congress, North Korean Crime-for-Profit Activities", 25 August 2008.

979 See, for instance, "Overseas North Koreans Work like Kim Jong Il's Slaves", Daily NK, 29 April 2011.

980 TLC032.

981 TBG025. The name of this company is also mentioned in the report of the Panel of Experts to assist the Security Council Committee established pursuant to Resolution 1874 (2009), S/2013/337.

982 TJH015.

983 TJH005.

984 TJH022.

985 TBG022.

986 "The First disclosure of the Kim Il Sung Tomb Castle which was built at the expenseof 3 million lives," Daily NK, 3 July 2006. Available from http://www.dailynk.com/english/read.php?cataId=nk00100&num=606 and the DPRK Uriminzokkiri website which shows pictures of this facility (www.uriminzokkiri.com).

987 TBG022.

988 TSH019. See also "Oriental medicine doctor gives S. Koreans tastes of N. Korea's 'royal court medicine'", Yonhap News, 22 August 2011.

989 TAP011.

990 TBG012.

991 For instance, the extension of the Victorious Fatherland War Museum took 10 months."Report on WPK Leadership over Construction of War Museum, 13 August 2013", KCNA. Availablefrom http://www.youtube.com/watch?v=KDk3WjuRkw4&feature=player_embedded.

992 "Review of Fulfilment of State Budget for Last Year and State Budget for This Year",KCNA, 1 April 2013. Available from http://www.kcna.co.jp/item/2013/201304/news01/20130401-20ee.html.

993 "Kim Jong Un Visits Masik Pass Skiing Ground", KCNA, 26 May 2013.

994 "Songdowon Bathing Resort Crowded with Visitors", KCNA, 24 August 2013.Available from http://www.kcna.co.jp/item/2004/200408/news08/25.htm; "Munsu Water ParkCompleted", KCNA, 15 October 2013. Available fromhttp://www.kcna.co.jp/item/2013/201310/news15/20131015-30ee.html; "Runga DolphinariumCrowded with Visitors", KCNA, 21 August 2013. Available from http://www.kcna.co.jp/item/2013/201308/news21/20130821-15ee.html. See also "Kim splurges on vanity projects while his people go hungry", DW, 1 November 2013. Available from http://www.dw.de/kim-splurges-on-vanity-projects-while-his-people-go-hungry/a-17198244.

995 2010 Report S/2010/571; Report of the Panel of Experts established pursuant to resolution 1874(2009). Available from http://www.un.org/sc/committees/1718/panelofexperts.shtml.

996 "North Korea's Kim Jong-un splurges on luxu

ry goods in bid to strengthen rule," TheTelegraph, 14 October 2013. Available from www.telegraph.co.uk/news/worldnews/asia/northkorea/10377154/North-Koreas-Kim-Jong-un-splurges-on-luxury-goods-in-bid-to-strengthen-rule.html.

997 "North Korea Admits Its Famine Killed Hundreds of Thousands", Associated Press, 10 May 1999.

998 TBG020.

999 "North Korea 'loses 3 million to famine'", BBC News, 17 February 1999. Available from http://news.bbc.co.uk/2/hi/asia-pacific/281132.stm.

1000 Hwang Jang-yop, North Korea: Truth or Lies, (Intitute for Reunification Policy Studies, 1998), p. 15.SUB0064.

1001 Daniel Goodkind and Loraine West, "The North Korean Famine and Its DemographicImpact", Population and Development Review, vol. 27, No. 2 (June 2001). Available fromhttp://www.jstor.org/stable/2695207.

1002 Daniel Goodkind, Loraine West and Peter Johnson, "A Reassessment of Mortality inNorth Korea, 1993-2008", 28 March 2011. Available from http://paa2011.princeton.edu/papers/111030.

1003 W Courtland Robinson and others ,"Rising Mortality in North Korean Households Reported by Migrants in China", Lancet, vol. 354, No. 9175 (July 1999).

1004 Stephen Haggard and Marcus Noland, Famine in North Korea, pp. 72-76.

1005 See for instance "Ending Malnutrition by 2020: an Agenda for Change in the Millennium", Final Report to the Administrative Committee on Coordination of the United Nations StandingCommittee on Nutrition (ACC/SCN) by the Commission on the Nutrition Challenges of the 21st Century, February 2000.

1006 See E/CN.4/Sub.2/1999/12, para. 22.

1007 See section V.F.

1008 Amartya Sen, Poverty and Famines: An Essay on Entitlements and Deprivation (Oxford, Clarendon Press, 1983).

1009 This argument was originally developed by Amrita Rangasami "Failure of exchange entitlements theory of famine: a response", Economic and Political Weekly, vol. 20, No. 41 (1985), p. 1748 and has also been cited with approval by Jenny Edkins, "Starvations and the Limitations of Famine Theorising", Institute of Development Studies (IDS) Bulletin, vol. 33, No. 2, (2002), p. 14.

1010 Tokyo Public Hearing, 29 August 2013, afternoon (01:35:17).

1011 See sections IV.E.3 and IV.E.4 for a more detailed description of conditions in political and ordinary prisons

1012 See section IV.E.

1013 DPRK Code of Criminal Procedure, articles 160, 180 and 182. See also statements bythe delegation of the DPRK before the Human Rights Committee, as reflected in CCPR/C/SR.1946 (2001), para. 20.

1014 KBA, 2012 White Paper on Human Rights in North Korea, p. 202.

1015 Seoul Public Hearing, 24 August 2013, morning.

1016 According to article 124 of the DPRK Code of Criminal Procedure, the SSD is designated to investigate the political crimes that the DPRK Criminal Code refers to as "anti-state and anti-people crimes". The KPA Military Security Command is in principle only responsible for political crimes involving military personnel, but in practices also takes on other cases. See also section III.E.

1017 Seoul Public Hearing, 21 August 2013, afternoon (00:40:59).

1018 TLC028.

1019 TJH010.

1020 See KBA, 2012 White Paper on Human Rights in North Korea (2013), p. 203.

1021 According to the preamble of the United Nations Declaration on the Protection of All Persons from Enforced Disappearance, adopted by General Assembly 47/133, enforced disappearances occur where "persons are arrested, detained or abducted against their will or otherwise deprived of their liberty by officials of different branches or levels of Government, or by organized groups or private individuals acting on behalf of, or with the support, direct or indirect, consent or acquiescence of the Government, followed by a refusal to disclose the fate or whereabouts of the persons concerned or a refusal to acknowledge the deprivation of their liberty, which places such persons outside the protection of the law." Almost the same definition is contained in article 2 of the International Convention for the Protection of All Persons from Enforced Disappearance, which the DPRK has not yet signed.

1022 The treatment of suspects in jipkyulso holding centres is also covered in section IV.C.2.

1023 London Public Hearing, 23 October 2013, session 1 (00:31:25).

1024 eoul Public Hearing, 21 August 2013, morning.

1025 TBG005.

1026 Former officials TJH015, TAP024.

1027 TJH015.

1028 TLC01.

1029 TBG023.

1030 Human Rights Council, National Report for the Universal Periodic Review submittedby the Democratic People's Republic of Korea, A/HRC/WG.6/6/PRK/1 (2009), para. 36.

1031 Relevant testimony was provided by TAP011, a former official. See also State Reportof the Democratic People's Republic of Korea to the Human Rights Committee, CCPR/C/PRK/2000/2, para. 47.

1032 See Database Center for North Korean Human Rights (NKDB), Political Prison Camps in North Korea Today, 2nd ed. (Seoul, NKDB, 2012), p. 485 (referring to the conviction and sentence of an SSD officer to 10 years of imprisonment for torturing and killing a political prisoner)..

1033 On the obligation to provide adequate effective and prompt reparation for torture andother gross human rights violations, see Basic Principles and Guidelines on the Right to a Remedy and Reparation for Victims of Gross Violations of International Human Rights Law and Serious Violations of International Humanitarian Law, adopted by General Assembly resolution 60/147, paras 15 ff.. See also Human Rights Committee, General Comment No. 20, article 7, HRI/GEN/1/Rev.1 at 30 (1994), para. 15.

1034 See the legal standards reflected in section IV.E.4.a) (iii).

1035 Seoul Public Hearing, 21 August 2013, morning (02:04:50).A depiction of the pigeon torture, drawn by another victim, Mr Kim Gwang-il, is reproduced at the end of section IV.E.2 c).

1036 Seoul Public Hearing, 21 August 2013, morning (02:09:00).

1037 Seoul Public Hearing, 21 August 2013, morning (02:09:45).

1038 Seoul Public Hearing, 24 August 2013, morning.

1039 Seoul Public Hearing, 21 August 2013, morning (01:35:00).

1040 Washington Public Hearing, 30 October 2013.

1041 Seoul Public Hearing, 22 August 2013, morning.

1042 TJH028.

1043 TBG018.

1044 TJH032.

1045 TJH024.

1046 Seoul Public Hearing, 22 August 2013, afternoon (02:48:46).

1047 Seoul Public Hearing, 24 August 2013, morning.

1048 Depictions of the "pigeon", "plane" and "motorcycle" tortures, drawn and submitted by Mr Kim Gwang-il, are reproduced at the end of this section.

1049 Seoul Public Hearing, 21 August 2013, afternoon.

1050 London Public Hearing, 23 October 2013, session 1 (00:36:01).

1051 Seoul Public Hearing, 22 August 2013, morning, with additional information providedin a more detailed confidential interview.

1052 TSH014.

1053 For instance, the death sentence preceding the execution of Mr Jang Song-Thaek was handed down by the Special Military Court of the State Security Department handed down. See "Traitor Jang Song Thaek Executed", KCNA, 13 December 2013. Available from http://www.kcna.co.jp/item/2013/201312/news13/20131213-05ee.html. See also below, section V.E.5 a).

1054 The Commission could not establish how much autonomy the MPS enjoys in taking decisions on how to dispose of a case. According to the Seoul-based Korea Institute for National Unification (KINU), cases handled by the MPS are usually referred to a People's Safety Committee dominated by the Workers' Party of Korea, which instructs the MPS how to handle the case. See Kim Soo-am,"The North Korean Penal Code, Criminal Procedures, and their Actual Applications", KINU, 2006, p.40.

1055 A survey among persons who fled the DPRK, carried out by the Seoul-based, non-governmental Database Center for Human Rights (NKDB), found that 75 per cent of respondents knew about the existence of political prison camps, while they still lived in the DPRK. See NKDB, PoliticalPrison Camps in North Korea Today, p. 16.

1056 Seoul Public Hearing, 22 August 2013, afternoon (01:07:50).

1057 Seoul Public Hearing, 22 August 2013, morning (00:50:45).

1058 During the Universal Periodic Review, the delegate of the Democratic People's Republic of Korea insisted that "so-called political prisoners' camps do not exist", admitting only to the existence of reform institutions where persons sentenced of anti-state or other crimes serve sentences of reform through labour. See A/HRC/13/13, para. 45. See also the statements of the DPRK delegation denying the existence of political prison camps before the Human Rights Committee reflected in CCPR/C/SR.1945 , para. 31.

1059 See Minnesota Lawyers' International Human

Rights Committee and Human RightsWatch/Asia, Human Rights in the Democratic People's Republic of Korea (Minneapolis, Minnesota Lawyers International Human Rights Committee, 1988).

1060 Testimony of Mr Ahn Myong-chol, Seoul Public Hearing, 21 August 2013, afternoon(00:18:10). Confidential interviews with witnesses TJH004 and TJH041. See also the testimony provided by Mr K and Mr Song Yoon-bok, Tokyo Public Hearing, 30 August 2013, afternoon.

1061 Seoul Public Hearing, 21 August 2013, morning.

1062 Seoul Public Hearing: Mr Shin Dong-hyuk, 20 August 2013, afternoon; Ms Kim Young-soon; Mr Jeong Kwang-il and Mr Kim Eun-chol, all 21 August 2013, morning; Mr Ahn Myong-chol, 21 August 2013, afternoon; Mr Ji Seong-ho, 22 August 201, morning; and Mr Kang Chol-hwan, 24August 2013, afternoon. Tokyo Public Hearing: Mr K, 30 August 2013, afternoon. London Public Hearing: Ms Park Ji-hyun, 23 October 2013, session 2.

1063 During the Seoul Public Hearing, former inmates Mr. Shin Dong-hyuk (20 August 2013, afternoon), Mr. Jeong Kwang-il (21 August 2013, morning) and former guard Mr. Ahn Myong-chol (21 August 2013, afternoon) displayed and explained satellite images covering Camps No. 14 and 15. During the Washington Public hearing (31 October 2013, afternoon), David Hawk of the U.S. American, non-governmental Committee for Human Rights in North Korea (HRNK) and professional satellite imagery analyst Joel S. Bermudez provided evidence relating to Camp 18 and 22. In addition, HRNK submitted recent satellite imagery on Camp No. 25, which is also included in the public report of the Committee for Human Rights in North Korea/Digital Globe, "North Korea's Camp No. 25", 2013. Available from http://hrnk.org/uploads/pdfs/HRNK_Camp25_201302_Updated_LQ.pdf.Amnesty International submitted to the Commission recent satellite imagery and pertaining expert analysis covering Camps No. 14, 15 and 16. The satellite images and related information submitted is also reflected in Amnesty International, "North Korea: New Satellite Images show continued Investment in the Infrastructure of Repression", 2013. Available from http://www.amnesty.org/en/library/info/ASA24/010/2013/en and Amnesty International, "North Korea: New images show blurring of prison camps and villages", 2013. Available from http://www.amnesty.org/en/news/north-korea-new-images-show-blurring-prison-camps-and-villages-2013-03-07Some of the images presented at the public hearings and in submissions, as well as a map showing the approximate location of political and ordinary prison camps are available on the website ofthe Commission: www.ohchr.org/EN/HRBodies/HRC/CoIDPRK .The satellite images at the disposal of the Commission were obtained from commercial satellite services. The Commission was informed that the intelligence services of the United States of America, the Republic of Korea and perhaps also other countries are likely to have higher resolution imagesof the camps. The declassification of such imagery would provide an even clearer picture of the evolution and current situation of the camps.

1064 It is common practice in the DPRK to assign numbers to institutions. However, the system for the numbers assigned to different Political Prison Camps (kwanliso) is not clear. The camps do not seem to have been numbered based on the order of their establishment, and there also appear tobe missing or unknown numbers.

1065 The GeoCoordinates of the central area of Camp No. 14 are 39.3415N -126.0319E.

1066 See testimony of former Camp No. 14 inmate Mr Shin Dong-hyuk, Seoul Public Hearing, 20 August 2013, afternoon.

1067 The GeoCoordinates of the central area of Camp 15 are 39.4032N-126.5059E.

1068 Only in very rare occasions, a high-level officials sent to a total control zone might bereleased based on instructions from the very top. See Mr Ahn Myong-chol, Seoul Public Hearing, 21August 2013, afternoon. One such reported case is that of Mr Kim Yong, a former Lieutenant-Colonel, who was incarcerated at Camp No. 14 after details about his father's bad songbun were discovered.See David Hawk, The Hidden Gulag, 2nd ed. (Washington D.C., HRNK, 2012), pp. 51 ff.

1069 Seoul Public Hearing: Ms Kim Young-soon; Mr Jeong Kwang-il and Mr Kim Eun-chol, 21 August 2013, morning; Mr Ahn Myong-chol, 21 August 2013, afternoon; and Mr Kang Chol-hwan, 24 August 2013, afternoon. Some observers fear that releases from the revolutionizing zones are no longer carried out. See testimony of Mr David Hawk, Washington Public Hearing, 31 October 2013,afternoon.

1070 The GeoCoordinates for the central area of Camp 16 are 41.1849N 129.2032E.

1071 TJH041.

1072 The GeoCoordinates for Camp 25 are 41.5002N 129.4334E.

1073 TLC025 and TJH041. See also NKDB, Prisoners in North Korea Today, 2nd ed. (Seoul, NKDB, 2012), p. 93 referring to a camp operated by the KPA Military Security Command in Hoechang County, South Pyongan Province. See also Good Friends, "North Korea Today No. 465", 25 July 2012. Available from http://www.goodfriendsusa.blogspot.ch/2012/08/north-korea-today-no-465-july-25-2012.html, providing details on a KPA Military Security Command detention camp in Kumya County, South Hamgyong Province.

1074 London Public Hearing, 23 October 2013, session 4 (00:34:26).

1075 Relevant testimony was provided by Mr Ahn Myong-chol in a follow-up interview tohis public hearing testimony and confidential interviews with Ms Kim Hye-sook; TJH004; and TJH041. See also NKDB, Political Prison Camps in North Korea Today, pp. 68 ff.

1076 Lee Keum-soon, "Human Rights Conditions of the Political Prison Camps in North Korea", in KINU, UN Human Rights Mechanisms and Improvement of Human Rights Conditions in North Korea, 2013, p. 195, p. 206. See also David Hawk, North Korea's Hidden Gulag: Interpreting Rep orts of Changes in the Prison Camps (Washington D.C., HRNK, 2013), p. 14.

1077 Lee Keum-soon, "Human Rights Conditions of the Political Prison Camps in North Korea", id..

1078 See testimony of Mr Song Yoon-bok, Tokyo Public Hearing, 30 August 2013, afternoon and Mr David Hawk, Washington Public Hearing, 31 October 2013, afternoon. See also David Hawk, North Korea's Hidden Gulag: Interpreting Reports of Changes in the Prison Camps (WashingtonD.C., HRNK, 2013), p. 20.

1079 See testimony of Mr K and Mr Song Yoon-bok, Tokyo Public Hearing, 30 August 2013, afternoon and Mr David Hawk, Washington Public Hearing, 31 October 2013, afternoon. See alsoNKDB, Political Prison Camps in North Korea Today, p. 73. David Hawk, The Hidden Gulag, p. 28.

1080 Confidential interview with TJH041, TJH011. See also NKDB, Political Prison Camps in North Korea Today, pp. 74-77.

1081 At the Tokyo Public Hearing, 30 August 2013, afternoon, Mr Shibata Hiroyuki presented information indicating that his brother Shibata Kozo was incarcerated in this prison for political reasons from the early 1960s until the early 1990s. In a follow-up interview to his public hearing testimony, Mr Ahn Myong-chol also confirmed that a political prison known as Camp 26 existed at Sungho.

1082 See Amnesty International, "North Korea: Concern about the fate of Shibata Kozo andhis family", September 1994 (ASA 24/007/1994).

1083 Interview with former Camp 18 inmate Ms Kim Hye-sook and Witnesses TGC004, TSH029, TAP012.

1084 Satellite images show a newly constructed restricted area of about14.6 square kilometres in Ch'oma Bong, which features housing facilities, barbwire fences and guard posts This facility islocated just west of Camp No. 14 and shares part of its perimeter with Camp No. 14. See testimony ofprofessional satellite analyst, Mr Joseph S.Bermudez Jr., Washington Public Hearing, 31 October 2013, afternoon.

1085 TJH004. NKDB, Political Prison Camps in North Korea Today, p. 16. Song Yoon-bok, Tokyo Public Hearing, 30 August 2013, afternoon, also referred to Camp 17, indicating that it maystill operate.

1086 See below, section IV.E.3 b).

1087 See also NKDB, Political Prison Camps in North Korea Today, pp. 105 ff. The existence of camp 19 was confirmed by former official TBG031.

1088 See NKDB, Political Prison Camps in North Korea Today, p. 71; David Hawk, The Hidden Gulag, pp. 27 ff.

1089 KINU, White Paper on Human Rights in North Korea (2013), p. 148.

1090 David Hawk, North Korea's Hidden Gulag: Interpreting Reports of Changes in the Prison Camps, p. 36.

1091 NKDB, Political Prison Camps in North Korea Today, p. 111.

1092 Confidential Interview with TJH041, a former political prison camp official. Hwang Jang-yop, the most senior official who ever fled from the DPRK, has reportedly also testified that the first camp was established in 1958 in Bukchang County, South Pyongan Province. See NKDB, Political Prison Camps in North Korea Today, pp. 95-96.A diplomatic cable sent in 1959 by the Ambassador of German Democratic Republic (GDR) notes the following: "In recent time the persecution of comrades who express a different opinion has been increased. They are being sent to rural areas, mines, hydropower dams and also into prison camps." In 1957, the GDR Embassy already noted information according to which students who had returned from Poland had been sent to prison camps in Pyongyang that were guarded by soldiers. For a citation of the original German texts, which were found in GDR archives after Germany's reunification, see Liana Kang-Schmitz, Nordkoreas Umgang mit AbhaÅNngigkeit und Sicher

脚注

heitsrisiko, pp. 225-226. Onthe purges see also section IIID.

1093 Most inmates of the Soviet Union prison camps operated by the Glavnoye upravleniyelagerey i kolon iy (Main Administration of Corrective Labor Camps and Labor Settlements), better known by its acronym GULag, could occasionally receive visits and correspo ndence from family. However, the prisoners in the DPRK's political prison camps are held completely inc ommunicado, making them more vulnerable to gross violations. See David Hawk, The Hidden Gulag, p. 32. For a comprehensive description of the GULag syst em see Alexander Solzhenitsyn, The Gulag Archipela go (1973).

1094 TJH011.

1095 Testimony provided by Witnesses TJH004, TJH039, TJH044. See also the witness testimony reflec ted in National Human Rights Commission of Korea [Republic of Korea], Compilation of North Korean Hum an Rights Violations (2012), pp. 62, 63 and 68; NKDB, Political Prison Camps in North Korea Today, pp. 133, 476 & 478.

1096 TCC014.

1097 Seoul Public Hearing, 24 August 2013, morni ng.

1098 According to former SSD political prison camp Ahn Myong-chol, Kim Il-sung made this statement fir st on the occasion of an unpublished speech before offi cials of the Ministry of State Security in 1958, during which he addressed the ongoing purges of rival factio ns. See Kim Yong-samwith Ahn Myong-chol, Political Prisoners' Camps in North Korea (Seoul, Center for the Advance ofNorth Korean Human Rights, 195), p. 52.On 1 March 1958, the Ambassador of the Soviet Un ion to the DPRK recorded in his journal that Kim Il-sung told him that on that day he would be delivering a speech before officials of the Minis try of State Secur ity making reference to "increasing the struggle again st the intrigues of counterrevolutionary elements". See Journal of Soviet Ambassador to the DPRK A.M. Puza nov for 1 March 1958,as translated by Gary Goldberg and published by the Wilson Center History and Publ ic Policy Program Digital. Available from http://digita larchive.wilsoncentre.org/document/115970. Other sou rces have indicated that Kim Il-sung first made the sta tement in 1972. See Ian Jeffries, North Korea, 2009-2012: A Guide to Economic and Political Developmen ts (Routledge, 2012), p.28; David Hawk, The Hidden Gu lag, p. 29.

1099 Seoul Public Hearing, 21 August 2013, afterno on

1100 Confidential interviews with Ahn Myong-chol.

1101 Seoul Public Hearing, 20 August 2013, afterno on (00:43:36).

1102 Ms Kim could not participate in the public hea rings. The Commission conducted a video-conference-based interview with her, during which she agreed to have her name published in this report.

1103 TAP012.

1104 Seoul Public Hearing, 21 August 2013, afterno on.

1105 TJH007.

1106 Seoul Public Hearing, 21 August 2013, morni ng.

1107 TJH019.

1108 See also section IV.F.1 f).

1109 Seoul Public Hearing, 24 August 2013, afterno on.

1110 TJH018.

1111 TJH009.

1112 NKDB, Political Prison Camps in North Korea Today, p.128.

1113 One observer has claimed that from the mid- or late-1990s, after Kim Jong-il becameSupreme Leader, instructions were given to the security agencies to only send the family of a politicalwrongdoer to a politi cal prison camp in special circumstances. See Andrei Lankov, The Real North Korea, p. 47. See also Andrei Lankov, "How Human Rights in North Korea are grad ually improving",NK News, 12 September 2013. Availa ble from http://www.nknews.org/2013/09/how-human-rights-innorth-korea-are-gradually-improving/.1114 TJH019.

1115 TLC004.

1116 See "Arrested Terrorist Interviewed", KCNA,19 July 2012. Available from http://www.kcna.co.jp/item/2012/201207/news19/20120719-08ee.html. Footage of Mr Jon's alleged confession, produced by KCNA, is available from http://www.youtube.com/watch?v=Pl2g-h2zMyM.

1117 See also "Jang's Family Hit with Prison Camp Transfer", Daily NK, 20 December 2013. Available from http://www.dailynk.com/english/read.php?num=11296&catald=nk01500.

1118 Seoul Public Hearing, 21 August 2013, afterno on (00:58:40).

1119 See Mr David Hawk, Washington Public Heari ng, 31 October 2013, afternoon.

1120 Seoul Public Hearing, 20 August 2013, afterno on (01:11:40).

1121 Seoul Public Hearing, 21 August 2013, afterno on (00:14:35).

1122 Seoul Public Hearing, 21 August 2013, morni ng.

1123 Seoul Public Hearing, 20 August 2013, afterno on.

1124 Seoul Public Hearing, 20 August 2013, afterno on (00:57:50).

1125 Seoul Public Hearing, 21 August 2013, afterno on.

1126 Kang Chol-hwan, The Aquariums of Pyongya ng, pp. 95-96. The contents of the bookwere authentica ted by Mr Kang in the Seoul Public Hearing, 24 Augu st 2013, afternoon.

1127 TLC008

1128 Seoul Public Hearing, 21 August 2013, afterno on (01:09:47).

1129 Seoul Public Hearing, 21 August 2013, afterno on (00:10:40).

1130 Confidential interview by video-conference.

1131 Seoul Public Hearing, 20 August 2013, afterno on (00:41:00).

1132 Camp 18, which was run by the Ministry of Pe ople's Security, marked an exception to this practice. In that camp, prisoners of a certain age (30 years for men, 28 years for women) were allowed to choose a pa rtner and marry, provided that they had a good reco rd of work and obedience.

1133 Seoul Public Hearing, 20 August 2013, afterno on (00:46:36).

1134 Seoul Public Hearing, 21 August 2013, afterno on (00:31:45).

1135 TLC018.

1136 TSH019.

1137 NKDB, Political Prison Camps in North Korea Today, p. 492.

1138 Taking advantage of coercive circumstances as a type of coercion giving raise to rape has been rec ognized inter alia by the jurisprudence of the ICTY Appeals Chamber and the official interpretation of rape under the ICC Statute. See Kunarac, Kovac, and Vokovic, IT-96-23& IT-96-23/1-A[ICTY Appeals Cham ber], Judgment of 12 June 2002, para. 129 [finding that the lack of consent on the part of victim characteristic of rape also exists where the perpetrator is "taking ad vantage of coercive circumstances without relying on physical force"]. See also Elements of Crime, Assembly of StatesParties to the Rome Statute of the Internation al Criminal Court, 1st Session, Sept. 3-10, 2002, artic le7(1)(g)-1, article 8(2)(b)(xxii)-1, article 8(2)(e)(vi)-1.

1139 NKDB, Political Prison Camps in North Korea Today, pp. 487-88.

1140 Seoul Public Hearing, 21 August 2013, afterno on. The last two incidents were described by Mr Ahn in a follow-up interview conducted by the Commission after the public hearing. Mr Ahn provides the same te stimony in NKDB, Political Prison Camps in North Ko rea Today, pp. 236, 289.

1141 Confidential interview with Ms Kim Hye-sook.

1142 TSH029.

1143 TJH041.

1144 Seoul Public Hearing, 21 August 2013, afterno on (00:16:40).

1145 Seoul Public Hearing, 20 August 2013, afterno on (01:39:05).

1146 For more details on the starvation of prisoners, see also section IV.D.9.

1147 Seoul Public Hearing, 21 August 2013, morning (00:31:50).

1148 Seoul Public Hearing, 24 August 2013, afterno on (03:31:30).

1149 Seoul Public Hearing, 20 August 2013, afterno on.

1150 Confidential interview.

1151 Seoul Public Hearing, 21 August 2013, morni ng.

1152 Seoul Public Hearing, 20 August 2013, afterno on (00:30:29).

1153 Seoul Public Hearing, 21 August 2013, morning (01:48:10).

1154 TSH029.

1155 Seoul Public Hearing, 21 August 2013, afterno on.

1156 Seoul Public Hearing, 20 August 2013, afterno on (00:34:50).

1157 Tokyo Public Hearing, 30 August 2013, afterno on.

1158 Confidential interview.

1159 TSH029.

1160 Seoul Public Hearing, 20 August 2013, afterno on (01:39:50).

1161 Blaine Harden with Shin Dong-hyuk, Escape from Camp No. 14 (New York, PenguinBooks, 2012), p. 77.

1162 Tokyo Public Hearing, 30 August 2013, afterno on.

1163 Confidential interivew.

1164 TAP012.

1165 Seoul Public Hearing, 21 August 2013, afterno on (01:18:00).

1166 Seoul Public Hearing, 24 August 2013, afterno

on.
1167 Kang Chol-hwan, The Aquariums of Pyongyang, p. 101.
1168 Kang Chol-hwan, The Aquariums of Pyongyang, p. 102.
1169 Considering the particularly dismal living conditions in the political prison camps andalso taken into account the death rates of sometimes 20 per cent or more reported from ordinary prison camps (see below, section VI.D.4.a) , it can be conservatively assumed that the average annual death rate among political prison camp inmates is at least 10 per cent. This would be a death rate ten times higher than the crude death rate for the general population in the DPRK. According to the latest figures available to the World Health Organization, this mortality rate stands at 1 per cent (10 per 1000 persons). See World Health Organization, "South Eastern Asia Region: Democratic People's Republic ofKorea statistics summary (2002 - present)". Available from http://apps.who.int/gho/data/view.country.7400). If this estimated annual death rate of 10 per cent is applied to the reported estimates of 105,000prisoners for the period of 1982-1990 and 150,000 for the period 1991-2005 and 100,000 for the period 2006-2013, the estimated number of deaths would be 395,500 for the last 31 years alone. This figure corresponds with the estimate of at least 400,000 dead over the course of three decades, which has been put forward by the Committee for Human Rights in North Korea (HRNK). See HRNK, "Founding Document". Available from http://www.hrnk.org/publications/founding-document.php.
1170 Only the usage of police holding centres (jipkyulso) as places of punishment has no apparent basis in the Criminal Code.
1171 See section IV.C.
1172 CCPR/C/SR.1944, para. 26.
1173 Responses of the Democratic People's Republic of Korea to the list of issues and questions for consideration of the initial report, Committee on the Elimination of Discrimination Against Women (CEDAW) Working Group 33rd session, CEDAW/PSWG/2005/II/CRP.2/add.3, p. 8.
1174 See below, sub-section a) for a listing of known ordinary prison camps and sub-section b) for figures on short-term forced labour detention facilities.
1175 Human Rights Council, Report of the Working Group on the Universal Periodic Review: Democratic People's Republic of Korea, A/HRC/13/13 (2009), para. 45. This principle is also anchored in article 31 of the DPRK Criminal Code.
1176 CCPR/C/SR.1944, para. 28.
1177 DPRK responses to the list of issues and questions for consideration of the initial report, Committee on the Elimination of Discrimination against Women (CEDAW) Working Group 33rd session, CEDAW/PSWG/2005/II/CRP.2/add.3, p. 7.
1178 See above, section IV.A.
1179 The Commission could confirm the existence of these prisons based on testimony from former inmates and/or admission of their existence by the DPRK. Additional information on the prisons is based on NKDB, Prisoners in North Korea Today, pp. 59 ff. See also the list of known kyohwaso in David Hawk, The Hidden Gulag, pp. 19 and 83 ff.
1180 NKDB, Prisoners in North Korea Today, pp. 59 ff.
1181 On the lack of independence and impartiality of the judicial system, see also section III.E.
1182 United Kingdom All Party Parliamentary Group for North Korea, "Building Bridges not Walls: The Case for Constructive, Critical Engagement with North Korea", October 2010, p. 23. Available from http://www.jubileecampaign.org/BuildBridgesNotWalls.pdf.
1183 Seoul Public Hearing, 24 August 2013, morning (00:23:48).
1184 Seoul Public Hearing, 22 August 2013, morning.
1185 TBG011.
1186 TJH009.
1187 See KBA, 2012 White Paper on Human Rights in North Korea (2013), pp. 210 ff.
1188 Seoul Public Hearing, 24 August 2013, morning.
1189 TAP016.
1190 TBG013.
1191 TBG010.
1192 In application of the standards set out by International Labour Organization (ILO) Conventions No. 29 and No. 105 on Forced Labour, the ILO considers that any of the following types ofinvoluntary prison labour amounts to forced labour : involuntary work performed by prisoners who have not been duly convicted in a court of law ; involuntary work performed by a prisoner for the benefit of a private undertaking ; any involuntary labour that serves the purposes of political coercion or education, or as a punishment for holding or expressing political views; workforce mobilization for purposes of economic development; labour discipline; punishment for having participated in strikes; or racial, social, national or religious discrimination. See ILO, "Combatting Forced Labour: A Handbook forEmployers and Business", 2008, pp. 10 and 15.
1193 TSH035.
1194 TAP016.
1195 TBG018.
1196 CEDAW/PSWG/2005/II/CRP.2/add.3, p. 8.
1197 TBG003.
1198 TLC023.
1199 TSH018.
1200 The Food and Agriculture Organization (FAO) has established a Minimum Dietary Energy Requirement of 1870 calories per day for the average adult in the Democratic People's Republicof Korea. Available from http://www.fao.org/fileadmin/templates/ess/documents/food_security_statistics/MinimumDietaryEnergyRequirement_en.xls. Thre hundred grams of good quality corn porridge provide only about 300 calories. The same amount of cooked rice and beans provide about 350 calories.
1201 Seoul Public Hearing, 24 August 2013, morning (00:53:10).
1202 Seoul Public Hearing, 22 August 2013, morning (00:37:42).
1203 TJH009.
1204 TSH019.
1205 Seoul Public Hearing, 24 August 2013, morning.
1206 TBG014.
1207 TJH009.
1208 TJH010.
1209 TAP016.
1210 Confidential interview.
1211 TBG006.
1212 TAP016.
1213 Sexual contact by taking advantage of coercive circumstances amounts to rape. Seethe references provided in section IV.E.3 d).
1214 Information provided during a confidential interview preceding Mr. Kim's participation in the Seoul Public Hearing.
1215 TBG003.
1216 See also NKDB, Prisoners in North Korea Today, p. 436.
1217 TSH019.
1218 TAP016.
1219 TSH019.
1220 Seoul Public Hearing, 24 August 2013, morning (00:50:20).
1221 TSH036.
1222 Seoul Public Hearing, 20 August 2013, afternoon (02:55:10).
1223 TBG010.
1224 Seoul Public Hearing, 24 August 2013, morning.
1225 TAP016.
1226 TSH018.
1227 TJH009.
1228 TBG018.
1229 TGC004.
1230 See also section IV.C.1 a) (i).
1231 NKDB, Prisoners in North Korea Today, p. 33.
1232 NKDB, Prisoners in North Korea Today, p. 51.
1233 A more accurate literal translation of the Korean word kyoyangso would be "reform through teaching centre".
1234 See section IV.C.2.d) iii on the treatment in the police holding centres (jipkyulso).
1235 See section IV.E.1 b).
1236 TJH028.
1237 TBG010.
1238 TAP010.
1239 TAP016 was a witness to three executions of persons who attempted to escape an SSDholding centre in North Hamgyong. See also NKDB, Prisoners in North Korea Today, pp. 283, 352,which finds no cases of executions in police holding centres and only one example of a labour training camp, where those who try to escape are executed.
1240 Seoul Public Hearing, 22 August 2013, afternoon (01:57:00).
1241 Seoul Public Hearing, 21 August 2013, afternoon (01:47:10).
1242 TJH028.
1243 TGC001.
1244 TBG017.
1245 TSH039.
1246 TAP003.
1247 See DPRK Criminal Code, article 67.
1248 CCPR/C/SR.1944, para. 24.
1249 KINU, White Paper on Human Rights in North Korea (2013), pp. 105-106.
1250 London Public Hearing, 23 October 2013, sessions 3 and 4.
1251 Seoul Public Hearing, 22 August 2013, morning.
1252 Seoul Public Hearing, 23 August 2013, morning.
1253 Seoul Public Hearing, 22 August 2013, afternoon (00:30:41).
1254 TBG017.
1255 TJH038.

1256 TBG001.

1257 TSH038.

1258 TAP006.

1259 A/HRC/13/13, para. 88.

1260 See "Traitor Jang Song Thaek Executed", KCNA, 13 December 2013. Available fromhttp://www.kcna.co.jp/item/2013/201312/news13/20131213-05ee.html.

1261 Ibid.

1262 See "Report on Enlarged Meeting of Political Bureau of Central Committee of WPK",KCNA, 9 December 2013. Available from http://www.kcna.co.jp/item/2013/201312/news09/20131209-05ee.html.

1263 See "Traitor Jang Song Thaek Executed", KCNA, 13 December 2013. Available fromhttp://www.kcna.co.jp/item/2013/201312/news13/20131213-05ee.html.

1264 Relevant information was submitted by various credible sources.

1265 See "Report on Enlarged Meeting of Political Bureau of Central Committee of WPK",KCNA

1266 See "Traitor Jang Song Thaek Executed", KCNA.

1267 On the currency reform, see also section IV.D.

1268 KINU, Seoul Public Hearing, 21 August 2013, afternoon.

1269 See "Traitor Jang Song Thaek Executed", KCNA. The same term was used to describe recent public execution victim Jang Song-thaek

1270 TBG028, TBG030, TBG032, TLC039, TLC042.

1271 Seoul Public Hearing, 21 August 2013, afternoon (00:26:30).

1272 Interview by video-conference.

1273 TLC008.

1274 Information provided in a more detailed confidential interview preceding Mr. Kim's public hearing testimony.

1275 These killings are also reflected in a book received as Exhibit S29 during the testimony of Mr Kim Gwang-il at the Seoul Public Hearing, 24 August 2013, morning. See The Third Way, Prima Facie Evidence: Chonko-ri Prison (2012), pp. 76 ff.

1276 TSH035.

1277 The reported wording of the directive, allegedly issued on 19 September 1997 and known as the 919 Directive, is restated in The Third Way, Prima Facie Evidence: Chonko-ri Prison, p. 75. This directive was also referred to by Mr Yoon Nam-geun of the National Human Rights Commission of Korea [Republic of Korea] at the Seoul Public Hearing, 22 August 2013, afternoon.

1278 Former DPRK military officers provided detailed information to the Commission in confidential interviews. In his memoirs, Hwang Jang-yop Hoegorok (Hwang Jang-yop's memoirs)(Published in Korean by Zeitgeist, 2006, translated by Daily NK), Hwang Jang-yop, the highest-ranking official to flee the DPRK, also recalled that DPRK officers who had studied in Russia were being shot by the KPA Military Security Command for having plotted against Kim Il-sung. One of Mr Hwang's interpreters was arrested and disappeared in relation to the Frunze purge. Additional testimony from former DPRK officials is reflected in Ken E. Gause, "Coercion, Control, Surveillance, and Punishment", pp. 121, 122. See also Ralph Hassig and Kongdan Oh, The Hidden People of North Korea: Everyday Life in the Hermit Kingdom (Rowman & Littlefield Publishers, 2009), p. 176.

1279 TJH041.

1280 Confidential interview with Mr Ahn.

1281 Such allegations were, inter alia, conveyed in the public hearing testimony provided by Mr. Stuart Windsor (London Public Hearing, session 5) and Mr. Joseph S.Bermudez Jr. (WashingtonPublic Hearing, 31 October 2013, afternoon).

1282 Declaration for the Protection of All Persons From Enforced Disappearances, adopted by General Assembly resolution 47/133 of 18 December 1992.

1283 Submission to the Commission: HRNK dated 1 November 2013, p. 79; KINU, WhitePaper on Human Rights in North Korea (2012), p. 488; NHRCK, Seoul Public Hearing, 22 August 2013, afternoon.

1284 Submission to the Commission: Korean War Abductees Family Union (KWAFU).

1285 Submission to the Commission: KWAFU.

1286 Korean War Abduction Research Institute (KWARI), People of No Return: Korean War Abduction Pictorial History (2012), pp. 16-18.

1287 Seoul Public Hearing, 23 August 2013, afternoon (02:55:00).

1288 Seoul Public Hearing, 23 August 2013, afternoon (03:01:00).

1289 Seoul Public Hearing, 23 August 2013, afternoon (03:00:00).

1290 Seoul Public Hearing, 23 August 2013, afternoon (02:13:30).

1291 For example: "Regarding Bringing Intellectuals from South Korea" in Kim Il-sung'sCollected Works, vol 4, 31 July 1946; "Yeonchun Resident Project Report", 5 August 1949; "The Demand for Key Technical Personnel", 6 June 1950; "Special treatment for Experts", 27 June 1960; "Gang Won Internal Affairs No 3440", 5 September 1950.

1292 "Order issued by the DPRK Ministry of National Protection entitled 'The Demand forKey Technical Personnel'", 6 June 1950, as provided by KWAFU.

1293 For example: "A Secret Telegram to the US from Muccio, the American Ambassador to Korea" dated 19 December 1951; "A telegram by the American Embassy in Japan", dated 13 October 1950; "The 18th Decision of the North Korean Army Committee: Classified Russian Document", dated 17 August 1950.

1294 KWARI, People of No Return: Korean War Abduction Pictorial History (2012), p. 47.

1295 See section III.

1296 "Yeonchun Resident Project Report", 5 August 1949, as provided by KWAFU.

1297 The Korean Armistice Agreement, article III, section 59 (a): All civilians who, at the time this Armistice Agreement become effective, are in territory under the military control of the Commander-in-Chief, United Nations Command, and who, on 24 June 1950, resided north of the MilitaryDemarcation Line established in this Armistice Agreement shall, if they desire to return home, be permitted and assisted by the Commander-in-Chief, United Nations Command, to return to the area north of the Military Demarcation Line; and all civilians who, at the time this Armistice Agreement becomes effective, are in territory under the military control of the Supreme Commander of the Korean People's Army and the Commander of the Chinese People's Volunteers, and who on 24 June 1950, resided south of the Military Demarcation Line established in this Armistice Agreement shall, if they desire to return home, be permitted and assisted by the Supreme Commander of the Korean People's Army andthe Commander of the Chinese People's Volunteers to return to the area south Military Demarcation Line. The Commander of each side shall be responsible for publicizing widely throughout the territoryunder his military control the contents of the provisions of this Sub-paragraph, and for calling upon the appropriate civil authorities to give necessary guidance and assistance to all such civilians who desire to return home.

1298 Article 134 of the 1949 Geneva Convention IV, which the DPRK has ratified, provides: "The High Contracting Parties shall endeavour, upon the close of hostilities or occupation, to ensure the return of all internees to their last place of residence, or to facilitate their repatriation. The sameobligation is also entrenched in customary international humanitarian law." See ICRC Study, rule 128

1299 For example, during the Armistice negotiations, the North denied having taken the civilians, "you [UN Command] said that when our army advanced to the south we took people to the north; but, as I said yesterday, there was no necessity for us to do so, and in fact we did not do so": Military Armistice Conference Minutes, tenth session 2 January 1952, transcript of the General Headquarters United Nations Command Advance, in KWARI, People of No Return: Korean War Abduction Pictorial History (2012), p. 57; At the Universal Periodic Review of the DPRK at the thirteenth session ofthe Human Rights Council, the DPRK delegate advised the "issue of abduction does not exist", A/HRC713/13, 4 January 2010; "Jogukjeonseon namjoseondanggukui 'jeonsirabbukja' gyujeongeul danjoe" (South Korean Authorities Flayed for Branding Pro-Reunification Champions as "Wartime SouthKorean Abductees"), KCNA, 28 June 2013. Available from http://www.kcna.co.jp/calendar/2013/06/06-28/2013-0628-012.html; "DPRK Insists there were no Korean War Kidnappings", New Focus International, 29 March 2013. Available from http://newfocusintl.com/Korean-war-kidnappings/.

1300 "Ridiculous [War Abductees] fuss", Rodong Sinmun, 30 June 2013.

1301 Submission to the Commission: KWAFU.

1302 Witnesses at the Seoul Public Hearing, 23 August 2013, afternoon; TSH030.

1303 "Gang Won Internal Affairs No 3440", 5 September 1950, as provided by KWAFU.

1304 TSH030.

1305 TSH032.

1306 TSH030, TBG001, and witnesses at the Seoul Public Hearing, 23 August 2013, afternoon.

1307 TBG001.

1308 The United Nations Command at the time of the armistice estimated 82,000 of the Korean Armed Forces to be missing: KINU, White Paper of Human Rights in North Korea (2013), p. 541.

1309 Heo Man-ho, "North Korea's Continued Detention of South Korean POWs since theKorean and Vietnam Wars", The Korean Journal of Defence Analysis, vol. 14, No. 2 (Fall 2002), p. 142; Wada Haruki, The Korean War (New York, Rowman & Littlefield Publishers, 2013), p. 289.

1310 Soviet Union verbatim "Record of a Conversation between Stalin, Kim Il Sung, Pak Heon-yeong, Zhou Enlai, and Peng Dehuai", 4 September 1952, History and Public Policy Program Digital Archive, Trans

lated into English from the original by Gary Goldberg. Available from: http://digit alarchive.wilsoncentre.org/document/114936.

1311 It is unclear from the conversation about the ROK POWs whether the approximately8000 ROK POWs that have been listed for repatriation are in add ition to the 40,000 held by Chineseforces, or are 8000 of the 40,000 ROK POWs held by Chinese forces.

1312 KINU, White Paper of Human Rights in North Korea (2013), p. 541.

1313 See KINU, White Paper of Human Rights in No rth Korea (2013), p. 541, and Seoul Public Hearing witn ess Mr Yoo Young-bok, 23 August 2013, afternoon (00:20:30). Institute for Unification Education "Issue of Abductees and POWs" 2012 cites the number of survi ving POWs to be approximately 560.

1314 KINU, White Paper of Human Rights in North Korea (2013), p. 542.

1315 Article 118, first paragraph, of the 1949 Geneva Convention III, which the DPRK hasratified, provides: "Prisoners of war shall be released and repatriated wit hout delay after the cessationof active hostilities". Buil ding on state practice harkening back to the Hague Re gulations of 1899 and1907, this obligation also emerges from Customary International Humanitarian Law. See International Committee of the Red Cross, Customary International Humanitarian Law, vol.1(Cambridge, Ca mbridge University Press, 2005), p. 451 [Rule 128].

1316 The Korean Armistice Agreement, article III, 51 – 58.

1317 The Korean Armistice Agreement, article III, 51 (a).

1318 The Korean Armistice Agreement, article III, 56 (b).

1319 Armistice Agreement, article III, 56 (c).

1320 Kim Il-sung, as cited in the Soviet Union's verb atim "Record of a Conversation between Stalin, Kim Il Sung, Pak Heon-yeong, Zhou Enlai, and Peng Dehuai", 04 September 1952, Historyand Public Policy Program Digital Archive, Translated by Gary Goldberg. Availa ble from http://digitalarchive.wilsoncentre.org/docum ent/114936.

1321 KINU, White Paper of Human Rights in North Korea (2013), p. 542.

1322 TBG015 and TJH029.

1323 TBG008.

1324 TJH030.

1325 TBG021.

1326 TBG007, TBG008, TBG015, TBG021, TJH029, TJH016.

1327 TBG021, TBG015.

1328 TJH029.

1329 Seoul Public Hearing, 23 August 2013, afterno on (00:08:00).

1330 TBG021.

1331 TJH029.

1332 TBG007, TBG008.

1333 TBG007, TBG008, TBG015, TBG021, TJH029.

1334 Seoul Public Hearing, 23 August 2013, afterno on (00:39:00).

1335 TBG021, TJH029, TJH030 and Seoul Public He aring witness Mr Yoo Young-bok, 23August 2013, afte rnoon.

1336 TJH029, TBG021.

1337 TBG021, TJH029.

1338 TJH029.

1339 Seoul Public Hearing, 23 August 2013, afterno on (00:14:30).

1340 TJH029, TJH016.

1341 Seoul Public Hearing, 23 August 2013, afterno on (00:11:00).

1342 TJH029.

1343 TBG015, TBG002, TBG007.

1344 TBG002.

1345 TBG002.

1346 TJH024.

1347 TJH009.

1348 TBG002.

1349 TBG021, TBG008, TJH029, TBG015, TBG002.

1350 TJH029.

1351 TJH024.

1352 TJH029.

1353 TJH030.

1354 TJH030.

1355 KINU, White Paper on Human Rights in North Korea (2013).

1356 See section IV.F for a detailed description of the Separated Family Reunions.

1357 The Centre's Korean name is Mulmangcho. Mulmangcho website. Available from http://www.mu lmangcho.org/?c=2/21&p=2&uid=1310.

1358 A/HRC/13/13, para. 81 (4 January 2010).

1359 Seoul Public Hearing, 23 August 2013, afterno on (00:20:00).

1360 Seoul Public Hearing, 23 August 2013, afterno on (00:51:00).

1361 John Zimmerlee, Washington Public Hearing, 31 October 2013, afternoon (00:12:00).

1362 "Record of a Conversation between Stalin, Kim Il Sung, Pak Heon-yeong, Zhou Enlai, and Peng Dehu ai", 04 September 1952, History and Public Policy Prog ram Digital Archive, Translated for NKIDP by Gary Goldberg. Available from http://digitalarchive.wilsonc entre.org/document/114 936.

1363 Washington Public Hearing, 31 October 2013, afternoon. Also, Submission to the Commission: Mark Sauter and John Zimmerlee, American Trophies: How US POWs Were Surrendered to North Korea, China and Russia by Washington's "Cynical Attitude" (Lexin gton, Kentucky, 2013).

1364 KINU, White Paper on Human Rights in North Korea (2013), p. 526.

1365 ROK, Ministry of Unification.

1366 Submission to the Commission: ROK Governm ent.

1367 TLC022.

1368 TLC040, TLC022.

1369 Mr Choi Sung-yong, Seoul Public Hearing, 23 August 2013, morning.

1370 TLC022.

1371 TAP014, TLC014, TBG016.

1372 The Odeyang 61 and Odeyang 62 disappeared at sea in December 1972.

1373 Seoul Public Hearing, 23 August 2013, morning (01:31:00).

1374 TLC022.

1375 Seoul Public Hearing, 23 August 2013, morning (01:44:00).

1376 Seoul Public Hearing, 23 August 2013, morning (01:35:00).

1377 Seoul Public Hearing, 23 August 2013, morning (01:39:00).

1378 Seoul Public Hearing, 23 August 2013, morning (01:33:00).

1379 TAP014, TLC014, TBG016.

1380 TBG016.

1381 Mr Lee Jae-geun, Seoul Public Hearing, 23 Aug ust 2013, morning (01:50:00).

1382 Mr Lee Jae-geun, Seoul Public Hearing, 23 Aug ust 2013, morning (01:55:00).

1383 ROK Ministry of Unification, Tongil Baekseo (Unification White Paper) (2012), p. 142.

1384 TLC040.

1385 TLC022.

1386 TLC022.

1387 "1969 KA gi napbooksageon" (1969 Abduction of Korean Airlines Flight), Donga Ilbo, 26 February 2001. Available from http://www2.donga.com/news/print.php?n=200102260483.

1388 KINU, White Paper on Human Rights in North Korea (2013), p. 531.

1389 "Je 3 cha isangajok gyohwanbangmoon pyong yang sangbong sosik jonghap"(News Update of the Th ird Family Reunion in Pyongyang), Radio Free Asia, 25 February 2001. Available from http://www.rfa.org/korean/news/51210-20010225.html.

1390 "Eokryugaek songhwan 4 dangye daechaek" (4-step strategies to return the detainedpassengers), Kyunghyang Sinmun, 21 February 1970.

1391 Mr Jung Hyun-soo, Seoul Public Hearing, 23 August 2013, morning (03:55:00).

1392 Mr Hwang In-chul, Seoul Public Hearing, 23 August 2013, morning (03:43:00).

1393 Ibid.

1394 S/RES/286 (1970).

1395 A/RES/2645 (1970).

1396 See Convention for the Suppression of Unlawf ul Seizure of Aircraft, article 9. The same obligation emerges from article 11 of the Convention on Offences and Certain Other Acts Committed on Board Aircraft, which the DPRK also ratified in 1983.

1397 KBA, White Paper on Human Rights in North Korea (2006), p. 294.

1398 TLC040.

1399 Seoul Public Hearing, 23 August 2013, afterno on (01:04:00).

1400 See also "Vietnam War Soldier is POW, Not De fector to Pyongyang", The Korea Times, 30 Septemb er 2009. Available from http://www.koreatimes.co.kr/www/news/nation/2009/09/113_52798.html.

1401 Seoul Public Hearing, 23 August 2013, afterno on (01:25:00).

1402 Choi Eun-hee and Shin Sang-ok, Jogukeun Jeoh aneul Jeommeolli (Kidnapped to theKingdom of Kim Jong- Il), vol. 1, p. 24, as cited in The Committee for Hu man Rights in North Korea,Taken!: North Korea's Abd uction of Citizens of Other Countries (2011), pp. 14 and 50.

1403 Ibid.

1404 TBG031.

1405 Choi Eun-hee and Shin Sang-ok, Jogukeun Jeoh aneul Jeommeolli (Kidnapped to theKingdom of Kim Jong- Il), vol. 1.

1406 TLC022, TBG025, TLC040.

1407 KBA, White Paper on Human Rights in North Korea (2006), p. 296.

1408 The Committee for Human Rights in North Ko rea, Taken!: North Korea's Abduction of Citizens of Ot her Countries (2011), p. 33.

1409 A/67/370 [31-38].

1410 The Committee for Human Rights in North Ko

rea, Taken!: North Korea's Abduction of Citizens of Other Countries (2011), p. 43.

1411 Seoul Public Hearing, 23 August 2013, morning (00:13:00).

1412 TSH024.

1413 Mr Jung Hyun-soo, Seoul Public Hearing, 23 August 2013, morning (03:55:00); TSH024, TSH026 and TSH027.

1414 Mr Jung Hyun-soo, Seoul Public Hearing, 23 August 2013, morning (03:55:00).

1415 Mr Choi Sung-yong, Seoul Public Hearing, 23 August 2013, morning (00:53:00).

1416 Seoul Public Hearing, 23 August 2013, afternoon (01:27:00).

1417 KINU, White Paper on Human Rights in North Korea (2013), p. 513.

1418 TSH021.

1419 ROK, Law on Compensation and Support of the Abductees after the Military Armistice Agreement (27 April 2007).

1420 ROK, Law on Korean War Abduction Truth Ascertainment and Regaining Honour ofAbductees, Law no. 11690, (26 March 2010), article 3.

1421 Mr Choi Sung-yong, Seoul Public Hearing, 23 August 2013, morning (00:07:15).

1422 Mr Yamada Fumiaki, Tokyo Public Hearing, 30 August 2013, morning.

1423 Kikuchi Yoshiaki, Kitachousen kikoku jigyou 'soudaina rachi' ka 'tsuihou' ka (The North Korean Return Home Movement: A Grand Abduction or Exile?) (Chuokoron-shinsha, Tokyo, 2009).

1424 Tokyo Public Hearing, 30 August 2013, afternoon.

1425 Exhibit 8A-T and 8B-T, provided by Mr Yamada Fumiaki at the Tokyo Public Hearing, 30 August 2013, morning (00:29:30).

1426 TSH012.

1427 Mr Yamada Fumiaki, Tokyo Public Hearing, 30 August 2013, morning (00:32:00); TSH008, TSH009, TSH005, TSH010, TSH011.

1428 TSH003.

1429 Mr Kato Hiroshi, Tokyo Public Hearing, 30 August 2013, afternoon.

1430 Mr Shibata Hiroyuki, Tokyo Public Hearing, 30 August 2013, afternoon (00:51:45).

1431 Amnesty International, "North Korea: Concern about the fate of Shibata Kozo and hisfamily", September 1994 (ASA 24/007/1994). Available from https://www.amnesty.org/en/library/asset/ASA24/007/1994/fr/34cd971d-ebf0-11dd-9b3b-8bf635492364/asa240071994en.pdf.

1432 Seoul Public Hearing, 24 August 2013, afternoon.

1433 Japan, Ministry of Foreign Affairs, "Opening Statement by Prime Minister Koizumi Junichiro at the Press Conference on the Outcome of his Visit to North Korea", Press statement, 17 September 2002. Available from http://www.mofa.go.jp/region/asia-paci/n_korea/pmv0209/press.html.

1434 Japan, Ministry of Foreign Affairs, "Japan-DPRK Pyongyang Declaration", 17 September 2002. Available from http://www.mofa.go.jp/region/asia-paci/n_korea/pmv0209/pyongyang.html.

1435 TLC040.

1436 Mr Lee Jae-geun, Seoul Public Hearing 23 August 2013, morning; TLC022.

1437 TLC022.

1438 TLC040.

1439 TLC022.

1440 TLC040.

1441 See section (g) below.

1442 Japan, Ministry of Foreign Affairs, "Opening Statement by Prime Minister Koizumi Junichiro at the Press Conference on the Outcome of his Visit to North Korea". Available at http://www.mofa.go.jp/region/asia-paci/n_korea/pmv0209/press.html

1443 Submission to the Commission: The Government of Japan. This number fluctuates as cases are opened and closed. The current number can be found at Japanese National Police Agency Webpage. Available from http://www.npa.go.jp/keibi/gaiji1/abduct/index.html.

1444 Submission to the Commission: ICNK Japan Team.

1445 Three of these cases are contained below under "abductions from abroad".

1446 DNA tests have established the child to be that of Ms Yokota Megumi and Mr Kim Young-nam. Samples for the tests were provided by the respective grandparents.

1447 Tokyo Public Hearing, 29 August 2013, morning (01:25:00).

1448 Submission to the Commission: Masumoto Teruaki.

1449 A fifth defector Mr Joseph T White is believed to have crossed into the DPRK in 1982, however Mr Jenkins does not appear to have met him. A sixth American serviceperson, Mr Roy Chung, is reported to have defected to the DPRK from the US Army whilst on service in West Germanyin 1979.

1450 Charles Robert Jenkins with Jim Frederick, The Reluctant Communist: My Desertion,Court-Martial and Forty-Year Imprisonment in North Korea (Berkeley, University of California Press, 2008), p. 171.

1451 TSH037.

1452 Tokyo Public Hearing, 29 August 2013, morning (00:19:25).

1453 The fourth case, that of Mr Tanaka Minoru, is contained below, under "abductionsfrom abroad".

1454 Ishidaka Kenji, Koredemo shira wo kiru noka kitachousen: nijonjin rachi zokuzoku todoku 'shozai no akashi' (North Korea, do you still deny?: The Abduction of Japanese Continues), 2nd ed. (Tokyo, Kobunsha, 2003).

1455 Tottori Prefecture website, "Rachi higaisha Matsumoto Kyoko san" (abduction victimKyoko Matsumoto). Available from http://www.pref.tottori.lg.jp/93163.htm.

1456 The Committee for Human Rights in North Korea, Taken!: North Korea's Abduction of Citizens of Other Countries (2011), p. 35.

1457 Japan's National Police Agency Report, Focus: The Growing Severity of the International Terror Situation: Movements of the Japanese Red Army and the "Yodo-go" Group, vol. 271, as cited in The Committee for Human Rights in North Korea, Taken!: North Korea's Abduction of Citizens of Other Countries (2011), p. 35.

1458 Former DPRK agent TSH059.

1459 TSH055.

1460 Former DPRK agent TSH059.

1461 Former DPRK agent TSH059.

1462 TSH055.

1463 TSH033, TSH034.

1464 Tokyo Public Hearing, 29 August 2013, morning.

1465 TLC040.

1466 TSH055.

1467 TLC022.

1468 Tokyo Public Hearing, 29 August 2013, afternoon, and exhibit T3.

1469 TSH055.

1470 TLC040.

1471 Charles Robert Jenkins with Jim Frederick, The Reluctant Communist: My Desertion Court-Martial and Forty-Year Imprisonment in North Korea, pp. 60-63, 72.

1472 Ishidaka Kenji, Koredemo shirawo kiruno ka kitachousen: nijonjin rachi zokuzoku todoku 'shozono akashi' (North Korea, do you still deny?: The Abduction of Japanese Continues'), 2nd ed. (Tokyo, Kobunsha, 2003).

1473 Charles Robert Jenkins with Jim Frederick, The Reluctant Communist: My DesertionCourt-Martial and Forty-Year Imprisonment in North Korea, p. 72.

1474 Macao Daily News, 5 July 1978.

1475 National Association for the Rescue of Japanese Kidnapped by North Korea (NARKN). Available from http://www.sukuukai.jp/narkn/updates.html.

1476 Macao Daily News, 5 July 1978.

1477 The Star, 15 December 2005. Available from http://www.thestar.com.my/story.aspx?file= per cent 2f2005 per cent2f12 per cent2f15 per cent2fnation per cent2f12876706&sec=nation.

1478 The Straits Times, 17 December 2005.

1479 TJH040.

1480 Letter dated 19 December 2013 to the Commission of Inquiry on the DPRK from the Permanent Mission of Romania.

1481 Information provided by the National Association for the Rescue of Japanese Kidnapped by North Korea (NARKN).

1482 TSH054.

1483 NARKN.

1484 See HRNK, Taken! report, p. 33 (citing statements made by the victims in 1979 to aLebanese newspaper).

1485 Seoul Public Hearing, 24 August 2013, afternoon (00:20:00).

1486 Seoul Central District Court, 21 April 2005 (Case: 2005Gohap43).

1487 The judgment indicates that is based on closed proceedings, because the court considered that it involved state secrets. The Commission obtained a copy of the judgment from a reliable source.

1488 TBG031 and TLC026.

1489 Testimony of Jeong Gwang-il at the Seoul Public Hearings, 21 August 2013, morning,with additional details on the injuries sustained by Reverend Kim provided in a confidential interviewwith Jeong Gwang-il. Relevant evidence was also received from witness EJH003.

1490 KINU, White Paper on Human Rights in North Korea (2006), p. 252; Christian Solidarity Worldwide, "North Korea: A Case To Answer – A Call To Act", p. 57, tendered to the Commission by Reverend Stuart Windsor at the fifth session of the London Public Hearing (exhibit L4).

1491 Seoul Central District Court, 21 April 2005 (Case: 2005Gohap43).

1492 These cases were found to have occurred according to the Seoul Central DistrictCourt, 21 April 2005 (Case: 2005Gohap43), and second judgment referred to above, issued in 2006 by the Intermediate People's Court of Yanbian Korean Autonomous Prefecture, Jilin Province, China.

1493 TBG012.

1494 TLC026 and a written submission from a reliable confidential source. The case is also reflected in the HRNK, Taken! report, p. 30.

1495 See Christian Solidarity Worldwide, "North Korea: A Case To Answer – A Call To Act", p. 57, (exhibit L4).

1496 North Korea Freedom Coalition, "The List' of North Korean Refugees and Humanitarian Workers Seized by Chinese Authorities", 2013, pp. 9 and 20.

1497 TLC018.

1498 EJH003, TGC004, TJH010, TJH024.

1499 TLC026.

1500 EJH003, TGC004, TJH024.

1501 TGC004.

1502 TBG022.

1503 The Declaration for the Protection of All Persons From Enforced Disappearances 1992, article 1.1.

1504 ICCPR, articles 9 and 12.

1505 ICCPR, article 16.

1506 ICCPR, article 7.

1507 TLC040, TSH054.

1508 See section IV.A.

1509 TJH005, TJH021, TJH022, TBG016.

1510 A/67/370, [31-38].

1511 TJH029.

1512 TBG015, TJH029.

1513 Seoul Public Hearing, 23 August 2013, morning.

1514 TBG015.

1515 General Comment on women affected by enforced disappearances adopted by the Working Group on Enforced or Involuntary Disappearances at its ninety-eighth session, 14 February 2013(A/HRC/WGEID/98/2), 3.

1516 Ibid.

1517 ICCPR, article 7.

1518 ICCPR, article 2.

1519 On the violations entailed in enforced disappearances and their continuous nature, seeDeclaration for the Protection of All Persons from Enforced Disappearances, adopted by General Assembly resolution 47/133 of 18 December 1992, preamble and article 17.

1520 TSH021.

1521 Only one witness that spoke with the Commission had attended a separated family reunion, but the Commission does not conclude that this has been the total sum of abduction related family members that have been able to attend the separated family reunions.

1522 Seoul Public Hearing, 23 August 2013, afternoon (02:41:51).

1523 Tokyo Public Hearing, 29 August 2013, morning (02:34:43).

1524 Seoul Public Hearing, 23 August 2013, morning (03:05:00).

1525 The four Lebanese women, Ms Anocha Panjoy, Ms Dona Bumbea and Ms Soga Hitomi.

1526 See United Nations study on violence against children (A/61/299, 29 August 2006).

1527 Submission to the Commission: KWAFU.

1528 Convention on the Rights of the Child (CRC), article 9.

1529 CRC, article 7.

1530 CRC, article 13.

1531 CRC, article 14.

1532 CRC, article 16. See section I.A for further information about violations of children's rights in the DPRK.

1533 CRC, article 5.

1534 CRC, article 9.

1535 Seoul Public Hearing, 23 August 2013, morning (03:35:00).

1536 See for example the testimonies of Mr Nam Jang-ho and Mr Choi Sung-yong, Seoul Public Hearing, 23 August 2013, morning.

1537 A/HRC/22/57.

1538 For details on the standard of proof, see section II.E.

1539 The Commission notes that other patterns of violations could entail crimes against humanity as well. In particular, purges undertaken to consolidate the rule of Kim Il-sung and stifle any challenges to the dynastic successions of Kim Jong-il and Kim Jong-un deserve to be closely examinedwith regard to crimes against humanity after access to relevant archives and more witnesses from within the state system becomes more readily available

1540 See section V.A.

1541 See Antonio Cassese and Paola Gaeta, Cassese's International Criminal Law, 3rd ed.(Oxford, Oxford University Press, 2013), p. 105; Julian Fernandez and Xavier Pacreau, Statut de Rome de la Cour PeÅLnale Internationale (Paris, Editions Pedone, 2012), p. 419. Where the definitions under the Rome Statute and customary international law apparently diverge from another, this has been noted. Considering that crimes against humanity could become subject to prosecution before the International Criminal court on the basis of the Rome Statute or prosecution before another international or national court that applies customary international law (see section VI.B), the commission has followed a"lowest common denominator" approach. Thus, it has applied the Rome Statute where it is narrower than customary international law and vice versa. Therefore, all crimes against humanity established bythe Commission would amount to crimes under the definitions of crimes against humanity under boththe Rome Statuate and customary international law.

1542 The policy required under the Rome Statute does not have to be incorporated in a written document or formal statement. The policy "need not be explicitly defined … an attack which is planned, directed or organized – as opposed to spontaneous or isolated acts of violence - will satisfy this[policy] criterion". See Prosecutor v. Katanga et al, ICC-01/04-01/07 [ICC Pre-Trial Chamber I], Decision on the Confirmation of Charges of 30 September 2008, para. 396.It is debated whether the requirement of a State or other organizational policy also forms partof customary international law or whether the Rome Statute introduces a new requirement. Against the proposition that customary international law requires the existence of a policy: Prosecutor v. Kunarac et al, IT-96-23& IT-96-23/1-A [ICTY Appeals Chamber], Judgment of 12 June 2002, para. 98 [with further references in id., fn 114]. For an overview of relevant arguments see William Schabas, Unimaginable Atrocities (Oxford University Press, 2012), pp. 128 ff.; Antonio Cassese, "Crimes Against Humanity" in Antonio Cassese, Paola Gaeta, and John R.W.D. Jones, eds.,The Rome Statute of the International Criminal Court: A Commentary (Oxford, Oxford University Press, 2002), pp. 375-376; GueÅLnaeÅNl Mettraux, "The Definition of Crimes Against Humanity and the Question of a "Policy" Element", in Leila Nadya Sadat, Forging a Convention on Crimes against Humanity (Cambridge, Cambridge University Press, 2013), pp. 143 ff. This contested question of law has no bearing on the legal findings of the Commission since it finds reasonable grounds indicating that the crimes against humanity committed in the DPRK form part of systematic attacks. The notion of a systematic attack already indicates the existence of an underlying policy.

1543 See Rome Statute, article 7 (1). See also Antonio Cassese and Paola Gaeta, Cassese'sInternational Criminal Law, pp. 94 ff.

1544 See Rome Statute, article 30. It is subject to debate whether customary international law accepts a wider ambit of criminal intent that also extends to cases where perpetrators are aware of the possible risk that their conduct will result in the consequences defining the inhumane act and accept this risk (dolus eventualis in civil law systems; advertent recklessness in common law systems). Forthis proposition see e.g. Antonio Cassese and Paola Gaeta, Cassese's International Criminal Law, p. 99.

1545 Prosecutor v. Kunarac et al, IT-96-23& IT-96-23/1-A [ICTY Appeals Chamber], Judgment of 12 June 2002, para. 86; Prosecutor v. Blagojevic IT-02-60-T [ICTY Trial Chamber], Judgment of 17 January 2005, para. 543.

1546 Prosecutor v. Akayesu, ICTR-96-4-T [ICTR Trial Chamber], Judgment of 2 Sept 1998, para. 580. (2 September 1998); see also Prosecutor v. Musema, Judgment, No. ICTR-96-13-T, para. 204. (27 January 2000); Prosecutor v. William Sameoi Ruto, Henry Kiprono Kosgey and Joshua Arap Sang, Case No. ICC-01/09-01/11, Decision on the Confirmation of the Charges Pursuant to article61(7)(a) and (b) of the Rome Statute, 23 January 2012, para. 176.

1547 Prosecutor v. Musema, ICTR-96-13-T [ICTR Trial Chamber], Judgment of 27 January 2000, para. 204.

1548 See Prosecutor v. Blaškic, Judgment, No. IT-95-14, Judgment of 3 March 2002, para.204; Prosecutor v. Dordevic, ICTY Trial Chamber, paras. 1262 – 1380; Prosecutor v. Dario Kordic &Mario Cerkez, IT-95-14/2-A [ICTY Appeals Chamber], Judgment of 17 December 2004, paras. 98 & 179; Prosecutor v. Katanga, Decision on the Confirmation of Charges, ICC-01/04-01/07 [ICTY Pre-Trial Chamber I], Decision of 30 September 2008, para. 397.

1549 See in particular section IV.E.3.

1550 See also Prosecutor v. Kordic et al, IT-95-14/2-T [ICTY Trial chamber], Judgment of26 February 2001, para. 302.

1551 See Prosecutor v. Krnojelac, IT-97-25-A, [ICTY Trial Chamber], Judgment of 15 March 2002, para. ; Paul De Hert and others, eds., Code of International Criminal Law and Procedure(Uitgeverij Larcier, 2013), p. 39; Fernandez and Parcreau, Statut de Rome de la Cour PeÅLnaleInternationale, p. 432.

1552 See also Robert Cryer and others, An Introduction to International Criminal Law andProcedure, 2nd ed. (Cambridge University Press, 2010), p. 251; Fernan

dez and Parcreau, Statut deRome de la Cour PeÅLna le Internationale, p. 432; Prosecutor v. Krnojelac, IT-97-25-T [ICTY Trial Chamber], Judgment of 15 March 2002, para. 122.

1553 See Rome Statute, article 7(2)(i). The definition builds on international human rights law, but is some what narrower in demanding a specific intent to depri ve inmates for a prolonged period of time of the prote ction of the law. On the recognition of conduct amount ing to enforced disappearance as an inhumane act und er customary international law since Nuremberg, see section V.G.

1554 Rome Statute, article 7 (2). See also Prosecutor v. Popovic et al, IT-05-88-T [ICTY Trial Chamber,] Jud gment of 10 June 2010, para. 800; Prosecutor v. Munya kazi, ICTR-97-36A-T [ICTR Trial Chamber], Judgment of 5 July 2010, para. 506.

1555 Prosecutor v. Ntagerura, ICTR-99-46-T [ICTR Trial Chamber], Judgment of 25 February 2004, para. 701.

1556 Prosecutor v. Kayishema, ICTR-95-1 [ICTR Tri al Chamber], Judgment of 21 May1999, para. 146.

1557 See Prosecutor v. Lukic, IT-98-32/1-T [ICTY Tr ial Chamber], Judgment of 20 July 2009, para. 938.

1558 Prosecutor v. Lukic, IT-98-32/1-T [ICTY Trial Chamber], Judgment of 20 July 2009,para. 939. See also M. Cherif Bassiouni, Crimes against Humanity : Histor ical Evolution andContemporary Application (Cambri dge, Cambridge University Press, 2011), p. 369; Elias Davidsson,"Economic Oppression as an International Wrong or as Crime against Humanity", Netherlands Quarterly of Human Rights, vol. 23, No. 2 (2005), p. 195; Antonio Cassese, "Crimes against Humanity", in Anton io Cassese, Paola Gaeta, and John R.W.D. Jones, eds., The Rome Statute of the International Criminal Court: A Commentary, p. 365; Albin Eser, "Mental Elements-Mistake of Fact and Mistake of Law", in Cassesse, Gae ta and Jones, eds., The Rome Statute of the Internation al Criminal Court, p. 917. Prosecutor v. Kayishema, ICTR-95-1-T, ICTR Trial Chamber, Judgment of 21 May 1999, para. 144 even finds that recklessness or ne gligence are sufficient, but this appear to go beyond the accepted state of customary international law or, for that matter, the explicit wording of the Rome Stat ute. Some authors have argued that the fact that livi ng conditions must be "calculated" to destroy part of the population indicates the mental requirement of a specific objective. See Christopher K. Hall, " article 7: Crimes against Humanity" in Otto Triffterer and Kai Ambos, Commentary on the Rome Statute of the Inter national Criminal Code (2008), at article 7, para. 95; Eve lyne Schmid, "Violations of Economic, Social and Cultu ral Rights in International and Transnational Criminal Law", PhD dissertation, Graduate Institute of Internati onal and Development Studies, 2012, p. 111. The term "calculated", however, can also be understood as the perpetrator making the calculated assessment that the infliction of the particular conditions of life will in the ordinary course of events result in mass killing, even though this might not by the perpetrator's subjective purpose.

1559 See above, section IV.E.3.

1560 Seoul Public Hearing, 21 August 2013, afterno on (00:16:40).

1561 Elements of Crimes, Assembly of States Parti es to the Rome Statute of the International Criminal Court, 1st Sess., Sept. 3-10, 2002, article 7 (1) (a); M. Ch erif Bassiouni, Crimes against Humanity: Historical Ev olution and Contemporary Application, p. 365.

1562 See Rome Statute, article 30. See also Prosecut or v. Katanaga ICC-01/04-01/07 [ICC Pre-Trial Chamb er I], Decision on the Confirmation of Charges of 30 Se ptember 2008, para. 423. International customary law, as defined by the ICTY and ICTR, also indicates that intentionally causing serious injury in reckless disrega rd of the risk for human life can amount to murder. See Prosecutor v. Mucic et al, IT-96-21-T [ICTY Trial Chamber], Judgment of 16 Nov 1998, para. 439; Prosec utor v. A kayesu, ICTR-96-4-T [ICTR Trial Chamber], Judgment of 2 Sept 1998, para. 589.

1563 Rome Statute, article 7 (2) (c); Prosecutor v. Ku narac et al, IT-96-23/IT-96-23/1, ICTY Trial Chamber, Judgment of 22 February 2001, para. 539; Prosecutor v. Kunarac, Kovac and Vukovic, IT-96-23-A, 12 June 2002, ICTY Appeals Chamber, para. 117; Prosecutor v Tayl or, SCSL-03-01-T, SCSL Trial Chamber, Judgment of 18 May 2012, para. 446.

1564 See Elements of Crimes, Assembly of States Pa rties to the Rome Statute of the International Criminal Court, 1st Sess., Sept. 3-10, 2002, article 7 (2) (c), footno te 10; Prosecutor v. Kunarac et al, IT-96-23/IT-96-23/1 [ICTY Trial Chamber], Judgment of 22 February 2001, para. 541; Prosecutor v. Kunarac et al, IT-96-23-A, 12 June 2002, ICTY Appeals Chamber, para. 117; Prosecu tor v. Taylor, SCSL-03-1-T [SCSL Trial Chamber], Judg ment of 26 April 2012, para. 448.

1565 See Prosecutor v. Kunarac et al, IT-96-23-A [ICTY Appeals Chamber], Judgment of 12 June 2002, para. 119; Prosecutor v. Kunarac et al, IT-96-23/IT-96-23/1 [ICTY Trial Chamber], Judgment of 22 February 2001, paras. 542 and 543; Prosecutor v. Taylor, SCSL-03-1-T [SCSL Trial Chamber], Judgment of 26 April 2012, para. 447.

1566 Seoul Public Hearing, 20 August 2013, afterno on.

1567 See Rome Statute, article 2 (e).

1568 Prosecutor v. Kunarac et al, IT-96-23-A, 12 June 2002, ICTY Appeals Chamber, para. 117.

1569 See Prosecutor v. Kaing Guek Eav (Duch), Case 001/18-07-2007/ECCC/Tc [Extraordinary Chambers of the Courts of Cambodia, Trial Chamber], Judgment of 26 July 2010, para. 372. Thecourt found that conditions of detention amounted to inhumane acts that included shackling and chaining, blindfolding and handcuffing when being moved outside the cells, severe beatings and corporal punishments, detention in overly small or overcrowded cells, lack of adequate food, hygiene and medical care. See also Prosecutor v. Kvocka et al, IT-98-30/1-T [ICTY Trial Chamber], Judgment of 2 Nove mber 2001, paras. 190 & 1991, affirmed by Prosecutor v. Kvocka et al, IT-98-30/1-A [ICTY Appeals Chamb er], Judgment of 28 February 2005], paras. 324-325. The ICTY considered that the conditions prevailing in inte rnment camp amounted to crimes against humanity: "gross overcrowding in small rooms without ventilati on, requiring the detainees to beg for water, and forci ng them to relieve bodily functions in their clothes… constant berating, demoralizing, and threatening of de tainees, including the guards' coercive demands for money from detainees, and the housing of detainees in lice-infected and cramped facilities."

1570 See also Rome Statute, article 7 (1) (g).

1571 Taking advantage of coercive circumstances as a factor giving rise to rape has been recognized by the jurisprudence of the ICTY Appeals Chamber and the official interpretation of rape under the Rome Stat ute. See Prosecutor v. Kunarac et al, IT-96-23& IT-96-23/1-A [ICTY Appeals Chamber], 12 June 2002, para. 129 [finding that the lack of consent on the part of vict im characteristic of rape also exists where the perpetr ator is "taking advantage of coercive circumstances wi thout relying on physical force"]. See also Elements of Crime, Assembly of States Parties to the Rome Statute of the International Criminal Court, 1st Sess., Sept. 3-1 0, 2002, article 7(1)(g)-1, article 8(2)(b)(xxii)-1, article 8 (2) (e) (vi)-1.

1572 The Nuremberg Judgment and the ICTY reco gnized forced abortion as a crime against humanity. See also Judgment of the International Military Tribu nal, I The Trial of German Major War Criminals, Proc eedings of the International Military Tribunal sitting at Nuremberg, Germany 2 (1946), p. 471 [considering the imposition of forced abortions on female forced lab ourers in coming to the conclusions that the Leadersh ip Corps of the Nazi Party was a criminal organization implicated in crimes against humanity]. See also Prose cutor v. Kvocka et al, IT-98-30/1-T [ICTY Trial Cham ber], Judgment of 2 November 2001, note 343; Prosecut or v. Greifelt et al ["The RuSHA Case"], V Trials of War Criminals before the Nuremberg Military Tribun als, October 1946-April 1949 153 (1949) ["The RuSHA Case"] pp. 109 ff., 160-61. See also Valeria Oosterveld, "Gender-based crimes against humanity" in Leila Nad ya Sadat, Forging a Convention on Crimes against Hu manity, pp. 98-99 [noting the similarity between forced sterilization, which is a specified crime against human ity under the Rome Statute, and forced abortion].

1573 International criminal jurisprudence has long recognized that rape can entail torture. See Prosecut or v. Delalic et al, IT-96-21-T [ICTY Trial Chamber], pa ras. 475 ff; Prosecutor v. Furundzija, IT-95-17/1-T [ICTY Trial Chamber], Judgment of 10 December 1998, para. 164; Prosecutor v. Akayesu, ICTR-96-4-T [ICTR Trial Chamber], Judgment of 2 Sept 1998, para. 687. Forced abortion as an act of torture has been reco gnized by successive Special Rapporteurs on Torture and other Cruel, Inhuman and Degrading Treatment. See A/HRC/22/53 (2013), para. 48; A/HRC/7/3 (2008), para. 69. See also Human Rights Committee, General Comment No. 28, CCPR/C/21/Rev.1/Add.10 (2000), para. 11.

1574 Rome Statute, article 7(2). See also Prosecutor v. Krnojelac, ICTY-97-25-A [ICTY Appeals Chamber], Judgement of 17 September 2003, para. 185; Prosecut or v. Nahimana et al, ICTR-99-52-A [ICTR Appeals Ch amber], Judgment of 28 November, para. 985.

1575 Rome Statute, article 7(2). Prosecutor v. Kvoč ka et al, IT-98-30/1-T [ICTY Trial Chamber], Judgeme nt of 2 November 2001, para. 186.

1576 The Rome Statute introduced gender-based pe rsecution as a crime against humanity,which was not yet included in the statutes of the ICTY and ICTR. In the opinion of the Commission, this norm is crystalizi ng into customary international law.

1577 See section VI.A.

1578 See section IV.E.3.

1579 See section IV.E.4.

1580 See also section V.B.1 (c).

1581 For details, see section IV.E.5 b).

1582 See also section V.B.1 (f).

1583 See also section V.B.1 (g).

1584 See section IV.E.4.
1585 See Rome Statute, article 7 (2) (d). See also Prosecutor v Krajisnik, IT-00-39-A [ICTY Appeals Chamber], Judgment of 17 March 2009, paras. 304 & 305. Forcible transfer is distinguished from the crime of deportation only by the fact that victims are not moved across an international border. See Prosecutor v Krstic, IT-98-33-T [ICTY Trial Chamber], Judgment of 2 August 2001, para. 521.
1586 For details, see section IV.C.1 a) (i).
1587 See DPRK Constitution articles 8 and 162. DPRK Code of Criminal Procedure, article 2. For a more detailed discussion of the political function of the criminal justice system, see section III.5.
1588 See section IV.E.4.
1589 For details, see in particular section IV.A.
1590 See section V.B and V.C for the additional crimes against humanity that religiousbelievers and others considered to have engaged in subversive behaviour experience in politicalprison camps and other prisons.
1591 The abusive application of the death penalty in violation of international law can also amount to a crime against humanity, even if its imposition is technically in line with relevant national laws. See United States of America v. AlstoÅNtter et al. [The Nuremberg Justice Case] 3 T.W.C. 1 (1948), at 1155. In that case, the court found that a defendant incurred criminal responsibility for extermination and persecution based on death penalties he handed down.
1592 For details, see section IV.C.2.
1593 See Report of the Special Rapporteur on extrajudicial, summary or arbitrary executions, A/HRC/14/24/Add.6 (2010), para. 32.
1594 See section V.C.1 (g).
1595 Forced nudity has been recognized as an inhumane act that can give rise to crimes against humanity also by the ICTR and ICTY. See Prosecutor v. Akayesu, ICTR-96-4-T [ICTR Trial Chamber], Judgment of 2 Sept 1998, paras. 688 & 697 [specifically finding that forcing victims to undress and perform exercises while fully nude in a public setting amounts to an inhumane act]. See also Prosecutor v. Kunarac et al, IT-96-23/IT-96-23/1 [ICTY Trial Chamber], Judgment of 22 February 2001, paras. 766-774; Prosecutor v. Kvocka et al, IT-98-30/1-T [ICTY Trial Chamber], Judgment of 2 November 2001, para. 190. Sexual molestation has been recognized as an inhumane act involving sexual violence by Prosecutor v. Kvocka et al, IT-98-30/1-T [ICTY Trial Chamber], Judgment of 2 November 2001, para. 180.
1596 DPRK Code of Criminal Procedure, article 143.
1597 See World Medical Association, "Statement on Body Searches of Prisoners, adopted by the 45th World Medical Assembly held in Budapest, Hungary", October 1993. Available from http://www.wma.net/en/30publications/10policies/b5. See also Committee against Torture, CAT/C/HKG/CO/4, para. 10.
1598 See Elements of Crime, Assembly of States Parties to the Rome Statute of the International Criminal Court, 1st Session, Sept. 3-10, 2002, article 7(1)(g)-1, para. 1. See also Prosecutor v, Furundzija,. IT-95-17/1-T [ICTY Trial Chamber] Judgment of 10 December 1998, para. 185; Prosecutor v. Seasay et al, Case No. SCSL-04-15-T [SCSL Trial Chamber, Judgment of 2 March 2009, para. 145; Prosecutor v Akeyesu , paras. 688 and 686, where the ICTR specifically finds that thrusting a piece of wood into a woman's vagina constitutes rape.
1599 For details, see section IV.F.1. g).
1600 For a definition of enforced disappearance see section V.B.1 (b).
1601 For details, see section IV.D.
1602 Rome Statute, article 7(2). See also Prosecutor v. Popovic et al, IT-05-88-T [ICTY Trial Chamber], Judgment of 10 June 2010, para. 800; Prosecutor v. Munyakazi, ICTR-97-36A-T [ICTR Trial Chamber], Judgment of 5 July 2010, para. 506.
1603 Prosectuor Ntagerura et al, ICTR-99-46-T [ICTR Trial Chamber], Judgment of 25 February 2004, para. 701; Prosecutor v. Semanza, ICTR-97-20-T [ICTR Trial Chamber], Judgment of 15 May 2003, para. 340; Prosecutor v. Vasiljevic, IT-98-32-T [ICTY Trial Chamber], Judgment of 29 November 2002, paras. 227 & 232.
1604 See above, section V.B.1 [Extermination].
1605 See section III.
1606 The exception constitutes the segment of the population kept in prison camps. Seesections V.B and V.C.
1607 See Report of the Secretary-General's Panel of Experts on Accountability in Sri Lanka(2011), paras. 212 and 251. Available fromhttp://www.un.org/News/dh/infocus/Sri_Lanka/POE_Report_Full.pdf. See also Christa Rottensteiner, "The denial of humanitarian assistance as a crime under international law", International Review of the Red Cross, 1999. Available from http://www.icrc.org/eng/resources/documents/misc/57jq32.htm; Sigrun I. Skogly, "Crimes Against Humanity – Revisited: Is there a Role for Economic and Social Rights?", The International Journal of Human Rights, vol. 5, No. 1 (2001), pp. 69-70.
1608 For details, see section IV.D.3.
1609 See section IV.D.6.
1610 See sections IV.D.2 and IV.D.5.
1611 See sections IV.C.2 and IV.D.4 d)
1612 For the full quote of the speech see section IV.D.4 a).
1613 For details, see section IV.D.4 c).
1614 For the definition of murder under international criminal law, see section V.B.1 (d).
1615 See section IV.E.5.
1616 The abusive application of the death penalty in violation of international law can also amount to a crime against humanity, even if its imposition is technically in line with relevant nationallaws. See section V.D.4 (b).
1617 See section IV.D.1 a) (i).
1618 Prosecutor v. Kunarac et al, IT-96-23& IT-96-23/1-A [ICTY Appeals Chamber], Judgment of 12 June 2002, para. 86; Prosecutor v. Blagojevic, IT-02-60-T [ICTY Trial Chamber], Judgment of 17 January 2005, para. 543.
1619 The requirement of a State or other organizational policy serves to ensure that crimes against humanity are limited to crimes that are "thoroughly organized and follow a regular pattern", so as to exclude crimes that are isolated or haphazard. See also Prosecutor v. Katanga et al, ICC-01/04-01/07 [ICC Pre-Trial Chamber I], Decision on the Confirmation of Charges of 30 September 2008, para. 396. For this reason, State policies that are being set by senior decision-makers, without their full awareness and appreciation of their connection to the harm done on the ground, would not appear to provide a sufficient foundation for an attack directed against a civilian population. The Commission does therefore not agree with interpretations so extensive that they would also extend to reckless policies, as put forward e.g. by David Marcus, "Famine Crimes in International Law", The American Journal of International Law, vol. 97, No. 245 (2003), pp. 247 & 273; David Butler, "Enforced Starvation : Exploring Individual Criminal Responsibility for State-Induced Famines", Human Rights Law Commentary, vol. 3, University of Nottingham, 2007, p. 17. In this regard, Marcus, id., p. 272, also acknowledges that "the argument that a plan or policy to annihilate citizens through famine can be arrived at recklessly makes little sense". Other authors seem to favour a more restrictive interpretation than that advanced by the Commission, according to which only policies that target civilians, i.e. aim at causing starvation could amount to crimes against humanity. See Evelyne Schmid, "Violations of Economic, Social and Cultural Rights in International and Transnational Criminal Law", p. 55. However, this interpretation would effectively introduce an element of criminal intent into the requirement of a State policy that is incongruent with and effectively narrows the established categories of criminal intent (dolus directus of the first and second degree) recognized under international criminal law and article 30 of the Rome Statute in particular. International Criminal Law, as also set out in the Rome Statute, demands that the attack must be pursuant to State policy. It does not require that the State policy must pursue the attack.
1620 In the Nuremberg judgment, for instance, the policy to force non-Jewish foreign workers into slave labour was considered a central part of the attack against the civilian population in countries occupied by Nazi Germany. Judgment of the International Military Tribunal, The Trial of German Major War Criminals, Proceedings of the International Military Tribunal sitting at Nuremberg, Germany, Vol.1 (1946), pp. 460 ff. In coming to this conclusion, the Nuremberg judgment took into account statements of Heinrich Himmler, one of the main architects of the slave labour policy, which indicated that the objective of the policy was to boost the German war effort, but was driven by awareness and acceptance that inhumane acts were being committed in pursuing this objective. See Judgment of the International Military Tribunal, pp. 460 and 463.
1621 See in particular section IV.F.
1622 See section IV.F.1.
1623 See article 18(i). The Draft Code is included in the Yearbook of the International Law Commission, 1996, vol. II (Part Two), A/CN.4/Ser.A/1886/Add.1.
1624 In Nuremberg, it was held that the practice of arresting partisans in occupied territory and deporting them to Germany, while deliberately not informing their family members about their fate, amounted to a war crime and a crime against humanity. This practice was based on the infamous "Nacht und Nebel Erlass" [Night and Fog Decree] issued by Adolf Hitler. In considering that the defendant Keitel had committed war crimes that also amounted to crimes against humanity, the International Military Tribunal specifically emphasized the anxiety for the families that the Night and Fog Decree meant to cause. See Judgment of the International Military Tribunal at Nuremberg, p. 453 read inconjunction with p. 468. See also United States of America v. AlstoÅNtter et al. ["The Justice Case"] 3 Law Reports on the Trial of War Criminals 1 (1948), at 1031 ff. In support of the conclusion that enforce disap

pearances are not a "new" crime against humanity, but constituted a crime against humanity since Nuremberg see also Darryl Robinson, "Defining Crimes against Humanity at the Rome Conference", The American Journal of International Law, vol. 93, No. 1 (January 1999), p. 58 [n.76]; Robert Cryer and others, An Introduction to International Criminal Law and Procedure, pp. 262-263. When first addressing enforced disappearances, the General Assembly also clarified that the systematic practice of enforced disappearances was of a nature of a crime against humanity. See General Assembly, Declaration on the Protection of All Persons from Enforced Disappearance, A/RES/47/133, preamble. The ICTY also recognized enforced disappearances as inhumane acts giving rise to crimes against humanity, even though they were not explicitly listed in its statute. See Prosecutor v Kupreskic, IT-95-16-T [ICTY Trial Chamber], Judgment of 14 January 2000, para. 566; Prosecutor v. Kvocka et al, IT-98-30/1-T [ICTY Trial Chamber], Judgment of 2 November 2001, para. 208. The Commission notes that some authors consider that the Rome Statute has not codified preexisting customary law, albeit without apparently considering the Nuremberg precedents noted above. See e.g. Antonio Cassese and Paola Gaeta, Cassese's International Criminal Law, p. 98.

1625 See article 7(2)(i) Rome Statute.

1626 Article 118, first paragraph, of the 1949 Geneva Convention III, which the DPRK hasratified, provides: "Prisoners of war shall be released and repatriated without delay after the cessation of active hostilities". Building on state practice harkening back to the Hague Regulations of 1899 and 1907, this obligation also forms part of Customary International Humanitarian Law. See InternationalCommittee of the Red Cross, Customary International Humanitarian Law vol. 1 (2005), p. 451 [Rule 128].

1627 During their imprisonment, they also suffered the crimes against humanity detailed insections V.B and V.C.

1628 An enforced disappearance can also result from an initially legal arrest. See Working Group on Enforced and Involuntary Disappearances, General Comment on the Definition of Enforced Disappearance, para. 7, contained in: A/HRC/7/2; Julian Fernandez & Xavier Pacreau, Statut de Rome de la Cour PeÅLnale Internationale: Commentaire article par article (2012), p. 451. For purposes of legal analysis, it is therefore immaterial whether the fishers concerned were illegally arrested on the high seas or in ROK waters or whether they had illegally entered DPRK waters, which would allow for their temporary arrest under certain circumstances in accordance with the International Law of the Sea as it stood at the time the arrests were carried out.

1629 Affected countries enjoy the right to extend protection to their nationals under customary international law. See Ahmadou Sadou Diallo (Guinea v Dem. Republic of the Congo) 582 I.C.J.(2007) [Preliminary Objections], at para. 39. See also article 36 of the Vienna Convention on Consular Relations, to which the DPRK acceded in 1984.

1630 See in this regard, the testimonies of the families who appeared before the Commission at the Seoul Public Hearing, 23 August 2013, morning and afternoon, and at the Tokyo Public Hearing, 29 August 2013, morning and 30 August, morning and afternoon.

1631 There is some jurisprudence suggesting that up to the 1990s, crimes against humanity may have had an additional requirement, namely that the attack had to be based on national, political, ethnical, racial, or religious grounds (discriminatory ground requirement). There is weighty legal authority for and against the proposition. The discriminatory grounds requirement is mentioned in the International Law Commission's 1954 Draft Code of Offences against the Peace and Security of Mankind, the 1994 Statute of the ICTR and the 1993 Report of the Secretary-General leading up to the establishment of the ICTY (see S/25704, para. 48). It is also mentioned in article 5 of the Statute of the Extraordinary Chambers of the Court of Cambodia (ECCC) in light of the fact that the ECCC is considering crimes committed between 1975 and 1987. See also KAING Guek Eav alias Duch, 001/18-07-2007-ECCC/SC (Extraordinary Chambers in the Courts of Cambodia, Appeals Chamber), Judgement of 3 February 2012, paras. 105 and 106. Conversely, the discriminatory grounds requirement is not mentioned in the Statute of the ICTY. Both the ICTY and the ICTR Trial Chamber have held that it never constituted part of customary international law, but is instead based on a misreading of the Nuremberg Charter. See Prosecutor v. Tadic, IT-94-1-A [ICTY Appeals Chamber], Judgment of 15 July 1999, para. 297; Prosecutor v. Akayesu ICTR-96-4-A [ICTR Appeals Chamber], Judgment of 1 June 2001, para. 464. Discriminatory grounds are not required either under the definition of crimes against humanity under the 1996 version of the International Law Commission's Draft Code of Crimes against the Peace and Security of Mankind. Since the Commission finds that political grounds were underlying the attack, namely the objective of enhancing the DPRK in the struggle for supremacy over the Korean peninsula, it does not have to pronounce itself on this legal question.

1632 See section IV.F.2 a).

1633 See section IV.F.1 g).

1634 On the continuous nature of the crime of enforced disappearance see Working Group on Enforced or Involuntary Disappearances, General Comment on Enforced Disappearance as a Continuous Crime (2010), paras. 6 and 7. Available from http://www2.ohchr.org/english/issues/disappear/docs/GC-EDCC.pdf. See also SimoÅLn, Julio HeÅLctor y otros s/ privacioÅLn ilegiÅLtima de la libertad, etc. Causa NÅä17.768C (Supreme Court of Argentina), Judgement of 13 June 2005, paras.56-57 [concurring opinion of Judge Antonio Boggiano, para. 42]. Available from http://www.unhcr.org/refworld/pdfid/4721f74c2.pdf; Juan Contreras Sepulveda y otros (crimen), Corte Suprema 517/2004, ResolucioÅLn 22267(Supreme Court of Chile), Judgment of 17 November 2004), paras. 37-39. Available from http://www.derechos.org/nizkor/chile/doc/krassnoff.html; JoseÅL Carlos Trujillo Oroza, Case No. 1190/01-R (Constitutional Court of Bolivia), Judgment of 12 November 2001. Available from http://gestor.pradpi.org/download.php?id_doc=1013; Caso de JeÅLsus Piedra Ibarra, Recurso de apelacioÅLn extraordinaria 01/2003 (Supreme Court of Mexico), Judgment of 5 Nov 2003. Available from: http://www.scjn.gob.mx/2010/transparencia/Documents/Transparencia/Primera per cent20sala/Novena per cent20 per centC3per centA9poca/2003/23.doc.

1635 See Elements of Crimes, Assembly of States Parties to the Rome Statute of the International Criminal Court, 1st Session, Sept. 3-10, 2002, article 7(1)(i), para. 1. (b). See also Christopher K. Hall, "Article 7: Crimes against Humanity", in Otto Triffterer and Kai Ambos, Commentary on the Rome Statute of the International Criminal Code (2008), at article 7, para. 134.

1636 See Working Group on Enforced and Involuntary Disappearances, General Comment on the Right to the Truth (A/HRC/16/48), para. 6. The Working Group further stipulates that, in accordance with international standards, the remains of the person should be clearly and indisputably identified, including through DNA analysis. State authorities should not undertake the process of identification of the remains, and should not dispose of those remains, without the full participation of the family and without fully informing the general public of such measures. They must use forensic expertise and scientific methods of identification to the maximum of its available resources, including through international assista nce and cooperation.

1637 See sections IV.E.3 f) and V.B.1.

1638 See Convention on the Prevention and Punishment of the Crime of Genocide, article 2; Rome Statute, article 6.

1639 In the drafting of the Rome Statute, the delegate of Cuba proposed to expand thedefinition to political and social groups, but this proposal found no support with other delegations.See William Schabas, Unspeakable Atrocities, p. 106.

1640 See section IV.E.3 d).

1641 Testimony of Reverend Stuart Windsor on behalf of Christian Solidarity Worldwide, London Public Hearing, 23 October 2013, session 5. See also Christian Solidarity Worldwide, "North Korea: A Case To Answer, A Call To Act", p. 63.

1642 See section IV.A.4.

1643 TBG031, a former SSD agents, placed the figure of SSD agents at 100,000, but only 6,000-8,000 could take decisions. Other observers have indicated that the SSD has 30,000 or more than 50,000 agents; Robert L. Worden ed., North Korea: A Country Study, p. 277; Ken E. Gause, "Coercion, Control, Surveillance and Punishment", p. 17; Based on testimony from former SSD officials, one analyst estimates that the SSD may retain 250,000-300,000 paid informers. See Andrei Lankov, The Real North Korea, p. 49. TLC041, a former SSD official, indicated that he had 35 informers to keep track of a population of 2,600 citizens. Extrapolated to an entire population, this would mean that more than one in every 100 DPRK citizens is an SSD informer.

1644 TAP024, TJH015, TLC041, ECC002.

1645 See DPRK Code of Criminal Procedure, article 124.

1646 Ken E. Gause, "Coercion, Control, Surveillance and Punishment", p. 27.

1647 Former DPRK officials told the Commission that documents considered sensitive were handled by special documents safekeeping departments and officials could only gain access to numbered copies that they had to hand back. Other officials indicated that written information revealing human rights violations and other sensitive conduct was systematically destroyed.

1648 Underlying this are shifts of power between individuals who either have their power base primarily in the Party or in the military. Observers generally note that under Kim Il-sung, the Party was predominant, whereas there was a shift of power towards individ

uals with their power base in the military under Kim Jong-il. The pendulum may have shifted back to the Party to some degree during the initial stages of Kim Jong-un's rule. However, the wider repercussions of the purge of Jang Song-thaek remain to be understood and could indicate a shift of power back to figures from the military.

1649 The Supreme People's Assembly is controlled through a small Presidium of high-ranking Workers' Party of Korea cadres. According to article 92 of the DPRK Constitution, the Presidium convenes the Supre me People's Assembly once or twice a year. Mr Kim Yong-nam, the current chairperson of that Presidium, is one of the members of the Standing Committee of the Political Bureau of the Central Committee of the Workers' Party of Korea. The Presidium has the pow er to adopt its own legislative decrees. The 2007 "Ann ex to the Criminal Code" Decree, which introduced a number of new criminal offenses that are subject to the death penalty (see section IV.D.5), was adopted by the Presidium in this manner.

1650 See Charter of the Workers' Party of Korea, as revised in 2010, preamble article 4(1),with additional re ferences to the solitary leadership system in articles 2, 5, 28, 33, 40, 45, 48 and 53.

1651 "Supreme Leader Kim Jong-un's New Year Ad dress". KCNA, 1 January 2014, available from http://www.kcna.kp/kcna.user.article.retrieveNewsViewInfoList.kcmsf#this.

1652 During Kim Il-sung's rule, the Organization and Guidance Department of the CentralCommittee, which was headed by his son and successor Kim Jong-il, was particularly influential. In the late stages of Kim Jong-il's rule and the first two years of Kim Jong-un's rule, the Administration Department, then headed by Kim Jong-il's brother-in-law Jang Song-thaek, was said to be particularly influential.

1653 See Charter of the Workers' Party of Korea, ar ticle 22.

1654 See Charter of the Workers' Party of Korea, ar ticle 21.

1655 See "Report on Enlarged Meeting of Political Bureau of Central Committee of WPK", KCNA, 9 Dece mber 2013. Available from http://www.kcna.co.jp/item/2013/201312/news09/20131209-05ee.html.

1656 DPRK Constitution, article 109.

1657 DPRK Constitution, article 100. Kim Jong-un was formally elected to the position of First Chairman by the Supreme People's Assembly in April 2012. See "Kim Jong-un Elected First Chairman of NDC of DPRK", KCNA, 13 April 2013. Available from http://www.kcna.co.jp/item/2012/201204/news13/20120413-44ee.html. The designation as 'First' Chairman appare ntly results from the act that the late Kim Jong-il is co nsidered to remain the eternal Chairman of the Nation al Defence Commission.

1658 DPRK Constitution, article 109.

1659 TAP024, TLC037.

1660 DPRK Constitution, articles 103 and 109.

1661 Submission to the Commission: SUB061 (from a former official). TLC022, TLC040, TGC004, TBG025. A similar reporting practice was reportedly continued at least during the initial stages of Kim Jong-un's rule. See Ken E. Gause, "North Korean Leadership Dynami cs and Decisionmaking under Kim Jong-un".

1662 DPRK Constitution, articles 102 and 103.

1663 Testimony from former officials TBG025, TBG027, TBG029, TBG031, TGC004, TJH015, TJH044, TLC022, TLC040, TLC041, TLC044, TSH059.

1664 Former officials TBG031, TLC041, TCC014. See also section IV.A.2 (c), IV.C.1 (a) and IV.C.2.

1665 TGC004, TJH015.

1666 See International Law Commission, "Draft Arti cles on Responsibility of States for Internationally Wro ngful Acts, with commentaries", 2001, p. 85; M. Cherif Bassiouni, Crimes against Humanity: Historical Evolut ion and Contemporary Application, pp. 263 ff.

1667 A trial of alleged perpetrators based on the pr ohibition under international law would not constitute a breach of the prohibition of the retrospective applica tion of criminal offenses. See ICCPR, article 15 (2).

1668 See Rome Statute, article 33. See also Charter establishing the Nuremberg Tribunal, article 8; United States v. Wilhelm List et al, XI Reports of Trials of War Criminals (1950), p. 1236; United States v. Erhard Milch, VII Reports of Trials of War Criminals (1947), p. 42.

1669 The letter is reproduced in Annex II of the Co mmission report (A/HRC/25/63). An unedited version of the detailed findings reflected in the present docum ent was shared with the People's Republic of China for information and comments on 20 January 2014.

1670 The letter is reproduced in Annex I of the Co mmission report (A/HRC/25/63).

1671 The legal requirements of this principle are set out in the Rome Statute, article 28.

1672 International law of state responsibility requir es states to cooperate to bring to an end through lawf ul means any breach of peremptory international law (jus cogens). See article 41 of the Articles on State Res ponsibility, which were adopted by the International Law Commission and commended to the attention of States by General Assembly Resolution resolution 56/83 of 12 December 2001. A State's failure to exerci se the duty to bring to justice perpetrators of crimes against humanity amounts to a violation of perempto ry international law (jus cogens).

1673 See Rome Statute, article 24. The Rome Statute entered into force on 1 July 2002. In the case of enforc ed disappearances, although they are continuous crim es, the Elements of Crimes of the Rome Statute explici tly requires that the initial abduction or other depriva tion of liberty would have to have taken place after July 2002. See Elements of Crimes, Assembly of States Parties to the Rome Statute of the International Crimi nal Court, 1st Sess., Sept. 3-10, 2002, article 7(1)(i), footn ote 24. The Commission notes, however, that no such jurisdictional limits applies to the crime against huma nity of imprisonment and other severe deprivations of liberty in violation of fundamental rules of internation al law, which are often also committed in connection with international abductions. On this basis, crimes ag ainst humanity related to the international abductions could potentially fall under the jurisdiction of the ICC.

1674 See Security Council Resolutions 827 (1993) and 955 (1994).

1675 General Assembly resolution 377 A (V) of 3 No vember 1950.

1676 The General Assembly already took a role in the establishment of the Extraordinary Chambers of the Court of Cambodia. General Assembly resolution 57/228(B) of 13 May 2003 approved the agreement of 6 June 2003 between the Royal Government of Cambod ia and the United Nations that led to the establishme nt of these chambers.

1677 Notable examples are the Special Court for Sie rra Leone and the Extraordinary Chambers of the Cou rts of Cambodia.

1678 See in this regard the findings on the lack of in dependence and impartiality of the judicial process in the DPRK contained in sections III.E and IV.E.4 (a).

1679 During the course of its work, the Commission discovered that a steady stream of first-hand informati on on the human rights situation is emerging from the Democratic People's Republic of Korea, notably throu gh those who are fleeing and direct contacts facilitat ed by modern technology. However, building the trust necessary to gather such information takes steady eng agement with relevant actors on the ground, which ca nnot be sustained based on the headquarters-based ap proach pursued by the United Nations so far in relati on to the DPRK.

1680 This approach was pursued in South Africa th rough its Truth and Reconciliation Commission, althou gh most of the alleged main perpetrators of crimes co mmitted in Apartheid South Africa were no longer in power when that commission took up its work.

1681 See also Prosecutor v Kallon and Kamara, SCSL-04-15AR72(E), SCSL-04-16-AR72(E) [SCSL Appea ls Chamber], Decision on Challenge to Jurisdiction: Lo meÅL Accord Amnesty,of 13 March 2004, para. 73; Ba rrios Altos v. Peru, (Ser. C) No. 75 [Inter-American Cou rt of Human Rights], Int.Am. Ct. H.R, Judgment of Mar ch 14 2001, para. 41.

1682 See World Summit Outcome Document A/RES/60/1, para. 139. A corresponding legal obligation is also emerging under the International Law of State Responsibility, which obligates states to cooperate to bring to an end any serious breach by a state of an ob ligation arising under a peremptory norm of general international law. See articles 40 and 41 of the Internat ional Law Commission's "Draft Articles on Responsibil ity of States for Internationally Wrongful Acts", which the General Assembly commended to the attention of States through Resolution 56/83 of 12 December 2001. Crimes against humanity, war crimes, ethnic cleansing and genocide amount to such breaches of peremptory law.

1683 "DPRK Foreign Ministry Spokesman Flays Ho stile Forces' Adoption of 'Human Rights Resolution' ag ainst DPRK", KCNA, 20 November 2013. Available from http://www.kcna.co.jp/item/2013/201311/news20/20131120-21ee.html; "UN Human Rights Coun cil's 'Resolution on Human Rights' against DPRK Rejec ted by DPRK FM Spokesman", KCNA, 20 March 2013. Available from http://www.kcna.co.jp/item/2013/201303/news22/20130322-39ee.html. Langua ge of a comparable kind was used in relation to past resolutions.

1684 See section II.2 for details on the DPRK's lack of cooperation with United Nations human rights mec hanisms.

1685 For more details on this initiative see http://www.un.org/sg/rightsupfront/.

1686 See in this regard, the recommendations to the international community in the Commission's report, which the Commission set out in accordance with Hu man Rights Council Resolution 13/22, read in conjunct ion with paragraph 31 of the report of the Special Rap porteur on human rights situation in the Democratic People's Republic of Korea.

本書はクラウドファンディングを通じて多くの市民からの支援を受けています

本書は、2015年12月から16年1月にかけてインターネット上のクラウドファンディングサイト【READYFOR?】を通じて、多くの市民からのご支援を受けて刊行されました。

北朝鮮のみならず、日本も国連から人権問題では多くの勧告を受ける状況下で、本書の刊行のために資金サポートくださったことには、はかりしれない意義があるものと信じます。

ここに、ご協力者のお名前（ユーザー名）をお伝えし、心からの感謝を申し上げます。

2016年3月11日　ころから株式会社一同

Komekome	堤洋三	岸暁美	竹安真紀
kimi	芦原	チャンシマ	野原燐
姜（kang/自家焙煎）		sgk	sunami keisuke
黄慈権	ETO	ミズノマユミ	石野雅之
クボタ	ヒロ	hoshi	a6060801
マツモト エイイチ	Lee Aeran	喜多彩	大八木昭子
林範夫	吉田タカコ	Mine	narihira
吉原孝太郎	仲藤里美	朴琴順	yano
rulywofulci	野崎かほる	ヒアデス	川添友幸
吉田寿治	木津田秀雄	ゆめの	seiwaosyou
星河	Koji Kanayama	速水螺旋人	清義明
Takayuki Yanada	ささやん	Hiro Nagasawa	羽田克夫
sayu	ようこそ	rico ちゃん	楠瀬佳子
松田葉子	有田芳生	せや	hri
菜の花	namihei	パクホミ	murasato
Yoko Koide	黄野瀬知子	中垣秀作	まるこ
水埜正彦	Yoko Uenishi	やんま	山下仁美
池田敬二	Seiya Aoki	XPLORA	大谷隆之
朴元浩	daisuki	せつこ	erir

【順不同、敬称略】

市民セクター（しみん・せくたー）

北朝鮮人権報告書を翻訳するために集まった翻訳家のグループ。英語、コリア語に精通したメンバーからなる。

宋允復（そん・ゆんぼく）

1967年生まれの在日コリアン3世。「統一日報」記者を経て、2003年から民放キー局の報道番組で企画・コーディネーターとして活躍。1995年から北朝鮮の人権に関わるNGOに参画する。訳書に『「日本」が世界で畏れられる理由』（KADOKAWA）がある。

日本語訳　国連北朝鮮人権報告書

2016年4月25日初版発行
定価8000円＋税

報告者
国連調査委員会

訳
市民セクター

監訳
宋允復

パブリッシャー
木瀬貴吉

装丁
安藤順

発行
ころから

〒115-0045 東京都北区赤羽1-19-7-603
Tel　03-5939-7950
Fax　03-5939-7951

Mail office@korocolor.com
HP　http://korocolor.com

ISBN 978-4-907239-13-8　C1036

本屋大賞PR誌の
好評連載を単行本化

離島の本屋

22の島で「本屋」の灯りをともす人たち

朴順梨

1600円+税/978-4-907239-03-9

3刷

元ホスト、
新右翼青年の
反差別行動ルポ

奴らを通すな!

ヘイトスピーチへのクロスカウンター

山口祐二郎

1200円+税/978-4-907239-04-6

ヘイトスピーチに抗う
歴史ノンフィクション

九月、東京の路上で

1923年関東大震災ジェノサイドの残響

加藤直樹

1800円+税/978-4-907239-05-3

4刷

でこぼこで、
ジグザグな人生がある

作ること=生きること

クラフトワーカーのもの語り

仲藤里美

1600円+税/978-4-907239-06-0

サッカー本大賞
受賞!

サポーターをめぐる冒険

Jリーグを初観戦した結果、思わぬことになった

中村慎太郎

1300円+税/978-4-907239-07-7

3刷

裸足のフラメンコダンサーのすべて

写真集 YASKOと長嶺ヤス子

YASKO70周年プロジェクト・編

2000円+税／978-4-907239-08-4

「ヘイト本」をあふれさせているのは誰か？

NOヘイト！

出版の製造者責任を考える

ヘイトスピーチと排外主義に加担しない出版関係者の会・編

900円+税／978-4-907239-10-7 **2刷**

アイデアをカタチに、カタチをビジネスに

長いは短い、短いは長い

なにわの事務長「発明奮闘記」

宋君哲

1500円+税／978-4-907239-11-4

日本の縮図「東久留米」から考える

議会は踊る、されど進む

民主主義の崩壊とその再生

谷隆一

1600円+税／978-4-907239-12-1

ヘイト出版社とヘイト本を徹底検証

さらば、ヘイト本！

嫌韓反中本ブームの裏側

木村元彦、大泉実成、加藤直樹

900円+税／978-4-907239-14-5

戦争体験者へ。
「同世代」からの手紙

若者から若者への手紙
1945←2015
落合由利子、北川直実、室田元美
1800円+税／978-4-907239-15-2 2刷

ロックフェスから
考える脱原発

太陽のひと
ソーラーエネルギーで音楽を鳴らせ！
朴順梨
1400円+税／978-4-907239-09-1

ワンコリアから
ワンアジアへ

ハナ
ワンコリア道草回顧録
鄭甲寿
2700円+税／978-4-907239-17-6

人権を語り合う

【香山リカ対談集】
ヒューマンライツ
人権をめぐる旅へ
共著・香山リカ、マーク・ウィンチェスター、加藤直樹、土井香苗、渡辺雅之、青木陽子、小林健治、永野三智
1500円+税／978-4-907239-16-9

「声」をとりもどせ

【写真集】
ひきがね
抵抗する写真×抵抗する声
島崎ろでぃー・写真　ECD・文
1600円+税／978-4-907239-18-3 2刷